Friedr. A Körner

Lehrbuch der Handelsgeschichte mit Berücksichtigung der

herrschenden national-ökonomischen Systeme

Friedr. A Körner

Lehrbuch der Handelsgeschichte mit Berücksichtigung der herrschenden national-ökonomischen Systeme

ISBN/EAN: 9783743687592

Hergestellt in Europa, USA, Kanada, Australien, Japan

Cover: Foto ©Suzi / pixelio.de

Weitere Bücher finden Sie auf **www.hansebooks.com**

Lehrbuch

der

Handelsgeschichte

mit Berücksichtigung

der herrschenden nationalökonomischen Systeme.

Von

F. A. Körner,

Professor an der Handels-Akademie zu Pest.

Prag, 1861.

F. A. Credner,

k. k. Hof-, Buch- und Kunsthändler.

Herrn

Karl Arenz,

Direktor der höheren Handelslehranstalt zu Prag,

in dankbarer Freundschaft

gewidmet

vom

Vorwort.

Neue Lehranstalten bedürfen neuer Lehrbücher. Hiermit ist die Veranlassung zu dem vorliegenden Buche ausgesprochen, aber auch zugleich auf die Schwierigkeiten hingewiesen, welche zu überwinden waren. Einestheils besitzen wir nur eine geringe Literatur, welche sich mit der Handelsgeschichte ausschließlich beschäftigt, anderntheils ist gerade für eine pädagogische Behandlung dieses Stoffes um so weniger geschehen, als weder Ziel noch Umfang dieses Lehrgegenstandes festgestellt sind. Nicht geringere Schwierigkeiten machte das Verhältniß der politischen Geschichte zur commerciellen.

Da mir keine pädagogischen Vorarbeiten bekannt sind, das Lehrbuch meines Herrn Kollegen in Wien erst erschien, als das meinige fast vollendet war, so habe ich mir einen eignen Weg bahnen müssen. Zunächst habe ich die politische Grundlage der Handelsgeschichte nicht in dieselbe verwoben, sondern in kurzen Ueberfichten an geeigneten Stellen eingefügt, um dem vortragenden Lehrer freie Hand zu lassen. Aus dem Mittelalter suchte ich das hervorzuheben, was zum Verständniß mancher Namen und Gebräuche der Gegenwart verhilft und den mittelalterlichen Handel als Grundlage des heutigen charakterisirt. In Betreff des Alterthums hob ich die allgemeinen Kulturverhältnisse hervor, soweit sie als lebendige Faktoren bis in die Neuzeit hinein wirksam sind. Die Geschichte der geographischen Entdeckungen, der Erfindungen, der Verbreitung von Thieren und Pflanzen schien mir ein unentbehrlicher Bestandtheil der Handelsgeschichte, weshalb diese ausführlicher behandelt sind.

Um aber Zusammenhang, Entwickelung und maßgebende Eintheilungen in das Material zu bringen, theilte ich die neuere Handels-

geschichte nach den jeweilig vorherrschenden volkswirthschaftlichen Grundsätzen in Perioden ein, so daß die Handelsgeschichte zugleich Einleitung
und Beweisquelle für die Volkswirthschaftslehre wird. Diese Methode
scheint mir eine ersprießliche und für den Unterricht wirksame, da sie
die ermüdende Wiederholung derselben Thatsachen vermeidet und die
Erscheinungen im Gebiet der Handelsgeschichte unter allgemeine Ge-
sichtspunkte bringen lehrt. An die Handelsgeographie, Waarenkunde
und Statistik knüpfte ich insofern an, als die geographischen Entdeckungen,
die Geschichte der wichtigsten Artikel des Welthandels und die Zahlen-
angabe des Umsatzes angegeben wurden, weil ich dadurch die Handelsgeschichte in lebendigen Zusammenhang mit den übrigen Handelswissen-
schaften zu bringen bemüht war. Wenn ich also darauf verzichtete,
irgendwie neues Material zu sammeln, so war mein Streben darauf
gerichtet, eine angemessene Methode der Behandlung aufzufinden. Wie weit
mir dies gelungen ist, darüber wird das Urtheil Sachkundiger entscheiden.

Pest, den 17. April 1861.

Der Verfasser.

Inhalt.

Zweites Buch.

Vom Untergange des römischen Reiches bis zur Entdeckung Amerikas.

Drittes Buch

Erste Periode.

Das Kolonialsystem in der Periode der rein militärischen Eroberungspolitik oder die Geschichte der Entdeckungen und Eroberungen durch Portugiesen und Spanier (1490—1570).

Zweite Periode.

Die Herrschaft des Kolonial- u. Merkantilsystems (1570—1770).

Dritte Periode.
Zeit des physiokratischen Systems (1770—1815).

Viertes Kapitel.
Die Periode der freien Arbeit, des Schutzzolles und Freihandels (1815—58).

Lehrbuch der Handelsgeschichte.

I.

Erstes Buch.

Alte Geschichte.

§. 1. Eintheilung der Handelsgeschichte.

Obschon die Handelsgeschichte von der politischen abhängig ist, so fallen ihre Perioden dennoch streng genommen nicht zusammen. Erst seit der Entdeckung Ostindiens und Amerikas beginnt eine neue Periode des Handels, weil das Mittelmeer aufhört, alleiniger Vermittler des Welthandels zu sein, und die entdeckenden Völker zugleich erobernde und kolonisirende werden. Mit der Verbreitung des Maschinenwesens, der Eisenbahnen und der Benutzung chemischer und physikalischer Kenntnisse zum industriellen und kaufmännischen Betrieb beginnt wieder eine neue Periode. Trotzdem wird es zweckmäßig sein, die Perioden der Handelsgeschichte denen der politischen anzupassen, um die Orientirung u erleichtern.

Wir unterscheiden daher alte, mittlere, neue und neueste Geschichte, indem wir mit dem Jahre 1830 abschließen.

Die alte Geschichte zerfällt in ·

1. Geschichte des alten Asiens und Afrikas bis Cyrus (555 v. Ch.).
2. Von Cyrus bis Alexander (333 v. Ch.).
3. Von Alexander bis Augustus (30 v. Ch.).
4. Von Augustus bis zum Untergange des weströmischen Reiches (476 n. Ch.).

Die mittlere Geschichte theilt man in die Perioden:

1. Von Odoaker bis Karl der Große (476—768).
2. Von Karl bis Gregor VII. (768—1073).
3. Von Gregor bis Rudolf v. Habsburg (1073—1273).
4. Von Rudolf bis Karl V. (1273—1520).

Die neuere Geschichte bildet zwei Perioden:

1. Von Karl V. bis zum Ausbruch der französischen Revolution (1520 bis 1789).
2. Von der franz. Revolution bis zum Wiener Congreß (1789—1815).

Die neueste Geschichte reicht bis 1830 oder 1848.

§. 2. Geographie der alten Welt.

Die Alten haben die einzelnen Länder erst nach und nach entdeckt, obschon sie ihnen oft recht nahe lagen. Als die Phönizier bereits bis Spanien, Indien und Ostafrika segelten oder mit Karawanen aus Innerafrika, Nordostasien und vom baltischen Meere verkehrten, besaßen die Griechen nur fabelhafte Berichte über Afrika, Sicilien und das schwarze Meer. Vor den Perserkriegen ließ ein egyptischer König Afrika durch phönizische Seefahrer umschiffen, wozu diese drei Jahre brauchten. Etwas später untersuchten Karthager Afrikas und Europas Westküste. Doch schon 650 soll der Grieche Anaximander eine Himmelskugel oder Landkarte gemacht haben, 490 bereiste oder beschrieb Herodot Egypten, Vorderasien, einen Theil der Küste des schwarzen Meeres; und 100 Jahre später besuchte Pytheas aus Marseille Englands Küsten und das deutsche Meer.

Durch Alexanders Feldzug lernte man Asien bis zum Indus kennen und nach seinem Tode ward Alexandrien Mittelpunkt geographischer Studien. Eratosthenes, Strabo und Ptolemäus versuchten mit großem Erfolg eine wissenschaftliche, auf mathematische Berechnungen gegründete Behandlung der Geographie. Durch ihre Eroberungen förderten auch die Römer die Geographie, denn Cäsar machte sie mit Frankreich, Westdeutschland und Südengland bekannt. Die Eintheilung und Namen der alten Geographie stammen von den Römern, welche Asien bis an den Indus, Hindukusch und Aralsee kannten, von Ostindien und den indischen Inseln gehört hatten, Afrika bis zur Wüste, Europa bis zur Donau, zum Rhein und bis Mittelengland beherrschten.

Das heutige Kleinasien bestand aus vielen kleinen Reichen und hatte an der Westküste zahlreiche griechische Kolonien. Die Buchten und Häfen der Küste, die Fruchtbarkeit des Landes machten es recht geeignet für Handel, Industrie und Schifffahrt, weshalb man auch in uralten Zeiten viel Kultur hier fand, von wo sie nach Griechenland kam. Die Länder der Westküste: Mysien, Lydien, Carien und das binnenwärts gelegene Phrygien nannten die Römer Asia. Hier münden die Flüsse Eurymedon (Schlacht 469), Calycadnus (Friedrich Barbarossa ertrinkt) und Cydnus (Alexander erkrankt) und lagen die Städte Troja, Sardes, Magnesia. Die drei Staaten am Südabfall des Taurus: Lycien, Pamphilien und Cilicien (Cilicische Pässe, Issus, Tarsus) waren wegen ihrer Seeräuber berüchtigt, dagegen hatten die Länder an der Nordküste und am Marmormeer (Bithynien, Paphlagonien und Pontus), so wie das östlich liegende Armenien kriegerische, seefahrende Völker und griechische Hafenstädte. Mitten im Lande lagen Galatien, Cappadocien 2c., an dem südlichen Kaukasus Kolchus, Iberia und Albanien, nordwestlich vom Nordabhange wohnten Sarmaten bis zum Don, nordöstlich Scythen bis zum Aralsee.

Vom Meerbusen von Issus bis Egypten dehnte sich Syrien aus, getheilt in das obere (Fluß Orontes, Antiochia, Emesa) und Cölesyrien (Damascus, Palmyra, Hieropolis). Vor Cölesyrien am Libanon hin als schmaler Küsten-

saum vorgelagert lag Phönizien (Sidon, Tyrus, Tripolis 2c.) und der südliche
Theil des Landes umfaßte Palästina (Jordan, See Tiberias oder Genezareth
und todtes Meer) ein gebirgiges, fruchtbares Land. Der nordwestliche Theil,
aus grasreichen Hochebenen und Bergen (Tabor 7000') bestehend, hieß Galiläa
(Dan, Capernaum, Tiberias, Emaus, Nazareth in einem Kessel weißer Kalk-
felsen). Südlich davon zog sich das waldreiche Thalland Samaria (Samaria,
Jesrael, Sichem) hin, und der übrige Theil westlich vom Jordan hieß Juda,
ein Gebirgsland mit Oelbäumen, Palmen und Wein. (Hafenstädte Cäsarea
und Joppe, Hebron Priesterstadt, Jericho mit Balsamstauden, Datteln, Palmen,
Feigen und Trauben, Bethlehem auf einer Anhöhe, Jerusalem auf 4 Hügeln und
von 3 Seiten von jähen Thalgründen umgeben, die Oberstadt mit dem Zion-
hügel und thurmreicher Mauer; die Unterstadt mit dem ummauerten Hügel
Afra und dem Tempelberg Morija, wo Salomon aus Cedern den Tempel baute
und dessen Inneres mit Goldblech überzog. Das Kidronthal trennt die Stadt
vom östlich gelegenen Oelberge). Der Landstrich jenseit des Jordan hieß Peräa
(Ammoniter, Moabiter), an der Südwestküste wohnten streitbare Philister (Gaza,
Askalon 2c.) und südlich und östlich dehnten sich Arabiens Steppen und Wüsten aus.

Zwischen Euphrat und Tigris theilte sich das grasreiche Mesopotamien
in das südlich gelegene kanalreiche Babylonien (Babylon, Seleucia, Kunaxa)
und das an die Gebirge Mediens (Zagrosch) sich anlehnende Assyrien (Ninive,
Ktesiphon, Arbela) und westlich davon Mesopotamien im engern Sinne (Edessa,
Bathna, Nisibis und am Tigris das syrische Tapsakus). Das heutige Iran
zerfiel in das Bergland am östlichen Euphrat Susiana (Fluß Choaspes und
Susa), in das östlich gelegene weidenreiche Gebirgsland Persis (Persepolis und
Pasargadä). Aria umfaßte das heutige Afghanistan und Belubschistan, Bak-
trien das heutige Turan, und Parthien die Striche zwischen dem kaspischen
See und dem Gebirgsland Hyrkanien und Baktrien. Von Indien kannten die
Alten nur die Westgrenze und von China den Namen Serica (Seidenland).

§. 3. Das alte Indien.

Die Inder sind jedenfalls das älteste Kulturvolk, von welchem auch die
Griechen gelernt haben. Dennoch weiß man von ihrer Geschichte sehr wenig.
Ihre Sprache (Sanskrit) ist grammatisch sehr ausgebildet und die Stammsprache
der Perser, Griechen, Römer, Kelten, Germanen und Slaven, die man deshalb
die indogermanischen Völker nennt. Die religiösen Sagen und Vorstellungen
dieser Völker lassen sich gleichfalls auf die indischen zurückführen, und die Anfänge aller Wissenschaften, selbst Zahlzeichen und Buchstaben stammen aus Indien, von wo sie mit den Waaren zu den Egyptern, Babyloniern und Phöniziern gekommen sind. Die alte Literatur der Inder ist reich und vielseitig,
selbst die äsopischen Fabeln sollen aus Indien stammen. Das Land war außer-

1*

dem so groß und an allen Produkten so reich gesegnet, besonders an Gewürzen, Edelsteinen, Elfenbein, Baumwolle und Seide, daß der Handel mit Indien die Grundlage des Welthandels in den alten Zeiten war und es zum Theil noch ist. Denn Babylonien, Phönizien, Alexandrien, Venedig, Portugal, Holland und England verdanken ihre Macht und Blüthe dem Großhandel mit ostindischen Waaren.

Von den Westabhängen der Gebirge Ostindiens stieg vor uralten Zeiten ein hochbegabtes Nomadenvolk herab, welches man die Arier nennt. Ein Theil wanderte nach Westen und bevölkerte Medien (und Persien). Diese namenlosen Einwanderer nennt man nach der Sprache ihres Religionsbuches Zend-Avesta das Zendvolk. Ein Priesterkönig bildete den jungen Staat zu einem Priesterstaate mit Kastenwesen aus, und die Rechtsverfassung so wie das Religionssystem ordnete Zoroaster, indem er die sittliche Welt in ein Reich des Guten, (Lichtwelt Ormuz) und in ein Reich des Bösen (Finsterniß Ahriman) schied und es dem Menschen zur Pflicht machte, das Reich des Guten, Reinen und Wahren zu mehren. Dieser Dualismus wurde Religion der Meder, Perser und ihre Priester hießen Magier; jeder Bilderdienst war verboten.

Der andere Stamm, das Sanskritvolk, zog den Ganges und Indus hinab, unterjochte die Ureinwohner in langen Kämpfen, wie sie in den religiösen Heldengedichten geschildert sind, und sicherte sich die Herrschaft, indem es die Gesammtbevölkerung nach der Beschäftigung in Erbstände (Kasten) eintheilte, sich zur regierenden Kaste (Priester, Krieger, Kaufleute und Handwerker) machte, ein strenges, religiöses Cermoniell einführte und keine Abweichung von diesen Vorschriften erlaubte. Diese Kasteneintheilung erzeugte später geistigen Stillstand, die Inder wurden von andern Völkern überholt und wurden Griechen, Arabern, Mongolen, Portugiesen und Engländern unterthänig. Von der verachtetesten Klasse (Parias) der dienenden Sudras stammen jedenfalls die Zigeuner.

Die Inder lehrten eine dreigestaltige Gottheit (Trimuti), die Bramalehre aber sprach von sehr vielen Gottheiten, da jedes Leben ihnen für einen Ausfluß göttlichen Urlebens galt, was man Pantheismus nennt. Eine Sittenreligion lehrte dagegen der Buddhaismus, welchen Gautama unter harten Verfolgungen durchführte und welchem Confucius in China und Ostasien Eingang verschaffte.

Die uralten Religionsbücher (Vedas) der Inder enthalten auch Vorschriften über Rechtsverhältnisse, Familienleben, Kindererziehung und Staatsregierung, so daß jede Thätigkeit und jedes Verhältniß ein religiöses wurde. Aller Grund und Boden gehörte den Tempeln und Königen; von ihnen erhielt man Land in Erbpacht gegen Grundzins, Naturallieferungen und Dienstleistungen. Die Priester waren steuerfrei, denn sie allein besaßen Kenntnisse, und sie waren Aerzte, Advocaten, Baumeister, Feldmesser, Lehrer, Schriftsteller u. s. w. Die Krieger erhielten Sold und andere Vortheile, die Handwerker zerfielen in viele Unterabtheilungen oder Erbzünfte. Die letzte Kaste bestand aus Hörigen.

In die Urzeiten fällt das an Heldenkämpfen reiche Kulturleben, wie umfangreiche Epen und kolossale Grottenwerke von Elora und Salsette bezeugen, da stundenlange Felsen zu Tempeln, Gängen u. s. w. ausgemeiselt und deren Wände mit Bildern geschmückt sind, wobei Hunderttausende oft Jahrhunderte gearbeitet haben. Die indischen Handwerker waren sehr geschickt, und die Bauwerke beweisen, daß sie im Zeichnen, in Bildhauerarbeiten und in den mathematisch-technischen Fächern Bedeutendes leisteten. Das Ziffersystem, die Algebra, Astronomie stammen aus Indien; den Gewölbbau, die Säulenordnung mit den knienden Elefanten als Gewölbträger haben Inder erfunden, und ihre Philosophie wird heute noch wegen ihres Tiefsinns bewundert.

Das produktenreiche Land lieferte auch die Hauptartikel des Welthandels, weshalb die Länder, durch welche der indische Waarentransport ging, Wichtigkeit erhielten, welche sie verloren, sobald die Handelsstraße verlegt wurde. Der Handel bestand aber vorzugsweise in Ausfuhr, denn das reiche Land bedurfte ausländische Artikel wenig; daher führten schon die Phönizier, und noch mehr die Römer, Silber als Waare ein, welches dadurch dem europäischen Handel entzogen wurde.

Die Hauptprodukte waren Gold (besonders Flußgold am Nordabhange der Himalajaketten), guter Stahl, Kupfer, Zinn, Edelsteine (Ceilon), Perlen (Ceilon), Salz, Reis, Weizen, Sesamöl, Baumwolle, verschiedene Seidengespinnste, Zuckerrohr, Elfenbein, fast unverwesliches Teakholz, Ebenholz, Flachs und Hanf, feine Obstsorten, Indigo, Pfeffer, Zimmt, Cassia (auch eine Art Zimmtbaum), Sandelholz, Ingwer, Moschus, Weihrauch, Narde, Myrrhe und Jagdhunde u. s. w.

Der Handel in und mit Indien ist vielleicht der älteste auf Erden und bestand Anfangs wohl nur im Austausche der Waaren verschiedener Landestheile; doch ward er frühzeitig Seehandel, denn Inder kamen in vorgeschichtlichen Zeiten an Afrikas Ostküste, wo das uralte Meroe von Indien aus vielleicht seine Kultur und Staatseinrichtung erhielt. Die Küsten- und Flußschifffahrt blieb stets lebhaft, gute schattige Landstraßen mit Ruhesitzen und zahlreichen Herbergen durchzogen das Land nach allen Seiten, und fromme Priester besorgten in einsamen Gasthäusern die Bewirthung und Tränkung der Ochsen, welche den Karawanen als Lastthiere dienten. Der Handel war nach den Religionsgesetzen ein ehrenvolles Geschäft, Priestern erlaubt und sein Schutz Königen zur Pflicht gemacht. Später scheint der Handel ein passiver geworden zu sein, denn arabische und phönizische Rheder benutzten die Monsuns, um ihre Fabricate nach Vorderindien zu führen, sie dort zu verkaufen und beim heimwärts wehenden Wind nach dem arabischen oder persischen Meerbusen zurückzukehren. In Indien selbst gestalteten die besuchten Wallfahrtsorte sich zugleich zu Meßplätzen, auf denen Millionen umgesetzt wurden.

Der großartige Verkehr machte Geldaustausch nothwendig; daher finden sich in den Handelsplätzen Geldwechsler, welche zugleich Geld auf Zins

liehen, aber auch durch eine Art Verschreibungen, welche das baare Geld vertraten, den Handelsverkehr erleichterten und den Credit unterstützten. Es mußte aber
jeder Kaufmann auch zehn Prozent Zoll geben, durfte nur mit einem Artikel
handeln und wurde für Zollbetrug mit dem Tode bestraft. Auch der Seehandel war gesetzlich geordnet, denn er ging nach Hinterindien, nach dessen Inseln
bis China und nach Aethiopien. Von Ceilon fuhr man nach Ajan, wobei losgela-
lassene Vögel als Compaß dienten, und von Guzurate, dem Haupthafenplatz, nach
Ormus, Ezeongeber am Ostarm des rothen Meeres, Maskate und Aethiopien
(Koptos, Kosseir). Seit 1500 und 1000 v. Ch. kamen auch Egypter und
Phönizier nach Indien.

§. 4. Handelsstraßen Indiens.

Die Handelsstraßen, besonders die der Karavanen, waren von der Natur
vorgezeichnet und sind deshalb bis heute dieselben geblieben. Denn die Gebirge
kann man nur mittels gewisser Pässe übersteigen und außerdem mußte man gra-
sige Gegenden wählen, in denen die Lastthiere Futter fanden. Da also die
Unterhaltungskosten gering blieben, so kosteten Landreisen weniger als Seereisen,
und außerdem benutzten die Straßen- und Oasenbewohner den Zwischenhandel
oder Transport als Erwerbsquelle. Nur kriegerische und politische Verhältnisse
ließen eine Zeitlang diese oder jene Handelsstraße außer Gebrauch kommen, oder
ein aufblühender Seeplatz lenkte die nächsten Handelswege nach sich hin.

Ein Knotenpunkt der Straßen war Attos am Indus, von wo die eine
Straße nach Osten zum Ganges über Delhi bis zum Meere ging, die andere
am Indus hinab führte. Auf jener rückte Alexander der Große vor, diese ver-
zweigte sich über ganz Dekan.

Diese Handelswege hießen königliche Straßen und wurden auf Staatskosten angelegt und erhalten. Man hieb Wälder aus, ebnete die Hügel, füllte
Niederungen, baute Brücken, sprengte Tunels, grub Abzugskanäle und Brunnen,
bepflanzte den Weg mit Bäumen und besprengte ihn mit sandelgemischtem Wasser, legte an baumreichen Stellen Karavanserien an und stellte Meilenzeiger auf.

Alle Straßen Ost- und Südasiens trafen in Kabul zusammen, da nicht
nur die Gebirgspässe des Hinduku-Bolordag und Altai sich hier öffneten, sondern auch das heutige Iran und Turan von Kabul aus zugänglich werden.
Nach Kabul kam ein Weg, welcher Herat, Ghazna, Kandahar und Balkh verband, dann durch das Partherland und das kaspische Thor nach Ekbatana
führte, wo er sich in drei Richtungen theilte, sobald er die Engpässe des Zagros
hinter sich hatte. Der südliche Weg führte nach Susa, der südwestliche nach Babylon, der nördliche durch Assyrien, Armenien nach Sardes. Von Babylon zog
man über Palmyra und Damaskus nach Tyrus, dagegen schaffte man Waaren
auch von Baktra aus zu Schiffe bis zum kaspischen Meer und dann nach dem
Phasis (in der Gegend des heutigen Trebisond), noch später ging diese Straße,

vereinigt mit einer sibirischen, nach der Krimm, wo Griechen und später Genuesen die hinterasiatischen Waaren abholten.

Nach Kabul führten aber auch die Gebirgsstraßen Ostasiens, die eine aus Tibet über den Bolorbag, die zweite (der Südweg genannt) kam vom Lopsee, Gobi und Kukhunor über Jarkand und Kaschghr und ging über den Bolorbag nach Baktrien, der Nordweg endlich dann über Turfan und das Himmelsgebirge durch gesprengte Engpässe bis zum Ili. Nach dem Ostlande Sera oder Serica führten auch Saumpfade vom Ganges über den Himalaya.

Der Haupthafen am Indus hieß Barygaza, wo sich die Landstraßen vereinigten. Lootsen mußten auf königlichen Befehl den ankommenden Schiffen entgegen fahren und sie durch die Sandbänke leiten. Außerdem kannten die Europäer noch verschiedene Häfen an der Westküste Vorderindiens, ja kamen bis Ceilon, dem Gangesdelta, den Sundainseln und Hinterindien.

Vorderindien ist jedenfalls das Ophir der Phönizier, obschon Andere es für die Ostküste Südafrikas oder für Ceilon halten. Doch sind die von dort geholten Waaren: Gold, Elfenbein, Edelsteine, Sandelholz, Agilasalz, Narde, Zinn, Baumwolle, Affen, Pfauen indischen Ursprungs.

Der Handel Indiens war durch die Gesetzgebung nicht allein geschützt, sondern auch geordnet, sogar Handelsgesellschaften hatten ihre gesetzlichen Vorschriften, Maaß und Gewicht wurde alle 6 Monate polizeilich geprüft, Frachtlohn, Ein= und Verkaufspreise, Zinsfuß, Zoll und Steuer, Münzfuß u. s. w. streng geregelt.

Die Indier unternahmen gern weite Land= und Seereisen und hatten in entfernten Handelsplätzen Comptoirs und Faktoreien; zugleich aber bedienten sie sich als Zwischenhändler besonders arabischer Stämme, welche als Küstenfahrer oder als Karavanenreisende indische Waaren von Südarabien nach den Häfen am rothen Meer oder von Babylon durch die Wüste nach Tyrus oder Alexandrien brachten. Ja, die Phönizier sollen von der Insel Tylos und Arados im persischen Meerbusen nach der Küste des Mittelmeeres eingewandert sein, und in Egypten schafften die Eingeborenen indische und arabische Waaren von Berenike und Myos Hormos auf königlichen Straßen nach Koptos.

Am blühendsten wurde der indische Handel, seit Egypten römische Provinz geworden war, da der römische Luxus besonders indische Edelsteine, Perlen, Purpurgewänder, Seide, Parfumerie u. s. w. bedurfte. Für einen Opal zahlte ein Römer 53,300 Thlr.; Perlen trug man an Ohringen und Fingerringen, sogar an Sandalen und deren Riemen, da man das Klirren der Perlen gern hörte. Eine Kaiserin verbrauchte zu ihrem Schmucke für mehr als 2 Millionen Thlr. Perlen, und die Perle, welche Cleopatra in Essig aufgelöst trank, kostete über eine halbe Mill. Thlr. Sogar Rosen ließen Römer aus Indien kommen, von wo aber auch Weizen, Hirse und Sesam nach Europa gebracht wurden. Seidencocons kauften die Fabrikanten der griechischen Insel Kos und verarbeiteten sie, später hatte auch das etruskische Dorf Tuskus Seidenwebereien, indem es dünne Florgewänder verfertigte. Es kostete aber damals 1 Pfund Seide ein Pfund Gold. Auch Pfeffer wurde anfangs mit Silber und Gold aufgewogen, später kostete 1 Pfund weißen Pfeffers c. 2¼ Thlr., 1 Pfund schwarzer Pfeffer 1 Thlr., Zimmt das Pfund 5—53 Thlr., Gewürznelken 1—2 Thlr., Kassiaöl 12—53 Thlr., Narde 20—50 Thlr. Bei den Thierhetzen in Rom sah man auch indische Löwen, Leoparden und Panther, Tischplatten machte man aus Schildpat, Vornehme trugen „serische Felle" und gebrauchten die kostbaren murrhinischen Gefäße aus Fluß- und Feldspath, die sehr hartes, schön gefärbtes Material zu Trinkgefäßen und Tischchen lieferten. Es flossen von Rom aber auch an Silbermünze jährlich 9 Mill. Thlr. nach Indien, denn die Inder kauften nur Weihrauch, Oel, Wein und Kleidungsstücke.

Dieser Handel vermittelte einen lebhaften Verkehr zwischen Griechen, Römern und Indern; dadurch gewannen nicht nur die Wissenschaften Europas an Umfang, es zeigten sich nicht nur starke Einflüsse indischer Weisheit auf die spätere griechische, welche wieder auf die ersten christlichen Kirchenlehrer einwirkte, namentlich die Medicin manche Heilmittel erhielt, sondern die Völker selbst eigneten sich Manches an, da Indier nach Rom, und Römer bis China und Ceilon, Griechen nach Kanton kamen, und die Produkte der Erde gewissermaßen Gemeingut der Menschen wurden.

§. 5. Meroe und Egypten.

Das Nilland ist in alter wie in neuer Zeit insofern ein geheimnißvolles geblieben, als es trotz aller angestrengten Forschungen nicht gelungen ist, über die älteste Geschichte dieses Landes Gewißheit zu erhalten. Die Ruinen kolossaler Bauwerke, säulenreiche Tempel, Riesenpaläste aus Granitblöcken und mit bilderbedeckten Wänden zeugen noch heute von der Macht jener uralten Reiche, deren Name kaum von der Geschichte aufbewahrt wurde. In dem Gabelland, welches der weiße und blaue Nil bilden, d. h. in dem heutigen kataraktenreichen Senaar, lag der Priesterstaat Meroe, von dem aus möglicherweise die Priesterkolonien nach Egypten und Ammonium ausgingen, und welches seine Kultur vielleicht seinem Verkehr mit Indien verdankt. Ein Priesterkönig (Pharao) als Stellvertreter des Sonnengottes stand an der Spitze dieses Priesterstaates, dessen Bevölkerung nach Kasten gesondert war.

Die Lage des Landes zwischen Innerafrika, Arabien, Indien und dem untern Nillande machten Meroe zu einem Stapelplatze des Welthandels. Dieselbe Bedeutung hatte Egypten, welches durch den Nil mit den Mittelmeerländern, durch die Nähe des rothen Meeres mit Arabien und Indien, durch die Landenge von Suez mit Phönizien und Babylonien in Verbindung gebracht war.

Egypten, ein 3—4 Stunden breites Nilthal, welches von der Wüste durch höhlenreiche Kalkbergzüge, vom rothen Meer durch Granitgebirge geschieden ist, theilte man in Ober-, Mittel- und Unteregypten. Jenes umfaßte Theben mit

seinen ungeheueren Tempel- und Palastbauten (Ruinen bei Karnak), mit der
Sphinxallee von 6000 Fuß (bei Luxor), mit der Memnonssäule, die bei Son-
nenaufgang harmonische Töne von sich gab, mit den riesigen Hallen und Gewölben der Königsgräber und der reichverzierten, unterirdischen Todtenstadt (Ka-
takomben) voll labyrinthischer Gänge, Hallen, Treppen und Wandgemälde.
Mittelegypten hatte Memphis zur Hauptstadt, in deren Nähe die Pyramiden,
das Labyrinth und der See Möris sich befanden, dessen Schleusenwerke das
Nilwasser regulirten. In Unteregypten oder Delta lagen Heliopolis, Sais,
Naukratis, Busiris und Alexandrien.

Da es in Egypten selten oder nie regnet, dagegen der Nil von dem tropischen Regen, welcher in den Gebirgen seiner Quellbezirke fällt, so anschwillt,
daß er die Thalsohle überschwemmt und beim Fallen seines Wassers einen be-
fruchtenden Schlamm zurückläßt, so hängt die Bewohnbarkeit und Fruchtbarkeit
des Nilthals vom Nil ab. Die Bewohner waren daher schon in uralten Zeiten darauf gewiesen, durch Dämme und Schleusen den Wasserlauf zu reguliren,
zugleich aber auch durch Kanäle für möglichste Verbreitung der Bewässerung nach
höher liegenden Thalstrecken zu sorgen. Egypten ist daher ein Ackerbauland und
war im Alterthum die Kornkammer Syriens, Griechenlands und Italiens. Durch
großartige Kanal- und Schleusenbauten sicherten viele Könige die Wohlfahrt
ihres Landes.

Es bildete der Nil aber auch eine bequeme Handelsstraße für den Waarenaustausch der Landestheile, und zugleich machte auch die Nähe des rothen und
mittelländischen Meeres Egypten zu einem Depot des Welthandels, indem von
Innerafrika, Arabien, Indien, Phönizien und Griechenland Waaren nach Egypten zum Austausch gebracht wurden. Daher ist das Streben der meisten Könige Egyptens dahin gerichtet, nicht nur den Nil durch einen Kanal mit dem
rothen Meere zu verbinden, sondern sich den Alleinhandel zu sichern, indem die
angrenzenden Länder Afrikas und Asiens unter egyptische Herrschaft gebracht
wurden. Wir lesen also von Eroberungen der Oasen, der oberen Nilländer,
Syriens und Kleinasiens, von wo Schiffbauholz geholt wurde.

Die Staatseinrichtungen und Industrie erhielten aber in Egypten dadurch
einen eigenthümlichen Charakter, daß in uralten Zeiten ein begabtes, kriegerisches Volk in das Land eingedrungen war und die Ureinwohner unterjocht
hatte. Die Sieger führten die Kasteneintheilung ein, so daß Priester und Krieger die herrschende Kaste wurden. Jenen lag nicht nur der Gottesdienst, sondern auch die Pflege der Wissenschaft ob, denn sie waren Astronomen, Feldmesser, Baumeister, Aerzte und Richter und erhielten vom Könige Gehalt, indem ihnen der Ertrag eines Drittels des Landes zugewiesen ward. Die Krieger erhielten Aecker zur Nutznießung, waren steuerfrei, stellten 4—700,000 Mann
ins Feld, hatten statt der Reiterei aber Streitwagen, und verstanden das Belagern fester Städte. Alle Ackerbauer waren Erbpächter der Könige und gaben
den fünften Theil des Ertrags als Pacht. Die Kaufleute und Gewerbtreibenden

waren in Zünfte getheilt und verstanden es, treffliche Arbeiten zu liefern. Aus der Papyrusstaube machte man Papier, aus Byssus feine Leinwand. Metallarbeiter, Glasbläser, Tischler, Maler, Steinmetzen u. s. w. verbanden Geschick mit Geschmack und Schönheitssinn. Kaufleute führten Holz, Elfenbein, Erze, Wein, Sclaven, Balsam und Weihrauch ein und dagegen Korn, Waffen, Leinwand, Geräthe aus. Glas kam erst durch Egypten zu den Phöniziern und in der Technik der Baukunst leisteten die Steinmetzen Erstaunliches, da die Religion ihnen hierzu vielfache Anregung gab.

Wie alle Ackerbauvölker waren die Egypter sehr religiös und verehrten die Gestirne, den Wechsel der Jahreszeiten, den Nil u. s. w., indem sie durch Sagen (Mythen) sich Bedeutung und Macht dieser Naturgötter veranschaulichten. Durch Sinnbilder (Symbole) suchten sie das Wesen ihrer Götter bildlich darzustellen und wählten dazu Thiere. Mit der Zeit trugen sie aber ihre Verehrung auf diese Thiere über, beteten den schwarzen Stier Apis an, hielten Katzen, Ibis, Hund, Krokodil, Ichneumon u. s. w. für heilige Wesen und behaupteten, daß die Menschenseelen nach dem Absterben des Leibes auf Jahrtausende in Thierleiber übergehen, um gereinigt oder gestraft zu werden, worauf sie wieder in den Menschenleib zurückkehren. Daher wurden die Todten einbalsamirt (Mumien), wenn sie vom Todtengericht als dessen würdig befunden waren, und höhlte man Felsen zu Grabgewölben aus, wo die Mumien zu Tausenden aufgeschichtet lagen. Könige bauten sich Pyramiden von 20—450 Fuß Höhe, damit sie ihnen als Grabmäler dienten. Außer diesen massiven Pyramiden baute man Tempel und Paläste aus Granitblöcken, die schön polirt, mit Säulengängen an den Hofseiten umgeben, an der Außenseite mit Bilderschrift (Hieroglyphen) versehen und in den Gemächern von oben bis unten mit halberhabenen Bildern geschmückt waren, in denen die Thaten der Könige oder Götter dargestellt wurden. Sphinxe, kolossale Bildsäulen, Obelisken und Säulen zierten solche Prachtbauten, deren Ruinen sich Jahrtausende erhalten haben. Das gewerbliche Leben war in Egypten ein sehr vielseitiges, aber die Kasteneintheilung und die unabänderlichen religiösen ceremoniellen Vorschriften hinderten jeden Fortschritt; ein grausamer Despotismus regierte das Volk, und selbst Priester krochen im Staube vor dem Könige, da er für den Stellvertreter Gottes galt.

Die älteste Herrscherdynastie regierte zu Memphis, welches Menes (c. 3000) soll gegründet haben. Cheops und Chephren bauten die höchsten Pyramiden, Möris das Labyrinth und grub den See Möris aus. Etwa 2000 v. Chr. fiel von Syrien her das kriegerische Volk der Hyksos ein und beherrschte Egypten 500 Jahre, bis Thutmosis sie vertrieb und an der Stelle ihres Lagers die Philisterstadt Pelusium baute. Von 1500—1270 ist Theben Residenz, und eroberte Sesostris (Ramses) Aethiopien und Vorderasien. Theben ward durch die Menge seiner Paläste, Tempel, Zeughäuser u. s. w. eine Riesenstadt, wie es keine andere gegeben hat.

Seit dem Jahre 700 herrschten über Egypten äthiopische Könige, von denen Tirhaka in Syrien und Palästina Eroberungen zu machen versuchte und mit Assyrern kämpfte. Doch c. 700 befreiten sich die Egypter von dem fremden Joch und es herrschten die Häupter der 12 Haupttempel, weshalb man diese Zeit die Zwölfherrschaft (Dodekarchie) nennt, bis sich Psametich, Herrscher in Unteregypten, durch Hilfe griechischer Söldlinge c. 660 zum Alleinherrscher erhebt und Saïs zur Residenz macht. Zwar wandert ein Theil der Kriegerkaste aus, aber dafür schließt sich Psamenit um so enger an die Fremden an, räumt ihnen die Stadt Naukratis ein, erlaubt ihnen den Zutritt ins Land, begünstigt fremde Sitte und Kriegsweise und bringt dadurch Zwiespalt in das alte Staatswesen. Sein Sohn Necho (c. 600) fördert Handel und Schifffahrt, nimmt die Kanalbauten nach dem rothen Meere wieder auf, läßt durch Phönizier Afrika umschiffen, sucht Syrien zu erobern, wird aber von Nebukadnezar bei Karchemisch (Circesium am Euphrat) c. 604 geschlagen. Unter seinen Nachfolgern brechen Empörungen aus, zerrütten das Land, so daß es der Perserkönig Kambyses nach der Schlacht bei Pelusium 525 leicht eroberte, den König Psamenit hinrichtete und Egypten zur persischen Provinz machte.

Seitdem ist Egypten nie wieder selbständig geworden. Zwar empörte es sich oft gegen die Perser, denen der Thierdienst ein Gräuel war, aber erst Alexander befreite es, indem er es zur griechischen Provinz machte und Alexandrien baute. Sein General Ptolemaeus nahm Egypten nach Alexanders Tode als Eigenthum in Besitz, und seine Nachfolger (Ptolemäer) setzten die Politik der letzten Pharaonen fort, indem sie griechische Bildung verbreiteten, Alexandrien zum Mittelpunkt griechischer Wissenschaft machten, wo besonders Mathematik, Astronomie, Geographie, Medicin, Physik gepflegt, eine Schule für Kaufleute und Techniker errichtet, und der Handel nach Indien wie nach dem Mittelmeere gefördert wurde. Pompejus machte Egypten zur römischen Provinz, später fiel es an Byzanz und Alexandrien ward Sitz christlicher Wissenschaft. Den Griechen nahmen es die Araber ab und gründeten Kairo; nachdem es später den Mameluken in die Hände gefallen war, gewannen es die Türken, denen es noch gehört, aber europäischem Einflusse immer mehr zugänglich wird. Schon geht ein Schienenweg von Alexandrien nach Kairo und Suez, und wenn diese Landenge kanalisirt wird, beginnt für den Handel ein wichtiger Abschnitt, da Indien und Europa alsdann in nächste Verbindung gebracht werden.

Egypten war ein Ackerbaustaat, der zwar viel Getreide und Zuchtvieh besaß, aber auch an wesentlichen Bedürfnissen Mangel litt, besonders an Holz, Erz, Gewürz und Weihrauch, und da er an unfruchtbare Länder grenzte, so mußte sich schon in uralten Zeiten ein großartiger Waarenaustausch entwickeln, wozu der Nil und die oberen Nilländer bequeme Wege boten, während die Nachbarschaft der Phönizier und Araber den auswärtigen Handel begünstigten. Daher wurden die alten Tempelstätten (Meroe, Ammon, Theben) Stapelplätze eines großartigen Landhandels, wogegen der Seehandel den Phöniziern zufiel, welche an den Küsten afrikanische Waaren (Elfenbein, Goldstaub, Balsam,

Gummi, Sclaven, Glas, Leinwand) abholten, denn den Egyptern war nur Binnenschifffahrt erlaubt, bis die Ptolemäer auch Seeschifffahrt gestatteten.

Der eine Karavanenweg ging über Amonium (Siwah) nach der Oase Augila, nach Fezzan, den Atlasländern und Sudan (Bornu), der andere zog sich am Nil hinauf nach Aethiopien, lenkte dann nach der Ostküste Afrikas und den dortigen Hafenplätzen, von wo egyptische Rheder vielleicht bis Madagascar, Ceilon und Ostindien fuhren. Die Ptolemäer bauten den Leuchtthurm Alexandriens auf der Insel Pharus, außerdem einen Hafendamm und Schleusen, machten den See Mörotis zum Hafen, und errichteten am rothen Meer eine Kriegsflotte, um den indischen Handel zu schützen, den der Monsun begünstigte.

§. 6. Medien, Babylonien und Assyrien.

Von Mediens Geschichte wissen wir nur Bruchstücke. Die Sage erzählt, wie die Einwanderer zu einem Ackerbauvolke wurden, Städte bauten, Gewerbe trieben und sich an dem Handel betheiligten, der von Kabul aus durch ihr Land nach Babylon ging. Dadurch ward das Volk reich und friedliebend, so daß es dem Perserhäuptling Kyros (555) leicht gelang, den König Astyages zu besiegen und Medien seiner Herrschaft zu unterwerfen, indem er sein kriegerisches Volk als stehendes Heer im Lande vertheilte. Die Sage macht ihn sogar zu einem Sohn des Astyages. Assyrien und Babylonien, in der Tiefebene des Euphrat-Tigristhales gelegen, wurden von semitischen Ackerbauern und Hirten bewohnt, welche aber später den von Armenien her einbringenden Chaldäern unterthan wurden. Das Stromland war den Uiberschwemmungen der Zwillingsflüsse ausgesetzt, weshalb schon in alter Zeit Dämme, Kunststraßen, Kanäle, Schleusen und ausgegrabene Seebecken den Wasservorrath regulirten. Astronomie und Geometrie gehörten aber auch zu den ältesten Wissenschaften, in denen es die Priester (Magier) weit brachten, da sie das Sonnenjahr ziemlich genau berechneten.

Die älteste Geschichte Mesopotamiens ist in Sagen gehüllt, indem das Walten der Götter oder die Ergebnisse ganzer Zeiträume auf einzelne Personen übertragen und als deren Thaten erzählt sind. Das chaldäische Babylon soll von Nimrod (c. 2000) gegründet und von dessen Gemahlin Semiramis verschönert sein, die nach Nimrods Tode an ihres Sohnes Ninus Stelle regierte und Ninive baute. Nach einem Jahrtausend bestieg hier eine neue Dynastie den Thron, die sich durch Eroberungen berühmt machte. Denn Babylons und Ninives Macht beruhten auf dem Zwischenhandel zwischen Indien und dem Mittelmeer, welchen die Könige in ihre Gewalt zu bekommen suchten. Nachdem Medien und Babylon abhängig gemacht waren, drang Phul (770) nach Westen vor, machte Ephraim zinsbar, sein Nachfolger Tiglat Pilesar (740) Damaskus und Juda, Salmanassar (720) Phönizien und Israel, doch mußte Santherib (712) diese Eroberungen aufgeben, und 606 eroberte der Meder

Kyaxares in Verbindung mit dem Chaldäer Nafropolaffar von Babylon die Stadt Ninive, wo sich Sardanapal sammt seiner Burg und seinen Schätzen verbrannte und Ninive zerstört wurde. Seitdem verschwindet Affyrien aus der Weltgeschichte. In neuester Zeit haben Europäer in der Gegend von Mosul Nachgrabungen angestellt, viele Trümmer der alten Paläste, Bildsäulen und andern Schmuck gefunden, welche von der Größe der Stadt, ihrem Reichthum und hoher Kunstbildung zeugen. Auch viele in Gyps gegossene Archive in Keilschrift hat man gefunden, deren Studium die Gelehrten beschäftigt und noch manche Aufklärung verspricht, wie auch die jetzt enträthselte Hieroglyphenschrift der Egypter reiche Resultate für Egyptens alte Geschichte liefert.

Der mächtigste König des befreiten Babylons hieß Nebukadnezar (604 bis 561), welcher den Egypterkönig Necho schlug, Syrien, Phönizien und Juda unterwarf, Babylon verschönerte, den Handel auf dem persischen Meer förderte. Seine Nachfolger vermochten aber sein Werk nicht fortzusetzen, und so unterlag Babylon bald dem persischen Eroberer Cyrus.

Ninive und Babylon waren im Viereck gebaut und hatten 12 Meilen Umfang, denn jeder König baute sich einen Palast, der mit den dazu gehörigen Wohnungen der Hofleute, der Kasernen, Kaufleute, Parks und Exercirplätzen den Raum einer Stadt einnahm. Da nun innerhalb der Stadt Felder, Gärten und Jagdgehege sich befanden, so läßt sich der ungeheure Umfang der Städte erklären, außer denen es im Lande nur Flecken gab. Babylons Stadtmauer, aus gebrannten Backsteinen aufgebaut, hatte 350 Fuß Höhe und 37' Dicke. Der Belustempel stieg pyramidal in 8 verjüngten Stockwerken 600' hoch, trug im obersten Stock das Altar des Belusgottes und die Sternwarte und war von zahlreichen Hallen und Gewölben umgeben. Die schwebenden Gärten bestanden aus Terrassen, welche Bäume und Blumen trugen. Jetzt finden sich in meilenweiter Ausdehnung Trümmerhügel von Palästen, die Wohnungen der Schakals, Eulen und anderer Raubthiere.

Obschon Mesopotamien ein fruchtbares Getreide- und Weideland war, so verdankt es seine Macht doch nur dem Durchfuhrhandel indischer Waaren, welche vom persischen Meere oder über Persien kamen. Die zahlreichen Weideplätze gestatteten den Karavanenhandel, weil die Lastthiere hinreichendes Futter fanden. Den Tigris und Euphrat herab schwammen Schiffe mit armenischen Waaren; jene zerschlug man und verkaufte sie als Holz. Da in Babylon ein Zusammenfluß zahlreicher Karavanen und Producte stattfand, so entwickelte sich hier und in Ninive großer Luxus. In den langen gradlinigen Straßen sah man große Magazine, Karavanserien, Börsen und Marktstellen, und in andern Stadtvierteln verfertigte man Baumwollwaaren, oder stickte man Teppiche, arbeitete Bijouteriewaaren aller Art, Gefäße aus Glas und Metall, schnitzte Stockknöpfe und Nipptischsachen, färbte feine Zeuge. Die Blüthe erlebte dieser Handel unter Nebukadnezar, welcher am Flusse Dämme und Schleusen, einige Seebecken, Kanäle zur Entwässerung, Stromregulirung und Schifffahrt, und am

Meere einen Hafenplatz anlegte. Auch die medische Mauer im Norden Babylons sowie die Prachtbauten der Stadt stammen von ihm her. Uiber 250
Thürme standen in der Stadtmauer, welche 100 eherne Thore hatte, 130 Fuß
hoch und 400 Fuß lang dehnten sich die schwebenden Gärten aus, Gypsplatten
mit bunten Sculpturen deckten die inneren Wände der Paläste, Statuen schmückten
die Eingänge und Zinnen. Und ein solcher Palast hatte oft 1¼ Meile Umfang. Der Reichthum Babylons war so groß, daß das Bild des Gottes,
Altar und Tisch im Haupttempel 800 Pfd. Gold wogen und am Festtage 1000
Pfd. Weihrauch verbrannt wurden.

Da der babylonische Handel weithin sich ausbreitete, so nahmen Syrer,
Phönizier, Perser, Griechen und Römer das Gewicht, Maaß und Münze Babylons an. Das Talent (= 92 Pfd.) theilte man in 60 Minen, (Phönizier
wieder in 50 Sekel, die Griechen in 100 Drachmen). Um sich den Handel mit
Arabien und Indien zu sichern, legten die Babylonier am persischen Meerbusen
die Hafenkolonie Gerrha an, doch da die Perser dem Seehandel feind waren,
verfielen alle diese Anlagen. Erst Alexander nahm die Pläne Nebukadnezars
wieder auf, doch hinderte sein Tod deren Ausführung und sein Nachfolger vernachlässigte Babylon ganz, indem er Seleucia zur Hauptstadt erhob, mit welcher
sehr bald Ktesiphon concurrirte, seit die Handelsstraßen nach dem schwarzen
Meer, Smyrna, Sardes, Athen, Byzanz stark benützt wurden.

§. 7. Phönizien und Karthago.

Wenn in Indien die Priester, in Egypten und Mesopotamien Könige unumschränkt herrschten und zuweilen Handel und Verkehr begünstigten, so begegnen wir in den Phöniziern einem Volke, welches allein dem Handel und der
Industrie lebte, deshalb aber auch weder eine Kasteneintheilung noch ein unumschränktes Königthum duldete, denn die Geschlechter der Altbürger leiteten das
Gemeinwesen der Städte, in denen sich manches republicanische Element behauptete.

Die Phönizier gehörten zu dem semitischen Volksstamme, der vom Euphrat
und Tigris bis über den Libanon an den Küsten des Mittelmeeres wohnte und
ganz besondere Neigung zum Handel zeigte. Der Araber gedenkt die alte Geschichte nur beiläufig, und dennoch waren sie ein thätiges Mittelglied des Handels zwischen Indien und Phönizien. Das südliche Arabien, auf dessen bewäs-
serten Terrassen und in quellenreichen Thälern Weihrauch, Kassia, Balsam,
Myrrhe u. s. w. gediehen, muß zu den Ausfuhrländern gerechnet werden, da
diese Artikel im Alterthum in ungeheueren Massen verbraucht wurden. Daher
galten die Gerrhäer und Sabäer, die mit ihnen handelten, für die reichsten
Völker ihrer Zeit. Die Beduinen dagegen verdangen sich entweder als Fuhr-
leute oder als Sicherheitswache, oder sie plünderten die Karavanen aus. Die
semitischen Stämme bilden daher die Frachter oder Zwischenhändler des dama-

ligen Welthandels. Die am Fuß des waldreichen Libanon und am Saum der hafenreichen Küste wohnenden Phönizier wurden im großartigsten Sinne die Zwischenhändler des Welthandels, den sie zwischen Europa, Asien und Afrika, zwischen Nil und Don, Spanien und Indien, dem Kaukasus und abessinischen Alpen vermittelten.

Das Küsten- und Hügelland Phönizien, von Philistäa, Judäa und Cöle-syrien umgeben, hatte etwa 25 Meilen Länge und 4—5 Meilen Breite, einen mittelmäßig fruchtbaren Boden, aber dennoch viel volkreiche Städte mit 4—7 stöckigen Häusern. Die Lage des Landes wies das Volk aufs Meer, die zahl-reichen Häfen erleichterten den Seeverkehr und die Verbreitung des zum Handel geneigten semitischen Stammes nach Asien hinein förderten den Landhandel. Die älteste Stadt war Sidon, von welcher Thyrus (2700) gegründet war. Außerdem werden noch oft genannt Aradus, Tripolis, Biblus u. s. w. Von der Geschichte dieses Volkes haben sich nur einige Notizen erhalten. Es grün-dete sehr viel Kolonien und bildete daheim einen Städtebund mit einem Vorort (Sidon, später Thyrus) an der Spitze. Im Uibrigen regierte jede Stadt sich selbst. Der herrschende Stand waren die Zünfte der Altbürger (Aeltesten, Geschlechter) deren Vertreter den Senat bildeten und aus Erbgeschlechtern den König, den Richter und Hohenpriester wählten. Neben ihnen stand die Volks-masse, die aus den Zünften der freien Handwerker und Hörigen bestand und bei Gelegenheiten um ihre Meinung mußte befragt werden.

Da von Osten und Egypten her mächtige Feinde in die semitischen Län-der drangen, so drängten sich viele Flüchtlinge in Phöniziens Städten zusammen und überfüllten sie. Oft auch erhoben sich die Zünfte der freien und zinsba-ren Hörigen, so daß man diese unruhigen Elemente fortschaffen mußte. Dies gab die erste Anregung zur Aussendung von Kolonien. Es war aber auch Ge-wohnheit, daß die Phönizier an jedem wichtigen Handelsplatz Faktoreien anleg-ten, Grundbesitz erwarben, ein Stadtviertel erbauten, den heimischen Gottesdienst einführten und sich gelegentlich zum Herrn' des ganzen Orts machten, indem sie Kolonisten in Massen, die oft wider Willen hingeführt waren, sich ansiedeln ließen. Nun machte man den Bauer zum Sclaven, der den vierten Theil des Ertrags zahlen mußte und mit dem man beliebig schaltete wie mit einer Sache.

Sidon sandte besonders nach den Inseln des griechischen Meeres Kolonien, Thyrus später nach Westen. Es setzten sich, außer den Handelsplätzen an den Karavanenstraßen Asiens, Phönizier fest auf Cyprus, Kreta, Rhodos, Thasos, Barka, Malta, Sicilien, Sardinien, Minorca, Gades (Kadix), Karthago, Utika, Leptis ec., doch wurden sie später von den Griechen verdrängt und behaupteten sich nur in Nordafrika und Spanien länger.

Phönizische Schiffe und Karavanen durchzogen die ganze Welt und legten an wichtigen Knotenpunkten der Straßen heimische Ansiedelungen und Nieder-lassungen an, so daß sie von hier aus ihre Waaren vertreiben konnten. Diesen Handelswegen folgte die Kultur, ja ihr folgten die christlichen Apostel auf ihren

Missionsreisen und gründeten an solchen Plätzen Gemeinden. Die Phönizier verehrten Gestirne, böse und gute Naturkräfte, und hatten einen sehr sinnlichen Gottesdienst; deutet man aber die Sagen von den Wanderungen ihrer Götter historisch, so ersieht man, daß sie den Anbau der Cerealien, des Weines, Oel-baums, der Obstbäume, der Landwirthschaft verbreiteten und mythisch darstellten. Sie lehrten die Webekunst, das Schmiedehandwerk, Färberei, Bergbau, Erz-gießerei, Schreiben und Rechnen, wohin sie kamen, trieben aber auch den Men-schenhandel im Großen, da sie Sclaven als Waare oder als Fabrikarbeiter er-handelten.

Die Phönizier galten im Alterthum für die Erfinder des Handels, der Maße, Gewichte, der Münzen, Buchstaben und Zahlen. Ihr ältester Handel mag Hausirhandel gewesen sein, indem sie nach einer Küste fuhren, ihre Ankunft durch Trompetenklang bekannt machten, ihre Waaren unter Zelten zur Schau stellten und gelegentlich Menschenraub trieben. Zunächst trat Phönizien mit Babylon und Egypten in Handelsverkehr, betrieb ein vortheilhaftes Tauschgeschäft, verband damit eine umfassende Industrie, indem es Rohwaaren verarbeitete, und verschaffte sich endlich durch Kolonien und Faktoreien das Monopol des Waarenumtausches. Erst die großen Veränderungen in Babylons und Egyp-tens Geschichte, und die höhere geistige Kraft der concurrirenden Griechen brach-ten Phönizien herab. Salmanassar und Nebukadnezar schwächten durch ihre Siege das Land, wenn sich auch Neutyrus frei erhielt, bis es den Persern und Neu-tyrus Alexander dem Großen erlag, und Alexandrien für immer die phönizischen Seeplätze zur Unbedeutenheit herabdrückte.

Einen großen Vortheil besaßen die Phönizier darin, daß sie in Südspanien ein unerschöpfliches Silberland entdeckt hatten, wo sie bergmännisch den Gru-benbau trieben und gegen Tand das Silber eintauschten. Dieses Silber wurde für die ganze damalige Welt das Geld und im indischen Handel das gang-barste Tauschmittel. Es wurde abgewogen und gestempelt, das Gold in Barren oder Scheiben als Münze ausgegeben. Da die Phönizier die edlen Metalle in den Handel brachten, wobei sie den Königen als Tribut wieder zufloßen, so läßt sich der ungeheuere Silberreichthum des Alterthums erklären. Sardenopal soll sich mit 10 Mill. Talenten Gold und 100 Mill. Talenten Silber (52 Milliarden Thl.) verbrannt haben. Die Zinnen der einen Ringmauer Ekbata-nas waren mit Silber-, die andern mit Goldplatten bedeckt, die Burg von innen und außen mit Gold- und Silberblech belegt; Silber- und Goldziegel deckten die Tempel. Kyrus erbeutete in Asien 54000 Pfd. Gold und eine halbe Million Talente Silber, Alexander in Susa 50000 Talente, in Ekbatana 180.000, in Persepolis 120.000, in Pasargadä 6000, und doch fand Antiochus später in Susa noch 15000 Talent an Gold- und Silbergeräth. Salomo be-zog aus Syrien 17 Mill. Thl. Steuer; er gab aber auch zum Tempelbau 52 Milliarden Thl. und 10.000 Talente her.

Einen sehr lohnenden Handel trieben die Phönizier mit Zinn, welches sie

aus England holten, und mit Kupfer (aus Syrien, Cypern), aus denen sie
allerlei Gefäße verfertigten, die sie in Ostafrika sogar gegen Gold umtauschten.
Großartig war der Sclavenhandel, da man viel Sclaven in den Fabriken und
auf der Flotte als Ruderer brauchte und damals in der ganzen Welt die Diener im Hause gekaufte Sclaven waren. Sclavenhändler folgten den Kriegs-
heeren, um Gefangene zu erkaufen, da sie zugleich als Lieferanten und Marke-
tender sich betheiligten, in Syrien und Palästina hielt man große Sclavenmärkte
von Luxussclaven (oft für ⅛ Gulden die Person), während der Kaukasus die
Arbeitssclaven lieferte.

§. 8. Phönizien (Fortsetzung): Handelsbetrieb.

Die Phönizier verstanden den Vortheil, jedem Lande die Artikel zuzuführen,
welche dort fehlten. Oel aus Judäa vertauschten sie in Spanien gegen Silber,
ehernes Geräth aus Syrien gegen Zinn in England, egyptische Salben und
Glaswaaren gegen attisches Topfgeschirr, spanische Frettchen gegen attisches Oel,
spanische Fische gegen Getreide vom schwarzen Meer. Syrische und judäische
Weine gingen nach Egypten, Arabien, Babylonien und Indien, Griechenland
und den eigenen Kolonien. Getreide und Mehl bildeten das Monopol der
Könige, Früchte, Rosinen, Datteln, Leder, Wolle, Tücher, Pferde, Affen und
Pfauen waren Handelsartikel, außerdem fertige Kleidungsstücke (gefärbt und unge-
färbt, gewalkt und appretirt), Teppiche, Galanterie- und Luxuswaaren (Glas,
Bernstein), Arome, Gewürz.

Was den Handelsbetrieb selbst anlangt, so war der Großhandel das Monopol der Könige und vornehmen Geschlechter, unter denen wiederum einzelne
Handelszweige oder Handelsverbindungen Monopol waren, z. B. Getreide und
Purpurfärberei Privilegium der Könige. Seine Waare vertrieb der Kaufmann
selbst oder durch Reisediener, weshalb er viel auf Reisen sich befand, sei es
alljährlich oder so oft er seine Waare absetzen wollte. Manche Kaufleute hatten
sich in fremden Städten niedergelassen und trieben dort ihr Geschäft. Den
Schutz derselben sicherte der Mutterstaat durch Konsuln und besondere Verträge
mit den betreffenden Landesherren und suchte ihnen Grundbesitz, Corpora-
tionsrechte und Privilegien zu verschaffen.

Diese auswärtigen Kaufleute trieben Geld- und Wechslergeschäfte, liehen
Geld aus und betheiligten sich dadurch an manchen industriellen Unternehmungen. In griechischen Städten trieben sie Bodmerei, indem sie auf Schiffe gegen
hohen Zins Geld vorschossen. Andere machten Geschäfte als Rheder und Schiffs-
eigenthümer, oder verführten als Großhändler ihre Waare, die Meisten aber
beschäftigten sich mit dem Kleinhandel, und zogen als Hausirer umher. Noch
Andere hatten sich auf Industrie geworfen und arbeiteten als Purpurfärber,
Salbenbereiter, Köche, Bäcker und Schenkwirthe.

Der Landhandel brachte viel Mühseligkeiten. Man reiste in Karavanen entweder nach den Hauptstapelplätzen oder nach den Jahresmessen der religiösen Feste. Nach den Nationen legten die Verkäufer unter Zelten oder Bazars ihre Waare aus und gingen nach dem nächsten Meßplatz, wenn das Fest vorüber war. Esel und Maulthiere, selten Kameele, wurden nebst ihren Besitzern, besonders den Arabern, gemiethet, die vom arabischen und persischen Meerbusen (Sabäer und Midianiter) auch wohl auf eigene Rechnung Waaren herbeibrachten. Gegen die Anfälle der Bedninen sicherte man sich durch Schutz- und Geleitsgeld. Außerdem zahlte man noch für das Wassertragen an den Brunnen und Cisternen, denn in wasserlosen Gegenden mußten die Karavanen von den Umwohnern mit Wasser versorgt werden. Auch für die Benutzung der gebahnten Straßen (Königswege) und Karavanсereien zahlte man, und natürlich an jeder Landesgrenze Zoll. Die Straßen durch die Wüste hatten Wegweiser und auf solchen Straßen gingen die königlichen Couriere. Für Babylon betrug der Zoll den zehnten Theil, und in Thapsakus war das Hauptzollamt; in Egypten waren die Zölle, besonders die Ausgangszölle, noch höher und in Arabien mußte man jedem Scheich noch ein ansehnliches Geschenk geben.

Wenn die Phönizier durch Verträge den Landhandel sicherten, so suchten sie durch Verbesserung des Schiffbaus das Uebergewicht im Seehandel zu behaupten, da sie von Babylonien und Egypten die nöthigen astronomischen Kenntnisse entlehnten, um das Schiff sicher zu steuern. Phönizier erfanden das große Kauffahrteischiff und die großen Kriegsschiffe. Anfangs baute man nur Zweiruderer oder Galeeren, die Sidonier später Dreiruderer, Karthager gar Vierruderer, doch in späterer Römerzeit kehrte man zu den altphönizischen Galeeren zurück, die man aus Cedernholz baute auf den Schiffswerften am Fuß des Libanon. Als Mast benützte man Cypressen, zu Rudern Eichenholz, überzog den Kiel mit Kupfer, webte im Lande Seile und Segel. Kauffahrer hatten runde Gestalt und benutzten besonders Segel, große Kauffahrer hießen Tarsisschiffe; Kriegsschiffe waren länglich, hatten vorn einen eisernen Stoßbalken und Ruder, da man sie sicher lenken wollte. Großen Schiffen gab man kleinere Ruberschiffe der Landung wegen bei und hielt auf die strengste Ordnung und Raumersparniß im Schiffe. Verdeck und Bord waren hoch, der Hintertheil thurmartig.

Nicht nur die phönizischen Schiffbaumeister verstanden ihre Kunst ausgezeichnet, sondern auch die Steuermänner, die sich nach dem Polarstern, Strömungen, Flug der Vögel, dem Vorkommen gewisser Fische u. s. w. orientirten, und in der Schnelligkeit standen daher die phönizischen Schiffe den unserigen ziemlich nahe, da man 10—17 Meilen den Tag zurücklegte. Die Kriegs- und Handelsflotte war stark und kostete jährlich bedeutende Summen; das Contingent zur Flotte im Perserkrieg betrug 300 Kriegs- und 700 Frachtschiffe, mit etwa 120000 Mann Besatzung und 17 Mill. Thlr. Kosten.

§. 9. Phönizien (Fortsetzung). Waaren und Wege.

Die Geschichte der Phönizier lehrt uns überhaupt Umfang und Art des alten Handels kennen, weshalb wir ihre Handelsartikel und Handelsstraßen anführen, da sie zum Theil noch jetzt benützt werden.

Die Hebräer, besonders die in Galiläa, lieferten die Erzeugnisse ihres Landes, betheiligten sich an industriellen Unternehmungen und wohnten in phönizischen Städten oder zogen als Kolonisten mit aus. Dagegen hielten phönizische Kaufleute vor den Thoren, wo die Bazars sich befanden, oder in besonderen Straßen ihre Waare feil. In Jerusalem hatten ihre Krämer und Goldschmiede sogar in der Nähe des Tempels ihre Buden. Handelsstraßen gingen über Sichem nach Damaskus über Jerusalem nach dem rothen Meer oder Egypten und dem Euphrat. Auch die Philistäer setzten ihre Produkte als Durchgangswaare nach Phönizien ab. Die Hebräer verkauften Weizen, Honig, Oel, Balsam, (der Getreidehandel allein belief sich auf einen Werth von 12½ Mill. Thl.) Wolle, Leinwand, Flachs, wollene und linnene Kleider mit Buntwirkerei, Gürtel, Byssus, Styrax, Asphalt, Ladanum und Ruder aus Eichenholz. Balsam, in besonderen königlichen Gärten gezogen, und Nußbattel waren königliche Monopole.

Zwischen Assyrien und Phönizien gab es schon in uralten Zeiten Handelsverkehr, denn über Babylon, Nisibis, Edessa und Haran gingen jährlich zweimal die Pilgerfahrten, und Schrift, Maaß, Gewicht und manche Handelseinrichtung entlehnten die Phönizier von dem alten Kulturland Babylonien. Feinere indische und chinesische Waaren, besonders Arome oder Zeuge und Seide bezog man von Mesopotamien, wogegen man Purpurzeuge, Silber und Zinn einführte.

Drei Hauptstraßen führten nach Innerasien. Von Egypten ging die eine am todten Meer vorüber durch das Land der Ammoniter und Moabiter nach Damask, die andere kam aus Arabien über Jericho durch Samarien und Judäa nach Damask, und die dritte gewöhnliche aus Egypten über Galiläa, Judäa, Samaria, Thyrus, Dan nach Damask. Von hier aus berührte sie Hamath am Orontes, überschritt bei Thapsakus den Euphrat, wo die assyrisch-medischen Straßen sich kreuzten.

Ein kürzerer Weg führte von Thyrus durch die Wüste über Palmyra in 14 Tagen nach Babylon, oder noch südlicher kam man von Egypten durch die syrische Wüste in 20 Tagen nach der Euphratstadt. Am Euphrat hinab lagen Haran, großer Meßplatz arabischer und assyrischer Waaren, Nisib (an der Straße von Haran nach Ninive und Hauptmarkt für parthische Waaren) Kilmad, Assur.

Von Assyrien erhielten die Phönizier die indischen, chinesischen und arabischen Waaren, buntgestickte Kleider, Putzsachen, Prachtröcke, Mäntel von Leinwand oder Byssus mit eingestickten oder eingewirkten Bildern, Teppiche und Decken. Alle diese Buntzeuge standen hoch im Preise, denn Nero zahlte für

2*

eine Decke seines Speisedivans 4 Mill. Sestertien. Auch Rohseide, Seidengarn und Seidenstoffe, Korallen, Edelsteine und Woile führte man von dorther aus, dagegen Bauholz, Wein, Olivenöl, Zinn und Silber nebst Purpurzeugen in jene Länder ein.

Mit Arabien endlich und dem persischen sowie dem arabischen Meerbusen unterhielt Phönizien seit alter Zeit Handelsverbindungen. Ja mit Salomos Hilfe besetzten sie am Ostarme des rothen Meeres die Hafenplätze Elath und Ezongeber um selbst nach Indien, Ostafrika und Ceilon zu fahren. Früher bezogen sie diese Waaren über Egypten und die Landenge von Suez, später zog sich der Handel aber nach dem persischen Meerbusen; da aber alle diese Straßen an der Küste Philistäas mündeten, so war der Besitz dieser Küste der Zankapfel Egyptens, Assyriens und Babyloniens.

Von Elat ging eine Straße durch die Wüste nach Gaza, die andere über Petra nach Gaza, Jericho und Tyrus, die dritte Hauptstraße von Damask über Jericho und das todte Meer nach Egypten, wo in Gadara, Gileads Hauptstadt, Hauptmeßplatz war. Südlich erstreckte sich die Straße von Elat nach Südarabien zu den Sabäern. Von hier aus bezog man Rohwaaren (Kameele, Schafe, Ziegen, Felle, Wolle, Ziegen- und Kameelhaar) und Datteln nebst indischen und ostafrikanischen Produkten, führte dagegen Kleider, Zeuge, Wein, Oel, Getreide, Metalle, Bijouterien, Sclaven und Wein, Pferde und Maulthiere ein.

Der Seehandel Egyptens war lange Zeit ganz in den Händen der Phönizier, welche Leinwand, Getreide, Papier, Segeltücher, Stricke und Netze, Glaswaaren, Salbengefäße, Farbestoffe, Arzneiwaaren und Fische abholten, dagegen Einbalsamirungsstoffe, besonders Cedernöl, Wein, Oel, Sclaven, Brennholz einführten und Pelusium zum Hauptstapelplatz machten. Natürlich kamen aus Egypten auch Waaren Innerafrikas: Goldstaub, Elfenbein, Straußfedern u. s. w.

Den Phöniziern mußte die ganze damals bekannte Welt Waaren und Tauschmittel liefern; nichts war ihnen zu gering, was sie nicht hätten zu Geld machen können.

§. 10. Karthago.

Phönizien hat sich zum größten Handelsstaat der alten Welt erhoben, da ihm aber die äußere Macht fehlte, seine Handelsinteressen zu schützen, so erlag es den großen Eroberern Vorderasiens, und da in neuerer Zeit die Meeresströmung den Nilschlamm nach der Küste Phöniziens treibt, so sind die alten Häfen mehr oder minder versandet.

Als Phönizien sank, übernahm die Kolonie von Tyrus, Karthago (in der Nähe des heutigen Tunis), die Erbschaft und suchte seinen Handel auch durch Waffengewalt zu schützen und zu verbreiten. Im J. 888 soll es von Elissa, einer verwittweten Königin, gegründet worden sein. Zwar gelangte es bald zur Unabhängigkeit von der Mutterstadt, schloß aber ein Schutz- und Trutzbündniß mit ihr, weshalb es ihr auch gegen Alexander den Großen beistand. Unterdessen hatte es aber auch die phönizischen Pflanzstädte an Afrikas Nordküste von sich abhängig gemacht und sich auf Sardinien, Korsika und den Balearen festgesetzt, nachdem es seine Uebermacht gegen den Handelsstaat der Etrusker bewährt hatte. Auf allen eroberten Inseln legte es Kolonien, Straßen und Häfen an, breitete seine Verbindungen über Westspanien aus und machte die Bewohner des Atlasgebirges zu hörigen Unterthanen, welche Soldaten und Steuern geben mußten. Diese Stellung Karthagos zu zahlreichen kriegerischen Völkern zwang Karthago, eine starke Militärmacht zu halten, so daß ein Theil der vornehmen Geschlechter die Militär- und Gouverneurämter verwalteten und einer der Suffeten stets General war, während Andere als Diplomaten und Finanzmänner sich auszeichneten.

Wollte Karthago seinen Handel im Westtheile des Mittelmeeres sichern, so mußte es Herr des fruchtbaren Siciliens werden, welches von zahlreichen griechischen Städten besetzt war. Lange kämpfte es mit Syracus um die Herrschaft über Sicilien, und als auch die Römer nach dem Besitz der Insel trachteten, führte es den verlustreichen ersten punischen Krieg (264—241), der Sicilien in römische Gewalt brachte. Nun suchte der patriotische Hamilkar Barkas Ersatz in Spanien, eroberte den Süden dieses Landes, und sein genialer Sohn Hannibal drang bis zum Ebro vor. Da mischten sich die Römer ein. Hannibal begann den zweiten punischen Krieg (218—201), führte ihn anfangs glücklich in Italien, aber da ihn Karthago nicht unterstützte, die Römer das punische Spanien eroberten, und Scipio von Sicilien aus nach Afrika übersetzte, so mußte auch Hannibal dahin zurückkehren, verlor die Schlacht bei Zama und starb in Kleinasien in freiwilliger Verbannung. Noch fürchteten die Römer das gedemüthigte Karthago, begannen daher den dritten punischen Krieg (149—146), welcher mit Karthagos Zerstörung endigte. Später baute man die Stadt wieder auf, die unter den römischen Kaisern Zuflucht und Sitz wissenschaftlicher Bildung und christlicher Gelehrsamkeit wurde, dann in die Hände der Vandalen fiel, die von hier aus die Küsten des Mittelmeeres und Rom selbst plünderten, bis sie Belisar für den griechischen Kaiser eroberte, denen die Araber sie wieder entrissen, deren Nachkommen sich als Seeräuber lange furchtbar machten.

Wie Phönizien behandelte auch Karthago die unterjochten Völker mit grausamer Härte, suchte aber auch durch kühne Entdeckungen sein Handelsgebiet zu erweitern. Es stand durch Karavanen mit Innerafrika in Verkehr, und Hanno segelte mit 60 Schiffen, die 30000 Kolonisten trugen, nach Westafrika, kam dabei bis Senegambien und die Sierra Leonaküste, besetzte Madera und die kanarischen Inseln, doch hat diese That keinen bleibenden Erfolg gehabt. Ein anderer Karthager Himilko segelte über England hinaus und ist möglicher Weise bis Norwegen gekommen, doch ist sein Bericht verloren gegangen.

Mit Karthago schließt der wichtigste Theil der Handelsgeschichte des Alterthums ab, und in neuerer Zeit hat man erst wieder entdecken müssen, was den Karthagern bekannt war. Handelspolitik, Kolonialsystem, Monopolisirung und

Finanzwirthschaft nebst Industrie haben die semitischen Stämme am meisten ausgebildet, aber da sie ihre Macht auf Unterdrückung der Nationen gründeten, den Handel monopolisirten, daher überall sich Feinde machten, so konnten sie ihre Gewalt nicht behaupten.

§. 11. Geschichte der Israeliten.

Obschon die Israeliten als Handelsvolk im Alterthum nicht hervortraten, da sie sich nur unter David und Salomo am phönizischen Handel betheiligten, so ist ihre Geschichte doch von weltgeschichtlicher Bedeutung, da sie im Alterthum das einzige Volk waren, welches nur Einen Gott glaubte und diesen Gott als ein geistiges Wesen verehrte, welches die äußere Welt erschaffen habe und erhalte, aber deshalb auch über derselben stehe und sie vernichten könne. Jesus Christus gebot, am Gesetze Moses zu halten, da es göttliche Offenbarung sei. Mohamed entlehnte der jüdischen Religion sehr Vieles und erklärte Moses für einen Propheten, so daß aus Palästina alle monotheistischen Religionen (d. h. die nur das Dasein Eines Gottes lehren) stammen. An den religiösen Schriften und Liedern der Psalmisten und Propheten haben sich seit Jahrtausenden Millionen Herzen erbaut und werden sich noch Jahrtausende erbauen, in ihnen Trost und Erquickung finden. Da das Christenthum aus dem Judenthum hervorging, so ist dessen Geschichte wichtig als Vorgeschichte des Christenthums.

Das Vaterland der Israeliten hieß das gelobte (d. h. von Gott verheißene) Land oder Palästina, war 20 Meilen breit, 30 lang und hatte etwa 450 ☐ Meilen Umfang. Im Osten durchfloß es in einem tief eingeschnittenen Thal der Jordan, welcher den See Tiberias oder Genezareth (auch galiläisches Meer genannt) durchfloß und im Salzmeer oder todten Meer endigte. Weiter nach Norden, nicht weit von den Jordanquellen an den Ausläufern des Hermon und der alten Grenzstadt Dan fließt der Jordan durch den trüben Schilfsee Merom, wo Schlangen, Büffel und wilde Schweine hausten.

Den Osten und Westen des Sees Tiberias umgaben steile, schluchtenreiche Abfälle, schwarze Basaltfelsen von 1000 Fuß Höhe und andere malerische Berge, Süden und Norden die fruchtbaren Ebene am Jericho mit Palmen, Oelbäumen, Weingärten, Feigen, Citronen, Melonen und Oleander, wo Nachtigallen, Blaudrosseln und wilde Tauben nisteten, und zahlreiche Ortschaften lagen.

Am See stand der Fischerflecken Kapernaum, weiter abwärts Bethsaida, am Südende der Ebene Magdala die prächtige Stadt Tiberias. Von hier floß der Jordan im engen Thale 25 Stunden lang zwischen steilen 2—3000 Fuß hohen Felsen, von denen hie und da Bergwasser herabstürzten. Vor der Mündung erweiterte sich das Thal zum „Gefilde, Blachfeld oder Feld von Moab", wo Jericho lag, umgeben von Palmenhainen, Weizenfeldern, Rosen-, Feigen- und Granatgärten, Tamarisken- und Balsamgebüschen. In der Nähe stand das uralte Gilgal und noch etwas weiter das 10 Meilen lange und 2—3 Meilen breite todte Meer, dessen Ufer zerklüftete Steinsalzfelsen bildeten, und dessen Spiegel 1200 Fuß tiefer als das Mittelmeer steht. Die ganze Thalsohle hieß Ghor und setzte sich als trockene Rinne bis zum rothen Meer fort.

Oestlich vom Jordanthale zog sich das städtereiche Bergland Gilead oder Peraea hin. An den Hermon schloß sich das schwarze Felsenland der Ebene von Basan an, auf welchem öde Flächen mit Eichenwald und Oasen wechselten, wo Gadara als Stapelplatz des egyptisch-assyrischen Handels reich und üppig wurde. Südlich daran bewohnten Ammoniter die Kalksteinplatte des Gebirgs von Gilead, auf der Getreide, Balsamstauden, Obst und Eichen herrlich gediehen. Noch weiter südlich erstreckte sich das Plateau von Moab.

Palästina im engern Sinne bildet eine Hochebene von 1500—1700 Fuß, die vom Hermon und Libanon ausgeht und von Ost nach West von Thälern durchschnitten wird, die es in verschiedene Hochebenen theilen. Die nördlichste derselben hieß Galiläa, die im Süden von Thal Jesreel begrenzt wurde, und reich an Wiesen, Gärten, Aeckern und Ortschaften war. An der Meeresküste von Akko bis Thrus wohnten Phönizier, der Nordrand des Thals hieß Gebirge Naphthali oder galiläisches Gebirge, wo der isolirte Taborberg (1000 Fuß hoch) lag, westlich im Thalkessel eines weißen Kalkgebirges Nazareth und zwischen Naphthali und Tabor der Berg der sieben Seligkeiten mit großartiger Aussicht. Über die wald- und weidenreiche Ebene Sebulon stieg man zur Ebene des Mittelmeers hinab, wo die Ebene Jesreel oder Esdrelon bei Akko (oder Ptolemais oder Jean d'Acre) mündete und mit der Ebene von Thrus sich vereinigte, welche 10 Stunden lang und 1 Stunde breit war und Sidon sowie Sarepta trug.

Südlich vom Thal Jesreel erhob sich das Bergland Samaria (auch Gebirge Ephraim oder Israel genannt), das bis Jerusalem und Jericho aufsteigend reichte, voll Schluchten und Engthäler war, Weiden, Obstgärten, aber auch öde Strecken besaß. Im Nordwest trat der 200 Fuß hohe Karmel bis ans Meer. In der Nähe des Thals von Sichem erhob sich der Berg Garizim, weilten die Patriarchen, und lag die Hauptstadt Samaria auf einem Hügel zwischen Feigen- und Oelbäumen.

Das Hochland südlich von Samaria hieß Judäa oder das Gebirge von Judäa, welches sich von Jericho aus in Absätzen nach dem Mittelmeer senkte, wo es eine Küstenniederung von 4—6 Meilen bildete. Im Norden stieg diese Hochebene 2500 Fuß, im Süden 3000 Fuß, und sandte viel Thalschluchten nach Osten und Westen. Mitten durch die Hochebene zog sich das Kidronthal und Hinnomthal, welche eine Bergzunge herausschnitten, die 2300 Fuß hoch lag und im Nordost mit dem Gebirge Ephraim zusammen hing. Auf drei Seiten fiel sie schroff ins Thal hinab. Sie trug auf ihren Hügeln die Hauptstadt Jerusalem, deren westliche Hügel Akra und Zion, die östlichen Bezetha, Morija und Ophel hießen. Oestlich gegenüber erhob sich der dreigipflige Oelberg noch 300 Fuß höher als die Stadt. Oelbäume, Feigen, Mandeln, Johannisbrod, Aprikosengärten wechselten mit Ackerland, und am Westhange lag die Meierei Gethsemane, wo jetzt noch 8 uralte Oelbäume stehen.. Am Osthänge hatte sich Bethanien angebaut, nördlich lag Bethel, südlich Bethlehem. Nach Jericho führte der Weg durch wüstes, steiniges Land, wo Räuber hausten. Auf der höchsten Stelle Judäas stand Hebron am Abhange über einem fruchtbaren Thalkessel, an dessen Westseite der Olivenhain Mamre sich befand zwischen Wiesen und Feldern. Den Südost bildete das Grenzgebirge der Amoniter, in dessen Mitte Bersaba stand, umgeben von Weideplätzen und uralten Brunnen, wogegen am todten Meer sich die Wüste Juda hinzog.

Vom Karmel dehnte sich 11 Meilen am Meere hin die 2—6 Meilen breite Ebene von Saron aus, wo Sanddämme mit Felsklippen und Wiesen wechselten, auf denen Lilien, Hyazinthen, Narzissen und Tulpen wild wuchsen, Thymian und Rosen dufteten, Gazellen weideten, Wölfe nach Beute schlichen und Geier kreischten. Hier lag Gilgal mit seiner Prophetenschule, am Abhange eines Kegelberges zwischen Granat- und Oelbäumen Joppe mit großartiger Aussicht über Land und Meer, und weiter nach Süden zog von Asdod bis Gaza das 4 Meilen lange und 1 Meile breite Felsenland der Philister mit seinen festen Städten und kriegerischen Bewohnern.

Das reich gesegnete Land Palästina war von Natur bestimmt zu Ackerbau und Viehzucht, denen die Israeliten auch mit großem Fleiß oblagen. Ihr König Saul pflügte seinen Acker, wenn er vom Kriege heimkehrte, und die Patriarchen pflegten die Viehzucht. Erst später wandten sich die Israeliten dem Handel zu.

§. 12. Geschichte Israels.

Die älteste Geschichte der Israeliten erzählt von dem frommen Leben der nomadisirenden Patriarchen oder Erzväter. Am Fuß des Ararat stieg Noah aus der Arche, und seine Nachkommen verbreiteten sich über das nördliche Mesopotamien. Aus dem Lande Ur in Chaldäa zog dann Abraham nach Haran und von hier in Gesellschaft seines Neffen Lot nach Sichem im heidnischen Kanaan, wo sie friedlich ihre Kameel-, Ziegen- und Schafheerden weideten, Wolle spinnen ließen, dem Jehova eine Opferstätte bauten und seinen Namen predigten. Gott segnete den frommen Abraham und ließ ihn nach Hebron ziehen, wo er am Hain Mamre sein Zelt aufschlug. Denn er hatte sich von Lot getrennt, weil ihre Hirten oft wegen der Weidenplätze und der Brunnen in Streit geriethen. Lot wanderte den Jordan hinab in die fruchtbare Ebene Sidbim, in welcher die üppigen Städte Sodom und Gomorrha lagen. Doch gerieth er hier in Gefangenschaft, aus welcher ihn Abraham mit Gewalt befreite. Bald darauf rettete der Herr Lot, als er Sodom und Gomorrha durch Feuer vertilgte.

Abraham zog unterdessen von einem Weideplatz zum andern und erhielt von der Sara endlich einen Sohn, Isaak, wogegen die Hagar den Ismael gebar, den Stammvater der Araber. So lieb Abraham aber auch seinen Sohn Isaak hatte, so war er doch entschlossen, ihn auf Gottes Gebot zu opfern. Doch Gott verbot ihm dieß. Aus Mesopotamien holte sich Isaak die Cousine Rebekka als Gemahlin, welche ihm den frommen Jakob gebar. Auch dieser wanderte nach Mesopotamien, um sich eine Frau zu holen, diente beim Onkel Laban 14 Jahre um die Rachel und wurde ein reicher Nomad, wogegen sein Bruder Esau Jäger blieb, dem er das Recht der Erstgeburt durch ein Linsengericht abgekauft hatte.

Jakob wohnte zu Bethel und hatte 12 Söhne: Ruben, Simeon, Levi, Juda, Isaschar, Sebulon, Joseph, Benjamin, Dan, Naphthali, Gad und Asser. Des Vaters Liebling war Joseph, den die Brüder deßhalb haßten, in eine Grube warfen, um ihn umkommen zu lassen, und endlich an einen Kaufmann als Sclaven verkauften. Joseph kam nach Egypten in das Haus eines Hofbeamten Potiphar, dessen Vertrauen er sich durch Treue und Klugheit erwarb. Doch stellte ihm dessen unzüchtige Frau nach und verleumdete ihn bei ihrem Gemahl, als er nicht in ihr sündhaftes Begehren willigte. Der fälschlich angeklagte Joseph kam ins Gefängniß, aber glückliche Traumdeuterei befreite ihn, machte ihn sogar zum Minister, als Hungersnoth dem Lande drohte. Da sein Vater aber Mangel an Getreide litt, sandte er seine Söhne nach Egypten, Getreide zu kaufen. Joseph erkannte sie, strafte sie für das an ihm begangene Unrecht durch Schrecken, ließ dann Vater und Brüder nach Egypten kommen, wo sie einige Jahrhunderte wohnten.

Joseph hatte sich zwar um Egypten verdient gemacht, aber nach seinem Tode wurde dieß vergessen, und da sich sein Stamm im Lande Gosen, wo er von Viehzucht lebte, sehr vermehrte, das Nomadenleben den Egyptern auch sehr verhaßt war, so bedrückte man sie durch Frohnten, Abgaben und andere Lasten, bis sich endlich Moses entschleß, sein Volk aus dem Lande zu führen. Er war der Sohn einer Hebräerin und vom König zum Tode bestimmt, wurde aber gerettet, von der Pharaonentochter erzogen, später in allem egyptischen Wissen unterrichtet und Führer der Hebräer.

Bekanntlich zogen diese durch's rothe Meer, in welchem ihre Verfolger, die Egypter, umkamen, wanderten 40 Jahre unstät in der Wüste umher, wo sie auf dem Sinai die 10 Gesetze auf 2 Tafeln erhielten und nach Moses Tode unter Josua über den Jordan drangen, Jericho erstürmten und unter blutigen Kämpfen die Kananiter aus ihrem Lande drängten. Sobald ein Stück Land erobert war, besetzte es einer der 12 Stämme, so daß nach und nach Palästina besetzt wurde. Aber es fehlte an einem Oberhaupte, und da die Landesbewohner und Nachbarn häufig gegen die eingedrungenen Fremdlinge zu Felde zogen, erlitten diese oft großen Schaden. Da erhob sich in Zeiten der Noth ein begeisterter Patriot als Richter und befreite seinen Stamm. Die Thaten solcher Retter und Volksführer erhielten sich lange im Munde des Volkes, welches gern erzählte von Debora, der gottbegeisterten Richterin, von den verwegenen Abenteuern Gideons, der die Midianiter züchtigte, von Jephtha, der die Ammoniter schlug und seine eigene Tochter dem Jehova opferte, und von Simson, der die Philister so oft bezwang.

Da die Israeliten aber einsahen, ohne einheitliche Regierung würden sie den Feinden doch unterliegen, so verlangten sie vom Hohenpriester Samuel einen König. Nach fruchtlosen Warnungen gab ihnen Samuel den Saul (1050) einen Mann, der die Ammoniter und Philister besiegt und den Hohenpriestern geholfen hat, die Gesetze des Moses und religiöses Leben im Volke zu befestigen. Saul vertheidigte sein Land, lebte dabei als Bauer auf seinem Landgute und hielt keinen Hof; auch mochte er nicht Diener der Priester sein. Daher wurde er diesen mißfällig, und sie salbten den tapfern David, den siegreichen Bekämpfer der Philister, zum König. Zwar brachen zwischen Saul und David bittere Streitigkeiten aus, aber als Saul sich in einem unglücklichen Treffen selbst tödtete, ward David König und rottete Sauls Geschlecht aus. Mit David (1050—1000) beginnt die Glanzperiode der jüdischen Geschichte. Er dehnte die Grenzen seines Reiches bis zum rothen Meer und Euphrat aus, machte Damaskus zur Provinz, vernichtete die Feinde am Ostjordan, eroberte der Jebusiter Hauptstadt Jerusalem, machte deren Burg Zion zur Residenz und ordnete den Gottesdienst, indem er die Bundeslade nach Jerusalem brachte, Sängerschulen errichtete, schöne Psalmen dichtete. Er herrschte aber nach orientalischer Weise, hielt ein Harem, eine Leibwache, ordnete das Heerwesen und legte viel Steuern auf. Dies machte Viele im Volke unzufrieden, weshalb sein rebellischer Sohn Absalon Anhang fand, und den Vater zur Flucht zwang, aber nach einem verlornen Treffen an einem Terebinthenaste mit den Haaren hängen blieb und erstochen ward, worüber David bitterlich weinte.

Salomo, der Weise (1000—950) regierte in der Weise des Vaters, führte orientalischen Luxus ein, baute viel Paläste und Staatsgebäude, aber auf dem Hügel Moriah auch den Tempel, dessen Balkenwerk im Innen mit Goldplatten überzogen war, förderte den Handel; hielt ein stehendes Heer mit Streitwagen und Reiterei, heirathete aber auch heidnische Prinzessinnen und gestattete ihnen Götzendienst. Hierzu bedurfte er viele Steuern und Frohnten, worüber die Juden sehr unzufrieden wurden. Als daher nach seinem Tode sein Sohn Rehabeam keine Erleichterung der Steuerlast zugestand, wählten 10 Stämme den Empörer Jerobeam zum König, und nur Juda und Benjamin hielten fest am Hause Davids.

Seitdem schied sich das kleine Land in die beiden Reiche Israel, die nördlichen 10 Stämme, und in Juda, die sich haßten und anfeindeten. Die Könige Israels gestatteten in ihrer Hauptstadt oft den Götzendienst, und auch in Juda fielen einzelne Könige ab vom strengen Mosaismus. Daher fehlte es nicht an Empörungen und Gewaltthaten. Viele Könige wurden ermordet, so daß die

Reiche nicht zur Ruhe kamen. Zwar erhoben fromme Männer, von Gott begeistert, ihre warnende Stimme, um das Volk zur Frömmigkeit, Demuth und Gottergebenheit zu ermahnen, aber diese Propheten wurden oft von den Königen hart verfolgt, vom Volke nicht beachtet. Unglücklicherweise trachteten damals assyrische, egyptische und babylonische Könige nach Syriens Besitz und benützten die Uneinigkeit in den jüdischen Ländern.

Blutige Kriege hatte Israel mit Damask. Daher rief König Menahem einst den assyrischen König Phul zu Hilfe. Menahem machte sich ihm zinsbar, doch raubte Phul das Land aus und nahm viele Einwohner mit sich fort.

Als sich der israelitische König Pekah mit Syrien und Damask gegen Ahas von Juda verband, unterwarf sich Ahas trotz Jesajas Abrathen dem Assyrer Tiglat Pilesar, damit er ihn gegen seine Feinde schütze. Die Abhängigkeit von Assyrien wollte Hosea von Israel los sein, daher empörte er sich, als Salmanassar gegen Phönizien und Egypten zog. Salmanassar belagerte Samaria, eroberte es nach 3 Jahren, zerstörte es und führte Israels Einwohner 720 in die assyrische Gefangenschaft über den Euphrat und Tigris, um fremde Völker nach Israel zu führen, die man Samaritaner nannte.

Juda erlitt dasselbe Schicksal erst später. Hiskias suchte sich trotz des Jesajas Mahnungen von Assyrien nach Salmanassars Tode unabhängig zu machen durch egyptische Hilfe. Doch schnell zog Sanherib heran, und ließ Jerusalem belagern, die Pest, die in seinem Heere ausbrach, zwang ihn zum Abzug und bald darauf ermordete ihn sein Sohn daheim in Ninive im Tempel (713) und das ganze assyrische Reich erlag den Medern und Babyloniern. Dieser Umstand machte den König Judas übermüthig. Wie es in Samaria, dann Sichem und Bethel geschehen war, so führte Menasse den unzüchtigen Baaldienst im Lande ein, und wenn der junge Josia ihn auch wieder abschaffte, so erlag er doch in der Schlacht bei Megiddo dem Egypter Necho (608), so daß sein Nachfolger Josakim Vasall Egyptens ward und trotz des Jeremias Ermahnungen verschwenderisch regierte und Götzen diente. Da verlor Necho die Schlacht bei Karchemisch an Nebukadnezar, welcher Syrien nun eroberte, Jerusalem, ausplünderte und den König gefangen fortführte. Zedeklas blieb als Vasallenkönig im Lande, verband sich mit Egypten gegen seinen Oberherrn, weshalb Nebukadnezar herbeieilte, Jerusalem eroberte und verbrannte, die Bundeslade und heiligen Gefäße raubte und den geblendeten König mit den kräftigen Bewohnern des Landes in die babylonische Gefangenschaft führte (586). Kyros entließ die Juden in ihre Heimath (539), doch nur Wenige kehrten zurück, erst unter Artazerxes führten Esra und Nehemia neue Ansiedler heim, vollendeten den Tempelbau und stellten die mosaische Gesetzgebung wieder her. Fortan stand Palästina unter persischen Satrapen, kam nach Alexanders Tode unter die Herrschaft der Seleuciden, von denen es sich unter den Makkabäern loskämpfte, bis es den Römern zufiel und die Schicksale Syriens theilte.

§. 13. Meder und Perser.

Die Meder nennt man auch wohl Arier oder Zendvolk, denn sie sind in uralten Zeiten vom Hindukusch herabgekommen, wie bereits erzählt ist.

Früh geriethen sie unter die Herrschaft der Assyrer, bis Dejoces (790) zum König gewählt wurde, der Ekbatana baute mit der Königsburg, die von 7 verschiedenfarbigen Mauern umgeben war, und eine Militärmacht schuf. Sein Nachfolger Phraotes fiel im Kampfe gegen Assyrien, aber Khazares zerstörte (605) Ninive, nachdem er 28 J. räuberische Scythen im Lande hatte dulden müssen, und sich dann mit Babylonien verbunden hatte. Bald hierauf erweiterte er sein Reich über Vorderasien bis zum Halys, und über Baktrien und Persis, doch sein Sohn verlor das Reich an Kyros (560).

Die Perser waren ein kriegerisches Bergvolk und im Reiten wie im Bogenschießen gleich gewandt; auch wollten sie lieber Krieg führen und Herren über reiche Völker sein, als selbst Abgaben geben. Sie theilten sich in Stämme und Geschlechter, unter denen die des Kriegsadels die angesehensten waren. Die Pasargaden bildeten den vornehmsten Adel, und aus deren Geschlecht, aus den Achämeniden, wählte man die Könige. Kyros begnügte sich nicht mit Medien und Assyrien, sondern zog auch gegen den reichen König von Lydien, den Krösus, der sich wegen seiner Macht und Reichthums für den glücklichsten Menschen hielt. Der weise Athener Solon hatte ihn gewarnt und behauptet, vor dem Tode sei Niemand glücklich zu nennen, doch Krösus glaubte dies erst, als ihn Kyros gefangen und zum Feuertode verurtheilt hatte. Der Ausruf: Solon! rettete ihm wenigstens das Leben.

Mit Kleinasien kamen auch die dortigen griechischen Kolonien unter persische Herrschaft, wobei Beamte vom Perserkönig eingesetzt wurden, damit sie im Sinne des Königs die Städte regierten. Im Uebrigen lebten und regierten sich die Städte nach ihrer Weise. Doch wanderten etliche Kolonisten aus, z. B. Phokäer nach Massilia (Marseille) in Südfrankreich.

Kyros eroberte aber Babylon (538), indem er den Euphrat ableitete, und durch das seichte Flußbett in die Stadt drang. Doch auf einem Zuge gegen die wohlberittenen Massageten am kaspischen Meere erlag er der List der Königin Tomyris.

Kambyses, des Kyros Sohn, setzte des Vaters Eroberungen fort, indem er Egypten zur persischen Provinz machte; aber sein Zug nach dem goldreichen Aethiopien und der Oase Ammonium mißlang. Seinen Zorn hierüber ließ Kambyses an den Egyptern aus, deren Thierdienst ihm ein Greuel war. Er beleidigte aber auch die Perser, so daß dort ein Betrüger sich für des Königs Bruder ausgeben konnte. Der falsche Smerdis, ein medischer Priester, ward König, und als Kambyses von Egypten herbeieilte, verwundete er sich unterwegs aus Unvorsichtigkeit und erlag der Wunde (521).

Wenige Monate regierte der Betrüger von Ekbatana aus, dann stürzten hn die perſiſchen Magnaten, indem ſie in ſeinen Palaſt eindrangen und ihn dort niederhieben. Der Achämenide Darius, Sohn des Hyſtaspes, war der rechtmäßige Nachfolger und ward daher König, beſiegte die Empörer in den Provinzen und führte eine geordnete Staatsverwaltung ein.

Darius theilte ſein Reich in 20 Provinzen (Satrapien) mit je einem Statthalter. In jeder Provinz ſtand ein Heer als Beſatzung, und außerdem hatte der Statthalter eine bewaffnete Polizeimannſchaft. An der Grenze mußte man einen Paß vorzeigen und Finanzzoll geben; nach allen wichtigen Städten führten Königswege, auf denen von Strecke zu Strecke Läufer ſtanden, um Befehle vom König oder Berichte an denſelben zu befördern. Der König wußte von Allem und entſchied über Alles. — Die Abgaben beſtanden in Naturallieferungen und Geſchenken, die an Feſttagen und bei Audienzen gegeben wurden. Alles edle Metall ſchleppten die Könige zuſammen, hoben es in Barren in der Schatzkammer auf oder bedeckten die Schloßmauern, das Dach und Balkenwerk der Paläſte und Haupttempel mit Gold- und Silberplatten. Alexander machte daher unermeßliche Beute, aus welcher er Münzen ſchlagen ließ.

Am Hofe, der abwechſelnd in Babylon, Suſa und Ekbatana weilte, unterhielt man eine zahlreiche Dienerſchaft, ſpeiste täglich mehrere Tauſende, und führte ein ſtrenges Ceremoniell ein. Selbſt die höchſten Staatsbeamten nahten dem König nur knieend. Handel und Schifffahrt fanden wenig Begünſtigung, deſto mehr das Heer, das aus etwa 50 Völkerſchaften beſtand, die an Sprache, Bewaffnung, Sitte und Tracht verſchieden waren. Eine zahlreiche Adelgarde umgab den König als Leibwache, und ein unzählbarer Troß folgte dem Heere, da jeder Offizier reiche Bedienung durch Köche, Weiber, Fliegenwedelträger, Barbier u. ſ. w. brauchte.

Die Geſchichte der Perſerkönige fällt in die griechiſche.

§. 14. Griechiſche Geſchichte.

Geographiſche Lage Griechenlands.

Griechenland im weitern Sinne umfaßte die heutige Türkei vom Balkan ab, wo die gold- und ſilberreichen Bergländer Illyrien, Makedonien und Thrazien lagen. Das aegeiſche Meer, der Helleſpont (Dardanellen), die Propontis (Marmorameer) und Bosporus (Straße von Konſtantinopel), ſo wie der Pontus Euxinus (Schwarze Meer) trennten es von Aſien. An dieſen Küſten befanden ſich zahlreiche griechiſche Kolonien, und Makedonien wurde ein durch und durch griechiſches Land, Pella die Hauptſtadt.

Die ganze Balkanhalbinſel iſt ſo von Gebirgen durchzogen, daß ſie dieſelbe in abgeſonderte Landſchaften theilen, welche von allen Seiten von Gebirgen eingeſchloſſen werden. Der Hauptzug, welcher von Norden nach Süden ſtreicht, hieß Pindus, der ſich unter den Namen Parnaſſos, Helikon, Kithäron bis zum korinthischen Meerbusen fortsetzte. Westlich vom Pindus und südlich von Illyrien lag das Bergland des pelasgischen Epirus mit dem Orakelflecken Dodona und der korinthischen Kolonie Epidamnos (Dyrrhachium, heute Durazzo). Weiter südlich betrat man das Gebiet der Molosser mit der Hauptstadt Ambrakia (Arta).

An der andern Seite des Pindus südlich von Makedonien lag das Weideland Thessalien, wo am Ausfluß des Penëus das wunderschöne Thal Tempe zwischen den Götterbergen Olympus und Ossa sich hinzog. Städte: Larissa, Jolkos, Pharsalos und Kynoskephalä. Den Süden bildete das Oetagebirge, wo zwischen ihm und dem Meere die 2 Stunden lange Schlucht der Thermopylen als einziger Weg nach Mittelgriechenland oder Hellas sich hinzog.

Dieses Hellas (Livadien) bildete mit der Halbinsel Pelopones (Morea) das eigentliche Griechenland und war durch Bergzüge gleichfalls in viele abgeschlossene Berglandschaften getheilt. Die nach Südosten gehende Halbinsel hieß Attika etwa (½ Mill. Einwohner) mit dem Marmorberge Pentelikon, dem honigreichen Hymethos und dem silberreichen Laurion. Oliven, Feigen, Honig und Wachs waren die Produkte des wenig fruchtbaren Landes. Athen mit der Feste Akropolis und den Prophyläen, mit der Hafenstadt Piräus und Phaleron. Eleusis mit dem Demetertempel, wo die eleusischen Mysterien gefeiert wurden. Marathon und die Inseln Salamis und Aegina (Gußarbeiten und Münzen).

Nördlich grenzte Attika an das getreidereiche, fruchtbare Böotien mit dem See Kopais, dessen Wasser durch unterirdische Kanäle dem Meere zugeführt ward. Städte: die alte Handelsstadt Orchomenos, Theben, Platää, Koronëa, Leuktra, Chäronëa und Hafen Aulis.

Westlich am Gebirge lagen die kleinen Städte von Phokis, welches für den Mittelpunkt der Erde galt, mit der Tempelstadt Delphi und der Quelle Kassalia; Doris und das dreifache Lokris mit Naupaktos. Weiter westlich wohnten die kriegerischen Aetoler und Akarnaner, am Isthmos aber lag Megara, der kleinste Staat von Griechenland.

Den Nordrand des bergreichen Pelopones bildete Achaja mit Sikyon und Korinth, beide Handels- und Kunstplätze, die Mitte das Weideland Arkadien (Mantinëa, Tegëa, Megalopolis) die Südwestecke Messena (Jthome, Messene, Pylos, Sphakteriainsel) die Südostecke Lakonien mit dem Gebirge Taygetus, dem Eurotasflusse, der Stadt Sparta. Nördlich von Messenien lag das fruchtbare Elis mit dem heiligen Hain Altis und der Ebene Olympia, wo die Spiele gehalten wurden. Nördlich von Lakonien endlich streckte sich das felsige pelasgische Argolis aus mit den uralten Städten Mycenä, Nemea, Tirhus, Lerna, Epidauros.

Unter den zahlreichen Inseln sind merkenswerth Kerkyra (Corfu), Heimath der Phäaken, Ithaka, Kythera (Dienst der Aphrodite), Creta mit dem Idaberge (Minos, Labyrinth), Kypros (Venusdienst, Wein), Rhodos (Erzgießerei, Koloß von 70 Ellen) Euböa mit Eretria und Chalkis, Lemnos (Waffenschmiede), Samothrake (Kabirendienst), Delos (Apollotempel), Paros (Marmor), Lesbos (Dichter Alkäos, Sappho; Stadt Mitylene), Chios (Wein und Handel) Samos (Handel, Heratempel, Pythagoras Geburtsort), Kos (Apelles, Hippokrates).

§. 15. Bewohner Griechenlands.

Seine Bewohner hat Griechenland von Asien erhalten. Die ersten Einwanderer nennt man Pelasger, die sich in Thessalien und Arkadien besonders stark ansiedelten, da sie Ackerbau und Viehzucht trieben; auch nach Italien gingen sie unter dem Namen Thyrrhener. Sie verehrten Naturgottheiten, und die Hellenen empfingen von ihnen diese Götter, die Anfänge der Kunst (Orpheus), die Mysterien und das Zeusorakel zu Dodona. Aus jener Zeit stammen auch die cyclopischen Mauern, die aus übereinander gehäuften Steinblöcken bestehen.

Es erhielt Griechenland aber auch noch andere Kolonisten, welche Bildung in's Land brachten. Kekrops, ein Egypter, gründete die Burg (Kekropia) in Athen, der Phönizier Kadmos die von Theben, der Egypter Danaos siedelte sich in Argolis, der Phrygier Pelops im Peloponces an. Viel wußte die alte Sage von den Freveln dieser Fremdlinge zu erzählen, so daß die Trauerspieldichter ihre Stoffe gern aus diesem Sagenkreise nahmen.

Es waren den Pelasgern aber auch die kriegerischen Hellenen gefolgt, hatten sich hie und da festgesetzt in Griechenland, besonders im böotischen Gebirge und hatten gegen Pelasger, gegen schädliche, wilde Thiere gekämpft, so daß die Heldensage viel zu erzählen wußte von den Arbeiten des Herakles, von Theseus, von den Sieben gegen Theben, von den Argonauten und dem Trojanerkriege, welcher letztere in einem langen Gedichte besungen wurde. Die Helena, Achilleus, Odysseus, Nestor und wie die Helden heißen, sind gewissermaßen Normalcharaktere des griechischen Volkes.

Wie in der Iliade (dem Krieg vor Troja) das Heldenleben der Griechen geschildert wird, so in den Abenteuern des vielgereisten Odysseus (die Odyssee) das häusliche Leben, Kunst und Kenntnisse der damaligen Zeit.

Kurz nach dem Trojanerkrieg traten (c. 1100) große Veränderungen in Griechenland ein, indem Nachkommen des Herkules und Dorer den Peloponces eroberten (Dorische Wanderung oder Zug der Herakliden), und die Ionier, die an dessen Nordküste wohnten, nach Attika drängten, Achäer aber die verlassene Küste (Achaja) besetzten. Nach jahrhundertelangem Kampfe unterwarfen sich die Dorer den Peloponces, mit Ausnahme von Arkadien und Elis. Sie wollten auch nach Attika eindringen, aber Athens König Kodros opferte sich und trieb sie zurück. Aus Dankbarkeit schafften die Athener das erbliche Königthum ab, weil es nie wieder einen so edlen König geben könne.

Viele besiegten Stämme wanderten aus und gründeten besonders an der Küste Kleinasiens Kolonien, andere blieben im Lande als Zinspflichtige (Periöken) und noch andere wurden Hörige und Staatssclaven (Heloten). Die alte Eintheilung der Hellenen in die 4 Stämme der Dorer, Joner, Aeoler und Achäer verlor ihre Bedeutung.

Die wichtigsten Kolonien in Kleinasien sind Miletos, Ephesos, Phokäa, Smyrna, Kolophon; am Hellespont: Chalkedon, Byzanz am schwarzen Meere, Sinope, Trapezunt, Odessos; am ägeischen Meer: Philippi, Stagira, Potidäa; in Unteritalien, auch Großgriechenland genannt: Tarent, Kroton, Sybaris, Rhegium, Neapolis; auf Sicilien: Messana, Syracus; in Afrika Kyrene, in Südfrankreich Messilia und in Spanien Sagunt.

Kaum hatten die verschiedenen Stämme ihre neuen Wohnplätze eingenommen, so trat eine Veränderung der Staatsregierung ein; denn das Königthum mußte nach manchen Revolutionen der Republik (c. 600 v. Ch.) weichen. In diesen stürmischen Zeiten der Parteikämpfe gewann dieser oder jener Parteiführer zuweilen einen so mächtigen Einfluß, daß er nach seinem Willen regieren konnte. Obschon einige dieser Herrscher Wohlthäter ihres Staates waren, so nannte der Grieche doch jede solche Herrschaft Tyrannis, und den Alleinherrscher Tyrannen, welches Wort also nicht in unserem Sinne zu verstehen ist.

Mit dem Eintritt geordneter Zustände (c. 500) konnten erst die Staaten Griechenlands sich ruhig entwickeln, konnten Handel, Kunst und Wissenschaft gedeihen, wodurch die Griechen später das gebildetste Volk des Alterthums und die Lehrmeister aller späteren europäischen Völker wurden.

§ 16. Kulturzustände des alten Griechenlands.

Die Kulturzustände Griechenlands in den ältesten Zeiten waren sehr einfache. Der Handel bestand im Tausch und ward von Phöniziern betrieben, welche bei dieser Gelegenheit auch Menschen zu rauben pflegten, um sie als Sclaven zu verkaufen. Die eingetauschten Waaren bestanden meist in Schmucksachen, Halsbändern, Ringen, auch wohl Salben und Gewürz. Was man sonst bedurfte, mußte sich jeder selbst verfertigen, mochte er reich oder arm sein. Doch hielten die Reichen sich erkaufte oder im Kriege erbeutete Sclavinnen, welche als Mägde dienten, und daneben hatten sie noch Hirten im Dienst, welche die zahlreichen Heerden weideten. Die Frauen spannen und webten, wuschen und kochten, die Männer ackerten, bauten, machten das Hausgeräth und die Waffen. Daher galt als Tauschartikel das Vieh, besonders Stiere, deren Name später auch die Bedeutung von „Geld" erhielt, weil eine Stierhaut den Tauschwerth ausdrückte. Im Ganzen konnte nur der Reiche eintauschen. War ein Handelsschiff angekommen, so sandte es einen Boten in die nächste Stadt, um sich anzumelden, damit die Käufer hinaus kämen und im Schiff die Waaren besähen.

Die Häuser baute man einstöckig; das Mobiliar bestand in Divans zum Sitzen und Liegen und in kleinen Speisetischen, von denen jede Person einen besondern erhielt. Die Speisen, aus Fleisch bestehend, trug man klein geschnitten auf hölzernen Tellern auf, denn man kannte den Gebrauch von Messer und Gabel nicht. Als Kleidung diente ein bis ans Knie reichendes Hemd, über

welches man eine längere Decke als Mantel warf. Eine Kopfbedeckung trug
man nur im Kriege und auf Reisen; gewöhnlich ging man barhaupt und barfuß, oder man band sich Sohlen unter die Füße. Beinkleider besaß Niemand.
Die Frauen trugen ähnliche Kleidung; beide Geschlechter verwendeten viel Mühe
und Salben zum Schmucke des Haupthaares.

Die Schifffahrt war nicht minder einfach. Man hatte Schiffe ohne Verdeck oder mit halbem Verdeck, auch trieb man sie nicht durch Segel, sondern
durch Ruder vorwärts und richtete sich nach der Sonne oder gewissen Merk-
malen der Küsten, in deren Nähe man sich deshalb hielt. Gegen Abend ging
man ans Land, um dort zu kochen und zu schlafen. Hielt man sich länger am
Lande auf, so zog man das Schiff ans Land und gebrauchte es als Wohnhaus.
Die Pferde gebrauchte man nicht zum Reiten, sondern zum Ziehen, doch zog
man zum Ziehen schwerer Lasten Stiere vor.

Die buchtenreichen Küsten Griechenlands veranlaßten das unternehmende,
thatenlustige Volk der Griechen schon in uralten Zeiten zur Schifffahrt, die
freilich nur Seeräuberei war. Kühne Häuptlinge fuhren weit hinaus ins unbekannte Meer, um die Küsten zu untersuchen und Menschen so wie Vieh zu
rauben. Anfangs kannte man nur das ägeische Meer, dann wagten sich die
Argonauten ins schwarze Meer und entdeckten die Donaumündung, Odysseus
kam bis nach Sicilien und Unteritalien, Phokäer bis in den Meerbusen von
Lyon. Nach und nach verdrängte man die Phönizier von den Inseln der genannten Meere, welche nun griechische Bevölkerung erhielten, und später ließen
sich an den Küsten des schwarzen Meeres, Nordafrikas (Kyrene), und Unter-
italiens zahlreiche griechische Kolonien nieder, welche Handel trieben und griechische Sitte und Sprache weiter verbreiteten.

Damals hatten die Griechen zwar Könige, aber diese besaßen wenig Macht,
vielmehr war ihr Amt nur ein Ehrenamt. Denn nur ein tapfrer und zugleich
reicher Mann konnte König werden, mußte dabei von seinem eigenen Vermögen
leben und erhielt nur im Kriege einen Beuteantheil. Neben ihm stand ein
Rath von 12 Vornehmen, welche bei wichtigen Angelegenheiten die ganze Volksgemeinde zu einer Versammlung einberiefen, in welcher über die Vorschläge des
Rathes abgestimmt wurde.

Von außerordentlicher Wichtigkeit für die griechische Bildung und Staats-
leben wurden die Kolonien, deren schon gedacht wurde. In den Kolonien fanden sich die muthigsten, tüchtigsten und unternehmendsten Männer zusammen.
Denn Viele wanderten aus, weil sie mit den heimischen Zuständen nicht zufrieden waren, und richteten sich in der neuen Heimath bequemer ein, indem sie
Mißbräuche abschafften und Verbesserungen zuließen. Andere zogen des Handels wegen in fremde Länder oder wurden durch irgend ein Unglück gezwungen,
die Heimath zu verlassen.

Die Kolonisten lernten fremde Einrichtungen und Sitten kennen, dabei
durften sie Neuerungen einführen, ohne bestehende Verhältnisse beseitigen zu

müssen, und endlich konnten sie sich nur durch Muth und Kühnheit im fremden Lande behaupten oder Ansehen verschaffen. Daher gehn die Anfänge griechischer Kunst, Wissenschaft und Gesetzgebung von den Kolonien aus. Die bis jetzt unerreichten Heldengedichte Ilias und Odyssee, stammen aus Kleinasien, und wurden von Homer überarbeitet, von Volkssängern auswendig gelernt und auf Volksfesten recitirt, bis sie Pisistratus aufzeichnen ließ. Dadurch ward der Homer bis in die spätesten Zeiten das Schulbuch und die Bibel der Griechen, und gilt bis heute noch für das vollendetste Dichterwerk seiner Art.

Auch Hesiod ist ein Kleinasiat, welcher eine Götterlehre, Weltschöpfung und einen Arbeitskalender in Versen bearbeitete. Der erste Geschichtsschreiber der Griechen, „der Vater der Geschichte," Herodot, stammt auch aus Kleinasien, und ihm verdanken wir die meisten Nachrichten über die Geschichte Asiens, Egyptens und die ersten Jahre des Perserkrieges. Andere Männer werden wir später kennen lernen.

§. 17. Orakel und Festspiele.

Die griechischen Stämme theilten sich in viele kleine Staaten, da hohe Gebirge das Land in kleine Thäler schieden, es lag aber auch im Charakter des Volkes, größere Gemeinschaften zu meiden, da sich jede Gemeinde selbständig nach ihrer Besonderheit zu entwickeln strebte. Dadurch ist das griechische Volk ein so vielseitiges geworden, und glücklicherweise fehlte es nicht an Mitteln, auch eine Einheit, wenn auch keine Einigkeit, der griechisch redenden Stämme festzuhalten und sich dadurch von den Fremden, den Barbaren, zu unterscheiden.

Mächtigere Städte erwarben sich eine Vorherrschaft oder die Würde eines Vororts über die angrenzenden kleineren Gemeinden. Eine solche Hegemonie besaß Theben, Athen, Sparta.

Außer der Sprache war allen Hellenen die Götterlehre (Mythologie) gemeinsam. Man verehrte zuerst Naturerscheinungen, Jahreszeiten u. s. w. als Gottheiten, später bedeuteten diese Götter sittliche Eigenschaften und Tugenden, weshalb man von alten und neuen Göttern spricht und die meisten eine doppelte Bedeutung haben.

Auf dem hohen Olymp wohnten die 12 Hauptgötter, jeder in seiner Burg, nach Art der Menschen hielten sie Versammlungen, um die Welt zu regieren, aßen und tranken, hielten Gericht, geriethen auch in Haber mit einander und verliehen den Menschen gute und böse Gaben. Verschiedene Opfer und Festlichkeiten wurden ihnen zu Ehren eingeführt. Der oberste Herr der Welt war der Donner- und Blitzschleuderer Zeus, neben ihm thronte Hera, Geschwister und Kinder waren Poseidon (Meergott), Pluton (Unterwelt), Ares (wilder Kriegsmuth), Pallas Athene (besonnene Überlegung), Phöbos Apollo (Lichtgott), Demeter (Mutter Erde), Aphrodite (Anmuth), Hephäston (Sinnreicher Mechaniker) u. s. w. Neben diesen gab es Untergottheiten, Lokalgötter, Riesen und Ungeheuer, denn der Grieche dachte sich Alles von einem göttlichen Wesen belebt oder veranlaßt.

Ein anderes Einigungsmittel besaßen die Hellenen in dem Amphyktionen-Bund, ein Bundesgericht, welches 12 Staaten regelmäßig 2 Mal im Jahre durch Abgeordnete beschickten, deren Aufgabe es vornehmlich war, Bürgerkriege zu verhindern. Denselben Zweck verfolgten die Orakel, von denen das delphische weltberühmt war, da Apollo durch die Priesterin (Pythia) alljährlich zu einer bestimmten Zeit auf Anfragen Bescheid gab. Diese Zeit war eine hohe Festzeit, Prozessionen, Waschungen, Fasten u. s. w. bildeten den Anfang des Festes, an dessen Schluß in einer dämmerigen Halle der Priester in Versen die Antwort des Gottes summarisch für alle Anfrager mittheilte, so daß jeder die Stelle herausfinden mußte, welche auf ihn paßte.

Endlich besaßen die Hellenen noch Nationalspiele, von denen die olympischen (Olympia ein Tempelflecken in Elis) die berühmtesten wurden. Man feierte sie alle 4 Jahre und berechnete nach ihnen die Jahre. Herrolde verkündeten sie in allen Ländern, wo Griechen wohnten, und geboten zugleich für die Festzeit Gottesfrieden. Von allen Ländern strömten Zuschauer herbei, denn jeder Grieche wollte in seinem Leben wenigstens einmal diesen Spielen beigewohnt haben. Auch sie begannen mit Prozessionen und religiösen Feierlichkeiten, dann folgten auf dem dazu hergestellten und mit Tribunen versehenen Kampfplatz die Spiele, d. h. die verschiedenen Kämpfe im Ringen, Laufen, Scheibenwerfen, Bogen, Fahren u. s. w., die zum Theil lebensgefährlich waren. Dichter und Schriftsteller lasen ihre Werke theilweise vor, und von früh bis Abend wurden Schauspiele gegeben. Die Sieger erhielten einen Lorbeerzweig und eine Statue, Dichter besangen sie, daheim wurden sie festlich eingeholt und ihr Name war in Aller Munde. Daher galt es auch für den größten Ruhm, zu Olympia als Sieger ausgerufen zu werden.

Da unendlich viel Zuschauer herbeieilten, so errichtete man Zelte und Garküchen, Kaufleute kamen herbei, denn das Fest war auch ein Meßplatz, da Jeder ein Andenken mit nach Hause bringen wollte. Geschäfte wurden besprochen, Bekanntschaften gemacht, Neuigkeiten ausgetauscht, und Gastfreundschaften erneuert. Denn es gab keine Gasthäuser, vielmehr mußte man bei Privaten ein Unterkommen suchen, welche ihrerseits beim Gaste an seinem Orte logirten. Solche Gastfreundschaft erbte auf Geschlechter fort.

§. 18. Lykurg und Solon.

Von den vielen griechischen Staaten haben sich besonders Sparta und Athen berühmt gemacht, erst später tritt auch Theben hervor, bis Makedonien die Oberherrschaft über Hellas gewinnt, dieselbe aber nach c. 200 Jahren an Rom verliert.

Sparta hat eine eigenthümliche (dorische) Staatsverfassung besessen, denn weil die Dorer nur nach jahrhundertelangem Kampfe sich im Peloponnes festsetzen konnten, so mußten sie ihren Staat zu einem Militärstaat, zu einer Kaferne ausbilden. Als diese Kriegsverfassung brohte in Unordnung zu gerathen, weil sie nur als Sitte fortlebte, wurde ihr Gesetzesform gegeben. Diese That schreibt man dem Lykurg zu, welcher zuvor die Gesetze auf dem dorischen Kreta studirte, wo der weise Minos durch seine Gesetze sich hohen Ruhm erwarb.

Lykurg schied die Bewohner des Landes in freie Krieger (Spartiaten), in Zins- und Recrutenpflichtige und Staatssclaven. Der Spartiat sollte mit Leib und Leben dem Staate angehören und nur Soldat sein. Daher erhielt er kein Eigenthum, sondern ein Stück Staatsland zur Nutznießung oder hörige Acker-knechte. Es wurden 9000 Ackerloose an Spartiaten, 30000 an Periöken aus-getheilt. Da von einem Ackerloose eine ganze Familie leben und den Heloten noch abgeben mußte, so ging es oft recht knapp und ärmlich in den Spartia-tenfamilien her. Vom 7. Jahre ab erzog der Staat die Kinder zu kriegeri-schen Übungen, härtete sie ab, da Schilf ihr Lager war und sie sich einen Theil der Nahrung stehlen mußten. Alljährlich wurden sie ausgeprügelt, um sie ans Ertragen von Schmerzen zu gewöhnen. Selbst Mädchen mußten halbnackt turnen. Der Staat schrieb ferner die Heirathen vor, beschäftigte den Mann den ganzen Tag mit Exerzieren u. s. w., nöthigte ihn, mit seinen Kameraden sectionsweise zu speisen und zwar sehr einfache, unschmackhafte Kost, verbot Geld und Handel und verlangte unbedingten Gehorsam und freudige Hingabe des Lebens für den Staat. Nur wenn es in den Krieg ging, durfte sich der Spar-tiat schmücken.

Die Zinspflichtigen hatten keine politischen Rechte, zahlten Steuer, stellten Recruten oder trieben Ackerbau, Handwerk und Handel. Die Staatssclaven (Heloten) waren Leibeigene, und jährlich meuchelmordete man die Muthigsten.

An der Spitze des Staats stand ein Rath der Alten (30 Männer), von denen zwei den Namen Könige führten. Fünf Ephoren beaufsichtigten Staat und Bürger, und alle Monat versammelte sich das Volk, um durch Ja oder Nein über vorgelegte Gesetze abzustimmen. Weitere Rechte besaß Niemand und auf Bildung gab man wenig, nur Kriegs- und Festlieder wurden gelernt.

Durch solche Einrichtungen ward es den Spartiaten möglich, die kriegeri-schen Messenier trotz ihrer verzweifelten Gegenwehr in drei Kriegen (763—369) zu bezwingen. Die Muthigsten wanderten nach Tarent oder Messana aus. Auch Arkadien und Achaja wurden erobert.

Anders gestaltet war Athen, Hauptort der Joner. Nach des Königs Ko-drus Tode, welcher sich in der Schlacht opferte, um seinem Vaterlande den Sieg zu verschaffen, schaffte man das Königthum nach und nach ab und wählte neun Regenten (Archonten). Der That nach regierten die Grundbesitzer (Ari-stokraten) als die reichen Adelsgeschlechter (Eupatriden), das unadelige Volk (Demos) dagegen lebte in Armuth und Bedrückung, denn es mußte den Grund-besitzern Land zum Bebauen gegen hohen Zins abpachten und gerieth tief in Schulden, wenn die Ernte mißrieth, da der Zins für Kapital oft die Hälfte be-trug, welche beim Auszahlen des geliehenen Kapitals sofort abgezogen wurde. In

Folge dieser Verhältnisse und der Willkür, welche sich die Aristokraten erlaubten, kam es häufig zu Unruhen und blutigen Parteikämpfen, bis die herrschenden Geschlechter sich endlich dazu verstanden, geschriebene Gesetze zu geben. Der
mit ihnen beauftragte Drakon war aber ein harter Mann, setzte auf jedes Ver-
gehen Todesstrafe, und erregte dadurch den Zorn der Athener so sehr, daß sie
ihn verjagten und seine Gesetze nicht achteten. Wilde Parteikämpfe begannen
nun wieder, es galt kein Schwur, kein Recht; da suchte man die tief erschüt-
terte Republik dadurch zu retten, daß man Solon, welchen das Orakel für den
weisesten Griechen erklärt hatte, mit der Gesetzgebung und Staatsordnung beauftragte (594).

Solon führte seine Aufgabe mit großer Weisheit aus, daß er bis heute
bewundert wird. Zuerst ordnete er das Geld- und Finanzwesen, indem er den
Werth des circulirenden Geldes erhöhte, den Mehrbetrag den Schuldnern zu
Gute rechnete, so daß diese ihre Schulden leicht abzahlten, ohne daß die Gläubiger verloren. Die dankbaren Athener nannten diese Finanzoperation Lasten-
abschüttelung. Außerdem ordnete Solon die Rechte und Pflichten der einzelnen
Stände, indem er das Volk nach dem Ernteertrag in 4 Klassen theilte. Die
der ersten hatten mehr Steuern zu zahlen, mußten als Reiter und Schwerbewaff-
nete dienen, konnten aber auch zu Staatsämtern gewählt werden, welche sie als
Ehrenamt unentgeltlich verwalteten. Die vierte steuerfreie Klasse hatte das Recht,
an der Beamtenwahl Theil zu nehmen, konnte aber kein Amt erhalten, weil sie
die Mittel nicht hatte.

Als Vorsitzer der verschiedenen Verwaltungsbureaus wählte man jährlich
neun Archonten, neben ihnen stand der Rath der Vierhundert, welcher der Reihe
nach durch einen Ausschuß (Prytanen) die laufenden Geschäfte besorgte, die Vor-
lagen für die Volksversammlung besorgte, die über jede öffentliche Angelegenheit
mußte befragt werden, denn über diese wurde öffentlich discutirt. Um die
Schwurgerichte zu besetzen, wählte man 6000 Geschworene, von denen natürlich
nur ein kleiner Theil in Thätigkeit war, und setzte als Aufsichtsbehörde über
den Staat und das sittliche Leben der Bürger den Areiopag ein.

Eine solche Staatsverfassung nennt man Demokratie, weil die Masse der
Bürger den Ausschlag bei allen Beschlüssen und Gesetzen gab.

Nach seiner Gesetzgebung verließ Solon sein Vaterland, bereiste fremde Länder und kam auch zu Krösus in Lydien, wo sich die bekannte Geschichte wegen
der Frage nach dem glücklichsten Menschen zutrug. So trefflich Solons Einrichtungen auch waren, so gefielen sie dem unruhigen Volke doch nur kurze
Zeit; denn bald begannen wieder die Straßenkämpfe der Parteien, und es gelang dem Volksführer (Demagog) Pisistratus, daß er sich die Tyrannis durch
Hülfe einer keulenbewaffneten Leibgarde verschaffte und sie auch bis zu seinem
Tode (527) behauptete, denn er hielt Solons Gesetze und förderte die Wohlfahrt der Athener. Handel, Kunst und Bildung, Homers Gesänge ließ er auf-
schreiben und viel Tempel erbauen. Seine Söhne aber waren übermüthig, er-

laubten sich Gewaltthätigkeiten, weshalb der eine, Hipparch, bei einem religiösen Volksfeste von Harmodios und Aristogeiton ermordet und der andere Hippias bald darauf (510) verjagt wurde und beim Perferkönige Dareios Schutz und Wiedereinsetzung suchte. Auch die Spartauer halfen ihm, aber vergeblich, denn die Athener behaupteten ihre Freiheit, beschränkten die Macht der Aristokraten und gaben dem Demos noch mehr Rechte, besonders Kleisthenes und bald darauf durch Aristeides, welcher auch der vierten Klasse den Zutritt zu Staatsämtern frei gab.

Zur Zeit des Pisistratos lebte in Korinth als Tyrann der weise Periander, Freund und Schützer des Sängers und Citherspielers Arion aus Lesbos, und Polykrates auf Samos, dessen Freund Amasis, König von Egypten war. Au Pisistratos Hofe lebte Anakreon, Verfasser schöner Trink- und Gesellschaftslieder, die in neuester Zeit vielfach nachgeahmt sind.

§. 19. Kultur der Griechen in den neuesten Zeiten der Republiken.

Trotz der inneren Unruhen entwickelte sich Kunst und Wissenschaft in den griechischen Staaten, denn viele Tyrannen förderten dieselben. Jeder Grieche war Soldat, daher mußte er auch von früher Jugend an auf den öffentlichen Turnplätzen (Gymnasien, d. h. Plätze für Nackte) sich in den militärischen Excercitien üben und hatten erwachsene Bürger dabei die Aufsicht. Auch ältere Personen verweilten gern hier, um sich mit Andern zu unterhalten, so daß die Gymnasien auch geistige Bildungsschulen wurden und berühmte Philosophen (Lehrer der Weisheit) sich hier aufhielten. Der eigentliche Unterricht blieb Privatsache. Da man aber ein öffentliches Amt nur erhalten konnte, wenn man gut zu reden verstand, so wurden die Schulen der Redner besonders zahlreich besucht. Um sich aber ein richtiges Urtheil über die Dinge in der Welt und gute Grundsätze zu verschaffen, ging man in die Schulen der Philosophen, welche etwa die Stelle unsrer Religionslehrer vertraten. Man wurde von ihnen aber nicht systematisch unterrichtet, sondern hörte jahrelang ihren Unterhaltungen zu. Deshalb gingen auch nur Erwachsene zu den Rednern und Philosophen. Wer sich zum Staatsmann, Advocaten oder Feldherrn ausbilden wollte, suchte die Gesellschaft eines solchen Mannes, begleitete ihn und lernte ihm seine Kunst ab, ohne eigentlich Unterricht zu erhalten.

Der athenische Bürger lebte daheim einfach, besaß ein einstöckiges Haus, in welchem das Gemach seiner Frau und ihrer Mägde abgesondert in einem besonderen Hofe lag. Die Straßen waren eng, krumm, ungepflastert und ohne Laternen. Durch eine Thür gelangte man in den Hof, wo der Eingang zur Wohnung sich befand. Diese war meist ungedielt, hatte weiße Wände, keine Möbel außer einigen Divans, und die Speisen nahm man auf der Erde auf einem Teppich liegend mit den Fingern zu sich. Bei Festen kränzte man sich bei Tische mit Rosen und bestreute auch den Boden mit Rosen. Auf wohlriechende Salben, Essenzen und Parfume gab man viel. Die Kleidung war die früher erwähnte.

Da der Athener, wenn er von seinen Rechten Gebrauch machen wollte, ganz der Oeffentlichkeit angehörte, bald eine Volksversammlung besuchte, bald als Geschworner oder als Beaufsichtiger thätig war, so konnte er kein Geschäft treiben, welches seine Anwesenheit im Hause nothwendig machte. Daher bedurfte er zahlreicher Sclaven und Sclavinnen, die seinen Acker bestellten oder in seiner Fabrik arbeiteten. Gab es keine Volksversammlung, so besuchte man die Kabinete der Barbiere, wo man Neuigkeiten erfuhr und sich mit Freunden besprach. War Krieg, so mußte jeder streitbare Athener mitziehen. Hatte der Staat Geld und Schiffe nöthig, so war es Ehrensache, herzugeben was man hatte. Die Republik kostete den Athenern also sehr viel.

Von den damals lebenden Dichtern sind zwar nur geringe Bruchstücke auf uns gekommen, aber dennoch haben einige ihre Namen verewigt, da ihre Versmaße von den Römern und modernen Dichtern nachgeahmt sind. Dichtkunst ward hoch geehrt, ebenso befleißigte man sich der Musik, weil sie zur Bildung des Schönheitssinnes und der geselligen Anmuth beitrug. Man bediente sich zur Begleitung des Gesanges der Leier (Lyra, daher der Name Lyrik und lyrische Poesie), der Harfe und Flöte, Hauptbildungsmittel blieb aber die Gymnastik, welche kunstgerecht getrieben wurde, Anstand, Schönheitssinn, Kraft und Kriegstüchtigkeit verlieh.

Unter den Dichtern erwarben sich einen ehrenvollen Namen der bereits genannten Anakreon aus Jonien, Simonides als Elegiker, Sappho als Odendichterin, Archilochos als Erfinder der satirischen Jamben, Alkaios als politischer Dichter, Theognis als lehrreicher Sprüchedichter und Aesopos als Fabeldichter, deren Stoff aus Indien stammt. Auch Jbykos aus Unteritalien gehört zu ihnen und Pindar aus Theben besang die olympischen Sieger und Fürsten in Oden und Dithyramben. Terpander bestimmte die Tonarten der Musik (die feierliche dorische, die hinreißende phrygische, die sanfte lydische und die weichliche ionische und leidenschaftliche äolische Tonweise).

Andere Männer suchten den Urgrund der Dinge, die Gesetze der Welt und der Sittlichkeit zu ergründen, nannten sich daher Weltweise (Philosophen) und theilten ihre Ansichten oft in Versen mit. Die ionischen Philosophen untersuchten den physischen Urgrund der Dinge, Thales hielt das Wasser dafür und berechnete zuerst die Sonnenfinsterniß, Andere suchten ihn in andern Elementen oder in der Verbindung untheilbarer Atome, Anaxagoras aber in der höchsten Vernunft; die Pythagoräer führten die sinnliche und geistige Welt auf mathematische Zahlenverhältnisse zurück. Die Eleaten lehrten, daß Gott und Welt Eins sei (Pantheismus), daß dieser Urgrund ewig und unverändert bleibe und das Weltall eine Kugelgestalt habe und die Welt aus vier Elementen: Wasser, Luft, Feuer und Erde bestehe.

Endlich bezeichnen die Griechen 7 Männer jener Zeit als Weise, deren Charaktersprüche man in folgende Hexameter gebracht hat:

Maaß zu halten, ist gut! dies lehrt Kleobulos aus Lindos;
Jegliches vorbedacht! heißt Ephyras Sohn Periander.
Wohl erwäge die Zeit! sagt Pittakos aus Mytilene.
Mehrere machen es schlimm! wie Prias meint, der Priener.
Bürgschaft bringt dir Leid! so warnt der Milesier Thales.
Kenne dich selbst! so befiehlt der Lakedämonier Chilon.
Endlich: Nimmer zu sehr! gebeut der Kekropier Solon.

§. 20. Die Perserkriege.

Diese haben für die Hellenen unberechenbare Folgen gehabt. Aus kleiner Veranlassung entstanden, wuchsen sie bald zu großartigen Verhältnissen an und wurden erbitterte Nationalkriege, welche endlich mit der Eroberung des persischen Weltreiches endete, in welchem fortan griechische Sprache, Sitten und Bildung heimisch wurden. Durch die Perserkriege wurden die Hellenen auf einige Zeit geeinigt, lernten ihre Kraft und den Werth ihrer freien Staatseinrichtungen kennen; Athen erhob sich zur ersten Seemacht und beherrschte die Küsten am schwarzen Meer, die von Syrien und Egypten bis Sicilien; denn nur die dortigen Griechen dorischen Stammes waren ihnen nicht nur gewachsen, sondern sogar überlegen.

Die Helden- und Freiheitskriege der Hellenen hatten folgende Veranlassung: Als Kyros Vorderasien eroberte, wurden auch die in Kleinasien angesiedelten Griechen seine Unterthanen. Nach persischer Sitte ließ er ihnen ihre Regierungsweise, Sprache und Religion, und erwählte in jeder wichtigen Stadt einen Griechen zum Statthalter, welcher des Königs Rechte wahren sollte. Den Griechen war aber dies unerträglich, weil sie keinen Oberherrn überhaupt wollten. Als nun Dareios 1. gegen die Skythen im Norden der Donau zog, um sie zu unterwerfen, so mußten auch die Griechen Zuzug leisten. Es kommandirte sie ein gewisser Histiäos, Statthalter von Milet, und unterwegs mußte auch der Athener Miltiades mit, der Platzkommandant einer athenischen Kolonie am schwarzen Meere war. Als Dareios mit seinem Heere über die Donau gezogen war und lange ausblieb, schlug Miltiades den übrigen Griechen vor, welche der König an der Donau zum Schutz der Schiffbrücke zurückgelassen hatte, sie möchten die Brücke zerstören, damit das Perserheer umkomme, die Hellenen aber frei würden. Doch Histiäos widersetzte sich dem Rathe, weil alle Statthalter brodlos würden, falls die Perserherrschaft aufhöre.

Bald darauf kehrte Dareios zurück, denn die Skythen hatten ihr Land verheert und sich zurückgezogen, bis Mangel und Ermüdung des Heeres den Perserkönig zur Umkehr zwangen. Histiäos erzählte ihm nun des Atheners bösen Rathschlag, um seine Treue recht hervorzuheben. Der König schenkte ihm auch, bevor er nach seiner Hauptstadt zurückzog, eine goldreiche Insel. Deshalb beneideten die Hofbeamten den Milesier, verdächtigten ihn und brachten es auch dahin, daß ihn Darios als Freund mit nach Susa nahm und stets unter Aufsicht behielt. Dies gefiel dem Histiäos nicht, denn er wollte lieber über seine Landsleute herrschen als am Hofe als Freund des Königs leben. Daher reizte er seinen Nachfolger in Milet, den Aristagoras auf, die kleinasiatischen Griechen zum Aufstand gegen die Perser zu bringen, denn er hoffte, in diesem Falle werde ihn Dareios zu den Griechen senden, um sie zu beschwichtigen.

Aristagoras folgte dem Rathschlage seines Vettern, verjagte alle persischen Beamten und gewann die Hilfe Athens, welches ihm mit Eretria 12 Schiffe sandte. Der Aufstand nahm aber sehr bald ein schlimmes Ende; die Griechen erlagen, die Athener eilten heim, harte Strafen erfolgten, fast die ganze Jugend ward in die Sclaverei verkauft, Aristagoras kam auf der Flucht um und dem Histiäos ward der Kopf abgeschlagen, was Dareios sehr bedauerte, da er dem Statthalter seine Untreue wegen früherer Verdienste gern vergeben hätte.

Dareios ward nun von seinen Hofleuten und von dem vertriebenen Tyrannen Athens, dem Hippias, dringend angegangen, die Athener zu strafen, daß sie den rebellischen Kleinasiaten beigestanden. Dareios folgte diesen Aufforderungen und sandte eine starke Flotte gegen Athen. Jene machte einen Umweg und litt dann am Berge Athos Schiffbruch, so daß der Zug mißlang. Doch Dareios erneuerte seine Rüstungen und sandte Herolde in die griechischen Städte, um Erde und Wasser als Zeichen der Unterwerfung zu verlangen. Viele Inseln und Städte gehorchten, da sie sich vor dem gewaltigen Perserkönige fürchteten, doch Athen und Sparta sandten die Herolde mit Hohn zurück, denn sie waren zur Gegenwehr entschlossen.

Im Jahre 490 kam nach Athen die Nachricht, daß eine große Perserflotte unter Datis und Artaphernes im Anzuge sei, Eretria auf Euböa zerstört, die Insel verheert und ihre Bewohner als Sclaven nach Asien gesandt habe.

Da erschracken die Athener und schickten an alle Nachbarstaaten um Hülfe; denn sie selbst brachten nur 9000 Bewaffnete zusammen. Die Nachbarn aber fürchteten sich auch vor der Übermacht der Perser; nur Platäa schickte 1000 M., und Sparta versprach Hülfe, kam mit ihr jedoch zu spät.

Unterdessen waren an 200000 Perser bei Marathon an Attikas Küste gelandet. In Athen nahm der kluge Miltiades den Oberbefehl über 10000 M., zog den Persern entgegen, nahm die Schlacht in einer engen Stelle an, wo der Perser Front nicht länger sein konnte, als die der Athener und schlug die Feinde nach blutigem Kampfe in die Flucht. Ein Athener war von diesem Siege so begeistert, daß er in voller Rüstung und ununterbrochenem Laufe nach Athen eilte, dort auf dem Markte ausrief: Freuet euch Athener, wir haben gesiegt! und dann vor Erschöpfung todt niederfiel.

§. 21. Schluß der Perserkriege.

Die Perser kehrten nach Asien zurück; doch die Athener folgten ihnen mit ihren Kriegsschiffen, um die Inseln wieder zu erobern, welche die Perser im Vorübersegeln besetzt hatten. Bei Paros hatte Miltiades jedoch Unglück und die undankbaren Athener verurtheilten ihn zum Schadenersatz. Miltiades konnte nicht zahlen, und kam daher ins Gefängniß, wo er an seinen Wunden starb.

Die Athener sahen voraus, daß der Perserkönig seine Angriffe wiederholen werde, deshalb folgten sie des Themistokles Rath, jährlich einen Theil der Staatseinnahmen auf Vermehrung der Flotte zu verwenden; sie unterstützten den gerechten Aristeides, als er die Rechte des Volks erweiterte, und ehrten den tapfern Kimon, des Miltiades kriegserfahrenen Sohn.

Der erwartete Angriff der Perser blieb lange aus, denn in Egypten war ein Aufstand ausgebrochen, welchen Dareios unterdrücken mußte, und da er bald darauf starb, so hatte sein friedliebender Sohn Xerxes wenig Neigung zu einem neuen Krieg. Endlich gab er aber dem Drängen seiner eroberungssüchtigen Generale nach, rüstete eine Flotte von 1200 Schiffen, ein Heer von 700000 M. (mit dem Troß vielleicht 2 Mill.) und erschien nach siebentagelangem Übergang über die Brücken der Dardanellen in Europa. In dem gebirgigen Lande trat zwar bald Mangel und Noth ein, sogar Löwen sollen auf die Rosse eingebrochen sein, doch Xerxes erschien 480 vor dem Engpaß der Termophylen, welche der Spartaner Leonidas mit 300 Mann mehrere Tage unverzagt vertheidigte, bis dem Xerxes ein Weg übers Gebirge verrathen ward. Er schickte den Spartanern eine starke Schaar in den Rücken. Alle Spartaner fielen im Kampfe. Ein Denkmal bezeichnete diese Opferstätte der Vaterlandsliebe.

Unterdessen war auch die persische Flotte vom Norden herabgekommen, die Griechen hatten ihr aber so wenig Schiffe entgegen zu stellen, daß sie den Muth verloren und den Seekrieg aufgeben wollten. Durch eine List gelang es dem Themistokles, auf dessen Rath die Athener ihre Stadt verlassen und Schiffe bestiegen hatten, beide Theile zu einer Seeschlacht bei der Insel Salamis zu bringen. Xerxes sah von einem Thurm am Ufer Attikas die Flucht der Seinen, floh mit einem großen Theil des Landheeres unter großen Verlusten nach Norden, um wieder über die Brücke nach Asien zu kommen, doch hatte diese der Sturm zerstört. Den Mardonios ließ er mit 300000 Mann in Attika, doch verlor dieser 479 Schlacht und Leben bei Platää gegen Pausanias und Aristeides. An demselben Tage 479 siegte Xanthippos bei Mykale an Kleinasiens Küste zu Wasser und zu Lande, und 469 gewann Kimon einen gleichen Doppelsieg am Flusse Eurymedon in Vorderasien.

Die Griechen nemlich, muthig gemacht durch die ersten Erfolge, hatten den Krieg fortgesetzt, eroberten die griechischen Inseln zurück und versetzten den Krieg an Asiens Küste. Zwar mußte Sparta seinen König Pausanias wegen Hochverrath zu Tode steinigen lassen und Themistokles in die Verbannung nach Asien gehn, da er sich des Strebens nach der Thrannis verdächtig machte, doch hatte er zuvor Athen trotz Spartas Widerspruch befestigt, und Kimon baute noch von der Stadt nach dem Hafen, der über eine Stunde entfernt lag, eine Doppel- mauer, welche die Verbindung zwischen Stadt und Hafen sicherte.

Außerdem schlossen die Inselgriechen mit Athen ein Schutz- und Trutzbünd- niß, durch welches Athen Geld, Schiffe, Soldaten und die Oberanführung er- hielt, die bald zur Oberherrschaft wurde. Da die Athener durch diesen Macht- zuwachs beschäftigt waren und sich mehr den innern Angelegenheiten zuwandten, so trat im Kriege eine lange Pause ein. Perikles, des Lanthippos Sohn, der genialste und beredteste Mann seiner Zeit, führte die Staatsverfassung so weit, daß jeder Staatsbürger zu allen Ehren und Aemtern berechtigt war und die Volksversammlung unbeschränkt herrschte, d. h. über alle Fragen entschied. Der kluge Mann lenkte das Volk durch seine Reden nach seinem Sinn; als er aber starb und kein Nachfolger ihm gewachsen war, so artete die Volksherrschaft (De- mokratie) in Pöbelherrschaft (Ochlokratie) aus, unter deren Wirren Athens Macht sank und die Freiheit verloren ging.

§. 22. Das perikleische Zeitalter.

Das goldene Zeitalter Athens fällt vor, in und kurz nach der Zeit, in welcher Perikles, genannt der Olympier, an der Spitze des Staates stand. Die Bundesgenossen mußten Kriegsbeiträge geben, obschon der Krieg gegen Persien ruhte. Diese Summen verwandte Perikles zur Verschönerung Athens, stellte Bildsäulen auf den öffentlichen Plätzen auf, baute schöne Tempel, besonders auf der Feste Akropolis, wohin der berühmte Prachtweg durch das Säulenthor der Propyläen zu den Kunsthallen und Tempeln führte, und wo auch die 70 Fuß hohe Bildsäule der Pallas Athene stand, welche Phidias aus Marmor, Elfen- bein und Goldblech machte, woraus auch der Zeus bestand, der in Olympia auf kunstvollem Throne saß, die Siegesgöttin in ausgestreckter Rechte haltend, und doch 70 Fuß maß.

Außerdem beförderte er die Schauspielkunst und wußte den Geschmack der Athener so zu veredeln, daß sie sprüchwörtlich wurden und es schon für eine Ehre galt, vor ihnen sprechen zu dürfen. Bei den Hellenen vertraten die Theater die Stelle unserer Kirchen, denn die Schauspieldichter wollten Gottesfurcht verbrei- ten, den Übermuth herabdrücken und das göttliche Walten im Menschenschick- sale aufzeigen. Die alten Dramen sind tiefreligiös, erst später verlieren sie diesen Charakter.

Die Theater hatten kein Dach, sondern bestanden aus einer Bühne, von welcher in Halbbogen die Sitzbänke terrassenartig einen Abhang hinauf stiegen. Die Schauspiele wurden am Tage gegeben und oft mehre hintereinander; Frauen dyrften nicht auftreten und Theaterzettel gab es auch nicht, sondern die Schau- spieler trugen Charaktermasken (Persona). Von Zeit zu Zeit trat ein Chor-

auf, ging über den Tanzplatz (Orchestra) vor der Bühne und sang ein religiös-stimmendes Lied.

Der genialste Trauerspieldichter, den es vielleicht je gegeben, hieß Sophokles und sein bestes Stück die Antigone. Neben ihm dichteten Aeschylos und Euripides noch Dramen, die sich zum Theil bis heute erhalten haben. Dagegen schrieb Aristophanes kecke Lustspiele voll beißenden Witz, indem er die Regierung, Parteien und Parteiführer Athens lächerlich machte.

Was die Tempel anlangt, so ist die Gestalt ihrer Säulen bis heute Muster der Schönheit und des Ebenmaßes. Jeder Tempel bildete ein längliches Viereck, das von fensterlosen Mauern eingeschlossen war. An der schmalen Vorderseite brachte man eine Säulenhalle an, welche den Dachgiebel trug, dessen Dreieck eine Statuengruppe füllte. Oft zog sich die Säulenhalle durch die beiden Längsseiten entlang oder um den ganzen Tempel herum.

Die Säulen waren verschiedener Art und nach ihnen bestimmte man den ganzen Baustyl, weil alle Maßverhältnisse und Verzierungen der Friese mit dem Charakter der Säulen übereinstimmen mußten. Die dorische Säule, die man gern bei Tempeln anwendete, hatte keinen Untersatz (Plinthus), sondern ruhte unmittelbar auf dem Boden; sie war gefurcht (cannelirt), verjüngte sich wenig nach oben und trug oben eine Platte, auf welcher der Dachbalken ruhte. Die ionische Säule stand auf einer Unterlage, war über derselben eingeschnürt und von Bandstreifen eingefaßt, cannelirt, stark verjüngt und trug einen Knauf mit einer schneckenartigen Windung (Voluta) auf jeder Seite. Aehnlich geformt war die korinthische Säule, welche aber statt der Schnecken einen Kranz aufrecht stehender Akanthusblätter hatte.

Jeder Tempel bestand aus einer Vorhalle, dahinter lag das Gemach mit dem Gottesbilde, auf welches in großen Tempeln das Licht von oben herab fiel, und das Endgemach enthielt den Tempelschatz.

§. 23. Der peloponnesische Krieg.

Die ruhigen Zeiten der Kunstbestrebungen dauerten in Athen nicht lange, denn Sparta war auf Athens Macht eifersüchtig, weshalb es häufig zu kleinen Kriegen kam. Mit Sparta verbündet waren die übrigen dorischen Staaten der Halbinsel, wogegen Athen mit den Inseln in Bündniß stand.

Endlich kam der Haß der beiden Hauptstaaten von Hellas bei einem unbedeutenden Anlaß zum Ausbruch. Athen mischte sich in die Parteistreitigkeiten der dorischen Kolonien Epidamnus am adriatischen Meer; Korinth als Mutterstaat wollte dies nicht dulden, rief Sparta zu Hülfe und so entstand der verderbliche peloponnesische Krieg (431—404), der zu Wasser und Lande, in Griechenland, an Kleinasiens Küste und an Makedoniens Grenzen geführt wurde und mit Athens Eroberung durch den Spartaner Lysandros endigte.

In den ersten Jahren stand Perikles noch an der Spitze Athens und leitete

Alles vortrefflich. Der Krieg war ein Raubkrieg, denn alljährlich fielen die Peloponnesier plündernd und verheerend in Attika ein, wogegen die athenische Flotte die Küsten des Peloponneses auf gleiche Weise heimsuchte, während Attikas Bewohner in der Stadt und zwischen den Hafenmauern Schutz fanden. Als aber Perikles (429) an der Pest starb, kamen unverständige Männer ans Ruder, der Krieg nahm größere Verhältnisse an, bis es Verständigen gelang, (421) Frieden zu stiften. Mit diesem waren ruhmsüchtige Männer nicht zufrieden, namentlich der leichtsinnige geniale Alkibiades, welche daher neue Verwickelungen anzettelten.

Da erschien in Athen eine Gesandtschaft der sicilischen Stadt Segesta und bat um Hilfe gegen Syrakus. Alkibiades beredete die Athener zu diesem Feldzuge und erhielt die schönste Flotte, die Athen je gehabt. Aber auch Sparta sandte den Syrakusanern Hilfe, Athens Flotte und Heer ging elend im Hafen und den Steinbrüchen von Syrakus zu Grunde, Alkibiades floh nach Sparta, da man ihn in Athen wegen Gottesfrevels anklagte, und verrieth aus Rache den Spartanern, wie man Athen bezwingen könne, welches dadurch in große Noth gerieth. Doch der Sittenlose mußte auch aus Sparta vor dem Gericht fliehen, ging nach Kleinasien und beredete den persischen Statthalter, Athen zu helfen. Dies brachte ihn bei dem athenischen Volk wieder zu Gnaden, er ward Admiral, aber bald wieder entsetzt, da sein Contreadmiral eine Schlacht verlor. Der Krieg gestaltete sich indeß immer ungünstiger für Athen, und nachdem dessen Flotte am Ziegenflusse (Aegospotamos) vernichtet war, belagerte und eroberte der Sieger Athen (404).

Fortan führten die Spartaner eine aristokratische Regierung ein, die 30 Thrannen genannt, welche grausam schalteten, Tausende vertrieben und Viele hinrichten ließen. Da sammelten sich die Vertriebenen unter Thrakybulos, griffen Athen an und verjagten die Thrannen, worauf Athen seine demokratische Regierung wieder herstellte und das Unwesen der Parteikämpfe von Neuem begann.

Als Opfer der Thrannei starb der edle Sokrates, der den Giftbecher trinken mußte, weil er lehrte, es gebe nur einen Gott und alles menschliche Wissen sei Stückwerk. Seine Schüler Xenophon und Platon haben sein Leben und seine Gespräche aufgezeichnet und der letztere galt im Mittelalter als Muster wissenschaftlicher Forschungen. Bis heute noch wird er fleißig studirt, obschon er seine Lehre in Gesprächsform kleidete. Sein Zeitgenosse Aristoteles, bis heute noch hochverehrt, ist Gründer der praktischen Philosophie, der Aesthetik und Naturbeschreibung. Platon hielt unter den Säulenhallen und Baumgängen der Promenade Akademie seine Vorträge und seine Anhänger nannten sich Akademiker; Aristoteles lehrte im Spazierengehen und davon hießen seine Anhänger Spaziergänger (Peripatetiker).

Auch der Geschichtschreiber Thukydides lebte damals, ein Muster pragmatischer Geschichte, und Xenophon beschrieb unter andern den berühmten Rückzug der Zehntausend (401). In Persien war nemlich ein Bruderkrieg ausgebrochen, und da die Griechen für unbesiegbar galten, hatte der Rebell Kyros 10000 Griechen angeworben. Er fiel aber in der ersten Schlacht nahe am Euphrat, und nun mußten die Griechen sich durch das unbekannte Kleinasien, über hochbeschneite Gebirge, mitten durch feindliche Völker, verfolgt von persischem Verrath, nach dem schwarzen Meere einen Weg bahnen, um an dessen Küsten entlang nach der Heimath zurückzukehren.

§. 24. Die Hegemonie Spartas, der thebanische und die heiligen Kriege.

Mit Athens Fall ging die Hegemonie über die griechischen Staaten von Athen auf Sparta über, welches im peloponnesischen Kriege sich zur Seemacht ausgebildet hatte. Es dauerten indessen die kleinen Kriege zwischen den Staaten fort; deshalb faßte der Spartaner Agesilaos den Entschluß, den Perserkrieg fortzusetzen, um Griechenland im Kampf gegen den Nationalfeind zu einigen. Siegreich drang er tief nach Asien vor, das Perserreich schien verloren, da gelang es persischer Bestechung, mehrere griechische Staaten zu einem Angriff gegen Sparta zu reizen. Agesilaos mußte zurückkehren, lieferte bei Koroneia (394) ein erfolgloses Treffen, wogegen der Athener Konon eine Seeschlacht gewann, so daß endlich durch Antalkidas (387) der nach ihm genannte Frieden zu Stande kam. Die kleinasiatischen Griechen kamen dadurch wieder unter persische Herrschaft, die europäischen Staaten aber sollten frei und unabhängig sein. Ganz Griechenland war erschöpft durch die langen Kriege, Gesetz und Sitte mißachtet, Gottesfurcht und Frömmigkeit untergegangen.

Den nächsten Krieg veranlaßte Sparta's Frevelmuth. Auf dem Durchmarsche durch Theben hatten die Spartaner verrätherisch die Burg besetzt, die Stadt für eine eroberte erklärt, spartanische Beamte eingesetzt und die patriotischen Thebaner theils geächtet, theils verhaftet. Unwille ergriff das thebanische Volk; die Geächteten sammelten sich in Athen, entwarfen einen Befreiungsplan und eilten dann an einem stürmischen Wintertag nach Theben. In dem Hause eines Verschworenen verabredeten sie, die bei einem andern Verschworenen bei Tafel schmausenden Spartaner zu ermorden. Dies geschah, da sie verkleidet als Tänzerinnen eingeführt wurden, und vor dem Volksaufstande, der nun ausbrach, floh die spartanische Burgbesatzung.

Sparta erklärte diese Befreiung Thebens für eine Ehrenkränkung und so entstand der thebanische Krieg (371—62). Die Thebaner besaßen in Pelopidas und Epameinondas tugendhafte Staatsmänner und ausgezeichnete Feldherren errichteten die später oft nachgeahmte schwarze Schaar, deren Mitglieder durch innige Freundschaft verbunden waren und geschworen hatten, zu siegen oder zu sterben. Anfangs halfen auch die Athener den Thebanern, wobei sie zugleich das Übergewicht zur See über die Spartaner erlangten. Die Thebaner selbst gewannen (371) die Hauptschlacht bei Leuktra, als deren Folge ihnen die Hegemonie zufiel, der sich viele kleine Staaten anschlossen, um sich von spartanischer Herrschaft zu befreien.

Die siegreichen Feldherren fielen in den Peloponnes ein, befreiten Arkadien, riefen die Messenier zur Freiheit auf, griffen selbst das mauerlose Sparta an, dessen enge Gassen aber von Weibern und Greisen mit solcher Wuth vertheidigt wurden, daß die Thebaner ihren Angriff aufgaben. Zu gleicher Zeit wurde Theben aber in die Partei- und Thronstreitigkeiten Thessaliens und Makedoniens verwickelt, von wo Pelopidas den Prinzen Philipp als Geisel nach Theben brachte, aber in Thessalien durch Verrath (364) den Heldentod fand. Zwei Jahre darauf (362) fiel Epameinondas von einem Speer durchbohrt in der Schlacht bei Mantineia. Als er sah, daß die Seinen siegten, ließ er den Speer aus der Brust ziehen und verblutete. Er war so arm, daß er auf Staatskosten mußte begraben werden, und hatte den Ruhm, in seinem Leben nie gelogen zu haben, auch nicht einmal im Scherz.

Theben allein vermochte den Krieg nicht fortzuführen; auch Sparta fühlte sich erschöpft, und Athen verlor seine Herrschaft zur See und die sogenannten Bundesgenossen, d. h. die griechischen Inseln. Man machte daher Frieden.

§. 25. Philipp von Makedonien.

Während Griechenland sich durch innere Kriege schwächte, erstarkte im Norden ein Volk, welches zu den Barbaren gerechnet wurde. In Makedonien bildete sich nach vielen Streitigkeiten ein starkes Königthum, welches griechische Bildung einführte, ein wohlgeübtes Heer unterhielt und die Grenzen des Reiches nach allen Seiten erweiterte. Philipp hatte seine Anwesenheit in Theben benutzt, um griechische Staats- und Kriegskunst zu studiren, und da er ein begabter Fürst war, so wußte er aus seiner Bildung großen Nutzen zu ziehen, denn er verband Schlauheit und List mit Muth und Kenntnissen. Er schuf ein Nationalheer, die Phalanx, eine aus 10 Gliedern bestehende Schlachtordnung; bewaffnete die Schwergerüsteten mit 18 Fuß langen Speeren, welche die 5 ersten Glieder beim Angriff vorstreckten, wobei sie sich mit den Schilden deckten; bildete aus den Bergvölkern leichte Truppen von Bogenschützen und Schleuderern, welche die Stelle unsrer Plänkler vertraten, schuf aus den wohlberittenen Thessaliern eine treffliche Reiterei und hielt als Kerntruppe noch eine Garde. Dabei förderte er Handel und Verkehr, benutzte die Staatsländereien und Bergwerke sehr haushälterisch, so daß er sich einen Schatz erwarb, der ihm zu andern Unternehmungen hinreichende Mittel gab.

An der Küste Makedoniens lagen athenische Kolonien; diese nahm Philipp nach und nach durch List und Gewalt und wußte durch gut besoldete Redner die Athener glauben zu machen, der Verlust dieser Besitzungen sei für Athen ein Vortheil. Ganz Griechenland war entsittlicht, Schlemmerei, weibische Putzsucht, Habgier und Genußsucht machten unfähig für edle Gefühle und männliche Thaten. Die Zahl der Patrioten verringerte sich mit jedem Jahr, denn für Gold war alles feil.

Da trug es sich zu, daß eine kleine Gemeinde sich einige Aecker aneignete, welche dem delphischen Gotte gehörten. Der Amphyktionenbund erklärte sie in Acht und übertrug Theben die Execution. Aber die Gemeinde plünderte nun den Tempel, warb mit dem Gelde Söldner und besiegte die Thebaner, daß diese endlich in der Noth den Philipp herbeiriefen, welcher auch, wenn auch nicht ohne große Anstrengung, die Tempelräuber besiegte und hart bestrafte. Zum Dank dafür erhielt Philipp im Amphyktionenbund Sitz und Stimme (346).

Während Philipp hierauf die griechischen Städte an Makedoniens Küste eroberte und Thrakien unterwarf, brach in Griechenland wieder ein heiliger Krieg aus, da eine andere Gemeinde sich Tempelgut angeeignet hatte. Philipp erhielt die Execution, marschirte aber nicht gegen die Frevler, sondern gegen die Thermopylen. Da gelang es endlich dem Redner Demosthenes, die Athener zu überzeugen, daß es Philipp auf die Unterwerfung Griechenlands abgesehen habe. Athen verband sich mit Theben, und beide lieferten (338) die Unglücksschlacht bei Chäronea, in welcher Philipp durch seinen Sohn Alexandros siegte. Er behandelte die Besiegten zwar mit Schonung, aber Griechenlands Unabhängigkeit war für immer verloren, das Königthum bewährte sich als die stärkere Macht. Philipp nahm den Titel Oberfeldherr Griechenlands gegen die Perser an, denn er gedachte Persien anzugreifen, ward aber (336) bei der Hochzeit seiner Tochter in seiner Hauptstadt Pella ermordet, worauf Alexander König ward.

In diesen letzten Zeiten Griechenlands war die Dichtkunst bereits im Sinken, dagegen entwickelte sich die Redekunst, da die damaligen Redner Isokrates, Aeschines (Philipps Redner in Athen) und Demosthenes für alle Zeiten Muster blieben. Noch lange Jahrhunderte blühte die Beredtsamkeit in den Rednerschulen, welche von den Römern sehr besucht wurden, da sie die Stelle unserer Lehranstalten vertraten.

Auch die Baukunst und die Bildhauerei erlebten noch eine Blüthezeit. Die großartigsten Tempelbauten waren das Parthenon zu Athen, der Zeustempel zu Olympia und Agrigent in Sicilien, der Demetertempel zu Eleusis, der Heratempel zu Argos, die Säulenhalle Stoa zu Athen, der Odeion für Musikaufführungen u. s. w. Die Hauptsitze der Bildhauer und Gießer befanden sich zu Athen, Korinth und Aegina, und die großen Meister hießen Pheidias, Polykletos, Skopas, Myron, Praxiteles, deren Werke zum Theil auf uns gekommen sind (Apollo von Belvedere, Laokoon, der sterbende Gladiator, die mediceische Venus, die Niobiden, der farnesische Stier, der borghesische Fechter u. s. w.) Auch im Schneiden der Steine und in Mosaikarbeiten waren Griechen Meister und verschönerten später die Paläste und Villen der Römer. Als Maler erwarben den größten Ruhm Apelles, Zeuxis und Parrhasios, deren Bilder auf noch erhaltenen Vasen nachgeahmt sind.

§. 26. Alexanders Eroberungen.

Alexander ward von Aristoteles erzogen und den tüchtigsten Männern unterrichtet; daher besaß er eine Vielseitigkeit und Gründlichkeit des Wissens, wie kein Fürst seiner Zeit. Sein Lieblingsbuch war der Homer, sein Vorbild der Achilleus, und Aristoteles wußte den Geist des Prinzen so glücklich zu entwickeln, daß Alexander ein Fürst von wahrhaft königlicher Gesinnung, Hochherzigkeit, Großmuth und edlem Streben wurde.

Nach Philipps Tode empörten sich einige Völker, da sie meinten, mit dem jungen König leicht fertig zu werden; aber Alexander unterwarf sie und bestrafte besonders Theben sehr streng, da er es bis auf Pindars Haus zerstören ließ. Nun wählten ihn die Griechen zu Korinth, wo er den Tonnenbewohner Diogenes kennen lernte, zum Oberanführer gegen die Perser, denn zum Kampfe gegen den Nationalfeind wollte Alexander alle griechischen Stämme vereinigen. Auch die trotzigen Spartaner mußten sich nach der furchtbaren Verzweiflungsschlacht bei Megalopolis (330) unterwerfen, als sie Alexanders Abwesenheit zur Befreiung benutzen wollten.

Alexander rüstete sich zum Zuge gegen Persien, welches in tiefen Verfall gerathen und daher leichter zu besiegen war. Bruderkriege, schwächliche Höflingsregierung, Weiberherrschaft und Rebellionen der Statthalter der 50 Nationen Persiens hatten dieses Reich zerrüttet. Bei dem hohen Steuerdrucke verarmte das Volk, denn der König speicherte alles edle Metall in seinen Schatzhäusern auf und hielt einen kostspieligen Hofstaat. Ihm und dem Hofstaate mußte alles umsonst geliefert werden, seine Reisen glichen wegen der zahlreichen Begleitung einem Heerzuge und fielen den Landschaften zur Last, durch welche der Zug ging. Damals regierte Dareios Kodomannos, ein tugendhafter und friedliebender Fürst, der aber deshalb das innere Verderbniß nicht beseitigen konnte.

Alexander segelte (334) mit etwa 30000 Mann hinüber nach Asien, feierte bei Troja an Achills Grabe große Festspiele und erzwang dann mit eigener Lebensgefahr den Übergang über den Granikus, wodurch ihm Asien bis an den Taurus zufiel. Eine Flotte gewann die griechischen Inseln und sicherte die Küsten, während Alexander Kleinasien durchzog, zu Gordion den sprichwörtlich gewordenen Knoten zerhieb, sich von einer schweren Krankheit erholte, welche er sich durch ein Bad im kalten Kydnos zuzog, und dann in den Engpässen bei Issos den Perserkönig (333) selbst besiegte, so daß dessen Heer zerstäubte, Mutter und Gemahlin in Gefangenschaft fielen. Alexander behandelte diese königlich, gab sie aber nicht frei, obschon Dareios sein halbes Reich als Lösegeld anbot.

Während Parmenion die Gebiete am Libanon eroberte, zerstörte Alexander nach siebenmonatlicher Belagerung Inseltyros, eroberte mit leichter Mühe Eghpten, welches der persischen Herrschaft überdrüssig war, gründete (332) die Stadt Alexandrien und wandte sich nun gegen die Euphratländer, wo er (331) seinen Gegner auf der Ebene bei Arbela und Gaugamela schlug, obschon ihm dieser an Kriegsmacht 20fach überlegen war. Dareios floh, ward aber unterwegs von einem Satrapen ermordet und starb verlassen und hülflos auf der Landstraße, wo makedonische Soldaten dem Sterbenden den letzten Trunk Wasser reichten.

Im Flug durchzog Alexander das heutige Iran und Turan, drang sogar in das reichgesegnete Indien ein, indem er den Indus überschritt, besiegte den Inderkönig Poros trotz seiner 200 Kriegselephanten und machte ihn zu seinem Statthalter. Weiter vorzudringen weigerte sich aber das Heer, welches ja durch einen Weg von 3 Monaten von der Heimat entfernt war. Am Hyphasis mußte er umkehren, zog am unbekannten Indus hinab, ließ dann den Admiral Nearch das persische Meer durchsegeln, um einen Weg nach der Euphratmündung zu suchen, er selbst aber trat den Marsch durch die Wüste Gedrosiens an, wo sein Heer unglaubliche Noth erduldete und zum Theil zu Grunde ging. Gleiche Noth ertrug Nearch, doch gelangte Alexander und Nearch endlich nach Babylon, feierte dort große Sieges- und Dankfeste, beschenkte seine Soldaten reichlich und begann nun sein Reich zu organisiren. Die geistigen Anstrengungen aber zerstörten seine Gesundheit, und mitten unter großen Entwürfen starb er (332) zu Babylon, seine Leiche aber führte man in thurmartigem Sarggerüst nach Alexandrien.

Alexander hat sich nicht nur als genialer Feldherr einen Namen gemacht, sondern auch als weiser Staatsmann. Er ließ die Gold- und Silberbarren der königlichen Schatzkammer zu Münzen prägen, um alles bezahlen zu können, was er brauchte, um seine Unterthanen zu bereichern. Er ließ Flußläufe reguliren, Kanäle und Straßen anlegen, die Reisenden schützen, erbaute an günstig gelegenen Orten Städte, verbreitete griechische Bildung, begünstigte den Handel und Austausch der Produkte, ließ fremde Pflanzen und Thiere nach Griechenland verpflanzen und verwendete ungeheuere Summen auf die Erweiterung naturgeschichtlicher Kenntnisse.

§. 27. Alexanders Nachfolger.

Nach seinem Tode ging freilich ein großer Theil des Gewinns verloren, welchen Asien und Afrika unter seiner Regierung würden gehabt haben. Seine Generale theilten sich in sein Reich, gönnten sich aber ihren Antheil nicht, sondern bekriegten einander, wobei das ganze Geschlecht Alexanders und die meisten Generale eines gewaltsamen Todes starben.

Nach langen blutigen Kriegen behauptete sich in Syrien die Dynastie der Seleukiden, in Egypten die der Ptolemäer, und Griechenland blieb trotz aller Dynastenwechsel von Makedonien abhängig. Griechische Bildung, Sprache und Künste blieben in den neuen Reichen heimisch, der Orient verjüngte sich, aber die Griechen nahmen asiatische Schwelgerei, Luxus und Treulosigkeit an und sanken zur Unbedeutenheit herab. Jeder Gebildete in Asien und Egypten sprach und schrieb griechisch, weshalb auch die Apostel überall die Lehre Christi predigen oder sich durch ihre griechisch geschriebenen Briefe verständlich machen konnten.

In Griechenland selbst dauerten die Bürgerkriege fort, denn der ätolische und achäische Bund bekämpften sich der Sparta, wo man vergeblich die alte lykurgische Gesetzgebung wieder herstellen wollte, oder stritten gegen Makedonien, bis sich endlich die Römer einmischten und beide unterwarfen.

Auch die Seleukiden führten viele Kriege, da sie Indien erobern wollten, verübten dabei viele Greuel, reizten die Juden wiederholt zu Aufständen, weil sie den Jehovahdienst verdrängen wollten, bis es den tapfern Makkabäern gelang, Palästina von Syrien unabhängig zu machen. Doch Pompejus machte beide Länder zur römischen Provinz.

In Egypten fand griechische Bildung besondere Pflege, denn die Könige beförderten Handel, Industrie und die dahin zielenden Kenntnisse. In Alexandrien entstand die berühmte Bibliothek, wo auf Staatskosten Gelehrte studirten, Bücher sammelten und aus den vorhandenen Musterstücke empfahlen (Kanon, Klassiker), welche deßhalb sehr verbreitet wurden und sich zum Theil erhielten. Hier entstand auch als neue Dichtung die Idylle (Bildchen) oder die bukolische Poesie, welche die Natur und das einfache Landleben schilderte, worin Theokrit bis heute Meister geblieben ist. Als Mathematiker lehrte Eukleides, die Geographie bearbeitete mathematisch Eratosthenes, die Astronomie Hipparchos, die Mechanik Archimedes, die Medicin Hippokrates. Die Philosophen wandten sich vorzugsweise der Sittenlehre zu, und Epikur forderte, man solche durch weisen, mäßigen Genuß sich die Glückseligkeit verschaffen, die Stoiker dagegen lehrten, nur der Tugendhafte sei glücklich, da er die irdischen Dinge gering schätze und mit Gleichmuth den äußeren Wandel des Schicksals ertrage.

Unter den Israeliten entstanden die Sekten der Pharisäer und Sadducäer. Jene hielten das Gesetz und die Propheten, die sie aber willkürlich auslegten und auf äußere Ceremonien sehr viel hielten, die Sadducäer dagegen nahmen griechische Wissenschaft in ihre Lehren auf. In Alexandrien entstand auf Anregung des Königs die griechische Übersetzung des alten Testaments, die Septuaginta genannt, weil 72 Übersetzer daran arbeiteten. Auch setzte man damals den Kanon der alttestamentlichen Bücher fest. Die Sekte der Essäer endlich gab sich frommen Bußübungen und einem beschaulichen Leben hin und lebte in Gütergemeinschaft.

§ 28 Handel und Handelsverhältnisse Griechenlands.

Bereits wurde darauf aufmerksam gemacht, daß Griechenland durch seine Küstenbeschaffenheit, seine zahlreichen Inseln und seine Lage zwischen Europa, Asien und Afrika zu einem Handels- und Seestaate von der Natur bestimmt ist. Denn wenn das Land auch an besondern Producten, die in fremden Ländern gesucht werden, arm war, wenn es sogar an einigen unentbehrlichen Bedürfnissen Mangel litt, so fiel ihm doch die Vermittlerrolle zwischen den genannten Erdtheilen zu, und setzte seine hohe Kunstbildung es in den Stand, seine Industriewaaren zu einem Bedürfniß für andere Völker zu machen.

Den Gang der Entwickelung des griechischen Handels kann man aus der vorausgesandten Geschichte entnehmen. Kleine Staaten können keine große Flotten und Kapitalien sammeln, daher fiel der Handel meist Athen zu, welches ihn mit Korinth und einigen Inseln theilte. Die Blüthezeit fällt in die Periode zwischen dem persischen und peloponnesischen Kriege, Welthandel wurde er durch Alexander, welcher Indien dem unmittelbaren Verkehr öffnete, die alten Handels= straßen nach Alexandrien und an die Küstenstädte Kleinasiens verlegte, das indische Meer entdecken und den Euphrat für Schiffahrt wieder brauchbar machen ließ.

Bei dem Handel befolgten die griechischen Staaten gewisse staatswissen= schaftliche Grundsätze, wenn auch nicht immer die richtigen. Schon die Inder und Egypter kannten den Vortheil der Arbeitsabtheilung, aber da sie dieselbe erblich machten, so erstarb die Regsamkeit der Concurrenz, und das ganze Volks= leben erstarrte.

Die griechischen Völker entwickelten sich glücklicher, da sich bei ihnen ein industrieller freier Mittelstand bildete; da aber alle Arbeit den Sclaven und Armen überlassen, Arbeit also entehrend und eines Freien unwürdig blieb, so konnte auch in Griechenland die Wohlfahrt aller Volksklassen nicht gedeihen, wurde die Besteuerung hart und übermäßig, und mußte die Nation verarmen und unsittlich werden. Seit den Perserkriegen wurden Geldmünzen häufig, aber man hielt das Geld für Reichthum, Bankiers unterstützten zwar den Handel, aber die Unsicherheit des Kapitals und der öffentlichen Verhältnisse machten es unmöglich, daß das Kapital zweckmäßig benutzt wurde.

Die wißbegierigen Griechen brachten es im Schiffbau und Schiffahrt weit, sie kannten den Ballast, Senkblei, Ebbe und Fluth, Winde und Leitstern, legten Hafendämme an, und die Korinther, Aegineten, Samier und Lesbier besaßen berühmte Schiffswerften. Doch waren die Schiffe im Allgemeinen klein, so daß man sie über Landengen transportiren konnte.

Der Hauptausfuhrartikel war Wein, den man in Griechenland fast überall baute, und in Asien wie in Egypten gern trank. Man versandte ihn in aus= gepichten Fässern, lieber in Ziegenhautschläuchen, nach Egypten in irdenen Krügen. Außerdem lieferte das Land treffliches Oel, Honig, Feigen, Südfrüchte, Gewürz=, Arznei= und Farbekräuter, Hanf und Flachs, Schafwolle, sehr viel Seesalz, Metalle und Mineralien, welche die Industrie zu benützen verstand. Sogar abgerichtete Streithähne bildeten einen Handelsartikel.

Die größten Handels= und Stapelplätze waren die Inseln Delos, Lemnos, Chios, Aegina, und die Hafenplätze Athen, Korinth und Sikyon, wo rege In= dustrie, besonders in Metallwaaren und Luxusartikeln herrschte. Da man aber zu allen Arbeiten Sclaven brauchte, so bildete der Sclavenhandel einen bedeu= tenden Geschäftszweig. Von den 400.000 Bewohnern Attikas waren 380.000 Sclaven.

Unter den eingeführten Waaren stand neben dem indischen Elfenbein das theuer bezahlte Elektron (Bernstein) oben an, welches von der Ostsee von Danzig über Thorn, Gnesen, Posen, Breslau, über den Jablunka und Trentschin die Waag hinab bis zur Donau und auf dieser nach Griechenland oder Italien kam. Denn auch später war Carnutum in Pannonien zwischen Wien und Preßburg ein Stapel- und Tauschplatz für die preußischen Pferdekarawanen, von wo die Waaren durch Unterösterreich, Steiermark und Krain ans adriatische Meer gelangten. Auf diesen Wegen kamen noch später venetianische Kaufleute an die Donau. In alten Zeiten gingen die nordischen Waaren durch adriatische Schiffe nach der illyrischen Küste, wohin griechische Kaufleute, besonders aus Corfu, kamen.

Von den Phöniziern erhandelten die Griechen asiatische Waaren, besonders armenischen Stahl, purpurroth, veilchenblau, oder hellgelb gefärbte Gewänder, Teppiche und Decken, Silberschmuck, Elfenbeinzieraten, Weihrauch, Balsam, Gewürze, Granatäpfel aus Afrika.

Nach Westen zu kamen griechische Schiffe bis Spanien (Empurias), an die Rhone (Massilia), wo die Straßen aus Frankreich und England (Zinn) mündeten, besuchten die Häfen und Inseln Süditaliens (Neapel, Tarent, Syrakus, Sybaris), ebenso Kyrene am Nordrand Afrikas, legten in Unteregypten Stapelplätze und Comptoirs an, da man von dort Getreide gegen Wein eintauschte. Mit Kleinasien stand man durch Sardes, Smyrna, Ephesus und Phokaea in direktem Verkehr, von wo Straßen bis Susa und Indus gingen. Am schwarzen Meer besaßen die Milesier zahlreiche Comptoirs (Byzanz, Sinope, Phasis, Odessos, Theodosia und Olbia) von wo man nordische Waaren, Pelze, Honig, Bauholz, Getreide, Schläuche, Sclaven, Seefische und Gold bezog, denn die Handelsstraßen gingen die Flüsse hinauf bis zum Ural nach der Bucharei, Indien und Nordostasien.

§. 29. Handelsgesetze.

Der lebhafte Handel machten mancherlei Gesetze und Einrichtungen nothwendig, welche ihn organisirten und sicherten. Besondere Polizeibeamte beaufsichtigen die Güte der Waare, Maß und Gewicht, verwalteten die Staatsmagazine, besondere Gerichtshöfe entschieden Handelsstreitigkeiten; dagegen beschränkten andere Gesetze die Handelsfreiheit, namentlich den Getreidehandel, selbst den Kleinhandel und die Kapitalvorschüsse für Schiffsfrachten, namentlich sollte jedes anslaufende Schiff als Rückfracht Getreide mitbringen.

Rheder begleiteten ihr Schiff selbst oder sandten einen Bevollmächtigten mit; die Kaufleute dagegen hatten in den Kolonien ihre Kommanditen. Da eine Schiffsladung kostbar war, der Erfolg der Sendung ungewiß, so vereinigten sich mehrere Personen zur Befrachtung auf gemeinsame Rechnung, oder ein Einzelner lieh das zur Ausrüstung nöthige Kapital gegen hohe Zinsen oder Verpfändung der Ladung. Der Pfandleiher (Bodmerist, Groß-Adventurist) übernahm dann alle Gefahr.

Der Münzfuß wechselte oft. Die Talente und Minen waren eine eingebildete Rechenmünze, denn geprägt wurden nur Stateren und Drachmen; von letzteren gingen 6000 auf ein Talent, und 20 Silberdrachmen machten einen Goldstater.

Bei dieser Art des Handels waren Geldhändler (Trapezitai) unentbehrlich, welche gegen sehr hohe Zinsen Kapital verschafften, d. h. eine Zahlungsanweisung auf einen andern Handelsplatz ausstellten. Denn die Geldhändler standen unter einander in Verbindung, auch legte man bei ihnen Kapitalien nieder, um Zinsen dafür zu erhalten.

Damit der Kaufmann auch an fremden Plätzen sicher gestellt sei und besonders Prozesse führen könne, so nahm er an jedem Handelsplatz einen Eingebornen als seinen Rechtsanwalt (Proxenos) an. Diese Gewohnheit erweiterte sich dahin, daß ganze Staaten eine solche Proxenie, d. h. ein völkerrechtliches Schutzrecht schlossen.

Da diese Einrichtungen im Ganzen sich erhielten und auch im römischen Reiche später eingeführt wurden, so gewann der griechische Handel durch Alexanders Eroberungen einen so großen Umfang, daß er für die damalige Zeit Welthandel wurde. Besonders orientalische Luxusartikel kamen in großen Massen nach dem reich gewordenen Osteuropa: Seide, Baumwollenstoffe, Edelsteine, Gewürze, Salben und Leckereien. Der Hauptstapelplatz wurde Alexandrien, welches die Pforte Indiens, Innerafrikas und Südwestasiens war, da Straßen und Kanäle nach allen Seiten hin führten. Der Stapelplatz in Indien war das Indusdelta, doch gingen griechisch-egyptische Schiffe auch bis Ceylon und der Gangesmündung. Petra in Nordarabien vermittelte den Handel mit Syrien, Babylonien, Kleinasien, dem rothen Meere und Egypten. Seleukia, in der Nähe Babylons, war Tauschplatz des nord- und südasiatischen Handels und stand im Verkehr mit den Städten am schwarzen Meere. Über Baktra (Balkh) gingen die indischen Waaren den Oxus hinab ins kaspische Meer und über den Kaukasus ins schwarze Meer. Den lebhaftesten Handel auf dem griechischen Meere betrieb Rhodus, welches den Leuchtthurm baute, den Großhandel mit Getreide besaß, und der erste Staat war, der ein musterhaftes Seerecht einführte. Neben Rhodus waren wichtig Byzanz und Kyzikos, Delos und Puteoli bei Neapel, welche den damaligen Welthandel vermittelten.

§. 30. Römische Geschichte.

Geographie Italiens.

Das von den Apenninen und ihren Verzweigungen durchzogene Italien hatte im Alterthum viele Namen, weil es von verschiedenen Völkern bewohnt wurde. Im Norden wohnten gallische (keltische) und illyrische Völker. Der Po durchströmt das Land und nimmt unter andern Flüssen den Ticinus (Ticino) und die Trebia auf. Von Mittelitalien schied es im Osten der Fluß Rubico, im Westen die Macra. Später eroberten es die Römer, legten zahlreiche Kolonien

an und romanisirten das Land. Zu merken sind von den Städten die Handelsstädte Aquileja, Adria, Genua und Ravenna (Residenz der letzten römischen Kaiser und Ostgothen), außerdem Padua, Verona (Theodorich des Gr. Residenz),
Mailand, Pavia (Residenz der Longobarden), Mantua, Parma, Bologna, Ancona und Sinigaglia, wo die Küstenflüsse Metaurus und Sena mündeten.

Mittelitalien, vom Rubico und Macra bis Trento und Silarus, mit dem
heiligen Berg Soracte und den Flüssen Arno, Tiber, Teverone (dabei der heilige Berg der Römer) und Allia, war von Tyrrhenern oder Tuscern, einem
pelasgischen Volk, von den zahlreichen Stämmen der Oscer (Ausoner, Sabeller, Sabiner, Samniter) u. f. w., von dem Mischvolk der Latiner (Volsker u.
f. w.) bewohnt. Die Ureinwohner, Siculer genannt, zogen sich nach Sicilien.

Mittelitalien zerfiel in 6 Landschaften, von denen je drei auf einer Seite
des Gebirgs lagen. Im Westen bildete Tuscien (Toscana) mit dem trasimenischen See den nördlichen Theil bis fast zur Tiber, dann folgten Latium, und
im Süden lag Campanien. Tuscien gegenüber zog sich am adriatischen Meere
Umbrien hin (Städte: Ariminum, Spoletium), südlich davon dehnte sich das fich-
tenreiche, fruchtbare Picenum mit der Hafenstadt Ancona, und davon südlich das
waldige rauhe Gebirgsland Samnium mit seinen Viehweiden und Hochthälern
aus, mit meist offenen Flecken, und reichte über die Appeninen bis an Campanien (Cures, Reate, Benevent, Caudium).

In Campanien mit seinen fruchtbaren Ebenen und schönen Weingebirgen
(Massiker, Falerner Wein), mit dem Vesuv, dem vulcanischen Gaurusgebirge,
dem schauerlichen Kratersee Avernus und dem austernreichen Lucrinersee hatte
viel griechische Pflanzstädte, die schönen Vorgebirge Miseno und Sorrento, die
malerischen Buchten von Bajae und Puteoli, die Inseln Capri und Ischia und
die Städte Neapel, Capua, Nola, Pompeji, Herculanum.

Latium mit den Massiker- und Albanenbergen, wo Albalonga, Aricia und
Lanuvium lagen, mit den malerischen und villenreichen Tusculaner und Volsker-
bergen, mit den zahlreichen Militärstraßen (die appische über Capua nach Brindisi)
und dem Monte Cassino hatte die Siebenhügelstadt Rom, Minturnae am Liris,
Ardea, Suessa Pometia, Gabii, Praeneste und Tibur.

Unteritalien, von denselben Völkern bewohnt, bestand aus 4 Landschaften.
Im Osten lagen Apulien und Calabrien, in Westen Lucanien und Bruttium.
Der waldreiche fruchtbare östliche Theil hatte den Berg Garganus und den
Fluß Aufidus, außerdem die Städte: Brindisi, Tarent, Cannae und Venusia.
Das wald-, weide- und weinreiche Ochsenland Lucanien und Bruttium waren
arm an Städten, nur an den Küsten gab es griechische Kolonien. Sybaris, Kro-
ton, Paestum, Rhegium.

Sicilien, durch die Meerenge mit den Strudeln Scylla und Charybdis vom
Festlande geschieden, besaß große reiche dorische Kolonien und die Vorgebirge
Drepanum, Lilybäum, Panormus, den Berg Eryx. Sardinien war lange kar-
thagisch, wie die ägatischen Inseln, doch die wilden Korsen erhielten sich unabhängig.

Von den verschiedenen Völkern Italiens hatte jeder Hauptstamm seine Eigenthümlichkeiten, von denen die Römer einige annahmen. Die lateinischen 30 Städte bildeten einen Staatenbund, trieben Ackerbau und hatten einen Kriegsadel, der auch zugleich die Priesterämter innehatte. Jede Stadt hatte einen Senat, unter einander aber galt Gegenseitigkeit der Ehre und der Bürgerrechte. Die Sabeller hatten eine aristokratische Verfassung, denn sie gehorchten Stammältesten, denen Schutzgenossen oder Hörige (Clienten) unterthan waren, und in Kriegszeiten führte ein Oberherr (Imperator) den Befehl. In Unglücksjahren sandte man den „heiligen Frühling" als Sühnopfer außer Landes, d. h. die jungen Leute, die in diesem Jahre geboren wurden.

Die Tusker endlich, aus den Alpen unter dem Namen Rasner einwandernd, befleißigten sich des Handels, der Schifffahrt und Industrie, verfertigten viel gesuchte Vasen und Metallarbeiten, schickten viel Kolonien aus und besaßen ein weitläufiges, religiös-politisches Ceremoniell, welches auch die Römer annahmen. Trompeten, prunkvolle Umzüge (Triumphe), Rennbahnen (circus), Fechterspiele. Auch ihre Städte bildeten einen Bund, den ein Priesteradel leitete. Ein freier Bürgerstand fehlte. Der Bundesvorsteher hatte als Auszeichnung einen elfenbeinernen Stuhl (sella curulis), eine Purpurtoga, ein Gefolge von 12 Lictoren mit dem Beil im Ruthenbündel. Der Oberpriester leitete die Wahrsagungen aus dem Vogelflug und den Eingeweiden der Opferthiere, bestimmte die Festtage, ordnete den Kalender und gab Gesetze.

Aus der oskischen oder tyrrhenischen Sprache entstand die lateinische, welche mit der altgriechischen daher nahe verwandt ist. Auch mischten die Römer später ihre Natur- und Staatsgemeindegötter mit den griechischen, so verschieden diese ursprünglich auch waren und hießen. In den Tempelhainen der Nationalgötter hielten die Bundesvertreter ihre Versammlungen, und feierte man große Nationalfeste.

§. 31. Rom unter den Königen.

Ein großer Theil dessen, was aus dieser Periode erzählt wird, ist wahrscheinlich nur Volks- und Geschlechtssage. Die wahren Verhältnisse mögen folgende gewesen sein.

Aus der Latinerstadt Albalonga führten zwei junge Männer aus angesehenem Geschlecht, Romulus und Remus, eine Kolonie nach der Tiber, wo sie auf dem palatinischen Berge die Burg mit dem Haupttempel zum Schutz des unten liegenden Fleckens Roma anlegten. In der Nähe auf dem kapitolinischen Berge stand aber bereits eine sabinische Kolonie von Cures, mit welcher es manche Grenz- und Rechtstreitigkeiten gab, bis man sich dahin einigte, ein Schutz- und Trutzbündniß zu schließen, einen Senat von 100 Personen aus jeder Stadt zu wählen als gemeinsame Obrigkeit, und abwechselnd aus jedem Volke den König zu ernennen. Im Frieden wollte man geschieden sein, weshalb man das ge-

meinſame Thor zwiſchen den Städtchen ſchloß und über ihm den Kopf des Janus auf jeder Seite anbrachte. Daher ſchloß man zu Friedenszeiten ſpäter den
Janustempel, öffnete ihn aber, ſobald und während man Krieg führte. Bald darauf trat auch die etruscische Gemeinde mit 100 Senatoren auf dem Cölius dem
Bunde bei, ſo daß Rom 300 Senatoren zählte, anfangs Latiner und Sabiner
auf dem Throne wechſelten, dann aber auch Etrusler Könige wurden. Romulus
erhielt nach ſeinem Tode den Namen Quirinus und ſeitdem redete man die
Römer, wenn man ſie ehren wollte, mit dem Wort Quiriten an, d. h. Männer
aus Cures.

Die alte römiſche Staatsverfaſſung unterſchied Geſchlechtsadel (Patricier)
und adelloſes Volk (Plebejer). Aller Grundbeſitz und alle Aemter gehörten dem
Adel, die Plebejer waren ſeine Pächter und Schutzbefohlene (Clienten), die er
vor Gericht als Patron vertrat, wofür ſie Zehnten und Frohnden gaben. Alles
eroberte Land ward zwiſchen Staat und Adel getheilt, und unter Staatsgemeinde
(populus) durfte man nur Adel verſtehen. Dieſer hielt Verſammlungen zu
Staatszwecken, war in Geſchlechter getheilt, aus denen die Senatoren als Vertreter hervorgingen, und der König hatte über den Adel keine Macht, ſondern
nur über den Plebs, ja der Adel ſuchte ſeine Macht einzuengen und ihn ganz
zu beſeitigen, weshalb er kein Erbkönigthum duldete, ſondern nur ein Wahlkönigthum.

Die erſten vier Könige erweiterten den kleinen Staat durch Eroberungen
in den Nachbargebieten, erweiterten Rom, indem ſie durch Verpflanzung Beſieg-
ter noch 4 Hügel bevölkerten und erbauten den Hafenflecken Oſtia. Auch das
Religionsweſen wurde geordnet, da die Wahrſagerei großen Einfluß auf Geſetz-
gebung hatte, und der Beſitz durch Heiligung der Ackergrenzen ſicher ſein ſollte.

Die drei letzten Könige etruskiſchen Stammes zeichneten ſich durch große
Bauten aus, erbauten aus Quadern als koloſſale Abzugs- und Entwäſſerungs-
kanäle die Kloaken, machten den Circus maximus zur Rennbahn, befeſtigten das
Kapitol, die ummauerte Burg und errichteten dort den Tempel für die drei Hauptgötter. Aber unter ihnen wurden auch die Streitigkeiten zwiſchen Adel und König heftiger, zwei Könige wurden ermordet und der letzte, Tarquinius der Stolze,
(509) vertrieben und Rom zur Adelsrepublik. Um ſich gegen den Adel zu behaupten, begünſtigten die Könige den Plebs, und Servius Tullius verſchaffte
ihm einige Rechte, indem er ihn in Compagnien theilte (Tribus) und deren
Verſammlungen gewiſſe Rechte gab. Der Adel hatte fortan ſeine Curiatverſamm-
lungen nach Adelsgeſchlechtern, der Plebs ſeine Centuriatcomitien, denn er war
nach dem Vermögen in 5 Klaſſen und dieſe nach der Militärpflicht in Centu-
rien getheilt, von denen jede eine Stimme hatte. Die ganz Armen bildet als
ſechſte Klaſſe die Centurie der Proletarier, weil ſie nur Kinder und kein Vermögen hatten.

Als die Könige angeblich wegen Gewaltthaten vertrieben und ihre Verſuche,
durch etruskiſche Hülfe die Rückkehr zu erzwingen, vereitelt waren, ging die

Staatsregierung ganz auf den Senat über, welcher jährlich durch die Adelsco-
mitien zwei Prätoren als executive Gewalt wählen ließ, damit sie als Herrscher
und Oberrichter walteten. Alle Staatsämter fielen dem Adel zu, der in seinen
Versammlungen über Gesetze entschied und die Beamten wählte. Es bildeten sich
drei Stände: Senatoren, Ritter, Plebejer, die beiden ersten trugen als Abzeichen
einen goldenen Ring und ein Unterkleid (tunica) mit einem Purpurstreif, welcher bei den Senatoren breit, bei den Rittern schmal war. Auch in den Cen-
turialversammlungen hatte der Adel das Übergewicht.

§. 32. Patrizier und Plebejer der Republik.

Als die Könige vertrieben waren, hatten nur die Patrizier davon Vortheil,
die Plebejer dagegen verloren in den Königen ihre Beschützer. Dies sollten sie
bald empfinden. Die vertriebenen Könige fanden bei ihren Landsleuten Hilfe, auch
versuchten die unterworfenen Nachbarvölker, sich von der Herrschaft Roms zu
befreien. Es entstanden daraus viel kleine Kriege, welche den Plebejern zur Last
fielen. Diese Kriege fielen meist in die Bestell- und Erntezeit, so daß der Pächter seinen Acker vernachlässigen und sich auf seine Kosten für den Feldzug mit
Waffen und Lebensmitteln versorgen mußte. Gewann Rom den Sieg, so hatte
der Plebejer keinen Vortheil, denn alle Eroberungen fielen dem Patrizier zu;
drang dagegen der Feind verwüstend ins Land, so hatte der Plebejer den Schaden, denn er mußte zur Zeit seinen Pachtzins zahlen oder wurde in den Schuldthurm gesperrt, ja wohl gar mit seiner Familie verkauft. Zwar erzählt die
Sage, daß Mucius Scävola, die Clölia, daß Brutus sich fürs Vaterland opfern
wollten oder opferten, aber zugleich erzählt die Geschichte von der Unzufriedenheit der Plebejer, welche man nur durch Versprechungen zur Theilnahme an
den Feldzügen bewegen konnte. Valerius erhielt seinen Beinamen Volksfreund
(Publicola) davon, daß er für die Plebejer Erleichterung verlangte, da die Patrizier steuerfrei blieben, ja sogar aus der Gefangenschaft von den hörigen Plebejern mußten losgekauft werden; aber der Senat achtete des Raths des Consul Valerius nicht.

Da ermannten sich endlich die Plebejer. Als sie eben von einem siegreichen
Feldzuge heimkehrten und man ihre plebejischen Officiere in den Schuldthurm
sperrte, verließen 18000 bewaffnete Plebejer mit ihren Familien Rom und wanderten nach dem heiligen Berge am Anio aus. Darüber erschraken die Patrizier, denn sie sahen ein, daß sie ohne Hilfe der Plebejer sich der Feinde nicht
erwehren könnten. Sie schickten daher den Menenius Agrippa aus, mit den
Plebejern zu unterhandeln. Die Sage behauptet, er habe sie durch die Fabel
vom Magen und den rebellischen Gliedern zur Rückkehr bewogen, aber das Zugeständniß von zwei Schirmvögten (Volkstribunen) mag besser gewirkt haben,
denn deren Haus war für Verfolgte ein unverletzlicher Zufluchtsort (Asyl), ihre
Person heilig und unverletzlich, und sie selbst durften an der Thür des Senat-

saales stehen und jedes Gesetz verbieten durch ihr Veto (ich verbiete), wenn es ihnen gemeinschädlich erschien. Dann war ein solches Gesetz auf ein Jahr vertagt, so lange das Amt der Tribunen währte. Außerdem erhielten die Plebejer noch zwei Gehülfen (Aedilen) als Marktpolizei.

Anfangs wählte man zwei Tribunen, doch nahm der Adel Theil an der Wahl. Dies Recht mußte er aber bald aufgeben, und da wohl einer der Tribunen sich bestechen ließ, so stieg ihre Zahl auf fünf, später auf zehn.

Von nun ab beginnt ein langer Rechtsstreit zwischen Plebejern und Patriziern. Jene verlangten Rechtsgleichheit und Landeigenthum, diese widersetzten sich, und wenn sie nachgeben mußten, bewilligten sie so wenig als möglich. Von beiden Seiten aber beobachtete man dabei die Gesetze und suchte sich durch Ausdauer und Rechtsmittel zu besiegen. Dazwischen versuchten einzelne stolze Patrizier den Plebejern alle Rechte wieder zu entreißen, wie Coriolan bei einer Hungersnoth, aber sie erlagen dem Volksunwillen, denn die verständigen Patrizier waren solchem Treubruch entschieden entgegen.

Zuerst verlangten die Plebejer Antheil am Gemeinland, d. h. an den eroberten Strecken, welche angeblich dem Staate gehörten, der That nach aber den Patriziern in Erbpacht gegeben wurden, welche die Ländereien dann als Familiengut betrachteten und an die Plebejer verpachteten. Diese Ackergesetze ziehen sich durch die ganze römische Geschichte als ungelöste Streitfrage, und die Kaiser gingen so weit, den ausgedienten Soldaten Acker und Haus römischer Bürger, denen beides gewaltsam entrissen wurde, als Lohn zu schenken. In den ersten Zeiten wurden die Consuln, welche für Landvertheilung waren, von ihren Standesgenossen meist als Hochverräther mit dem Tode bestraft. Unter den Gracchen gaben diese Gesetze den Anlaß zum ersten blutigen Volksaufstand, und später mußte jeder General seinen Soldaten Land verschaffen, wenn er auf ihre Ergebenheit rechnen wollte.

Eine zweite Forderung der Plebejer bestand darin, daß sie Rechtsschutz und Rechtsgleichheit verlangten; denn seither gab es keine geschriebenen Gesetze, sondern man entschied nach Herkommen und Gutdünken. Da nun die Patrizier allein als Richter entschieden, so konnte ein Plebejer gegen einen Patrizier selten Recht erlangen. Nach langem Widerstreben setzten die Patrizier endlich eine Commission von 10 Männern (decemviri) nieder, um Gesetze zu entwerfen. Nach einem Jahr brachten diese 10 Gesetze zusammen, versprachen aber noch mehr Gesetze zu geben, wenn man ihr Amt verlängere. Dies geschah, und sie gaben noch 2 Gesetze. Man schrieb diese 12 Gesetze auf eherne Tafeln, denn sie wurden die Grundverfassung Roms und die Grundlage aller spätern Gesetze. Da aber einer der Zehnmänner seine Gewalt mißbrauchte, indem er die Virginia, die Tochter eines freien Römers, vor Gericht als seine Sclavin beanspruchte und auch erhielt, so erstach der Vater auf dem Markte seine Tochter und rief das Volk zur Rache auf. Die Zehnmänner mußten abtreten, Appius Claudius ward ins Gefängniß gesetzt und erdrosselte sich dort.

In den 12 Gesetzen war festgesetzt, daß zwischen Plebejern und Patriziern keine Ehe erlaubt sei, und daß kein Plebejer ein Staatsamt erhalten dürfe. Die Tribunen verlangten Abschaffung dieser Bestimmungen, und es erhob sich wieder ein langer Rechtsstreit, da die Tribunen die Beamtenwahlen und die Recrutirung verboten. Denn die kleinen Kriege mit den Nachbarn dauerten fort und 389 erschienen sogar gallische Kriegshaufen aus Norditalien, siegten an der Allia, verbrannten Rom, und obschon Manlius das Kapitol tapfer vertheidigte, mußte er den Abzug des Brennus doch durch Gold erkaufen, obschon die Sage behauptet, der vertriebene Camillus habe die Gallier verjagt.

Rom wurde nothdürftig wieder aufgebaut, aber sogleich begannen auch die alten Streitigkeiten. Die Tribunen Licinius Stolo und Lucius Sextius verlangten nemlich, daß je ein Prätor plebejischen Stammes sei, daß jeder Patrizier nur 500 Joch Gemeindeland haben, das übrige an Plebejer kommen solle. Der Streit dauerte 10 Jahre, Camillus mußte sogar als Dictator einschreiten, und schon vorher war Manlius vom Kapitol angeblich als Hochverräther gestürzt, weil er sich der Noth der verschuldeten Plebejer annahm. Endlich 366 mußten die Patrizier nachgeben, fortan hießen die Prätoren Consuln (Rathsherren). Aber die Patrizier behielten sich manche Staatsämter vor, weshalb der Streit bis c. 300 dauerte, von wo ab es keinen Standes- und Rechtsunterschied mehr gab.

§. 33. Die Periode der Eroberungen.

Nachdem die Römer Ein Volk geworden, wandten sie ihre Thatkraft nach außen und begannen die Eroberung Italiens. Mit den Samnitern führten sie drei lange blutige Kriege (342 — 290), denn dies Bergvolk war tapfer und kriegerisch. Endlich erlag es der römischen Ausdauer und dem römischen Patriotismus, da Consuln lieber ihr Leben ließen als den Sieg. In den Zwischenpausen dieses Krieges wurden die empörten Latiner wieder unterworfen und gallische Haufen geschlagen und bis in ihre Heimath verfolgt. Valerius Corvus, die beiden Decius Mus, Manlius Torquatus und Curius Dentatus, wurden in Volksliedern gefeiert, die Unterjochten unter dem Namen Bundesgenossen aufgenommen und zu den Römern in dasselbe Verhältniß gebracht, wie früher die Plebejer zu den Patriziern, d. h. sie zahlten Steuer, stellten Soldaten und hatten keine Rechte als Staatsbürger.

Kaum hatten die Römer Mittelitalien im Besitz, so gab ihnen eine unbedeutende Streitigkeit mit der griechischen Stadt Tarent eine willkommene Gelegenheit, ihr den Krieg zu erklären. Tarent rief den epirischen König Pyrrhus zur Hülfe, welcher auch erschien und mit seiner Phalanx und seinen Kriegselephanten den Römern zwei Niederlagen beibrachte. Er verlor dabei aber so viel Soldaten, daß er den Römern Frieden anbot. Als diese auf den Rath eines erfahrenen Senators ablehnten und weder Curius Dentatus noch Fabricius sich bestechen ließen, ging Pyrrhus nach Sicilien, um dies zu erobern. Doch auch hier richtete er nichts aus, ward bei seiner Rückkehr aus Italien sogar bei Benevent von den Römern geschlagen und mußte 272 Italien verlassen. Die Römer unterwarfen nun nicht blos Tarent mit leichter Mühe, sondern auch ganz Süditalien, dessen Völker den Griechen beigestanden hatten, und legten Militärcolonien zur Sicherung dieses neuen Besitzes an.

So standen nun die Römer dem schönen reichen Sicilien gegenüber, dessen Besitz ihnen unentbehrlich schien, um sich Unteritalien zu sichern. Die Eroberungslust hatte sie einmal ergriffen und hat sie getrieben, die ganze damals bekannte Welt zu erobern, wodurch sie freilich auch die ganze Welt zuletzt zum Feinde hatten.

Sicilien hatte viel große Städte, die von dorischen Griechen bewohnt wurden. Jede bildete eine Republik, aber die größeren machten sich zu Gebieterinen der kleineren, weshalb es sehr viel Kriege gab. Die mächtigste Stadt Syrakus, welche an 1 Mill. Einwohner zählte, trachtete nach dem Besitz der ganzen Insel. Zu diesem Zwecke hielt diese Stadt stets ein starkes Söldnerheer, denn auch Karthago machte auf der Insel Eroberungen, schützte die kleinen Städte gegen Syrakus, und griff dieses auch wohl geradezu an. Wenn nun ein Feldherr der Söldner viel Glück gehabt hatte, so machte er sich durch Hülfe der Söldner zum Tyrannen, zu denen auch Agathokles und Dionys gehörten.

Als nun ein gewisser Hiero Tyrann war, entließ er einige unbändige Söldnerhaufen aus Unteritalien, die sich Söhne des Kriegsgottes Mars (Mamertiner) nannten. Diese gingen aber nicht in ihre Heimat, sondern nahmen Messana in Besitz, verjagten dessen Bewohner und trieben von dieser Stadt aus Räuberei. Da zog Hiero mit einem Heere wider sie aus, belagerte die Stadt und brachte sie in große Noth. Die Mamertiner suchten Hülfe, die Einen wollten Karthager holen, die Andern aber Römer. Weil man sich nicht einigen konnte, schickte jede Partei Gesandte. Die Karthager erschienen bald, denn sie waren in der Nähe, der Senat in Rom aber überlegte, ob es ehrenvoll sei, Räubern zu helfen. Nach reiflichem Überlegen schickte man ein Heer, Sicilien zu erobern, aber man konnte nicht über die Meerenge wegen der starken Strömung. Die Überfahrt mißglückte, doch da kamen die Karthager mit ihren Schiffen und halfen den Römern übers Wasser, ließen sich auch durch eine grobe List, eigentlich eine gemeine Treulosigkeit, dahin bringen, die Burg Messanas den Römern zu übergeben, welche man ruhig in die Stadt hatte einrücken lassen.

§. 34. Die punischen Kriege.

So entstand der erste punische Krieg (263—41), denn Hiero mußte Freund der Römer werden, den Karthagern aber nahmen die Römer ihre Besitzungen auf der Insel. Doch halfen den Römern diese Erfolge wenig, denn die Karthager waren die besten Seeleute ihrer Zeit und zerstörten häufig die römischen Flotten. Endlich erfand der Consul Duilius eine Fallbrücke, welche am Mast aufgerichtet stand und beim Niederlassen das freinde Schiff mit den eisernen Haken ihrer Endspitze faßte und festhielt, so daß die Römer entern und dem Feinde zu Leibe konnten. Duilius siegte 260 bei Mylus, die Römer aber nagelten die eroberten Schiffsschnäbel zu Rom an der Rednerbühne an, welche seitdem rostra (Schiffsschnäbel) hieß, und Duilius durfte zur Auszeichnung sich des Abends heimleuchten und unter Flötenspiel heimbringen lassen.

Die Römer wurden nun kühn, Regulus landete in Afrika, um Karthago anzugreifen, aber der griechische General Xanthippus schlug ihn und nahm ihn gefangen. Doch rieth Regulus, den man mit Friedensbedingungen nach Rom schickte, vom Frieden ab und starb lieber in der Gefangenschaft. Unter manchen Wechselfällen dauerte der Krieg fort, bis der Sieg des Lutatius Catulus bei den ägatischen Inseln den Frieden erzwang. Die Karthager traten Sicilien und die benachbarten Inseln an Rom ab und zahlten noch eine große Summe für Kriegskosten (241).

Während die Karthager in Afrika 3 Jahre gegen die empörten Söldner Krieg führten, nahmen ihnen die Römer ohne allen Grund Sardinien und Korsika, entrissen den Illyriern einige Inseln und Städte (238) und befestigten sich im Besitz des gallischen Oberitaliens, wo sie schon früher Militärkolonien angelegt hatten. In blutigen Kriegen (226—222) machten sie das Land zur Provinz und legten Heerstraßen an.

Aber die Karthager besaßen auch Patrioten und Feldherren, welche dem Vaterlande das Verlorene zu ersetzen suchten. Als Hamilkar Barkas den Frieden mit Rom mit Thränen im Auge unterzeichnet und die Söldner in Afrika besiegt hatte, legte er dem Senat Karthagos den Plan vor, das metallreiche Südspanien zu erobern, wo sich phönizische Kolonien befanden, die seit der Zerstörung von Tyrus durch Alexander herrenlos geworden waren. Zwar galten die Eingebornen, die Kelten und Iberer, für tapfere Krieger, die besonders den Gebirgskrieg (Guerilla) gut verstanden, aber da sie unter sich stets in Uneinigkeit lebten und Cadix den Karthagern in die Hände fiel, so war die Eroberung Spaniens möglich. Hasdrubal setzte den Krieg fort, legte Carthagena an, und als er verwundet wurde, wählte das Heer den 15jährigen Hannibal, Hamilkars Sohn, zum Anführer, denn er war der tüchtigste Soldat im Heere und der geschickteste Feldherr seiner Zeit.

Aus Neid über Karthagos Macht hatten die Römer mit Sagunt am Ebro ein Schutzbündniß geschlossen und verboten den Karthagern, über den Ebro zu gehen. Hannibal, der als Knabe seinem Vater ewigen Haß gegen die Römer geschworen hatte, belagerte trotzdem Sagunt und ließ sich durch römische Gesandte in seinen Plänen nicht aufhalten, weshalb Quintus Fabius die Falten seiner Toga glatt streichend, dem ausweichenden Senat in Karthago den Krieg erklärte. Dieser (218—202) heißt der zweite punische Krieg und war für Rom der gefährlichste, doch die altbewährte zähe Ausdauer, im Unglück nie Frieden zu machen, rettete auch diesmal Rom.

Hannibal bedrängte Sagunt, dessen Einwohner endlich sich und ihre Stadt verbrannten. Nun zog er mit 60000 Mann und 37 Elephanten über die Pyrenäen, erzwang sich den Marsch durch Gallien, den Übergang über die Rhone und stand im Winter am Fuße der Alpen.

Unter unsäglichen Schwierigkeiten überstieg Hannibal in 15 Tagen die schneebedeckten Alpen, wobei er mehr als die Hälfte seiner Leute und alle Elephanten bis auf einen verlor. Er kam im Frühjahr in Oberitalien an, wo er die Gallier zur Freiheit aufrief, und als er den Cornelius Scipio in einem Reitertreffen am Tessino, den Sempronius an der Trebia (217) besiegte, indem er ihn in einen Hinterhalt lockte, fiel ihm Oberitalien zu. Um nach Mittelitalien zu gelangen, überstieg er die Apenninen, zog das überschwemmte Arnothal hinab, wobei er durch Entzündung ein Auge und seinen letzten Elephanten verlor, besiegte am trasimenischen See (217) durch List den Flaminius, wußte dann den Zauderer Fabius Maximus bei den Römern verdächtig zu machen, drang in Unteritalien ein und vernichtete bei Cannae (216) durch Umzingelung ein römisches Heer unter Terentius Varro und Paulus Aemilius.

§. 35. Schluß und Folgen der Punischen Kriege.

Rom schien verloren; doch der Senat verlor den Muth nicht und stellte ein neues Heer ins Feld. Unterdessen lagerte Hannibal in Capua, wo seine Soldaten verwelchlichten, unternahm einen vergeblichen Zug gegen Rom, erlitt bei Nola drei Mal Verluste durch Marcellus, und da seine alten Soldaten meist gefallen waren, Karthago keine Hilfe schickte, so mußte er sich auf Vertheidigung in Unteritalien beschränken. Auch der makedonische König Philipp II. sandte keine Hilfe, und als Hannibals Brüder von Spanien kamen, welches Cornelius Scipio seit 211 eroberte, und über die Alpen gingen, wurden sie in Unteritalien am Metaurus 207 geschlagen, wobei Hasdrubal fiel, und sein Kopf später in Hannibals Lager geworfen wurde.

Hannibals Lage wurde durch diese Unfälle eine sehr bedrängte, denn auch Sicilien kam in römische Hände, da Marcellus (212) Syrakus eroberte, wobei dessen Vertheidiger Archimedes umkam. Der Punier zog sich nach der griechischen Stadt Kroton zurück, um eine Wendung der Dinge abzuwarten, da fast ganz Unteritalien von Römern besetzt und jede abgefallene Stadt mit blutiger Grausamkeit bestraft wurde. Indessen verschlimmerte sich Karthagos Lage, seit Cornel. Scipio (204) mit einem Heere in Afrika landete, an dem numidischen Könige Masinissa einen Verbündeten fand, den Punierfreund Syphax verjagte und gefangen nahm, und dessen Gemalin Sophonisbe aus Masinissa's Hand den Giftbecher nehmen mußte. Jetzt rief man den Hannibal zurück. Mit Thränen in den Augen bestieg er das Schiff, landete und stellte sich bei Zama den Römern gegenüber, deren Feldherrn er in einer Unterredung vergeblich zur Milde und zum Frieden zu stimmen suchte. Er mußte also die Schlacht bei Zama (202) wagen, die er durch einen unglücklichen Zwischenfall verlor. Karthago mußte Frieden machen, große Kriegskosten zahlen, Kriegsschiffe und Spanien hergeben und unter Roms Aufsicht sich stellen. Scipio erhielt den Beinamen Afrikaner, Hannibal aber mußte seiner Sicherheit wegen fliehen zu dem Römerfeind Antiochus III. von Syrien.

Es hatten die Römer nemlich nach Karthago's Fall sich gegen Philipp II. von Makedonien gewandt, weil er den Puniern Hülfe geleistet hatte. Die Achaier standen Philipp bei, der aber nach glücklichen Kämpfen dem Flaminius bei Kynoskephalae (197) erlag, Griechenland freigeben, die Flotte ausliefern und Kriegskosten zahlen mußte. Doch den Griechen gefiel die von Römern geschenkte Freiheit nicht, die Aetolier erhoben sich dagegen und verbanden sich mit dem obengenannten Antiochus. Antiochus erschien mit einem Heere, ließ sich aber leicht aus Griechenland treiben und bei Magnesia in Lydien schlagen (190), und ganz Vorderasien bis an den Taurus ward (124) römische Provinz Asia. Hannibal floh zum Prusias, König von Bithynien, und mußte Gift nehmen, da ihn Römer widerrechtlich verhaften wollten (183). In demselben Jahre starb auch sein mit Undank belohnter Sieger fern von Rom, und trank Philopömen, der edle Bundesfeldherr der Aetolier, den Giftbecher, da er am Vaterlande verzweifelte.

Noch einmal versuchte der König Makedoniens, der tapfere Perseus, das Kriegsglück, um seine Unabhängigkeit zu retten, doch er verlor bei Pydna (168) an Paulus Aemilius Sieg und Freiheit, und sein Vaterland ward den Römern steuerpflichtig, (148) aber von Marcellus in eine römische Provinz verwandelt. Auch die Achäer unterlagen und Mummius machte (146) Griechenland nach der Erstürmung Korinths zur römischen Provinz Achaia. Auch hatte sich ein Vorwand gefunden, dem wieder aufblühenden Karthago Krieg zu erklären. Alle Bitten und Demüthigungen der Karthager konnten den Senat nicht umstimmen, so daß der Verzweiflungskampf des dritten punischen Kriegs ausbrach (149—46), welcher mit der Zerstörung Karthagos durch Cornelius Scipio den Jüngern und der Umwandlung des karthagischen Gebiets in die Provinz Africa endigte.

Auch Portugal fiel nach langem Widerstande des Viriathus, und die Keltiberer Spaniens, nachdem die Stadt Numantia nach 10jährigem Kampfe (133) dem Hunger und der Verzweiflung erlag, so daß Scipio der Jüngere nur einen Schutthaufen gewann.

§. 36. Die Bürgerkriege. Gracchen. Marius und Sulla.

Durch die Besiegung Karthagos gewann Rom die Herrschaft über das Mittelmeer und seine Küstenländer, und mit der Gebietserweiterung trat ein großer Zufluß an Geld ein, an welchem Asien und Griechenland sehr reich waren. Mit dem Gelde kam aber auch Sittenverderbniß und eine gänzliche

Umwandlung des römischen Lebens. Seither blieb Ackerbau Hauptbeschäftigung der Römer, die Sitten waren streng und einfach, aber die Scipionen führten mit der griechischen Sprache auch griechischen Luxus ein, was die Altrömer nicht hindern konnten.

Durch die Feldzüge wurden Offiziere und Soldaten reich und verschmähten die bürgerliche Arbeit; viele fanden als Beamte in den eroberten Ländern ihr Brod und wußten durch schamlose Bedrückung und Unterschleif große Geldsummen zu erwerben, welche sie nach ihrer Heimkehr in Rom verschwendeten. Sie hielten Tausende von Sclaven, bauten sich Landhäuser, welche kleinen Städten glichen, legten Seen, Parks und Jagdforsten an, so daß der Handwerker und Bauer brod- und besitzlos wurden. Da man aber ein Staatsamt nur durch Wahl erhalten konnte, so wandten die Reichen Millionen auf Bestechung der Wähler, von denen viele von diesen Bestechungen lebten, die sie wie eine Art Sold erhielten. Da gab es denn in Rom nur einige reiche Familien und Tausende von Bettlern, aber Beiden war für Geld alles feil: Ehre, Recht und gute Sitte. Asiatische Schwelgerei, Unzucht aller Art rissen ein, gegen welche alle Gesetze fruchtlos blieben. Die Vornehmen wurden Statthalter (Proconsuln), Schatzmeister (Quästoren) oder Unterfeldherren (Legaten), die Ritter Generalpächter der Steuern und Richter; die Armen aber, welche keine Stellen erkaufen konnten, lebten in Elend.

Mit Betrübniß sahen einige Patrioten den Sittenverfall und die Verarmung der „Herren der Welt" und suchten dem Uebel abzuhelfen. Besonders Tiberius Gracchus benutzte sein Amt, um die Ackergesetze zu erneuern und den Armen Grundbesitz zu verschaffen. Seine Gesetze wurden zwar trotz des Einspruches seines bestochenen Collegen Octavian angenommen, aber ein Tumult bei einer Wahl gab seinen Feinden Vorwand, ihn hochverrätherischer Pläne zu beschuldigen. Der mit Knütteln bewaffnete Senat und Polizeisoldaten überfielen die Volksversammlung, erschlugen 300 Bürger, unter ihnen den Gracchus, und schleiften seine Leiche durch die Straßen nach der Tiber (133).

Das Volk erschrak, aber bald erwachte auch sein Zorn. Des Ermordeten Bruder Cajus Gracchus wiederholte und schärfte nach 10 Jahren als Tribun seines Bruders Anträge, welche angenommen wurden. Doch auch er erlag dem Mißgeschick. Als er eine Versammlung seiner Parteigenossen hielt, geriethen diese mit einem Polizeimann in Streit und erschlugen ihn. Der Senat zog nun mit Bewaffneten gegen die Versammlung, tödtete 3000 und zwang den Cajus, sich auf der Flucht selbst zu tödten, als er vor Mattigkeit nicht weiter konnte.

Die Reichen (Optimaten) hatten gesiegt, aber ihre Unsittlichkeit sollte auch an den Tag kommen. Als man Krieg gegen Jugurtha in Afrika (112—106) führte, ließen sich die bestochenen Generale schlagen und durchs Joch schicken; die Richter in Rom ließen sich bestechen und straften Jugurthas Mordthaten nicht. Siehe, da wählten die Plebejer den kriegserfahrenen Mann ihres Standes, den Marius, zum Konsul, da er Feind der Optimaten war. Marius besiegte den Jugurtha, welchen Sulla, der patrizische Untergeneral, durch Verrath in seine Gewalt bekam, worauf Jugurtha zu Rom im Kerker umkam. Marius war über das Glück des Sulla sehr neidisch, und fortan haßten sich die beiden Männer. Unterdessen erntete Marius neue Ehren, denn er bekam den Oberbefehl gegen die wilden Cimbern und Teutonen, nordische Völker, welche Norditalien, Frankreich und Spanien verheerend durchzogen, seit 112 alle römischen Heere schlugen, daß Niemand mehr Feldherr gegen sie sein wollte. Durch kluge Vorsichtsmaßregeln gelang es dem Marius, die Teutonen in Südfrankreich bei Aix (102) und die Cimbern bei Verona (101) zu vernichten, weshalb er den Ehrennamen „Retter Roms" erhielt.

Während der gracchischen Unruhen waren aber den Bundesgenossen in Italien gleiche Rechte versprochen, aber dies Versprechen nicht gehalten, bis sie dies durch die blutigen Bundesgenossenkriege (100—88) erzwangen. Zugleich begannen auch die Kriege gegen den römerfeindlichen König Mithridates von Pontus am schwarzen Meer, welcher Kleinasien eroberte. Sulla erhielt den Oberbefehl, doch Marius suchte ihm denselben zu entreißen. Da zog Sulla gegen Rom, zwang Marius zur Flucht und ächtete ihn. Abenteuernd zog dieser umher, ward in den Sümpfen von Minturnä gefangen und zur Hinrichtung ausgeliefert. Doch sein Anblick schüchterte den Henker ein, und Marius entkam. Eine Gegenrevolution in Rom rief ihn dahin zurück, wo er alle Sullaner und jeden, den er nicht grüßte, morden ließ. Er starb aber nach wenig Wochen vor Sulla's Ankunft (84) in Rom, welcher nun alle Marianer hinrichten ließ oder ächtete, die Verfassung zu Gunsten der Optimaten änderte, aber (78) an einer schrecklichen Krankheit starb. Nach seinem Tode dauerten die Parteikriege fort, da Pompejus und Cäsar, Antonius und Octavian um die Alleinherrschaft kämpften.

§ 37. Bürgerkriege. Schluß.

Nach Sullas Tode wütheten die Parteikriege noch fort, denn in den Provinzen behaupteten sich die Marianer, und der Tribun Julius Cäsar gehörte zu ihren Anhängern. Doch der Liebling der Optimaten, Cnejus Pompejus, mit dem Beinamen der Glückliche, hatte das Glück, die Marianer in Spanien nach des unbesiegbaren Sertorius Ermordung zu bezwingen, den furchtbaren Sclavenkrieg unter Spartacus in Blut zu ersticken, die Seeräuber zu vernichten und den Mithridat, welchen Lucullus bereits in die Enge getrieben hatte, zur Flucht und zum Selbstmord in der Krimm zu zwingen, wodurch der Seleuciden Herrschaft ein Ende gemacht, dabei ganz Vorderasien mit Palästina (63) römische Provinz wurde.

In demselben Jahre 63 hatten sich aber in Rom vornehme Wüstlinge und Schuldenmacher verschworen, unter des Catilina Anführung Rom zu verbrennen und sich der Herrschaft zu bemächtigen. Der Consul Cicero entdeckte diesen verruchten Plan rechtzeitig, zwang die Frevler zur Flucht aus Rom, bei welcher Gelegenheit er die berühmten Catilinarischen Reden hielt, und bei Pistoria wurden die Verschwörer in einer Verzweiflungsschlacht vernichtet.

Es war aber auch der Marianer Cäsar zu großem Einfluß gelangt und der reiche Crassus übte durch sein Geld große Macht aus, daher vereinten sich diese drei zu einer Dreimännerherrschaft (triumvirat) im J. 60, theilten alle Aemter unter sich und unterstützten sich in ihren Plänen. Cäsar ließ sich Gallien als Provinz geben, eroberte dies seither unbekannte Land (58—50) in einem Vertilgungskriege, bekam auch mit den Deutschen (Ariovist) Händel, sah den Rhein und ging zweimal über denselben, um sogleich wieder umzukehren, landete auch in England und war der erste Römer, der Deutschland und England beschrieb und Roms Herrschaft bis Belgien ausdehnte.

Ueber diese Erfolge wurde Pompejus unruhig, deshalb verlangte er, Cäsar solle sein Heer entlassen; dieser aber entschloß sich lieber zum Bürgerkriege, ging über den Grenzfluß Rubico als Feind des Vaterlands mit den Worten: Der Würfel ist gefallen! (jacta est alea), zog in Rom ein, folgte dem Pompejus nach Griechenland und besiegte ihn bei Pharsalos (48). Der flüchtige Pompejus wurde auf Anstiften des Egypterkönigs, bei dem er Hülfe suchte, meuchlings ermordet. Nachdem Cäsar die Pompejaner in Afrika und Spanien besiegt hatte, war er Herr der Welt, denn den Crassus hatte man schon vorher beseitigt. Nun trachtete er nach der Königskrone, dies machte ihn aber bei den republicanischen Optimaten verhaßt, die sich gegen ihn verschworen und mitten im Sitzungssaal des Senats ermordeten (44).

Das Volk hing aber an Cäsar, denn er gab ihnen Fleisch- und Brodrationen und Fechterspiele (panis et circenses), daher erregte Antonius, des Cäsars Freund, einen Tumult, verscheuchte die Mörder, veranlaßte aber den Senat, ihm Cäsars Adoptivsohn Octavian entgegenzustellen. Doch Beide vereinigten sich, nahmen den Lepidus in ihren Bund auf, gründeten (43) das zweite Triumvirat und schlugen (42) die Republikaner bei Philippi. Jetzt ward Lepidus beseitigt, die beiden übrigen theilten sich in das Reich, indem Antonius den Osten, Octavian den Westen nahm. Doch Antonius ergab sich asiatischer Schwelgerei, besonders mit der Egypterin Cleopatra, schenkte ihr ganze Provinzen, weßhalb ihr der Senat den Krieg erklärte. Bei Actium kam es (31) zur Schlacht; Antonius verlor sie und erstach sich vor den Augen der Cleopatra, die sich vergiftete. Egypten wurde (30) römische Provinz, und Octavian Alleinherrscher unter dem Namen Augustus.

§. 38. Rom unter Kaisern.

Die römische Republik konnte sich eben so wenig behaupten als die griechische, sondern sie erlag siegreichen Generalen. Da diese aber ihre Macht nur auf ihr Heer gründeten, so geriethen sie in Abhängigkeit von denselben, besonders von der Leibgarde (Prätorianern), deren General oft im Namen des Kaisers regierte oder den Nachfolger bestimmte. Daher brachte die Monarchie dem entarteten Volke keinen Segen, sondern ward harte grausame Militärherrschaft, orientalischer Despotismus. Die meisten Kaiser waren unwürdige Menschen, befleckt von Lastern und Freveln, sie drückten die Länder mit Steuern aller Art, und da die Grenzkriege ununterbrochen fortdauerten, verarmten die Länder, verödeten die Städte, verwilderten die Aecker.

Wir merken uns daher nur die Kaiser, die in Berührung kamen mit neuen Völkern.

Augustus hatte viel Familienunglück, auch ward eine Armee unter Varus an der Weser durch die Cherusker unter Hermann ganz aufgerieben. Er ordnete das Reich, einige Provinzen behielt er für sich, andere behielt der Senat, ein Theil der Abgaben floß in seine Privatkasse (fiscus), der andere in die Staatskasse (aerar), Heerstraßen und Kanäle, Wirthshäuser, Meilenzeiger erleichterten den Verkehr, es trat eine strenge Beamtenordnung ein, und Kunst und Wissenschaft wurden begünstigt, die aber ganz nach griechischen Mustern sich bildeten (Horatius, Virgilius, Ovidius, Cäsar, Livius, Sallustius). Die Beredtsamkei (Cicero) ward besonders gepflegt, griechische Baumeister und Bildhauer verschönerten Rom und Italiens Städte, griechische Schulen wurden errichtet, griechisch war die Umgangssprache der Römer. Doch haben die Römer nur die Rechts- und Kriegswissenschaft ausgebildet, denn ihr corpus juris wird noch bis heute benützt.

Augustus starb 17 n. Ch. und sein Geschlecht starb mit dem Muttermörder und Mordbrenner Roms, mit Nero (68) aus. Während dieser Zeit kämpften die Römer am Rhein, an der Weser, in Böhmen mit den Markomannen unter Marbod und in Britanien. Vespasian (70—79) belagerte Jerusalem, welches sein Sohn Titus nach verzweifeltem Widerstande eroberte und dabei den Tempel verbrannte. Noch jetzt steht die Titussäule in Rom mit den Abbildungen dieser That. Vespasian erbaute das Colosseum, unterwarf die Bataver, Friesen oder Südbritten, und unter Titus, „die Liebe und Wonne des Menschengeschlechts," wurden Herculanum und Pompeji von vulkanischer Asche verschütte.

Unter Domitian (82—96) erzwangen die Markomannen und Dacier (in Siebenbürgen und der Wallachei) Tribut, bis Trajanus (98—107) Dacien eroberte, eine Brück über die Donau (bei Orsova) baute, im Osten die Parther besiegte und die Reichsgrenze bis zum Euphrat ausdehnte. Er erwarb sich den Beinamen „der Beste," und hinterließ die Trajanssäule, wie Hadrian sein Grabmal, die spätere Engelsburg. Viele Städte am Rhein und an der Donau verdanken römischen Lagern oder Kolonien ihr Entstehen (Mainz, Köln, Trier, Coblenz, Straßburg, Speier, Constanz, Bregenz, Wien, Haimburg). Erst Marc Aurelian, „der Weise auf dem Thron," trieb die Markomannen und Quaden über die Donau zurück und starb zu Wien (180).

Unter Alexander Severus gründete der Parther Artaxerxes das neupersische Reich der Sassaniden (226) und unter Decius begannen die Kämpfe mit den Gothen an der untern Donau (c. 250), während Alemannen und Franken die Rhein- und Maingrenzen beunruhigten, weshalb Probus einen Grenzwall mit Grenzern von der Donau bis zum Taunus erbaute, überall den Weinbau verbreitete, besonders an der unteren Donau, bis er in seiner Vaterstadt Sirmium von seinen Soldaten ermordet ward.

Da das weitläufige Römerreich in so unruhigen Zeiten und den häufigen Militärrevolutionen schwer zu regieren war, so theilte es der Illyrier Diocletian (284—305) in zwei Hälften unter je einem Augustus, von denen jeder einen Cäsar als Unterkönig hatte. Aber sein Streben blieb erfolglos, weshalb er entsagte und in seinem Schloß zu Spalatro als Privatmann lebte. Von den vier Herrschern machte sich durch siegreiche Schlachten Constantin (325) zum Alleinherrn, verlegte seine Residenz nach Byzanz, seitdem Konstantinopel genannt, ließ sich taufen und erhob die seither so blutig verfolgte christliche Religion zur Staatsreligion (337). Vergeblich suchte sein Nachfolger das Heidenthum wieder zu beleben, denn auch Theodosius (370—95) war entschieden für die Christen.

Um diese Zeit beginnen die stürmischen Zeiten der Völkerwanderungen oder die Herrschaft deutscher Kriegsminister. Denn die Kaiser hatten Söldlinge, besonders deutsche, zum Schutz des Reichs geworben, welche bald ihre Wichtigkeit erkannten und zu herrschen trachteten. Theodosius eroberte (394) auch das Abendland, theilte sein Reich aber unter seine Söhne Arcadius und Honorius, und seitdem sind Ost- und Westrom stets getrennt geblieben. Der Vandale Stilicho war Minister im Abendlande und schützte es gegen Westgothen, Burgunder und Vandalen. Auch sein Nachfolger Aëtius wehrte die Hunnenstürme ab, erntete jedoch nur Undank, da ihn sein Kaiser mit eigener Hand ermordete. Dies reizte die deutschen Krieger zur Rache, der Sueve Ricimer setzte Kaiser ein oder ab, und kurz nach seinem Tode machte sich der Heruler Odoaker (476) zum Könige von Italien, indem er den Romulus Augustulus auf Pension setzte. In Gallien fiel (486) das letzte römische Gebiet in die Gewalt des Franken Chlodwig, und damit hatte das Römerreich sein Ende.

§. 39. Handel zur Zeit der Römerherrschaft.
Cultur der Römer.

Die Römer haben dem Handel zwar keine neue Gestalt gegeben, ihn selbst auch wenig betrieben, trotzdem gewann er durch sie an Umfang. Denn es war römische Politik, in jedem eroberten Lande gute Heerstraßen anzulegen, Kolonien zu gründen, in denen sich Kaufleute niederließen. Wenn die Grenzvölker römische Waaren kennen lernten, neue Bedürfnisse in ihnen erwachten, so war ein Verkehr mit ihnen leicht, und es fand sich bald eine Partei, welche es mit den Römern hielt, weil sie Vortheil dabei hatte. Rom civilisirte die halbwilden

Völker, war deren Zuchtmeister, verbreitete Bildung und Kunstsinn durch großartige Staatsbauten, aber auch orientalischen Luxus und Ueppigkeit. Aus den
Militärstationen wurden Städte, aus den Soldaten Wein- und Ackerbauer, da
man sie in Friedenszeiten dazu verwendete. Gleiche Münze, Recht und Sprache
erleichterten den Verkehr, und so dehnte sich der Handel von Schottlands Grenzen, von der Nordsee über Egypten bis Hinterindien, über Kleinasien bis zum
Altai aus, weil der üppige Römer in der ganzen Welt seine Leckereien und Luxusartikel zusammen suchte.

Viele Kulturpflanzen lassen sich auf ihren Wanderungen mit den Volksstämmen verfolgen. Wein, Oelbaum, Feige, Mandel, Dattel und feine Obstsorten waren in Indien zu Hause, wo auch der Gartenbau und Viehzucht gepflegt
wurden. Die Tyrer verbreiteten diese Pflanzen und Weizen nach Afrika, daß
auf Malta unter den Karthagern schon rege Baumwollenmanufaktur herrschte
Egypten ward die Heimat des besten Weizens und der Hühnerzucht, so wie der
Hülsen- und Küchenfrüchte, aber auch Flachs und Baumwolle zog man für die
Fabriken und Stickereimanufakturen, legte geschmackvolle Gärten mit Teichen und
Lauben und Kiosk an, braute Bier und führte den Kirschbaum, die Dattel,
Pfirsiche, Aprikose und den Granatbaum ein.

Wenn die Griechen auch in alten Zeiten auf Obst- und Bienenzucht viel
Fleiß verwendeten, so ließ doch erst Alexander viel fremde Bäume und Thiere
nach Europa verpflanzen. Er schickte Birnen aus Kleinasien, Aepfel aus Armenien, Pfirsiche aus Egypten, Citronen aus Medien, Kirschen vom Pontus
Nüsse und Kastanien aus Persien, Pflaumen aus Hohlsyrien, Quitten aus Asien
Aprikosen aus Armenien, Granaten aus Afrika, Maulbeeren aus Egypten, und
römische Eroberer ahmten ihn hierin nach.

Beliebte Zierpflanzen waren in Griechenland Rosen, Veilchen, Lilien, Myr-
then, Lorbeer, Epheu, Narcisse, Safran, Levkoie, Mohn u. a., die man in Gärten zog und auf dem Markte feil bot. In der Zucht und im Mästen des
Federviehs blieben die Griechen Meister, besonders der Gänse, doch erst später
zähmte man die Enten.

Durch Alexander, welcher 3 Mill. Francs für Naturforschung ausgab,
kamen Pfau, Papagei, Perlhuhn, Fasan, indische Rinder und Elephanten nach
Makedonien; auch Zucker und Seide lernten die Europäer kennen, denn der
Rohrzucker diente noch als Arznei, bis die Araber das Zuckerrohr nach Syrien,
Rhodus, Candia, Cypern, Sicilien und Spanien brachten und Alexandrien der
Stapelplatz für levantischen Zucker wurde, wo ihn die Venetianer abholten.

Die Seidenzucht war in China uralt, denn schon vor Abraham sollen
Prinzessinnen ihre besondere Raupen-, Webe- und Stickzimmer gehabt haben.
Die Seidenkaravane brauchte von China bis Syrien 243 Tage, und von Babylon und Nisibis holten Phönizier die Waare. Ueber Indien kam die Seiden-
kultur nach Persien, Baktrien und unter Justinian nach Konstantinopel.

Auch die Römer waren ein ackerbauendes Volk, welches besonders Getreide, Oelbaum, Obstgärten und Wein pflegte. Die ersten Weinreben kamen aus Rhodos. Anfangs war das Weintrinken so selten, daß Jünglinge unter 30 Jahren keinen trinken durften, Frauen, die Wein tranken, von ihren Männern weggeschickt wurden. Später pflanzte man viel ausländische Sorten an, so daß Italien 100 Sorten besaß, die man auch zu Rosinen benützte. Die Reben stiegen an Bäumen in die Höhe, besonders an Ulmen oder Pappeln.

Neben dem Wein pflegte man auch den Oelbaum und führte asiatische wie afrikanische Obstbäume ein: Feigen aus Syrien, Citronen aus Medien, Pfirsiche aus Persien, Granatäpfel aus Afrika, Lorbeer aus Cypern, Aprikosen aus Epirus, Aepfel, Birnen und Pflaumen aus Armenien, Weichselkirschen aus Pontus, worauf diese Obstarten nach Frankreich und Spanien verpflanzt wurden.

Auf schöne Gärten mit Treibhäusern oder Zierpflanzen verwendeten die reichen Römer viel Geld, ebenso auf Fischteiche, denn die Leckerei der Reichen ging ins Unglaubliche. Da aß man Flamingogehirn, Flamingozunge, Pfauen-, Fasanen-, Storchbraten, Meerpapageienleber u. a., von denen oft eine Schüssel 10.000 G. kostete. Nicht minder verschwenderisch ging man mit dem Weine um; Hortensius hinterließ 10.000 Eimer Chierwein, Cäsar gab in jedes der 22.000 Zimmer, in welchen er das Volk speichte, ein Faß Chier- und ein Faß Falerner-Wein. Bei Trinkgelagen bekränzte man sich mit rothen Rosen, bestreute auch mit ihnen fußhoch den Fußboden, auf den man sich lagerte, oder bediente sich wohlriechender Wasser in schönen Muscheln.

Von England bezog man Doggen, Pferde und Schafe, führte dagegen in Spanien Schafe ein, wo sie durch afrikanische veredelt wurden, welche über Cadix aus Nordafrika eingeführt waren.

Was die Handelsverfassung der Römer anlangt, so waren die Etrusker ein Handelsvolk, welches schon in alten Zeiten Schifffahrt trieb, dagegen war den Patriziern Roms das Handelsgeschäft verboten, doch trieben sie Wucher, in späteren Zeiten bildeten sie die Innung der Geldwechsler und Steuerpächter. Auch die Kolonien der Römer waren ohne Bedeutung für den Handel, denn nur militärischen Zwecken sollten sie dienen. Dagegen haben die Römer die Erdkunde erweitert, namentlich Nordgallien, Deutschland und England entdeckt, welche Cäsar und Tacitus beschrieben haben. Dagegen vernachlässigten sie nach den punischen Kriegen den Ackerbau so sehr, daß Egypten, Sicilien und Nordafrika die Kornkammern wurden, und besondere Beamte, Rheder und Assecuranzen die Transporte besorgten.

Neben diesem Getreidehandel bestand ein Luxushandel; denn aus Indien kamen über Afrika Elfenbein, Perlen, Edelsteine, Seide, aus Arabien Weihrauch und Balsam, aus Innerafrika Sclaven und wilde Thiere für die Kampfspiele, aus Kleinasien Früchte und ausgelegte Arbeiten, aus Egypten Glas und Papier, aus Griechenland Kunstsachen, aus Nordafrika Teppiche, aus Spanien Silber, Wolle, Wachs, aus Frankreich Wein, Oel, Schlachtvieh, Leinwand, aus England Blei und Zinn, aus Deutschland Bernstein und blonde Haare, vom schwarzen Meere Leder und Pelze u. s. w. Da aber Italien diese Waaren nur verbrauchte, und keine Fabrikate als Gegenwaare auf den Markt brachte, so mußte alles baar in Silber bezahlt werden, was endlich im Abendlande Geldmangel erzeugen mußte.

An den großen Stapelplätzen gab es besondere Beamte, Handelsdirektoren, welche dafür sorgen sollten, daß der Verkehr nicht stockte, aber diese vertheuerten durch ihr Einmischen nur die Waare, und bei dem Geldabfluß stieg der Zinsfuß von 4 Perc. auf 12, so daß sich über die besondere Handelsgeschichte nichts Löbliches sagen läßt.

Was die Kultur der Römer, ihre Lebensweise, Kleidung und Bauart anlangt, so wurden diese sehr bald griechisch. Man fand in Italien sehr viel Luxusgebäude, besonders palastartige Landhäuser mit Bädern, Bibliothek, Speise-, Besuchszimmern u. s. w., deren Boden und Wände mit Mosaikbildern verziert wurden. Außerdem ließen die Kaiser großartige Tempel und Staatsgebäude aufführen, doch haben nur die Amphitheater und Wasserleitungen eine eigenthümliche Gestalt, weil man von den Etrusken Bogengewölbe zu bauen gelernt hatte. Die Amphitheater waren eirund und enthielten einen Kampfplatz für die Thiere oder Menschen, ihnen gegenüber in Terrassen Sitze für Tausende von Zuschaurn. Eine hohe fenster- und pfeilerreiche Mauer umfing das Ganze, welches im Innern mit allem Luxus ausgestattet, gegen die Sonne durch ein Purpurzeltdach geschützt war, und dessen Besucher man durch feine Schlauchspritzen mit wohlriechenden Essenzen erfrischte. Die Bogengänge der Wasserleitungen, die zuweilen in mehreren Stockwerken über einander sich erhoben, gingen oft meilenweit ins Land. Solche Bauwerke, Triumphbogen, Tempel und Landstraßen haben sich bis auf den heutigen Tag erhalten und sind nur mit Gewalt zerstört.

Als das öffentliche Leben in Rom erstarb, beschäftigte man sich fleißig mit den Wissenschaften. Kaiser hielten auf Staatskosten Lehrer der Beredtsamkeit und des Rechtes, doch haben die Römer nur die Satire als selbstständige Stilgattung ausgebildet, und Plinius bearbeitete die Naturgeschichte, freilich sehr mangelhaft.

Der Bücher gab es viel, denn jeder vornehme Römer hatte eine Bibliothek. Die Buchhändler besaßen daher ein großes Schreiberpersonal, welchem die Handschriften der Verfasser dictirt, also so oft zugleich abgeschrieben wurden, als man Schreiber hatte. Die Pergamente, auf welche man schrieb, rollte man um einen Stab, an dessen Knopf der Titel des Buches eingeschnitten war, deshalb spricht man im Alterthum auch nur von Bücherrollen. In der christlichen Zeit überstrich man zuweilen diese Rollen, um sie noch einmal zu benützen. Seit man dies in neuester Zeit bemerkt hat, ist manche alte Schrift wieder hergestellt, indem man die aufgetragene Farbe beseitigte.

Welchen großen Einfluß Roms Weltherrschaft für die Verbreitung des Christenthums und auf die christliche Bildung gehabt hat, wird der Anfang der Geschichte des Mittelalters lehren.

§. 40. Schlußübersicht.

Stellen wir zum Schluß die Eigenthümlichkeit des Handels und der Kultur im Alterthum zusammen, so erkennen wir auf den ersten Augenblick, daß beide auf dem Grundsatz der Monopolisirung beruhen und weit entfernt waren, Gemeingut eines ganzen Volks zu werden. Zwar reichte der Welthandel von Gibraltar bis Guzurate, von Bornu bis Wien, Köln, London, aber dennoch blieb das Mittelmeer das Weltmeer im engeren Sinne, um dessen Becken sich die ganze Geschichte des Alterthums bewegt.

Der Waarentransport, der Verkauf, ja die Oeffnung der Handelswege war Monopol einiger Völker und Dynastien, welche dieselben daher auch willkürlich verlegten.

Da der Handelswege wenige, die Entfernungen meist sehr bedeutende waren, so vertheuerte dies die Waaren, deren Benützung daher nur den Reichen möglich blieb. Man darf daher im Alterthum trotz des lebhaften Handels an einigen Plätzen keinen großartigen Waarenumsatz erwarten, vielmehr war die ungeheure Mehrzahl des Volks angewiesen, seine Bedürfnisse sich selbst zu verfertigen. Der Handel brachte ihnen keinen Nutzen.

Im Alterthum galt Arbeit für entehrend, Handel für ein verachtenswerthes Geschäft, daher wimmelte es von Sclaven, ward der producirende Bauer und Handwerker vom Grundbesitzer oder Vollbürger gering geschätzt, blieb alle Industrie auf einige Luxussachen beschränkt oder konnte sich nicht über diese engen Grenzen hinaus entwickeln. Die Theilung der Arbeit wurde eine entsittlichende, denn sie unterschied nur Herrschende oder Beherrschte, Arbeiter und Rentiers. Bürgerrecht und Bildung waren ja auch Monopol bevorzugter Stände oder Volksstämme.

Bei der Unsicherheit der öffentlichen Verhältnisse und dem Mangel an Münze fand man keinen Kredit oder fiel Wucherern in die Hände. Daher konnte der Kaufmann keine großen Spekulationen unternehmen, mußte seine Zeit auf kostspieligen Reisen zubringen und hing demnach vom Zufall bei seinen Unternehmungen ab.

Der Grund aller dieser Mißstände liegt darin, daß sich aus den Arbeitern kein freier Bürgerstand bilden konnte, wie in den Handelsstädten des Mittelalters. Wie vielmehr die „freien" Republiken des Alterthums auf Sclaverei und Unterdrückung des persönlichen Willens, der freien Individualität beruhen, so wird auch der Handel nur wie ein nothwendiges Übel betrachtet, nicht aber als Mittel oder Grundlage allgemeiner Wohlfahrt. Wo die Arbeit nicht freigegeben oder geehrt wird, muß ein Volk verarmen und ungebildet bleiben trotz hoher Bildung einzelner Stände; wo Gewinn und Recht auf Arbeit Monopol sind, unterliegen sie jedem äußeren Schicksal, denn sie wurzeln nicht im gekräftigten Volksleben.

Man suche also bei den Völkern des Alterthums nicht die Freiheit, nicht die Weisheit, nicht Bürgerglück und Bildung, sondern Kastengeist, Knechtschaft der arbeitenden Stände, Roheit der Herrschenden und allgemeine Armuth. Erst das Christenthum brachte auch hier Erlösung, denn die Kirche verbot die Sclaverei, lehrte das Arbeiten, schützte das Recht, pflegte die Volksbildung, die man in dem hochgebildeten Griechenland und gelehrten Rom gar nicht kannte und ahnte.

Zweiter Theil.

Vom Untergange des römischen Reiches bis zur Entdeckung Amerikas.

---

§. 1. Einleitung. Christenthum und Germanenthum.

Die beiden großen Ereignisse, durch welche die alte Welt zu Grunde geht, auf denen aber die neue Welt sich aufbaut, sind Christenthum und Germanenthum. Das Christenthum hat nicht nur den Götzendienst beseitigt, nicht nur die Wissenschaft neu belebt, nicht nur die edlen Tugenden der Nächstenliebe, Wahrheit, Gerechtigkeit, Demuth u. s. w. zu Grundgesetzen der Sittenlehre gemacht, sondern eine ganz neue, des Menschen würdige Weltanschauung zur Geltung gebracht. Nicht nur einzelne Menschen, sondern ganze Völker sind durch das Christenthum innerlich umgewandelt, Spitäler, Armenhäuser, Schulen und Klöster erbaut, die Sclaverei abgeschafft, Ackerbau und Arbeit überhaupt zu Ehren gebracht.

Wenn das Christenthum seine veredelte, geistige Welt erschuf, das sittlich-religiöse Denken und Empfinden von Grund aus umgestaltete, so brachten die einwandernden Germanen ganz neue Grundsätze für das Gemeinde- und Staats-leben in das alternde Römerreich. In den alten Republiken wohnte nicht die Freiheit, sondern die Unterdrückung des persönlichen Wollens und Handelns. Der Staat war die allgebietende Macht, welche alles anordnete und vorschrieb, tief ins Familienleben eingriff, und nicht duldete, daß sich ein persönlicher Wille eine selbstständige Behandlung der Dinge geltend machte. Dies betrachtete man als Empörung, und als sich der persönliche Wille gewaltiger Männer geltend machte, als diese ihren Willen zum Willen des Staats erhoben, so ging die Republik in die Gewaltherrschaft des Despotismus über.

Die Germanen brachten in die Welt den Grundsatz der freien Persönlichkeit, der aus freiem Entschlusse hervorgehenden That. Auf dieses Gesetz gründeten sie ihre Gemeindeverfassung, auf Treue oder freien Gehorsam ihren Lehns-

staat, auf Gewissenhaftigkeit ihre Volks- oder Geschwornengerichte. Dieser Anerkennung der persönlichen Berechtigung entsprechen die Grundlehren des Christenthums, der germanischen Volksgemeinde die ältesten Christengemeinden, und so
hatte sich die göttliche Vorsehung die kräftigen, treuherzigen, noch unverdorbenen
germanischen Völker ausersehen als Werkzeuge einer neuen Weltordnung, eines
neuen Geschichtslebens. Die Germanen haben das Christenthum von den Griechen und Römern empfangen, haben es eifrig verbreitet und ausgebildet, indem
sie die Kirche als besondere Macht und Heilsanstalt neben den Thron stellten.

In Betreff der Kultur sind die Römer und dann die Griechen noch Jahrhunderte die Lehrmeister der europäischen und semitischen Völker geblieben, ja
einige Jahrhunderte waren die Araber die Vermittler der antiken und neuen
Bildung. Handel und Industrie gingen auch im Mittelalter die alten Bahnen.
Weberei und Färberei bildeten neben Metallarbeiten und Fischfang den Mittelpunkt der Industrie und des Handels. Das Morgenland verarbeitete Baumwolle, Seide und feinen Byssus, das Abendland Flachs, Hanf und Wolle.
Aber bald wurden die Formen des Handels ganz andere. Es bildeten sich Ge-
nossenschaften, kaufmännische und industrielle Stadtgemeinden, Handelsstaaten.
Später gab das Kolonialsystem dem Handel eine neue Gestalt, die Wissenschaft
der Volkswirthschaft wirkte befruchtend auf Handelsgrundsätze, und aus der Naturwissenschaft entwickelte sich eine großartige Industrie.

Bereits früher ist erwähnt, daß Griechenland den Wein-, Oel- und Obstbau besonders pflegte, viele Obstarten aus Persien, Armenien, Syrien und
Egypten nach Griechenland verpflanzte, von wo sie später nach Italien gebracht
wurden. Besonders ließ sich Alexander d. G. die Verbreitung nützlicher Pflanzen und Thiere sehr angelegen sein, und auf der Insel Kos ward Baumwollen-
und Seidenindustrie (aus Cocons) heimisch, wie auch der Zucker damals bekannt und in Egypten als Medicin benützt wurde. Erbsen, Bohnen, Linsen,
Gerste, Weizen und Dinkel waren mit den ältesten Einwanderern nach Hellas
gekommen, Alexander fügte Reis hinzu und Schminkbohnen, sowie Luzern als
Pferdefutter.

Den Bau des Zuckerrohrs verbreiteten Araber über Syrien, Kandia, Sicilien, die Mauren über Spanien (Valencia, Granada, Murcia); doch blieb
Alexandrien Hauptstapelplatz, von wo Venetianer die theuer bezahlte Waare abholten, seit sich der Zuckerverbrauch während der Kreuzzüge steigerte.

Der Seidenbau war in China uralt, schon 2700 v. Ch. beschäftigten sich
Prinzessinnen mit der Zucht der Seidenraupe. Bald trieben aber auch Inder den
Seidenbau, von ihnen kam er nach Persien und vom Indus und Oxus (Serinda)
nach Byzanz (unter Justinian).

Das erste Volk, welches die Landwirthschaft rationell betrieb, waren die
Römer, und die Verbreitung dieser Beschäftigung nach West- und Mitteleuropa
ist ein welthistorisches Verdienst. Sie pflegten auch den Weinstock, den sie an

Bäumen sich emporwinden ließen, oder verpflanzten ihn nach Gallien, an den Rhein, nach Süddeutschland und Ungarn. Den Oelbaum führten sie in Frankreich und Spanien ein, ebenso den syrischen Feigenbaum, die medische Citrone, die persische Pfirsiche, den afrikanischen Granatapfel, den cyprischen Lorbeer, die epirotische Aprikose, die pontische Weichselkirsche, die damaskische und armenische Pflaume, die syrische Pistazie und den Maulbeerbaum, zahlreiche Aepfel- oder Birnensorten u. s. w. Im Gartenbau und der Blumenzucht waren die Römer Meister, denn sie hatten schon Treibhäuser, verstanden das Veredeln durch Pfropfen, führten die Schafzucht in Spanien, den Gebrauch von Luxusthieren, besonders bunter Vögel in Italien ein, vernachläßigten aber in den letzten Zeiten die Republik und unter den Kaisern den Landbau, so daß man Getreide aus Egypten und Spanien, Wein, Oel und Honig, eingemachte Früchte und gesalzene Fische aus Spanien; Speck, Schweinfleisch und Fische aus Frankreich, Wolle und Wein aus Kleinasien, Spezereien und Luxusartikel aus Arabien, Indien und Griechenland bezog.

In England erzeugte man seine Wolle, die über London, York und Colchester nach Rom ging, treffliche Kriegspferde und tüchtige Doggen. Dagegen verbreiteten römische Kolonisten aus Belgien in England den Garten- und Ackerbau (Kirschen, Aepfel, Wein, Hülsenfrüchte), und England sandte Korn als Tribut nach Rom, trieb damit aber auch starken Handel nach der Maas und dem Rhein.

Dagegen war in Frankreich von den Römern die Viehzucht stark betrieben, man schickte ganze Gänseheerden, Schinken, Käse, Wolle nach Italien und hatte Pferde, die in Italien theuer bezahlt wurden. Den Weinstock hatten Phokäer nach Marseille gebracht. Unter den Römern verbreitete er sich von Süden (Bordeaux, Vienne, Viviers) nach der Dauphiné, Côte d'or an der Mosel u. s. w. Den Oelbaum brachten die Phokäer nach Südfrankreich, Mispel, Kirsche, Pfirsiche u. s. w. die Römer, Hanf pflanzten Phokäer, Getreide die Gallier, daneben auch Farbepflanzen.

§. 2. Das Christenthum in den ersten 8 Jahrhunderten.

Der Heiland war zur Bekräftigung seiner göttlichen Sendung den Kreuzestod gestorben, um mit seinem vergossenen Blute das Erlösungswerk zu vollenden. Die h. Apostel folgten den Fußtapfen ihres Meisters, denn unter Verfolgungen und Drangsalen predigten sie in Asien, Griechenland und Italien das Evangelium und gründeten Gemeinden. Außer Jerusalem entstand in Antiochien eine Gemeinde durch Petrus, in Ephesos durch Johannes und in Rom durch Petrus. Es wurden die h. Evangelien geschrieben, von den h. Aposteln, besonders von Paulus, in Briefen die Grundlehren des Evangeliums festgesetzt, in Egypten, Syrien und Mesopotamien Gemeinden gegründet und die erste Ge-

meindeverfassung festgesetzt. An der Spitze der Gemeinden standen die Aeltesten (presbyteres), die Armenpflege besorgten Diener (diaconi) und die
Aufsicht führten die Aufseher (episcopi). Die Gemeinde wählte sich diese Beamten und kräftigte sich im Glauben durch gemeinsame Erbauung, Beten und
das h. Abendmahl.

Bald aber erwachte der Haß der Heiden, schreckliche Verfolgungen brachen
herein, mit den ausgesuchtesten Martern wollte man die neue Lehre unterdrücken,
aber das Blut der zahlreichen Märtyrer (Zeugen) befestigte den Glauben und
wahr wurde, was der Pharisäer Gamaliel gesagt hatte: Ist das Werk von
Menschen, so wird es untergehen; ist es aber von Gott, so werdet Ihr es
nicht dämpfen! Trotz aller Verfolgungen entstanden im ganzen römischen Reiche
Gemeinden; doch blieben Jerusalem, Antiochien, Cäsarea, Ephesus,
Alexandrien, Rom und Karthago Hauptorte.

Die erste große Verfolgung verhängte Nero (64), als er den Brand Roms,
den er angeordnet hatte, den Christen Schuld gab. Unter Trajan ward der h.
Ignatius (Bischof von Antiochien) in Rom von wilden Thieren zerrissen
(115), Polycarpos von Smyrna 168 verbrannt, unter Decius 250 das
Christenthum bei Todesstrafe verboten. Aber bereits hatten die Kirchenväter
Clemens und Origines von Alexandrien (217—254), Tertullian
und Cyprian (258) die christliche Lehre wissenschaftlich behandelt, so daß
sie in Katechetenschulen konnte gelehrt werden. Fromme Einsiedler (Antonius)
zogen sich in die Wüste zurück, und die wachsende Zahl der Gemeindemitglieder
machte es nothwendig, daß man die wohlunterrichteten Hüter der Lehre, die
Kleriker, von der zu belehrenden Gemeinde (Laien) schied, und den Bischöfen
das unbeschränkte Aufsichts- und Oberleitungsrecht übertrug. Auch der Gottesdienst, Aufnahme oder Ausschließung, Sitten oder Gebräuche bei religiösen
Handlungen wurden festgesetzt, dem Klerus in der Kirche ein besonderer Ort
(der hohe Chor), der Gemeinde das Schiff der Kirche, den Heiden und Büßen-
den die Vorhalle zugewiesen.

Erst 337 erhob Konstantin die christliche Religion zur Staatsreligion,
ordnete die Sonntagsfeier an, gestattete seiner Mutter Helena eine Kirche zu
bauen, berief 325 das erste allgemeine Concil nach Nicäa und machte
330 Byzanz unter dem Namen Constantinopel zur Residenz. Seit Theodosius
d. Gr. (394) begann die gewaltsame Unterdrückung des Heidenthums. Zu Haupt-
oder Metropolitankirchen erhoben sich Constantinopel, Alexandrien,
Antiochien, Jerusalem und Rom; und die untergeordneten Bischofskir-
chen hießen Kathedralen. Bald darauf erkannte man Rom als oberste Metropolitankirche an wegen der Bedeutsamkeit Roms als Weltstadt, noch mehr wegen
der Gründung der dortigen Gemeinde durch die h. Apostel Petrus und Paulus. Die Gesammtheit der Kirche nannte sich die katholische, d. h. allgemeine.
Gesangschulen unterstützten den Gottesdienst, der h. Ambrosius dichtete schöne
Hymnen, Gregor d. G. reformirte den Kirchengesang, prächtige Kirchen wurden

gebaut und die einzelnen Lehren von Hieronymos, Chrysostomos, Ambrosius, Augustinus u. A. genau entwickelt und von der Kirche als allgemein gültig angenommen.

In den ersten Jahrhunderten bildete sich das Einsiedlerleben zu einem abgeschlossenen Klosterleben aus, indem die Einsiedler zu Mönchen (Alleinlebenden) wurden, einen Theil ihrer Zeit der Andacht, den übrigen irgend einer nützlichen Beschäftigung widmeten. Eine strenge Ordnung erhielt das Klosterwesen durch Benedict von Nursia (480—543) welcher in den Apenninen 529 an die Stelle eines zerstörten Apollotempels ein Benedictinerkloster (castrum cassinum) gründete, die bekannten Ordensregeln und dadurch das Vorbild für ähnliche Stiftungen gab. Die Klöster wurden bald für die Völker ein reicher Segen, denn in ihren Schulen unterrichtete man die Jugend, Mönche beförderten den Ackerbau, machten Wildnisse urbar, eröffneten Kranken- und Armenhäuser und sammelten in ihren Vorrathshäusern Handelsartikel auf, so daß diese die ersten Stapelplätze Mittel- oder Norddeutschlands wurden.

Durch die Missionäre verbreitete sich das Christenthum. In Armenien fand es 330 Aufnahme; Gothen ließen sich durch gefangene Griechen bekehren, und Ulfilas übersetzte für sie (348) das alte und neue Testament ins Gothische, die Westgothen traten 589 von der griechischen Kirche zur römischen über, doch Vandalen und Ostgothen blieben griechische Arianer, die Longobarden dagegen gewann die bairische Prinzessin Theodelinde 587 für die römische Kirche, für welche Avitus die Burgunder, Remigius die Franken gewann. In Irland predigte 372 Patricius das Christenthum, Gregor bekehrte die Angeln in England durch Augustin (596), von York aus gingen Missionäre nach Norddeutschland, wo Bonifacius die Kirchenverfassung ordnete und als Primas für Deutschland in Mainz wohnte. Von Italien und Frankreich aus bekehrte man die Heiden in den Alpen- und Donauländern, Ansgar von Bremen aus die Dänen und Schweden, der h. Adalbert gründete in Preußen die ersten Kirchen, Pilgrin, der Bischof von Passau, in Ungarn, und griechische Geistliche in Rußland, so daß circa 1000 der Norden Europas christlich war.

Die christliche Kunst begann mit dem Bau der Kirchen sich zu entwickeln; römische Gerichtshöfe (Basiliken) dienten als Vorbilder. Der Sitz der Richter ward zum hohen Chor, die Säulenhalle zum Schiff, die Gestalt des Ganzen ein längliches Viereck, die Decke flach und mit Gemälden geschmückt. Die byzantinischen Kirchen erhielten die Gestalt eines länglichen Vierecks oder Achtecks, ein erhöhtes Mittelschiff und das Ganze durch die Flügel des Querschiffs die Gestalt eines Kreuzes. Ueber den Durchschnitt des Quer- und Langschiffes erhob sich eine Kuppel; Bogen verbanden die Pfeiler zu Arkaden, Bilder und Schmuck aller Art zierte Bogen und Decke.

Die berühmtesten Kirchen ihrer Zeit waren die 365 Fuß lange Peterskirche zu Rom und die 250 Fuß lange und 228 Fuß breite Sophienkirche in Konstantinopel. Balken, Altar, Fußboden bedeckten Gold- und Silberblech mit getriebener Arbeit, Teppiche bedeckten die Wände, die heiligen Gefäße, Leuchter u. s. w. waren aus massivem Gold oder Silber, und Statuen zierten das Innere. Mehr als 7000 Pfd. edles Metall war in der Peterskirche. Die Sophienkirche hatte Mosaikbilder an den Wänden und Fußböden, säulenreiche Gallerien, Thüren aus Erz und Marmor. Nicht minder prachtvoll und von sinnigen Mosaikbildern strahlend muß die achteckige Kirche S a u V i t a l e gewesen sein, welche Theodorich d. G. bauen ließ, so wie der achteckige Dom, welchen Karl d. G. zu Aachen erbaute.

§. 3. Das byzantinische Reich.

Bei der Größe des alten Römerreiches hatten Consuln oder Kaiser wiederholt eine Theilung vorgenommen, doch wurde die Trennung des Ost= und Westreiches erst bleibend, als Theodosius in den Stürmen der Völkerwanderung das Reich theilte. Denn schon kämpften Gothen siegreich auf beiden Ufern der Donau und leiteten deutsche Kriegsminister eigenmächtig in Italien die Regierung. Daher theilte Theodosius sein Reich in Ost= und Westrom. Arcadius, unter der Leitung des ränkesüchtigen Rufinus, erhielt den Orient (d. h. die heutige europäische Türkei bis zum adriatischen Meer, Vorderasien bis zum Euphrat, Afrika), Honorius dagegen unter des Vandalen Stilicho Vormundschaft das Abendland (Italien, Westeuropa, Deutschland).

Während germanische Völkerschaaren Italien und Westeuropa besetzten, behauptete sich das griechische Reich, obschon es im Norden der Donau von germanischen, slavischen und altaischen Horden, in Asien von Persern, Arabern und Türken hart bedrängt wurde. Die Ueberlegenheit griechischer Bildung, feine Diplomatie, tüchtige Kriegs= und Verwaltungskenntniß siegten über die Barbaren, die man zum Christenthum bekehrte, oder in Sold nahm oder durch Handelsinteressen an Byzanz fesselte, und sich dadurch ihrer Angriffe erwehrte oder sie ableitete, indem man sie nach Westen zu ziehen bewog.

Obschon sich also das Reich, wenn auch mit oft veränderten Grenzen, behauptete, Kunst und Wissenschaft eifrig gepflegt und die christliche Lehre wissenschaftlich aus= und durcharbeitet wurde, so sank doch die Widerstandskraft immer mehr. Theologische Streitigkeiten arteten zu politischen Parteikämpfen aus, und gegenseitige Verfolgungen erschütterten die Ruhe auf das Tiefste. Die Parteien der Zuschauer bei Thierkämpfen, welche wegen des Sieges der Hetzthiere Wetten eingingen, wurden unter dem Namen der Grünen und Blauen politische Parteien, die mit Brandstiftung und Straßentumult einander bekämpften und oft die Kaiserwahl beeinflußten. Zum Unglück war die Nachfolge der Regenten nie gesetzlich geordnet, sondern dem Zufall und Parteieinfluß preisgegeben. Daher war Kaisermord nichts Ungewöhnliches, und neu gewählte Kaiser begannen oft mit der Ermordung der Verwandten und Gegner, um keine Nebenbuhler zu haben. Die ganze byzantinische Geschichte besteht daher zum Theil in der Wieder-

holung von Emeuten der Parteien der Rennbahn, in Ermordungen und plötz-
lichem Thronwechsel. Endlich wurde das Reich mit den Arabern in endlose
Grenz- und Religionskriege verwickelt, von den Kreuzfahrern in vielfache Verlegenheit gebracht, von 1204 — 61 sogar von denselben erobert und als
lateinisches Kaiserthum in einen Lehnsstaat umgewandelt. Endlich 1453 erlag die
Hauptstadt den Türken, nachdem bereits die meisten Provinzen an diese verloren waren.

Nur unter Justinian (527—63), einem thrazischen Bauernsohne, der die
Tochter eines Bärenhüters, die kluge muthige Theodora heiratete, gewann das
Reich Einfluß, da Belisar und Narses das Reich der Vandalen in Nordafrika
(534) und der Ostgothen in Italien vernichteten (552). Justinian ließ das
berühmte Corpus juris abfassen, die Sophienkirche bauen, und unter seiner
Regierung brachten Mönche in einem ausgehöhlten Bambusrohr Eier der Seiden-
würmer nach Griechenland, womit hier die Seidenzucht beginnt. Doch drückte er
das Land durch Steuern und Zwangsanleihen, den Handel durch Monopole
und hohe Zölle.

Während der heftige Streit wegen der Bilderverehrung (Bilderstürmer)
Revolutionen hervorrief, durchzogen Bulgaren und Slaven verheerend Nord-
und Mittelgriechenland und ließen sich am Hämus nieder, bedrohten Avaren
den Norden, Perser und Araber den Osten des Reiches. Bald erschienen auch
Russen, Petschenegen, Kroaten und Slavonier, Normannen und Seldschucken,
die das einemal besiegt, das anderemal mit Tribut abgefunden wurden, sich aber
nach und nach in den Grenzprovinzen festsetzten und in Serben und Ungarn kriegerische Nachbarn erhielten. Weiteres wird die spätere Geschichte enthalten.

§. 4. Der byzantinische Handel.

Dieser hat keine weitere Veränderung in die damals bestehenden Handelsverhältnisse gebracht, als daß Constantinopel Stapelplatz zwischen dem europäischen und asiatischen Verkehr wurde, also die Handelsstraßen nach der prachtvollen Hauptstadt am goldnen Horn lenkte.

Schon im Alterthum tauschte man in Byzanz Schlachtvieh, Sclaven,
Wachs, Honig, gesalzene Fische und Getreide von den Küstenländern des schwarzen
Meeres gegen Oel, Wein, Südfrüchte und Luxuswaaren aus. Auch führte die
Handelsstraße aus Nordasien und vom Indus über die Bucharei nach dem
kaspischen und schwarzen Meer, von wo besonders Seide nach Byzanz ging,
nordische und griechische Waaren dagegen ins Innere Asiens versandt wurden.
Flüsse und Karavanen brachten die indischen Waaren nach Sebastopol, Odessa,
oder nach der Phasismündung, Trapezunt, Sinope u. s. w.

Zum Hauptstapelplatz erhob sich Byzanz, seit es Residenz ward. Egypten
lieferte dorthin sein Getreide, denn Brod, Fleisch, Oel und Wein theilte man
vor dem kaiserlichen Palaste aus, um das Volk ruhig zu erhalten. Um sich

für diese Unkosten zu entschädigen, machten die Kaiser den Handel mit Seide und Lebensmitteln zum Staatsmonopol, wobei die Beamten großen Wucher trieben. Die Provinzen lieferten Getreide als Abgabe in die Magazine von Byzanz und mußten dort in Nothjahren um das Zweifache wieder kaufen. Eben so waren Wein und Oel Staatsmonopol und Sache der Finanzbehörden, deren Betrügerei während der Kreuzzüge zu blutigen Händeln Anlaß gab.

Unterdessen hatte der Kalif Omar Basra gegründet und zum Stapelplatz des indischen Handels erhoben. Die italienischen Handelsstädte Amalfi, Pisa, Genua und Venedig holten die Waaren in Alexandrien und den syrischen Seeplätzen ab, so daß Byzanz großen Nachtheil erlitt. Doch waren sie, besonders Venedig, vorsichtig genug, sich durch Handelsverträge mit den seldschuckischen und griechischen Fürsten auch den einträglichen Zwischenhandel zu sichern. In Griechenland erhielt Venedig 1087 sogar Zollfreiheit für Ein- und Ausfuhr und Besitzungen in der Hauptstadt. Bald hatten die Griechen allen nennenswerthen Antheil am Handel verloren, und die Kaiser ließen sich durch den Eigennutz der Italiener zu manchem Mißgriff verleiten, den sie mit dem zunehmenden Verfall des Reiches büßen mußten. Mitunter geriethen Venedig und Griechenland aber auch in Streit, den die Venetianer durch Blokaden und Handelsverbote pflegten auszukämpfen, 1204 sogar durch Hülfe französischer Kreuzfahrer Byzanz eroberten und Morea als Provinz für sich nahmen, nachdem sie Dalmatien bereits an sich gebracht hatten. Da aber auch Genua in Byzanz dieselben Vortheile erlangte, auch ein besonderes Quartier erhielt, so kam es zwischen Venedig und Genua oft zu Streitigkeiten und Seekriegen. Doch errichteten beide auch Fabriken in der Hauptstadt, um auch diesen Gewinn sich anzueignen. Ja als der Papst und der griechische Kaiser den Handel mit den Arabern verboten, leisteten die Italiener keine Folge und forderten in Konstantinopel sogar Schadenersatz.

Wie in der Hauptstadt venetianischer und genuesischer Einfluß einander zu verdrängen suchte und wechselte, so auch in den Hafenplätzen des schwarzen Meeres. An der Donmündung lag Tana (Asow), der Ausgangspunkt des indisch-baktrischen Handels. In der Bucharei waren Balk, Samarkand und Buchara Stapelplätze indischer Waaren. Diese gingen über den Aral- und kaspischen See nach Astrachan, die Wolga hinauf, dann zu Lande nach dem Don und wurden in Tana von den Venetianern gekauft. Genueser und Pisaner leukten diesen Waarenzug aber über Caffa nach Konstantinopel. Um sich diesen Handel zu sichern, unterstützte Genua den Griechenkaiser, der in Trapezunt residirte, um das lateinische Kaiserreich zu stürzen. Venedig und Pisa verloren ihre Privilegien, dagegen erhielt Genua die Frankenstädte Galata und Pera für sich, durfte sie mit Mauer und Wall umgeben, gründete in Caffa einen neuen Handelsplatz und drängte die Venetianer aus dem schwarzen Meer.

Unterdessen waren in Asien große Veränderungen vorgegangen. Von Afrika her drangen Mameluken, von Nordostasien Mongolen nach Vorderasien. Letztere behaupteten die Übermacht, und ihr Chan erhob Tauris zur Hauptstadt, wodurch es Stapelplatz für indische Waaren wurde. Denn durch Karavanen kamen sie entweder über Persien, welches gleichfalls den Mongolen gehörte, oder über Ormus oder Bagdad. Genueser und Venetianer bewarben sich in Tauris um Handelsrechte, welche gern gegeben wurden. Von Tauris gelangten die Waaren über Armenien nach Issus (Giazza oder Glasa) ans Mittelmeer oder nach einigen kleineren Häfen Syriens oder Armeniens. Dieser Weg machte aber einen Umweg, weshalb man nur feine Spezereien auf dieser Straße ausführte, für schwerere dagegen den Wasserweg über Cairo, Alexandrien oder Damiette vorzog, obschon die Kirche den Handel dorthin verboten hatte. Ein anderer Weg führte von Bagdad über Antiochien nach den Seeplätzen Lyciens oder Pamphyliens. Denn dorthin kamen die egyptischen Großhändler, um ihre Waare an christliche Schleichhändler abzusetzen, oder man holte die indischen und afrikanischen Artikel in Tunis ab. Zwar verschärfte die Kirche ihre Verbote, mit Muhamedanern Handel zu treiben, aber man umging die Verbote und Benedig erkaufte sich 1345 einen Dispens, wodurch es sich in der That den Handel mit indischen Waaren sicherte.

Die viel gesuchten Artikel bestanden in Seidenstoffen, feiner Leinwand, süßem Fruchtwein aus Datteln und Feigen, Zucker, Datteln, Cassia, roher Seide, Flachs, Medicamenten, Gewürz, Räucherwerk, Edelsteinen, Perlen. Außerdem kamen von Griechenland und Rußland Sammt, Purpurstoffe, Oel, Safran, Nüsse, Pech, Honig, Bauholz, Metalle, rohe Wolle und Wollzeuge, Sclaven, Waffen und Prachtmäntel aus Konstantinopel für die weltlichen und geistlichen Würdenträger Westeuropas.

Nicht minder großartig war der Handel Konstantinopels mit dem Abendlande. Den Zwischenhandel mit Deutschland betrieben Anfangs die Avaren, deren Stapelplatz Lorch an der Ens war, wogegen Passau deutscher Stapelplatz wurde. Durch Vermittlung der Wenden reichten diese Handelsverbindungen bis zum adriatischen und baltischen Meere. Als Karl d. G. die Avaren vertilgte, übernahmen die Bulgaren den Zwischenhandel zwischen Konstantinopel und Deutschland. Nach deren Unterdrückung erscheinen die Ungarn als thätiges Handelsvolk, welche Semlin zum Stapelplatz machten.

Damals ging der deutsche Handel allein über Ungarn nach Konstantinopel, wogegen Italien wohl Gewürzkrämer, Juweliere und Geldwechsler nach der Messe zu St. Denys schickte, aber keinen Großhandel mit Deutschland trieb, weil die Alpen den Waarentransport erschwerten. Da aber Benedig in Egypten besonders russische Waaren absetzte, so suchte es, so lange ihm Konstantinopel versperrt war, über Wien einen Handelsweg nach Rußland. Selbst Belgien und Holland standen bis zum 14. Jahrhunderte über Nürnberg, Ulm, Augsburg, Regensburg und Wien in Verkehr mit dem Orient. Denn 1180 waren so viel deutsche Großhändler in Konstantinopel ansässig, daß sie eine eigene Kirche bauten. Man fuhr die Donau hinab und dann zur See bis Konstantinopel. Ausgangspunkt dieses Handels war Regensburg, es kamen aber von der Elbe, Oder und Weichsel, aus Polen und von der Ostsee die Straßen über Breslau, Krakau, Gran u. s. w. nach der Donau, wo Stein für Deutschland das Hauptzollamt bildete. Man tauschte aus Lorbeerblätter, Saffran, Haselnüsse, Oel, rohe Seide, Zindel, seidene Priestergewänder, Goldstoffe, Purpurmäntel, Degenkoppeln mit Messingbeschlag, Pfeffer, Ingwer, Gewürznelken, Muscatnüsse, Galganwurzel und Kümmel.

Dagegen verkaufte man bis ins 10. Jahrh. Wenden, Böhmen und Mährer als Sclaven, Waffen aus Lüttich, Magdeburg, aus dem Fuldaischen und aus Eisenach; niederländische Sattlerarbeiten, friesische und niederländische Tuche und Leinwand, welche auch Passau, Regensburg, Franken, Thüringen, Quedlinburg, Magdeburg, Salzwedel, Stendal lieferten. Neben deutschen Holzwaaren verkaufte man Metalle aus Ungarn und Siebenbürgen.

Auch mit den Chazaren, Petschenegen, Kumanen u. s. w. am schwarzen Meere trieben Konstantinopel und Venedig lebhaften Handel, der sich über Rußland bis Sibirien und zur Ostsee ausdehnte. Russische Großhändler hatten in Konstantinopel ein besonderes Quartier und pflegten sich dauernd oder längere Zeit dort aufzuhalten, wo sie auf öffentliche Kosten unterhalten wurden. Nowgorod und Kiew sammelten nordische Waaren und sandten sie durch Karawanen nach Konstantinopel. Doch setzten die eifersüchtigen Italiener es in Konstantinopel durch, daß Russen und Deutsche nur ein halbes Jahr in der Hauptstadt sich aufhalten durften. In Folge davon gingen deutsche (Regensburger und Wiener) Kaufleute zum Einkauf nach Kiew, gründeten dort Faktoreien und Konstantinopel verlor den Zwischenhandel mit Rußland.

Über Konstantinopel führte man nach dem schwarzen Meere aus: Gold, Silber, Seidenzeug, Tressen, gestickte Gürtel, Saffian, Wein, Südfrüchte, Gewürze und Pfeffer; dagegen bezog man von dort Eisen, Bauholz, Pech, Honig, Wachs, Häute, Fische, Getreide, Pelz und Sclaven.

Der Handel Konstantinopels war fast nur Passivhandel, da es an Unternehmungsgeist und Fleiß fehlte; denn die fremden Großhändler machten in Konstantinopel unter sich alle Geschäfte ab, gaben sich in der Stadt nur ein Rendez-vous, siedelten sich wohl auch in Konstantinopel an und trieben auf eigene Rechnung Handel. Man zahlte im Allgemeinen baar, wobei venetianische Geldwechsler vermittelten, oder durch Assignationen, kaufte zuweilen aber auch auf Kredit. Der griechische Staat bezog nur die Zölle. Auf die Gestaltung und den Gang des Handels selbst blieb Konstantinopel ohne allen Einfluß, es ward nur ein neuer Stapelplatz neben Alexandrien.

§. 5. Das Reich der Chalifen.

Die Halbinsel Arabien hat schon seit alten Zeiten große Wichtigkeit gehabt als Vermittlerin zwischen Indien, Ostafrika und Vorderasien. Das Hochland

Arabiens besteht zum Theil aus wasserlosen Wüsten mit palmentragenden Oasen, zum Theil, besonders im Süden, aus fruchtbaren Thälern, in denen außer Getreide und Südfrüchten die Balsamstaude, der Weihrauchstrauch und Gewürze gediehen. Die Bevölkerung des Landes schied sich in Wüstenbewohner (Beduinen), die Frachtfuhrleute und Räuber des Handels, und in Städtebewohner, welche lebhaften Handel trieben. Sie zerfiel aber auch in einzelne Stämme unter Häuptlingen, welche dem Götzendienst anhingen, unter sich aber auch Juden- und Christengemeinden duldeten. Lebensweise und Klima machten die Bevölkerung zu einer räuberischen und kriegerischen, die gewohnt an Entbehrungen oder Anstrengung, zu einem erobernden Volke werden mußte, wenn irgend ein großer, allgemein begeisternder Zweck die Stämme vereinigte, welche Blutrache und Privatfehden seither trennten.

Der Mann, welcher diese Vereinigung der verschiedenen Stämme zu einem Volke auszuführen mußte, war Mohamed oder Muhamed d. h. der Glänzende (geb. zu Mekka 572). Er stammte aus dem Geschlechte der Koreischiten, welchem der Schutz des vom Himmel gefallenen schwarzen Steins in der Kaaba anvertraut war. Da seine Eltern frühzeitig starben, erzog ihn ein Onkel, bis Mohamed als Schafhirt sich selbst ernähren konnte. Ein Leinwandhändler verschaffte ihm die Stelle eines Geschäftsführers der Kaufmannswitwe Chadidscha, die ihn später heirathete. Mohamed machte mehrere Reisen nach Syrien und Mesepotamien, beschäftigte sich aber lieber mit religiösen Dingen als mit Kaufmannsgeschäften. Daher machte er Bankerott, zog sich in die Einsamkeit zurück, hatte dort Visionen und erschien endlich im Kreis seiner Verwandten mit der Botschaft, daß ihm Gott den Auftrag gegeben habe, als Prophet eine neue Religion zu stiften. Anfangs hatte er kaum ein Dutzend Anhänger, zerfiel mit seinen Geschlechtsgenossen, mußte harte Verfolgungen erdulden und ward endlich aus dem Geschlecht ausgestoßen. Doch fand er in Medina Aufnahme, wanderte dorthin aus (Hedschra 622), predigte dort seine Lehre, führte kleine Fehden aus gegen seine Gegner in Mekka, die meist unglücklich ausfielen, ward aber doch in Mekka als Prophet anerkannt, unterwarf sich Arabien und starb 632 zu Medina. Seine Lehre nannte man Islam; seine Reden und Sprüche sammelte man zu dem Religionsbuch Koran, und führte den von ihnen vorgeschriebenen Kultus ein.

Da über seine Nachfolge im Propheten- und Regentenamte (Kalif) nichts festgesetzt war, so kam es zu gewaltsamen Herrscherwahlen; doch war in den Arabern der Eroberungstrieb einmal erwacht, und bald fanden sich auch die Männer, die ihn befriedigten und ein neues Weltreich gründeten. Der enthaltsame Omar eroberte (634—44) Palästina und Syrien, und baute in Jerusalem eine Moschee an der Stelle des salomonischen Tempels. Khalid, Saad und Amru eroberten Vorderasien bis zum Indus und Egypten. Das Perserreich fiel, der besiegte tapfere Jezdezerd ward auf der Flucht ermordet, unermeßliche Reichthümer in der Hauptstadt Madain erbeutet, Armenien, die Bucharei und Turkestan muhamedanisch oder zinsbar. Aus Heerlagern entstanden die Handelsstädte Basra, Kufa, Bagdad, Schiras, Baktra und Samarkand, denn wohin der Araber kam, dahin folgte ihm Handel und Meßverkehr. Auch Egypten erlag dem Ameru (646), Memphis ward verbrannt, Alexandrien ausgeplündert, aber aus einem Lagerplatz entstand Kahira.

Mitten in diesen Eroberungen begannen aber Streitigkeiten der angesehenen Geschlechter wegen der Nachfolge im Chalifat. Endlich behauptete sich (656) das Geschlecht der Omejjaden, welches Damaskus zur Residenz erhob, Rhodos, Cypern und fast ganz Kleinasien eroberte, Konstantinopel wiederholt bedrängte, welches Kallinikos nur durch sein „griechisches Feuer" rettete. Unter den Mahumedanern entstanden damals die Sekten der Sunniten und Schiiten. Auch Nordafrika ward muhamedanisch, Kairwan entstand, und Musa sandte seinen Unterfeldherrn Tarik nach Spanien, wohin ihn unzufriedene Westgothen gegen den Thronräuber Rodrigo riefen. Tarik siegte (711) bei Xeres de la Frontera durch Verrath der Westgothen, Toledo kam (712) in maurische Gewalt, und ganz Spanien ward muhamedanisch. Nur der tapfere Pelayo behauptete sich in den Gebirgen Asturiens, und als die Mauren auch in Frankreich eindrangen, trieb sie Karl Martell in den blutigen Schlachten zwischen Tours und Poitiers (732) zurück. Dagegen setzten sich die Araber in Sicilien und Unteritalien fest und plünderten im Kirchenstaat und Ligurien bis zum Genfersee.

Mit Abul Abbas kam (744) das Geschlecht der Abassiden in Asien zur Regierung. Er verlegte die Residenz nach Bagdad, welches Al Mansur erbaute, während der Omejjad Abderrahman in Spanien ein unabhängiges Chalifat gründete. Harun al Raschid, Zeitgenosse Karls d. Gr., war der genialste Herrscher aus dem Geschlecht der Abassiden, welcher Kunst und Wissenschaft unterstützte und förderte, so daß die Araber damals das gebildetste Volk der Welt waren.

Je mehr das Araberreich sich ausbreitete, desto schwieriger wurde die Regierung. Man mußte entfernten Statthaltern manche Willkür erlauben, so daß in diesen oft das Verlangen erwachte, sich ganz unabhängig zu machen und eine eigene Dynastie zu gründen. Da aber jeder Chalif zugleich rechtgläubiger Nachfolger des Propheten sein muß, so entstanden so viel Sekten als es Reiche gab und ging das Gesammtreich durch die fortdauernden Bürger- und Religionskriege unter. Dazu kam noch, daß die Chalifen sich einem weichlichen Genußleben ergaben, die Reichsgeschäfte einem Reichskanzler (Emir al Omra) übertrugen und einer türkischen Leibwache ihre Sicherheit anvertrauten. Da ging es den Chalifen, wie den römischen Kaisern, der Emir al Omra war der That nach Herrscher und die käufliche Leibwache eine Plage für den Chalifen. Im 11. Jahrhunderte trat an die Stelle der türkischen und persischen Leibwache eine seldschuckische, die vom Aralsee her eingewandert und für ihren Anführer die Stelle des Reichskanzlers ertrotzt hatte, der sich Buchara zur Residenz auswählte. Die Chalifenmacht sank immer tiefer, nur Bagdad blieb Eigenthum des

Beherrschers aller Gläubigen, bis endlich der Enkel des Mongolen Dschengis-Chan Bagdad eroberte, wobei der letzte Chalif umkam (1258). Mit ihm wurden 200,000 Moslemin erschlagen und Bagdad 40 Tage lang geplündert, denn das fabelhaft prächtig gebaute Bagdad war das Rom des Orients; dorthin waren alle Reichthümer und Kostbarkeiten geflossen, welche die Habsucht der rohen Barbaren zurückforderte.

Von den Dynastien, welche sich vom Chalifat losrissen, ist die der Ghasnaviden in Afghanistan die wichtigste. Mahmud eroberte Indien bis an den Ganges, machte dort unermeßliche Beute, pflegte aber auch Kunst und Wissenschaft. Statt des Tributs erbat er sich von den Chowaresmiern den Arzt und Philosophen Avicenna, in Ghasna dichtete Firdusi sein berühmtes Heldengedicht Schah nameh (Königsbuch), verfaßte Girmad al Farabi sein großes arabisches Wörterbuch, lebte der Dichterkönig Anssari. Das Reich unterlag nach wenigen Menschenaltern den Seldschucken, ebenso das ruhmvolle Geschlecht der Fatimiden, das über Egypten und Nordafrika mild und segensreich regierte. Nun bildete sich in Fez und Marokko das Reich der Moraviden, ein anderes in Tunis und noch andere im Atlas. Auch Sicilien war bald von Tunis, bald von Egypten abhängig. Trotz alles häufigen Wechsels der Reiche und Dynastien behaupteten Cahira und Kairwan ihre Wichtigkeit als Handelsplätze. Unter der kurzen Regierung der Hamadaniden über Syrien erhoben sich Mosul und Aleppo als Sitze der Wissenschaft und des Handels. In der Bucharei endlich und in Khorasan war das Geschlecht der Samaniden zur Herrschaft gekommen, welche Nasr zu dem blühendsten seiner Zeit machte (c. 940). Buchara, Samarkand und Balk waren Stapelplätze des Welthandels; Ackerbau und Gewerbe blühten, Kanäle, Landstraßen und Wasserleitungen durchzogen das Land, hohe Schulen und Sternwarten wurden errichtet, der geniale Dichter Rudegi Freund des Sultans u. s. w. Doch 1009 unterlag die Dynastie den Ghasnaviden, welche seit 975 Ghasna und Kabul besaßen und bei Balk den Sieg über Tataren und Bucharen davon trugen.

Auch Spanien verdankt den Arabern seine Blüthe, denn auch in Spanien beförderten die Chalifen Handel, Gewerbe, Wissenschaft und Kunst. Es entstanden schöne Städte, prachtvolle Moscheen (Cordova), malerisch gebaute Schlösser (Alhambra). Die Hauptstadt Cordova hatte 212,000 Gebäude und 600 Moscheen, das Land 17 Universitäten und 70 Bibliotheken. Am Hofe lebten Dichter und Gelehrte; Beamte verwalteten das Reich, der Amir al ma (Admiral) befehligte die Flotte, und streitbare Heere kämpften in häufigen Schlachten mit den Christen, die von Norden her vordrangen und sich befreien wollten.

Aber auch in Spanien löste sich das Chalifat in kleine Herrschaften und Königreiche auf (1038), welche nach und nach der zähen Ausdauer der christlichen Fürsten erlagen. Denn zu Oviedo war bereits Leon gekommen; der tapfere Sancho machte die Grafschaft Burgos zu einem Königreich Castilien (1035), Navarra und Catalonien vereinigten sich zum Königreich Aragonien, und im

Westen gründete der Burgunder Heinrich das Königreich Portugal. Unter fort-
während Kämpfen wuchsen die christlichen Reiche (der Romanzenheld Cid
Campeador † 1099), neue Zuzüge aus Afrika konnten das siegreiche Vordringen
der Christen nicht mehr aufhalten, welche (1212) bei Tolosa siegten, so daß
Cordova und Granada Ferdinand von Castilien unterthan wurden. Im
J. 1492 wurden die letzten Mauren aus Spanien (Granada) verjagt.

§. 6. Die Verdienste der Araber um Bildung und Kultur.

Europa hat den Arabern viel zu verdanken; denn als im Westen unter
den Stürmen der Völkerwanderungen, unter dem Drängen und Vernichten der
Volksstämme Bildung und Wissenschaft bis auf geringe Reste verschwanden,
ergriff die Araber der Wissenschaftsdrang, um die Welt nicht blos mit Waffengewalt, sondern durch höhere Bildung zu besiegen. Man studirte die Schriften
der Griechen, erklärte und übersetzte sie, lehrte sie auf Universitäten, und manche
griechischen Werke wurden auf christlichen Schulen nur in der Uebersetzung aus
dem Arabischen ins Lateinische benützt. Besonders beliebt war die Dichtkunst;
schon in alten Zeiten fanden öffentliche Wettkämpfe der Dichter statt, wobei das
Preisgedicht mit goldenen Buchstaben in Seide gestickt in der Kaaba aufgehängt
ward. Auch legte man Blumenlesen (Divan) an, unter denen die von Tem-
mam die berühmteste ist. Es dichtete Hariri seine Makamen, d. h. Novellen
mit Reimen innerhalb der Zeilen; es entstanden die Märchen „Tausend und
eine Nacht", Lokman bearbeitete die altindischen Fabeln des Bidpai. Unter den
Persern erwarben sich außer dem genannten Firdusi einen großen Ruhm der
mystische Dichter Dschelaleddin Rumi, der didaktische Dichter Saadi, der Lyriker
Hafis († 1389 zu Schiras).

Mathematik, Medicin, Astronomie, Geographie und Naturwissenschaft gehörten zu den Lieblingswissenschaften der Araber, in denen sie auch Außerordent-
liches leisteten. Sie berechneten den Lauf der Gestirne, vermaßen danach die
Entfernungen auf der Erde, nahmen auch Landvermessungen vor, trieben leiden-
schaftlich Alchymie und Astrologie; in Samarkand verfaßte man treffliche astro-
nomische Tabellen; Optik und Musik empfingen die wissenschaftliche Grundlage,
und der Aristoteles ward vielfach bearbeitet. Als Aerzte standen die Araber
obenan (Mohamed ibn Zaccaria, Avicenna, Averroes), und Ebn Baithar schuf
die Wissenschaft der Botanik.

Auch in der Baukunst erfanden die Araber einen neuen Stil. Sie machten
die Wände aus bunten Steinen, die sie so ordneten, daß Arabesken entstanden
und die Wand einem Teppich glich. Den Hof umgaben sie mit einer Säulenhalle, so daß 2—4 schlanke Säulchen einen Hufeisenbogen trugen. Springbrunnen, Rosen, Jasmin u. s. w. legte man im Hofe an, um kühle Gärten
zu haben, Erker, Balkone, Eckthürmchen, zierliche Fenster verliehen den arabischen Gebäuden das Leichte, Luftige und Anmuthige. Die Moscheen endlich, mit

den schlanken, blendendweißen Minarets an den 4 Ecken, bilden ein Viereck, das auf der Hofseite von Arkaden umgeben ist und im Innern mehrere Säulenreihen hat. Bagdad hatte 10000 Moscheen, 10000 öffentliche Bäder, 105 Brücken, 600 Kanäle, 100000 Gärten mit Palästen. Die Moschee zu Cordova hatte 19 Schiffe, 19 Pforten und 850 Säulen; die ganze Stadt 600 Moscheen, 900 Bäder. Im Palast Azzahra befanden sich 4300 bunte Marmorsäulen, die Decke strahlte von Gold und Azur, Boden und Wände von Arabesken. Die Alhambra bei Granada gilt noch als Ruine für eins der zierlichsten, anmuthigsten Bauwerke, da alles von Farben glänzte, Brunnen rauschten, Gebüsch schattete, Vögel sangen.

Den Arabern verdankt Europa nicht nur manche Handelsartikel (Weihrauch, Myrrhe, Ladanum-Gummi, Aloe, Manna, Balsam), sondern auch deren Verbreitung. Mit den Arabern kam die Dattelpalme bis Indien, Morea, Spanien (Andalusien, Granada, Valencia), Sicilien und Genua. Noch steht bei Brodighera im Genuesischen ein Hain von 4000 Palmen, deren Zweige in Rom am Palmsonntage vom Papst geweiht und ausgetheilt werden. Reis führten sie in Egypten ein; in Spanien veredelten sie die Pferde, und da Karl Martell eroberte arabische Pferde zur Veredelung benützte, so hat Südfrankreich noch heute die besten Pferde in Frankreich. Auch das feinhaarige Schaf nahm der Araber in seine neue Heimat mit, und dieser Uebersiedelung verdankt Spanien seine Merinos. Das Zuckerrohr brachten Araber nach Südeuropa (Malta, Sicilien, Valencia, Murcia), den Seidenbau, Safran, Reis, Moorhirse und die Baumwolle; in Spanien (Huerta von Valencia) legten sie künstliche Bewässerungssysteme an, machten das Land blühend, daß es 20 Mill. Einw. ernährte; erhoben Sicilien zu einem Wohlstand, den es nie wieder erreicht hat; pflanzten in Südeuropa an die Limone, Pomeranze, Apfelsine, Pisang, Johannisbrod, Trauerweide, Johannis- und Stachelbeere, Spinat und andere Küchengewächse und brachten sogar das Stachelschwein mit aus Afrika herüber.

§. 7. Der Handel der Araber.

Die Araber waren seit uralten Zeiten ein handeltreibendes Volk, ihr Prophet gehörte dem Kaufmannsstande an, daher darf es nicht auffallen, daß der Handel, sein Schutz und seine Pflege Religionspflicht war und jeder Kriegszug sich in einen Karavanenzug, ein Heerlager in eine Handelsstadt verwandelte, daß jede Dynastie ihre Residenz zu einem Stapelplatz für den Welthandel erhob; ja jeder Sitz der Statthalter ward für die Provinz Mittelpunkt des Handels. Die Pilgerkaravanen organisirten sich für den Marsch militärisch unter einem Emir, aber sie gestalteten sich an jedem Rastorte und noch mehr in Mekka zu einer Messe um. Jeder Chalif ist durch den Koran verpflichtet, einen Theil der Zehnten auf Anlegung von Reisestraßen, Cisternen, Karavanserais, Brunnen, Meilenzeiger, Posten u. s. w. zu verwenden, damit auch Einöden gangbar wür-

ben. Da alle Moslemin den Koran, also das Arabische, verstehen mußten, so
hatte man für den ausgebreiteten Handel eine allgemein verständliche Kaufmanns-
sprache, und der Luxus, den ein großes Reich an dem Hofe und in den Statt-
halterschaften hervorrief, beförderte Industrie und Handel außerordentlich, da die
Bedürfnisse wuchsen, wie auch die Liebe zum Gartenbau diesen sehr förderte,
weil man alle Hilfsmittel der Kunst benutzte, feines Obst, schöne Blumen und
Anmuth zu haben. In der Teppichstickerei leistete man Erstaunliches. Große
Landschaften, Hunderte von Portraits glänzten in Seiden- oder Goldfäden auf
den Riesenteppichen, die sich zu Tausenden in den Palästen fanden. Aus Gold
und Silber machte man ganze Ägyptischgärten mit Bäumen, Blumen, Vögeln
und Springbrunnen.

Der arabische Handel folgte drei Hauptrichtungen: aus Innerafrika holte
er Gold und Sclaven, aus China Seide, von den Bulgaren und Chazaren bezog er Pelze. Der Seehandel brachte Luxus- und Schmuckwaaren. Erleichtert
ward der Handel durch geprägte Gold-, Silber- und Kupfermünzen, deren Voll-
wichtigkeit die Religion gebot. Besondere Aufseher überwachten Handel und
Waaren, schlichteten Streitigkeiten und theilten die Kaufleute in Gilden je nach
ihren besonderen Handelsartikeln.

Afrika galt bei den Arabern für eine Insel zwischen dem Meere, Nil und
Niger, im engern Sinne verstanden sie unter Afrika die Nordküste zwischen Barka
und Marokko. Haupthandelsplätze in den Atlasländern waren Barka und Kairwan. Jenes lag in einem fruchtbaren Thale und handelte mit Rohproducten
nach Egypten, dem Mittelmeer und Syrien, dieses war eine Prachtstadt mit
stundenlangen Bazars und 200 festen Schlössern in der Nähe. Von den Seestädten Tripolis, Tunis und Algier führte man afrikanische und asiatische Waaren nach Sicilien (Syrakus Stapelplatz) und Spanien, welches edle Metalle,
Tücher aus Murcia, Seidenzeuge und Baumwollenpapier lieferte und arabische
Waaren, besonders Teppiche und Königsmäntel bis nach Deutschland vertrieb.
Außer den Hafen Tanger und Ceuta ward Fez Industrie- und Handelsstadt, wo
man gelben und rothen Korduan, rothe Kappen, Juwelierarbeiten und Parfü-
merien verfertigte. Eine Straße ging von Egypten nördlich am Atlas hin bis
Fez, von hier aus nach Sus am atlantischen Meer, und andere Straßen durchschnitten die Wüste, um in der Gegend des Tschadsees sich zu vereinigen. Einige Oasen erhielten als Stationsplätze besondere Wichtigkeit (Audschila, Fezzan, Sedschelmesa, Gadames, Agades), während Ulil am Quorra bei Timbuktu
Stapelplatz des Salzhandels, Ghana bei Kano Stapelplatz für afrikanische Produkte ward. Auch am Nil entlang führte eine Straße über Assuan in das fruchtbare Dongola, Sennar und Abyssinien nach Burnu oder nach dem rothen Meer,
wo Zeila Stapelplatz für indische und arabische Produkte ward.

Egypten selbst war der Sitz einer großartigen Industrie, besonders in Weberei und Stickerei. Man verfertigte goldgestickte Turbans von 100 Ellen, und
fabelhafte Pracht herrschte in der Hauptstadt Fostat, wo das Schloß in einem

Gartenhain lag, und Blumen so kunstvoll angeordnet waren, daß sie Koran-
sprüche bildeten. Von Gold und Azur strahlten die Salons, ein Bassin von 50
Ell. Breite und 50 Ell. Tiefe war mit Quecksilber gefüllt, Marmorsäulen mit
silbernen Knäufen umgaben es und trugen an Silberschnüren luftgefüllte So-
phas, welche bei jedem Druck das Quecksilber in Bewegung setzten. Von Fostat
und Alexandrien gingen die Wege über Suez nach Mekka, oder über Ramla
nach Damask und das innere Asien.

Boten die Länder Afrikas wegen der Verschiedenheit ihrer Produkte reich-
liche Austauschwaaren, so war dies noch mehr in Asien der Fall. Die östlichen
Gebirge sind reich an Edelsteinen, edlen Metallen und Ammoniaksalz. Die Nomaden lieferten treffliche Wolle für die Fabriken von Fars. Samarkand hatte
blühende Seidenweberei, Persien und Arabien kostbare Luxuswaaren und Mesopotamien blieb Durchzugsland.

In Arabien sammelte das am nakten Gebirge gelegene Mekka die Pilger-
karavane, welche in Dschidda landete, wenn sie über das rothe Meer fuhr.
Mitten in der Stadt steht die Kaaba, ein Würfel von 27 Ell. Höhe, 24 Ell.
Länge und 33 Ell. Breite; Goldblech bedeckt die Säulen, welche das Dach tragen, und die 4 Eingangsthore. Um dasselbe breitet sich ein mit Marmor ge-
pflasterter Hof aus, wo die ewigen Lampen brennen, und den man nur barfuß
betreten darf. Den ganzen Raum umgibt ein Prachtgebäude mit doppelten Säulengängen und 16 Thoren, welches als Bazar dient. In Süden erzeugen Yemen
und Hadramant kostbare Produkte, feine Weberei, Rosinen und Gerberwaaren,
Omman dagegen besorgt den Seeverkehr nach Indien und Ostafrika, und die
Bahreininseln liefern die schönsten Perlen.

In Mesopotamien erhoben sich Nisibis, Mosul, Bagdad und Basra zu
Hauptplätzen der Industrie, in Syrien Haleb, Damask, Jerusalem, Emesa,
Thyrus, Sidon, Beirut, Tripolis, Tarsus, in Armenien Trebisond (Purpurtep-
piche) weiter Tabris am Urmiasee, Paß bei Derbend, Tiflis (Handel nach Rußland), Rei und Kashan (Wollgewebe, Kunstsachen, Früchte).

Die zahlreichen großen Industrie- und Handelsplätze haben meistens eine reizende
Lage in fruchtbarer Ebene oder am Fuße metallreicher Gebirge, sie waren von Obstgärten umgeben, von Prachtbauten verschönert und mit aller Bequemlichkeit der
Wohlhabenheit ausgestattet. Die Fabrikate und Austauschartikel bleiben die häufig genannten, einige haben aber eine solche Berühmtheit erlangt, daß der Name
noch jetzt gebräuchlich ist (Damast, Damascener Klingen, Musselin u. s. w.) Die
Handelsverbindungen gingen zur See vom rothen Meer nach Ostafrika bis Sofala, Zambesemündung, Madagaskar, nach dem Indus, Ceilon, Hinterindien,
Sumatra bis Kanton. Dorthin gelangte auch ein Landweg, der über Peking
durch die Tatarei oder noch nördlicher zu beiden Seiten des Himmelsgebirges
über Samarkand nach Balk führte, von wo er über Kabul den Indus hinab,
oder über Herat und Schiras an den persischen Meerbusen gelangte.

Von Herat ging aber auch eine Straße nördlich über Nisabur und Merw nach Samarkand, die von Merw um den kaspischen See nach Astrachan oder direkt nach Bulghar, an der Mündung der Kama in die Wolga, brachte; während von Nisabur eine Straße östlich über Derbend und Rei nach Bagdad ging, die bei Rei sich theilte, da ein Seitenweg südlich nach Schiras lief.

Von Bagdad gelangte man südlich nach Basra, oder nördlich auf einem Umwege nach Osten nach Baku, oder um den Urmiasee über Tebris und Erzerum nach Trebisond, welches wieder mit Haleb in Verbindung stand. Da hin führten auch von Bagdad zwei Wege, der eine am Tigris hinauf über Nisibis, der andere am Euphrat direkt nach Haleb. Von hier ging die Straße bis Damask, dort theilte sie sich und ging entweder über Ramla nach Fostat, oder direkt nach Mekka. Von hier aus ging eine Straße nordöstlich quer durch die Wüste nach Kufa am Euphrat und von da nach Bagdad, zwei andere parallel östlich nach den Bahreininseln, eine dritte südlich über Sanaa nach Aden und eine vierte nördlich über Medina nach Suez.

So umspannten die Araber fast die ganze damals bekannte Welt mit dem Netze ihrer Handelsstraßen. Kaukasier brachten feine Hanfgewebe nach Trebisond, in Itil (Astrachan), wo im Haus aus Backsteinen mitten unter Zelten der Chazarenfürst Hof hielt, tauschten Araber Pelze, Fische, Honig und Wachs gegen Südfrüchte, gewebte Stoffe, Parfümerie und Wein, ja feine Biber- und Eichhornfelle holte man aus Bulghar (bei Nischnei Nowgorod), wohin von der Ostsee, Finnland, Preußen und Mecklenburg Waaren gebracht wurden, wie denn wohl ein anderer Weg von Schweden und Dänemark über Nowgorod den Don, Dniepr und die Wolga entlang nach Asow und der Krimm geführt hat.

Die Seeschiffe waren sehr gebrechlich, hatten breiten, flachen Boden, die Planken band man mit Seilen aus Palmrinde an den Kiel, überstrich sie mit Fischfett oder Pech, brauchte Dattelpalmblätter als Segel und richtete sich nach dem Polarstern. Seehandel blieb Privatsache, denn er ward nur von einzelnen Spekulanten übernommen; die Nation im Ganzen hat wenig Neigung zur Schifffahrt gehabt, lernte in China aber den Compaß kennen und machte die Sicilianer mit ihm bekannt.

§. 8. Die ältesten Einrichtungen der Germanen.

Cäsar war der erste Römer, welcher den Rhein entdeckte und überschritt. Bald setzten sich die Römer in seinen Uferländern fest, bauten Kastelle, legten Straßen, Weinberge und Gärten an, machten die Germanen durch ihre Kaufleute mit den Erzeugnissen eines kultivirten Lebens bekannt, nahmen sie als Söldlinge in ihre Heere auf, mischten sich in Streitigkeiten zwischen den Stämmen und gewannen in den Gebieten zwischen Rhein und Weser entscheidenden Einfluß. Zugleich drangen sie von den Alpen her gegen die Donau vor, wo sie gleichfalls Straßen, Kastelle und Marktplätze herstellten.

Als Augustus aber von Mainz, Bonn, Koblenz u. s. w. her ernstliche Anstalten traf, das Land zwischen Rhein, Main und Weser sich zu unterwerfen, so vereinigte der Cheruskerfürst Armin die dort wohnenden Stämme und vernichtete im Teutoburger Walde (Lippe-Detmold) das Heer des Varus in einer dreitägigen Schlacht, daß sich dieser aus Verzweiflung ins Schwert stürzte (9 n. Ch.) Zwar rächte Germanicus durch einen doppelten Sieg am Steinhuder Meer die Niederlage der Römer und griff die Cherusker sogar von der Seeseite her an; doch blieb sein Sieg ohne Erfolg, so daß Armin den Römerfeind Marbod, der an der Spitze des Markomannenbundes in Süddeutschland stand, besiegen und aus dem Lande jagen konnte.

Das alte Deutschland mit seinen Völkern hat etwa 100 J. darauf der römische Geschichtschreiber Tacitus mit Begeisterung beschrieben. Nach ihm wohnten am Rhein Cherusker, Katten, Bructerer u. s. w., die dem Suevenbunde angehörten, am Westufer der Elbe wohnten Longobarden, an der Donau und in Böhmen Markomannen, an der ungarischen Donau Quaden, zwischen Weichsel und Oder Vandalen, in Schlesien Ostsueven mit Semnonen und Burgundern, zwischen Weichsel und Pregel Gothen, an den Niederelbe Angeln und Sachsen, an der Ostsee Heruler und Rugier, an der Nordsee Friesen und Chauken, in Schleswig-Holstein Cimbern, Teutonen und Ambronen, bei Basel Rauraker, zwischen Speier und Straßburg Nemeter, bei Worms Vangionen, bei Trier Trevirer.

Das Volk war in Stämme und Gaue getheilt, verehrte Naturerscheinungen als Gottheiten (Wodan oder Odin, Thor, Zio, Freia u. s. w.), wohnte nicht in Städten und Dörfern, sondern auf vereinzelt liegenden Höfen, trieb Jagd und Viehzucht, durch kriegsgefangene Knechte auch Ackerbau, war fromm und gastfrei, und kannte weder einen Priesterstand, noch Adel, noch Fürsten. Es theilte sich in Freie (Berechtigte, die Vermögen und ein gewisses Alter hatten) und Unfreie. Angesehene Freie, welche andere Freie in Dienst nahmen (Recken, Degen, Heergesellen, Gesinde) hießen Edelinge, und die Unfreien waren entweder zins- und dienstpflichtige Hörige (Liten) oder Sclaven (Schalke). Der Lite erhielt vom Brodherrn (Hlaford, Lord) gegen Zins und Dienst ein Stück Land zur Nutznießung (Frod), welches er bewirthschaftete. Allod hieß das Erbland der Freien, welche Frowen (Herren) hießen, wenn sie angesehen und mächtig waren. Die Familie des Allodbesitzer stand unter dessen Schutz und Vormundschaft und hieß Sippschaft, ihm gehorchen mußten auch die männlichen Verwandten (Schwertmagen) und die weiblichen (Spillmagen). Mehrere Allodbesitzer vereinigten sich zu einer Mark, zu gegenseitigem Schutz und Beistand; das Gemeingut an Wald und Weide hieß Allmend. Mehrere Gemeinden vereinigten sich zu einem Gau. Dieser berieth alle Gemeindeangelegenheiten in öffentlicher Versammlung unter freiem Himmel (Hunenringe), hielt öffentlich Gericht auf Mialstätten, wählte bei Kriegszügen den Herzog, als Vorsitzenden bei Gericht den Graf und verpflichtete jeden Allodbesitzer zum Kriegsdienst (Heerbann). Blutrache galt zwar noch als Gesetz, doch wirkte man durch Bußgeld auf Ausgleich. Kriegsmänner sammelten um sich Gefolgschaften und unternahmen als Heerkönige oder Seekönige Raub- und Eroberungszüge. Denn nur der Erstgeborne erbte das Allod und seine Brüder waren so lange Unmündige, bis sie ein Allod sich verschafft hatten.

Nachdem Trajan die Dacier an der unteren Donau besiegt (104—6) und aus der heutigen Wallachei und Siebenbürgen die Provinz Dacien gebildet, eine steinerne Brücke über die Donau gebaut und römische Sprache in der neuen Provinz eingeführt hatte, begann er den Grenzwall in Deutschland von Sigmaringen bis Main. Dies Land wurde deutschen Grenzsoldaten als Zehntland überlassen, wogegen sie Zehnt geben und Kriegsdienste leisten mußten. Baden und Würtemberg wurden römisches Zehntland, später aber von Allemanen erobert. In jener Zeit entstanden die Städte Basel, Straßburg, Speier, Mainz, Bregenz, Constanz, Badenweiler, Baden-Baden, Wien, Augsburg, Salzburg, Karnutum, Ofen, Steinamanger u. s. w. Zwar besiegte Marc Aurel (160) die vorgedrungenen Markomannen und Quaden, aber der Krieg begann von Neuem, als er zu Wien gestorben war. Denn Decius mußte (250) mit Gothen an der Donau kämpfen, während Allemannen am Oberrhein, Franken am Niederrhein in römisches Gebiet eindrangen. Aurelian mußte Dacien aufgeben, Probus den Grenzwall in Deutschland mehr befestigen, pflanzte aber auch Weinreben in Deutschland, Frankreich und Ungarn, wo er zu Sirmium starb (282). Doch bald ward das Andrängen der Germanen immer heftiger und steigerte sich endlich zu einer völligen Völkerwanderung.

In jenen Zeiten war Deutschland zum Theil von Urwald bedeckt, in welchem Renn- und Elenthiere, Auerochsen (Wisent) und Riesenhirsche (Elk) hausten. Stierhäute mußten die Friesen als Tribut nach Rom zahlen. Bären, Wölfe, Lüchse u. s. w. fehlten nicht, denn Jagd war eine Lieblingsbeschäftigung der Deutschen, doch trieben sie auch Viehzucht, denn sie hatten kleines Hornvieh, ausdauernde Pferde, viel Schweine, kleine Schafe, Hunde und Gänse; von Römern erhielten sie Ziegen und Enten. Wilde Bienen wurden des Honigs beraubt, da man aus ihm Meth bereitete.

Die Germanen säeten Gerste, Hafer, Roggen, Dinkel und hielten auf Wiesenbau, ja man hatte schon Obstgärten, baute Hanf und führte aus Gallien den Flachs ein. Man aß Rüben, Spargel und Pastinaken, Rettige, Zwiebeln und Lauch.

Kaiser Probus ließ an der Mosel und am Rhein Wein anpflanzen, und in Ungarn am Berge Alma bei Merovicz. Manche deutschen Södlinge brachten Früchte mit in die Heimath, und besonders Allemannen verbreiteten den Weinbau am Neckar und Main, andere den Obstbau, besonders Birnen, Pflaumen und Kastanien, welche schon in alten Zeiten durch Gesetze geschützt wurden. Im Ackerbau wurden die Römer die Lehrer der Deutschen, führten den Dinkel ein; doch beruhte der Ackerbau auf der Dreifelderwirthschaft. Aus Gerste und Wei-

zen braute man Bier, und selbst während der Kriege setzte man den Landbau
fort. Auch die Viehzucht hob sich, seit man nach dem römischen Gebiet Absatz-
quellen erhalten hatte, so daß nach dieser Seite hin die Römerherrschaft ein
Segen für die Länder nördlich und südlich der Donau wurde.

§ 9. Einwanderung in die heutige österreichische Monarchie unter der Römerherrschaft bis zur Völkerwanderung.

Die Poebene und die Alpen hatten in den ältesten Zeiten Kelten zu Bewohnern, welche als Gallier in Frankreich, als Belger in den Maasniederungen,
als Celto-Iberer in Spanien, als Briten und Scoten in England und als
Iren in Irland wohnten. Die Kelten, bis in das heutige Slavonien und Bosnien hinein angesiedelt, waren ein Ackerbau und Handel treibendes Volk, welchem die Germanen möglicherweise vieles abgelernt haben. Die Kelten hatten
einen Priester- und Kriegsadel, eine geordnete Verfassung, bewahrten alte Volks-
lieder auf (Barden, Druiden) und haben in der Gemeindeverfassung so wie in
der Verehrung der Natur, in dem freien Kriegsleben manches mit den Germanen Gemeinsame.

Kurz vor und nach dem zweiten punischen Kriege eroberten und romanisirten die Römer die heutige Lombardei und Venetien. Im Westen und Norden
des adriatischen Meeres wohnten Veneter (Padua) und Ligurer (Melpum d. h.
Mailand, Mantua, Verona), in Istrien und an der kroatischen Küste bis zur Kerka
die Liburner, deren Hauptstadt Zadera (Zara) hieß, und weiter hinab Illyrer
(Arnauten). Diese Völker waren als Seeräuber gefürchtet und den Römern
endlich gefährlich. Später führte Sigoves vom Rhein her die Bojer nach
Böhmen, wo sie sich bis zur Donau und Ungarn ausbreiteten, Taurisker besetzen Salzburg, Steiermark und Kärnthen, und von hier eroberten 350 v. Ch.
Skordisker Kroatien und Slavonien, und nahmen in Krain den Namen Karner,
im kroatischen Küstenlande den der Japoden an. In Folge dieser Völkerbewegung wurden Dacier (Geten) nach Siebenbürgen gedrängt, denn auch im Norden der Karpathen breiteten sich Kelten bis über die Weichsel nach Siebenbürgen hin aus durch slavische Länder.

Als die Taurisker bezwungen waren, gründeten die Römer (181) Aquileja,
um den Eingang nach Italien zu sperren, machten Istrien (178) römisch und
bauten Triest. Als Genthius, der Dalmatenkönig, den Makedoniern gegen Rom
beistand und besiegt ward, machten die Römer die Küste (155) zur Provinz und
ließen Salona bauen, obschon die Skordisker noch lange in den Küstenländern
ihre Unabhängigkeit vertheidigten.

Sowie die Macht der Skordisker sank, erscheinen die illyrischen Pannonier
in den Ländern am rechten Donaufer als freies Nomadenvolk. Zugleich dringen die Cimbern von der Ostsee kommend über die Karpathen, durchziehen die
Alpen, gehen über den Rhein und verheeren 8 J. Gallien, bis sie mitsammt

ihren Verbündeten der Kriegskunst des Marius erliegen (102 und 101). Später brechen suevische Stämme unter Ariovist von Schlesien über den Rhein nach Gallien ein (72), woraus sie Cäsar mit Mühe vertreibt. Doch besetzten verdrängte Bojer jetzt Baiern, während Taker ihr Reich vom schwarzen Meer bis Gran ausdehnten, Markomannen und Quaden über Karpathen und Donau setzten und das Land zwischen Donau und Dran besetzten. Endlich unterjochte Kaiser Augustus das Land zwischen Dalmatien und Donau, eroberte das skordische Siffek (35), das rhätische Trident (36), so daß die Markomannen Grenznachbarn der Römer wurden. Diese sammelte Marbod und führte sie aus dem Lande, um sie der verderblichen Nähe der Römer zu entziehen, vernichtete oder verjagte die Bojer, besetzte Böhmen und machte sich zum Oberherrn der suevischen Völkerschaften, die bis zur Ostsee wohnten. Neben den Markomannen in Böhmen siedelten sich die Quaden in Mähren und der ungarischen Slovakei an (12 v. Ch.) Ein Kriegszug des Augustus von der Donau und Main her blieb ohne Erfolg, da die Dalmatiner sich empörten, die erst nach 3 J. besiegt wurden (9).

Bald unterlag Marbod dem Cherusker Armin, und der Gothe Kattwalda warf sich zum Herrscher der Sueven auf, mußte aber einem Hermunduren weichen. Auch das dakische Reich begann zu sinken. Es ward bedrängt von kriegerischen, nomadisirenden Sarmaten, von Alanen, Roxalanen und Jazygen, welche Bessarabien und die Walachei, und die Jazygen ganz Ungarn zwischen Siebenbürgen und der Gran besetzten, wo sie Nachbarn der Quaden und Pannonier wurden. Da suchte der Dakenkönig Decebalus durch Förderung römischer Kultur und kriegerischen Sinnes die sinkende Macht zu heben, zwang den Kaiser Domitian (90) zu Frieden und Tribut, trieb die Jazygen über die Theiß, erlag aber in mehreren Feldzügen dem Kaiser Trajan, der (105) Dacien zu einer Provinz machte und romanisirte.

Nach einigen Jahrzehnten begann in den Donauländern eine andere Völkerbewegung. Die Gothen drangen vom baltischen Meer herab, trieben die Sueven vor sich her, so daß an der ganzen Donau ein heftiger Angriff germanischer Völker auf das römische Gebiet beginnt (165). Der Krieg war blutig, wiederholt ward Aquileja belagert, wiederholt die Eindringlinge über die Donau zurückgetrieben und mußten sogar Hilfstruppen stellen, dennoch erzwangen sie endlich Wohnsitze im Römerland. Vandalen ließen sich neben Markomannen an der Donau in Oberösterreich und Baiern nieder; Gepiden, Heruler und Burgunder in die Steppen im Norden des schwarzen Meeres, die Gothen in Siebenbürgen, Allemannen in Südwestdeutschland, Franken am Niederhein, und eit 233 wiederholen sich die erbitterten Angriffe der Gothen und Allemannen, die blutig zurückgewiesen, doch stets erneuert wurden. Gothen besetzten dabei auch die Walachei, verheerten Bulgarien und Serbien, Gepiden nahmen die Ebenen zwischen Theiß und Marosch, nördlich von ihnen siedelten sich Burgunder an; doch geriethen diese Stämme unter sich in Krieg, weswegen Gothen ausgezogen und zwischen Dnjepr und Dnjestr ihre Wohnsitze aufschlugen, die

Krimm besetzten und von der See her mit ihren Schiffen Griechenland und Kleinasien plünderten, wogegen Sarmaten und Wenden in Galizien sich ansiedelten. Endlich 214 mußten die Römer Dacien aufgeben, und die Gothen besetzten das Land. Die Westgothen erhielten Siebenbürgen, Walachei, Moldau und Bessarabien, die Ostgothen das Land vom Dnjeper bis zum Dnjester. Die Oströmer hatten seitdem viel zu kämpfen mit den unruhigen Gothenvölkern.

§. 10. Römische Einrichtungen.

Die römischen Provinzen, welche unsere Monarchie umfaßten, hießen: Dalmatien, Pannonien, Dacien, Rhätien, Noricum und Vindelicien. Pannonien bestand aus Slavonien, Kroatien, dem Oedenburger Verwaltungsgebiet, Krain und dem Theile Steiermarks und Niederösterreichs, der östlich vom Wienerwald und Semmering liegt. Dagegen machten Dalmatien, Bosnien und die Herzegowina Dalmatien aus. Unter Noricum verstand man Steiermark, Unterösterreich, Salzburg, Kärnthen und Westtirol, unter Rhätien endlich Tirol und Vindelicien, d. h. das südöstliche Baiern bis zur Donau. Noricum, Dalmatien, Pannonien, Mösien (Bulgarien) und Thracien hießen auch Illyrien.

Natürlich führten die Römer ihr Verwaltungs- und Steuersystem, ihre Lebensweise, Sitte, Gerichtswesen, aber auch Schulen, Industrie und Handel ein. Da sie 60—70.000 Mann Grenztruppen in den Donauprovinzen stehen hatten und auch eine Donauflotte unterhielten, so kamen fremde Nationen in's Land, während die Eingeborenen als Garnisonstruppen in ferne Provinzen gingen. Dies verbreitete Bildung, Ackerbau und Kunstfleiß. Zwar mußten die Besiegten viel Steuern zahlen, oft wurde ihnen ihr Eigenthum geradezu genommen und an Kolonisten verschenkt, aber manche Städte erhielten Municipalrecht, d. h. sie verwalteten ihre Angelegenheiten selbst und theilten die Gewerbtreibenden in Zünfte.

Als Hauptstädte werden genannt in Dalmatien Salona, in Unterpannonien Sirmium (Mitrowitz), in Oberpannonien Sabaria (Steinamanger) und Carnuntum (Petronell bei Hainburg), in Noricum Pettovio (Pettau in Steiermark) und Emona (Laibach), Virunum (bei Klagenfurt), Juvavum (Salzburg), Lauriacum (Lorch), Agunum (Innchen in Tirol), Trident, Lentia (Linz), Vindobona (Wien), Oedenburg, Raab, Altofen (Acincum), Szöny bei Gran. Denn an der Donau entlang zog sich eine Kette von Festungen, in denen einige Regimenter stehende Garnisonen bildeten. Auch Sissek, Essek, Wels, Cilly waren Militärcolonien.

Die Römer versahen unsere Monarchie aber auch mit guten, dauerhaften Straßen, Wasserleitungen, Bädern, Theatern, Kasernen und Staatsgasthöfen. Von Aquileja gingen 4 Hauptstraßen aus: die westliche nach Ober- und Mittelitalien, die östliche nach Istrien und Dalmatien, die nordöstliche entweder über Laibach, Pettau, Steinamanger nach Petronell, von wo sie die March und Weichsel entlang nach der Ostsee reichte, oder nach Sissek und Mitrowitz. Jene zweigte sich über das Zollfeld in Kärnthen ab nach den Eisenwerken Norejas und von Oberzeiring nach Wels und der Donau. Eine vierte Straße ging über die karnischen Alpen nach Jnnchen, das Pusterthal und Melten bei Innsbruck, wo auch die Straße von Verona über den Brenner nach Augsburg und Regensburg mündete. Eine Hauptstraße reichte vom Rhein über Regensburg und Passau die Donau entlang bis zu deren Mündung, und dazwischen gab es zahlreiche Querstraßen, z. B. von Cilly nach Sissek, von Pettau nach Esseg, von Steinamanger nach Raab und Altofen, von Wien nach Baden, Oedenburg, von Salzburg nach Lorch, Wels, Augsburg über die Tauern nach Friesach in Kärnthen, von Altofen nach Sarmizegethusa in Siebenbürgen.

Der Abgaben gab es doppelte: solche an den Staat und an den Kaiser. Sie wurden von Pächtern eingezogen; daneben gab es eine Gewerbesteuer. Zollsperren erschwerten den Handel, Ausfuhrverbote und Staatsmonopole wirkten nachtheilig, dennoch hob sich der Wohlstand, da bisher nomadisirende Nationen sich ansiedelten, Ackerbau und Viehzucht trieben, die Befriedigung neuer Bedürfnisse sie zur Arbeit nöthigte, gute Straßen und geregelte Verwaltung den Absatz erleichterten. Nur die Städte kamen bei den hohen Steuern herab, da die reichen Stadträthe diese aufbringen mußten, dabei häufig verarmten oder auswanderten. Daher verfallen die Städte, Häuser und Straßen veröden, Gewerbe und Handel stocken, und nicht die Völkerwanderungen, sondern der Despotismus römischer Kaiser verwüstete das Reich.

Die Größe des Reichs begünstigte aber auch die Verbreitung des Christenthums. Zeitig erscheint Mitrowitz als Metropolitankirche; Esseg, Sissek und Stridon als Bischofssitze; Pettau, Laibach, Lorch als Bisthümer des Metropoliten von Aquileja, ja 380 ward zu Mitrowitz schon ein Concil gehalten.

§. 11. Anfang der Völkerwanderungen und das hunnische Reich.

Die deutsche Sprache und Religion hat so unverkennbare Verwandtschaft mit dem Sanskrit, dem Zend, Altgriechischen und Altslavischen, daß das enge Beisammenwohnen dieser Völker in vorhistorischen Jahrhunderten nicht kann bezweifelt werden. Möglicherweise sind die Skythen, Sarmaten und andere Nomaden, die zu Herodots Zeiten am Aralsee, kaspischen und schwarzen Meer nomadisirend umherzogen, die Urahnen der europäischen Germanen gewesen. Da diese Völker meist von der Jagd lebten, so nahmen sie große Gebiete ein, und mögen unmerklich immer weiter nach Westen vorgerückt sein, so daß sie zu Cäsar's Zeiten schon am Rhein wohnten. Jeder Germane war Krieger; gab also Mangel an Jagdbeute, Mißwachs oder ein unglücklicher Krieg Anlaß zur Auswanderung, so bildete das Volk zugleich ein ansehnliches Heer, wenn es auch nur aus 200—400.000 Männern bestand.

An den Grenzen des römischen Reiches wohnend und mit Unterjochung und Zinspflichtigkeit bedroht, lernten sich die einzelnen Stämme zu Völkerbünd-

nissen vereinigen, wie sie im 3. und 4. Jahrhunderte erwähnt werden, denn zwischen Niederrhein, Elbe und Eider bestand der Sachsenbund, südlich davon die Thüringer, am Mittel- und Niederrhein Franken, am Oberrhein Allemannen mit den Schwaben in Würtemberg und Burgundern am Main, an der Ostsee die Gothen mit Herulern, Rugiern, Gepiden, Vandalen, u. s. w., die aber nach Süden wanderten und Griechenland ausplünderten als verwegene Seefahrer, während Alanen in den Ebenen nördlich vom Kaukasus mit ihren zweirädrigen Karren umherzogen.

Eine große Verschiebung dieser Völkermassen verursachte das Vordringen der beute- und blutgierigen Hunnen, eines häßlichen Reitervolkes aus Nordost-asien, welches sich auf die Alanen warf, sie bezwang und zum Weiterziehen nö-thigte. Nun wurden auch die Ostgothen überwältigt (376), deren 110 Jahre alter König Hermanrich sich deßhalb den Tod gab. Am Dniester stellte sich ihnen der Westgothenkönig Athanarich entgegen, unterlag aber, floh mit seinem Volk nach der Donau und bat um Aufnahme in Griechenland. Valens wies ihnen Bulgarien an, doch seine Beamten erlaubten sich ungeheure Bedrückungen, so daß die Gothen zu den Waffen griffen, mehre Jahre lang alle ausgesandten griechischen Heere schlugen und Wohnsitze südlich an der Donau erzwangen. Jetzt eroberten die Hunnen auch Ungarn, wo die Gepiden an der Theiß, Heru-ler, Rugier, Skiren und Turcilinger in den Karpathen, Jazygen und Slaven in Galizien ihnen zinspflichtig wurden. Auch Pannonien fiel in ihre Gewalt und ward von Ostgothen bevölkert, während die Hunnen in der Ebene zwischen Donau, Theiß und Siebenbürgen als Nomaden blieben. Sie erwarben sich aber einen so gefürchteten Namen, daß man sie fortan gern als Söldlinge anwarb.

Nach Theodosius Tode (395) ward der Westgothenkönig Alarich angereizt, Griechenland zu verwüsten, bis ihm die Statthalterei Illyrien gegeben ward; doch der Vandale Stilicho, Minister Westroms, trieb die wiederholten Angriffe Alarich's auf Italien zurück und vernichtete auch die Schaaren des Radagais (403) im Toskanischen durch hunnische Hilfe. Die zersprengten Trümmer der Eindringlinge warfen sich nun nach Frankreich und Spanien, wo sie sich unge-stört ansiedelten. Die Burgunder besetzten das Gebiet von der Rhone, dem Jura bis in die Ardennen und machten Worms zum Hauptort, Vandalen, Sueven und Alanen besetzten Spanien und zwar Sueven Galicien, Alanen Portugal und Vandalen Andalusien, von wo sie (430) unter Geiserich nach Afrika zogen und in Tunis das Vandalenreich gründeten. Unterdessen ward Stilicho von seinem undankbaren Kaiser ermordet, und nun erschien Alarich (409) in Italien, plünderte Rom (410), starb aber bald darauf und ward im Busento begraben. Sein Nachfolger Adolf zog nach Frankreich und gründete das West-gothenreich mit der Hauptstadt Toulouse, welches aber bald ganz nach Spanien verlegt wurde, wo es später von Mauren aufgelöst ward. Die Vandalen haben sich durch die Plünderung Roms (455) einen Namen erworben (Vandalismus).

In Italien ward nun der Gothe Aetius, ein Hunnenfreund, Minister, gab den Hunnen Pannonien, denen auch Ostrom Tribut zahlte und viele deutsche Stämme bis zum Rhein gehorchten. Da machte sich Attila zum Alleinherrscher der Hunnen, verwüstete Nordgriechenland, darunter Mitrowitz, und zog (451) mit 700,000 Mann nach Frankreich. Doch hatte Aetius dort Westgothen, Burgunder, Franken und Römer vereinigt, siegte bei Chalons, und wenn Attila (452) auch Aquileja zerstörte und Norditalien verwüstete, so mußte er doch wieder abziehen und starb (454) plötzlich. Die deutsche Heldensage feiert ihn als Etzel.

Nach Attilas Tode zerfiel das Hunnenreich. Der Gepide Ardarich jagte die Hunnen aus Ungarn, Gothen besiegten sie beim Versuch der Rückkehr, und fortan gehörte Ungarn nördlich der Donau den Gepiden, südlich bis Sirmien und Wien den Ostgothen, denen Ostrom Zins zahlte. Mitten in Ungarn wohnten noch Jazygen, in Unterösterreich und Mähren die Rugier, in den Karpathen Skiren, Turcilinger und Heruler, in Böhmen und Galizien Longobarden.

In Italien führte der Sueve Ricimer die Regierung, setzte Kaiser ab und ein; ihm folgte im Amt der Skire Odoakar (465), der mit den germanischen Nachbarn viel Kriege zu führen hatte. In Folge davon zogen Ostgothen nach Serbien und Bulgarien und hatten Szistowa an der Donau zur Residenz, Odoakar aber Ravenna, nachdem er sich (475) zum König von Italien erklärt hatte. Rugier nahmen Ober- und Unterösterreich in Besitz (Wien Hauptstadt), Baiern wohnten in Tirol und Südbaiern bis zum Lech, wo die allemannische Grenze begann, und Odoakar nahm Dalmatien und unterwarf die Rugier, von denen ein Theil zu den Ostgothen floh.

§. 12. Die Herrschaft der Ostgothen, Longobarden, Franken und Angelsachsen.

Den Ostgothen wollte es in Pannonien nicht gefallen, und da ihr König Theodorich, der in Konstantinopel als Geißel gelebt, sich viel Kenntnisse und hohe Staatswürden erworben hatte, so ließ er sich vom Kaiser Zeno Italien schenken. Mit 200,000 Streitern zog er (489) aus Pannonien ab, siegte in zwei Schlachten, nahm nach langer Belagerung den Odoakar in Ravenna gefangen (493) und gründete das ostgothische Reich. Nach seinem Tode brachen Parteiungen aus, die zu Gewaltthaten führten, so daß der griechische Kaiser Justinian sich einmischte. Belisar, sein General, vernichtete mit leichter Mühe das Vandalenreich und führte Geiserich gefangen nach Konstantinopel. Viel muthiger kämpften aber die Gothen. Keine verlorene Schlacht erschreckte sie, und von 534—552 dauerte der Vernichtungskampf. Totilas erhielt auf der Flucht eine Lanze in den Rücken, aber er blieb sterbend im Sattel und ritt als Leiche die Nacht durch. Tejas kämpfte am Vesuv zwei Tage als Vorderster im Schlachtfeld, und als er fiel, kämpften die Gothen noch einen Tag. Da erhielten sie freien Abzug, es waren noch 3000 Krieger.

Theodorich hatte seine Residenz von Ravenna nach Verona verlegt (Dietrich von Bern heißt er deshalb in der Heldensage) und beherrschte außer Italien das menschenleere Pannonien, eroberte aber auch das südliche Frankreich und die allemannische Schweiz sammt Tirol. Dagegen wurden in Ungarn nördlich von der Donau die Heruler das herrschende Volk, dem Skiren, Turcilinger und Longobarden Tribut zahlten. Doch bald wurden die Heruler überwältigt und zogen zu den Gepiden oder nach Dänemark und der Ostsee aus dem menschenleeren Rugierland an der Donau.

Zur Zeit Theodorichs bildete sich im Norden Galliens ein mächtiges Frankenreich aus, dessen Wachsthum er mit Mühe hemmte. Die salischen Franken zwischen Maas und Sambre erhielten (486) in Chlodwig einen eroberungssüchtigen König, welcher bei Soissons den römischen Statthalter Syagrius schlug und dem letzten Rest der Römerherrschaft zwischen Seine und Loire ein Ende machte. Mit den Rheinfranken verbunden besiegte er in der mörderischen Schlacht bei Zülpich (496) die Allemannen und unterwarf sich ihr Land von Mosel bis Neckar, Lahn und Main. Auch hatte er Christ zu werden versprochen, wenn er siege, und ließ sich daher mit 5000 Edlen zu Rheims durch den h. Remigius taufen. Um seine Macht zu erweitern, ließ er seine Verwandten und Stammfürsten ermorden, unterwarf die Burgunder und Westgothen bis zur Garonne.

Diese ersten fränkischen Könige nennt man die Merowinger, ein gewaltthätiges, rohes Geschlecht. Nach alter Sitte theilten die Söhne des Vaters Reich, und so entstand Austrasien (Ostreich) mit Metz, Neustrien (mit Burgund), und Aquitanien (zwischen Garonne, den Pyrenäen). Auch Thüringen und Baiern wurden abhängig von den Franken, deren Könige mit grausamer Roheit regierten, bald aber aus Trägheit einem Hausmaier (major domus) die Regierung überließen. Jede Provinz hatte ihren Hausmaier, da rettete aber der tapfere Pipin von Heristall (687) die Einheit des Reichs, indem er die Anerkennung seiner Würde im ganzen Reiche erkämpfte. Sein Sohn Karl Martell trieb die Mauren zurück, als sie von Spanien her eindrangen, dessen Sohn Pipin der Kurze schützte den Papst gegen die Longobarden und ward daher 752 von diesem zum König der Franken gesalbt, nachdem der unfähige Childerich III. mit abgeschnittenem Haar ins Kloster geschickt war. Mit ihm beginnt das Geschlecht der Karolinger.

Als Theodorich (526) gestorben war, und der griechische Kaiser den Krieg gegen die Gothen begann, leisteten ihm Franken, Longobarden u. s. w. Hilfe, denn die Letztern hatten Mähren und Ungarn nördlich von der Donau in Besitz genommen, waren dann aber auch nach Pannonien gekommen, während Gepiden Sirmien besetzten. Zwischen Longobarden und Gepiden brachen aber heftige Grenzkriege aus, und als der Longobarde Alboin dem Gepiden Kunimund die Tochter Rosamunda entführt hatte, verband er sich mit den Avaren, besiegte und tödtete

Kunimund, ließ aus dessen Schädel nach alter Sitte einen Trinkbecher machen und gab das Gepidenland den Avaren (567). Dann aber zog er selbst aus nach Italien, versicherte sich der Alpenpässe (568), nahm alle in den Alpen wohnenden Stämme mit, eroberte Mailand, Pavia, Ober- und Mittelitalien (572) und gründete das lombardische Königreich.

Alboin ward (572) ermordet, und dasselbe Schicksal theilte sein Nachfolger Klef. Zwar setzten die Longobarden ihre Eroberungen in Italien fort, besetzten Spoleto und Benevent, aber jeder Herzog wollte unabhängig sein. Deshalb wählten die 36 Herzoge 10 Jahre lang keinen König, und als die einbrechende Verwirrung endlich zur Königswahl zwang, empörten sich die einzelnen Herzöge oft. In diesen Zeiten der Verwirrung behaupteten einige Gegenden ihre Unabhängigkeit, besonders Benedig, welches von flüchtigen Bewohnern Aquilejas gegründet ward, als Attila die Stadt zerstörte. Beim Einbruch der Longobarden verließ der Patriarch Aquileja und nahm seinen Sitz auf der Laguneninsel Grado, und dort blieb er trotz aller Gegenbefehle der longobardischen Könige; im J. 697 machte sich Benedig aber auch vom Dux von Ravenna unabhängig und wählte sich einen eigenen, welchen der Kaiser bestätigte. Denn die Longobarden hatten vergeblich ganz Italien zu erobern versucht, und als sie dem Papst seine Besitzungen und Herrschaft über Rom nehmen wollten, mischten sich die Franken ein, Pipin erschien zwei Mal, zwang die Longobarden zum Frieden und schenkte dem h. Stuhl einige Gebiete, den Anfang des Kirchenstaates. Als immer neue Verwickelungen zwischen Longobarden und Papst eintraten, machte Karl d. Gr. (774) dem Lombardenreich ein Ende, indem er es zur fränkischen Provinz herabdrückte. Dasselbe Schicksal hatte auch Baiern unter Thassilo, denn auch die Agilolfinger ertrugen die fränkische Herrschaft ungern.

Baiern umfaßte damals das Land südlich von der Donau, Tirol, Salzburg und Oberösterreich bis zur Enns, wo die avarische Grenze war. Der h. Rupert von Worms hatte den Herzog und seine Grafen bekehrt und das Bisthum Salzburg gegründet (582). Als Bonifacius die Landeskirche ordnete, besaß Baiern schon die Bisthümer Regensburg, Passau, Freising, Salzburg und Brixen (739). Als der König Borut im slavischen Kärnthen von Baiern Hülfe gegen die Avaren erbat, stand ihm Pipin bei, machte aber Kärnthen und Krain zur fränkischen Provinz und ließ das Christenthum im Lande predigen, und stellte die neue Provinz unter bairischen Schutz.

Während der Bedrängnisse der Völkerwanderungen hatten die Römer aus England ihre Besatzungen abgerufen; sogleich brachen von Norden her die beutegierigen Picten und Scoten in das Land, so daß König Vortigern Hülfe bei den seekundigen Nordgermanen suchte. Er rief von der Elbemündung die Angeln, Jüten und Sachsen herbei, die in 7 Schiffen unter Hengist und Horsa (449) erschienen, das Land von Feinden säuberten, es aber dann für sich in Besitz nahmen, und da ihnen neue Auswanderer nachfolgten, 7 Königreiche gründeten. Die eingebornen Kelten flohen nach Frankreich (Bretagne, Armorica)

ober behaupteten sich in den Gebirgen von Wales und Cornwallis bis ins 13.
Jahrh. Nach einem Kampfe von 150 J. war der Besitz der Angelsachsen
(Angelland) in Südbritannien entschieden. Doch bekämpften sich die 7 Königreiche (Essex, Wessex, Sussex, Kent, Ostangeln, Mercien, Northumberland), bis
sie Egbert (827) zu dem Königreich England vereinigte. Papst Gregor hatte
den h. Augustin mit Missionären nach Kent gesandt. Der König und seine Edlen
ließen sich taufen und erhoben Canterbury zum Erzbisthum. Noch eifriger nahm
man in Irland das Christenthum auf, denn viele Könige und Edelleute gingen
ins Kloster, wie es auch in England wohl geschah, und Missionäre gingen von
hier aus nach Norddeutschland. (Sage von Arthurs Tafelrunde. Ossian. Fingal.
Einfluß des irischen heidnischen Mysticismus auf die ritterlichen und religiösen
Gedichte des Mittelalters.)

§. 13. Einrichtungen der Germanen, Folgen und Völkerwanderungen.

Durch die Wanderungen der Völker, die 6—800 Jahre mögen gedauert
haben, wurden nicht nur die Wohnsitze der Völker verändert, sondern auch deren
Einrichtungen. Es trat eine große Völkermischung ein, neue Staatseinrichtungen
wurden nothwendig, eine neue Lebensweise begann. Am meisten mußte in den
kriegerischen Zeiten der Handel leiden, aber die Plünderungen der großen Städte
brachten das dort angehäufte edle Metall wieder in Umlauf; außerdem beförderten die Völker, welche des unsteten Wanderns müde waren, den Ackerbau,
da sie Sclaven zu dessen Betrieb besaßen und von dem Ertrag ihrer Ländereien
leben mußten. Um sich die nöthigen Bedürfnisse eines bequemen Lebens zu
verschaffen, beförderten und schützten sie Gewerbe und Handel. Ja einige Könige,
besonders Theodorich, legten Straßen, Wasserleitungen und Kanäle an, bauten
verödete Städte wieder auf, um den Handel zu beleben. Endlich fanden die
Germanen in den eroberten Ländern einen wohlgeordneten Verwaltungsmecha-
nismus und ein ausgebildetes Gerichtswesen. Sie nehmen das Vorgefundene
gern auf, bedürfen aber auch gebildeter Beamten, suchen sich selbst die fremde
Bildung anzueignen und sorgen für Abfassung nationaler Rechtsbücher. Aber
je mehr sie der fremden Lebensweise und Bildung sich anschließen, um so mehr
verlieren sie an ihrer Nationalität, so daß sie nach und nach verschwinden und
römische Sprache in Italien, Spanien, Frankreich und England sich behauptet
hat. Denn auch die katholische Kirche bediente sich der Weltsprache des alten
Roms, welche in den ersten Jahrhunderten des Mittelalters die Sprache der
Chroniken, Diplomaten und Gesetze war.

Eine große Veränderung erfuhr die uralte Gemeindeverfassung. Der angesehene Adel hielt Gefolgschaften (Gesinde), mit welchen er nicht nur Eroberungen unternahm, sondern auch die Gemeindeversammlung beherrschte. Er gewann das Vorrecht, daß der Heerkönig (Kriegskönig) aus einem bestimmten
Geschlechte mußte gewählt werden. So entstand ein Wahlkönigthum, welches

die Ursache zu häufigen Empörungen gab. Bei Eroberungen erhielt der König gewöhnlich den dritten Theil der Beute. War er als Krieger berühmt, so schloßen sich ihm ganze Völkerschaften an, und ward die Beute um so größer. Da er seine Besitzungen nicht alle zum eigenen Unterhalt brauchte, so lieh er sie gegen Kriegsdienst zur Nutznießung aus und gewann dadurch ein stehendes Heer, eine starke Leibwache (Gefolgschaft). Die Beliehenen hießen Vasallen, Lehnsleute, der Ausleiher Lehnsherr. So entstand das Lehns- oder Feudalsystem, wie man diese Verwaltungs- und Heeresweise nennt.

Die Geistlichkeit schied sich damals in weltliche und Klostergeistliche, das Volk in Fürsten, Freie, Zinspflichtige und Hörige. Jedes eroberte Land ward getheilt, d. h. der dritte Theil von Land und Leuten an die Sieger verschenkt, die wie ein stehendes Heer in Garnison standen, nur zum Kriegsdienst verpflichtet waren, von ihren Zinsbauern und Hörigen Zehent empfingen oder sie für sich arbeiten ließen. Sie bildeten den Kriegsadel, lebten nach ihrer Weise, hatten ihre eigenen Gesetze und ließen die Besiegten nach ihrer Weise leben, nach ihren Gesetzen richten. Die Städte standen unter königlichen Beamten, verwalteten ihre Angelegenheiten aber selbst. Das Land theilte man in Herzogthümer, Grafschaften und Gaue mit je einem Herzog oder Richter an der Spitze, und die Freien waren militärisch in Compagnien getheilt. An die Stelle der Volksversammlung trat ein Fürsten- und Beamtenrath.

Unter der Herrschaft der römischen Kaiser war der Bauernstand von Abgaben überbürdet, der einwandernde Germane machte ihn zur Grundlage seiner Existenz. Einige Völker, besonders die Longobarden, betrieben mit solchem Eifer Acker- und Gartenbau, daß sie die Lombardei in einen Garten umwandelten. Ja das Wort deutsche Garten ist in die romanischen Sprachen übergegangen. Großartige Bauwerke führte Theodorich (sein Grabmal) und die Longobarden (Monza, Königskrone) aus, und durch Gesetze suchte man Sicherheit des Eigenthums, der Person und Belebung der Oekonomie zu erreichen. Unter Theodorich verfaßte Cassiodor die ersten Schulbücher nach einer Methode, die sich fast 1000 Jahre erhalten hat.

Zwar mögen manche Anpflanzungen und Felder während der Verheerungskriege zu Grunde gegangen sein, aber bald nimmt Ackerbau und Obstkultur überall rasch zu. Pflug, Brod, Backen, Apfel, Nuß, Korn, Weizen, Sichel, Kohl u. s. w. kamen mit den Deutschen in die romanischen Länder; nicht selten waren Könige die besten Oekonomen und verbrachten die meiste Zeit auf ihren Meiereien, die Gothen brachten den Hopfen nach Europa, die Hunnen den Büffel nach Ungarn, die Slaven Roggen nach Griechenland, Germanen den Spinat und andere Küchengewächse nach Italien. Erst seit dem 11. Jahrhundert ist Hopfenbier allgemein und seit dem 14. Jahrhundert der Hopfenbau in Deutschland verbreitet, während er erst 2 Jahrhunderte später in England erlaubt ward.

Durch die Slaven verbreitete sich die Bienenzucht, welche auch Roggen bauten, die Halme austraten, die Körner zwischen Steinen zerquetschten und in

heißer Asche flache Kuchen (Laib) backen. Denn unter den Deutschen war Hafer-
brod und Haferbrei gebräuchlich. Flachsbau und Leinwandweberei betrieben zwar
auch die Deutschen, aber viel mehr die Slaven, welche Handel damit trieben,
wogegen der Germane sich nur die nothwendigen Kleider verschaffte. Weinbau,
Pferde- und Schweinezucht ward durch besondere Gesetze empfohlen und befördert.

Was die weitere Gewerbthätigkeit der Germanen anbelangt, so beschränkte
sie sich auf Verfertigung von Stein- und Eisenwaffen, Bronzearbeiten, etwas
Gerberei und Färberei. Den Handel trieben Römer, die sich an den Höfen
der Häuptlinge niederließen. Sie brachten Glasschmuck, Wein, Hausgeräthe,
Kleider u. s. w. und tauschten sie ein gegen Perlen (marigrioz = Meerkies),
Häute, Pelze, Pferde, Salz, Laugenseife zum Haarfärben, Menschenhaare, Schlachtvieh, Sklaven u. s. w. Von Norden her kam auch Bernstein, der in Rom
theuer bezahlt wurde. Gänsefedern waren in Rom so beliebt, daß sich Soldaten in Freistunden mit dem Rupfen der Gänse beschäftigten. Es lassen sich in
diesen dunkeln Zeiten drei Handelsstraßen von der Ostsee nach Italien verfolgen,
während eine vierte durch Polen, Volhynien und Dnjepr nach dem schwarzen
Meere ging. Von der Weichselmündung ging eine Straße das Weichsel- und
Oberthal hinauf in's Marchthal und über Wien nach Aquileja, eine andere
Straße lief über Schleswig-Holstein, Elbe, Saale, Main und Rhein nach Basel
und Rom, oder nach Lyon und Marseille oder Paris, Knotenpunkte des römischen Straßennetzes.

§. 14. Das Reich der Slaven und Magyaren.

Da wo Germanen ihre Heimat verließen, rückten von Osten her Slaven
nach, um die verlassenen Gegenden zu besetzen. Da diese öde und wüst lagen,
so bebauten sie dieselben, weil Ackerbau ihre Lieblingsbeschäftigung war. Sie
theilten sich in Familien unter einem Oberhaupt (Starost), um dessen Haus
herum die Familie wohnte, die ihm gehorchen mußte. So ward aus den Sta-
rosten ein Adel. Familien einigten sich zu einem Stamm (Zupa), dem ein
Herzog (Wojwode) als Kriegsführer, Richter und Priester vorstand, ein Gefolge
und eine Burg hatte, welche ihm der Stamm bauen mußte. Sprachverwandte
Stämme verbanden sich zu einem Volk unter einem König (Knas), dem Wojwoden zur Seite standen als Reichsräthe, ihm aber auch oft den Gehorsam
versagten.

Zur Zeit der Völkerwanderung wohnten Slaven in Galizien (Groß- oder
Weißchrowatien) und nördlich in Polen (Groß- oder Weißserbien) und in Rußland. Diese Nordslaven besetzten die Ostseeküste bis zur Elbe, Čechen besetzten Böhmen nach dem Abzuge der Longobarden und verwandte Stämme Mähren
bis zur Donau und Oberungarn bis zur Donau. Auch die in Rußland wohnenden Slaven kamen nun in Bewegung, gingen am schwarzen Meere entlang,
besetzten die Moldau, Walachei, Siebenbürgen, wo sie sich mit den Resten der

Daker vermengten, ließen sich im Banat nieder, bevölkerten aber auch Bulgarien, Rumelien, Makedonien und Serbien (c. 527).

Es waren aber (557) Avaren, ein tartarischer Stamm, von der Wolga ausgezogen, gingen über die Karpathen, besetzten Oberungarn, unterjochten die Slaven, siedelten einige von deren Stämmen in Pannonien, Kärnthen u. f. w. an und führten mit Baiern, Franken und Griechenland verheerende Raubkriege, indem sie Heerlager (Ringe) an der Grenze anlegten, mit Wällen umgaben und dort ihre Beute bargen. Doch bald erhoben sich die hart bedrückten Slaven und Samo (627) ward zum König gewählt. Dieser gründete ein großes Slavenreich, welches Böhmen, Mähren, die Karpathen und Alpen bis zum adriatischen Meere umfaßte. Doch zerfiel es mit seinem Tode (662). Unterdessen gab der griechische Kaiser einem Slavenstamme, den Kroaten, Dalmatien mit der Hauptstadt Belgrad, daneben entstand ein neueres Slavenreich Slavonien mit der Hauptstadt Sissek und südlich von beiden ein serbisches Reich. Die römischen Dalmatiner aber zogen in die Städte Ragusa, Spalato, Zara und Trau und dieses Gebiet hieß fortan Dalmatien. Die Avaren aber erweiterten ihr Reich die Donau aufwärts bis zur Enns, kämpften mit den Baiern oft und wurden von Karl d. Gr. von der Erde vertilgt, wo es sich nicht mit andern Stämmen vermischten.

Ein eigenes Slavenreich bildete sich in Krain, Kärnthen, Steiermark und Tirol, mit Klagenfurt als Königssitz, wo Borut wohnte. In Böhmen gründete Krok die Burg Wyšegrad, seine Tochter Libuša die Burg Prag, ihr Gemahl Přemysl die erste Dynastie. Krakau soll Krok gegründet und dort Wanda seine Tochter regiert haben.

Die letzten Einwanderer nach Europa waren die Ungarn. Diese kamen von der Kuma, wo eine Stadt Maghar stand; auch sollen die Kumanen oder Kunen von diesem Flusse ihren Namen haben. Die Ungarn wohnten am Irtis, wanderten zur Wolga (Atel) und zogen weiter in die Steppen zwischen Don und Dnjepr, wo sie neben den Chagaren wohnten. Das ganze Volk theilte sich in 108 Stämme, die zu 7 von einander unabhängigen Scharen mit je einem Wojwoden vereint waren. Diese 7 Stammfürsten wählten in Zeiten der Noth ein Gesammtoberhaupt. Der Erste hieß Lebed. Gedrängt von den Petschenegen zogen die Ungarn (Ugri) nach der Moldau (Attalköz), halfen unter Arpad den Griechen über die Bulgaren siegen, welche dafür plötzlich nach Atalköz einbrachen, als die Krieger Ungarns auf einem Zuge gegen die mährischen Slaven dem deutschen König Arnulf beistanden. Die Überfallenen flohen nach Siebenbürgen (Szekler), die Heimkehrenden wählten Almosch zum König, stiegen über die Karpathen und eroberten in kurzer Zeit Ungarn. Es waren 40.000 Familien, 1 Mill. Seelen und 300.000 Krieger.

Die slavischen Bewohner der Karpathen unterwarfen sich freiwillig, die übrigen Bewohner Ungarns wurden zur Unterwerfung gezwungen, und auf einem Landtag an der Theiß auf der Pußta Szeren die Reichsverfassung festgesetzt.

Der König erhielt das Erbfolgerecht und Staatsländereien, Reichsburgen. In diesen hatte er Beamte (Vicecomes) und die Umwohner bildeten das königliche Heer. Die Stammfürsten erhielten eine unabhängige Stellung, und kein Ungar konnte zur Theilnahme an einem Kriegszuge gezwungen werden. Auf der Insel Tschepel schlug Arpad seine Residenz auf, eroberte Pannonien, und seine Nachfolger führten wilde Raubzüge gegen die Nachbarvölker. Da diese aber das Volk schwächten, weil es an schweren Niederlagen nicht fehlte, so verbot sie Geysa, lud fremde Handwerker und Kaufleute zur Ansiedelung ein und ließ sich (994) durch Adalbert von Prag mit seinem Sohne Vaik (Stephan) und vielen Edlen zu Gran taufen. Alle christlichen Gefangenen erklärte er für frei, und seine Nachfolger unterhielten ein freundschaftliches Verhältniß zu Deutschland, um Hilfe gegen die Empörungen der heidnischen Partei zu haben. Nach etwa 300 Jahren waltete der Einfluß des griechischen Hofes vor.

§. 15. Karl der Große (771—814).

Das Reich der Franken, welches das heutige Frankreich und Westdeutschland umfaßte, war Pipin dem Kleinen 752 zugefallen, da ihn Papst Stephan als König salbte, wogegen Pipin nicht nur den Papst gegen die Longobarden schützte, sondern auch den Bonifacius, Erzbischof von Mainz und Primas des Reichs, bei der Organisation der Kirche unterstützte. Denn wenn auch Bonifacius unter den Friesen das Christenthum verbreitete und dabei später sein Leben als Märtyrer verlor, so bestand sein Hauptverdienst doch in der streng durchgeführten Ordnung der kirchlichen Aemter. Denn Papst Gregor d. Gr. (590—604) hatte sich große Verdienste durch Heidenbekehrungen (Missionen), durch Regelung des Gottesdienstes (Messe, Kirchenmusik, Priesterkleidung, Domkirchen, Festtage, Lateinisch als Kirchensprache) erworben. Besonders fruchtbar war sein Wirken in Schottland und Irland, von wo Glaubensboten nach Süd- und Norddeutschland gingen (Hersfeld, Erfurt, Würzburg, Eichstädt, Regensburg, Salzburg, Freisingen, Passau) und zugleich dahin wirkten, daß die Bekehrten sich den päpstlichen Geboten unterordneten. Bald reihten sich an die genannten Bischofssitze segensreiche Benedictinerklöster (Hirschau, Reichenau, Corvey, St. Gallen, Fulda u. s. w.), welche damals die Sitze wissenschaftlicher Bildung wurden.

Pipin unterstützte dieses Streben der höheren Geistlichkeit, eroberte auch noch den Süden Frankreichs (Aquitanien) und machte die Friesen im Norden tributpflichtig, ebenso die Sachsen in Westfalen, Baiern und Allemanien zu einer Provinz Frankreichs.

Nach seinem Tode (768) theilten sich seine zwei Söhne in das Reich, aber nach dem Absterben des Einen (771) wurde Karl d. Gr. Alleinherrscher. Er ward der Gründer eines germanischen Weltreiches, einer neuen Staatsordnung, Förderer der Bildung und des Handels wie des Ackerbaues. Zunächst gerieth er mit den Sachsen in Krieg, welcher 31 Jahre dauerte, endlich aber mit deren Bekehrung und Unterwerfung endigte. Diese waren von Holstein und Schleswig herüber über die Elbe gezogen, hatten das Reich der Thüringer vernichtet und sich zwischen Weser und Elbe niedergelassen, indem sie sich in Engern, Ost- und Westfalen theilten. Sie lebten nach uralter Weise getheilt in Gemeinden und Gaue, ohne Oberhaupt und als Heiden, kannten keine Abgaben und keine Städte, sondern hatten nur einzelne Burgen, Häuptlinge und heilige Opferstätten. Da ihnen die Abhängigkeit von Frankreich lästig war, so empörten sie sich häufig, aber nie in Gesammtheit, sondern als einzelne Gaue, bis Witekind mehrere Gaue zu einem gemeinsamen Kriegszug von Zeit zu Zeit vereinigte.

Die damaligen Feldzüge dauerten freilich nur einige Sommermonate; man fiel in Feindesland ein, verheerte Wohnungen, Felder und Anlagen, lieferte eine Schlacht, und damit endigte der Feldzug, weil der Besiegte Tribut und Gehorsam versprach. Doch brach er das Versprechen, sobald er die Zeit für günstig erachtete, um die Freiheit wieder zu erlangen. Da nun Karl über ein wohlgeordnetes großes Reich herrschte, die Sachsen aber nur selten einig waren, so hatten sie allemal Nachtheil. Ihr armes Land besaß aber nicht die Mittel, auf die Länge einen Verheerungs- und Vertilgungskrieg auszuhalten, daher unterwarfen sich die Gaue nach und nach, so daß c. 803 der letzte unterjocht ward. Schon 777 versprachen Sachsen die auf dem Reichstage zu Paderborn Unterwerfung und Bekehrung, empörten sich aber später, unterstützt von Friesen und Dänen, Karl aber besiegte sie bis zur Elbe, und als sie später eins seiner Heere am Süntel vernichteten, ließ er zu Verden 4000 Sachsen hinrichten. Zwar brach nun ein blutiger Rachekrieg aus, aber Karl siegte wieder, so daß sich Witekind und Albion taufen ließen. Karl legte nun 8 Bisthümer an, die bald zu Städten wurden (Osnabrück, Minden, Verden, Bremen, Paderborn, Münster, Halberstadt, Hildesheim), legte ihnen Zehnten und Heerbann auf, führte fränkische Kolonien unter sie und zwang auch die Friesen zum Gehorsam. Von nun ab begann auch in diesen Gegenden ein geordnetes Staatsleben, Städtewesen und Industrie.

Unterdessen hatte Papst Hadrian den König nach Italien gerufen, um den Papst gegen den Longobardenkönig Desiderius zu schützen. Karl ging von Genf aus über den Bernhard, eroberte Pavia, schickte den Gegner in ein Kloster, besiegte auch dessen Sohn Adelgis bei Verona, setzte sich zu Mailand die lombardische Krone auf und verband Oberitalien mit Frankreich, der Papst aber erhielt zu den früheren Schenkungen noch Spoleto; Benevent jedoch wurde fränkisches Lehen (774). Kaum war dies geschehen, so riefen unzufriedene Statthalter in Spanien Karl zu Hilfe gegen ihren Chalifen. Karl nahm den Ruf an, um die Ungläubigen zu bekämpfen, eroberte Spanien bis zum Ebro und Barcelona (779) und verband diesen Landstrich als spanische Mark mit seinem Reiche, obschon auf der Rückkehr der tapfre Roland im Thale Roncevalles von Mauren überfallen und erschlagen ward.

Damals regierte in Baiern vom Lech bis zur Enns, von der Donau bis
zu den Alpen, der Baiernherzog Thassilo, aus dem Geschlecht der Agilolfinger,
als Lehnsherzog des Frankenkönigs. Mehrere Male suchte er sich unabhängig
zu machen und zuletzt rief er die Avaren aus Ungarn und Niederösterreich zu
Hülfe. Karl aber siegte, schickte die ganze herzogliche Familie in ein Kloster
und machte Baiern zu einer fränkischen Provinz (788). Nun zog Karl wider
die Avaren, jagte sie bis über die Raab und fügte das Land zwischen Enns und
Raab als ö s t l i c h e M a r k (Ostreich, Oesterreich) zu seinem Reiche, die Erd-
wälle (Ringe) der Avaren mit sammt den Schätzen innerhalb derselben wurden
genommen, das Volk der Avaren fast ganz vertilgt und das Land mit bairischen
Kolonisten besetzt. Selbst die Fürsten Slavoniens und Dalmatiens und die
Völker bis zur Theiß wurden tributpflichtig und nannten seitdem ihre Könige
nach Karolus Kral, wie die Russen nach Cäsar Zar, die Deutschen Kaiser.

Zugleich hatte Karl auch die Sorben und Wilzen zwischen Elbe, Saale und
Mulde besiegt und die Nordmark (Brandenburg) und Südmark (Meißen, Sachsen)
gegründet, den Obotriten aber, die ihm gegen die Sachsen beigestanden hatten,
gab er das heutige Mecklenburg. Als Karl endlich am Weihnachtsfeste den
Papst Leo III. gegen Empörer in Rom schützte, ernannte ihn der Papst zum
r ö m i s c h e n K a i s e r (800), womit der Gedanke an Weltherrschaft unter einem
christlichen Kaiser erweckt wurde. Karl starb (814) zu Aachen, wo er im Kaiser-
ornat in der Kirche beigesetzt ward.

§. 16. Die Einrichtungen des Frankenreichs.

Karl hat nicht nur ein großes Reich erobert, sondern es auch organisirt,
indem er ein gegliedertes Beamtenthum und geordnete Verwaltung einführte.
Seither standen neben dem Könige selbstständige Herzöge, Grafen und freie Gemeinden, so daß in Betreff der Rechtspflege, Steuerverwaltung und des Kriegs-
dienstes große Verschiedenheit herrschte. Karl theilte das ganze Reich in Grafschaften, an deren Spitze ein Beamter stand, welcher vom Kaiser Befehle erhielt
und diesem Rechenschaft ablegte. Der Graf leitete die Verwaltung, ließ die
Steuer erheben und mußte eine bestimmte Anzahl Krieger in's Feld führen.
Die Grafen der Grenzprovinzen hatten gewöhnlich eine bewaffnete Macht zur
Seite, um die Grenze zu schützen und hießen Markgrafen; diejenigen, welche
die Domänen (Pfalzen) zu verwalten hatten, nannte man Pfalzgrafen und außerdem zog jährlich die Kommission der Sendgrafen (Kammerboten) oder Send-
boten durch die Grafschaften, um deren Regierung zu controliren, da sie zu
Gericht saßen und Klagen anhörten, wohin sie kamen. Auch die Richter waren
königliche Beamte (Cent-, Gaugrafen). Alljährlich im Herbst versammelten sich
diese Reichsbeamten am Hofe, um Berathungen zu halten, Gesetze zu entwerfen
und Kriegszüge zu besprechen. Im nächsten Jahr kam das Volk zusammen
(Maifeld), indem Heerschau gehalten und die vom Reichstag berathenen Gesetze

zur Annahme oder Ablehnung vorgelegt wurden. In den Provinzen hielt man auf ähnliche Weise Landtage, die noch unter den deutschen Königen lange fortbestanden und eine Zeitlang sehr große Macht über die Fürsten erhielten.

Markgrafschaften waren Kärnthen (Steiermark, Istrien und Südtirol) Ostmark, Nordmark, Meißen u. s. w.

Die Staatseinnahmen bestanden in Naturalabgaben, im Antheil an den Strafgeldern der vom Gericht Verurtheilten und in Domänen. Die Beamten erhielten ihre Besoldung nicht in Münze, sondern empfingen ein Stück Land zur Nutznießung (Lehen). Kriegspflichtig war jeder freie streitbare Mann, der sich selbst bewaffnen und mit Lebensmitteln für den Feldzug ausrüsten mußte. Da bei den häufigen Kriegen Karls den Bauern der Heerbann (Kriegsdienst) lästig wurde, die Grafen aber bei der Einberufung ihre eigenen Bauern schonten, so übergaben viele freie Bauern ihr Eigenthum den Grafen als Eigenthum, deren Zinspflichtige sie als Erbpächter wurden, so daß die freien Bauerngemeinden nach und nach verschwinden und der Bauer Höriger oder Zinspflichtiger (Pächter) wird.

Um aber auch für Bildung zu sorgen, nahm sich Karl der Kirche mit großem Eifer an, baute heilige Stätten, schenkte das Nothwendige an Meßgewändern und Gefäßen, führte den Kirchengesang ein, befahl Volks- und Gelehrtenschulen herzustellen, sammelte an seinem Hofe die gelehrten Männer seiner Zeit (Alcuin, Paul, Warnefried, Einhard), veranlaßte sie zur Abfassung von Schulbüchern, sammelte Bücher und alte Lieder, widmete seine freie Zeit den Studien, ließ seine Kinder sorgfältig in allem Wissenswerthen unterrichten und war selbst der gelehrteste Mann seiner Zeit, daneben aber auch der beste Reiter, der tüchtigste Jäger, der genialste Feldherr, der geschickteste Landwirth. Auch sein Aeußeres war Ehrfurcht einflößend: eine wahrhaft kaiserliche hohe kräftige Gestalt. In der ganzen Welt war er aber auch geachtet, der Chalif Harun al Raschid ersuchte ihn von Bagdad aus um seine Freundschaft, der Patriarch von Jerusalem, der Papst, maurische und germanische Fürsten bewarben sich um sein Wohlwollen. Das berühmteste Bauwerk war damals sein Palast zu Aachen und Ingelheim mit Mosaikbildern an den Wänden und der achteckige Dom zu Aachen, in welchem eine lange Zeit hindurch die deutschen Könige gekrönt wurden, und in welchem er selbst beigesetzt wurde, aufrecht auf einem Stuhle sitzend, mit Scepter, Evangelienbuch, Schwert und Pilgertasche versehen. Diese Gegenstände wurden später Reichsinsignien, kamen nach Frankfurt und von da nach Wien.

§. 17. Die Karolinger, der Norden Europas.

Der Sohn Karl's d. Gr., Ludwig der Fromme (814—40), war der Aufgabe, ein so großes Reich zu regieren, nicht gewachsen, auch hatte er wenig Neigung zur Beschäftigung mit weltlichen Dingen und theilte deshalb sein Reich nach drei Jahren unter seine drei Söhne. Doch später bereute er dies, wollte diese Theilung wieder abändern, gerieth mit seinen Söhnen zweimal in Krieg und ward bei Kolmar auf dem Lügenfelde (833) von seinen Kriegern verlassen. Die Söhne führten ihn gefangen fort, verhöhnten ihn vor dem Volk auf ruchlose Weise, geriethen dann unter sich in Streit, den sie auch nach des Vaters Tode fortsetzten, bis es (843) zu Verdun zu einer Theilung nach Nationen und Sprachen kam. Karl der Kahle erhielt Frankreich, Ludwig Deutschland mit Regensburg als Residenz und Lothar die Kaiserwürde, Oberitalien und einen Landstrich zwischen Mosel und Maas (Lothringen).

Mit der Theilung kam aber kein Segen über die Familie. In Oberitalien gab es Theilungen und blutige Kriege, so daß Burgund und Provence ein eigenes Königreich, Elsaß zwischen Frankreich und Deutschland getheilt wurde. Eben so schwach regierten die Karolinger in Frankreich, wo endlich (987) mit Hugo Capet, Sohn Hugo's von Paris, eine neue Dynastie den Thron bestieg, Deutschland aber mit dem Tode Ludwigs des Kindes (911) sich zu einem Wahlreiche umgestaltete, Italien endlich mehrere regierende Geschlechter erhielt.

Zu dem Unglück, welches die Bruder- und Bürgerkriege über die Länder der Karolinger brachten, kamen noch schreckliche Verheerungen durch äußere Feinde. Italien und Südfrankreich litt unter den Plünderungen der muhamedanischen Sarazenen, Ostdeutschland von Mähren und Maghyaren, die Länder an der Nordsee von den heidnischen, rohen und beutegierigen Normannen, die aus Norwegen und Dänemark mit ihren Flotten kamen, die Flüsse hinauf fuhren, Städte und Dörfer niederbrannten und die Menschen zu Tausenden in die Gefangenschaft schleppten. Hamburg, Köln, Trier, Paris sanken in Asche, und Karl der Dicke, welchen die seither getrennten Reiche als gemeinsamen König wählten (884), um mit vereinigter Kraft die Feinde abzuwehren, kaufte sich mit Tribut los, weshalb ihn die drei Reiche (887) absetzten. Der deutsche Karolinger Arnulf überwältigte endlich in einer Vertilgungsschlacht bei Löwen (891) die Normannen, und rief gegen Swentibold (Swatopluk), den Fürsten von Großmähren, wozu Böhmen, das Karpathenland und Pannonien gehörten, die Maghyaren zu Hilfe, die ihm halfen, einen Theil des Mährenreichs behielten und gefährliche Nachbarn der Deutschen wurden.

Unterdessen hatte Boso von Burgund das Königreich Arelat im Rhonethale vom Genfersee ab gegründet, Rudolf ein Hochburgund sich angeeignet und der Normannenherzog Rollo (Robert) die Provinz Normandie (911) erhalten als fränkischer Vasall.

Die Skandinavier lebten noch nach heidnischer Weise, waren verwegene Krieger, deren Streitlust sich oft zur Berserkerwuth steigerte, unternahmen zur See Raubzüge (Wikingszüge), liebten ihre alten Heldenlieder (Kämpe-Visar) und waren besonders eine Geißel Englands, welches sie häufig heimsuchten, bis es Alfred dem Großen (871—901) gelang, sie während seiner Regierung fern zu halten. Anfangs unterlag ihnen der hochbegabte Sohn Egberts, so daß er als Flüchtling in sumpfigen Wäldern sich versteckt hielt; doch sammelte er die Angelsachsen wieder, siegte, verjagte die Normannen oder machte sie zinspflichtig und organisirte nun sein Land, wie es Karl d. Gr. gethan hatte.

Alfred stellte das Gerichtswesen wieder her, ordnete die Gemeinde- und Gauverfassung sowie die Staatsverwaltung, gründete Schulen und Kirchen, beförderte wissenschaftliche Bildung, regte zur Abfassung von Schriften an, so daß in seine Regierungszeit die Blüthe der angelsächsischen Literatur fällt. Auch er bediente sich eines Reichstages (Witenagemot) der Edelleute, um Reichsgesetze prüfen zu lassen, förderte Ackerbau und Handel, unterhielt eine bedeutende Flotte, und ist der Gründer der englischen Seemacht und Freiheit. Seinen Nachfolgern fehlte die Weisheit oder die schöpferische Thatkraft Alfreds, sie kämpften oft mit den Dänen, bis sie ihnen erlagen. Denn als Ethelred in einer Nacht alle Dänen in England ermorden ließ (1002), kam Swen von Dänemark herüber, um Rache zu nehmen. Ethelred mußte aus dem Lande fliehen, und Dänenkönige herrschten (1017—41), bis nach Kanuts Tode der Angelsachse Eduard der Bekenner aus der Normandie zurückkam und nordfranzösische Sitten einführen wollte. Nach seinem Tode beanspruchte Wilhelm der Eroberer, Herzog von der Normandie, die Herrschaft über die Angelsachsen, siegte über dieselben bei Hastings (1066) und machte England zu einem Feudalstaat, indem er 60.000 königliche Lehen (Baronien) schuf. Denn die Güter der gefallenen oder verjagten Angelsachsen gab er seinem Kriegsadel, führte französisches Recht, französische Sprache und Sitte im Lande ein, machte den Angelsachsen zum zinspflichtigen Bauer, und mit der Zeit bildete sich die englische Mischsprache, die aus niederdeutschen und nordfranzösischen Elementen besteht.

Die Normanen waren aber unterdessen auch ins Mittelmeer eingedrungen, kämpften in Süditalien unter Wilhelm Eisenarm gegen Araber, und Robert der Schlaukopf (Guiscard) machte sich (1060) zum Herzog von Apulien und Calabrien, sein Bruder Roger nahm (1072) den Arabern Sicilien und sein Neffe Roger II. vereinigte Neapel und Sicilien zu einem Königreich (1130). Seine Nachfolger beförderten Bildung (Arzneischule Salerno, Rechtsschule zu Amalfi) Handel und Recht, und später erbten die Hohenstaufen das schöne Königreich.

Schon 860 hatten Norweger Island entdeckt und kolonisirt, von da aus 100 Jahre später Grönland und die Gegend von Boston (Winland) bebaut; andere Scharen (Waräger) aber waren nach Osten gezogen, kämpften siegreich gegen Finnen und Russen, und Rurik gründete zu Nowgorod eine Herrscherfamilie (862), seine Nachkommen machten Kiew zur Residenz, und Wladimir ward (c. 1000) Christ, bekehrt durch Griechen. Um diese Zeit (965) nahm Miesko von Polen den katholischen Glauben an, zu welchem sich bereits die Böhmen (Tschechen) bekannten. Jahrhunderte lang kämpften diese drei Slavenreiche mit einander wegen der Grenzen, so daß Tschechen und Polen unter deutsche, Russen später unter mongolische Herrschaft kamen.

§ 18. Handel und Gewerbe unter den Karolingern.

Bei der Unsicherheit der Zustände darf man einen dauernden, großartigen Handelsverkehr nicht erwarten. Auch war es damals Sitte, daß jede Familie sich das Nothwendige an Kleidung und anderem Bedarf selbst verfertigte, z. B. Karl's Gemahlin und Töchter dem Vater Kleider spannen und webten. Daher benutzten nur die Vornehmen den Handel, der ihnen Luxusgegenstände zuführte, während die große Masse des verarmenden Volkes in Bedürfnißlosigkeit und Beschränkung lebte. Der Mangel an Wegen, öffentlicher Sicherheit, Rechtsschutz, geprägtem Geld u. s. w. beschränkte den Handel auf die Pfalzen und Wohnplätze hoher Beamten, und nur gewisse Artikel wurden weiter versendet. Karl und Alfred wandten daher ihre Aufmerksamkeit meist dem Ackerbau zu als der Grundlage des Handels, ja Karl war der beste Landwirth seiner Zeit. Er beaufsichtigte seine Kron- und Privatgüter bis ins Kleinste, gab über Alles, über Hühner- und Schweinzucht, Wein- und Obstbau, Weberei und Färberei Vorschriften, legte Musterwirthschaften an, und ist in diesen Dingen nicht minder groß wie in den übrigen. Nichts war ihm zu klein und zu gering, denn in seinen Vorschriften, die sich erhalten haben (Capitularien), geht er bis in das Einzelnste ein, auf Bienenzucht und Wachsbereitung, Schweinemast und Schinkenbereitung, Bierbrauerei und Weinbau. Nicht minder beförderte er den Handel, sorgte für gute Straßen und Sicherheit auf denselben, für Gasthöfe, für Münze und Gewicht, ordnete Märkte an, schuf eine Flotte und begünstigte Schifffahrt und Reisen.

Karl beförderte außer durch Musterwirthschaften auch durch sorgfältig ausgearbeitete Gesetze die Landwirthschaft. Damals gab es noch wenig Pferde, auch gebrauchte man dieselben nur zum Reiten, Ochsen und Kühe dagegen zum Fahren, denn selbst Könige kamen auf dem Ochsenwagen zum Maifeld. Karl hatte vom Chalifen Harun al Raschid arabische Pferde erhalten, welche er zur Veredlung der einheimischen verwendete, so daß man zu seiner Zeit Streit-, Saum-, Reit-, Fahr- und Vorspannpferde und Zelter unterschied. Nicht minder bedeutend war die Kuh-, Milch- und Butterwirthschaft, die Schaf- und Schweinezucht, da Jedermann Schinken, geräucherten Speck und Schweinefleisch der mit Eicheln gemästeten Borstenthiere genoß, von den Ziegen Hörner, Felle und Fleisch benutzt und sogar Schinken bereitet wurden, wogegen man aus gemästeten Schafen Unschlitt schmolz. Damals taxirte man die Wälder nach der Menge von Schweinen, die sich in ihnen ernähren konnten, und Gesetze schützten besonders Schweine und ihre Hirten.

Hühner brachte Bischof Martin im 4. Jahrh. nach Frankreich; zu Karl's Zeiten rechnete man zu den Hausvögeln nicht nur Enten, Gänse, Hühner, sondern auch Rebhühner, Pfauen, Fasane, Kraniche und Schwäne, wogegen Jeder die Tauben wegfangen durfte, die er auf seinem Acker fand. Auch Bienenzucht, Honig- und Wachsverbrauch waren in Gebrauch.

Als Getreide baute man Spelt, Weizen, Roggen, Gerste, Hafer, als Hülsenfrüchte Linsen, Erbsen, Hirse. Man folgte beim Ackerbau der Dreifelderwirthschaft, und Karl setzte die Getreidepreise im Lande fest, doch war Auflauf von
Getreide in Nothjahren, um Handel damit zu treiben, streng verboten; ebenso
durfte dann kein Getreide ausgeführt, noch überhaupt die Frucht auf dem Halme
verkauft werden.

Der Verbreitung des Weinbaues und der zweckmäßigen Behandlung des
Weinsaftes wendete Karl große Sorgfalt zu; er schrieb statt des Austretens das
Keltern vor und ließ in der Nähe seiner Weinberge Weinschenken herstellen.
Damals kochte man den Wein gern mit Gewürzen, Beeren oder Honig ein,
oder destillirte diese mit Wein an der Sonne. Karl brachte den Weinbau in
Burgund in Aufnahme, verbreitete ihn am Rhein (Rheingau mit Reben von
Orleans) bei Worms, Speier, im Neckarthal, in der nördlichen Schweiz, am
Bodensee.

Auch Obstbäume ließ Karl in Menge pflanzen und veredeln, worüber ihm
jährlich mußte berichtet werden. Für zartere Obstbäume errichtete er Treibhäuser und ließ Apfel-, Birn- und Maulbeerwein bereiten. Ebenso verfuhr er in
Betreff des Gartenbaues, so daß es nicht nur eine reiche Auswahl von Küchen-
früchten gab, sondern auch Färbekräuter (Krapp, Waid), Oelpflanzen (Mohn), Hanf
und Flachs, Gewürz-, Arznei- und Zierpflanzen. Sehr fleißig besuchte Karl
seine zahlreichen Meierhöfe, die über alle Provinzen zerstreut lagen und als
Ackerbauschulen dürfen betrachtet werden. Sie enthielten aber auch Arbeitshäuser
für die Weiber und Mägde, die da Wolle, Flachs und Hanf spinnen, färben
und zu Kleidern weben mußten. Flachs spann man an der Kunkel, Wolle am
Wollrocken. Freie Mädchen und Frauen liebten neben dem Weben das Sticken,
besonders nähten sie mit bunten Seiden- oder Goldfäden Figuren in Prachtkleider. Daher sandte Karl an den Chalifen nach Bagdad friesische Mäntel von
verschiedener Farbe außer den spanischen Pferden, Mauleseln und Jagdhunden,
als ihm Harun einen Elephanten (Abulabaz, Karl's Liebling), einen Löwen, den
Karl's Hunde aber sofort anpackten, Seide, Pelzwerk, Weihrauch, eine künstliche
Uhr und ein Schachbrett geschenkt hatte.

Karl ordnete endlich auch das Jagdrecht, Forstwirthschaft und Fischerei.
Früher waren Wälder Gemeindegut, aber bald wurden sie Privateigenthum
(Forstbann) und die Fischerei ein Regal.

§. 19. Handelswege und Verhältnisse zur Zeit der Karolinger.

Durch die Völkerwanderungen war der Handelsverkehr wohl von Zeit zu
Zeit unterbrochen, da die heimatlosen Kriegsstämme die Straßen unsicher machten;
so wie sie aber feste Wohnsitze wählten, kam das Bedürfniß, fremde Waaren
zu besitzen und die gewonnene Beute nützlich zu verwerthen. Gingen früher die
Handelswege von Asien zur See nach Italien oder von Konstantinopel nach

Aquileja zu Lande, so rücken die Handelsplätze nun weiter nach Westen, erhalten die Landwege und Flüsse besondere Bedeutung, weil der Waarentransport z. B. auf der Donau viel bequemer war als über die Alpen. Die Residenzen der germanischen Könige und die Höfe der hohen Kronvasallen erheben sich zu Kaufplätzen, und die Küstenländer der Nord- und Ostsee treten in den Welthandel um so leichter ein, als dort bereits lebhafte Industrie und Schifffahrt getrieben wurde.

Konstantinopel bildete damals den Mittelpunkt und Sammelplatz des europäisch-asiatischen Handels. Von jener Stadt ging die eine Handelsstraße über das schwarze Meer nach Norden, die andere über Belgrad und die Donau hinauf, die dritte nach Italien oder Frankreich, wohin auch die Straße von Syrien und Egypten führte. Schon damals behauptete Marseille für Oel, Papier (Papyrus aus Egypten), syrischen Wein u. s. w. und als Hafen für Reisen nach dem Orient den ersten Platz. Ueber Marseille unterhielt Karl Verbindungen mit Afrika, Egypten und Syrien, wo er Christen unterstützte.

Als Regensburg Residenz der deutschen Könige wurde, bediente man sich der Donau als Handelsstraße, denn die Großen des Reichs liebten orientalische Luxuswaaren: Kleider aus phönizischen Vogelhäuten, die mit Seide eingefaßt waren, Verbrämung mit Pfauenfedern, tyrischen Purpur, feine Pelze, Gewürze, Arzneimittel, Spezereien u. s. w. Dieser Handel lag meist in den Händen von Juden, die eigene Schiffe nach dem Orient ausrüsteten und die Höfe mit Schmuckwaaren versorgten, Großhandel trieben, bei Hofe zu gewissen Zeiten erscheinen mußten, und die Steuern einzogen. Marseille war ihr Hauptsitz, wo sie auch noch den Fleisch- und Weinhandel allein in den Händen hatten; aber auch in Südfrankreich, am Rhein (Köln, Straßburg, Mainz) und an der Donau (Augsburg, Regensburg) gehörte der Großhandel ihnen. Zwischenhändler blieben Syrer, Bulgaren, Avaren und Ungarn, weshalb Karl d. Gr. Rhein und Donau durch einen Kanal verband und bei Regensburg eine Schiffbrücke anlegte. Den Reichszoll erhob man bei Passau; doch zahlte man diesen in Naturalien: Wachs, Salz, getrockneten Weintranben, Gewürzen u. s. w.

Wenn auf der Donau inländische und ausländische Waaren umgesetzt wurden, so führte man den Rhein hinauf und hinab bis England friesische Tuchwaaren aus, die über Dorsted und Sluis sogar bis weit in die Ostsee, über Achen und Worms nach Südostdeutschland, über Bardewik und Magdeburg in die Slavenländer gingen. Auch Bremen, Halle, Erfurt, Forchheim erhoben sich zu Zwischenplätzen zwischen Donau, Rhein und der Ostsee. Selbst Hamburg erhielt schon Bedeutung, denn die Slaven an der Ostsee (Reric bei Wismar), Oldenburg in Schleswig, Nowgorod, Helsingör, Wisby auf Gothland, Birka in Schweden, Vineta an der Odermündung, Gedanic (Danzig) standen in lebhaftem Verkehr mit den Städten am schwarzen und kaspischen Meer, an der Donau und Rhein, indem man Linnen- und Wollwaaren, Eisen,

8*

Wein, Vieh, Wachs, Pelze, Häute, Seide, Spezerei und Sclaven austauschte. Doch sind dies nur Anfänge eines Welthandels, da man nur in gewissen Zeiten und nur für vornehme Herren Waaren feil bot, denn nur einige Rohproducte verführte man in entferntere Länder. Im Allgemeinen tauschte man Waare gegen Waare, und selbst das Geld (arabische Münzen) diente mehr zum Schmuck als etwa zum Werthzeichen. Da Ackerbau, Viehzucht und Jagd die vornehmsten Beschäftigungen blieben, so brachte man Häute, Pelze, Wolle, Fett, Vieh und Sclaven auf den Markt gegen Schmucksachen, Stahlwaffen, Seide, Spezerei. Das Handwerk war unfrei oder Nebenbeschäftigung, der Kaufmann trieb Wucher. Getreide machte damals schon die Hauptausfuhr des Frankenreiches nach dem Norden und Nordafrika aus, daneben lieferten Wein und Rosinen, Wachs, Honig, Salz und Eisen Ausfuhrartikel.

Während die deutsche Nordseeküste von den Normannen verwüstend heimgesucht wurde, hatten die Slaven an der Ostsee einen Handelsverkehr entwickelt, der bis zum adriatischen und schwarzen Meere reichte, wo er den indischen Handelswegen begegnete, so daß Konstantinopel einen passenden Mittelpunkt abgab, wie bereits erwähnt ist. Bulgaren, Chazaren und Araber kamen bis Schleswig, dagegen dienten Waräger in Konstantinopel als Leibwache, und Normannen so wie Friesen holten an der Ostsee indisch-arabische Waaren ab, um sie nach Norden und den Rhein hinauf zu führen. Schon im 6. Jahrhunderte bestand dieser Verkehr, denn an den Küsten und Inseln der Ostsee findet man heute noch arabische, griechische und römische Münzen in großer Menge. Nicht nur Oldenburg und Reric waren Stapelplätze, es hielten die Skandinavier alljährlich auch zu Helsingör großen Markt unter Buden und Zelten, und Wisby auf Gothland diente als Sammelplatz für griechische, englische und deutsche Kaufleute. Diese kamen auf ihren kleinen Schiffen flottenweise gesegelt, um sich gegen Seeräuber zu schützen und übernachteten alle Abend am Lande. Namentlich zogen sie im Frühjahr von Schleswig und Vineta an der Ostsee bis Preußen, dem Bernsteinlande, wo Danzig entstand, nach dem Ladogasee, die Wolga hinab in's kaspische Meer oder den Don und Dnjepr hinunter. Selbst die Seeräuber hatten ihre Märkte (Friedeland), wo sie ihre Beute verkauften, wogegen der Kaufmann zugleich Krieger zu sein pflegte und für adelig galt.

Die Deutschen besaßen geringe Industrie, denn nur Flachs verarbeiteten die Knechte und Mägde, die Friesen auch Wollentuch, welches sie färbten und mit farbigem Saume versahen. Schon betrieben Regensburg, Köln und Aachen diese Industrie im Großen und purpurrothes Tuch diente in Stücken und Streifen als Tauschmittel. Die Viehzucht blieb vorwiegende Beschäftigung, wogegen Getreidebau nur mäßig betrieben wurde; die Waaren und Gerichtsstrafen bezahlte man mit Vieh. Bergbau kannte man schon im 8. Jahrhunderte in Baiern, Salzgewinnung aus Meerwasser bildete ein eigenes Gewerbe, und Schmelzhütten besaß bereits Karl d. Gr.

Obschon Handwerker Leibeigne zu sein pflegten, das Spinnen und Weben

Knechten und Mägden zugewiesen blieb, so trieben doch in einigen alten Städten (Köln, Mainz, Worms, Speier, Straßburg, Augsburg, Regensburg, Passau) schon Freie die Weberei und Färberei, so wie Eisenbearbeitung als Gewerbe; denn man verstand zierliche Gußarbeiten und gute Waffen zu verfertigen. Jeder Krieger war Schmied, und jedes Kriegsschiff führte Ambos und Schmiedewerkzeuge mit sich. Schwertgehänge, Gürtel, mit Metallbuckeln verziert, Schmuck für Pferde, Armringe aus Gold und Silber, Bernsteinperlen, Bergkrystall, Glasperlen, farbige Emailstangen u. s. w. bezeugen große Geschicklichkeit in diesen Arbeiten. Doch auch der Handel mit Sclaven wurde im Großen betrieben, denn der ärmste Freie besaß deren 10—12, Reiche oft 10—20,000. Sklavenmärkte hielt man in Konstantinopel, Rom, Marseille, Lyon, in Deutschland und seinen Küsten, England und Dänemark. Erst nach vieler Anstrengung gelang es der Kirche, diesen Handel zu beschränken und zu unterdrücken.

§. 20. Das deutsche Königthum.

Die einzelnen germanischen Stämme hatten es versucht, in den romanischen Ländern Reiche zu gründen, aber sie konnten der dort herrschenden Entsittlichung, der Schwelgerei, Unsittlichkeit und Rohheit nicht widerstehen, es erlagen die Ost- und Westgothen, Vandalen und Franken, nur den sittlich reinen, tüchtigen und mannhaften Volksstämmen im eigentlichen Deutschland war es vorbehalten, ein christlich-germanisches Weltreich zu gründen, welchem Jahrhunderte lang die Führung Europas anvertraut war und zum Theil noch anvertraut ist.

Als mit Ludwigs Tode (911) das Geschlecht der Karolinger erlosch, traten die deutschen Herzöge, Erzbischöfe und die andern Großen des Reiches zusammen und erklärten Deutschland für eine Wahlmonarchie. Dies war für damals und später eine verhängnißvolle Wahl und hat die Auflösung des deutschen Reiches (1805) zur Folge gehabt. Es ward dabei nicht einmal festgesetzt, wer das Recht habe, an der Wahl Theil zu nehmen, und unter welchen Formen die Wahl rechtskräftig sei. Es kam daher zu vielen Wahlstreitigkeiten, Doppelund Gegenwahlen, Absetzungen, und die Empörung ehrgeiziger Vasallen gegen das Reichsoberhaupt ward stehend, da fast jeder König und Kaiser mit solchen Ungehorsamen Krieg zu führen hatte. Nach dem Tode des Königs meinte derjenige Ansprüche auf die Regierung zu haben, welcher sich im Besitz der Krönungsinsignien (Reichskleinodien) befand, so daß oft ein Haschen nach denselben begann. Die Großen des Reichs versammelten sich zur Neuwahl und auch die freien streitbaren Männer erschienen in großer Menge. Hatten sich die Fürsten über eine Wahl geeinigt, so theilten sie dies den anwesenden Freien mit. Fand die Wahl Beifall, so begrüßte man dieselbe mit Zuruf, hob den Gewählten auf den Schild, trug ihn durchs Lager, und der freudige Zuruf der Krieger galt als Zustimmung. Mithin blieb die Königswahl immer auf wenige Theilnehmer beschränkt, die Zustimmung des Volkes wurde bald außer Acht gelassen, und erst Karl IV. setzte durch die goldene Bulle (1356) die Zahl der Wähler und die Wahlformen gesetzlich fest.

Zu dieser Abhängigkeit des Königs von seinen Fürsten kam noch ein schlimmerer Umstand. An der Spitze der Volksstämme stand ein Erb- oder Volksherzog, welchen der König mit Land und den Leuten des Herzogthums belehnen mußte. Alle Bewohner desselben waren dem Herzog Treue und Gehorsam schuldig, wodurch dieser eine ziemlich unabhängige Macht erhielt, da er nur für seine Person dem König Treue und Gehorsam schuldete. Bei Streitigkeiten entschied die Fürstenversammlung, von deren gutem Willen es auch abhing, ob und wie weit sie dem König bei Kriegen gegen ungehorsame Vasallen oder gegen äußere Feinde beistehen wollte. Der König besaß also nur den Titel, nicht aber die wirkliche Macht, vielmehr konnte er sich nur auf den Beistand seines Stammlandes verlassen.

Da die Fürsten sehr bald immer offener nach Unabhängigkeit vom Könige strebten, so mieden sie es, kräftige Regenten zu wählen. Dagegen die Könige arbeiteten dahin, die Herzogthümer von sich abhängig zu machen und die Nachfolge eines Sohnes zu sichern, was ihnen oft Reichsdomänen und andere Herrscherrechte kostete. Die sächsischen Könige wenden die Herzogthümer Verwandten zu, dadurch wurden die Bürgerkriege aber zu Familienkriegen; die fränkischen Könige machten die kleineren Vasallen von den Reichsvasallen unabhängig und schützten die Städte, um sich eine Partei zu verschaffen; die Hohenstaufen zerkleinerten die Herzogthümer und die spätern Könige sorgten vorzugsweise für Vermehrung ihrer Hausmacht.

In den Herzogthümern besaßen die Könige aber auch große Domänen, später standen die Reichsstädte unter ihnen; aber auch die hohen Kirchenbeamten empfingen große Ländereien als weltliches Lehen, woraus sich ärgerliche Verwickelungen ergaben, wenn König und Papst in Streit geriethen. Es mußten die geistlichen Vasallen für diese Lehen aber auch Kriegsdienste leisten, so daß oft Erzbischöfe und Bischöfe gewaffnet in's Feld zogen und als Generale fochten.

Als Einnahme wies man dem Könige Ländereien zu, Antheil an den Strafgeldern der vom Gericht Verurtheilten und Geschenke, welche die Vasallen an gewissen Festtagen bringen mußten. Außerdem gehörte ihnen der Ertrag der Zölle, der Regalien u. s. w. Doch gab es damals keine allgemein gültigen Gesetze, sondern jede Person, Stand, Stadt, Innung erhielt als Privilegium irgend ein Recht; sogar das Münz- und Marktrecht war Privilegium. Daraus erwuchs eine Vielheit der Rechte und Bevorrechtungen, eine Vielheit kleiner unabhängiger Reichstheile (Herzöge, Reichsgrafen, Reichsritter, Reichsstädte, Klöster, Bisthümer u. s. w.), daß es immer schwieriger wurde, Ordnung zu erhalten; ja daß endlich das Faustrecht dauernder Zustand ward.

Damals wohnte der König nicht in einer Residenz, sondern befand sich das ganze Jahr über mit seinem Hofe und seiner Familie auf der Wanderung.

indem er von einer Provinz in die andere zog, Reichstage hielt, Recht sprach und sein Reich auf diese Weise beaufsichtigte. Minister in unserem Sinne hatte er nicht, sondern bediente sich der höchsten geistlichen Würdenträger als Räthe, Secretäre und Gehilfen; denn nur die Geistlichen waren wissenschaftlich gebildet, konnten lesen und schreiben und bekleideten also die höchsten Staatsämter. Nur die Verwaltung blieb den hohen Vasallen überlassen, welche im Kriege zugleich als Heerführer dienten.

§. 21. Die sächsischen Könige (919—1024).

Nach dem Aussterben der Karolinger (911) wählte man aus dem könig-lichen Stamme der Franken einen König, Konrad den Salier, welcher aber starb (918), ehe er die inneren Feinde besiegt und den Magyaren die räuber-schen Einfälle unmöglich gemacht hatte. Wegen der Noth im Reiche wählten die Fürsten den Tüchtigsten ihres Standes, den tapfern Sachsenherzog Heinrich I. (919—36), welcher zunächst die Reichsgrenzen sicherte, indem er Schleswig, Meißen und Lothringen zu Reichsländern machte. Da aber die Magyaren auf ihren Kriegszügen bis Thüringen und Sachsen kamen, Heinrich diesen behenden Reitern mit seinem schwerfälligen Heerbann nicht widerstehen konnte, so schaffte er sich durch Tribut einen neunjährigen Waffenstillstand, um sich zur Gegen-wehr zu rüsten, indem er das Heerwesen umgestaltete und Befestigungen anlegte.

Damals gab es nur im Süden der Donau und am Rhein aus den Römerzeiten Städte, obschon auch diese durchaus ein dorfartiges Aussehen hatten, da sie meistens aus durch einander liegenden Meierhöfen bestanden und Acker-bau die Hauptbeschäftigung der Bewohner bildete, wie es noch jetzt bei vielen kleineren Städten der Fall ist. In Mittel- und Norddeutschland kannte man nur einzelne mit Wall und Mauer umgebene Burgen, Herzogs- und Bischofs-höfe, um welche die Hütten der Bedienung, die Vorraths-, Arbeitshäuser und Herbergen lagen. Heinrich ließ solche Höfe, wenn sie an einem militärisch wich-tigen Punkte lagen, mit Wall und Mauer umgeben und einen Theil der länd-lichen Bevölkerung als Besatzung hineinziehen, denen die Landleute die nöthigen Lebensmittel liefern mußten. Dies gab vielen späteren Städten den Ursprung weshalb man Heinrich — wenn auch mit Uibertreibung — den Städteerbauer und Gründer des Bürgerthums nennt.

Es war damals aber auch die alte Kriegsverfassung (Heerbann) in Ver-fall gerathen, die Zahl der Streiter mangelhaft, noch schlechter ihre Bewaffnung, und die Reiterei an Zahl gering. Heinrich stellte daher die alte Heeresordnung wieder her, indem er genau bestimmte, wer zum Kriegsdienst verpflichtet sei. Außerdem belohnte er diejenigen, welche gerüstet zu Pferde erschienen, denn er verlieh ihnen ein Reichslehen, und sie wurden Ritter (Reiter) genannt. Alljähr-lich versammelten sich diese districtweise, um sich im Reiten in geschlossenen Zügen zu üben. Man theilte sich dabei in Parteien, die sich durch gemeinsame

Abzeichen auf Helm und Schild kenntlich machten, woraus später die Ritterorden und Ritterbündnisse wurden. Dann hielt er auch Heerschau, wobei sie vor
ihm manövriren mußten, worauf von Damenhand der Preis vertheilt wurde.
Hieraus entwickelten sich die Turniere. Nachdem Heinrich Reiterei und Fußvolk
organisirt und jene zur Hauptwaffe erhoben hatte, versuchte er die Tüchtigkeit
seines Heeres im Kampfe gegen die Slaven jenseits der Elbe, besiegte sie und
erweiterte die Nordmark, die bald zur Mark Brandenburg anwuchs, aus welcher
das Königreich Preußen geworden ist. Nun wagte er auch den Kampf mit den
wildtapferen Magyaren, kündigte ihnen den Waffenstillstand und lieferte ihnen
ein siegreiches Treffen in der Gegend von Merseburg (933). Einige Jahre
darauf starb der unermüdliche König in seiner Pfalz Memleben an der Unstrut
in Thüringen.

Ihm folgte sein Sohn Otto I. (936—73) mit dem Beinamen der Große,
welcher im Anfange seiner Regierung schwere Kriege mit seinen Verwandten,
Brüdern und Söhnen zu bestehen hatte. Einer dieser Empörer, der Baiernherzog, rief die Magyaren zu Hülfe, ward aber vor ihrer Ankunft zur Unterwerfung gezwungen, so daß sich Otto nun mit der ganzen Reichsmacht gegen
die Feinde wenden konnte, welche bereits die Donauländer verwüstend durchzogen. Am Lech, in der Nähe von Augsburg, kam es (955) zu einem furchtbaren Kampfe, der fast einen ganzen heißen Sommertag dauerte, und in welchem
der Baiernherzog erschossen wurde. Endlich mußten die Magyaren vom Schlacht-
felde weichen, wurden unausgesetzt von den Siegern verfolgt, und die versprengten
Feinde von den Bauern erschlagen, so daß nur sieben die Heimat sollen wieder gesehen haben.

Damals bestand Deutschland aus den Herzogthümern Baiern, Schwaben,
Franken, Lothringen, Sachsen, deren Herzöge dem König bei seiner Krönung zu
Aachen gewisse Ehrendienste der Bewirthung erwiesen hatten, woraus die soge-
nannten Reichsämter (Truchseß, Marschall, Mundschenk u. s. w.) wurden.

Nachdem das Reich im Süden gesichert war, erweiterte Otto die Nord-
grenze, indem er die Slaven und Dänen in der cimbrischen Halbinsel besiegte,
zur Annahme des Christenthums zwang und zu dessen Schutz die Bisthümer
Bremen, Merseburg, Zeitz, Brandenburg und Havelberg gründete, Magdeburg
aber zu einem Erzbisthum erhob, die Lausitzer Mark herstellte, Böhmen vom
Reiche abhängig, Boleslav zu seinem Vasallen und Prag zur Bischofsstadt
machte. Um seinen Einfluß im Osten zu sichern, ließ Otto durch den Bischof
von Passau den König Stephan von Ungarn in der Bekehrung der Ungarn
und in der Einrichtung Ungarns nach deutschem Vorbilde unterstützen (1000).

Schon vorher war er der Adelheid, verwitweten Königin Italiens, gegen
Berengar von Ivrea zu Hilfe geeilt, welcher sie gefangen genommen und mißhandelt hatte, sie dann aber nach ihrer glücklichen Flucht aus dem Gefängniß
in der Burg Canossa belagerte. Otto besiegte den Berengar und bestrafte den
Treulosen hart, als er sich heimtückisch empörte. Die dankbare Adelheid gab

ihrem Befreier ihre Hand, welcher zu Mailand (962) die Krone Italiens empfing, welche Jahrhunderte lang den deutschen Königen verblieb. Ein Aufstand in Rom gegen den Papst rief Otto dorthin, wo er (963) die römische Kaiserkrone und das Schirmrecht über Rom und die Kirche empfing, weshalb er und seine Nachfolger den Titel „römischer Kaiser deutscher Nation" bekam. Jeder König pflegte sich auf einem „Römerzuge" die Kaiserkrone zu holen; doch empörten sich die Italiener oft, so daß dieser Besitz sehr viel Blut und die Blüthe des deutschen Adels gekostet hat. Außerdem geriethen Kaiser und Papst über ihre gegenseitigen Rechte oft in Streit, da der Kaiser Herr der Kirche, der kroneverleihende Papst Herr des Kaisers sein wollte. Mit dem Kaisertitel verband man aber damals den Gedanken der Weltherrschaft, indem man den Kaiser als Oberhaupt der christlichen Völker betrachtete, dem die andern christlichen Könige unterthan wären. Die Kaiserkrone wurde daher ein Unglück für Deutschland, dessen beste Kräfte für Italien geopfert wurden. Doch ist das Mittelalter hindurch Deutschland allerdings die entscheidende Macht gewesen, an welche oft das Schicksal der Nachbarvölker geknüpft war. Erst später werden die übrigen Staaten wichtiger und gewinnen Einfluß auf den Gang weltgeschichtlicher Entwickelungen.

Otto's Nachfolger sollten bald das Verhängnißvolle der Eroberung in Italien kennen lernen. Otto II. (973—83) strafte in Rom den Edelmann Crescentius, welcher Rom zur Republik umzugestalten trachtete, verlor aber die Schlacht bei Basantello und mit ihr Unteritalien, welches ihm als Mitgift seine griechische Gemahlin übergab. Um die Ungarn fern zu halten, machte er den streitbaren Babenberger zum Markgrafen der wieder hergestellten Ostmark. Sein unmündiger Sohn Otto III. (983—1002) blieb ganz machtlos in Italien, trennte dagegen Kärnthen von Baiern und erhob es zu einem besondern Herzogthum, zu welchem er Verona und Steiermark fügte. Sein Plan, Rom zur Hauptstadt zu machen, blieb zum Glück unerfüllt, denn Otto starb.

In seine Regierung fällt die Blüthezeit der damaligen Wissenschaft, wie er selbst vielseitig gebildet war. Gerbert (als Papst Silvester II.) galt für den tüchtigsten Mathematiker und Physiker, konnte Sonnenuhren machen und gut rechnen. Des Kaisers Bruder Bruno gründete zu Köln eine Gelehrtenschule, die Geistlichen und Kaiserinnen waren in lateinischen und griechischen Schriften sehr belesen, eine Nonne dichtete in lateinischen Versen, die Bischöfe Bernward und Meinwerk zeichneten sich als Baumeister, Bildhauer und Verfertiger von großartigen Gußarbeiten aus, Prinzessinnen wurden Aebtissinnen, um der Wissenschaft und Menschenliebe sich hingeben zu können, der Prager Bischof Adalbert versuchte die Bekehrung der Preußen und liegt in Gnesen begraben, wohin Otto selbst barfuß wallfahrtete. Zu gleicher Zeit beutete man bereits die Silbergewerke im Harz aus und trieben Juden sammt Lombarden Geld- und Wechselgeschäfte.

Heinrich II. (1002—24) mußte mit den Polen und Lombarden kämpfen, ja entzog sich zu Pavia in der Nacht nach seiner Krönung nur durch einen Sprung aus dem Fenster der Gefangenschaft. Ohne irgend welchen Erfolg erreicht zu haben, starb der Kaiser (1024) und liegt in dem von ihm gebauten Dom zu Bamberg begraben. Der Kirche blieb er treu ergeben und erhielt daher den Namen der Heilige.

§. 22. Die fränkischen Könige (1024—1125).

Hatten die sächsischen Könige mit Vasallen und Italienern zu kämpfen, so kamen unter den fränkischen Regenten noch erbitterte Streitigkeiten mit der Kirche hinzu, welche das Reich auf das Tiefste erschütterten, dagegen das Emporkommen der Städte beförderten.

Konrad II. (1024—39) ward auf dem alten Königsstuhl bei Oppenheim in der Rheinebene zum König gewählt, empfing darauf die lombardische Königs- und römische Kaiserkrone und brachte Burgund nach Rudolphs Tode an Deutschland. Den Streit mit seinem Stiefsohn Ernst, der den Hof verließ, um mit seinem Freunde im Schwarzwald als Räuber zu leben, haben die Sage und Uhland durch ein Schauspiel verherrlicht. Böhmen und Polen wurden lehenspflichtig, doch erhielt Kanut von Dänemark Schleswig, wogegen die Eider für immer Reichsgrenze sein sollte. Um seine Macht gegen die großen Vasallen zu befestigen, machte er die kleinen Lehen erblich und setzte ihre Rechte fest, wodurch er einen wehrhaften Mittelstand schuf. Der Dom zu Speier ward für sein Geschlecht der Begräbnißort und heißt daher der Kaiserdom. Um dem Fehdewesen Einhalt zu thun, führte Konrad den Gottesfrieden ein, weil ihn burgundische Bischöfe bereits zum Kirchengesetz gemacht hatten.

Der kräftigste Kaiser, den Deutschland gehabt, war Heinrich III. (1039—56), welcher Ungarn lehenspflichtig machte, Polen und Böhmen behauptete und nach erblicher unumschränkter Kaisergewalt strebte. Er setzte drei Päpste ab und dafür drei Deutsche in's Amt, war aber dabei sehr fromm, fastete viel, ließ sich oft blutig geißeln und herrschte so gewaltig, daß kein Reichsfürst es wagte, ihm ungehorsam zu sein. Desto schlimmer erging es dem Reiche aber unter seinem Sohne Heinrich IV. (1056—1106).

Heinrich hat die wechselvollsten Schicksale erlebt, wie sie je einen Menschen betroffen haben; es gibt kaum einen Schimpf, einen Schmerz, den er nicht hätte ertragen müssen. Als Kind stahl man ihn der Mutter; der Erzbischof Hanno von Köln erzog ihn hart und ließ ihn zu niedrigen Diensten anhalten; dagegen verwaltete er im Namen des Knaben das Reich und riß viel Reichsgüter an sich. Als er aber in Rom abwesend war, entführte sein Gegner Adalbert von Bremen den Jüngling, erzog ihn zu einem zanksüchtigen, herrischen Prinzen und benützte seinen Einfluß, Heinrich gegen die Sachsen aufzubringen. Als Heinrich mündig war, zwangen ihn die Fürsten, den Bremer Bischof zu entlassen und wider seinen Willen eine deutsche Fürstentochter zu heiraten, wodurch

sich Heinrich sehr gedemüthigt fühlte. Ja man beschuldigte ihn des Meuchel-
mords, so daß er einen seiner Anhänger zu einem Kampf als Gottesurtheil
stellen mußte. Da er die Sachsen schlecht behandelte, ihnen durch seine Hof-
haltung in Goslar lästig wurde, dem kriegstüchtigen Sachsen Otto v. Nordheim
das Herzogthum Baiern nahm, um es dem aus Este stammenden Welf zu
geben, auch den Sachsenherzog Magnus gefangen hielt, die Thüringer durch
Zehnten drückte: so griffen die Sachsen zu den Waffen, verjagten ihn aus Goslar und belagerten ihn in der nahen Harzburg. Auch von hier mußte Heinrich
des Nachts fliehen und irrte drei Tage in dem Harz- und Thüringerwalde rath-
los umher, während die Sachsen die Harzburg eroberten, zerstörten und in ihrer
Wuth nicht einmal die Gebeine der kaiserlichen Todtengruft verschonten. Dies
verschaffte dem Kaiser die Hilfe des Reichs, so daß er in einer mörderischen
Schlacht an der Unstrut die Sachsen besiegte und hart bestrafte. Diese aber
wandten sich an den Papst Gregor VII., welcher auch ihre Klagen annahm und
Heinrich zur Verantwortung nach Rom forderte.

Gregor, als Mönch Hildebrand, Sohn eines Handwerkers, hatte
sich durch Gelehrsamkeit, Talent und Charakterstärke so viel Vertrauen erworben,
daß man ihn zum Papst wählte. Gregor wollte der Kirche als einer göttlichen
Anstalt die Macht und Stellung geben, welche derselben nach seiner tiefsten
Überzeugung gebühren. Daher setzte er es nach harten Kämpfen durch, daß ihn
alle Erzbischöfe, Bischöfe und Geistliche bis zum Mönch herab als Oberhaupt
betrachteten und ihm unbedingten Gehorsam gelobten (Hierarchie). Um die
Geistlichen von allen weltlichen Sorgen frei zu erhalten, damit sie ganz ihrem
Berufe angehören könnten, befahl er die Ehelosigkeit (Cölibat) der Geistlichen,
was bis dahin noch nicht allgemeine Sitte war. Auch den Kauf geistlicher
Aemter (Simonie) verbot er als einen Mißbrauch, welcher die Würde des
Priesterstandes herabsetze, und auch die Belehnung (Investitur) durch weltliche Macht duldete er nicht, da ihm allein das Recht zukomme, geistliche Stellen zu besetzen, der Staat aber dem vom Papst Eingesetzten selbstverständlich
den Nießbrauch der Güter gestatten müsse, welche zu der geistlichen Stelle gehören. Gregor wollte die Reinheit und Einheit der Kirche, wollte sie aber
auch zur obersten Macht der Christenheit erheben, die gebietend über Fürsten
und Volk stehe, da diese ja von der Kirche ihr ewiges Heil empfangen und da
der Papst als Stellvertreter Petri die Macht zu lösen und zu binden habe.
In der That hatte die Kirche seither eifrig dahin gestrebt, Sittenroheit, Unrecht,
Sclaverei und Gewaltthat zu unterdrücken.

Bei diesen Bestrebungen erachtete es Gregor für seine Pflicht, der Unge-
rechtigkeit Heinrichs Schranken zu setzen. Doch Heinrich als Schirmvogt der
Kirche betrachtete sich als Vorgesetzten des Papstes, antwortete auf des Papstes
Vorladung in heftiger Weise, so daß ihn der Papst in den Bann that, der
Kaiser aber den Papst für abgesetzt erklärte. Da nun die hohen Geistlichen die
Übermacht des Papstes, die Fürsten aber die des Kaisers fürchteten, so hielten

die deutschen Geistlichen zum Kaiser, die Fürsten zum Papst und zwangen den Kaiser, seinem Amte so lange zu entsagen, bis er sich mit der Kirche versöhnt habe. Heinrich lebte ein Jahr als Privatmann in Speier, geschützt von den Bürgern, dann machte er sich im Winter mit geringem Gefolge auf, überstieg unter vielen Gefahren die Alpen, wies die Hilfe der Lombarden gegen den Papst zurück und that zu Canossa (1077) drei Tage Buße, worauf ihn der Papst wieder in die Kirche aufnahm. Doch die Fürsten hatten unterdessen einen Gegenkaiser gewählt, mit welchem Heinrich bei Merseburg stritt (1080), wobei der Gegenkaiser das Leben verlor, was für ein Gottesurtheil galt.

Nun überließ Heinrich den weiteren Kampf seinem Anhänger Friedrich von Hohenstaufen, Herzog von Schwaben, zog selbst gegen Rom, setzte auf einer Kirchenversammlung zu Pavia unterwegs den Papst ab, ernannte einen andern an dessen Stelle, ließ sich von ihm in Rom krönen und belagerte Gregor in der Engelsburg. Doch dieser fand in dem Normannenfürsten Guiscard einen Freund, dem er Unteritalien als Lehen gab, wofür der Undankbare Rom furchtbar plünderte und die Gefangenen als Sklaven verkaufte. Da mußte denn der Papst die Engelsburg verlassen, floh nach Unteritalien und starb (1084) zu Salerno mit den Worten: „Ich liebte die Gerechtigkeit und haßte das Böse, darum sterbe ich in der Verbannung." An Willenskraft, Kenntniß und Scharfblick war er allen seinen Gegnern weit überlegen.

In Deutschland dauerte indessen ein verheerender Bürgerkrieg fort, da neue Gegenkaiser aufgestellt wurden; von Rom aus schleuderte Urban II. von neuem den Bannstrahl gegen Heinrich, von dem sich nun die eigenen Söhne losjagten, einer (Heinrich V.) sich sogar zum Kaiser wählen ließ und seinen Vater verrätherisch gefangen nahm. Zwar entkam der alte Kaiser, fand in den Städten am Rhein freudige Aufnahme, starb aber während der Rüstung gegen seinen Sohn zu Lüttich, von Unglück und Kummer gebeugt. Seine Leiche ward auf einer Moselinsel begraben, doch die Kirche verbot, sie in geweihter Erde ruhen zu lassen, deshalb grub man sie wieder aus und ließ sie 11 Jahre zu Speier in ungeweihter Kapelle stehen, ehe sie in die Kaisergruft durfte gesenkt werden.

Heinrich V. (1106—1125) erntete für die am Vater verübte Treulosigkeit den Haß der mächtigen Rheinstädte, welche ihm den Gehorsam verweigerten. Auch die Fürsten traten ihm feindlich entgegen, und mit der Kirche gerieth er bald in so heftigen Streit, daß er den Papst und die Kardinäle zu Rom mitten in der Kirche gefangen nahm und fortführte. Da traf auch ihn der Bannfluch, und da er nirgends treue Freunde hatte, mußte er (1122) durch das Wormser Concordat den Investiturstreit zu Gunsten der Kirche entscheiden lassen. Bald darauf starb er.

Nach seinem Tode waren die Fürsten in Betreff der Wahl eines Nachfolgers uneinig, da einige den Hohenstaufen Friedrich vorschlugen. Doch ging endlich die Wahl Lothars von Sachsen (1025—37) durch, welcher sich mit Welf von Baiern verband und dieser in Italien und Süddeutschland reichbegüterten Familie noch Sachsen übergab, welches ganz Norddeutschland mit Einschluß der slavischen Länder jenseits der Elbe umfaßte. Die Hohenstaufen widersetzten sich zwar mit bewaffneter Faust dieser Wahl, erlagen aber in der Lombardei und Süddeutschland, so daß sie sich unterwerfen mußten. Doch die Normannen entrissen dem Reiche Neapel, Capua und Aversa.

§. 23. Städte, Bildung und Handel bis zu den Kreuzzügen.

Es ist bereits öfter daran erinnert worden, daß der Stand der freien Bauern bis auf geringe Reste unterging, der Kriegsadel dagegen an Macht und Ansehen gewann, da der Bauer sein Höriger wurde, der für ihn arbeiten und ihm Zehnten geben mußte. Da nun adelige Burghöfe und Klöster oder Bischofssitze sich zu Städten erweiterten, so bestanden deren Bewohner auch aus solchen Hörigen, obschon auch ein Theil freier Kriegsmänner und adeliger Vasallen der Stadtherren sich in denselben niederließen, welche man Ministerialen nannte, da sie einen bevorzugten Stand bildeten. Diese Ministerialen waren die Beamten des Stadtherrn und wurden bald dem Stande der adeligen Ritter zugerechnet, so daß sie als Patrizier den Stadtadel oder die freie Bürgerschaft bildeten.

Die ältesten Städte bestanden aus einem unregelmäßigen Haufen von hölzernen, mit Stroh gedeckten Hütten, zwischen denen die steinernen Herrenhöfe mit schmalen Fenstern und Thüren im Rundbogenstil, niedrigen Zimmergewölben und fensterarmen Mauerwänden lagen. In der Mitte erhob sich die Burg des Stadtherrn, am Markte befanden sich Kaufhäuser mit bedeckten Hallen und Bogengängen (Lauben), in gewissen Gassen wohnten Handwerker desselben Gewerks in Zünften neben einander; auch Geldwechsler fehlten nicht, doch waren die Kirchen meist Holzbauten, die Gassen eng und ungepflastert, die Plätze ein Tummel- und Weideplatz für Schweine und Kühe, die alltäglich auf die Weide vor die Thore getrieben wurden. Mauer, Graben und Wall umschloß das Ganze, doch besaß die Mauer nicht immer Thürme. Die Stadt bot dennoch vielfache Bequemlichkeit, so daß der Adel gern in ihr wohnte, die Stadtherren aber sie mit Vorrechten ausstatteten, besonders mit Markt-, Zoll- und Zinsrecht.

Von den Bewohnern hatte jeder Stand sein besonderes Gericht und Recht; als königlicher Kriminalrichter wohnte in der Stadt ein Burggraf, über die Ministerialen gebot der Vogt oder Schultheiß des Stadtherrn, der dem Vogt noch Schöffen als Beisitzer gab; die Hörigen aber standen unter Hofrecht, d. h. wurden nicht von Schöffen als Vertretern der Freien gerichtet. Jede Stadt bestand daher aus drei Gerichtsgemeinden mit besondern Richtern und Rechten, aus Königsleuten (adeligen Beamten) schöffenbar freien Ministerialen, (Oekonomen oder Kaufleuten), und hörigen Handwerkern. Erhielt der Stadtherr auch die Stellvertretung des Königs (Immunität), so wurde die Stadt zu Einer Gemeinde, die Stadtmark zum geschlossenen Weichbild, der Schultheiß oder Advocat zum Bürgermeister und Stadtcommandanten, die Schöffen zu städtischen Verwaltungsräthen. Die freien Ministerialen schlossen sich zu Gilden, die Handwerker zu militärisch organisirten Zünften zusammen, jene hatten Geschwornengerichte ihres Standes, diese nicht.

Zunftmeister standen an der Spitze der Innungen oder Zünfte (Sattler, Schmiede, Kürschner, Handschuhmacher, Schuster, Schneider, Müller, Küfner, Becherer, Schwertfeger, Oebster und Weingärtner) und jeder Zunftbürger mußte fünf Tage für seinen Herrn arbeiten, für ihn und seine Dienerschaft aus dem gelieferten Rohmaterial unentgeltlich die nöthigen Bedürfnisse verfertigen, die Gilden dagegen dreimal im Jahre Botschaftsgänge verrichten, durften dafür aber an Festtagen an besondern Tischen bei ihm speisen. Von den Gilden erhob sich die der Münzpächter und Geldwechsler zur angesehensten, die sich zum Adel rechnete, Wappen und Adelstitel annahm. Diese Altbürger (Patrizier, Stadtjunker) hielten im „Bürgerhause" Versammlungen, wählten in einigen Städten (römischen Ursprungs) jährlich aus sich den Bürgermeister als Polizeimeister und hatten eine Art Hypotheken- oder Grundbuch, welches sie Schrein nannten.

Schon damals bildeten sich für den Großhandel gewisse Mittelpunkte. Mainzer Kaufleute reisten bis Konstantinopel: Zürich, Konstanz und Basel standen über den Gotthardt und Brenner mit Italien in Verkehr; Regensburg war das Leipzig der damaligen Zeit, Würzburg hatte den Handel am Main, Coblenz an der Mosel, Huy und Lüttich an der Maas, Köln sandte Schiffe nach England; Utrecht, Dortrecht und Tiel unterhielten Seeschiffe, welche hoch nach Norden und Osten segelten. Ostfriesen segelten nach Syrien, Island, Hamburger in die Ostsee, und Stain an der Donau war wichtige Zollstation, da hier griechische Waaren eingeführt wurden.

Die Handelsstraßen nannte man Königswege, welche von den Ostseehäfen über Magdeburg, Goslar, Dortmund und Soest nach dem Rhein, oder über Halle und Erfurt nach Bamberg, Würzburg und Regensburg gingen. Je mehr das deutsche Reich sich der Oder näherte, um so mehr entwickelte sich der Handel mit den Slaven, woneben die Verwandtschaft der sächsischen Könige mit den griechischen Kaisern den Handelsverkehr auf der Donau belebte.

So nachtheilig die langen Streitigkeiten zwischen Kaiser und Papst waren, so brachten sie den Städten doch große Vortheile. Die Römerzüge veranlaßten eine genauere Bekanntschaft mit Italien und dem dort reicher entwickelten Städtewesen, und die Doppelwahlen des Kirchen- und Staatsoberhauptes hatten zur Folge, daß auch die höheren geistlichen und weltlichen Aemter doppelt besetzt wurden. Jede Partei mußte daher Privilegien geben, alte Rechte fahren lassen, um sich Anhang zu verschaffen, und die fränkischen Könige suchten ihre Stütze gradezu im Bürgerstande, weil er reich und wehrhaft war. Die Ausdehnung des Reiches endlich nach allen Seiten, namentlich nach Osten, erweiterte und belebte den Handel.

Neben der Entwickelung des materiellen Wohlstandes, welcher sich in vielen Gegenden trotz der verheerenden Bürgerkriege zeigte, machte auch das wissenschaftliche und religiöse Leben erfreuliche Fortschritte. Geistliche verfaßten Chroniken und Gedichte in lateinischer und deutscher Sprache, in Italien studirte man römisches Recht, Paris ward der Sitz der theologischen Gelehrsamkeit, und fromme Männer gründeten strenge Mönchsorden (Karthäuser 1084, Cistercienser 1098, Prämonstratenser 1120), besonders aber wirkte Bernhard von Clairvaux auf sittlich-religiöses Leben, während Abälard die scholastische Theologie scharfsinnig ausbildete und der gelehrte Anselm, Erzbischof von Canterbury, die Kirchenlehre philosophisch entwickelte, in den Niederlanden, Oesterreich und Kärnthen die deutsche Poesie besondere Pflege fand (Reineke der Fuchs, die Nibelungen und strenge bliblische Dichtungen).

Auch Baukunst und Malerei blieben nicht zurück. Damals baute man im romanischen Styl große Dome, verzierte deren Wände, Nischen, Bogengänge, Fußboden und flache oder gewölbte Decken mit symbolischen Figuren, behing die Wände mit schön gestickten Teppichen und schmückte die geschriebenen Bücher mit bunten Vignetten, Anfangsbuchstaben, Miniaturbildern, Arabesken und symbolischen Bildern.

Neben der Kunst und Wissenschaft entwickelte sich auch der Handel, denn deutsche Kolonisten ließen sich zahlreich in slavischen Ländern nieder, so daß nach und nach in den Städten der Slaven deutsche Städteverfassung Eingang und Nachahmung fand. Bereits erhielten die Bürger der rheinischen Städte Freiburg im Breisgau und Köln persönliche Freiheit und freies Eigenthum. Die Stadträthe (Consuln) zählten zum bevorzugten Stadtadel, hatten manche Steuerfreiheit, und die Gilden erhielten als Verkaufsplatz eine Bank unter den Lauben. In Westphalen nannte man diese städtische Verfassung Schran, die besonders in Soest frühzeitig ausgebildet war und als westphälisches oder soester Recht jenseit der Elbe und in den Weichselstädten später Nachahmung fand. Ja die flandrischen Städte regierten sich bereits selbst, denn sie durften sich ihre Obrigkeit wählen, sicherten durch ihre Stadtrechte (Kenren) Freiheit des Eigenthums und Gent, Brügge, Ypern, u. a. erwarben sich durch Tuchweberei, Färberei und Gerberei Reichthum, sorgten für gute Wasserstraßen, bemächtigten sich des Seehandels, unternahmen Kreuzzüge und weite Handelsreisen zur See, versorgten England, Frankreich und Westdeutschland mit auswärtigen Waaren, wußten sich überall Freibriefe zu verschaffen und gründeten in London eine Hansa. Schon 1127 wählten sie sich einen Grafen als oberste städtische Behörde, machten die Großhändler und Fabrikanten als Poorters zur ersten Gilde, welche Adelsrechte und befestigte Höfe in der Stadt besaß, und machten die Schöffen zu Vertretern der Poorters, den Bailli zum Stellvertreter des Grafen, Rathsmänner zu Vertretern der Gemeinde. Die Handwerker blieben zinsbare, hofhörige Leute.

§. 24. Die Länder der österreichischen Monarchie während der Herrschaft der sächsischen und fränkischen Könige.

Die Monarchie Oesterreich verdankte Karl d. Gr. ihre Entstehung, ja zum Theil ihren Umfang. Denn nicht nur gründete er das Herzogthum Kärnthen durch den Baiernherzog Thassilo, welcher die Klöster Innichen in Tirol und Kremsmünster in Oesterreich baute (772), sondern auch die Markgrafschaft Friaul (776), welche Theile vom heutigen Kärnthen, Krain und Steiermark umfaßte. Auch das dalmatische und pannonische Kroatien kam als fränkische Herrschaft zu Friaul, Ungarn ward bis zur Theiß tributpflichtig, die Raab Grenzfluß für die Ostmark, das veröde Niederösterreich durch bairische Kolonisten bevölkert und ihre Grenze von der Enns bis zur Raab den Grafen von Traungau gegeben, die zu Lorch wohnten.

Die in Mähren und Böhmen wohnenden Slaven, die Kroaten, Magyaren und die Grafen der Ostmark haben Jahrhunderte lang mit einander um die Grenzen gekämpft. Tüchtige Kriegsfürsten eroberten ein Reich, welches mit ihrem Tode wieder zerfiel. Dauernd ist nur der zähe, nachhaltige Einfluß der Deutschen geblieben, so daß diese trotz mancher Unfälle das Übergewicht und bestimmenden Einfluß behaupteten. Aber auch Ungarn entwickelte sich schnell zu einem Staat mit festen Grenzen.

Wie in Deutschland die Könige gegen die Erb- und Volksherzöge kämpften, wie sie die Vasallen durch Beamte zu verdrängen suchten, wie sie den hohen Geistlichen große Landstrecken überließen und sie von der Aufsicht der Herzöge befreiten (Immunitäten), so waren auch die slavischen und magyarischen Könige auf Unterdrückung der Stammfürsten und auf eine Regierung durch Beamte bedacht. Die Einführung des Christenthums unterstützte sie in diesen Bestrebungen, weil die Geistlichen eine Stütze des Thrones wurden und deutsche Könige wie Bischöfe auch mit Waffengewalt den christlichen Königen beistanden.

Böhmen und Mähren machte schon Karl d. Gr. zinspflichtig (120 Ochsen und 500 Mark Silber), aber oft ist noch dieser Abhängigkeit wegen gekämpft. Venedig entzog sich aber Karl's Versuchen, befestigte die Insel Rialto und ward eine kleine Fischerrepublik. Auch Kroatien machte sich frei (830), Friaul zerfiel (828) in vier Markgrafschaften: Friaul, Istrien, Krain und die kärnthische oder windische Mark, und Swatopluk eroberte ein Mährenreich, welches Böhmen, Mähren und die ungarische Slowakei, Polen und Schlesien umfaßte. Das Christenthum ließ er durch Methodius (Cyrillus) verbreiten, aber den vereinten Angriffen Arnulfs und der Magyaren erlag sein Reich (894). Nun wurden aber die kriegslustigen, beutegierigen Magyaren die Plage Italiens, Süddeutschlands und Griechenlands, wohin sie häufige Raubzüge unternahmen, in der

Ostmark fast die ganze Bevölkerung vertilgten, die sich nur im Traungau behaupe tete. Da die Magyaren aber auch häufig Niederlagen erlitten, so verbot Geysa diese Raubzüge und gewöhnte sein Volk an friedliches Ackerbauleben. Heinrich I. stellt die Ostmark wieder her, hält Böhmen in Zinspflichtigkeit, wo Boleslaw I. nach Wenzel des Heiligen Tode eine Beamtenherrschaft einführt, durch ein bewaffnetes Gefolge seine Übermacht über die Stammfürsten sichert und seine Herrschaft über Polen und Schlesien erweitert († 967). Neun Jahre später (976) setzt Otto II. den tapfern Babenberger Leopold zum Grafen der Ostmark ein, der Mölk den Magyaren entreißt, bis zum Wienerwald herrscht und seine Mark bevölkert. Auch in Tirol bilden sich größere geschlossene Herrschaften: Andechs in Unterinnthal mit der Burg Ambras und im Eisackthal, die Grafen von Eppan bei Botzen, im Etschthal und Tirol selbst. In Böhmen dagegen wirkte der fromme Bischof Adalbert wohlthätig, bis er in Preußen den Märtyrertod (997) starb.

Auch das große polnische Reich, welches (c. 1000) Boleslaw Chobri gründete und über Galizien und Schlesien ausbreitete, behauptete sich nicht über dessen Lebensdauer. Er errichtete aus Ehrfurcht für den zu Gnesen begrabenen heil. Adalbert in dieser Stadt ein Erzbisthum, unter welchem die Bisthümer Krakau, Breslau und Kolberg standen. Wegen der Lausitz und Meißen ward oft mit den deutschen Königen gekämpft, die sie aber nach manchem Wechsel zuletzt behaupteten. Boleslaw erhielt (1025) vom Papst die Königskrone, starb aber in demselben Jahre, und seine Nachfolger wurden bald darauf von den deutschen Königen zu Vasallen-Herzogen herabgesetzt.

Unter den sächsischen Königen nahm auch ein Kroatenfürst Dalmatiens vom griechischen Kaiser den Königstitel an (990), doch eroberte der Doge Venedigs Peter Urseolus II. die lateinischen Städte Dalmatiens sammt Zara, Tran und Spalato, behauptete sie und gedachte sich deshalb zum König zu machen; doch die Venetianer vertrieben ihn und sein Geschlecht (1032) und beschränkten die Macht des Dogen durch zwei Räthe und die Gemeindeversammlung, welche über jedes Gesetz zu berathen hatte.

Zwar traten unter den fränkischen Königen in den Marken der Alpenländer einige Veränderungen ein, da Friaul an den Patriarchen von Aquileja, Verona an den dortigen Bischof kam, doch die treuen Babenberger konnten ihre Besitzungen gegen Ungarn vom Kahlenberg bis zur Leitha erweitern, und Adalbert gründete Wien (c. 1043), während der südliche Theil mit Pötten an das Traungau kam, welches (1070) den Namen Steiermark erhielt, seit Otakar zu Steier seinen Sitz nahm.

In Italien gaben die Streitigkeiten zwischen Kaiser, Papst und Städten den letzteren Gelegenheit, sich rascher zu entwickeln und mit Erfolg nach Unabhängigkeit zu streben. Der höhere Adel, die Capitani, besaßen alle höheren Ämter und großen Lehen. Dies wurde den Kaufleuten, Handwerkern und dem gesammten Mittelstande lästig, welche sich daher zu Gemeinden (Communen)

einigten und Consuln als Vorsteher derselben wählten. Hieraus entstanden
zwischen Stadtadel und Bürgergemeinden heftige Streitigkeiten, aber da die
Gemeinden zum Papst hielten, welcher eine strenge Kirchen- und Sittenordnung
von den höheren Geistlichen verlangte; so verwandelten sich viele lombardische
Städte unter der Zeit in Republiken mit Consuln als Vertretern der Gemeinde,
die nur aus Bürgern und Adel bestand. Zu dieser Zeit der Bürgerkriege in
Deutschland erhielt Wratislaw von Böhmen vom Kaiser (1082) den Königstitel für seine Person gegen die Verpflichtung, 300 Bewaffnete zu den Römerzügen zu stellen, sonst aber ward er jedes Tributes entbunden.

Während die slavischen Reiche unruhig nach festen Grenzen und Unabhängigkeit strebten, entwickelte sich Ungarn zu einem mächtigen Königreiche, wenn
auch unter blutigen Bürger- und Familienkriegen.

Fürst Geysa (Victor) hatte Sarolta (Carolina), die Tochter des christlichen
ungarischen Stammfürsten Gyula, zur Gemahlin, welche einen wohlthätigen
Einfluß auf seine Entschließungen ausübte. Er verbot die Raubzüge und dul-
dete es gern, als Pilgrin, Bischof von Passau, Missionäre nach Ungarn sandte.
Auch schloß er mit dem Kaiser Otto III. Freundschaft, da er für seinen Sohn
Vaik eine deutsche Fürstentochter zur Gemahlin zu erhalten wünschte.

In Folge dieser Annäherung beider Nationen ließen sich viele deutsche
Kaufleute und Handwerker im Lande nieder, der Prager Bischof Adalbert kam
auf Anregung des Kaisers persönlich mit Priestern und Mönchen ins Land und
taufte (994) den Fürsten Geysa und seinen Sohn Vaik, welcher nun den
Namen Stephan erhielt, und erklärte alle christlichen Gefangenen für frei.
Um sich aber gegen das Widerstreben der heidnischen Bevölkerung zu sichern,
nahm Geysa eine starke deutsche Leibwache in Sold und vermählte seinen Sohn
mit Gisela, einer bairischen Fürstentochter. Er starb kurz nach der Hochzeit (997).

Geysa hatte richtig vorhergesehen, daß die Einführung des Christenthums
nicht ohne Gewalt oder Blutvergießen möglich sein werde; denn nach seinem
Tode empörten sich die heidnischen Stammfürsten gegen Stephan, der nun bei
Gran sich den Ritterschlag geben ließ, mit deutscher Hilfe über die Empörer
bei Vesprim siegte, zum Dank für diesen Sieg das Benedictiner-Kloster auf
dem St. Martinsberg baute und mit Strafen gegen diejenigen einschritt, welche
die Taufe verweigerten. Nachdem er Gran zum Erzbisthum gemacht, neue
Bisthümer gegründet und dieselben mit Geistlichen versehen hatte, verlieh ihm
(1000) Papst Sylvester II. die hl. Königskrone und das Recht, ein
Doppelkreuz ins Wappen aufzunehmen. Am 15. Aug. im J. 1000 ließ sich
Stephan mit seiner Gemahlin zu Gran krönen, und verlieh nun seinem Lande eine geordnete Verfassung und Verwaltung, indem er mit den Bischöfen, Volks- und
Stammhäuptern einen Vertrag schloß. Dieser sicherte dem Geschlecht der Arpaden
den Thron und setzte Majestätsrechte fest. Außerdem schuf er die Hofämter
des Palatins, des Hofrichters und Schatzmeisters. Das Volk theilte
er in drei Stände: die hohe Geistlichkeit, den hohen Adel (Magnaten) und

ben niedern Adel, zu welchem der ritterliche Theil des Volkes gehörte. Diese drei nahmen auf der Nationalversammlung an der Gesetzgebung Theil. Das Land theilte er in Verwaltungsdistricte mit je zwei Richtern und Adelsversammlungen, daneben theilte er es aber auch in 72 militärische Kreise (Gespanschaften, Comitate) mit je einem Burggrafen über die Burgen und Burgunterthanen (ritterliches Volk), welche Kriegsdienste leisteten und dafür von Abgaben befreit waren. Das übrige Volk war dienstbar und zahlte Steuern in Naturalien. Die Freigelassenen und eingewanderten Ausländer (Gäste) blieben persönlich frei und unbesteuert.

Nach dieser verschiedenen Stellung der Unterthanen gab es ein Nationalheer, zu welchem jeder adelige Ungar gehörte, und ein königliches, welches Burgunterthanen und Söldner bildeten.

Da die heidnische Partei wiederholt sich empörte, so vereinigte Stephan Siebenbürgen mit Ungarn, baute für die reiche Kriegsbeute zu Ofen und Stuhlweißenburg eine Kirche, und seine Gemahlin stickte den kostbaren Krönungsmantel. Die letzten Jahre des hochverdienten Königs, welchen die Kirche heilig gesprochen hat, trübte häusliches Leid, und nach seinem Tode (1038) brachen offene Familienkriege aus, da christliche und heidnische Thronbewerber sich bekämpften, umbrachten und das junge Reich so schwächten, daß deutsche Könige wiederholt ordnend eingriffen und Könige einsetzten. Auch Griechen mischten sich ein, und Grenzvölker plünderten. Erst unter Laszlo (Ladislaus) d. Heiligen (1077—95) erholte sich das Reich. Denn er unterdrückte die Empörungen, besiegte die Kunen und siedelte sie im heutigen Jazygien an, befestigte (1081) die Herrschaft über Kroatien, indem er ihr Comitatsverfassung gab, einen Banus einsetzte und Agram zum Bisthum erhob, auch Galizien und Lodomerien (1093) zum Vasallenstaat machte, und die Oberfeldherrnstelle des zu Piacenza beschlossenen Kreuzzugs annahm. Doch er starb nach einigen Monaten, und das Volk betrauerte ihn drei Jahre. Koloman, der Bücherfreund (1095—1114), hatte große Noth mit den durchziehenden Kreuzfahrern, gegen deren Plünderungen er oft sehr streng verfahren mußte. Er gewann (1103) das Königreich Dalmatien und hielt die widerstrebenden Magnaten in Gehorsam.

Wenn der Handel in den deutschen und slavischen Ländern vielfache Störungen erlitt und daher nicht bedeutend werden konnte, sondern Ackerbau und Viehzucht Hauptbeschäftigung blieb, von den Handwerkern auch nur die Beschäftigung lohnten, welche dem Ackerbau nützlich waren, dabei aber eine gewisse Arbeitstheilung (Winzer, Hirten, Obster, Gärtner) im Ackerbau sichtbar wird; wenn Vieh und Naturalien als Geld oder Geldeswerth gegeben werden: so hatte Ungarn den Vortheil eines großen Stromes und die Nachbarschaft des cultivirten Griechenlands sowie des aufstrebenden Deutschlands. Schon zu Stephans Zeiten besitzt es Goldarbeiter, Zuckerbäcker, Böttcher, Töpfer, Müller, Lohgerber, Schmiede, Zimmermeister, Bäcker und Bildhauer, Weißgerber, Schuster, Bräuer,

9*

Flaschenmacher, Wagenbauer, Kürschner, Tischler, ja die Weißgerberei kam aus Ungarn nach Westeuropa. Die Prachtliebe der Ungarn und ihre reich verzierte Nationaltracht erforderte besondere Geschicklichkeit der Handwerker, und an Edelsteinen sowie Perlen muß es damals nicht gemangelt haben, da ihrer oft gedacht wird. Auch den Handel betrieben die Ungarn häufig, denn in Konstantinopel hatten sie eigene Niederlagen und Faktoreien und ein besonderes Hospital. Ungarn trieben nicht nur Zwischenhandel mit deutschen Holzwaaren, mit passauer und regensburger Scharlach, mit niederländischen Wollen- und Linnenzeugen und Sattlerarbeit, mit lütticher Waffen, slavischen Leibeigenen, mit morgenländischen Specereien und griechischen Kunstproducten (Meßgewänder und Armringe), sondern auch eigenen Handel mit edlem Metall, Wein, Pferden, Schlachtvieh, Steinsalz und Pelzen, welche Slavonien als Tribut an die königliche Kammer lieferte. Im Innern gab es zahlreiche Märkte bei Abteien, Burgen und Städten, wo besonders Juden und Ismaeliten (muhamedanische Bulgaren) Geschäfte trieben. Juden durften Grundbesitz haben, aber keine christlichen Knechte, auch waren ihnen manche Beschränkungen aufgelegt, wenn sie außer dem Markte verkaufen wollten. An den Grenzen durften ohne Genehmigung der Grenzgrafen keine Pferde und Ochsen gekauft oder verkauft werden.

§. 25. Die Kreuzzüge (1095—1291) als Verbreiter der Industrie.

Zwar haben diese zweihundertjährigen Kriegszüge (1095—1291), welche etwa 7 Mill. Europäern das Leben mögen gekostet haben, für die Erweiterung des Christenthums im Orient gar keine Folgen gehabt, um so einflußreicher sind sie aber für die innere Entwicklung West- und Süd-Europas geworden. Man lernte im Orient viel Neues kennen; Venedig, Amalfi, Pisa und Genua wurden mächtige Handelsstaaten, die Donau Hauptstraße; neue Producte und ihre Bezugsquellen wurden bekannt und die geistlichen Ritterorden wichtige Institute.

Die Kreuzfahrer benutzten den Aufenthalt im Morgenlande zur Veredelung der einheimischen Pferderacen, Andere brachten Blumen (Rose von Jericho), Obstforten (Limonien-, Pomeranzen-, verschiedene Pflaumenbäume), Farbepflanzen und sogar Waldbäume (Pinie von Aleppo) mit. Besonders aber fällt die Verbreitung der Seidenweberei in diese Periode. In Griechenland (Tripolis u. s. w.) wob man seidene Prachtmäntel. Die Araber hatten zwar in Almeria, Lissabon und Granada (1150) Webstühle, Sicilien schon 827 Seidenzucht; doch 1130 eroberte Roger II. von Sicilien das heutige Morea und Livadien, erbeutete dort viel Seide, nahm auch einige Tausend Seidenweber mit, welche in Palermo und Calabrien Manufacturen anlegten, so daß man (1133) in Palermo schon das Pluviale, den Seidenmantel bei der Kaiserkrönung, verfertigte. Kaiser Friedrich II. beförderte diese Industrie, die sich auch über Oberitalien verbreitete, wohin man Rohseide und gesponnene Seide als Handelsartifel führte. Venedig hatte 1250 Seidenmanufacturen, und von dem zerstörten Lucca wanderten die Seidenweber nach Florenz, Mailand und Bologna, sogar später nach der Schweiz (Zürich), Frankreich und Deutschland.

Auch Z u c k e r verdankt seine schnelle Verbreitung den Kreuzzügen. Im J. 1173 entdeckten Kreuzfahrer bei Tripolis das Zuckerrohr, nahmen bei einer andern Gelegenheit den Muhamedanern eilf Kameelladungen mit Zucker weg, lernten die Bereitung des Zuckers kennen und benützten bei einer Hungersnoth Zucker als Nahrungmittel. Im J. 996 führten zwar Benetianer Rohzucker aus dem Orient nach Venedig, um ihn zu raffiniren, doch erst heimkehrende Kreuzfahrer beförderten in Cypern, Rhodus und Südspanien die Zuckerkultur, da Friedrich II. Zucker, den Sicilien seit 1148 baute, durch seine Mühlen und Raffinerien (1166) zum Ausfuhrartikel machte, so daß Europäer ihren Bedarf von Sicilien und Malta (daher der Name Melis) holten statt von Egypten oder Kandia (Kandis). Fast vier Jahrhunderte blieb Süditalien Hauptausfuhrland des Zuckers, obschon die Araber in Südspanien bedeutende Siedereien hatten. Von Spanien kam die Zuckerkultur (1530) nach Südfrankreich und den canarischen Inseln, doch verkaufte man ihn in Frankreich noch c. 1600 lothweise in den Apotheken. Jetzt wächst das Zuckerrohr in Europa nur noch bei Velez-Malaga in Spanien, und auf Sicilien bei Melilli und Arola. Im 14. und 15. Jahrh. blieb der Zucker in England und Nordeuropa Apothekerwaare oder Leckerei zu Confitüren, und Ende des 16. Jahrh. hatten seine Herren stets eine Zuckerdose bei sich, um Prisen Zucker anzubieten.

Für den Handel öffneten sich neue Handelsstraßen. Konstantinopel ward Hauptstapelplatz und die Donau Hauptstraße. Deutsche Kaufleute, welche zu Schiffe an den Kreuzzügen Theil nahmen, lernten das Mittelmeer und seine Häfen kennen (Bremen, Lübeck), und da die Römerzüge die Straßen nach Italien öffneten, Deutsche und Italiener in engsten Verkehr brachten, so kamen die Alpenstraßen in Aufnahme und bildeten sich in Süddeutschland Stapelplätze (Augsburg, Nürnberg), tauschte man Leinwand gegen südliche (Seide, Gewürze) Waare aus, weil in Italien nur wollene und baumwollene Kleider üblich waren. Zürich war anfangs Stapelplatz, von wo die eine Straße über Köln nach England, die andere über Nürnberg nach Polen und Rußland, oder nach Braunschweig, Hamburg und Lübeck ging. Die Folge der Kreuzzüge war also ein ausgedehnter Welthandel.

§. 26. Geschichte der Kreuzzüge.

Das b y z a n t i n i s c h e Reich sank immer mehr, obschon Wissenschaft und Kunst eifrig gepflegt wurden. Auch als Alexius (1081—1118) das Geschlecht der Komnenen auf den Thron brachte und das der Makedonier (886 bis 1018) verdrängte, so drängten doch Russen, Bulgaren, Serben und Ungarn in Europa, Seldschucken in Asien so gewaltig, daß ein Landstrich nach dem andern diesen in die Hände fiel. Schon bediente man sich abendländischer Ritter (Normannen; Konrad von Montferrat) als Vertheidiger gegen die Muhamedaner, welche zum Glück gleichfalls in Bürger- und Dynastenkriege verwickelt waren, so daß sie nicht ihre ganze Macht gegen das griechische Reich wenden konnten. Die größte Macht hatten in Asien die Seldschucken sich erworben, da der Chalif von Bagdad nur den Namen „Oberhaupt" hatte. Jene türkischen Nomaden kamen aus der Bucharei, siedelten sich unter Arslan in Bochara an, und Togrulbeg machte sich zum Emir al Omra (c. 1060) und machte Jspahan zur Residenz. Malek Schah (c. 1092), der genialste dieser Herrscherfamilie, verfaßte ein Lehrbuch für Fürsten, besetzte große Districte Vorderasiens und theilte sein Reich in Lehnsherrschaften, von denen das von Jconium mit der Hauptstadt Nikäa das wichtigste ward. Nach Maleks Tode zerfiel sein Reich, und Alp Arslan von Jconium ward unabhängig, obschon er Nikäa an die Kreuzfahrer verlor. Egypten, Nordafrika, Westarabien und Syrien gehörte den Fatimiden, aber Mostanser (v. 1036—94) machte sich zum Sultan, ein Seldschuck zum Herrn von Damask und eroberte Syrien bis zum Euphrat. Dynastien und Religionssekten (Jsmaeliten, Drusen, Assassinen) kämpften unter einander und machten den Kreuzfahrern die Eroberung leicht.

Unter den Christen war es schon seit Jahrhunderten Sitte, nach dem h. Grabe zu wallfahrten und dort an den heiligen Stätten die Andacht zu verrichten. Die Araber duldeten dies, aber die Seldschucken erlaubten sich arge Bedrückungen gegen die Christen. Solche mußte auch der Pilger Peter von Amiens erfahren, dem die Leiden der Christen aber so sehr zu Herzen gingen, daß er dem Papst Urban II. deren Noth klagte und um Hülfe bat. Den Papst hatte diese Noth gleichfalls schon beschäftigt, deßhalb schrieb er Kirchenversammlungen nach Piacenza und Clermont aus (1095), welche so stark besucht waren, daß man sie im Freien halten mußte. Peter schilderte mit beredten Worten die Noth der morgenländischen Christen, der Papst unterstützte ihn, und die ganze Versammlung rief voll Begeisterung: Gott will es! (dieu le volt). Damit war der Kreuzzug beschlossen. Die Theilnehmer erhielten ein Kreuz, welches sie sich auf die Schulter hefteten, und rüsteten sich zum Zuge. Die ärmeren Volksklassen brachen im nächsten Jahre unter Peter und Walter von Habenichts auf, zogen plündernd durch Deutschland, Ungarn und Griechenland und kamen elend in Kleinasien um. Die großen Herren dagegen ordneten ihre Angelegenheiten, schafften Reisematerial, schlossen Verträge mit den Fürsten, deren Länder sie durchziehen wollten, und brachen auf verschiedenen Wegen auf, um sich vor Konstantinopel zu vereinigen. Es waren Gottfried von Bouillon, Robert von Flandern, Bösmund aus Unteritalien, Raimond von Toulouse, Tankred u. s. w. Unterwegs gab es manche Beschwerde, in Griechenland sogar blutige Händel mit dem mißtrauischen, eitlen Kaiser, dem die 100.000 Ritter, 300.000 Fußgänger und 200.000 Gefährten verdächtig vorkamen. Als man endlich nach Kleinasien kam, wuchs die Noth. Man verirrte sich, Lebensmittel fehlten, die Überfälle der Türken zwangen zu dichter Marschordnung, und dazu hatte man keinen Oberfeldherrn. Dennoch wurde der Sultan von Iconium, Kilidsch Arslan bei Dorylaeum besiegt, Edessa von Balduin (1097) besetzt, Antiochien (1098) nach großer Gefahr erobert, Jerusalem (1099) erstürmt. Doch kamen von dem ganzen Heere nur c. 30.000 Mann vor Jerusalem an.

Zwar starb Gottfried bald, doch sein Bruder Balduin nahm die Königskrone von Jerusalem an, theilte das Land in Lehen an hohen Adel, Geistliche und Städte. Aber die Türken rafften sich auf und griffen die Christen von allen Seiten an, so daß diese um Hilfe nach Europa schickten, obschon alle Jahre Tausende von Streitern nach Jerusalem zogen, um einige Zeit gegen die Ungläubigen zu kämpfen. Auch die Christen unter sich geriethen oft in Streit, da sich die Vasallen unabhängig machen wollten und mit Türken gegen den König und andere Türken verbanden. Um sich zu befestigen, begünstigte der König die Bildung geistlicher Ritterorden (Johanniter oder Hospitaliten von Amalfi gegründet. Später hießen sie Rhodiser, dann (1522) Malthefer. Der Templerorden oder die Tempelherren, von Philipp IV. von Frankreich gewaltsam vernichtet. Der deutsche Orden oder Deutschherren, von Bremern und Lübeckern gegründet, erobert später Preußen und macht es zum Ordensland.)

Man zählt 5—7 große Kreuzzüge. Den zweiten unternahm auf Anregung des h. Bernhard von Clairvaux Kaiser Konrad III. (1147—49), als Edessa gefallen war. Auch Ludwig VII. von Frankreich zog aus, doch blieb das Unternehmen erfolglos. Ja Saladdin gewann später einige Siege und nahm Jerusalem. Da unternahm Europa den dritten Kreuzzug (1189—1192) Friedrich I. ertrank aber in Kleinasien, Richard Löwenherz von England und Philipp August II. von Frankreich entzweiten sich, und so hatte auch dieser Zug keinen bleibenden Erfolg, denn Jerusalem blieb türkisch. Der vierte Kreuzzug, von französischen und italienischen Rittern unternommen, war auf Venedigs Antrieb gegen Konstantinopel gerichtet (1204), welches man eroberte, Griechenland in Lehen theilte und als lateinisches Kaiserthum bis 1261 beherrschte, wo es den Byzantinern wieder zufiel. Im J. 1213 zogen sogar Kinder aus als Kreuzfahrer, wurden aber als Sclaven nach Afrika verkauft; Andreas II von Ungarn richtete (1217) nichts aus, Friedrich II gewann zwar durch kluge Unterhandlung und Freundschaft (1228) vom Sultan den Besitz von Jerusalem, und Ludwig der Heilige von Frankreich ward (1256) in Egypten sogar gefangen genommen, und da sein Zug gegen Tunis (1270) gleichfalls erfolglos blieb, so fielen die letzten christlichen Besitzungen Tripolis, Akkon (Ptolemais) und Tyrus (1291) in die Gewalt der Mameluken, welche Egypten beherrschten.

§. 27. Die Hohenstaufen (1138—1254).

Die schwäbischen oder hohenstaufischen Kaiser, so genannt nach ihrem Stammland Schwaben oder der Stammburg Hohenstaufen auf der schwäbischen Alp, sind die thatkräftigsten, freisinnigsten, gebildetsten und genialsten Herrscher des Mittelalters gewesen. An tiefer vielseitiger Bildung allen Zeitgenossen weit überlegen, verstanden sie die Kriegs- und Regentenkunst nach großen Grundsätzen zu handhaben, weshalb sie nicht nur den Umfang und Einfluß des Reiches bis England, Rußland und Syrien erweitert, thatsächlich die Oberherrschaft über die katholische Christenheit in die Hand genommen, sondern auch Industrie und Gewerbe nach allen Seiten gefördert, den Ackerbau verbessert, neue Produkte eingeführt und durch Verbreitung wissenschaftlicher Kenntnisse durch höhere Lehranstalten das Staatswohl zu sichern gesucht haben. Aber da sie vorzugsweise das ritterliche Kaisergeschlecht repräsentiren, so entging ihnen das Verständniß von der einflußreichen Wichtigkeit der Städte, welche sie in einer untergeordneten Stellung niederhalten, auf Industrie und Handel beschränken wollten, und darin liegt das Unglück dieser hochherzigen Kaiserfamilie. Erst die habsburgischen und böhmischen Kaiser wußten das Bürgerthum zu schätzen. Kaum hat ein Kaisergeschlecht nach 100 Jahren höchsten Glanzes ein so trauriges Ende genommen, als die Hohenstaufen, da seine Glieder im Kerker, auf dem Schaffot, unter Mördern und im Armenhause endeten. In die Zeit der Hohenstaufen fällt die Blüthe des Mittelalters, des Ritterthums, des Minnegesanges, des Heldenlebens, der romantischen Herrlichkeit, des feingebildeten, kunstsinnigen Ritterstandes mit seinen Kreuzzügen, Turnieren, Burgen, Münstern und Klöstern, thurmreichen Städten und reichbewegtem öffentlichem Leben.

Die Hohenstaufen hatten, wie alle ihre Vorgänger mit rebellischen Reichsfürsten zu kämpfen, noch heftiger aber mit den lombardischen Städten, mit der Kirche, Süditalien und Muhamedanern, mit allen Vorboten einer neuen Zeit.

Nach Lothars Tode erhielt der treue Anhänger der fränkischen Heinriche Konrad III. (1158—52) bei der Wahl den Vorzug vor dem Welfen Heinrich dem Stolzen. Es kam daher zwischen Beiden zum Krieg, den Welf zu Gunsten seines Neffen Heinrich des Löwen nach Heinrichs des Stolzen Tode fortsetzte. In der Entscheidungsschlacht bei Weinsberg (1142) hörte man zum ersten Male das Feldgeschrei: Hie Welf! oder hie Waiblingen! Jahrhunderte lang bezeichnete man mit „Welfen" (Guelfen) die päpstliche, mit „Waiblingen" (Ghibellinen) die kaiserliche Partei in den Streitigkeiten zwischen Kaiser und Papst. Um sich Freunde zu machen, erklärte Lothar auch die großen Reichslehen für erblich und begann damit die Gründung selbstständiger Fürstenthümer, da später deren Untheilbarkeit gesetzlich ward. Konrad aber trennte, um die Macht der Welfen zu schwächen, die Markgrafschaft Oesterreich von Baiern und machte sie unter dem Babenberger Heinrich Jasomirgott zum selbstständigen Herzogthum, die Nordmark unter dem Askanier Albrecht der Bär zur selbstständigen Markgrafschaft, gab also den Anlaß zur Gründung der beiden mächtigsten deutschen Monarchien.

Während am Rhein blutige Judenverfolgungen ausbrachen, führten Heinrich der Löwe und die Fürsten an der Elbe Kreuz- und Bekehrungskriege gegen die Slaven an der Ostsee, deren Haupttempel zu Arcona auf Rügen stand, bis endlich Heinrich Arcona verbrannte und Vicelin mit Erfolg das Christenthum predigte, Stettin und Demmin deutsche Sitte und Stadtverfassung erhielten (1168). Zur selben Zeit leisteten Friesen und Rheinländer, die nach Palästina segelten, um dort am Kreuzzuge Theil zu nehmen, dem Grafen Alfons, dem Sohne Heinrichs von Burgund, in Portugal siegreichen Beistand, indem sie die Mauren vertreiben halfen. Dagegen blieb der Kreuzzug des Kaisers gegen Nureddin, Sultan von Mosul, ohne Erfolg, da er sowohl wie der französische König von den Byzantinern verrathen und in wasserlose Einöden geführt wurde. Viele Christen kamen elend um, Konrad konnte Damask nicht retten, da auch die Ordensritter unter sich uneinig waren. Nach Nureddins Tode bemächtigte sich der hochgebildete Saladin von Egypten Syriens bis Aleppo. Zwar siegten die Christen bei Ramla (1180), erlagen aber bei Hittim am See Tiberias (1187), so daß der König von Jerusalem gefangen, seine Hauptstadt erobert wurde. Nur Thyrus vertheidigte Konrad v. Montferrat unverzagt. Diese Noth im Morgenlande veranlaßte den dritten größten Kreuzzug (1190).

Friedrich I Barbarossa (1152—1190) versöhnte sich mit Heinrich dem Löwen, hielt Polen und Böhmen in Lehnspflicht, trennte die Pfalzgrafschaft bei Rhein (Heidelberg) als selbstständiges Reichslehen von Franken und hielt das Raub- und Fehdewesen kräftig nieder. Unglücklich focht er aber gegen die Lombarden, denn die einzelnen Städte der Lombardei waren mächtig geworden, hatten eine streitbare Bürgerschaft, hohe Mauern mit Thürmen und erweiterten ihr Gebiet durch Unterjochung der kleineren Städte der Nachbarschaft. Die mächtigste Stadt war Mailand, dessen Mauer 360 Thürme schützten. Sie trotzte dem Kaiser, den die kleineren Städte zum Schutz anriefen. Viermal mußte Friedrich wider das trotzige Mailand ziehen. Das erste Mal schreckte er die Stadt und zog dann rasch nach Rom, wo er den Mönch Arnold v. Brescia mit dem Tode bestrafte, weil dieser die päpstliche Gewalt beseitigen und Rom zur Republik machen wollte (1155). Krankheiten im Heere zwangen Friedrich zur Heimkehr, er selbst entging in der Lombardei mit Mühe dem Meuchelmord, kehrte dann nach einigen Jahren zurück und ließ von Juristen auf der roncalischen Ebene bei Piacenza nach dem Vorbild des römischen Rechts seine kaiserlichen Rechte und den Begriff der Majestät festsetzen (1158). Da sich die Mailänder aber noch nicht fügten, belagerte er auf einem dritten Heerzuge die Stadt und zwang sie endlich zur demüthigenden Unterwerfung (1162), zerstörte die Stadt und erzwang in der Lombardei die Anerkennung seiner kaiserlichen Oberhoheit, setzte als Oberbeamten einen Podestà ein und glaubte die Widerstandskraft gebrochen zu haben. Unglücklicherweise gerieth er aber auch mit dem Papst wegen seiner

Rechte als Schutzvogt der Kirche in Streit. An Papst Alexander III fanden die Lombarden daher eine Stütze, vereinigten sich zu dem lombardischen Städtebund und bauten die Feste Alessandria. Zwar siegte Friedrich in Rom, und zwang den Papst zur Flucht nach Apulien, aber Krankheiten rieben sein Heer auf, so daß ihn die Lombarden in Pavia belagerten, und er nur mit Gefahr nach Deutschland entkommen konnte, wo er ein Heer sammelte und zur Belagerung Alessandrias zurückkehrte. Doch zog sich die Belagerung wegen der schlechten Jahreszeit in die Länge, und als ein Lombardenheer zum Entsatz heranzog (die schwarze Schaar), Heinrich der Löwe trotz Friedrichs Fußfall seine Hilfe versagte, so erlag Friedrich in der Schlacht bei Legnano (1176) und mußte mit dem Papst und den Lombarden den nachtheiligen Frieden zu Constanz schließen (1183). Friedrich behielt zwar die kaiserlichen Rechte, doch erhielten die Städte selbstständige Verwaltung. Eine verhängnißvolle Entschädigung für diese Verluste war die Verheiratung seines Sohnes Heinrich mit Constantia, der Erbin Neapels und Siciliens.

Unterdessen hatte Heinrich der Löwe sein Reich durch die Gebiete zwischen Elbe und Oder erweitert, Lübeck gegründet, München erweitert und begünstigt, sich aber auch viele Feinde gemacht. Als ihn der Kaiser daher wegen des Ungehorsams in Italien in die Reichsacht that, mußte Heinrich nach blutigen Kämpfen unterliegen, sich auf Jahre verbannen und behielt als Familiengut nur Braunschweig und Lüneburg (1184). Auf einem Kreuzzug ertrank der greise Kaiser im cilicischen Bergstrom Saleph (Calycadnus).

Sein Sohn Heinrich VI. (1190—1197) kämpfte lange gegen Verrath und Rebellion in Sicilien und Neapel, eignete sich die Markgrafschaft Meißen mit Freiberg und Leipzig an und starb plötzlich zu Palermo. Jetzt wählten die Welfen Otto IV., die Hohenstaufen Philipp von Schwaben zum Kaiser, die sich lange bekriegten. Als Philipp obzusiegen schien, wurde er von Otto von Wittelsbach ermordet (1208) und Otto blieb Kaiser, fand aber nicht überall Anerkennung, ja entzweite sich mit dem Papst, welcher deshalb seinen Mündel Friedrich II., Heinrich VI. Sohn, zum Kaiser erheben half (1215—1250). Doch hatte Friedrich dem Papst Innocenz III. einen Kreuzzug versprochen, und da er diesen trotz aller Mahnungen nicht ausführte, wurde er in den Bann gethan und in erbitterte Streitigkeiten verwickelt, da er sich mit Gewalt dem Papst widersetzte. Dazu kamen neue Kriege mit den Lombarden, weshalb Friedrich die Saracenen Siciliens und Neapels als treueste Helfer benützte, wodurch er sich bei den Christen neue Feinde machte. Seine Söhne traten zu seinen Feinden, in Deutschland wählte man Gegenkaiser, die Kirchenversammlung in Lyon verurtheilte den Kaiser, der seinen eigenen Räthen nicht mehr traute, und seine Söhne Ezzelino da Romano, Enzio, Manfred und Azzo von Este erlaubten sich furchtbare Grausamkeiten. Ehe der Streit zu Ende gelangte, starb Friedrich. In Italien führte Manfred den Krieg fort, in Deutschland erhielt Konrad IV. (1250—54) die Königswürde. Doch in Italien siegte der aus Frankreich herbeigerufene Karl v. Anjou, welcher (1268) den Sohn

Konrads, Konradin, zu Neapel hinrichten ließ, als dieser nach einer verlornen Schlacht gefangen wurde. Doch nicht lange herrschte der habgierige Karl. Die Sicilianer überfielen seine Anhänger (sicilianische Vesper 1284) und übergaben die Insel an Peter von Arragonien. In Deutschland war Wilhelm v. Holland dem Namen nach Kaiser, aber ganz machtlos, ein Spielball der Parteien. Furchtbares Fehde- und Raubwesen herrschte und machte das Land unsicher.

Unter Friedrich waren auch die Mongolen nach Europa vorgedrungen, nachdem Dschingischan Indien, Chowaresmien erobert und verheert hatte (1218). Sein Nachfolger Batu eroberte Kiew, verbrannte Krakau (1227), verwüstete Ungarn auf schauderhafte Weise, verbrannte Breslau, mußte aber vor Herzog Heinrich von Niederschlesien weichen, als dieser (1241) bei Wahlstatt sich und sein tapferes Heer in muthigem Widerstande geopfert hatte. Die asiatischen Barbaren kehrten nach Asien zurück, eroberten Bagdad (1298). plünderten es 40 Tage, zerstörten Aleppo und Damask, mußten aber vor den Mamelucken weichen. Nach einigen Menschenaltern zerfiel ihr Reich.

§. 28. Bildung, Kunst, Wissenschaft, Gewerbe und Ackerbau unter den Hohenstaufen.

Die Thatkraft und der Drang zum Schaffen des christlichen Westeuropas, welche sich in den Kriegen und Kreuzzügen zeigten, traten auch als Charakterzug auf dem geistigen Gebiet hervor. Der Ritter zog aus, für seinen Glauben zu kämpfen, der Mönch studirte und grübelte, um die Geheimnisse und Tiefen des Glaubens zu ergründen. Er fühlte sich zu einer wissenschaftlichen Rechtfertigung der Kirchenlehre getrieben, da heimkehrende Kreuzfahrer sich nicht rein erhalten hatten von muhamedanischem Denken und Irrlehren zu verbreiten suchten. Besonders war dies der Fall in der Provence, wo zwar die „fröhliche Kunst," die Poesie blühte, wo Troubadours dichteten, wo aber auch Ketzerei gelehrt wurde, welche der König mit Gewalt ausrotten mußte. (Albigenser, Waldenser, Dominicanerorden.)

Die Kirche beförderte mit dem größten Ernst das Unterrichts- und Schulwesen; doch war natürlich die Religionslehre für sie der wichtigste, ja der allein wichtige Gegenstand. Der Mangel an Papier und Büchern hinderte auch den Fortschritt so sehr, daß sich die Lehrer mit Vorsagen oder Memorirenlassen durch Nachsagen begnügen mußten. Neben Parochialschulen gab es Kloster- und Domschulen, in denen auch Priester vorgebildet wurden. Latein war die Kirchen- und Schulsprache, selbst die Bibel, griechische und arabische Schriftsteller las man in lateinischer Übersetzung. Besonders studirte man den Platon und Aristoteles und bildete eine scharfsinnige Denklehre (Scholastik) aus, durch welche man die christlichen Glaubenssätze (Dogmen) zu rechtfertigen wußte. Berühmte Lehrer oder solche. die ein seltenes Buch besaßen, erhielten Tausende von Zuhörern, denen sie mühsam den Text und die Bemerkungen dazu dictirten oder sie mündlich einübten. Daher studirte man 8—10 Jahre, konnte aber schon eine Stelle erhalten oder einen Gegenstand als Lehrer vortragen, während man den andern noch lernte. Der Vortheil des Zusammenlebens studirender Zöglinge führte zur Gründung von Universitäten, an denen aber anfangs nur eine Hauptwissenschaft (Facultät) gelehrt wurde. Die erste medicinische Schule gründete Roger II. von Sicilien zu Salerno im Anfange des 12. Jahrh., welche Friedrich II. erweiterte und begünstigte. Auch die Rechtsschule Werner's zu Bologna erhob Friedrich II. zu einer juristischen Universität, während in Paris (1229) die theologische (die Sorbonne) bald der Ausgangspunkt von Kirchenstreitigkeiten wurde.

Anfangs nannte man eine solche Lehranstalt Schule oder allgemeines Studium, erst später erhielt sie den Namen Gesammtheit, d. h. der Schüler und Lehrer. Denn die Schüler, meist ältere Personen und Beamte, theilten sich in Nationen, wählten sich ihre Vorsteher und alle Beamte, hielten Generalversammlungen (universitas), von deren Beschlüssen die Professoren abhängig waren. Päpste und Kaiser statteten die Hochschulen mit allerlei Vortheilen, Pfründen und Stipendien aus, ließen Lehrer und Schüler klosterartig zusammenwohnen, während vornehme Schüler bei einem Professor in Pension (bursa) gingen und den Namen „Burschen" erhielten (bursari).

Jeder Student mußte Philosophie oder Künste studiren, fleißig disputiren, dann Baccalaureus (Licentiat, Doctor) werden und konnte nun schon Vorlesungen halten. Bibliotheken gab es noch nicht, aber Buchhändler verkauften Abschriften der dictirten Hefte.

Das Studium der christlichen Philosophie oder Scholastik war sehr schwer, da es in scharfsinniger Spaltung, Ableitung, Unterscheidung und Entwickelung von Begriffen bestand, so daß man sich eine eigene Terminologie schuf. Es theilten sich die Scholastiker in zwei Parteien. Der Irländer Duns Scotus hatte schon zu Karl des Gr. Zeiten die Kirchenlehre philosophisch begründet und Anselm diese Methode zur allgemein gültigen gemacht. Aber nun entstanden die Parteien der Realisten (Wilhelm v. Champeaux) und Nominalisten (Roscelin). Jene behaupteten, die Begriffe hätten ideale Wirklichkeit, diese aber leugneten es und gestanden ihnen nur den Werth rein persönlicher Vorstellungen zu. Der berühmte Lehrer seiner Zeit war Peter Abälard aus Nantes, der zu Paris lehrte, wegen der Heloise harte Verfolgung erduldete, lange als Einsiedler lebte, gegen die Kirchenlehre auftrat und 1142 starb. Noch weiter ging Arnold von Brescia, welcher die weltliche Macht des Papstes anfeindete und deshalb von Friedrich I verbrannt wurde. Der Führer der Nominalisten ward der Dominicaner Thomas v. Aquino, der der Realisten der Franziskaner Scotus, weshalb man von Thomisten und Scotisten spricht, und diese Scholastik arbeitete Petrus Lombardus zu einem abgerundeten System (Schatz) aus. Aber mit dem heil. Bernhard trat die Richtung nach beschaulichem Leben, nach gemüthvollem Hineinleben in christliches Denken und Thun hervor, die sich zum wohlthuenden Mysticismus ausbildete durch Bonaventura (1274).

Neben der kirchlichen Wissenschaft regte sich aber auch auf andern Gebieten gewaltiges geistiges Leben. Man verfaßte Geschichtsbücher (Wilhelm Tyrus erzählt die Kreuzzüge, Otto v. Freisingen Konrads und Friedrichs I. Leben, Froissart französische, Malespini florentinische Geschichten), Denkwürdigkeiten (Villehardouin, Joinville französisch schreibende Ritter der Kreuzzüge); in Spanien blühte unter Alfons dem Weisen das Studium der Astronomie, in England zeichneten sich Johann von Salisbury durch vielseitiges Wissen, Roger Baco († 1294) durch naturwissenschaftliche Kenntnisse, in Deutschland Albertus Magnus († 1280) durch dieselben Forschungen aus.

Das römische Recht fand durch Glossatoren zu Bologna und Padua fleißige Bearbeiter und Verbreiter, aber es wurden auch die Rechtsbücher der einzelnen deutschen Stämme frühzeitig gesammelt und aufgeschrieben (Sachsenspiegel, Schwabenspiegel, Capitularien, Weisthümer), aus denen sich besondere Landes- und Stadtrechte entwickelten (österreichisches Rechtsbuch; magdeburger Stadt- oder Weichbildrecht in Sachsen, Schlesien, Böhmen und Polen; Lübecker Recht in den Ostseeländern; friesisches Stadtrecht; rheinisches oder Kölner Recht). Bei Prozessen vor Schöffen und Richtern galten Oeffentlichkeit und Mündlichkeit, aber auch Folter und Gottesgerichte (Zweikämpfe).

Die Dichtkunst wurde damals von Fürsten und Adel begünstigt, Dichter (Minnesänger, Troubadours) geehrt. Man besang Frauenliebe und ritterliche Abenteuer in romanischer (provençalischer) und deutscher Sprache. Kaiser und Könige zeichneten sich als Dichter aus. (Dante, Petrarca, Bertran de Born). Die Babenberger in Oesterreich begünstigten besonders die deutsche Poesie (Heinrich v. Veldeck, Wolfram v. Eschenbach (Gralsage), Gottfried v. Straßburg (Tristan und Isolde), Hartmann von der Aue, Konrad von Flecke, Konrad von Würzburg, (Siegfriedsage, Dietrichsage, Thiersage).

Auch die Baukunst machte Fortschritt und fing an, die großartigen Dome zu bauen, welche noch heute wegen ihrer Kunst, Erhabenheit und tiefsinnigen Bedeutsamkeit Bewunderung erwecken. Die flache Decke der Basilika wird zum Kreuzgewölbe, Pfeiler mit halbbogenförmigen Arkaden trugen das Mittelschiff, auf vielfache Weise wurden die Kapitäle der Säulen, Halbsäulen u. s. w. mit sinnigen Arabesken verziert, Thüren, Giebel und Vorderseite der Kirche mit Bildhauerarbeit gefüllt, und überall durch sinnbildliche Figuren der Zweck und die Bedeutung des Gotteshauses versinnlicht. (Dome zu Mainz, Basel, Freiburg, Straßburg, Wien, Worms, Speier.) Der Spitzbogen und die ihm entsprechende Ausführung des Ganzen fand auch Anwendung auf Klöster, Abteien, Burgen und Schlösser mit ihren Kreuzgängen, gewölbten Sälen, Wendeltreppen, schmuckreichen Fenstern, Erkern und Thürmen und der Aussicht ins Freie.

Bildhauer und Erzgießer verfertigten sinnreiche Bildwerke, als Taufbecken (Hildesheim), Thürflügel (Freiberg, Nowgorod), Kronleuchter, Grabmäler (Bamberg), Kanzeln u. s. w, und Maler schmückten nicht nur Kirchenwände, sondern

Evangelienbücher, Gedichtsammlungen mit sinnigen Bildern von allegorischer Deutung.

Große Verdienste haben sich die Hohenstaufen um den Ackerbau erworben, da sie überall für Anlegung von Obst- und Weingärten sorgten, über Baumfrevler die Acht verhängten und sehr strenge Gesetze zum Schutz des Obstbaues erließen. Der Weinbau verbreitete sich damals von Botzen über Schwaben bis Sachsen, Schlesien, Brandenburg, Königsberg, Memel, Kurland und Dänemark. Mönche bepflanzten den Johannisberg im Rheingau, erweiterten die Pflanzungen zu Rüdesheim, Bischof Benno brachte Weinreben nach Meißen und Thüringen, Markgraf Albrecht in die Altmark, ein Bischof von Bamberg nach Pommern, Rheinländer nach Ostpreußen. Stendal trieb damals Handel mit eigenem Wein.

Die Kaiser legten aber auch für die Viehzucht Musterwirthschaften an, sorgten für bessere Behandlung der Schafwolle, gründeten Zuckerraffinerien, begünstigten Seiden- und Baumwollenindustrie. Friedrich II verfaßte ein Meisterwerk über Vogelfang und Pferdezucht, hielt Menagerien, und schon damals war der Papagei ein Ziervogel. Daneben blieben die Klöster Sitze rationeller Landwirthschaft, ihre Vorrathshäuser Niederlagen von Rohproducten. Sie legten Brauereien und Gärten an, pflanzten neue Gemüsearten, preßten Oel aus Nüssen. Damals ward der Roggen aus Deutschland nach Kalabrien gebracht, wo er Germano oder gran tedesco hieß.

§. 29. Die Reichsverfassung.

Unter den Hohenstaufen galt Deutschland für das erste Reich der Christenheit, denn ihm gehörte Italien und der Osten des heutigen Frankreichs, im Osten reichte sein Einfluß bis über Polen und Böhmen; an der Ostsee entstanden deutsche Provinzen, und nur Ungarn erhielt sich unabhängig. Daher fand die deutsche Reichsverfassung als Feudalmonarchie fast in ganz Europa Nachahmung.

Unter den Hohenstaufen bildeten sich neue Reichsländer: der Wittelsbacher Ludwig erhielt die Pfalz bei Rhein, einen Theil des schönen Rheinfrankens oder Pfälzerlandes, wo Konrad, Friedrich I. Halbbruder, Heidelberg gründete. Von Baiern trennten sich mit der Zeit die Bisthümer Würzburg und Bamberg und die Burggrafschaft Nürnberg. Das Herzogthum Baiern behielten die Wittelsbacher, Braunschweig-Lüneburg ward ein welfisches Herzogthum; den Babenbergern ward zu Oesterreich noch Steiermark verliehen, und Leopold war Schirmer der Poesie. Nach dem Aussterben der Babenberger nahm Otakar von Böhmen das Land und Kärnthen dazu. An der Elbe gründete der Anhaltiner Albrecht der Bär, der zu Saltwedel wohnte, die selbstständige Markgrafschaft Altmark, machte Brandenburg zur Hauptstadt und gründete Berlin. Sein Sohn Bernhard ward Stammherr des Herzogthums Sachsen (Anhalt, Lauenburg,

Sachsen). Am Thüringerwald (Wartburg) entstand eine Landgrafschaft (Ludwig der Eiserne; Sängerkrieg auf der Wartburg; Elisabeth die Heilige), die 1247 an Heinrich den Erlauchten von Meißen kam, dessen Sohn Landgraf von Hessen hieß, ein Nachkommen 1420 Sachsen-Wittenberg gründete. Im Norden behaupteten sich die Friesen (die sieben Seelande) und Dithmarsen als freie Bauernrepubliken gegen den Kaiser und Dänemark (Schlacht bei Bornhövde 1227, bei Hemmingstedt 1319, 1399), von deren die Dithmarsen erst 1559 unter Schleswig-Holstein kamen. Das Geschlecht der Zähringer ward durch Berthold II. Gründer der Markgrafschaft Baden, erhielt aber noch die Herzogswürde und das Reichsvogteiamt über Zürich und Thurgau (c. 1111). Berthold III. gründete Freiburg im Breisgau, dessen freie Stadtverfassung das Muster für die rheinischen Städte ward.

Der Kaiser hatte als ersten Reichsbeamten den Erzkanzler von Mainz und Erzämter, deren Titel bald für die Fürstenfamilien erblich wurde. Den Hofdienst besorgten die Reichsministerialien. Der Pfalzgraf vom Rhein war Reichspalatin, Stellvertreter des Kaisers. Neben dem Kaiser standen die Reichsstände (Fürsten, Grafen, Städte) als Vasallen des Kaisers, welche sich auf den Reichstagen versammelten, den König wählten und Gesetze gaben. Die Unkosten der Reichsverwaltung bestritt man aus dem Ertrag der Domänen, Zölle, Regalien u. s. w, aber da diese oft verschenkt und verpfändet waren, so sah sich der Kaiser oft auf seine Privatgüter beschränkt. Obschon jeder Vasall zum Kriegsdienst verpflichtet war, so mußten doch die Kaiser bei den häufigen Kriegszügen die Theilnahme durch Geschenke oder Geld erkaufen, wodurch besonders die Hohenstaufen viel verloren, und es kamen nach und nach stehende Milizen auf als Anfang stehender Heere. Die Bürger bedienten sich schon der Armbrust mit großem Erfolg als Schußwaffe, waren aber nur tapfere Vertheidiger ihrer Städte, in offener Schlacht behielt der Adel die Oberhand.

Da die Reichsämter erblich wurden, Privatbesitz und Reichslehen mit einander verschmolzen, so entstanden geschlossene Territorien und selbstständige Fürstenthümer, deren Souveränität die goldene Bulle gesetzlich machte. Daneben bestanden unabhängige Kirchengüter, deren Verwaltung und Schutz Vögten (Advocatus) übergeben ward, welche ihr Amt zu einem erblichen zu machen suchten. Auf den Meiereien besaßen die Herrschaften eine Menge von Beamten, welche Ministerialen waren, unter denen die zinspflichtigen Pächter oder hörigen Bauern standen. Wie die Kaiser an die Beschlüsse der Reichsversammlungen gebunden waren, so mußten die Fürsten bei wichtigen Sachen die Zustimmung der Landstände einholen, die aus Vertretern des Adels, der Geistlichkeit und größerer Städte bestanden.

Ähnlich hatte sich auch die Kirche gegliedert, weil sie große weltliche Güter besaß. Legaten vertraten den Papst, durch die geistliche Gerichtsbarkeit entzog man nicht nur Geistliche dem weltlichen Gericht, sondern erhielt auch oft Weltliche unter dieselbe gestellt, da die geistlichen Gerichte milder und humaner verfuhren. Aus der Besitznahme geistlicher Aemter flossen für die Kasse in Rom reiche Einnahmen, und durch Bann und Inquisition erhielt man Zucht und Glaubensreinheit aufrecht. Im Drange der Zeit und im Ringen nach frommen Thaten entstanden auch einige neue Mönchsorden, deren Lebensordnung zuweilen sehr streng war. Zu Clugny in Burgund entstand der Cluniacenserorden, daneben die Cisterzienser (Citeaux) und Prämonstratenser (Prémontré) und Karthäuser (Chartreuse), der Bettlerorden, die Franziscaner (Franz v. Assisi) oder Minoriten, zu denen die Barfüßer, Kapuziner u. s. w. gehörten, die Dominicaner u. s. w.

Auch die Ritterorden entwickelten sich und schufen eine besondere Erziehung, besondere Gesetze über Ehre und Minnedienst, welche aber in Phantasterei und Abenteuerlust ausarteten. Der Ritterknabe kam als Page an den Hof eines Fürsten, ward dann Knappe, erhielt durch den Ritterschlag, der unter großer Feierlichkeit gegeben ward, die Würde eines Ritters, widmete sein Leben dem Kampfe, besuchte Turniere oder zog auf Abenteuer aus, liebte in Waffen und Kleidung Luxus, sank aber sehr oft zum Raubritter und Wegelagerer herab.

Geschichtlich wichtig ist der deutsche Orden geworden und der Schwertbruderorden, welche die Ostseeländer von der Weichsel bis zur Newa germanisirten. Bremer und westfälische Kaufleute entdeckten Lievland, siedelten sich an und Albert von Apeldern, Domherr zu Bremen, stiftete den Schwertbruderorden zur Bekehrung und Eroberung dieser Küste.

Riga und Reval wurden deutsche Städte mit Kölner Stadtrecht, die Eingebornen Leibeigene. Da man ihrer und der Russen nicht Herr werden konnte, schloß man sich (1237) dem deutschen Orden an. Diesen hatte Konrad von Masovien aus Venedig zu Hilfe gerufen, als er von den Preußen hart bedrängt und verjagt war, die er bekehren und unterjochen wollte, nachdem von Kloster Oliva bei Danzig die ersten Versuche gemacht waren. Anfangs erschienen wenige Ritter, erhielten das Kulmerland und begannen den Religionskrieg, der in einen Vertilgungskrieg ausartete. Bald kam der ganze Orden 1190 unter Hermann von Salza an, besiegte nach 54 Jahren die Preußen, baute Burgen, lud deutsche Städter zur Ansiedelung ein (Kulm, Kulmer Recht, Thorn, Elbing, Königsberg), machte Marienburg zur Hauptstadt (Schloß mit den Aemtern) und das Land zu einem Ordensland. Alljährlich kamen aus Deutschland (Ottakar von Böhmen), den Niederlanden und England Ritterschaaren, um „Heidenjagden" auszuführen, so daß das Land germanisirt und Danzig Haupthandelsplatz ward. Eigenthum durften die Ritter nicht besitzen, sondern sie führten Krieg oder übernahmen die Verwaltung (Komthur) und lebten klösterlich in Ordenshäusern. Auch die Pomerellen kamen an Preußen (1261). Doch später begannen lange Kriege mit Polen, es empörten sich die Städte oft gegen den Orden, und als die Schlacht bei Tannenberg (1410) mit der fast gänzlichen Vertilgung des Ritterheeres endete, ward Westpreußen durch den Thorner Frieden (1466) polnisch, der Ordensmeister in Königsberg für Ostpreußen polnischer Vasall. Bald darauf erbte Brandenburg das Ordensland, welches (1525) in ein evangelisches Herzogthum umgewandelt wurde, noch später machte es sich von Polen los und 1701 ließ sich der brandenburger Kurfürst in Königsberg krönen und nannte sich Friedrich I, König in Preußen.

§. 30. Die Länder der österreichischen Monarchie.

Während der hohenstaufischen Periode dauern in den slavischen und ungarischen Ländern Thronstreitigkeiten und Bürgerkriege fort, welche mit Verheerungskriegen der Nachbarn und Mongolen wechseln. Einen Einfluß auf die Weltgeschichte haben sie daher nicht gehabt, erklären aber das Völkergemisch der Monarchie. Mit den Kaisern stritten die böhmischen Fürsten um den Königstitel und die Unabhängigkeit. Jenen haben sie behauptet, letztere verloren, dafür erhielt Böhmen die Kurfürstenwürde. Böhmen und Oesterreich hielten zu den Hohenstaufen, weshalb der Babenberger Leopold Baiern von Konrad III erhielt (1139), doch nahm Friedrich I diese Schenkung zurück, als er sich mit Heinrich dem Löwen versöhnte, machte aber dafür Heinrich Jasomirgott zum unabhängigen Herzog von Oesterreich (1154) und schenkte Wladislaus von Böhmen den Königstitel.

Anders verfuhr Venedig, welches zum griechischen Kaiser hielt, dem auch Ancona gehörte, dafür im griechischen Reiche Handelsprivilegien und Anerkennung des Besitzes von Dalmatien und Istrien nebst Triest, Pola und Capodistria erlangte. Bei den Kreuzzügen betheiligte sich Venedig durch seine Transport- und Kriegsschiffe, welche Ptolemais und Tyrus erobern halfen, wofür Venedig im Königreich Jerusalem Handelsprivilegien, in den Küstenstädten Stadtviertel bekam. Aber auch durch Seekriege behauptete die Republik gegen die griechischen Kaiser ihre Vorrechte, nahm dem König Roger Korfu (1148) und erzwang in Sicilien Handelsfreiheit. Anfangs unterstützte Venedig die Lombarden gegen den Kaiser, als dieser aber besiegt war, hielt es zu ihm, damit es eine Hilfe an ihm im Kampfe gegen Griechenland habe, welches Dalmatien an sich brachte.

Im J. 1180 bekam Otakar VI den Herzogstitel über Steiermark und erhob Gratz zur Hauptstadt, die Familie Andechs gewann Besitzungen in Tirol, wogegen Mähren als Markgrafschaft und Prag als Bisthum von Böhmen getrennt und unmittelbar unter das Reich gestellt wurden (1182 und 1187). Mit dem Absterben Otakars erbte aber Leopold V von Oesterreich (1192) Steiermark, derselbe Leopold, welcher den englischen König Richard Löwenherz gefangen hielt. Die Venetianer aber unter ihrem 94jährigen Dogen Dandolo eroberten mit Hilfe der Kreuzfahrer (1204) Griechenland, nahmen als Antheil Morea, Kandia, Korfu und andere Inseln nebst einem Stadttheil von Konstantinopel und den Handel im schwarzen Meere.

Böhmen, Ungarn und Oesterreich führten viele Erbfolge- und Grenzkriege, besonders unter Wenzel I (1230), Friedrich dem Streitbaren, Bela und Andreas, welche selbst die Tatareneinfälle nur aufhielten, nicht beendigten. Wien ward bei dieser Gelegenheit von Friedrich II (1237) zur freien Reichsstadt erhoben, aber verlor sehr bald dieses Recht wieder. Mit Friedrich dem Streitbaren, der in der Schlacht an der Leitha (1247) fiel, starb der Babenbergische Stamm aus, und es gab nun Erbfolgekriege zwischen Böhmen und Ungarn.

Otakar II, welcher gegen seinen Vater Wenzel rebellirt, die Abtretung Mährens erzwungen, dann aber Böhmen (1253) geerbt hatte, wurde von dem Adel des österreichischen Herzogthums gewählt, da es herrenlos war. Nur in Steiermark setzte eine Partei den Anschluß an Ungarn durch, doch wurde auch dieses Kronland von Otakar nach mehreren Feldzügen erobert. Um sich die Geldmittel zu verschaffen, gab Otakar an die Städte Privilegien und zog viel deutsche Kolonisten ins Land, befestigte die Königsstädte, legte in den Grenzforsten deutsche Dörfer an (Elbogen, Glaz, Troppau), worin ihn Adel und Geistlichkeit nachahmten, was die Böhmen aber sehr unzufrieden machte. Nach der Schlacht bei Kressenbrunn im Marchfelde (1260) mußte Ungarn auf Steiermark verzichten, und da (1269) Otakar auch Kärnthen erbte nebst Krain und der windischen Mark, so vereinigte er große Länder zu Einem Reiche. Im Süden bestand nun seit 1204 die Grafschaft Görz. Tirol aber theilte sich nach Graf Andechs Otto II Tode (1248) in Nordtirol und Südtirol unter Meinhard, nebst Brixen und Trient.

Otakar behielt sein Erbe nicht lange. Dem Adel war er verhaßt wegen der Strenge, mit welcher er gegen Raub und Fehde verfuhr. Als daher Kaiser Rudolf die Alpenländer als erledigte, widerrechtlich erworbene Reichslehen zurückforderte, Otakar aber nicht gehorchte, ward er in die Reichsacht erklärt, zur Unterwerfung gezwungen, und als es wegen Ausführung des Friedens zu neuen Streitigkeiten kam, mit Hilfe der Ungarn und der Alpenbewohner auf dem Marchfelde bei Dürrenkrut (1278) besiegt und von persönlichen Feinden getödtet. Seitdem gehört das Herzogthum Oesterreich nebst Steiermark, Kärnthen und Krain den Habsburgern.

In den slavischen und ungarischen Ländern zeigen sich dieselben Übelstände wie in den deutschen, welche das Königthum schwächten, die Wiederholung innerer Unruhen erklärlich machten. Nach und nach wurden die königlichen Beamtenstellen erblich, so daß nicht nur Reichsgut in Privatbesitz kam, sondern auch gewisse Regalien, die den Beamten überwiesen waren, als Privatbesitz betrachtet wurden. Dadurch verlor die Krone einerseits bedeutende Einkünfte, andererseits große Rechte. Denn der hohe Adel betrachtete die Bewohner seines Lehens als seine Unterthanen, hinderte die Ausübung der königlichen Gewalt, führte die Stimme auf den Landtagen, machte von seinem guten Willen die Aushebung der Kriegsmannschaft abhängig und hatte für seine Streitigkeiten ein besonderes Hofgericht, welches nur von hochadeligen Richtern gebildet wurde. Die geistlichen' Würdenträger ahmten den hohen Adel nach, erlangten leicht Immunitäten, die geistlichen Orden Privilegien, so daß die Macht der Könige sehr verringert wurde. Selbst der niedere Adel gerieth in Abhängigkeit von dem hohen, und nur in Ungarn und Polen behauptete er eine selbstständige Stellung und Theilnahme an den Reichstagen.

Um sich neue Einnahmequellen zu verschaffen, verliehen die Könige an die Städte gegen Abgaben Privilegien aller Art und beriefen deutsche Kolonisten ins Land, denen sie Rechte und Freiheiten bewilligten. Da in den Niederlanden die Städte ganz frei waren, so brachten Einwanderer von dort bürgerliche Freiheit und Betriebsamkeit in ihr neues Vaterland. Auch von den durchziehenden oder heimkehrenden Kreuzfahrern mögen viele in Ungarn und Böhmen sich angesiedelt haben. Schon 1150 findet sich in Prag eine französische und deutsche Gemeinde, 1250 auch in Brünn, in Wien (1208) flandrische Münzer. Leopold VI, Otakar I, Andreas II, Heinrich von Breslau sind Förderer des Städtewesens, selbst deutsche Kolonistendörfer erhielten das magdeburger Stadtrecht. In Siebenbürgen reichten die Szekler als Grenzwacht nicht aus, daher sandte Geysa II niederdeutsche (sächsische) Kolonisten hin, welche Hermanstadt bauten und unter ihrem Sachsengrafen standen. Zur selben Zeit (c. 1150) ward die Zips von deutschen Kolonisten besetzt, und Bistritz eine solche Kolonie. Andreas II. übergab dem deutschen Ritterorden das veröbte Burzenland in Siebenbürgen, mußte zwar den Orden vertreiben, da dieser ein eigenes Reich gründen wollte. Andreas erkannte die Selbstständigkeit und Freiheit der deutschen Kolonie an.

Auch in Ungarn wiederholten sich, wie in Böhmen, innere Unruhen und Empörungen. Der verschwenderische König Andreas II. mußte daher (1222) die goldene Bulle geben, d. h. ein Gesetz, kraft dessen jeder Adelige zu der jährlichen Reichsversammlung kommen durfte, abgabenfrei war, Patrimonialgerichtsbarkeit hatte und nur bei der Landesvertheidigung ins Heer trat.

Die schlimmsten Zeiten erlebte Ungarn unter Bela IV. (1235 bis 1270), denn die Lauheit des Adels machte es ihm unmöglich, gegen die andringenden Mongolen mit angemessener Heeresmacht auszuziehen, ja die Ermordung eines Kunenhäuptlings brachte die wilden Kunen dahin, den Mongolen sich anzuschließen, welche Ungarn mit der rohesten Grausamkeit verheerten und menschenleer machten (1242), während Bela auf die Insel Veglia im dalmatischen Meer fliehen mußte. Doch der muthige König kehrte zurück, als die Mongolen in demselben Jahre abzogen, rief Ansiedler ins Land, ließ Pest, Ofen, Schemnitz, Neusohl, Karpfen, Kesmark u. s. w. wieder aufbauen, legte Burgen an, stellte die Landmiliz wieder her, und konnte (1246) schon siegreich gegen Friedrich von Oesterreich kämpfen, welcher drei Comitate an sich genommen hatte. Doch mußte er (1262) Steiermark dem Otakar überlassen, da wieder Tataren heranzogen, welche er besiegte und 50.000 von ihnen tödtete. Fortan blieb Ungarn an böhmisch-österreichischen Kriegen betheiligt, verlor aber seinen Einfluß, als Ladislaus IV. sich den Kumanen ergab und solche Ausschweifungen erlaubte, daß die Magnaten und die Kirche wiederholt einschreiten mußten. Er starb 1290 und das Geschlecht der Arpaden starb (1308) mit seinem Nachfolger Andreas III. aus, der mit Oesterreichs Albrecht Krieg führte, welches Ansprüche auf Ungarn machte, wogegen Maria von Neapel, die Schwester des Ladislaus, ihrem Sohne Karl diese Krone zuwenden wollte, dessen Sohn Karl Robert von Anjou auch die meisten Magnaten für sich gewann.

§ 31. Die Städte Italiens.

Während die Feudalverfassung sich als nicht geeignet zeigte, die Staaten zur Ruhe kommen zu lassen, entwickelte sich das Städtewesen zu großer Macht, ja im 14. und 15. Jahrhundert bildeten die Städte und ihre Bündnisse die entscheidende Macht der Staaten, waren Sitze der Bildung und Wissenschaft, des Wohlstandes und des geordneten Rechts. Am frühzeitigsten bildete sich das Städtewesen in Italien, Südfrankreich und am Niederrhein aus, denn diese Städte hatten aus den Römerzeiten ihre städtische Verfassung und Verwaltung behalten, waren durch die Berührung mit den Arabern und durch die Kreuzzüge zu Handel und Industrie veranlaßt, und fühlten daher am frühesten die Unbequemlichkeit der Feudalverfassung für bürgerliche Industrie. Daraus kann man sich die unausgesetzten Kämpfe gegen die deutschen Kaiser erklären, denen sie die Anerkennung eines dritten unabhängigen Standes abtrotzten, welcher als der erwerbende in der That auch für die Kaiser hätte der wichtigste sein sollen.

Als Gothen und Longobarden Italien besetzten, zogen die freien Männer in die Städte, um sich am Handel zu betheiligen oder Ökonomie zu treiben. Zu Karl d. Gr. Zeit gab es daher zwar in den Städten einen politisch rechtlosen Handwerkerstand, aber auch einen berechtigten Stadtadel (Kaufleute, Fabrikanten und Grundherren) und einen Beamtenadel (Ministerialen oder Königsleute), welche unter dem königlichen Grafen oder dem Vicecomes eines Bischofs standen. Da jeder Stand seine besondere Gerichtsbarkeit hatte, so zerfiel jede Stadt in drei unter sich getrennte Kommunen. Wo später aber die Geistlichen, denen oft die Städte überwiesen wurden, die Immunität erhielten, oder wo königliche Beamte bei Doppelwahlen zur Zeit der Bürgerkriege sich nur durch Bewilligung von Privilegien behaupten konnten, ward die Stadt wenigstens eine einheitliche Kommune (Weichbild), wenn auch die Standesunterschiede noch aufrecht erhalten wurden. Jeder Stand hatte seine Vorsteher (Konsuln), welche in ihrer Gesammtheit die Kommune vertraten. Neben dem Grafen standen als seine richterliche Behörde die Richter (Schöffencollegium, auch Konsuln genannt), welche auch wohl über Verwaltungssachen zu entscheiden hatten und aus Freien bestanden, denn die Handwerker standen unter dem Hofrecht als Zinspflichtige.

Sowie die Städte sich frei machten von der Oberaufsicht der Bischöfe und Grafen, trat der vornehme Stadt-Adel ganz in deren Rechte, die Konsuln (Bürgermeister) regierten die Stadt, und eine andere Abtheilung der Rathmanneu standen neben ihnen, weshalb sich später die gemeine Bürgerschaft oft gegen sie erhob, Gewalt gebrauchte, sich die Gewährung von Rechten verschaffte, und auch Konsuln aufstellte, die zusammen die Stadtobrigkeit bildeten. Den Stadt-adel nannte man Stadtjunker oder Patrizier oder Geschlechter. Die Stadt-behörde der 12—20 Konsuln hieß consules de communi (Rathsmeister) zum Unterschied von der Verwaltungsbehörde der Schöffen (consules de placitis). Konsuln waren zugleich Gerichtspräsidenten, die Schöffen aber Richter, die aber auch die Polizei verwalteten und als Vertrauensrath der Konsuln credenza hießen.

. Die Bürgerschaft theilte sich in Stadttheile, wählte in solchen ihre Vor-steher und bildete bewaffnete Compagnien. Die freien Bürger traten zu Zeiten zu einer Bürgerversammlung (parlamentum) zusammen, um über wichtige Angelegenheiten zu berathen und mit den Konsuln in Gemeinschaft Gesetze ab-zufassen. In den übrigen Ländern entstand die Städteverfassung auf dieselbe Weise. In Frankreich bildeten Schöffen (pares-pairs) den Stadtrath mit dem Grafen (vicomte) oder Schultheißen (bailli) an der Spitze. Über den Schöf-fen stehen die Rathmannen (jurés) mit dem Rathsmeister (maire) als Ober-behörde.

Im Verlauf der Kämpfe mit den Hohenstaufen änderte sich diese Stadt-verfassung. Der Kaiser stellte als seinen Vertreter einen Reichsvogt oder Ge-waltsboten (podestà), der aber bald nur einige formelle Hoheitsrechte behielt. Dagegen trat nun an die Spitze der Konsuln als Stadtherr ein städtischer Podesta, den man auf mehrere Monate wählte und ihn zum Oberrichter und Kriegsherrn erhob. Er hatte Adjutanten und Assessoren zu Gehilfen; neben ihm stand ein Regierungs- und ein Volksrath, und der Bürgerversammlung wurden nur Bekanntmachungen mitgetheilt.

Die Handwerker, welche anfangs auf herrschaftlichen Höfen als Hörige oder in besonderen Straßen unter dem Patronatsrecht eines Ritters wohnten, traten im 12. Jahrh. zu Innungen zusammen, wählten sich ihre Vorsteher, gaben sich ein Statut, und 1198 baute sich die Credenza des h. Ambrosius zu Mailand ein Gemeindehaus mit einem Thurm, worin sie Gericht und Ver-sammlungen hielt und ihr gemeinschaftliches Vermögen aufbewahrte. Jetzt traten die Innungen der vornehmen Bürgerschaft (popolo grasso) und dem Adel ent-gegen, ehe sie sich mit jener vereinigten zum Volk (popolo). Sie hatten Vor-steher der Zünfte (anziani) und einen Volkshauptmann (capitano del popolo), der wieder Benner (gonfalonieri) einsetzte, wenn die Innungen nicht zugleich als Waffengenossenschaften organisirt waren. Der capitano del popolo trat dem podestà stets entgegen, weshalb der Stadtadel das Regiment auf etliche Jahre einem Kriegsobersten (signoria) übertrug, wenn nicht die Innungen durch Gewalt Theilnahme am Stadtregiment erzwangen. Dies ging nicht ohne blu-tige und häufige Parteikämpfe ab; oft ward der Adel vertrieben, der mit frem-der Hilfe die Rückkehr erzwang. An manchen Orten ward er von allen poli-

tischen Rechten ausgeschlossen, und zur Strafe wurden Bürgerliche geadelt. Die Volksherrschaft artete, wie überall, so auch in den italienischen Städten sehr bald
aus, weshalb man Adelige berief, die aus dem Krieg ein Geschäft machten,
Haufen von Bewaffneten im Sold hatten und condottieri hießen. Diese mußten eine Stadt schützen oder ruhig halten. Sehr bald aber machten sich diese
Kriegshauptleute. zum Herrn der Stadt und wurden Fürsten, so daß sich nun
Fürsten= und Herzogthümer bildeten. Mit der Selbstständigkeit der Städte und
dem eigenen Stadtregiment wuchsen aber auch die Bedürfnisse der Stadt, weshalb man von den Sarazenen das System der indirecten Steuern entlehnte:
(Dogana, Douane und Accise) im Gegensatz zum Zoll (Mauth) und der
Finanzwirthschaft besondere Aufmerksamkeit zuwandte (Banken, Staatsschulden).
Man erhob Eingangszoll, Standgeld, Prägeschatz von den Münzergenossen-
schaften der Goldschmiede und Wechsler, Judenschutzgelder, Marktzoll als Regalien, weil der Kaiser eigentlich Inhaber solcher Rechtsverleihungen sein sollte,
seine Machtvollkommenheit aber an Fürsten, Bischöfe und Städte gegen Entschädigung oft abtrat. Man belegte aber auch die Lebensmittel mit einer Steuer,
oder die Stadt nahm den Alleinhandel mit Salz an sich (im 10. Jahrh. Benedig, im 12. und 13. Montpellier und Genua, unter Friedrich II Neapel, im
14. Jahrh. ganz Frankreich). Steuern, die man nur Einmal zahlte, hießen
Bitten oder Hülfen, bald wurden sie aber stehende Steuern. Um Betrug zu
hindern, führte man Kerbhölzer ein, d. h. flache Stäbchen, in deren Mitte der
Steuerbeamte die Steuersumma einschnitt, und sie rechts wie links daneben
schrieb. Dieses Holz spaltete man, und beim Bezahlen behielt der Bürger als
Quittung die Hälfte des Kerbholzes. Daher stammen die Namen: Schnitt,
Kerbe, Stock, Geldschneiden. Assisa bedeutet auch Einkommensteuer, Auflage,
denn Schnitt war anfangs nur eine Tranksteuer. Da man aber Getreide und
Wein schon am Thore versteuerte, das Getränk beim Brauer und Wirth noch
einmal versteuern mußte, so nannte man diese Accise zum Spott Ungeld.

§. 32. Günstige Verhältnisse für Gewerbe und Handel im Mittelalter.

Zu allen Zeiten ist die Landwirthschaft die Grundlage für Handel und
Gewerbe gewesen, denn sie liefert Rohproducte und Tauschmittel. Da nun die
Germanen bei der Eroberung Europas sich das Ackerland aneigneten, den Römer in der Stadt unbelästigt wohnen und sein Geschäft treiben ließen; da ferner in Folge des Lehensystems als Lohn für Dienste, Landgüter zur Benützung
den Beamten überwiesen wurden, die Einnahmen des Adels und der Geistlichen in
Rohproducten des Landbaues und der Viehzucht bestanden: so mußte nothwendig der Handel dazwischen treten, um für Bier, Getreide, Honig, Speck u. s. w.
andere Bedürfnisse zu liefern. Diese Begünstigung des Handels stieg, als die
Lehen erblich wurden, weil der Besitzer sein Land sorgfältiger bebauen ließ. Die
Wirthschaftsgebäude um das Herrenhaus mehrten sich und wurden zum Dorf,

mit der Zeit bildete sich um die Herrenburg eine Stadt von dorfartigem Aussehen. Um Weideland und Wald in Ackerland umzuwandeln, gab man Parcellen in Erbpacht (Sackzinsland der Kolonen). Neben dem Ackerbau und seiner Dreifelderwirthschaft blühte die Viehzucht, so daß Überfluß an Fleisch vorhanden war, denn da man Stallfütterung nicht liebte, mußte man im Herbste viel Vieh einschlachten. Rechnet man dazu die Eier- und Mehlspeisen, so kann man sich erklären, daß Gewürz überall Bedürfniß, Gewürz als Zollgeld gegeben und Gewürzhandel der lohnendste wurde. Ebenso beliebt wurden die Weine und Südfrüchte, weil der einheimische Obstbau nur mittelmäßiges Obst lieferte. Auf diese Weise entstand der sogenannte Specereihandel.

Doch auch die Kirche trug viel zur Belebung des Handels bei, denn die Fastenordnung erlaubte nur Fischspeisen, so daß der Häring, Stockfisch u. s. w. in ungeheurer Menge verbraucht ward und eine großartige Fischerei nothwendig machte, welche den Bewohnern der nördlichen Meere vorzugsweise zufiel. Ebenso verbrauchte man große Mengen von Wachs zu Kirchenlichtern, Bernstein zu Räucherwerk, Paternostern, Kreuzen, wodurch man die Bernsteindreher in Lübeck, Hamburg, Antwerpen, Brügge und Venedig beschäftigte, daneben bedurfte man aber auch viel indisch-arabischen Weihrauch. Endlich hatte man viel goldene und silberne Gefäße, feine gestickte und schöngefärbte Priesterkleider, Teppiche, Decken u. s. w. für den Kultus nöthig, so daß nicht allein seidene Prachtkleider aus Konstantinopel kamen, und die feinere Industrie Italiens Beschäftigung fand, sondern auch härene Mönchskleider aus morgenländischem Ziegenhaar, aus italienischem Kamelot (Venedig), aus regensburger Berkan und tarsischen Zeugen aus Turkestan Handelsartikel wurden. Der Adel dagegen brauchte Waffen, Waffenschmuck (Magdeburg, Straßburg, Brüssel, Mecheln, Lüttich, Mailand, Venedig, Barcelona), Sattler- und Riemerarbeiten (Gent, Namur, Straßburg, Zürich, Marseille, ungarische Riemen mit Messing und Kupfer beschlagen), so daß Gerber und Sattler vollauf zu thun hatten, außerdem aber ein starker Handel mit Häuten sich ausbildete, welcher die Felle nach Hunderten oder Zehnern (Decher) oder Kypen (Körben aus dünnen Ruthen für feinere Felle) verkaufte. Der Gerber brauchte bedeutende Massen von Fettwaaren, der Reiter Reithosen aus Kalbleder, zum Putz und Schutz Pelzwerk, welches Bürger nicht tragen durften. Mit Pelz verbrämte man Mäntel und Oberkleider, fütterte den Leibrock damit. Da dieses Unterfutter des Unterkleides Leibchen oder Corset hieß, so erhielten die Handwerker, welche das Pelzwerk dazu verfertigten, den Namen Korsen-Wrechter, d. h. Korsenwirker oder Korsenmacher, woraus Kürschner wurde. (Magdeburg, Braunschweig, Brügge, Straßburg, Venedig, Florenz, Bologna.) Russische Pelze hatten ihren Stapel in Moskau und kamen an die Ostsee, ungarische Marderfelle nach Regensburg und Nürnberg. Russische Pelze verschenkten Kaiser und Fürsten, selbst der Ungar Arpad gab dem slavischen Fürsten Salam 12 Zobel- und 12 Hermelinpelze, Igor von Rußland den griechischen Gesandten.

Pelz- oder Wildwerk (Pelterei) verkaufte man nach Ballen (zu Hunderten) oder nach Dechern oder nach Zimmern (je 40 Stück; timbria). Feine Pelze (Zobel, Hermelin, Biber, Fischotter, Marder, in Ungarn Abgabe statt des Geldes oder Ziesel) hießen Schönwerk; Eichhornfelle nannte man Buntwerk (Varium, Vajo, deutsch Veh), Eichkatzen lieferten Grauwerk, und die Mischung der beiden letzten Sorten hieß Buntgrau. Venetianer bezogen Pelzwerk von den Seeplätzen am schwarzen Meer, und in Italien ging der Luxus mit Pelzen soweit, daß Stutzer ihr feines Pelzwerk mit purpurrother und citrongelber Seide überzogen und mit den Federn von Pfauen und phönizischen Wasservögeln verbrämten. Jeder adelige Herr und jedes Ritterfräulein mußte Pelzwerk tragen, da dies zur Standesauszeichnung gehörte.

Zu diesem Kleiderschmuck kommen noch Seidenstoffe, aus denen man Priesterkleider, Prachtmäntel der Fürsten und des hohen Adels machte, die man Baldachin nannte, so daß Seidenweberei in Italien und Spanien (Almeria, Lissabon, Granada, Palermo, Venedig u. s. w.) eine lohnende Industrie wurde. Man machte Zindel-, Gold- und Silbergarn, Damast mit eingewirkten Gold- und Silberfiguren, purpurfarbenen, weißen, grünen und gelben Sammt (Samyt aus Stamina, Grundfäden). Frühzeitig hatten die Mauren neben dem Seidenbau auch Baumwolle und Baumwollenweberei nach Spanien gebracht, so daß Katalonien und Barcelona viel Kannevas und Barchent nach Venedig ausführten, bis sich Italien (Bologna, Rimini, Venedig, Cremona, Bergamo) dieses Erwerbszweiges bemächtigte, indem es den Rohstoff aus Cypern, Creta, Syrien, Calabrien und Griechenland bezog, Venedig aber Hauptstapelplatz wurde. Auch Augsburg legte großartige Barchentwebereien an.

Von den Arabern lernten die Europäer auch die Bereitung der feinen Ledergattungen, besonders des Korduans, den Marseille und Zürich nachmachten, ferner den Gebrauch des Saffrans, der in Granada, Baza und Katalonien gebaut und von Barcelona ausgeführt wurde, bis Ferrara und Bologna, Brügge, Aquileja, Frankfurt a. M. Hauptmärkte wurden. Alaun, den Färbern unentbehrlich, kam aus Egypten und Kleinasien, wo Italiener Bergwerke bei Edessa, Smyrna und Iconium pachteten; doch auch die Araber legten in Kastilien Alaunsiedereien an, im 13. Jahrhunderte und 200 Jahre später die Italiener zu Tolfa bei Civitavecchia und zu Volterra in Toscana. Des Zuckers ist schon gedacht.

Die Araber regten daher zu mancher Industrie an, brachten aber auch als Zwischenhändler mancherlei Waaren nach den Häfen des Mittelmeeres: Stabeisen, Eisendraht, Stahl, Kupfer, Blei, Waffen, Schiffbau- und Nutzholz, Pech und Hanf, Weizenmehl und Hülsenfrüchte, Schreibpapier und Kleidungsstoffe, so daß sie den Italienern das ersetzten, was gegenwärtig die Ostseehäfen liefern. Da damals der Verkehr zwischen Mittelmeer und Nordostsee ein geringer war, so konnten sich die Seestaaten Italiens nur durch diese Zufuhr der Araber be-

haupten, bis sie zur Zeit der Türkenherrschaft jene Waaren vom Norden beziehen lernten.

Leider gehörte damals der Menschenhandel zu dem gewinnreichen, welchen
die Kirche zu unterdrücken nicht vermochte. Venedig und Genua hielten in
Konstantinopel Hauptmarkt und versorgten Egypten und Syrien mit Sclaven.
Anfangs verkaufte man gefangene Heiden (Russen, Böhmen, Wenden, Mähren)
von der Elbe, Saale und Oder, dann Kaukasier, die man in Serai und Derbend am kaspischen See erhandelte, ja für italienische Sclaven war Rom
Hauptmarkt, so streng dies auch Kirche, Kaiser und Doge verboten, denn Venedig
verkaufte noch im 15. Jahrhunderte jährlich in die Lombardei für 30.000
Ducaten Sclaven.

Zu den Begünstigungen, welche der Handwerker durch die Zufuhr von
Rohmaterial und den starken Verbrauch seiner Erzeugnisse erfuhr, kam noch der
Umstand, daß die Städter persönliche Freiheit erwarben, da jeder Landmann,
der in die Stadt zog, ein freier Mann wurde. Dieses Gesetz hatten nach langem Kampfe einsichtige geistliche und weltliche Fürsten durchgesetzt. Man konnte
sich mit Geld von persönlicher Dienstleistung loskaufen. Mit der Arbeit und
dem Handel stieg die Wohlhabenheit der Städter, welche nun ihrerseits viel
Producte verbrauchten, den Landmann stark beschäftigten (Wolle, Flachs, Waid,
Krapp, Viehzucht) und das Handwerk bis zur Kunst erhoben.

Hauptindustriezweige waren: Wollweberei, die in den Niederlanden, Friesland, Süd- und Nordfrankreich, West- und Mitteldeutschland, Süd- und Norditalien, in ganz Europa bis Magdeburg und Messina heimisch war. Man bezog
seine Wolle aus England, Nordafrika (Tunis, Ceuta) und Spanien. In England vernachlässigte man die Schafzucht wegen so sehr den Getreidebau, daß
man im 14. und 15. Jahrh. Getreide aus Danzig beziehen mußte, während
es seither ein Ausfuhrland für Getreide war. Hauptwollmärkte waren in
den Niederlanden in Brügge, Dortrecht und Mecheln und vom 12. — 14. Jahrh.
dort die Tuchweberei großartig, da man fast die ganze damalige Welt mit Tuch
versorgte, Tuch ein Hauptartikel des Großhandels war. Tuchmacher bildeten
die mächtigste Innung, zeichneten sich aber auch durch Trotz, Übermuth und
Neigung zu Aufständen aus, weil sie die meisten Streiter hatten, während die
Tuchweber sich der Frömmelei ergaben. In den Niederlanden und der Lombardei beschäftigte sich sogar ein geistlicher Orden mit der Tuchweberei. (Beghar-
den, Humiliaten.)

Bei diesem starken Verbrauch an Tüchern konnte die Färberei um so
weniger zurückbleiben, als man damals helle Farben liebte, besonders Hochgelb
und Scharlachroth für Pracht- und Festkleider. Vornehme und Gebildete zogen
Grün und Blau vor, Ärmere trugen Grau und Schwarz. Kleid und Unterfutter zeigten grell abstechende Farben, und Meister in der Färberei blieben lange
Zeit die Niederländer, von denen sich in Wien Kolonisten als Flamländer
niederließen. Roth färbte man durch Scharlach-Beeren, Kermes (Karmesin)

Krapp, indisches Rothholz und Orseille aus Afrika und der Levante; Gelb erzeugte man durch Gelbholz und Sumach aus Südeuropa, Saflor und Safran
aus Asien und Spanien, Blau durch Indigo und Waid.

Neben der Wolle behauptete sich die Leinwand, da die mittleren und untern
Stände Volröcke (Blusen, Kittel oder Kutten) trugen, aber auch feine Damaste und
Spitzen gebraucht wurden. Anfangs war Spinnen und Weben der Leinen die
Winterbeschäftigung der Bauern, dann ward es aber großartige Industrie in
den Städten Englands, der Niederlande, Westfalens, Mitteldeutschlands, der
Gegend um den Bodensee, der Schweiz und Lombardei, so daß die Ostseehäfen,
Ulm, Augsburg u. s. w. Hauptstapelplätze wurden. Feinere Gattungen verfer-
tigte man in der Picardie, Champagne und Barcelona, und holte den Flachs
aus Alexandrien. In Arras machte man Tapeten aus Leinwand.

Metallwaaren machte man in Massen in der Lombardei, Nürnberg und
den Niederlanden, wo man Steinkohlen benützte, und in Venedig, welches
Metall aus Steiermark, Ungarn und Böhmen bezog. Die Niederländer holten
Kupfer aus Schweden, Zinn aus England, Eisen aus Spanien. Dadurch gewann der Bergbau, und Namur trieb schon frühzeitig Handel mit Steinkohlen.

Auch die Brauerei von Bier und Meth (süßem, gewürztem Bier) betrieb
man in den Niederlanden, in den Elb= und Ostseestädten, Baiern und Oesterreich, wo Bier und Meth zu den Artikeln des Großhandels zählten, da man
sie nach den Ostsee= und Ostländern versandte. Meth ging in großer Menge
die Donau hinab nach Griechenland und Asien, was auf Bienenzucht vortheilhaft einwirkte.

Salz endlich bildete auch einen namhaften Artikel des Großhandels, durch
welchen Halle, Lüneburg, Magdeburg, Salzburg, Tirol, Ungarn, Siebenbürgen,
Venedig (Seesalz), Nordafrika, Lissabon (Baisalz) viel Geld verdienten und
Bedeutung für den Handel erhielten.

Der Großhandel machte besondere Hauptstapelplätze nöthig, die wir auf-
zählen wollen.

In Afrika waren Stapelplätze Centa, Tunis, Alexandrien, Damiette, Kahira,
wo Venetianer, Genueser und Barceloner indische Waaren holten, die über
Aden und Dschidda kamen. In Egypten besaßen die Europäer Faktoreien und
Handelsconsuln. Dasselbe geschah in den syrischen Handelsplätzen Accon
(Ptolemais), Byblus, Berytus, Antiochia, Tyrus, Tripolis, denn dorthin ging
die indische Straße über Balk, Samarkand, Buchara, von wo eine Straße
nach dem kaspischen Meere und Astrachan abbog, die andere auf Bagdad sich
richtete, wo die Straße vom persischen Meerbusen mündete, um über Tauris,
Erzerum nach Trapezunt oder nach Cilicien, nach Tarsus, Aleppo u. s. w. zu
führen. Die Niederlagen fremder Großhändler nannte man Apotheken, die sich
in allen europäischen Häfen fanden.

In Süd-Europa galten als Hauptstapelplätze Venedig, Genua, Livorno,
Pisa, Palermo, Barcelona, Marseille, Lyon, Montpellier, Constantinopel. Seit

die Ostseeländer germanisirt wurden, erhoben sich Riga, Reval, Königsberg, Danzig, Lübeck, Hamburg, Bremen und Wisby zu Hauptplätzen, und in den angrenzenden Landschaften entwickelt sich seit dieser Zeit eine rege Industrie- und Handelsthätigkeit, da selbst Binnenstädte Seehandel trieben, Soest auf Wisby Faktoreien hatte und selbst der deutsche Orden Industrie zur Hauptsache machte, Brügge und Antwerpen waren am Meere, Cöln am Rhein der Hauptplatz, der bis England, Preußen, Italien und Griechenland eigenen Handel trieb. In England handelte man mit London, Bristol, Exeter, Winchester und Durham, in London erbauten die Kölner die Gildhall (später Stahlhof). An der Donau bildeten Regensburg, Wien, Ofen Hauptorte, neben welche später Nürnberg, Augsburg und Constanz traten.

Mitteldeutschland versandte Getreide, Metalle, Tücher, Leinwand, Felle und Hopfen (Prag, Magdeburg, Braunschweig, Lüneburg), auf der Oder kamen polnische Producte (Landsberg an d. Warthe), schlesische (Frankfurt, Breslau) und böhmische Waaren bis Stettin. An der Weichsel lagen außer Danzig Thorn, Warschau, und es sandten auf ihr Lemberg, Kalisch, Breslau, Posen Getreide, Holz und Waldproducte, oder es gingen Waaren hinab nach Trentschin und Wien. Von Riga aus holte man Waaren von Smolensk auf Schlitten, und über Nowgorod aus Innerrußland. Diese nordischen Waaren bestanden in allerlei Holz, Eichenbrettern, Faßdauben, Potasche, Theer, Pech, Leinsaat, Hanf, Segeltuch, Bernstein, Getreide, Honig und Wachs, getrockneten Fischen, Kaviar, Thran, Fischbein, Pelzwerk, Fellen, Häuten, Talg, Butter, schwedischem Kupfer und Eisen.

§. 33. Geschichte von Amalfi und Barcelona.

Süditalien ist seiner Lage nach am meisten zum Handel geeignet. Da es die Araber eine Zeit lang besaßen, die Normannen gleichfalls Handel und Industrie beförderten und die Hohenstaufen dasselbe thaten, so entwickelte sich in Amalfi, Genua und Gaeta seit dem 9. Jahrh. ein lebhafter Handel. Amalfi hatte schon 840 eine ansehnliche Handelsflotte und schützte Rom durch wiederholte Seesiege gegen die Araber. Niederlagen besaßen die Kaufleute Amalfis frühzeitig in Syracus, Palermo, Messina u. s. w., handelten nach Durazzo, Konstantinopel, führten nach Syrien, Kairo und Alexandrien europäische Waaren ein, denn ihre Münzen galten überall. Doch erlag die Freiheit der Stadt 1131 dem Normannen Roger II, und die Pisaner vernichteten auf Antrieb Kaiser Lothars 1137 Flotte und Stadt Amalfi. Nach einigen Jahrhunderten ging der Rest der Stadt unter, der Hafen versandete, und jetzt sieht man nur einige Ruinen des ältesten Hauptstapelplatzes Südeuropas.

Bedeutenden Handel trieb Ancona nach Syrien und Griechenland mit französischen und florentiner Tüchern; Neapel und Sicilien verführten Getreide, Oel, Zucker, Seide und lateinischen Wein, Siena baumwollenes Schreibpapier,

Ferrara und Bologua führten Indigo, Farbholz, Zucker und Seide ein. Modena und Lucca verarbeiteten Seide und Wolle aus Tunis, verkauften lombardische Tücher, gefärbte Schaffelle, Safran und Brasilienholz schon 1305. Noch immer war Rom Stapelplatz für alle Waaren, ein Jude Schatzmeister des Papstes, denn Juden betrieben damals Wechselgeschäfte, Gewürz- und Manufacturhandel aus dem Orient, zahlten ihre Abgaben auch in Pfeffer, Ingwer und Zimmt, ja in Barnedi in Unteritalien trieben Juden Purpurfärberei. Auch in Piemont und der Lombardei (Lombarden) entwickelte sich schon frühzeitig das Wechselgeschäft, welches aber sofort in Wucher ausartete. Bankiers aus Piemont fand man in allen Ländern Westeuropas, wo ihre Banken Casane, sie selbst Cahorsiner oder Cuhorsiner, in Deutschland Kawertsche hießen. Doch auch die Franzosen in Cahors trieben Geldhandel und waren als Wucherer sprichwörtlich, weshalb der Name wohl von ihnen stammt.

In jenen Zeiten nahmen auch einige südfranzösische Städte lebhaften Antheil an dem Welthandel, indem sie entweder Tuche (Languedoc) nach Italien lieferten, oder wie Avignon Stapelplatz für den italienischen und flandrischen Verkehr, Sitze der florentinischen Bankiers wurden, oder eigene Schifffahrt nach dem Orient unterhielten. Schon in alten Zeiten war Marseille Ausfuhrort nach dem Orient, ja 1190 ging das ganze englische Kreuzheer in Marseille unter Segel und die Stadt erhielt in Syrien Handelsrechte, von wo es Spezerei, Gewürze, Gewebe, Seide, Baumwolle und Droguen brachte. Als der Graf von Anjou die Stadt erhielt, sank der Handel. Dagegen erhob sich Aigues-Mortes und noch früher Montpellier, dessen Münzen in Europa, Asien und Afrika galten, da es mit allen Handelsstaaten Verkehr unterhielt. Als aber 1480 Marseille an Frankreichs König kam, sank wieder Montpellier. Auch Narbonne trieb Seehandel nach Italien, Konstantinopel und der Levante, und da viel Industrie in Südfrankreich herrschte, so gab es große Messen und ließen sich lombardische Wechsler nieder. Der Handel an Frankreichs Westküste dagegen war unbedeutend, da Frankreich hier mit England viel Kriege führte. Im Ganzen blieb die Schifffahrt in Frankreich gering, so daß man bei Kreuzzügen fremde Schiffe miethete.

In Spanien beförderten die eingewanderten Germanen Ackerbau und Industrie, die Vandalen veranlaßten Verkehr mit Afrika, Lederfabrikation in Cordova und Seidenweberei in Granada. Doch erst die Araber entwickelten in dem Lande eine großartige Industrie, besonders unter Abderrahman, der Wissenschaft und Industrie begünstigte, Wasserleitungen und Kanäle anlegte, die Häfen in Tarragona, Sevilla und Cadix herstellte, den Juden den Handelsbetrieb überließ, Almeria und Malaga zu Haupthäfen machte, so daß Seidenweberei, Maroquin, Waffen, Tuch und Teppiche viel gesuchte Artikel der spanischen Ausfuhr waren. Spanien glich damals einem Garten und war stark bevölkert. Im Thal des Guadalquivir zählte man 12.000 Dörfer, um Sevilla 100.000 Dörfer und Meiereien, Cordova hatte 200.000 Häuser, 600 Moscheen und 900 Bäder, doch 1248 verließen 400,000 Araber die Stadt, unter ihnen 130,000 Seidenweber. Im Lande herrschte Wohlhabenheit, es gab zahlreiche Prachtschlösser und Paläste mit Tausenden von Säulen, Moscheen zum Theil mit Goldblech beschlagen, Kleiderluxus, feine Sitten, Kunstliebe, Dichter-wettkämpfe.

Als die Araberherrschaft zu sinken begann, erhob sich Barcelona zu einer mächtigen Handelsstadt, die zwar wenig Industrie besaß, aber mit allen Indu-strieländern Handel trieb und deren Artikel vertrieb. Anfangs gehörte die Stadt zur spanischen Mark und zu Frankreich, obschon sie seit 884 eigene Grafen hatte. Diese befreiten sich 1162 von Frankreich, vereinigten sich mit Aragonien, und da (1282) auch Sicilien hinzukam, gewannen die seetüchtigen Katalonier die beste Gelegenheit, ihren Handel auszubreiten. Man lernte tüchtige Schiffe bauen, die überall gesucht und vorgezogen wurden; Barcelona hatte die besten Matrosen, das erste Seerecht, die erste Assekuranz für Seefracht, dabei Han-delsfreiheit daheim und in den zahlreichen Faktoreien im Auslande und endlich den edlen Ehrgeiz, den Arabern es zuvor zu thun. Selbst Edelleute trieben Han-del. Auch errichtete Barcelona im 14. Jahrh. eine Bank und hatte den Vor-theil, mit Nordafrika, Egypten und Syrien insofern am leichtesten verkehren zu können, als es Sitten und Gewohnheiten der Araber kannte.

Barcelona's Verbindungen verbreiteten sich über Südfrankreich, wohin es afrikanische Waare (Maroquin) brachte. Es führte nach Flandern Farbehölzer, Saffran, Zucker, Räucherwerk, Datteln, Lack, Baumwollengarn u. s. w., ver-sorgte Spanien mit levantischen Producten, worunter Elfenbein und Porzellan, Kermes, Korallen, Rhabarber, Indigo sich befanden, hatte in Cypern, Rhodus und Kandia Faktoreien mit Ragusa große Freundschaft, aber mit Genuesern und mit Venetianern oft Streit, weshalb manche Katolonier an den Küsten Kleinasiens Piraten wurden. Mit Egypten und Tunis standen die Katalonier im besten Einverständniß, und brachten von dort Getreide, Wolle, Häute, Leder, Alaun, Salz, Wachs. Tuch holten sie aus Flandern, Südfrankreich und Ober-italien, ebendaher Stahlwaaren, Garnwaaren aus Genua, aus Deutschland Leinwand, aus England Wollgarn. Auch auswärtige Handelshäuser, besonders deutsche und savoyische, trieben in Barcelona den Waarenumtausch, und in Südfrankreich siedelten sich Geldwechsler aus Barcelona an, so daß es im 15. Jahrh. Hauptwechselplatz wurde und auch schon Seeassecuranzen besaß. Mit der Entdeckung Amerikas sank indessen Barcelonas Bedeutung und nach 1530 hörte auch der Verkehr mit Tunis auf, seit dieses türkisch wurde. Barcelona war so sehr Handelsstadt, daß es dem König Alfons V bei einer Anleihe zur Bedingung machte, mit Tunis Frieden zu schließen.

Auch Sevilla trieb zur Zeit der Maurenherrschaft Seehandel nach dem Orient, wogegen die Küstenbewohner des Nordens von Spanien durch Walfisch- und Sardinenfang sich auszeichneten und so mächtig wurden, daß ihre Flotte 1248 Sevilla eroberte, wodurch der orientalische Handel dieser Stadt aber nicht verringert ward. Ja es dehnte ihn nun nach England und Flandern aus; England gab Freibriefe, Basken errichteten in Brügge eine Börse. Als aber auch in Spanien die Juden Wucher trieben (für 10 Ducaten sich 60 zurück zahlen ließen), so verfolgte sie der allgemeine Haß und 1492 wurden sie vertrieben. Doch erst mit der Vertreibung der Moriscos unter Philipp II nahm Spaniens Industrie ein schnelles Ende.

§. 34. Der Handel von Pisa und Florenz.

Auch Pisa gewann, wie Amalfi und Barcelona, aus den Kämpfen gegen die Mauren die Kraft einer Seemacht und Großhandelsstadt. Schon Otto II gebrauchte pisanische Kriegsschiffe gegen Unteritalien (980), und da die Stadt stets zu den Kaisern hielt, bekam sie bedeutende Vorrechte und wurde Republik Im Anfange des 11. Jahrh. bekämpfte Pisa allein, später in Verbindung mit Genua, die Araber in Sardinien und an Afrikas Küste, um der Seeräuberei Einhalt zu thun. Daneben knüpften die Pisaner aber auch in Afrika, Sicilien und Konstantinopel Handelsverbindungen an, öffneten ihren Hafen an der Arnomündung allen Nationen, betheiligten sich mit einer starken Flotte an den Kreuzzügen, woraus sie große Handelsvortheile zu ziehen wußten, indem sie Grundbesitz und Privilegien erhielten und Thyrus zum Hauptstapelplatz für ihre feinen Tuchwaaren machten. Pisa gewann durch Handel und Industrie so viel, daß sein Reichthum sprichwörtlich ward, die Stadt 200 000 Einw. zählte und die Balearen den Arabern entreißen konnte. Die Kriegsschiffe Pisa's trugen hölzerne Thürme und viel treffliche Wurfmaschinen. Da ward Pisa (1119) mit Genua durch Handelsneid in einen 14jährigen Krieg verwickelt, unterlag und verlor den Handel nach Spanien und Südfrankreich. Gegen Ende des 12. Jahrh. entzogen ihm die Venetianer auch die Handelsfreiheit in Konstantinopel, so daß Pisa's Macht zu sinken begann. Zwar erlangten die Pisaner bald darauf in Egypten, Tunis und Sicilien wieder Handelsrechte, aber die Feindschaft der Genueser verfolgte sie überall; diese nahmen ihnen Sardinien und Corsica, drangen dann in den Hafen Pisa's, welchen sie sammt der Flotte zerstörten, so daß die Stadt aufhörte, Handelsplatz zu sein.

An Pisa's Stelle trat das gewerbfleißige Florenz, welches seine Tücher über Genua, meistens aber über Pisa in den Handel brachte. Zwar entzweite sich Pisa mit Florenz, doch kaufte dieses bald nachher (1420) für 100.000 Ducaten von Genua den Hafen Livorno, den es großartig einrichtete, eine Handelsflotte sich schuf, in der Levante Handelsrechte gewann, bis ins schwarze Meer und Armenien, nach Nordafrika, Spanien, Frankreich, Flandern und England Handel trieb und von dort namentlich Wolle und Tuche bezog, die in Florenz verarbeitet und gefärbt wurden. Im J. 1338 zählte Florenz 200 Tuchfabriken, welche jährlich c. 80.000 Tücher lieferten, für die man zu Bursa orientalische Waaren eintauschte. Zur Tuchweberei kam bald Seidenweberei, Gold- und

Silberbrokate. Die Galeeren des Staates verpachtete man an Kaufleute, gründete für Wolltransporte Assecuranzen, für den Geldverkehr Banken, die 20—40 Procent nahmen, aber für die besten ihrer Zeit galten, da die Peruzzi und Barbi mit der ganzen damaligen Handelswelt in Verkehr standen, aber auch große Bankrotte machten, als ihre Speculationen fehl schlugen, denn die Peruzzi hatten an Fürsten 600000, die Barbi 900.000 Goldflorin ausgeliehen, die sie nicht einziehen konnten, aber ihren Gläubigern über ½ Million Florins schuldeten.

Die Florentiner Kaufleute Pegolotti und Uzzano verfaßten c. 1330 und 1440 die ersten Lehrbücher der Handelswissenschaft, andere bereisten den Orient und der Staat stellte Secconsuln als Beaufsichtiger der Convois an. Denn in Florenz als dem Mittelpunkt der Kunst und Wissenschaft betrieb man auch den Handel nach wissenschaftlichen Grundsätzen.

Auch Florenz hatte seine wilden Parteikämpfe, welche damit endigten, daß die Tuchfabrikanten und Bankiers, die Medici, die Herzogswürde erlangten, aber auch da noch manchen schweren Kampf zu bestehen hatten. Schon früher hatte es von Rudolph von Habsburg seine Freiheit für 600.000 Ducaten erkauft. Cosmo erhielt von Spanien (1557) Siena, vom Papst den Titel Großherzog, und als das Geschlecht der Mediceer ausstarb (1757), kam Toscana an Franz Stephan von Lothringen, Gemal der österreich. Kaiserin Maria Theresia, von wo ab es Secundogenitur des Hauses Habsburg-Lothringen blieb.

Die Mediceer haben sich als Förderer der Kunst und Wissenschaft berühmt gemacht, daß der Ausdruck „mediceisches Zeitalter" ein solches bezeichnet, in welchem die Fürsten Förderer der Kunst und Wissenschaft sind. Die Mediceer thaten dies freilich, um die Aufmerksamkeit des Volkes von den Staatsangelegenheiten abzulenken und ihrem jungen Fürstenthrone Glanz zu geben.

In Florenz hatte das Zunftwesen große Bedeutung; es umfaßte 21 Zünfte, von denen die Wechsler, Krämer, Tuchhändler, Tuchmacher, Aerzte, Richter und Notare die sieben oberen bildeten. Die feinsten Tücher verfertigte der Mönchsorden der demüthigen Brüder. Die Handelsunternehmungen, Flottensendungen u. s. w. ordnete man, wie es in Venedig Gesetz war; man schied streng die Richtungen nach Ländern, ordnete Ausrüstung und Bemannung der Kauffarteischiffe und stellte sie unter Aufsicht des Admirals. Im Februar ging die Flotte nach der Levante, im September die nach dem Occident ab. Neben der Wollweberei bildete die Appretur der französischen und flandrischen Tuche einen besonderen Industriezweig, auch verstand man das Färben mit Kermes, Indigo, Krapp und Orseille, ja im Scharlachtuch waren die Florentiner ohne Concurrenten.

§. 35. Genuas Handel.

Länger als Amalfi und Pisa bestand ihre neidische Nebenbuhlerin Genua, denn es behauptete sich bis 1805 mit seinem Gebiet von 110 □Meilen, ja im vorigen Jahrhundert gehörte ihm noch Corsica. Schon im Alterthum war es eine große Handelsstadt, ward von Karthagern zerstört, von Römern wieder aufgebaut, machte sich unter den deutschen Kaisern zur Republik, eroberte 806 Corsika, gewann sehr viel durch die Kreuzzüge, eroberte halb Sardinien und Syrakus, führte aber von 1250—1381 einen nachtheiligen Krieg mit Venedig, verlor seine Häfen am schwarzen Meere, litt durch Parteikämpfe und kam seit dem 15. Jahrh. in Abhängigkeit von Frankreich oder Mailand, bis es 1528 Andreas Doria wieder zur unabhängigen Republik erhob. Unter Napoleon bildete es die ligurische Republik, ward dann französische Provinz, aber 1814 von England befreit und als Herzogthum an Sardinien gegeben.

Da Genua in Konstantinopel den Haupteinfluß zu erlangen und das schwarze Meer für sich allein benützen wollte, so ward es in die Streitigkeiten des byzantinischen Hofes und mit Venedig in lange Kriege verwickelt, an denen die Katalonier Theil nahmen, weil diesen die Genueser in Spanien, Majorca und Nordafrika feindselig und gewaltthätig entgegentraten. Als mit Hilfe der Genueser die byzantinischen Kaiser von Trapezunt nach Konstantinopel zurückkehrten (1261), erhielt Genua die Vorstädte Pera und Galata sowie das Privilegium, im schwarzen Meer allein Handel zu treiben, dessen Küsten es mit Faktoreien und Militärposten bedeckte. Dagegen verpflichtete sich Genua, welches sonst zum Papst hielt, Sclaven nach Egypten zu liefern von Kaffa aus. Mit den Tataren, Armenien, Syrien, Egypten und Nordafrika unterhielt es lebhaften Verkehr, kämpfte siegreich 1351 in Angesicht Peras gegen Venedigs und Kataloniens Galeeren, hatte in den maurischen Seestädten Spaniens Zollfreiheit und Kaufhallen (Handelslogen), besiegte Venedig wiederholt in den Lagunen, besorgte den Export der Lombardei, bezog von Frankreich, Spanien und England Wolle, vertrieb orientalische Waaren nach Frankreich, der Schweiz, nach Augsburg und Nürnberg, errichtete eine Bank und bestimmte die Preise der Waaren oft nach dem Steigen und Fallen der Briefe. Aber auch die eigene Industrie war eine lebhafte, besonders in Tuch, Wollzeugen, Maroquin, Leder, Baumwolle, Gold- und Silberdraht. Von Cypern, Alexandrien, Malta bezog es Baumwolle, und versandte nach der Levante lombardische Panzerhemden, Eisen- und Stahlwaaren, Barchent, Leinwand- und Mitteltuch; versorgte Westdeutschland mit Gewürz, holte von Spanien Oel u. s. w.

Genua verdankt den dauernden Bestand seiner Seemacht der Klugheit seiner Dogen, welche den christlichen Fürsten Spaniens im Kampfe gegen die Mauren beistanden, nachdem Genua selbst in Verbindung mit den Pisanern die Araber von den Inseln Italiens vertrieben und mit Barcelona Freundschaft geschlossen hatte, woneben es auch die Freundschaft der maurischen Fürsten Südspaniens und der Berberei zu erhalten wußte. Obschon es dem griechischen Kaiser sich gefällig erwies, bewahrte es sich doch auch Freundschaft mit dem Sultan Egyptens und setzte sich im schwarzen Meer (Kaffa) fest, von wo es seine Handelsverbindungen bis tief nach Nordasien hinein ausdehnte. Wo es Handelsfreiheit erlangte, ließ es sich einen Stadttheil abtreten oder errichtete Factoreien, übte eigene Gerichtsbarkeit und hielt überall Consuln. Erst als die Türken in Vorderasien und Europa sich ausbreiteten, verlor Genua die Besitzungen am schwarzen Meer (Kaffa, Trapezunt, Sinope, Sebastopol 1474) und blieb auf Alexandrien beschränkt, da ihnen die Venetianer auch Cypern entrissen. Von großen Folgen war es übrigens, daß Genua sich kräftig an den Kreuzzügen betheiligte, in Jerusalem, Joppe, Acre und Thyrus Stadtviertel erhielt und sich in Thyrus lange in seinen Vorrechten behauptete, denn es verstand die Folgen der Kreuzzüge auszubeuten, deren auch wir hier gedenken müssen.

Franzosen und Deutsche unternahmen die Kreuzzüge aus Begeisterung für den Glauben, die italienischen Seestädte der Handelsvortheile wegen, denn sie übernahmen den Transport und die Verproviantirung der Kreuzheere und sicherten sich Häfen und Handelsprivilegien. Außerdem kamen sie mit Griechenland in engere Verbindung, welches der westeuropäischen Flotten zu seinem Schutze bedurfte, und lernten von den Arabern den rechten Handelsgeist. Die italienischen Seestaaten bekamen den Handel Konstantinopels in die Hände, erhielten Stadtviertel und Zollfreiheit (Handelslogen), Kirchen, Straßen und Marktplätze in der Levante. Venedig bekam die Vorstadt Pera und verpflichtete sich, 100 Galeeren mit je 140 Ruderern dort zu halten. Dasselbe geschah in den Hafenstädten Syriens, und in Folge davon wurden die Italiener den Hafenplätzen Westeuropas unentbehrlich, so daß sie den damaligen Welthandel besaßen, seit die Araber vom Mittelmeer verdrängt waren, und Tunis, Tripolis, Ceuta, Alexandrien u. s. w. nur durch Italiener ihren Waarenaustausch bewerkstelligen konnten. Um sich den Handel zu sichern, fingen die Seestädte an, Eroberungen zu machen, sich Kolonien zu verschaffen, so daß sich ein großartiges Kolonialsystem entwickelte, die Handelsstaaten aber auch in viele politische Streitigkeiten verwickelt wurden, da sie überall interessirt waren. Über Nordafrika standen sie mit Innerafrika in Verkehr, vom schwarzen Meere aus mit Rußland und Nordasien, von Syrien aus über Aleppo mit Bassora, über Konia mit Kleinasien, über Marseille mit Frankreich. Die Großartigkeit der Handelsverhältnisse machte ein allgemein gültiges Seerecht und Konsulate, die Ausdehnung des Verkehrs Banken nothwendig. Es wurde aber auch die Donau Handelsstraße, Wien und Regensburg Stapelplätze, während andere Wege vom Mittelmeer nach Augsburg über Tyrol, nach Nürnberg über Zürich, über Basel den Rhein hinab führten. Weitere Vermittelung übernahmen Mainz, Köln und Erfurt bis Brügge, Antwerpen, Brüssel, Bremen und Hamburg. In Frankreich erhoben sich daher zu Stapelplätzen Avignon, Lyon, Marseille, Aigues Mortes, Montpellier, wohin selbst deutsche Großhändler kamen. Jahrmärkte und Messen nahmen größeren Umfang an, das Wechselrecht begann seine erste Gestaltung und die Industrie erhielt mächtigen Aufschwung. Leinweber und Tuchmacher erweiterten den Absatz, Rohproducte wurden in größerer Masse begehrt und verarbeitet, Roger II. führte schon 1148 aus Morea

Seidenweber nach Süditalien und Palermo, von wo sich diese Industrie und Goldstickerei nach Lucca, nach dessen Plünderung 1314 nach Florenz und der Lombardei verbreitete, wie bereits erwähnt ist. Färberei und Zucker wurden neue Erwerbszweige und durch den steigenden Handel Wohlhabenheit und Luxus über die Städte verbreitet. Sogar die Einführung der indirecten Steuer ist eine Folge der Kreuzzüge.

§. 36. Venedig's Handel.

Die mächtigste Handelsstadt des Mittelalters, das Thyrus der alten und das London der neuen Geschichte, ward die Lagunenstadt Venedig, welche bis in die neueste Zeit hinein wichtig blieb und noch immer eine bedeutende Stelle unter den Seeplätzen der Gegenwart behauptet. Bereits vor Beginn der Kreuzzüge hatte sich die Fischerstadt zur Besitzerin Dalmatiens und Kroatiens erhoben, die Normannen besiegt und durch Gunst der griechischen Kaiser Antheil am Handel nach Konstantinopel, Trapezunt und Nordafrika erlangt. Die Feindschaft mit Genua bestimmte die Politik Venedigs im Orient und Griechenland, denn für diese Seestädte galten Handelsvortheile als alleinige Beweggründe zu Krieg oder Frieden. Im Jahre 1108 bekam Venedig Pera, Durazzo und andere Plätze in Romanien zur Gründung von Faktoreien, dazu Zollfreiheit im ganzen griechischen Reiche, und als diese entzogen wurden, eroberte Venedig mit Hülfe von Kreuzfahrern Griechenland, um es mit diesen zu theilen, wobei es außer Pera noch Morea, Kandia, Corfu u. s. w. und mit diesen den Seidenhandel und das schwarze Meer erhielt, wo es Asow gründete und von Trapezunt aus Handel nach Persien trieb. Ja durch Verträge mit den Sarazenen und dem Sultan von Konia erhielt es gegen einen Zoll von 6 Procent Handelsrechte von Kleinasien bis in die Bucharei; durch seinen Sklavenhandel eröffnete es sich die nordafrikanischen Plätze, und mit den lombardischen Städten schloß es Verträge auf Waarenlieferungen. Nur über die Alpen hinaus dehnte es seinen Handel nicht aus, den es vielmehr erst im 14. Jahrhundert aufnahm. Dagegen kamen deutsche Kaufleute nach Venedig, wo sie unter drückenden Bedingungen zugelassen wurden, denn sie durften nur eigene Waaren, und diese nur an Venetianer verkaufen, dagegen war ihnen Handel mit venetianischen Einfuhrartikeln untersagt. Erst mit den Eroberungen der Türken in Kleinasien und Europa sinkt Venedigs Handel nach dem Orient, weßhalb die Republik über zwei Jahrhunderte erbitterte Seekriege mit den Türken führte, ehe sie sich von den Inseln und der Westküste des adriatischen Meeres verdrängen ließ.

Bei den veränderlichen Zuständen des Orients dachten die Venetianer im 12. Jahrhunderte daran, direkt mit Cadiz, Lissabon und Sevilla, mit Südfrankreich, mit England (Southampton und Wight) und Flandern (Antwerpen, Brugge) anzuknüpfen, wo sie aber später von den Portugiesen verdrängt wurden. Auch Egypten verloren sie (1517), als Mameluken es eroberten, und der syrischeghptische Handel versiegte, als die Portugiesen den Weg nach Ostindien fanden, die Zölle in Syrien, Alexandrien und Tunis aber stiegen, und auch Chpern verloren ging.

Um diese Zeit nahmen die Venetianer die früheren Handelswege über Dalmatien nach der Donau, Ungarn und Rußland wieder auf. Dalmatien lieferte Salz, Schiffbauholz, Oel, Wein und Schlachtvieh, die Donauländer Getreide.

Eine große Veränderung trat (1297) für Venedig ein, als die Regierung in eine aristokratisch erbliche verwandelt ward, welche den Handel unter ihre Aufsicht nahm und durch strenge Gesetze den kaufmännischen Verkehr unabänderlich festsetzte. Doch verstanden es die Dogen, durch geschickte Unterhandlungen und Verträge Vortheile zu erlangen, hielten an allen Höfen Gesandte, in allen Häfen Konsuln, um die eigenen Unterthanen zu beaufsichtigen und das Handelsinteresse als Staatsinteresse zu wahren.

Venedig besaß den Großhandel mit Salz, welches es aus Istrien, den Barbaresken und Sicilien bezog und Salz zum Regal machte. Ebenso gewann es den Großhandel mit Getreide, welches Staatsmonopol wurde, mit Fischen aus der Adria und dem schwarzen Meer, die man einsalzte und räucherte. Dadurch erzog es sich eine Marine, so daß es im 14. Jahrhunderte 16.000 Arbeiter im Arsenal, 3000 Kauffahrer und Fischerboote und 45 Galeeren mit 36.000 Matrosen unterhielt.

Es war dem venetianischen Kaufmanne aber nicht erlaubt, seine Waaren zu einer beliebigen Zeit auszuführen, sondern die Kauffahrer durften nur einmal im Jahre, und dann gemeinschaftlich und an einem bestimmten Tage aus Venedig auslaufen. Der Staat theilte diese Schiffsgesellschaften je nach ihrem Bestimmungsorte in sieben Konvois, vermiethete ihnen seine Galeeren oder sandte diese als bewaffnete Begleitung mit und stellte sie unter das Kommando des Admirals. Es gingen 8—10 nach Tana am asowschen Meere und der Krimm, ebensoviel nach Konstantinopel und ins schwarze Meer, andere nach andern Seeplätzen, und zwar im April nach den Niederlanden, im Juli ins schwarze Meer, im September nach Alexandrien u. s. w. In Alexandrien sammelten sich der syrische, berberische und eghptische Konvoi zur Rückkehr. Bei der Ankunft im fremden Hafen wählte der Konsul vier venetianische Kaufleute, denen die Landeszollbehörde einen Eingebornen zufügte, damit der Preis der Gewürze festgesetzt werde, worüber es oft zu heftigen Streitigkeiten kam. Man führte jährlich nach Eghpten allein für 300.000 Dukaten europäische Produkte ein (Oel, Quecksilber, Kupfer, Blei, Zinnober, Eisen, Holz, Waffen, Tuch, Sammt, Pelz, Talg, Honig u. s. w.), aber auch Sklaven für die Harems.

Neben der großen Staatsflotte stationirten kleinere Schiffsabtheilungen in den einzelnen Gewässern, um sie sicher zu halten, und diese Seeoffiziere hatten unbeschränkte Vollmacht über die Kauffahrer. Der Staat leitete auch den Schiffsbau, die Rhederei und Frachtschifffahrt, bestimmte die Art der Ladung, die Artikel und die Fahrzeit. Am Orte der Bestimmung ging die Macht des

11*

adeligen Kapitäns auf den Konsul über, so daß der Kaufmann immer unter Staatsaufsicht Geschäfte machte. Die Unterhaltung der Kriegsflotte kostete jährlich gegen ½ Mill. Dukaten. Waaren, die auf Staatsschiffen eingeführt wurden, zahlten keinen Zoll, die andern auf Privatschiffen 5 Procent vom Werth, doch war die Ausfuhr frei.

Aber die Venetianer wollten nicht nur Zwischenhändler sein, sondern entwickelten auch eine großartige Industrie, indem man an den Verkaufsplätzen Rohprodukte einkaufte und sie daheim verarbeitete, so daß Venedig Stapelplatz für alle damaligen Produkte wurde. Fremde Artikel kaufte man nur auf Wiederverkauf. Die Lombardei bezog von Venedig für 250.000 Dukaten Baumwolle, für 64.000 Duk. Kanel, für 300.000 Duk. Pfeffer, für 80.000 Duk. Ingwer, für 95.000 Duk. Zucker. Die Münze Venedigs prägte jährlich 1 Mill. Dukaten ohne das Silber, davon kostete der Handel nach Egypten und Syrien an baarem Geld ½ Mill. Duk., die Einkäufe im eigenen Gebiete 200.000 Duk., in England 100.000 Dukaten. Die Florentiner verdienten durch ihre Tuche, von denen sie 16.000 Stück nach Venedig lieferten, wöchentlich 7000 Dukaten. Es führte aber Venedig nach der Lombardei für 120.000 Duk. französische, für 120.000 Duk. spanische Wolle ein, dagegen lieferte Pavia für 450.000 D. Tuch, Mailand für 160.000 D., Como für 180.000 D., Monza für 90.000, Brescia für 75.000, Bergamo für 70.000, Cremona für 170.000, Parma für 60.000, also nahe für 1 Mill. Dukaten. Es kauften aber auch in Venedig Mailand für 900.000 Dukaten, Monza für 56.000, Como für 104.000, Alessandria für 56.000, Toskana und Novara für 104.000, Pavia für 104.000, Cremona für 104.000, Bergamo für 78.000, Parma für 104.000, Piacenza für 52.000 Dukaten Waaren.

Landhandel trieb Venedig wenig oder gar nicht. Dagegen sendeten Wien und Regensburg deutsche (Linnen) und russische Waaren, später auch Nürnberg und Augsburg ihre Waaren und bezogen Südfrüchte, Seide, Baumwolle, Droguen, von Genua Gewürze und Spezereien. Auch Armenier, Türken und Griechen ließen sich in Venedig nieder, standen aber unter besonderer Aufsicht. Juden durften nur Bankgeschäfte treiben. Denn 1157 gründete man eine Staatsbank. Als eigne Industrie blühte Wollweberei, später Seidenweberei. Glasfabrikation, besonders Glasperlen (Murano), Brocat- und Sammtwirkerei, Waffen, Bijouterie und Schmucksachen, Pelz und Wachs (gebleichte Kerzen), Seife, Parfümerie, Mosaikarbeiten, Gold- und Silberdraht u. s. w. Doch standen einige Industriezweige unter Staatsaufsicht, und Glassandausfuhr war verboten. So groß der Seeverkehr Venedigs auch war, so hat die Stadt weder eine Erfindung, noch eine Entdeckung gemacht, denn Marco Polos Reisen (1260) nach Hinterasien, den Sundainseln, Indien sind ohne wissenschaftlichen Werth und ohne Erfolg für Venedig geblieben, ja er ward sogar als Märchenerzähler verhöhnt und gemieden.

§. 37. Wechsel, Messen und Marktgefälle.

Wenn sich nach der einen Seite hin die Ausbreitung des Handels, die Hauptartikel und auch wohl der Vertrieb wiederholen, so hat das Mittelalter doch einige Einrichtungen getroffen, welche für die Ausbildung des Handels von großer Wichtigkeit wurden. Schon bei den Indiern und Phöniziern, noch mehr bei den Griechen und Römern, kam der Gebrauch auf, sich statt baren Geldes eine Anweisung auf einen entfernten Handelsplatz geben zu lassen. Da Griechen und Römer die damals bekannte Welt beherrschten, so lag eine solche Aushülfe sehr nahe. Man hat diese Anweisungen lange Zeit für Wechsel im modernen Sinne gehalten, aber Dr. Arenz, Direktor der Prager höheren Handelsschule, hat schon in einem Leipziger Programm nachgewiesen, daß der Wechsel keine Erfindung sei, sondern sich aus dem Geschäftsverkehr nach und nach als nothwendiges Element des Handels herausgebildet habe.

Die griechischen Geldwechsler hatten oft einen weit ausgedehnten Geschäftsverkehr, sie wechselten nicht blos die verschiedenen Münzsorten, sondern besorgten auch Zahlungen. Wenn man bei ihnen eine Summe deponirte, die man an einem entfernten Orte zu zahlen hatte, so gaben die Geldwechsler eine Anweisung an einen Bankier jenes Ortes, welcher an der Stelle des Empfängers die bezeichnete Summe auszahlte und sich hernach mit dem Aussteller der Anweisung berechnete. Es war dies für den Kaufmann eine wesentliche Erleichterung und die Anweisung die erste unvollkommene Form des Wechsels. Die Geldwechsler hatten vor sich einen Tisch, wovon sie den Namen erhielten. Im Mittelalter nannte man diesen Auszahltisch Bank (scambium), von welchem Worte die Ausdrücke escomptiren u. s. w. stammen. Auch gaben die religiösen Feste den Anlaß zu Messen, wo die Geldwechsler persönlich zu erscheinen und ihre Rechnungen unter einander auszugleichen pflegten; denn im Mittelalter erhielt sich die Bequemlichkeit des Gebrauchs von Anweisungen, und da der Verkehr schon ein weitverzweigter ward, so bildeten sich Wechsler- oder Campsorengesellschaften, die sich über die Hauptstapel- und Meßplätze verbreiteten und unter sich in Abrechnung standen. Bankiers aus Amalfi, Genua und Florenz betrieben dieses Geschäft besonders, liehen daneben auch gegen hohe Zinsen (wegen der Unsicherheit des Kredits und der Rechtspflege) Geld aus, wie z. B. zwei Florentiner einem englischen König nahe an 1½ Mill. Francs vorschossen, eine Summe, die nach jetzigen Verhältnissen gegen 8—10 Mill. betrug, und schon 1208 gab es in Wien flandrische Färber, die zugleich Geldgeschäfte machten, denn diese Art des kaufmännischen Verkehrs hatte sich auch bereits in Deutschland und Flandern ausgebildet, da es die Praxis von selbst verlangte.

Da es aber damals verschiedene Münzen gab, die oft nur einen sehr begrenzten Kreis der Gültigkeit hatten, so war das Umwechseln derselben mit großem Verlust verbunden, noch kostspieliger ward das Borgen. Daher war es ein wichtiger Fortschritt, als die Kaufleute beschlossen (im 14. Jahrh.), Anweisungen ohne Vermittlung der Campsoren direkt im eigenen Namen oder auf den Gläubiger auszustellen, da die Messen Gelegenheit gaben, sich persönlich kennen zu lernen und Credit zu verschaffen. Diese neuen Anweisungen hatten zwar nur den Schutz des Civilrechts, wurden aber Angesichts und gewissermaßen unter Garantie des ganzen Handelsstandes ausgestellt. „Der ganze Handelsstand bildete eine Leihbank, und jeder Kaufmann war Theilnehmer derselben; ein Jeder nahm „Briefe" (d. h. Anweisungen), um die Geldmittel des Andern zu vermehren und dessen Zahlungen zu erleichtern, oder gab Briefe, um dadurch seine Geldmittel zu vermehren." Diese unvollständige Art der Wechsel hat mit der jetzigen große Aehnlichkeit, fast Gleichheit, doch sind weder Remittent noch Indossant bezeichnet, noch kommt das Wort „Ordre" vor, doch stand das Accept auf der Rückseite. Solche Wechsel kommen gegen Ende des 14. Jahrh. vor; im folgenden kennt man schon Meßwechsel, oder eigene und trockene, daneben auch gezogene, Wechselbürgschaft, Indossament, Prima-, Secunda-, Tertiawechsel, Dato-, Sichtwechsel, Usowechsel, Theilzahlung, Acceptationsfrist, Wechselcours, Arbitrarechnung. Schon sind Nürnberg und Augsburg Wechselplätze, in Flandern Hauptwechselaustausch; doch erst im 16. Jahrhundert bildet sich das Wechselrecht, Wechselgesetz, Wechselgericht u. s. w., besonders in Frankfurt am Main, welches schon 1585 ein Wechselrecht hat, Hamburg 1693, Nürnberg und Amsterdam 1698.

Eine andere Eigenthümlichkeit des mittelalterlichen Handelsbetriebs waren die Märkte und Messen. Schon im Alterthume hat es deren gegeben, und auch schon damals wurden religiöse Feste zugleich Messen, weil die große Menschenmenge, die unter Zelten oder in Buden lebte, mancherlei Bedürfnisse brauchte, und außerdem die Festbesucher ein Andenken heimbringen wollten. Es mußte ja auch dem Kaufmann daran liegen, seine Artikel abzusetzen, und deshalb suchte er die Orte und Gelegenheiten auf, wo er viele Menschen beisammen fand. Es entstanden deshalb auch im alten Römerreich aus stehenden Lagern und Stationen Marktplätze, weil der Soldat wollte versorgt sein, der Producent aber zu verkaufen trachtete. Wo sich ein solcher Marktverkehr entwickelte, wohnte es sich bequem, da man die Waare gleich bei der Hand hatte, daher beschenkten Kaiser, und mit deren Vollmacht weltliche und geistliche Fürsten die jungen Städte, Flecken und Klöster mit Marktrecht, Heidenbekehrer besuchten Marktplätze und legten dort Kirchen und Klöster an, benannten die Märkte nach dem Heiligen, an dessen Kalendertage sie abgehalten wurden. Die Großmärkte, d. h. solche, auf denen Großhandel betrieben wurde, die von Fremden besucht wurden, Freihandel gestatteten u. s. w., erhielten den Namen Messen. Als Erinnerung an den kirchlichen Ursprung öffnet und schließt man die Messen mit Geläute und benennt gewisse Tage nach der Messe (Jubilate; Cantate etc.) welche an diesem Tage abgehalten wurde. Je mehr der Handel Erleichterungen durch gute Straßen, Sicherheit, Postwesen, Wechsel und Eisenbahnen gewann, um so mehr verloren die Messen ihre Bedeutung, da man die Waaren bequemer durch Correspondenz oder Reisende bezieht. Von den

Meßplätzen sind daher jetzt nur Leipzig (Buchhändlerbörse) Frankfurt a. d. Oder und am Main, Braunschweig u. a. von Bedeutung für den Großhandel. Doch giebt es noch einige Städte, wo nur einzelne Artikel (Wolle, Krapp, Pelze 2c.) im Großen verkauft oder verauctionirt werden.

Als älteste Marktplätze führt Karl d. Gr. Magdeburg, Erfurt, Bardewik, Forchheim, Regensburg, Lorch auf, aber auch die Klöster erhielten Marktrecht. Ursprünglich hatte nur der Kaiser die Macht, Marktrecht zu verleihen, aber weil damals jede Amtsvollkommenheit verleihbar war, so erhielten Fürsten und Bischöfe das Recht, Märkte zu gestatten, und es erhielten Regensburg, Bremen, Naumburg a. d. Saale, Erfurt, Lübeck, Danzig, Nürnberg u. f. w. Märkte. Vom alten Carentum verlegte man den Markt (1198) nach Wien, welches, wie die übrigen Großstädte, damit zugleich das Stapelrecht verband.

An das Marktrecht knüpften sich noch verschiedene Privilegien, welche eben so viel Fesseln für den Handel wurden. Damals gab es keine allgemein gültigen Rechte, sondern jede Stadt, jeder Stand erhielt irgend ein Vorrecht, welches sie zu erweitern und Andere von deffen Genuß auszuschließen suchten. Wie die italienischen Seestaaten im Großen sich einzuengen suchten, so trachtete jede Stadt und jede Innung danach, die Handelsvortheile für sich allein auszubeuten, indem sie ihre Vorrechte zum Nachtheil Anderer erweiterten.

Zunächst erhielten Marktplätze das Recht der Waarenniederlage, indem sie dazu Lokalitäten herstellten und für deren Benützung eine Abgabe erhoben. Hieraus wurde an einigen Orten ein Stapelrecht, d. h. jede Waare, welche durch den Ort geführt ward, mußte auf die Niederlage kommen, oder es stand für eine gewisse Zeit nur Einheimischen zu, Waaren zu kaufen (Einlagerecht). Fremde durften unter sich nicht verkaufen, sondern nur durch Vermittelung Einheimischer oder nur zu gewissen Zeiten und Tagen. Oft durften auch nur Einheimische die Waaren weiter schaffen, oder sie entnahmen für das Wiegen ein Krahngeld, nahmen Hafen-, Markt- und Contogeld.

Doch auch das Münzrecht verliehen Kaiser zu ihrem Vortheil oder aus Gunst einer Stadt, einer Person oder Genossenschaft, sehr oft auch einer Stadt als Zugabe zum Marktrecht. Dadurch verschlechterte sich die Münze, und die Münzmeister, welche das Wechseln besorgten, trieben argen Wucher. Ebenso verliehen die Kaiser Zölle oder Zollbefreiung. Da sie ferner reisende Kaufleute unter den Schutz des Reiches stellten, ihnen auch wohl bewaffnetes Geleit gaben, so erhoben sie oder ihre Stellvertreter ein Geleitsgeld, woraus Straßen- und Brückengeld geworden ist. Anfangs bestimmte man die Zollstätten willkürlich, aber die Städte trachteten darnach, sich diese Einnahmen zu sichern und von den Kaufleuten zu verlangen, daß sie nach gewissen Orten kommen, bestimmte Straßen ziehen mußten, um am Zollort die Waaren niederzulegen und zu verzollen. Auch Marktgerichte bildeten sich, ein beschleunigtes Prozeßverfahren ward nothwendig, woraus nach und nach ein Wechselrecht und Hanbelagerichtet wurden. Erst in neuester Zeit sind diese Privilegien durch allgemeine Handels-, Münz-, Maß- und Prozeßgesetze beseitigt.

Wichtige Meßplätze sind jetzt noch Debreczin, Pest in Ungarn; in Deutschland Leipzig, die beiden Frankfurt, Braunschweig, Breslau, Nürnberg, Botzen, Wien, München, Triest, Danzig, Kiel; in der Schweiz Basel und Zurzach; in Italien Sinigaglia, Bergamo (Seide), Alessandria, Padua, Verona; in Frankreich Straßburg, Besançon, Beaucaire, Lyon; in England giebt es mehrere große Viehmärkte Horncastle, Ipswich, St. Faith; in Polen Warschau, Lublin, in Rußland Nischnei-Nowgorod, Kasan, Kiächta, Irkutzk; in Asien Mekka, Benares, Hurdwar.

§. 38. Münzen, Banken und Juden.

Der steigende Verkehr machte auch Verbesserungen und Erleichterungen der Werth- und Tauschzeichen, des Geldes, nothwendig. In den ältesten Zeiten trieb man Tauschhandel, in Rholand und den vereinigten Staaten selbst noch im 18. Jahrh.; Jagdvölker bezahlten mit Fellen, Ackerbauer mit Vieh (pecunia); die Russen bis zur Mongolenherrschaft mit Murderfellen, die Mejicaner mit Kakaobohnen, die Bewohner Centralafricas mit Salzstücken, die Nubier mit venetianischen Glaskorallen, die Südseeinsulaner mit Kaurismuscheln. Bei den Nomaden Sibiriens und Persiens dienten als Münze Schafe, Kühe und Pferde, statt Geld gab man Datteln in Siwah, Leinwand auf Rügen, Stockfische auf Neufundland, Zucker in Westindien, Tabak in Maryland. Das erste Metallgeld soll Pheidon in Argos (800 v. Chr.) haben schlagen lassen. Die Juden hatten schon unter David Goldmünzen, doch Rom prägte erst 269 v. Ch. das erste Silbergeld, 207 die ersten Goldmünzen. Im Mittelalter schlug Venedig zuerst Goldmünzen, England erst c. 1370. Das erste Kupfergeld gab Philipp von Macedonien aus. In England führte Jakob I. Kupfergeld ein, in Schweden gebrauchte man es erst 1625; Münzen aus Glockenmetall gab man während der französischen Revolution aus. In Egypten gab es seit alten Zeiten Goldmünzen, doch Harun Alraschid hatte jährlich 7500 Ctr. Gold Einnahme, dagegen curfiren noch jetzt in Ostasien Zinnmünzen, in Senegambien Eisengeld, da sich der Geldwerth nach dem des Metalls richtet.

Es gab im Mittelalter keineswegs soviel geprägtes Geld als jetzt, weßhalb die Preise scheinbar niedrig standen. England besaß im 16. Jahrh. nur 60 Mill. G., hundert Jahre später schon c. 300 Mill. G., Frankreich jetzt c. 4000 Mill. Fr., Preußen c. 200 Mill. Thl., Neapel 42 Mill. Dukaten.

Da die Münzen so verschieden waren, so suchte man eine Gewichtseinheit herzustellen, wozu Frankreich und England das Pfund, Köln die Mark wählte, woraus sich die Valuta, der Münzfuß u. s. w. ergaben. Anfangs hatte man in Deutschland Bracteaten (Hohlmünzen) und daneben viel fremde; seit 1158 ward das Münzprägen Regal, im 13. Jahrh. machte man Dickmünzen (Häller), die auch Kreuzer hießen, weil sie ein Kreuz auf der Schildseite hatten. In Böhmen prägte man (1253) Groschen, im 15. Jahrh. Guldengroschen, 1518 Thaler (Joachimsthal), doch erst 1524 erschien die erste Münzordnung, und in neuester Zeit ist der Guldenfuß der Conventionsmünze erst geregelt.

Bei den geringen Circulationsmitteln der Werthzeichen ward der Geld-handel sehr bald in Italien und Deutschland ein einträgliches Geschäft. Gold-schmiede waren zugleich Münzpräger und Bankiers, doch auch Juden und Lombarden trieben Geld- und Gewürzhandel und errichteten Banken. Da sie aber ungeheuren Wucher trieben, daneben in Barcelona, Genua und Venedig schon große Wechselgeschäfte gemacht wurden, so dachten Fürsten und Städte an Abhilfe des Übelstandes, daß beim Wechseln große Verluste mußten ertragen werden. Daher errichtete die französische Stadt Salins eine öffentliche Leih-bank mit 26.000 G. Kapital, in Venedig aber gründete Nobili 1171 durch Vorschüsse eine Girobank, bei welcher auch Kapitalisten ihr Vermögen anlegten. Doch 1587 ward sie Staatsbank, und 1808 hob sie Napoleon auf, d. h. plünderte sie wie die von Genua, welche 1407 entstanden war als Staats-anstalt, da sie durch Ausgabe von Zetteln dem Staate Geld schaffte, aber auch fremden Fürsten Anleihen erlaubte. Eine alte Bank besaß Barcelona, welches 1258 auch schon eine Art Wechselgesetz gab und in allen Handelsplätzen Filial-banken errichtete.

Die Bank von Amsterdam entstand erst 1609, um dem Münzwirrwar Einhalt zu thun, indem sie alle Wechsel über 300 G. mit Bankmünze bezahlen ließ. Jährlich hielt sie zweimal Bilanz und machte das Ergebniß bekannt. Im Jahre 1814 löste sie sich auf. Nach ihrem Muster entstand die Bank zu Hamburg 1619 als Girobank, die zu Nürnberg 1621, zu Stockholm 1657, in England 1694, in Schottland 1695, in Wien die Depositen-Girobank 1762, in Paris die Zettelbank 1716, in Kopenhagen 1719, in Berlin die Hauptbank 1765. Jetzt giebt es viele hunderte Banken, die in ihrer Einrichtung oft sehr verschieden sind.

Anweisungen und Banken sind die ersten Versuche, den Kredit als wesent-liches Element des Handels zur Geltung zu bringen, sowie die Münzprivilegien auf Vermehrung der Circulationsmittel hinarbeiteten, aber den Nachtheil brachten, daß sie die Münze verschlechterten und vertheuerten, da namentlich im 17. Jahrh. das Kipper- und Wipperwesen sehr überhand nahm.

An dem Münz- und Geldhandel nahmen die Juden vorzugsweise Antheil. Nachdem diese in blutigen Revolutionen sich von der Herrschaft der Römer vergeblich hatten befreien wollen, wurden sie über die ganze Erde zerstreut. Sie flohen nach Babylon, Persien, Egypten, Nordafrika, Italien und Syrien. In Alexandrien sollen zu Zeiten 100.000 Juden gelebt haben. Auch in Indien hatten sie Kolonien handeltreibender Glaubensgenossen; und in China trieben sie Seidenhandel, Ackerbau und Wissenschaft. Da die Juden unter sich lebhafte Verbindung unterhielten, so waren sie ganz besonders zum Handel geeignet;

außerdem blieb ihnen in vielen Ländern der Besitz von Grundeigenthum untersagt und ihre Existenz so unsicher, daß sie ihr Vermögen in Geld anlegten und
sich auf Geldverkehr warfen, sich aber durch ihren übergroßen Wucher (40—50
Procent) und durch ihre strenge Abgeschlossenheit verhaßt machten. Daher brachen
über sie wiederholt grausame Verfolgungen herein, besonders seit den Kreuzzügen,
man mordete sie zu Tausenden, verbrannte ihre Häuser, versetzte sie in einen
rechtlosen Zustand und wies sie in besondere Stadttheile. In Frankreich besaßen
sie im Anfange des Mittelalters eigene Flotten und trieben Handel nach der
Levante, und in Spanien waren sie unter maurischer Herrschaft willkommen.
Wo man sie duldete, mußten sie besondere Duldungssteuer geben, welche in die
fürstliche Kasse floß.

§. 39. Die Gewerbe- und Handelsverhältnisse Ungarns.

Der mitteleuropäische Handel dieser Periode war in der Entwickelung be-
griffen, so daß nur von seiner Ausbreitung zu berichten ist. Weil das heutige
Ostfrankreich und die Schweiz damals noch zum Reiche gehörten, so traten die
Rhein- und Donaustädte mit den Seeplätzen am Meerbusen von Lyon und
Genua, sogar mit Spanien in Verkehr. Die Römerzüge beförderten die
Kenntniß und Verbreitung italienischen Städtewesens, die Eroberungen Hein-
richs des Löwen und Albrechts des Bären machten die Slaven an der Ostsee
und Oder dem deutschen Handel zugänglicher, und die Kreuzzüge endlich erhoben
die Donau zur Haupthandelsstraße des levantischen Handels. Dadurch erhielt
Ungarn hohe Wichtigkeit, welche dieses reich gesegnete Land nicht ausbeuten
konnte, da die häufigen Bürgerkriege und die Verheerungen der Mongolen die
Kraft des Landes lähmten.

In Ungarn strebte das Königthum nach Entwickelung, aber es führte die
Lehnsverfassung ein, und wenn auch die hohen Staatsämter noch nicht lebens-
länglich und erblich waren, so kam doch der größte Theil der Comitatsgüter
in Privathände, wodurch das Königthum an Macht und Ansehen verlor, die
es durch Einwanderung von Kolonisten und Städtegründung zu kräftigen suchte.
Auch die Kirchen wurden reichlichst ausgestattet, neue Mönchsorden gestiftet,
doch mußten die Könige häufig in bedrängten Zeiten in Böhmen und Polen
Hilfe suchen. Um den Bergbau zu beleben, holte man Flanderer und Sachsen
ins Land, der Handel brachte griechische und deutsche Münzen, doch berechnete
man die Abgaben nach der Ofener Mark, die etwas schwerer als die Kölner
und Hermannstädter war. Es entstanden aber damals auch neue Städte, die
sich an Bischofsitze, Abteien und Burgen anfügten, z. B. Skalitz, Neustadtl,
Groß-Saros, zahlreiche Burgen krönten die Felsen des Thuroczer Comitates,
unter denen Thurocz die berühmteste ward; ferner entstanden Städte mit ge-
mauerten Häusern: Bukovár, Illok, Peterwardein, Carlovitz, Poßega, Toplitza,
Petrina, Warasdin, Klausenburg, Torda. Deutsche Kolonien siedelten sich an

zu Gießingen im Eisenburger Comitat, in den Bergstädten Zibethen, Altsohl, Kremnitz, Königsberg, Sachsenstein, Scheinnitz, Dilln, Käsmark, Eperies, Kaschau, Sachsen-Beregh, Medwisch, Hermannstadt, Schäßburg, Müllenbach, Klausenburg, Kronstadt, Bistritz, Groß- und Kleinschlatten. Alle diese Flecken und Städte waren abgabenfrei. Die Krieger trugen damals volle Rüstung, hatten Feldmusik. Damals nahm die Knechtschaft ab, aber Zehnten und Frohnden blieben. Zur Verbesserung der Sitte that die Kirche sehr viel; besonders segensreich wirkten die 22 Klöster der Benedictiner, die 41 der Prämonstratenser, die 15 der Cisterzienser, welche Bildung und Bücher verbreiteten und die Wüsteneien im Bakonyer, Vertefer und Matraer Gebirge urbar machten. Viele Ungarn studirten in Bologna und Paris.

Damals prägte man alle Jahre das Geld um, und die Unkosten dafür bildeten eine stehende Steuer; aber Geldwechsler (Juden, Muhamedaner und Bulgaren) trieben großen Wucher, denn sie reisten im Lande umher, das alte Geld einzusammeln, wobei sie von den Gemeinden mußten frei gehalten werden. Bela IV. mußte nach dem Abzug der Mongolen Kupfergeld prägen lassen; Gold wurde noch nicht vermünzt, doch circulirten schon florentiner Goldgulden. Wenn aber auf der einen Seite die Amtstitel zu Standestiteln wurden, so erhoben sich viele Städte auch zu königlichen Freistädten. Die erste Stadt war Warasdin, ihr folgte Szathmár, Némethi, Tyrnau, Neitra, Grech (Agram). Die Sachsenstädte in Siebenbürgen wurden zu einer geschlossenen Landschaft (Stuhl) vereinigt, in Hermannstadt ein Obergraf eingesetzt, das Burzenland mit ihm verbunden, der Handel zoll- und mauthfrei gemacht, in den Karpathen auf ähnliche Weise das Zipserland mit 24 königlichen Zünften geschaffen. Auch die Kumanen wurden zu 7 Zünften vereinigt, ihr Adel dem ungarischen gleich gestellt und die Rechte der Juden festgesetzt.

Trotz der Verheerungen durch die Mongolen, Kumanen, Polen und Böhmen herrschte in dem fruchtbaren Lande Ungarn doch Wohlhabenheit, denn edle Metalle und Salz nebst dem Wein beschäftigten viele Hände. Die Deutschen brachten den Bergbau empor, Italiener den Weinbau, welche neapolitanischen Wein auf die tokaier Berge pflanzten, und auch die Erlauer, Piliser und Oedenburger Berge in Weingärten umwandelten. Es galten damals 20 Tonnen nur 30 Mark, und doch bezog der Erlauer Bischof als Weinzehnten aus der Zempliner Gespannschaft 10.000 Dukaten. Adelige Familien bemühten sich, wüste Strecken urbar zu machen, so daß unter dem Adel großer Luxus herrschte besonders in kostbaren Kleidern, Waffen und Pelzwerk; auch die Kirchen glänzten durch prachtvolle Gefäße, kostbare Teppiche und goldgestickte Gewänder. In den Städten mehrten sich die Handwerker: Sporer, Drahtzieher, Goldspinner, Kürschner, Messerschmiede, Schwertfeger, Weißgerber, besonders aber Tuchmacher, Tuchhändler und Goldschmiede (Gran, Stuhlweißenburg, Ofen, Pest), ja Gran ward meist von Franken und Lombarden bewohnt, welche hier Niederlagen hatten. Goldenes und silbernes Hausgeräth traf man in allen vornehmen Familien, daneben Scharlachkleider, Schalen und Becher aus Gold, Schwertgehenke von Silber, perlengestickte Mäntel, gestickte Purpurtücher, seidene Purpurdecken. Der Tauschhandel wurde lebhaft betrieben, Gran der Stapelplatz, Binnenschifffahrt durch Schifferzünfte weit verbreitet, und in den Donaustädten Niederlagen angelegt. In Gran befand sich das Hauptzollamt für Waaren aus Venedig, Frankreich, vom Rhein, Regensburg und Wien, Böhmen und Polen. Aber auch wissenschaftliche Bildung verbreitete sich, und viele Geistliche haben sich hierin ausgezeichnet.

§. 40. Die deutschen Handelsverhältnisse.

Obschon die Hohenstaufen dem städtischen Wesen und dessen Streben nach Selbstständigkeit abgeneigt waren, so wirkten die Zeitverhältnisse doch stärker als der Wille der Einzelnen. Die Städte errangen Freiheit, ihre Zahl mehrte sich, große slavische Landstriche wurden durch einwandernde Handwerker und Bürger germanisirt, und bereits treten nahe liegende Städte zu Bünd= nissen zusammen, um Concurrenz zu meiden und den Handel gegen Raub, Zwangszoll und Fehdeunfug zu schützen. Der Rhein wird zollfreie kaiserliche Straße, er und die Donau Haupthandelswege, und an Weser, Elbe, Oder, Weichsel und Düna entstehen deutsche Handelsplätze. An der Donau blieb Regensburg Hauptplatz, doch stand ihm Mainz an Macht gleich. Die Donau hinab lagen die Stapelplätze Ulm, Donauwörth, Passau (Salzburg, Freisingen) Gran, Belgrad (Kirn), und die Donau hieß die Ungarnstraße. Doch neben der Zollstätte und dem Großmarkt Ens erhob sich Wien, wo die venetianische Straße mündete, zu großer Macht. Denn Kärnten schickte hieher Metalle und Salz, Ungarn allerlei Rohprodukte, selbst russische Waaren und venetianische lagerten in Wien, und über Konstantinopel kamen levantische Waaren von Damast, Antiochien, Alexandrien und Kairo.

Nach der andern Seite hin dehnte sich der Rheinhandel aus, der die Rhone hinab bis Marseille, den Rhein hinab bis Gent, Brügge und Antwerpen reichte, während Holland noch arm an Städten, Amsterdam noch ein Schiffer= dorf war.

Bald wurde Hamburg das Genua, Lübeck das Venedig des Nordens, mächtig auch Köln, wo die Großhändler (Overstolzen) in burgartigen Häusern wohnten und ritterliche Übungen und Waffenspiel trieben. Es hieß die Stadt das Venedig am Rhein, denn sie hatte 20.000 bewaffnete Bürger nebst 500 Schiffen und besaß schon 1190 in London die Gildhall als Handelshaus. Das erste deutsche Hospital in Jerusalem gründeten Bremenser. Aber die Blüthe des deutschen Handels fällt in die Periode der Luxemburger.

§. 41. Die deutsche Geschichte bis Karl V. (1254—1519).

Die Hohenstaufen hatten des Reiches Kraft vergeudet in den Kriegen um die italienischen Länder und gegen die Kirche, sie hatten Reichs- und Privatgüter verkauft und versetzt. Unordnung riß im Reiche ein, da Gegenkaiser gewählt wurden, und als man (1254) gar zwei Fremde zu Kaisern wählte, so drohte das Reich in Raub- und Fehdewesen sich aufzulösen. In Folge solcher rechtlosen Zustände sahen sich die Städte genöthigt, zu Bündnissen zusammen zu treten, um Sicherheit im Lande zu erzwingen, aber auch Adel und Fürsten einigten sich gegen einander oder gegen Städte und Kaiser zu solchen Bündnissen, und so gewinnen die Fehden größere Verhältnisse. Der Entwickelung städtischen Lebens war jedoch diese rechtlose Zeit günstig, da jene Niemand hinderte. Die Kaiser verloren aber dabei an Macht, ward doch die Familie Wilhelms von Holland auf der Landstraße ausgeplündert, einige Kaiser wegen Schulden hier und da festgehalten oder nicht in die Stadt gelassen.

Die Habsburger und Luxemburger erkannten mit richtigem Blick, daß es mit dem Feudalreich zur Reige gehe, daher strebten sie nach Vermehrung der Hausmacht, denn nur soweit galt ihr Befehl, als sie ihm Nachdruck geben konnten. Sie überließen Süditalien seinem Schicksal, hielten Frieden mit der Kirche und suchten im Reiche Ordnung herzustellen. Zwar wechselt die Kaiserkrone noch etliche Mal zwischen verschiedenen Fürstenfamilien, doch endlich bleibt sie den Habsburgern. Aber in den stürmischen Zeiten verlor Deutschland nicht nur seine einflußreiche Stellung den Nachbarländern gegenüber, sondern die Kaiser gaben auch den Fürsten immer mehr Rechte, so daß diese endlich souverain, ihre Länder ein geschlossenes Gebiet werden. Daraus entwickelt sich eine Vielheit der Fürstenthümer auf Kosten der Reichsgewalt. Neben den Fürsten stehen zwar Landstände, welche Steuern bewilligten und an der Gesetzgebung Theil nahmen, aber seitdem das Söldnerwesen aufkommt, durch welches die Fürsten die Gewalt über Städte und Adel bekamen, sinken die Reichsstädte zu Landstädten herab, wogegen, wenn auch nach langen und schweren Kämpfen, die Fürsten zu unumschränkten Herrschern werden.

Während des Interregnums (1250—73) entstand das Vehmgericht auf der rothen Erde Westfalens gegen Raubritter, außerdem traten als neue Mächte auf der rheinische und schwäbische Städtebund und die Hansa mit Lübeck an der Spitze. Die Städte bewahrten zunächst ihre Freiheit und strebten daneben auch nach Einheit des Reiches und nach Kräftigung der kaiserlichen Gewalt. Doch der Bauer blieb leibeigen und wurde grausam behandelt, da die Fehden sich vorzugsweise auf Brand und Bauernmord beschränkten. Bei der allgemeinen Noth verlangten Patrioten einen Kaiser; da man aber kein mächtiges Herrscherhaus wollte, wählte man den frommen, kräftigen Grafen Rudolf von Habsburg (1273—91), der in der Schweiz und im Elsaß begütert war. Er stellte Ordnung, Sicherheit und Geltung der Gesetze im Reiche her, und gewann durch die Schlacht auf dem Marchfelde (1278) gegen Ottakar von Böhmen die Reichslehen Österreich, Steiermark und Krain für seinen Sohn Albrecht. Böhmen behielt Ottakars Sohn Wenzel, welcher Rudolfs Tochter heirathete, Kärnthen kam an Meinhard von Tyrol. Albrecht ward (1308) auf einem Zuge gegen die Schweiz ermordet, wo damals sich die Eidgenossenschaft, an den Alpen die Grafschaft Savoyen und am Neckar und Rhein die Markgrafschaft Baden und Würtemberg bildeten.

Auch der Luxemburger Heinrich VII. (1308—13) hatte mit Städten und Fürsten zu kämpfen, verschaffte zwar seinem Sohne Johann die böhmische Königskrone, konnte jedoch in Italien nichts ausrichten, da er auf dem Zuge nach glücklichen Anfängen starb, besungen von Dante. Sein Nachfolger Ludwig der Baier (1313—47) besiegte zwar seinen Gegenkaiser Friedrich von Österreich bei Mühldorf, ward aber mit Bann und Interdict belegt, da er seinem Sohne, dem er Brandenburg übertragen, auch Tirol durch eigenmächtige Ehescheidung verschaffte. Damals war Bonifacius VIII. von Franzosen gewaltsam nach Avignon geschleppt, wo die Päpste 70 Jahre residirten (babylonische Gefangenschaft) und ganz unter französischem Einfluß standen. Deßhalb erklärten die deutschen Fürsten auf dem Kurverein zu Rense (1338), daß zur Gültigkeit der Kaiserwahl die Bestättigung des Papstes nicht erforderlich sei.

Die Luxemburger Karl IV. (1347—78) und sein Sohn Wenzel (1378 bis 1400) haben sich um Böhmen und Brandenburg, Schlesien und die Lausitz als ihre Erbländer große Verdienste erworben und sie zu hoher Blüthe gebracht. Karl holte deutsche Ansiedler ins Land, gründete Städte und Dörfer, legte Straßen, Brücken, Bergwerke und Kirchen an, erhob Prag zur schönsten Stadt, gründete auf Petrarca's Anregung in Prag (1348) die erste deutsche Universität, gab ein Gesetzbuch und ordnete durch die goldene Bulle (1356) die Kaiserwahl, die er sieben Kurfürsten übertrug, deren Länder untheilbar und sie selbst souverain sein sollten. Unter seiner Regierung fällt der große Städtekrieg (1388), da die schwäbischen Städte gegen Eberhard den Greiner (Rauschebart) und dessen Herrschsucht oft kämpften, anfangs auch siegten, dann aber bei Döffingen unterlagen. Die Schweizer dagegen behaupteten (1386) bei Sempach gegen Leopold von Österreich ihre Freiheit.

Wenzel regierte nicht im Geist des Vaters, sondern verfuhr grausam und erpreßte viel Geld, daher ward er (1400) abgesetzt, doch nach 10 Jahren erhielt sein Bruder Sigismund die Kaiserkrone (1410—37). Da es nicht nur drei Kaiser gab, weil Wenzel und Ruprecht von der Pfalz sich deutsche Kaiser nannten, sondern auch in der Kirche Zwiespalt herrschte, sogar drei Päpste zugleich regierten, Huß in Böhmen offen gegen die Kirche auftrat, so veranstaltete Sigismund die Kirchenversammlung zu Kostnitz (1414), wo die Kirchenangelegenheiten geordnet, Huß verurtheilt und verbrannt und an Friedrich Burggrafen von Hohenzollern (1415) die bereits verpfändete Mark Brandenburg als Erbe und Eigenthum abgetreten wurde. Die wilden Hussitenkriege

(1419—34) endigten mit der Unterwerfung der Huffiten unter Kirche und Kaifer.

Mit Sigismund erlofch der Luxemburgifche Mannsftamm, daher folgte ihm in feinen Ländern und auf dem Kaiferthrone fein Schwiegerfohn Albrecht II. von Oefterreich (1437—39), dann deffen Neffe Friedrich III. (1439—93) und Maximilian I. (1493—1519). In Deutfchland erwacht der fchwäbifche Städtekrieg von Neuem, in Thüringen tobt ein Bruderkrieg, am Rhein die Pfälzerfehde, in Schlefien macht Podiebrad Eroberungen und im Often dringen Türken verheerend vor. Um diefen Gefahren kräftig zu begegnen, befchränkte Max nicht nur das Fehdewefen durch ftrenge Gefetze, fondern ftiftete auch (1495) auf dem Reichstage zu Worms den ewigen Landfrieden, übertrug dem Reichskammergerichte die Aufficht, theilte das Reich in 10 Kreife, um die Execution zu erleichtern, fetzte in Wien den Reichshofrath als oberfte Gerichtsbehörde ein. Die gut gemeinten Einrichtungen entzogen dem Kaifer aber noch mehr Gewalt, wogegen die Landesfürften gewannen. Diefe 'erfchienen nicht mehr felbft auf den Reichstagen, fondern fandten Gefandte, wodurch die Verhandlungen fehr fchleppend, das Reich zu großen Unternehmungen unfähig wurde, fo daß die Eidgenoffen mit Hilfe Frankreichs im Bafeler Frieden (1499) die Anerkennung ihrer Unabhängigkeit vom Reiche erzwingen konnten, Sforza fich als Herzog von Mailand und der Lombardei behauptete.

§. 42. Gefchichte des übrigen Europas bis c. 1500.

In allen Ländern Europas treten die Kronvafallen dem Königthum entgegen, blüht dagegen das Städtewefen auf. Den ganzen Zeitraum füllen Kämpfe des Adels gegen das Königthum, welches in England erliegt, in den übrigen Ländern die Übermacht erringt.

In Frankreich hatten die Kapetinger (987—1328) wenig Macht, da die Kronvafallen den König nur als den Erften Ihresgleichen betrachteten, die Kirche fich eine unabhängige Stellung verfchaffte, und auch die Städte bald Freiheit, Gilden, Zünfte, Wahl ihrer Beamten erlangten und zu den Reichsftänden gehörten. Als Heinrich von Plantagenet, der bereits die Normandie befaß, durch Heirath Aquitanien erhielt und dann (1254) den englifchen Thron beftieg, fo gab es zwifchen Frankreich und England blutige Kriege, weil fich der franzöfifche König als den Lehensherrn des englifchen betrachtete. Heinrich gerieth aber in England auch mit der Kirche in heftigen Streit, da er deren Gerichtsbarkeit befchränken wollte. Der Erzbifchof von Canterbury ward fogar am Altare ermordet, doch Heinrich mußte dafür fich an deffen Grabe geißeln laffen. Dazu kamen unter feinen Nachfolgern Eroberungskriege in Irland, Schottland, Frankreich und Fehden zwifchen den hohen Adelsgefchlechtern der rothen und weißen Rofe, welche endlich Heinrich VII. Tudor durch eine Heirath endete (1485). Diefe ganze Periode ift reich an Mord, Gewaltthat und

Verheerung; von nachhaltiger Wichtigkeit wurde nur die Verleihung der Magna charta.

Als nämlich auf Heinrich sein Sohn Richard Löwenherz folgte (1184), nahm Philipp August von Frankreich die Normandie und die übrigen Besitzungen in Frankreich, Johann ohne Land, Richards Bruder, England selbst vom Papst als Lehen; doch die Engländer bewaffneten sich und erzwangen (1215) den großen Freibrief der Magna charta, welche die persönliche Freiheit, Geschworrengerichte und Parlament zum Staatsgrundgesetz machte.

Auch in Frankreich hatte Philipp August (1180—1228) das Bürgerthum begünstigt, und als der gewaltthätige Philipp der Schöne mit dem Papst in Streit gerieth, ihn gewaltsam nach Frankreich schleppen ließ, so berief er Reichstage, um sich beliebt zu machen im Lande, hielt Adel und Kirche im Gehorsam und stützte seine Macht auf das Bürgerthum. Doch waren die Parlamente nur königliche Gerichtshöfe, aber die Städte auf Reichstagen vertreten. Mit Philipp VI. kam 1327 das Haus Valois auf den französischen Thron, doch machte auch Eduard III. von England als Neffe des letzten Kapetingers Ansprüche, woraus ein langer Erbfolgekrieg (1340—1436) entstand. Bereits beanspruchten auch die englischen Könige die Lehnsherrlichkeit über Schottland. Bei solchen Thronstreitigkeiten und Parteiungen wurden in England die Rechte des Parlaments erweitert. In Frankreich siegten die Engländer in allen Schlachten (Crecy, Poitiers, Acincourt) durch die Bogenschützen, und da Burgund und die Königin von Frankreich sich zu England schlugen, der englische König in Frankreich gekrönt wurde, so schien Karl VII. verloren. Da rettete ihn und Frankreich die Jungfrau von Orleans (1429) und Ludwig XII. kräftigte das Königthum, indem er die Bretagne mit dem Reiche vereinte und diese Herzogswürde aufhob.

In Italien entstehen um diese Zeit verschiedene Dynastien. Venedig hatte außer Dalmatien Inseln im adriatischen und ägeischen Meere. Der Reichthum machte es ihm möglich, Venedig durch Bauwerke (Dogenpalast, Markuskirche, Marknsplatz, Rialtobrücke) zu einem Wunder der Welt zu machen. Aber die Regierung wurde eine harte. Die Regierungsgeschäfte besorgte die Signorie (der Doge und 6 Räthe), das Gerichtswesen der Rath der Vierzig, doch die Staatsmacht besaß der große Rath der Adelsfamilien des „goldenen Buches". Zehn Männer führten die Staatspolizei. Durch Söldnerführer eroberte Venedig in der Lombardei viele Städte, sank aber trotzdem, da seine harte, habgierige Regierung ihm überall Feinde machte. Mailand kam als Herzogthum an die Herrschaft der grausamen Visconti (1395), dann (1450) an den Kriegshauptmann Sforza und wechselte oft den Herrn, da es bald an Frankreich, bald an Spanien kam.

Die klugen Grafen von Savoyen erweiterten ihr Gebiet, indem sie die südliche Schweiz, Piemont, Nizza, Sardinien, Genna und endlich die Königskrone erworben. Doch machte sich Waadtland in den Burgunderkriegen, Genf in den Reformationskämpfen frei.

Zu Florenz herrschten nach den Kämpfen der Guelfen und Ghibellinen die Zünfte, bis die Geldaristokratie in den Mediceern die Herrschergewalt errang (1428). Im Kirchenstaate versuchte Cola di Rienzi als Tribun die Republik herzustellen, doch er erlag, und bald kamen Bologna, Ancona, Ferrara (1517) zum Kirchenstaat. Nicolaus VI. gründete die Vaticanische Bibliothek, Leo X. den prachtvollen Vatican. Modena, Reggio und Ferrara kamen als Herzogthum an die kunstliebende Familie der welfischen Este (Tasso). Neapel ward in die ungarischen Schicksale verflochten, da ein neapolitanischer Prinz König von Ungarn ward, doch stand es 200 Jahre nebst Sicilien unter Arragonien.

In Italien begann zuerst wissenschaftliches Leben, angeregt durch das Studium der Alten, auch bildete sich eine Nationalliteratur (Dante, Petrarca, Boccaccio, die Historiker Villani, Macchiavelli — Universitäten).

In Spanien fiel ein maurisches Königthum nach dem andern den Christen in die Hände. Arragonien erweiterte sich durch Catalonien, Valencia und Murcia (1250), und Peter III. erhielt Sicilien (1282) Mallorca, Menorca, Sardinien und später Neapel. Ferdinand der Katholische (1479—1516) eroberte Navarra und erheirathete durch die Isabella auch Castilien, welches aus Castilien, Leon, Cordova, Sevilla und Cadiz bestand. Zwar hatten Cortes (Reichstage des Adels) gewisse Rechte, aber der König gewann durch das Obergericht (Justicia) große Gewalt. Durch Ximenez führte Ferdinand die Inquisition ein, vertrieb (1492) die Mauren aus Granada, und Karl I. vernichtete die ständischen Freiheiten.

Portugal, durch Heinrich von Burgund im Norden gegründet und erweitert durch Algarbien, ward auf der Reichsversammlung zu Lamego (1143) zum Königreich erhoben, Lissabon durch Hilfe niederdeutscher Kreuzfahrer erobert und Residenz (1179); im 15. Jahrhundert auch Tanger und Ceuta in Afrika erobert.

Im Norden und Osten Frankreichs entstand seit Johann und Philipp von Burgund ein Herzogthum (Niederlande und Burgund), welches Karl der Kühne (1467—77) erweiterte, indem er den Elsaß und Lothringen eroberte, aber bei Granson und Murten (1476) von den Schweizern geschlagen ward und bei Nancy fiel. Burgund kam nun an Frankreich, die Niederlande an Spanien.

In Skandinavien wurden aus Stammhäuptern nach und nach Könige, Norwegen gewann (875) Harald Schönhaar, Dänemark Gorm der Alte, Schweden Olaf Schoßkönig. Etwa im J. 1000 fand das Christenthum allgemeine Annahme, und Dänemark suchte sich zu vergrößern. Kanut eroberte England, Waldemar II. Schleswig-Holstein und ein Stück Ostseeküste (Rügen, Pommern, Esthland) und Margaretha vereinigte (1397) durch die Kalmarische Union die drei nordischen Reiche zu einem. Doch diese Vereinigung dauerte nicht lange. Denn nach dem Stockholmer Blutbad (1520) ward Gustav Wasa König von Schweden, in Dänemark kam das Haus Oldenburg mit Christian I. zur Regierung.

In Polen regierten die Piasten bis 1386. Wladislaw IV. vereinigte Groß- und Kleinpolen (c. 1320), machte Krakau zur Hauptstadt, und Kasimir der Große fügte Galizien und Rothrußland dazu (1370). Nach dem Aussterben der Piasten herrschte in Polen Ludwig von Ungarn, dessen Tochter Hedwig den litthauischen Jagello heirathete, dessen Geschlecht bis 1572 regierte. Unter ihnen bildete sich Polen zu einer Adelsrepublik aus, Bauer und Bürger blieben rechtlos.

In Rußland nahm Wladimir der Große von Kiew (c. 1000) die griechische Religion an; doch von 1224—1462 stand es unter mongolischer Herrschaft, von der sich Iwan Wasiljewitsch von Moskau befreite, Nowgorod eroberte, den Kreml anlegte und despotisch regierte. Sein Enkel Iwan II. nannte sich Beherrscher aller Reußen (1533—88), eroberte Kasan, Astrachan und Sibirien, und errichtete die Strelitzen. Mit seinem Sohn erlosch (1598) der Rurik'sche Mannsstamm.

Unterdessen hatte sich in Asien ein Seldschuckenreich gebildet, zu dessen Hauptstadt Oman die Stadt Brusa machte (1299) und aus Christensclaven das Corps der Janitscharen bildete. Diese Türken drangen darauf in Europa ein, eroberten Adrianopel, kämpften oft mit Serben und Bulgaren, eroberten Makedonien und Thessalien, besiegten Sigismund bei Nikopolis (1399), überbauerten die Mongolen, denen Bajazid bei Angora erlag (1402), kämpften mit abwechselndem Glück gegen die Ungarn, wobei König Wladislaw bei Varna (1444) erlag, so daß Muhamed II. Konstantinopel (1453) eroberte und zur Hauptstadt machte. Serbien, die Wallachei, Moldau, Albanien kamen unter türkische Herrschaft, Ungarn und die deutschen Alpenländer wurden von verheerenden Kriegen heimgesucht. Selim II. (1512—20) erweiterte sein Reich bis zum Tigris, eroberte Syrien und Egypten, Soliman (1522—66) Rhodos und Ungarn (Schlacht bei Mohacs 1526), konnte aber Wien (1529) nicht erstürmen. Auch Nordafrika fiel ihm zu, doch vor Sziget und Zriny erlag er. Die Seemacht der Türken brach Juan d'Austria durch seinen Seesieg bei Lepanto (1571).

§. 43. Die Länder der österreichischen Monarchie.

Als die Habsburger das Herzogthum Oesterreich gewannen, erweiterte sich dasselbe durch die habsburgischen Besitzungen in der Schweiz, im Elsaß, Breisgau und Schwaben. Zwar theilten die Nachfolger Rudolfs häufig ihr Erbe, aber Maximilian I. vereinigte endlich alle Besitzungen, wenn auch die helvetischen verloren gingen. Auch die Erbfolge in Böhmen, welche mit Wenzel III. (1306) eintreten sollte, konnte erst nach 200 Jahren ausgeführt werden, da der Luxemburger Johann Böhmen durch Heirath erwarb; dagegen behaupteten die Habsburger durch vorsichtige Politik die Nachfolge in Kärnthen und Krain (1336) unter dem thätigen Albrecht II., welcher auch den Länderbesitz der Familie für untheilbar erklärte, was aber nicht befolgt ward. Rudolf V. erhielt den Titel Erzherzog und erwarb von Margaretha durch den Vertrag zu Botzen die Grafschaft Tirol (1363). Auch schloß er wegen Görz einen Erbvertrag, gründete (1365) zu Wien eine Universität und begann den Bau des Stephan. Sein Sohn Albrecht III. und Leopold III. theilten das Erbe, so daß zwei Linien entstanden, von denen die albertinische 1457 erlosch; doch erweiterte Leopold sein Erbe am Rhein (Freiburg), in Schwaben und an der Adria, wo er Triest er= hielt (1382). Albrecht IV. hatte das Glück, sich die beiden Luxemburger Sigis= mund und Wenzel, die einander bekämpften, durch Milde und Gerechtigkeit zu Freunden zu machen, so daß er für Böhmen und Ungarn die Erbfolge zuge= sichert erhielt. Albrecht V. ward deutscher Kaiser, heirathete Sigismunds Tochter Elisabeth und erhielt (1422) Mähren und die Nachfolge in Böhmen und Un= garn. Doch erhoben sich in beiden Ländern Gegenparteien, da in Ungarn die alte Königin den Ladislaus von Polen, die Hussiten dessen Bruder Kasimir zum König machen wollten. Albrecht starb leider schon (1439), und da erst nach seinem Tode ein Erbe, Ladislaus der Nachgeborne, geboren ward, so hatte dessen Vormund Kaiser Friedrich III. viel Kämpfe zu bestehen. In Ungarn führte Johann Hunyad Corvinus die Sache der polnischen Partei, welcher nach dem Tode des Polenkönigs (1444) Reichsverweser ward und Krieg gegen Friedrich führte, von welchem er Ladislaus Posthumus zurückverlangte. Dieser erschien endlich, aber sein Günstling, Graf Cilly, reizte die Söhne Hunyads so sehr, daß sie ihn ermordeten, worauf der eine Ladislaus hingerichtet, der andere, Matthias, gefangen nach Prag geführt ward. In Böhmen eignete sich Georg von Podiebrad die Vormundschaft an, und als Ladislaus 1457 starb, mit ihm die albertinische Linie erlosch, so verlor der Leopoldiner Friedrich V. (als Kaiser III.) die Erbfolge, denn in Ungarn ward Matthias, in Böhmen Podiebrad König. Auch die Österreicher erhoben sich gegen Friedrich, den sie wiederholt belagerten und endlich zur Flucht zwangen. Ungarn, Böhmen und Österreich geriethen wiederholt in Krieg, und als Podiebrad starb (1471), ward Wladislaw von Polen König, Matthias dagegen eroberte Österreich und erzwang die Nach= folge in Böhmen. Erst als Matthias plötzlich (1490) in Wien starb, konnte Friedrich zurückkehren; zwar erhoben die Ungarn den Wladislaw zu ihrem König, doch Maximilian erzwang durch Siege die Anerkennung seines Nachfolgerechtes (1491) und den ungarischen Königstitel, nachdem Friedrich bereits die Graf= schaft Cilly eingezogen und den böhmischen Königstitel sich gesichert, Sigismund von Tirol aber Vorderösterreich, Breisgau, das Fürstenthum Schwaben und Vorarlberg vereinigt hatte.

Maximilian vereinigte alle österreichischen Erbländer, erwarb dazu die Nie= derlande, heirathete die Mailänderin Sforza, ward aber auch in die italienischen Kriegswirren verwickelt, da Frankreich und Arragonien um Mailand und Neapel kämpften, und sich Bündnisse für und gegen Venedig bildeten. Neapel kam 1508 an Ferdinand von Arragonien und dann an dessen Sohn Carl, den Enkel Maximilians, welcher Görz, Gradiska, das Pusterthal und bairische Besitzun= gen erworben hatte (1507). Da Maximilian seine Enkel Ferdinand und Maria

mit den Kindern des ungarisch-böhmischen Königs Wladislaw verheirathete, so
erhielt Ferdinand (1515) die Thronfolge in Ungarn und Böhmen zugesichert.
Karl V, Ferdinands Bruder, hatte die Erbstatthalterei über Friesland (1515)
von Sachsen und das Herzogthum Wirtemberg (1520) gekauft, trat (1522)
an seinen Bruder alle deutschen Länder ab, nebst den am Rhein gelegenen Besitzungen und behielt sich nur den Erzherzogtitel von Österreich vor. Ferdinand
hatte bereits Anna von Ungarn und Böhmen geheirathet, und als sein Schwa-
ger Ludwig II. bei Mohacs (1526) gegen die Türken fiel, kamen beide Königreiche an Habsburg.

Die Glanzperiode Böhmens fällt unter die Regierung Karls IV, des ge-
lehrtesten Königs seiner Zeit. Er gab Böhmen eine neue Gemeindeverfassung,
beförderte den Bergbau und Ackerbau, machte Elbe und Moldau schiffbar, zog
deutsche Handwerker und Künstler ins Land und verwandelte Böhmen in einen
Lustgarten. Prag zierte er mit Wunderbauten (Hradschin, Nepomuksbrücke,
Karlskirche ꝛc.), gab Adel und Städten Freiheiten, sammelte Künstler und Gelehrte
um sich, führte Leinwandweberei und städtisches (magdeburger) Recht in Schlesien ein, hielt auf Gerechtigkeit und strenge Rechtspflege, gründete die erste Universität, die 7000 Studenten zählte, gab Karlsbad Stadtrechte, machte Karl-
stein zum Wunderwerk, Kuttenberg zum Hauptsilberbergwerk. Niederländer brachten Tuchwaaren, Italiener Gewürze, Seidenwaaren und Südfrüchte, aus Rußland kamen Pelze, nach Ungarn und Polen trieben Böhmen Handel.

Ungarn erlebte unter den Hunyadys seine Heldenperiode, da diese glänzende Thaten gegen die Türken ausführten (Amselfeld, Belgrad, Brotfeld u.
s. w.) und unter Mathias (1458—90) erlebte Ungarn seine Glanzperiode, da
es allen übrigen Ländern voranstand. Mathias hielt Gesetz und Ordnung aufrecht,
weshalb man nach seinem Tode klagte: „König Mathias ist dahin und mit
ihm die Gerechtigkeit." Er errichtete ein stehendes Heer, erweiterte das Reich
und seinen Einfluß bis zum schwarzen Meer, bis zur Ostsee und zur Adria,
beförderte Handel und Industrie, so daß Siebenbürgen und die Zips den
Zwischenhandel zwischen Konstantinopel und Kaffa mit Westeuropa errangen,
brachte Handwerker aus Italien und Deutschland ins Land, führte großartige
Bauten aus, verschönerte seine Schlösser durch Kunstwerke aller Art, gab den
Handwerkern politische Rechte, schützte den Ackerbau, pflegte die Wissenschaften,
errichtete zu Preßburg eine Universität, legte in Ofen eine Bibliothek von
50,000 Bänden an, die in Gold, Silber und Sammt gebunden waren,
beschäftigte 32 Schreiber mit Bücherabschreiben, gründete eine Gelehrtengesell-
schaft und hielt den glänzendsten Hof in Europa.

§. 44. Der Geschäftsbetrieb des deutschen Handels.

Der Geschäftsbetrieb war im Mittelalter ein sehr beschwerlicher. Es fehlte
überhaupt an guten Wegen, noch mehr aber an Sicherheit. Bei der Zersplit-

terung der Reiche in Herrschaften und Freistädte stieg die Zahl der Zölle und Abgaben, verzögerten die Stapelplätze den Aufenthalt, kosteten die verschiedenen Geleite viel, fehlte es an Geld, Credit, Posten, so daß der Handel nur auf gewissen Wegen und zu gewissen Zeiten in Großem betrieben wurde. Damals mußte der Kaufmann bewaffnet zu Roß oder im Schiff seine Waarensendung begleiten; um noch sicherer zu reisen, schloßen sich die Großhändler einzelner Städte oder Hauptstraßen aneinander, so daß Karavanen und Flotten die Reise machten. Außerdem lag es im Charakter des Mittelalters, daß sie Alles sonderte und abschloß; daher schloßen sich nicht nur die einzelnen Kaufleute und Handwerker zu Gilden und Zünungen ab, sondern auch eine Stadt, ein Land von den anderen, um sich viel Vortheil zu sichern, die anderen zu beschränken. Der fremde Kaufmann (Gast) hatte daher zahlreiche Beschränkungen und Plackereien zu bestehen, ehe er verkaufen konnte, wenn seine Vaterstadt ihm nicht Privilegien in den einzelnen Handelsplätzen und Ländern gesichert hatte.

Am drückendsten war der Mangel an Zahlungsmitteln. Denn wenn auch viele Zölle in Naturalien, besonders Pfeffer und Waaren, abgetragen, wenn auch im Auslande Waaren gegen Waaren vertauscht wurden, so blieb dies doch nur ein Nothbehelf, der viele Verlegenheiten brachte. Baarzahlungen kamen im Ganzen selten vor, da man beim Großhandel im Auslande Waare gegen Waare austauschte; nur Kostbarkeiten, Geschenke und Strafgelder zahlte man in Münze. Doch wog man sich oft noch ungemünztes Gold in Pfunden und halben Pfunden oder Mark zu, wobei das Gewicht von Troyes und Köln fast allgemein galt. Als gemünztes Geld circulirten bis zu den Kreuzzügen byzantinische Solidi, italienische Tari und arabische Maravedi, die aus Gold geprägt wurden. Silbermünze war seltener, dann galten 12 Denare so viel als ein Goldsolidus. Seit dem 13. Jahrhundert wurden auch andere Goldmünzen geprägt: Friedrich II gab Augustales aus, Florenz Florentiner, Benedig Ducaten oder Zechinen. In Mittel- und Nordeuropa prägte man seit dem 14. Jahrhundert Goldgulden. Kleinere Münzmassen besorgten die einzelnen Städte durch Münzmeister, die Goldschmiede oder Wechsler waren und großen Vortheil davon hatten. Frankreich hatte verschiedene Franken, die Niederlande Philippinen und Realen, England Nobiles. Silber wurde aber noch lange nach Marken zugewogen besonders bei größeren Zahlungen. Pfund (Livre, Lire) oder Mark wurden dadurch Rechnungsmünzen, und die Denare erhielten auch schon den Namen Kreuzer, weil sie auf der Kehrseite ein Kreuz enthielten.

Da der Denar ein Pfund sein sollte, so erhielte er den Namen Pfennig (pfündig); dagegen nannte man die Denare, die statt des Kreuzes einen Stern hatten, Sterlinge. Aus dem Wort Solidus ward das Wort Schilling (Sou), und die Scheidemünze des Obolus, welche einen halben Pfennig werth war, hieß Hälbling (Heller); Silberdenare mit einem Schild auf der Wappenseite nannte man Scudi (écus). Scheidemünze mit Kupferlegirung kommt schon in der fränkischen Zeit vor, so daß 11 Solidi eine feine Mark, d. h. 22 ein

Pfund machten. Als Zahlungsmünzen gebrauchte man Dickpfennige (grossi, Groschen), von denen 60 eine feine Mark machten, weshalb man auch nach Schocken rechnete, eine Rechnungsweise, die sich von Böhmen aus verbreitete, da es dort viel Doppelpfennige gab.

In Livland, Rußland, England, Wien u. s. w. tauschte man bis tief ins Mittelalter hinein Waare gegen Waare, aber daneben ließen Könige oder die von ihnen privilegirten Fürsten und Städte Geld prägen, welches aber nicht Tauschmittel, sondern Waare blieb. Natürlich waren diese Münzen wie im übrigen Europa von verschiedenem Werth und hatten ein mehr oder weniger begrenztes Gebiet der Gültigkeit. Der Kaufmann versah sich also für seine Geschäftsreisen mit ungemünztem edlem Metall, um es an Ort und Stelle gegen dort gültige Münze umzutauschen, wobei er Wechselgebühr zahlte. Manche Städte, die mit einander in lebhaftem Verkehr standen, schloßen Verträge dahin, daß sie gegenseitig ihre Münzen zu festgesetztem Werthe annahmen. Es waren aber für jeden Markt Geldwechsler nothwendig, die sich an Handelsplätzen dauernd niederließen. Da sie unter sich im Verkehr standen, so ward es möglich, statt baaren Geldes durch Anweisungen zu zahlen, d. h. man übergab dem Wechsler der einen Stadt das Geld, welcher den Wechsler am entfernten Zahlorte anwies, die Summe in dortiger Münze auszuzahlen. Da er dies brieflich mittheilte, so hieß die Anweisung Brief oder Wechselbrief. Später stellten auch in Deutschland Kaufleute mit Umgehung der Wechsler solche Briefe direct gegenseitig an sich, bildeten Kassenvereine und so entstanden Girobanken und Wechsel im strengeren Sinne, wenn auch nicht in der jetzigen Bedeutung.

Die Geldgeschäfte trieben außer den Lombarden in Deutschland besonders die Juden, die unter dem Schutze des Landesherrn standen, dafür Steuer zahlten und Kammerknechte hießen. Sie liehen gern auf Pfand, wobei sie 40—80 Procent nahmen, ja bis 240 Procent stiegen. Damals befanden sich aber bei der Seltenheit des Geldes Fürsten und Adel oft in Geldverlegenheit, auch der Handwerker versetzte häufig bei Juden, so daß der Adel und Bürger in deren Gewalt kamen, welche ihre Schuldner mit großer Härte behandelten. Dadurch machten sie sich verhaßt, im 12., 13. und 14. Jahrhunderte brachen furchtbare Verfolgungen über sie aus, welche Tausenden das Leben kosteten. Manche Städte versagten ihnen die Aufnahme, aus einzelnen Staaten wurden sie vertrieben, kehrten aber stets zurück, weil die fürstlichen Höfe sie nicht entbehren konnten. Andere Städte dagegen errichteten Leihhäuser, oder die Großhändler und Besteller leisteten den Arbeitern Vorschuß, oder man gab einzelne gesetzliche Bestimmungen über den Zahlungszwang der Anweisungen, woraus sich mit der Zeit das Wechselrecht entwickelte, wie bereits erwähnt wurde.

§. 45. Märkte und Kaufhallen.

Auch in Deutschland hatte der Großhandel auf Märkten und Messen sein Geschäft. In Troyes, Rheims, Denys, in Westminster, York u. s. w. trieb man an Festtagen in und vor der Kirche Handel, in Ungarn verlegte ein Gesetz den Markthandel auf den Sonntag, und in Deutschland hatten die Kirchen zu Corvei, Goßlar, Zürich, Frankfurt, Magdeburg, Nürnberg, Zurzach u. s. w. ihre Messen, Goslar sogar den Großhandel mit Gewürz.

Diese Märkte machten verschiedene städtische Einrichtungen, Bauten und gesetzliche Verordnungen nothwendig. Die Plätze vor den Kirchen konnten die Waaren nicht fassen, noch gegen Witterung und Diebstahl hinreichend sichern. Daher errichtete die Stadt oder der Stadtherr oder der Handelsstand besondere Kauf- oder Gildhallen, Kauf- oder Leghäuser, wofür Zins gezahlt ward, wenn die Stadt oder der Stadtherr sie baute. Sogar in Venedig gab es 1268 schon ein Kaufhaus der Deutschen, in welchem die Regensburger die ersten Rechte hatten. Noch häufiger legte man Tuchhallen oder Gewandhäuser an, da Tuch ein Hauptartikel des Großhandels war. Manche Städte errichten für die einheimischen und für die fremden Tuchmacher besondere Hallen. Von großem Umfange waren die Tuchhallen zu Troyes, Löwen, Brügge, Achen, Soest, Wien, Florenz, wo französische d. h. niederländische Tücher in einem besondern Hause lagerten.

So wie die einzelnen Gewerbe sich erweiterten und zu Zünften sich einigten, erhielten sie ein Unterkommen in der Tuchhalle oder ein besonderes Leghaus, besonders die Leinweber in Cöln, Frankfurt a. M., Stendal. Aber auch die Geldwechsler, Kleinhändler, Schenkwirthe und Handwerker, die aufs Lager arbeiteten, bedurften eines sichern und geschützten Raumes. Daher errichtete man auch ihnen Obdach, wobei man gleichartige Waaren neben einander feilbieten ließ, so daß besondere Straßen mit Verkaufsbuden entstanden. Zuerst verschaffte man den Geldwechslern in Genua, Straßburg, Cöln u. s. w. gemeinschaftliche bedeckte Verkaufsstellen, dann aber einen besonderen Platz, wo sie unter sich freier verkehren konnten, und nannte diesen Platz Borsa, Börse.

Diese Hallen baute man anfangs leicht und schmucklos aus Holz als einfache bedeckte Gänge, doch in großen Handelsstädten kamen sehr bald steinerne Bogengänge auf, die oft geschmackvoll verziert waren. Diese Arkaden nannte man Lauben, von denen heute noch die Marktplätze und Marktstraßen alter Städte in Süddeutschland und der Provinz Preußen umgeben sind. Diese Wölbungen waren entweder als solche mit Schwibbogen und Pfeilern angelegt, oder man hatte das erste Stockwerk des Hauses vorgerückt und mit Pfeilern unterstützt. Die Straßen- und Gewerbslauben zu Bern, Straßburg, Freiburg im Breisgau, Marienburg, der Jungfernstieg zu Braunschweig, die Stechbahn zu Berlin stammen aus jenen Zeiten. Mitunter bestanden die Hallen aus einzelnen Abschlägen, die als verschließbare Kramladen dienten, oder man schlug Gerüste

(Bänke) auf, auf denen man die Waare nur auslegte. Dann standen die Bänke einer Innung stets neben einander (Brod-, Fleisch-, Wein-, Bier-, Leder-, Schusterbank u. s. w.), und die Schlächter hatten noch besondere Schlachthäuser. Nur den Fischern räumte man offene Märkte ein, da ihre Wasserbehälter viel Raum einnahmen.

Ursprünglich konnten solche Verkaufsplätze nur gemiethet werden, aber mit der Zeit wurden die Stellen erblich, da Herkommen oder Geldnoth der Grundherren den Ankauf erleichterte. Wo dies aber nicht möglich war oder die Wohlhabenheit in der Stadt stieg, baute sich der Handwerker seinen Verkaufsladen in sein Wohnhaus, so daß die Hallen nach und nach verfielen. Auf diese Weise entstanden neue Straßen und Marktplätze, in denen Handwerker derselben Innung sich niederließen oder Waaren derselben Art feil geboten wurden, von denen die Straße oder der Markt auch den Namen zu erhalten pflegte. Dadurch erweiterten sich die Städte, Vorstädte kamen mit zur Stadt, und die Mauer ward weiter hinausgerückt. Die Pfahlbürger, wie die in den Vorstädten, d. h. außerhalb des Pfahlwerkes und der Mauer wohnenden Schutzbürger hießen, traten in die Zahl der Alt- und Vollbürger ein. Seither befanden sich die Bänke der Handwerker außerhalb der alten Mauer, jetzt suchten die Schnitt- und Tuchhändler das Innere der Stadt wieder auf, und hielten Markt in hölzernen Buden, die man Gaden nannte. In ihnen ließ sich die Waare besser zur Schau auslegen, als in den breiten, tiefen Häusern. Wo man keine hölzernen Buden errichten wollte, welche ihr Unbequemes hatten, brachte man am Hause sogenannte Ueberbaue an (Ueberhänge, Ueberzimmer, Vorzimmer, Ausfänge), indem man die Zimmer des oberen Stockwerkes mehrere Fuß in die Straße hineinrückte, den Ueberbau durch schräge Balken stützte, so daß bedeckte Gänge entstanden, wenn mehrere Häuser mit Ueberbau neben einander standen, was freilich wieder die Straße verengte und verdunkelte und Anlaß zu Beschwerden gab.

§. 46. Gebräuche und Ordnungen auf den Märkten.

Je größer damals in Deutschland die Gewerbs- und Handelsthätigkeit war, so daß sie die benachbarten Länder niederhielt und neben den italienischen Seestädten und den flandrischen Industrieorten den Weltmarkt beherrschte, desto eifersüchtiger und engherziger verfuhr man unter sich, da jede Zunft, jede Stadt, jedes Land nur auf den eigenen Vortheil bedacht war und jede Concurrenz unmöglich zu machen suchte. Es stand Verein gegen Verein, Zunft gegen Zunft, Gemeinde gegen Gemeinde. Als Vertriebsgelegenheit benutzte man Jahrmärkte, sogar Synoden der Geistlichen, Reichstage und Volksversammlungen. Wollte der Landesherr einem Orte das Marktrecht verleihen, was ihm stets eine ansehnliche Steuer einbrachte, so übersandte er dem Orte als Zeichen dieses Rechtes einen Handschuh und bewilligte damit die Ausübung der eigenen polizeilichen

Aufsicht und Ordnung in Handels- und Gewerbssachen, besonders das Recht des Geldwechsels und der Münze. Dagegen übernahm der Landesherr Schutz und Sicherheit der Kaufleute auf der Reise und während der Marktzeit. Diesen Marktschutz nannte man Bann, das Recht der Repressalien, d. h. der Angriff auf ein Mitglied einer Gemeinde, die einer andern Schaden zugefügt hatte, trat für die Marktzeit außer Kraft. Schuldner konnten nicht zur Zahlung gezwungen werden vor Ende des Marktes.

Sobald der Markthandel anfangen sollte, steckte man auf einem Thurme oder Thore ein Kreuz, eine Fahne oder einen Schild mit dem Handschuh im Wappen auf als Zeichen, daß Marktfreiheit und Königsbann jetzt gelten. Anfang und Schluß zeigte man außerdem durch Läuten mit den Kirchenglocken an (Ein- und Ausläuten). Auf jene Fahne mußten Fremde und Einheimische sehen, weil nun die Marktordnung in Kraft trat. Fremde (Gäste, Fragner) dann oft nicht kaufen und verkaufen durften, sondern die Bürger das Vorrecht des Ein- und Verkaufs hatten. Denn bereits im 12. Jahrhunderte einigten sich die Kaufleute jeder Stadt zu Gilden, die sich in verschiedene Untergilden schieden, wenn der Handel ein vielseitiger ward; ebenso verfuhren die Handwerker mit ihren Zünften.

Ursprünglich erhob sich der Marktverkehr der Städte nicht über den Kleinverkehr, aber bald benutzte der Kaufmann seinen Aufenthalt im Marktorte auch zu Einkäufen, oder er machte beim Fabrikanten Bestellungen, so daß an günstig gelegenen Plätzen ein Großhandel sich entwickelte, welcher endlich für die Stadt Hauptsache wurde, den Markt in eine Messe umwandelte, die Stadt zum Stapelort erhob. Denn es wurden die Zusammenkünfte auf dem Markte auch zur Ausgleichung von Zahlungen und Abrechnungen benutzt, so daß später die Meßplätze auch Wechselplätze wurden.

Wie bereits erwähnt, trachteten die mächtigeren Städte danach, sich den Alleinverkauf der Waaren zu sichern. Daher ließen sie sich das Stapelrecht vom Landesherrn geben, demzufolge fremde Kaufleute nicht ohne Weiteres durch die Stadt reisen durften, sondern 4—6 Wochen darin verweilen und den Bürgern ihre Waare feilbieten mußten (Wien). Nur so lange die Marktfahne aushing, durfte der Gast im offenen Gewölbe Handel treiben, wobei er sich oft noch vielen Beschränkungen unterwerfen, namentlich aber des Kleinverkaufs sich enthalten mußte. Diese Vorrechte fielen den Gästen natürlich lästig, weshalb Städte unter sich entweder Verträge über gleiche Handelsrechte schlossen, oder fremde Kaufleute Filiale in den wichtigeren Städten anlegten, um dort Bürgerrecht zu genießen.

Auch Wochenmärkte waren das ganze Mittelalter hindurch üblich und wurden auf besonderen Plätzen abgehalten, wobei jede Gattung Waare oft einen besonderen Marktplatz zugewiesen erhielt. Manche Waaren, besonders Lebensmittel, durfte man täglich zu Markte bringen, ja solche Tagesmärkte erhoben sich zuweilen zu großartigem Umsatz, besonders der Viehhandel in Nürnberg, der Holzhandel in Regensburg.

Einer besondern Aufsicht unterlag aller Handel von Seiten der städtischen Polizei, welche wohl organisirt und ihr Gesetz streng aufrecht erhalten wurde. Jede feilgebotene Waare unterlag einer sorgfältigen Prüfung in Betreff ihrer Güte, Ächtheit, ihres Maaßes und Werthes. Zunächst kam sie auf die öffentliche Wage, die sogenannte Frohnwage, welche unter besonderen Beamten stand. Eben so geschah es beim Messen der Waare. Den Handel zwischen Bürgern und Gästen überwachten Mäkler und Unterkäufer, welche als gesetzliche Zeugen bei jedem Geschäfte mußten zugegen sein. Noch strenger nahm man es bei der Waarenschau, indem Beamte jede Waare prüfen und mit einem Zeichen versehen mußten. Bürger führten dies Amt, und jede schlechte Waare ward weggenommen. Selbst die Hansetage beschäftigten sich gewissenhaft mit Vorschriften über Maß und Art der Waare, besonders der Tücher, weil davon der gute Fortgang des Geschäftes abhing; und oft erhob sich heftiger Streit, wenn Gäste sich der Waarenschau nicht unterwerfen wollten.

Bei dem lebhaften Handelsverkehr spielte aber auch der Hausirhandel schon eine wichtige Rolle, da in manchen Gegenden die Bewohner sich ausschließlich mit ihm beschäftigten. Im 11. und 12. Jahrhunderte betrieben in Ungarn besonders Alt-Bulgaren diesen Kleinhandel, auch Kaschauer betrieben ihn, bis ihnen die Sachsen Siebenbürgens Einhalt thaten. Auch in Nowgorod und Livland handelten die sogenannten Landfahrer als Krämer von Dorf zu Dorf, drangen bis Sibirien und trieben Tauschhandel. In Danzig und Nürnberg fielen Hausirer den Großhändlern lästig, selbst Isländer kamen mit ihren Waarenbündeln an die deutschen Küsten und tauschten von Stadt zu Stadt ein, was sie brauchten.

Die eben entwickelte Art des Handels gab den Anlaß zur Zunftverfassung, welche zugleich eine kriegerische wurde, weil jede Zunft eine Compagnie der bewaffneten städtischen Mannschaft bildete. Diese kriegerische Einigung mag sogar die ursprüngliche gewesen sein, welcher die politische folgte. Florenz vereinigte im 13. Jahrh. sogar die Männer wissenschaftlicher Beschäftigung, Lehrer, Ärzte und Advokaten zu Zünften. Da ferner die Gilden ihre Kaufhallen besaßen, so traten an andern Orten die Handwerker zu Zünften zusammen, um auch das Recht, Kaufbänke zu erwerben, an sich zu bringen. Anfangs duldete man dies, bis aus der Gewohnheit ein Recht wurde, zunächst für Goldschmiede, Leinweber, Gerber, Sattler, Tuchmacher, Kürschner.

Einen andern Ursprung hatten die Gilden. Zu ihnen gehörten die Altbürger, die den Freien zugerechnet wurden, eigenes Gericht hatten und ihr Gemeindehaus. Um aber bei Streitigkeiten in Handelssachen sachkundige Schiedsrichter zu haben, wählten die Kaufleute besondere Vorsteher, (Capitulares, Consules, Scabini, Decani), die sich als Handelsgerichte schon im 10. Jahrh. vorfinden und bald in allen großen Handelsstädten eingeführt werden.

§. 47. Die Faktoreien der Hanſa in Wisby, Nowgorod und Kowno.

Den Großhandel im Auslande betrieb man durch die Gründung von Faktoreien, wie ſchon die Phönizier den Allein- und Großhandel in den verſchiedenen Ländern ſich dadurch ſicherten, daß ſie in den Hauptſtapelplätzen Faktoreien und Kolonien anlegten.

Eben ſo verfuhren die Griechen und die Handelsſtaaten Italiens, denen die Kreuzzüge willkommene Gelegenheit gaben, in den Häfen der Levante ſich anzuſiedeln. Für ihre Theilnahme erhielten ſie einen Stadttheil eingeräumt, wo ſie unabhängig nach eigenem Geſetz lebten, zollfrei blieben, Conſuln und andere Vertreter hatten und ungehindert den Handelsintereſſen leben konnten. Sogar die einzelnen Fabrik- und Handelsplätze des europäiſchen Binnenlandes ſicherten ſich in andern Handelsorten den Waarenumtauſch durch Faktoreien, indem ſie eine Kirche und ein gemeinſames Kaufhaus bauten, Zollfreiheit beanſpruchten, noch heimiſcher Weiſe ſich einrichteten und für den Handelsverkehr gewiſſe Regeln feſtſetzten.

Zu demſelben Zweck legten die deutſchen Landfahrer und Seefahrer oder Kauffahrer, welche letzteren von Orlogſchiffen, d. h. Kriegsſchiffen begleitet wurden und ſelbſt kleinere, jetzt unbefahrene Flüſſe zum Transport benützten, an wichtigen Stapelplätzen die Waaren zum Weitervertrieb in Faktoreien nieder, die eine kleine abgeſchloſſene Welt für ſich bildeten und in ihrer Einrichtung nur inſofern verſchieden waren, als man auf Kampf und Vertreibung mußte gefaßt ſein oder anerkannt das Übergewicht hatte. Solche großartige Faktoreien befanden ſich in Nowgorod, Wisby, Schonen, Bergen, London, Brügge u. ſ. w.

Schon in alten Zeiten hatte ſich die Inſel Gothland zu einem lebhaften Handelsverkehr entwickelt, deſſen äußerſte Enden bis ans ſchwarze Meer reichten. Anfangs waren die Gothländer den ſchwediſchen Königen zinspflichtig und mußten dieſen im Kriege Beiſtand leiſten, wo dann als Einberufungsbefehl ein Botſchaftsſtab von Dorf zu Dorf getragen ward, der an dem einen Ende angebrannt, am andern mit einem Strick umwickelt war als Zeichen der Strafe für die Ausbleibenden. Es war aber auch ein „Schutzort“ Wisby entſtanden, der ſchon in der Mitte des 12. Jahrh. als Stapelplatz und Freihafen des mitteleuropäiſch-nordiſchen Handels in hoher Blüthe ſtand. Unter den Fremden befanden ſich bereits Anſiedler aus Weſtfalen und Niederſachſen (Soeſt, Dortmund, Münſter, Salzwedel, Bardewik), welche als gemeinſames Wappen einen Lilienbuſch im Schilde führten. Bereits war das uralte Schleswig überflügelt, welches nach Preußen handelte, und von wo eine Kaiſerſtraße nach Jütland führte, welches Ruſſen wie Arabern bekannt war. Ebenſo erlag ihm die reiche Slavenſtadt Julin oder Jumne und das mächtige Sigtuna am Mälarſee. Denn im 12. Jahrh. wurden dieſe Städte von Dänen zerſtört.

Wisby erhob ſich zum Hauptſtapelplatz für den ruſſiſchen Handel, da

man Häringe, Salz, Tuch und Eisenwaaren gegen Leder, Wachs und Pelzwerk umtauschte, in Nowgorod an der Wolchow aber die Centralfaktorei anlegte.
Nowgorod lag eine Meile vom Ilmensee entfernt, dehnte sich weitläufig am
Wolchowflusse aus mit seinen hölzernen Häusern, stattlichen Brücken, mit dem
wohlbefestigten Kreml und dem Markte, wohin die Bürger durch die große
Wetschaglocke gerufen wurden zur Versammlung. Dazwischen lagen die Kauf-
höfe der Fremden, Meßplätze, Klöster, die griechische Sophienkirche und die
römischkatholische Hauptkirche. Nowgorod stand durch den Dnjepr mit dem
schwarzen Meer, durch bulgarische Karawanen mit der Wolga und dem Orient,
durch den Ladogasee und Wolchow mit Finnen und Russen in Verkehr, war
c. 850 die Residenz Ruriks, dessen Nachfolger Oleg aber nach Kiew über-
siedelte, worauf sich die Nowgoroder frei machten und einen Herrscher wählten,
der seine Macht bis zum Ural ausdehnte. Der Republik waren tributpflichtig
die Völker bis zur Petschora, von wo Eichhornfelle statt Geld geliefert wurden,
und der Freibürger konnte sagen: Wer kann wider Gott und Großnowgorod!
Frühzeitig erhielten die Deutschen das Recht, ein besonderes Stadtquartier
und die Kirche zum h. Peter zu bauen, um welche herum die Waarenlager,
Packhäuser, Meßbuden, Komtors, Wohnungen und Versammlungssäle lagen,
die zusammen den Hof der Deutschen zu Nowgorod bildeten. Da diese Han-
delskolonie von Wisby aus gegründet war, so führten die Deutschen auch den
Lilienbusch im Wappen, gaben sich ein Gesetzbuch (Scra oder Schra), erhielten
eigene Gerichtsbarkeit, eigene Handelsordnung und Gemeindekasse. Durch Verträge mit den russischen Großfürsten sicherten sich die „Lateiner" (d. h. West-
länder) ihre Rechte, durften an der Newa Holz fällen, an den Wasserfällen der
Wolchow sofortige Überfahrt fordern, gaben nur gesetzlich vorgeschriebene Fracht-
löhne, sicherten Eigenthum und Zahlung u. s. w.
An der Spitze der Niederlassung standen zwei Vorsteher der Kaufmannschaft; der eine Aldermann (Aldermann des Hofes) war Richter, Vorsteher und
Vertreter des ganzen Hofes, der andere leitete die Verwaltung und beaufsichtigte
die Kostbarkeiten und Documente und hieß Aldermann des Sanct Peter. Jeder
wählte sich Gehülfen, welche die Wahl annehmen mußten. Die ankommenden
Gäste theilten sich in Sommerfahrer, Winterfahrer und Landfahrer. Jene kamen
zeitig und kehrten im Herbst in ihre Heimath zurück, diese kamen im Herbst
und segelten im Frühjahr heim, die Landfahrer aber erschienen mit ihren Land-
frachten von Livland oder Preußen den Sommer über. Jede Gruppe hatte ihren
besondern Aldermann. Der Hof bot nur enge Schlafzimmer für die Kauf-
herren; denn Knappen, Gesellen und Kinder wohnten besonders und hatten ihre
eigene Eßstube. Nach dem Geschäfte versammelten sich die Kaufleute im Unter-
haltungs- und Speisesaal, der „großen Stube", die Jüngern in der „Kinderstube."
Besondere Wächter und große Hunde bewachten Tag und Nacht den Hof; auch
die Kirche, die zugleich als Waarenniederlage diente, erhielt des Nachts ihre
Wächter, und alle Lebensbedürfnisse so wie Wirthschaftsgeräth lieferte der Hof

gegen Entschädigung, denn mit den Stadtbewohnern sollte möglichst geringer Verkehr unterhalten werden. Die ankommenden Flotten luden ihre Waaren an der Newamündung auf Lichterschiffe, nachdem die Aldermänner gewählt und die Waarensteuer entrichtet waren. Von da ab haftete die Republik für den Weitertransport und vergütete die Unkosten. Bei der Ankunft im Hofe erhielten die Angekommenen die nöthigen Räumlichkeiten angewiesen, die anderen Bewohner aber rüsteten sich zur Heimreise, da Niemand länger als ein Jahr im Hofe verweilen durfte. Jeder ankommenden Gesellschaft las man die Skra vor, welche über das ganze Verhalten im Hofe Verordnungen enthielt, die auch für das Filial zu Pleskow oder Pskow galten, und der gemäß jede gebrachte und gekaufte Waare einer sorgfältigen Schau unterzogen blieb. Nur gewisse Gegenstände (Garn, Handschuhe, Linnen, grobes Tuch, Nadeln, Leder u. s. w.) durften die Jungen im Kleinen verhandeln. Die meisten Verordnungen bezweckten Sicherheit vor Betrug und Gewaltthat der Russen, und das Ganze war so eingerichtet, daß man den Verkehr ohne großen Schaden schnell abbrechen konnte. Alles war unbehaglich, streng klösterlich abgeschieden.

Ganz anders standen die Verhältnisse in Kauen (Kowno) in Litthauen, wo die preußischen Städte, besonders Danzig, den Alleinhandel trieben und durch die litthauischen Fürsten geschützt wurden. Man brachte Salz und tauschte dafür Holz ein, kaufte aber auch Asche, Theer, Honig, Wachs, Getreide, Flachs u. s. w. Besonders im 15. und 16. Jahrhunderte stand dieser Handel in Blüthe, da große Schiffe bis zu den Wasserfällen der Memelstadt gelangten. Die deutsche Gemeinde erhielt magdeburger Stadtrecht, wohnte in besonderen, neben einander liegenden Häusern oder bei Bürgern zur Miethe, und so betrieb der entfernte Kaufmann sein Geschäft in Kauen durch einen Faktor oder Lieger, auch durfte man auf Kredit kaufen und verkaufen. Doch sollten Gäste nur Großhandel, Bürger Kleinhandel treiben.

§. 48. Die Faktoreien auf Schonen und in Bergen.

Auch in Schonen hatten sich in alten Zeiten Deutsche festgesetzt, welche besonders in Gesellschaften Fischfang mit Harpunen, Netzen und Angeln trieben, die Fische trockneten, salzten und ausführten. Bis zum 12. Jahrhunderte hielt sich der Häring an den Küsten Pommerns und Rügens auf, doch im 13. Jahrhunderte wandte er sich nach Schonen, wohin Dänen, Schotten, Engländer, Franzosen und Deutsche kamen, und den Fisch bis an Norwegens Küste hinauf verfolgten. Die Hansa trachtete daher danach, diesen Fischfang in ihre alleinige Gewalt zu bekommen, was ihr auch gelang, so daß sie auf Schonen ihre Niederlassungen demgemäß einrichtete. Auf Schonen war der Fischfang die Hauptsache, deshalb errichtete man die Faktorei auf der unbebauten Uferstrecke vom Schloß Skanoe bis zum Schloß Falsterbo. Diese Strecke schloß man durch Gräben und Bäche ein, theilte sie durch andere Gräben in eine Menge von

Theilen, von denen jede betheiligte Stadt ihren besonderen Platz erhielt, auf welchem das Fischhaus (Bitte) stand, woher das Ganze den Namen „hansisches Vittenlager" bekam. Jede Bitte hatte ihren Vogt, welchem der Gerichtsbann gehörte, wogegen das Ganze unter der Aufsicht des lübischen Bogtes stand, der dem Rath von Lübeck untergeben war. Im Juli und August erschienen die Fischerflotten an dem bis dahin nur von Wächtern und Hunden bewachten Strande, warfen der Reihe nach Anker, errichteten Buden und Marktplätze, Fracht-wagen kamen heran mit Wein und Bier; Tuch, Seidenstoffe, Gewürze, Pelze wurden drei Monate hindurch verkauft, Wechsler schlugen ihre Buden auf, Fische wurden Tag und Nacht gefangen auf runden Barken (Schuyten), in steinernen Rauchhäusern bereitet, gesalzen und verpackt, von den Wrackern geprüft und ge-siegelt, Handwerker aller Art schafften das nothwendige Geräth und Lebens-mittel, worauf der Strand nach Beendigung der Fischerei verödete.

Die eigenthümlichste Faktorei besaß die Hansa zu Bergen, wohin schon im 11. Jahrhunderte deutsche Kaufleute gingen, aber mit Schotten, Engländern und Norwegern einige Jahrhunderte um den Alleinhandel mit wechselndem Erfolg kämpften, bis sie endlich den Alleinbesitz behaupteten, so daß diese Kolonie bis ins 16. Jahrhundert blühte. Man kaufte allerlei Pelze, Fische, Butter, Wald-erzeugnisse gegen Getreide und Lebensmittel, Wein, Tuch und Metallwaaren, und deutsche Rheder aus Brügge brachten orientalische und südeuropäische Er-zeugnisse nach Norwegen über Bergen. Die Ansiedler wurden Besitzer der Stadt an der Brücke, d. h. am Hafendamme, an welchem die Schiffe landeten, die Norweger zogen sich in den Stadttheil des Uiberstrandes zurück, und zwischen ihnen und der Brücke lag der Stadttheil der deutschen Handwerker, jede Zunft in einer besonderen Gasse, von denen die Schustergasse die größte war. Sie theilten sich in fünf Aemter, befreiten sich vom Zoll an die Könige, stellten sich unter die Hansa und verübten viel Unfug und Gewaltthat, erschlugen und ver-brannten königliche Beamte und Kirchen und gingen ziemlich straflos aus.

Die Kaufmannsstadt bestand aus 21 Höfen, die zwei Gemeinden bildeten. Alle Höfe waren durch Mauern von einander geschieden, hatten ihre besonderen Na-men und bestanden aus einem Hauptgebäude nebst vielen hölzernen Nebengebäuden. Das unterste Stock dieser langgestreckten Häuser enthielt die Ausstellungsbuden und Waarengewölbe, im zweiten Stockwerke befanden sich die Stuben und Schlaf-kammern der Hausbewohner, die Feuerstätte mit der Küche und der kleine Schütting, der einzelnen Familien als Eß- und Wohnzimmer diente. Im hin-teren Theil des Hofes erhob sich ein steinernes Haus mit Kellern, Gewölben un dem großen Schütting, in welchem sich im Winter die ganze Hofbevölkerung versammelte. Dahinter lag der Küchengarten. In jedem Hofe wohnten 15—20 Familien, die aus einer Stadt stammten. Als Leiter stand dem Hofe der Haus-wirth (Husbonde) vor als Aufseher, dagegen hatte der Aldermann die Ober-leitung über Geschäfte und Haus und hielt Versammlungen. Im Schütting hatte jede Familie ihren Feuerherd, doch fehlten Fenster, statt deren durch eine

Fallklappe in der Decke Licht hereinkam und Rauch hinauszog; des Nachts schlief jede Familie in einem besonderen Schlafgemach. Die ganze Niederlassung zählte etwa 3000 Bewohner, die alle männlichen Geschlechts seyn mußten.

Die Hausordnung war sehr streng, harte Prügelstrafen erlaubt gegen Jungen, von Abend bis Morgen der Hof geschlossen, von Hunden und Wächtern bewacht, und jeder Bewohner mußte 10 Jahre im Orte bleiben, denn die hansischen Kaufleute betrachteten den Aufenthalt in Bergen als die beste Bildungsschule des Kaufmanns. Fremde Kaufleute kamen mit den Bergenfahrern, mietheten sich einen Hof und betrieben ihr Geschäft. Denn Bergen hatte sich zum Stapelplatz für Norwegen erhoben und besorgte selbst den Handel nach den Shetlandinseln, Island u. f. w., weshalb man strenge Waarenschau vornahm und die Handelsgesetze streng ausführte.

Das einförmige Leben in Comtor und Hof unterbrachen von Zeit zu Zeit Spiele, bei denen sich viel Humor entwickelte, die aber alle auf Mißhandlung und blutiges Ruthenschlagen der Lehrlinge hinausliefen. Dahin gehörte das Rauchspiel, zu dem man bei den Handwerkern feierlich allerlei Abfälle holte, Maskeraden aufführte, auf dem großen Schütting die Abfälle anzündete, die Lehrlinge in den Rauch hing, ihnen allerlei Fragen vorlegte und sie nach dem Herunternehmen mit Wasser begoß. Beim Wasserspiel zu Pfingsten wurden sie oft und lange ins Meer getaucht, beim Staupenspiel, dem Umzüge und Maskeraden vorangingen, führte man ein Schauspiel auf im „Paradies" auf dem Schütting und prügelte die Lehrlinge erbärmlich durch, um ihre Standhaftigkeit zu prüfen. Der Aldermann forderte vorher zur Ausdauer aus, Trommeln und Trompeten übertäubten das Geschrei der blutig gegeißelten Lehrlinge, die am andern Tage zur Stärkung ins Meer getaucht wurden. Schmausereien, Maienbüsche, Narren mit der Schellenkappe, die Jeden schlagen durften, fehlten bei diesem Hauptfeste nicht.

§. 49. Die Höfe zu London und Brügge.

Der Handel mit und in England war bis zum 14. und 15. Jahrh. in den Händen flandrischer und niederdeutscher Kaufleute. Denn die vielen inneren und äußeren Kriege hemmten Industrie und Handel in England, welches Ackerbau, besonders Schafzucht betrieb. Daher erhielten die fremden Kaufleute ausgedehnte Privilegien, und wenn auch einige Könige diese Privilegien zu beschränken suchten, so mußten sie doch jedesmal nachgeben, bis es ihnen gelang, flandrische Tuchweber ins Land zu bringen, dadurch Industrie zu wecken, worauf die Erweiterung der Seemacht folgte, so daß man nun der Fremden entbehren konnte.

Die deutsche Faktorei hieß Stahlhof, lag an der Themse in der Nähe der London bridge, der Börse und der Kathedrale. Im 14. und 15. Jahrh. ward er in großartigem Style aufgebaut, indem man den Grund durch Ankauf erweiterte und gleich dem Artushof in Danzig, der Numeney zu Soest das Gebäude aufführte. Starke Ringmauern umgaben ihn, eisenbeschlagene Pforten schützten ihn und über die Mauern erhoben sich die Stockwerke mit gothischem Zierrath, hoch über dem Dache breitete der Reichsadler seine Flügel aus. Im Innern fehlte der große Versammlungs- und Festsaal nicht, und über den Kaminen und zierreichen Gesimsen standen in dichter Reihe die silbernen und zinnernen Geschirre mit sinnreichen Emblemen, hingen zwei Gemälde Holbeins, den Triumph des Reichthums und der Armuth darstellend. Auf der einen Seite der Halle erhob sich ein Thurm, die Threse oder Schatzkammer, in welchem man die Pergamenturkunden und Kleinodien aufbewahrte, auf der andern Seite befand sich die Küche, zwischen der Mauer und Halle auf der Westseite der Obstgarten und Platz zum Ballschlagen. Bis zum Fluß hin dehnten sich in langer Reihe die Speicher, Verkaufsbuden und Geschäftslokale aus, denn hier besaß jede Hansastadt ihr besonderes Komtor, und am Flusse selbst waren die Werften mit ihren Krahnen. Hierher sandten die Ostseeländer Häringe, die beliebten Störe, die viel verbrauchten Stockfische, Holz, Hanf, Talg, Wachs und Pelzwerk; hierher brachte man Jagdfalken aus Island und Norwegen, vom Rhein den Wein, aus Flandern Tuch und Leinwand, aus Spanien Südfrüchte u. s. w., denn die Deutschen verkauften von hier aus orientalische und südeuropäische Waaren nach Hamburg, Lübeck, Bergen und Riga, als englische Rohprodukte Wolle, Rindhäute, Korn, Bier, Käse u. s. w. An der Nordseite des Stahlhofes endlich befand sich die Weinstube, wo auch Kaviar, Lachs und geräucherte Ochsenzungen gereicht wurden, und wo die vornehmen Engländer gern einkehrten zu einem frischen Trunk. In die Heiligenkapelle ließen sich die Deutschen einpfarren, so daß in den bunten Fenstern noch der Reichsadler und an den Stühlen kunstvolles Schnitzwerk zu sehen war.

Die übrigen Einrichtungen im Stahlhofe waren wie in allen Faktoreien. Ein Aldermann leitete das Ganze, Versammlungen beriethen die wichtigen Angelegenheiten, die Zucht war klösterlich, weibliche Bewohner wurden nicht geduldet, der Hof des Nachts geschlossen, Schimpfen, Trinken und Würfelspiel hart bestraft; jeder Meister mußte seine Waffen im guten Stande erhalten, dem Bischof mußte man in Nothfällen beistehen, dem Bürgermeister der Stadt (Lordmayor) Geschenke bringen (Kaviar, Häringe, Wachs), Rechtsanwalte besolden, sämmtliche Staatsbeamten, Postdiener u. s. w. beschenken. Der Engländer hielt aber auch die Oesterlinge, wie die Hanseaten hießen, für seine Mitbürger und lud sie zu allen großen Staatsfesten ein, wie denn auch Staatsbeamte nicht bei den Festen der Gäste fehlten.

Im Jahre 1666 brannte der Stahlhof ab, den man zwar wieder aufbaute, aber die guten Zeiten waren vorüber, englische Kaufleute mietheten sich ein und 1853 ward der Stahlhof für 72.500 Pfd. St. verkauft.

Am ungünstigsten waren die Faktoreien in Venedig und Brügge gestellt. Dort standen sie unter Aufsicht der Signorien, von hier mußten sie nach Antwerpen verlegt werden, da man die Deutschen in Brügge zu sehr benachtheiligte. Brügge war den Deutschen überlegen, im Handel vielseitiger entwickelt, in der Industrie voraus und stand in Verkehr mit Italien, Spanien und England. Brügge entwickelte sich zum Freimarkt des damaligen Europas, konnte daher den Fremden nur Gleichstellung mit den eigenen Bürgern gestatten. Besondere Höfe besaß der „Verein der gemeinen Kaufleute des römischen Reichs von Alemannien" in Brügge nicht, sondern wohnte zur Miethe, hatte aber seine Vorsteher, Handelsordnung, Vereinsrecht u. s. w. Im Refectorium der Karmeliter befand sich der Versammlungssaal, wo Kaufanträge vom Stuhlschreiber aufgezeichnet und hernach Wein (Weinkauf) zur Bekräftigung getrunken ward. Wegen der Stadtwage erhoben sich oft Streitigkeiten.

Die Komtore im Binnenlande besaßen nicht diese strenge Ordnung wie die ausländischen, doch entwickelte sich hier auch der Gesellschaftshandel, um im Großen einzukaufen, besonders gegen Ende unserer Periode in Wien, in Augsburg die Fugger und Welser, in Ulm die Rulands, in Nürnberg die Ebner und Mendel, da man in Venedig, Genua, Ungarn und am Rhein großartige Spekulationen unternahm.

§. 50. Der Binnen-Großhandel Süddeutschlands.

Die Begebenheiten der Geschichte des Mittelalters wirkten förderlich für den deutschen Handel. Die Ausdehnung des Reiches über einen Theil von Frankreich, den Niederlanden, Italien und über die slavischen Länder an der Oder, Weichsel und Niemen gaben Anlaß zu Niederlassungen und boten dem Kaufmanne Schutz, Anknüpfungspunkte und Verbindungen. Die Kreuzzüge machten die Donau zur Verkehrsstraße, die deutschen Ansiedelungen in Ungarn und Siebenbürgen gaben vielfache Beziehungen zu diesen Ländern, und da Spanien mit den Mauren kriegte, England und Frankreich jahrhundertelang gegenseitig Krieg führten, so konnte dort der Handel sich nicht kräftig entwickeln, wogegen die Reichseinheit Deutschlands wenigstens den Verkehr sicherte und die Städte als geldreiche Gemeinden für Kaiser und Fürsten hohen Werth erhielten.

So lange die Donau Hauptstraße blieb, standen Regensburg und Wien als Stapelplätze obenan, als aber die Verhältnisse in den Donauländern und am schwarzen Meer den levantischen Handel störten, als russische Waaren über Nowgorod und Lübek in den Handel kamen, begannen die Alpenstraßen nach Genua und Venedig an Wichtigkeit zu gewinnen, so daß Augsburg und Nürnberg, die zugleich Industriestädte wurden, das Übergewicht erhielten. Am Rhein vermittelte Basel mit Italien und Frankreich, Mainz mit Mitteldeutschland, Köln mit Flandern und England, Brügge aber zwischen Nord-, Ostsee und Mittelmeer. Es rücken die Welthandelsstädte also stets nach Westen vor: Babylon, Thyrus, Athen, Alexandrien, Konstantinopel, Venedig, Genua, Brügge,

Lissabon, London, Boston. Die nördlichen Staaten werden Industriestaaten, da sie wenig eigenthümliche Produkte erzeugen, die übrigen Erdtheile liefern Rohwaaren, und daher findet man die Welthandelsplätze jetzt am zahlreichsten im Norden: London, Amsterdam, Hamburg, Petersburg, Boston, New-York. Im Oriente treten an die Stelle der Phönizier jetzt die Araber als Vermittler des ostindisch-asiatischen Handels (Kalkutta, Dschidda, Aden, Alexandrien, Damiette, Kairo, Byblus, Berytus, Antiöchien, Tarsus, Jerusalem Stapelplätze), mit Europa vermitteln Venedig, Genua, Livorno (Konstantinopel, Trapezunt, Sinope, Sebastopol, Kaffa), im Norden verbreitet die Hansa die außereuropäischen Waaren, die sie über Nowgorod, London und Brügge bezieht.

Übersehen wir im Einzelnen die wichtigen Stapelplätze.

Der Donauhandel ist uralt; man kann ihn bis in die Zeiten Theodorichs verfolgen, und 1140 besaßen deutsche Kaufleute in Konstantinopel bereits eine Kirche, d. h. Faktorei. Hauptplätze für diesen Handel waren Regensburg und Wien, in früheren Zeiten auch Lorch, Ens, Haimburg, Salzburg, Passau und Amberg. Es kamen die Donau herauf griechisch-orientalische und ungarische Produkte (Schlachtvieh, Wolle, Häute, Pelze, Wachs, Hopfen, Getreide, Kupfer, Zinn), hinab gingen Tuch, Leinwand, Leder, Waffen, Geschirr, Glas, Mühlsteine, Bier und Meth.

Die wichtigste Donau- und Handelsstadt war Regensburg, denn hier residirten die Karolinger, sammelte sich eine zahlreiche Bevölkerung, entwickelte sich die Industrie frühzeitig, fand sich Kapital und Verbindungen. Bis Ende des 12. Jahrh. vermittelte Regensburg zwischen Donau und Rhein, zwischen Polen, Rußland, Ostsee und Italien. Eine ähnliche Straßenkreuzung ging indeß auch über Wien und hatte im Verkehr zwischen Ostsee und adriatischem Meer den Vortheil besserer Lage. Regensburg versandte nach Straßburg, die Tauber hinab nach Frankfurt a. M., Coblenz und Köln. Um das hemmende Stapelrecht Wiens zu umgehen, legten Regensburger in Wien Handelshäuser an und nahmen Theil am Handel nach Ungarn, den Wien allein betreiben durfte, doch brachten auch Kölner ihr Tuch nach Ungarn. Damals hielt man in Regensburg, Wien und Ens Weltmärkte, da Donau-Rhein Hauptstraße für Mitteleuropa war, denn auch Prag versorgte sich von Wien oder Regensburg aus mit Waaren. Regensburg erwarb durch Waffengewalt oder Verträge in allen Donauländern und im Rheingebiete Vorrechte, auch in Böhmen, Österreich, Kärnthen, Tirol; doch im 14. und 15. Jahrh. wird es überflügelt von Wien und Augsburg, seit Venedig Ausgangspunkt des orientalischen Handels wurde, die Donau in die Gewalt roher Völker kam.

Eine große Straße des Binnenhandels zog sich über Wien und Danzig nach Venedig. Als Hauptruhepunkt dieses Waarenzuges diente Trentschin im Waagthale, denn hier endete die preußische Straße, welche über Oberschlesien und Jablunka kam und Bernstein für den Donauhandel lieferte, den man später über Brügge und Antwerpen versandte. Über Trentschin führte aber auch die polnische Straße, welche Krakau mit Wien verband, und die russische, welche von Kiew über Lemberg nach Wien ging. Denn Kiew war ein uralter Handelsplatz, der 8 Marktplätze und 400 Kirchen hatte. Regensburger Handelshäuser kauften hier besonders Pelze, die Wiener dagegen vermittelten den Produktenaustausch der Alpenbewohner, besonders aber versandten sie italienische und ungarische Weine, frische und eingemachte Früchte, Waffen, Pferde, Salz und Webereien. Denn von Wien ging der Handelsweg über Graz, Leoben, Judenburg, Freisach nach Aquileja und seinen Saffranmärkten, später aber über Laibach nach Venedig, wohin Wien ungarische Waaren brachte.

Aus Baiern führte eine Straße über Füssen, Innsbruck, Brixen, Botzen, Trient und Verona in die Lombardei. Nach Mailand gab es durch die Schweiz zwei Wege, von denen der eine am Lago maggiore, der andere am Lago di Como den Ausgangspunkt hatte. Von Locarno am Lago maggiore ging es über den Gotthardt in die Schweiz, über die Teufelsbrücke, an der Reuß hinab nach Altorf und Luzern, durch's Aargau nach Windisch. Vom Comersee ging der Weg von Riva nach Chiavenna, über den Septimer nach Chur und von da entweder über Wallenstadt nach Zürich, Windisch und Basel, oder den Rhein hinab nach Lindau. Eine nordöstliche Seitenstraße ging am Septimer ab das Engaddin entlang über Glurns, Meran nach Botzen, wo zwei große Märkte gehalten wurden. Auf diesem Wege kamen seit Ende des 13. Jahrh. alle Gewürze nach Deutschland.

An dem ungarisch-orientalischen Handel betheiligten sich aber auch Prag und Breslau, die in Preßburg und Ofen ihre Stapelplätze errichteten, da für Breslau die Donau und March bis Olmütz und dann die Oder zum Transport sich eigneten. Über Ungarn bezog Breslau namentlich Pfeffer und Alaun aus Kleinasien, Saffran, Feigen, Reis, Rosinen und Mandeln, verkaufte dagegen Tuch nach Ungarn, Siebenbürgen, die Walachei und soll sich sogar im 13. Jahrhunderte bis zur Tartarei und Bucharei gewagt haben. Breslau gewann den Zwischenhandel zwischen Südost- und Nordeuropa, zwischen Danzig und Venedig, Rußland, Preußen und dem Rhein, und vertrieb schlesisches Tuch und Leinwand. Daher stand es in Verbindung mit Posen, Kalisch, Krakau, Lemberg, Venedig, Prag, Frankfurt a. M.

Wenn Prag erst durch die Bemühungen Karls IV. ein wichtiger Handelsplatz ward, so hatte Wien lange (bis ins 16. Jahrh.) und heftig zu kämpfen gegen die Concurrenz der Städte an der obern Donau, ehe es sich den Großhandel nach Ungarn sicherte. Denn Wien suchte sein Stapelrecht streng aufrecht zu halten, so daß fremde Kaufleute ihre Waare nicht weiter verführen, daß sie nur 6 Wochen in der Stadt verweilen, keine stehenden Gewölbe halten und nur mit Wienern handeln durften. Da Wien von seinen Herzögen kräftig unterstützt wurde, so setzte es seinen Willen durch, wenn auch unter manchen Wechseln und Abänderungen, da Maximilian den Gästen Großhandel erlaubte, diese aber an Industrie den Wienern weit überlegen waren. Dagegen zog Wien den Salz- und Metallhandel Österreichs an sich, obschon auch Nürnberg und Venedig mit steirischen Eisenwaaren Handel trieben.

Im 14. Jahrh. erhielt Wien neue Verbindungen für den Donauhandel, da die deutschen Städte Siebenbürgens zu Handelsplätzen wurden, Hermannstadt und Kronstadt nach Wien, Venedig, Prag, Polen, Smyrna, Arabien und Egypten handelten mit Landesprodukten und Fabrikaten, wozu Alt und Marosch bequeme Wege zur Donau gaben. Ofen war für Ungarn Stapelplatz; aber Siebenbürgen verkehrte auch direkt mit Deutschland, und Klausenburg, Schäßburg und Bistritz erhoben sich zu Stapelplätzen.

§. 51. Handelsplätze in Westdeutschland und Frankreich.

An der obern Donau bilden sich zwei Gruppen von Handelsplätzen; die eine lag an den Ausgängen der Alpenstraßen, die sich in Basel vereinigten und Luzern, Zürich, Bern, Solothurn, Konstanz, Lindau, Überlingen u. Ravensburg berührten, indem sie zwischen Italien und dem Rhein vermittelten. Die andere Gruppe verband Italien und Ostfrankreich mit Mittel- und Norddeutschland und umfaßte Augsburg, Ulm, Memmingen, Kempten und Nürnberg. Dieser Verkehr entstand seit dem 11. Jahrh. mit den Römerzügen und muß lebhaft gewesen sein, da schon 1123 die Kölner Mark in Venedig Gültigkeit hatte, 1242 der deutsche Pelzhandel in Venedig gesetzlich geregelt und 1268 das deutsche Kauf- und Lagerhaus errichtet ward. Dieses dreistöckige Gebäude lag an der Rialtobrücke, war von zwei Kanälen und zwei Gassen begrenzt, hatte an jedem Stockwerk innere Gallerien und einen großen Hof. In den Ladengewölben boten zuerst Tuchhändler ihre Waaren aus, und als das Haus 1505 niederbrannte, baute es die Stadt wieder auf. Man kaufte hier Pelz, Leder, Tuch, Leinwand. Wein, edle Metalle, Salz, Glaswaaren, Gewürze u. s. w. Aber mit der Zeit errichteten oberdeutsche Kaufleute auch in den andern Städten Italiens Niederlagen.

Vom Bodensee aus, wo die italienisch-schweizerischen Straßen mündeten, führte ein Weg über Lindau, Kempten und Memmingen nach Augsburg, der andere über Ravensburg nach Ulm, der dritte nach Freiburg im Breisgau, ein vierter von Konstanz nach Basel und Straßburg oder über Bern und Genf nach Lyon. Hauptplatz am Bodensee war Konstanz, welches bis Italien, Südfrankreich, Flandern und Nürnberg handelte und Sammelplatz großartiger Leinwandindustrie war, aus Frankreich Seide, von Straßburg Wolle einführte, auch das Linnenpapier Ravenburgs in den Handel brachte.

Damals standen die französischen Stapelplätze Troyes, Genf, Lyon und Beaucaire in lebhaftem Verkehr mit den Rhein- und Donaustädten. Schon c. 450 hatte Troyes große Messen für niederländisches Tuch, deutsche Pferde, spanischen Korduan und italienische Waaren. Doch als Venetianer und Genueser zu See nach Brügge und Antwerpen gingen, dorthin Engländer und

Hanseaten kamen, verlor Troyes seine Bedeutung. Dagegen gewann die Rhone, wo Italiener bereits in Montpellier und Nismes Niederlassungen besaßen. Denn von der Rhone aus gingen Handelsstraßen aus Waadland über Besançon, Mömpelgard nach Basel, so daß Beaucaire neben Nismes Hauptstapelplatz wurde. Aber auch die alte Handelsstadt Lyon erhielt Bedeutung, da man von hier nach Genf ging.

Neben diese Handels- und Speditionsplätze stellen sich zwei Industriestädte, welche auf ihre vielseitige Gewerbe- und Kunstindustrie einen großartigen Handel gründeten. Dies waren Augsburg und Nürnberg, deren Metall-, Holz- und Steinmetzarbeiten unübertroffen blieben. Um Rohwaaren zu beziehen und die Fabrikate zu vertreiben, entwickelten beide Städte weitausgedehnte Verbindungen, und Augsburg erhob sich zum Geldmarkt, Nürnberg zur ersten Kunst- und Erfindungsstadt der damaligen Zeit. Durch ihre beliebten Arbeiten erwarben sie sich überall Freunde und Zollbegünstigungen. Besonders verbreitet waren die Briefe, welche auch Ulm verfertigte. Es waren dies ausgemalte Holzschnitte, die man auf Blätter in Briefform druckte, und welche Heilige darstellten, aber dazu kamen bald die Spielkarten, ein Kriegsspiel. Anfangs hießen diese Bilder Lettreues, dann aber trennten sich die Briefmaler von den Kartenmalern. Den Gewürz- und Spezereihandel (trockene Sachen, trockenes Gut) übernahmen jene Städte erst seit dem Anfange des 14. Jahrh., den sie bald ganz an sich brachten. Ihre Handelswege gingen durch Südbaiern, von wo sie Salz und Lebensmittel brachten, in Aquileja kauften sie Saffran, in Genua Weihrauch, in Venedig Seide u. s. w. Über die Schweiz handelten sie bis Lyon, über Worms und Straßburg bis Metz und Verdun, über Heilbronn und Würzburg nach Frankfurt, Köln und Flandern, von wo man Wolle und Tuch bezog, auch Schlachtvieh, englisches Zinn, niederländisches Leder, nordische Pelze, Seefische, Holz, Pech, Oel, Stahl und dagegen Leinen- und Baumwollengarn, Geschmeide, Kunstsachen u. s. w. verkaufte. Metalle bezog man aus Böhmen und Österreich, Edelsteine von Schlesien und Böhmen, Farbstoffe aus Italien.

Nach Norden führten die Straßen über Lemberg, Erfurt und Braunschweig nach den Nord- und Ostseehäfen, eine andere Straße über Hof nach Chemnitz, Freiberg, Zeiz nach Danzig, Görlitz, Glogau und Posen, andere Wege nach Österreich und Ungarn. Augsburg verdankt seine Gründung den Römern und zeichnete sich schon im 10. Jahrh. durch Kunstarbeiten, Bronzethüren, Glasmalerei, scharlachrothe Bildstickerei aus, betrieb namhaften Handel und führte im 14. Jahrh. großartige Bauten auf. Nürnberg ist jüngern Ursprunges, gewinnt aber sehr bald Macht und Ansehen und wetteifert mit Augsburg und Ulm in Weberei (Lodengasse), Färberei, Holzwaaren, Gerberei und Spielwaaren, Metallarbeiten, weshalb man in andern Ländern Bergbau betrieb.

Gegen Ende des Mittelalters erhob sich Frankfurt zu großer Bedeutung durch seine Messen und seinen Großhandel, Weinhandel und italienische Waaren.

Erfurt besaß neben dem Stapel Tuchweberei, Lohgerberei und Waid, Holz
Korn und Kohlen, Halle verkaufte Salz, trieb Flußschifffahrt und Speditions-
handel, erlag aber dem jüngern Leipzig, da Max I. dessen drei Messen bestätigte.
Die rheinischen Städte verkauften Wolle, Holz, Wein und wurden durch Spe-
dition reich. Obenan stand das ehrwürdige Köln, welches von Ungarn und
Italien bis England Handel trieb und Stapelrecht besaß.

§. 52. Die norddeutsche Hansa.

In Niederdeutschland konnte sich der Handel am freiesten entwickeln, da
die Aufmerksamkeit der Kaiser auf Italien gerichtet und keine fürstliche Macht
den Städten entzogen war. Am Rhein und an der Donau gab es eine Menge
großer und geistlicher Herrschaften, weltliche und geistliche Gebiete, Ritter-
schaften und Abteien, welche die Städte durch Zölle und Herrschergelüste belästigten, welche außerdem in die zahlreichen Reichskriege verwickelt wurden. Um
sich gegen die zahlreichen Feinde und deren Zölle zu schützen, schloßen einzelne
Städte Bündnisse, die man Hanse nannte, die aber nur auf einige Jahre bindend
zu sein pflegten. Auch nannte man die Bewohner der auswärtigen Faktoreien
Hanse, wie Köln schon frühzeitig in London eine solche besaß. Um die Rheinschifffahrt zu sichern, schloßen Köln, Mainz und Worms ein Bündniß (1246),
dem andere Städte beitraten, deren Zahl bis auf 90 anwuchs. Man stellte
Schiffe und Bewaffnete, Fürsten und Geistliche traten bei, aber großen Einfluß hatten diese Bündnisse nicht, zu denen auch der schwäbische gehörte, da
man sich nur auf Abwehr drohender Gefahren beschränkte.

Günstiger gestalteten sich die Verhältnisse für die niederdeutschen Städte,
welche sich zu einer großartigen Handelspolitik vereinigten. Sie verdankten
ihr Entstehen der Germanisirung der slavischen Ostseeländer und der Ausbreitung des Christenthums durch Ritterorden, welche aber, nachdem sie Besitz von
Livland und Preußen genommen hatten, sich des Handels lebhaft annahmen,
selbst Handel trieben und sich oft an die Hanseaten anschloßen. Da die Ost-
seeländer in Abhängigkeit vom deutschen Handel kamen, die Seestädte das
Meer von Seeräubern frei erhalten wollten, so schloßen 1242 Lübeck und
Hamburg auf einige Jahre einen Vertrag zu gegenseitigem Beistand. Diese
Verträge wiederholten sich, andere Städte traten bei und gegen Mitte des 14.
Jahrh. wird daraus ein festgeschlossener Bund von 70—90 Städten, an deren
Spitze Lübeck stand, und welcher jährlich eine Tagefahrt (Versammlung von
Abgeordneten) hielt, um über Handelsangelegenheiten und Politik zu berathen.
Diese Hansa reichte von Köln bis Königsberg, zu ihr gehörten die meisten
Städte Niederdeutschlands, und ihre Faktorien waren in Nowgorod (Neugart)
Schonen, Bergen, London, Brügge u. s. w. Man sicherte sich gleiche Theil-
nahme an Handelsprivilegien, gemeinsamen Schutz gegen Handelsbeschränkung-

gleiche Handelsgesetzgebung und Gebräuche zu, und beherrschte einige Jahrhunderte hindurch die Ost- und Nordsee.

Das junge Lübeck, von Heinrich dem Löwen und Grafen von Oldenburg gebaut, von Friedrich I. zur Reichsstadt erhoben, siegreich gegen die Dänen kämpfend, deren Herrschaft es sich entzog, besaß schon 1176 in London Handelsrechte, welche mit der Zeit vermehrt wurden. Auch Hamburg erhielt 1266 in England Handelsfreiheit und hatte in London seine Hansa wie Köln. Bald darauf einigten sich die deutschen Kaufleute in London, und seit 1282 die deutsche Hansa. Unter manchen Kämpfen gewinnt Lübeck Privilegien in Schonen, wo Waldemar den ersten Leuchtthurm errichtete, auf Rügen, in Riga, Nowgorod (1230), Gothland u. s. w. Durch den Stecknitzkanal trat es mit der Elbe und den umliegenden Gebieten, durch einen Landweg mit Hamburg in Verkehr, zu dessen Schutz es mit Hamburg (1226) den ersten Hansa-Bund schloß.

Lübeck führte als Vorort die Geschäfte der Hansa, berief die Abgeordneten zum Hansatag ein, brachte als „Abschied" die gefaßten Beschlüsse in Gesetzform, führte die Korrespondenz mit den Faktorien und auswärtigen Mächten, schickte Gesandte, befehligte die Bundesflotte, beaufsichtigte das Archiv und die Bundeskasse, unterfertigte mit dem Stadtsiegel. Der ganze Bund theilte sich in vier Quartiere, in den wendischen (Lübeck, Hamburg, Bremen, Stettin, Kiel, Wismar, Wisby, u. s. w.), in den westfälischen (Köln, Soest, Amsterdam, Dortrecht, Mastricht, Breda, Bielefeld, Münster u. s. w.), in den sächsischen (Braunschweig, Magdeburg, Halle, Erfurt, Breslau u. s. w.) und in den preußischen (Danzig, Elbing, Königsberg, Thorn, Riga, Dorpat, Reval u. s. w.)

Das Ziel des Bundes war Ausdehnung und Sicherheit des Handels wie auch Befreiung von Zöllen, Aufhebung des Strandrechtes und der Confiscation, Freiheit der Person und des Eigenthums im Auslande, freier Handel und freie Fahrt unter neutraler Flagge. Wo man mit Unterhandlungen und Zahlungen nichts ausrichten konnte, wandte man Zwangsmaßregeln an, indem man den Handel nach dem feindlichen Lande einstellte oder geradezu Krieg führte. Ganz Skandinavien kam in Abhängigkeit von der Hansa, und Kopenhagen ward wiederholt erobert und verbrannt. Doch seit 1470 entsteht ein Bruch mit den Niederländern, welche gleich den Engländern freien Zutritt zu den Ostseehäfen verlangen. Zwar mußten sie vor der Macht der Hansa weichen, dagegen sank deren Macht in Rußland und Preußen, seit die Ritterorden den Russen und Polen erlagen, Danzig eine selbstständige Stadt wurde, Iwan Wasiljewitsch aber Nowgorod und Pleskow eroberte, die hanseatischen Waaren confiscirte (1494). Im folgenden Jahrh. nahm Schweden am russischen Handel Theil, Engländer erhielten in Archangel Handelsfreiheit (1553) und während der Kriege zwischen Schweden und Rußland in Lievland, Esthland und Kurland hörte der hanseatische Handel ganz auf.

Auch in Schweden mußte die Hansa weichen, wo sie lange ein drückendes Übergewicht gehabt hatte, denn in Stockholm mußte die Hälfte des Magistrats aus Deutschen bestehn, und wiederholt besetzten Hanseaten den Thron, wobei sie stets neue Privilegien sich verschafften. Erst Gustav Wasa befreite Schweden (1523) von diesem lästigen Joche. Noch abhängiger war Norwegen, dessen Handel ganz in hansiatischen Händen sich befand, da man von hier wie von Schweden Metall, Pelze, Federdunen, Fische, Holz, Butter, Thran u. s. w. gegen Fabrikate, Kolonialwaaren, Obst, Getreide, Glas, Papier und Luxuswaaren umsetzte. Erst als Norwegen mit Dänemark vereinigt ward (1532), sank die Macht der Hansa in Norwegen, und im 17. Jahrh. war sie verschwunden. Die hartnäckigsten Kriege hat die Hansa mit Dänemark geführt, doch mit dem Falle des Lübecker Wullenweber (1534) unterlag die Hansa auch in Dänemark. In den Niederlanden machte die Hansa zwar große Geschäfte, übte aber keinen Einfluß aus und ward in die Streitigkeiten zwischen Brügge und Antwerpen verwickelt. Doch mußte Brügge jedesmal den Hanseaten nachgeben, denn sie hatten den Alleinhandel mit nordischen Artikeln, mit edlen Metallen aus Böhmen und Ungarn, mit Wein, wofür Brügge Woll- und Leinwandwaaren und orientalisch-italienische Erzeugnisse lieferte. Erst mit Karls des Kühnen Tode und mit dem Aufstande der flandrischen Städte sank Brügges Handel, Antwerpen trat an seine Stelle, bis dies den Holländern den Rang abtrat.

Auch der englische Handel gehörte zum Theil hanseatischen Häusern, da Volk und Könige den Hanseaten geneigt, England ein Ackerbaustaat war, und die Zölle den Königen eine reiche Einnahme sicherten. Erst Eduard III. trachtete darnach, die Rohprodukte auch im Lande verarbeiten zu lassen, doch hatte die Hansa so sehr das Übergewicht, daß sie durch Krieg und Verheerung die Könige zur Nachgiebigkeit zwang. Man führte Wolle, Tücher, Zinn, Leder u. s. w. aus, und brachte nordische und deutsche Waaren. Im J. 1598 wurde der Stahlhof geschlossen und alle Privilegien aufgehoben. In Frankreich machte die Hansa nur vorübergehende Versuche, Faktoreien in Bordeaux, Paris u. s. w. anzulegen. Mit Oberdeutschland blieb der Verkehr ein geringer.

Die Hansa beging den Fehler, daß sie Ackerbau und Gewerbe nicht förderte, daher nur Zwischenhandel trieb, ihn durch Monopole sichern mußte und keiner Konkurrenz begegnen konnte, dagegen vervollkommnete sie den Schiffbau, bildete die Handelsordnung aus, gebrauchte auch Wechsel und suchte ein Seerecht einzuführen. Ein Hansageld gab es nicht, auch keine Assekuranzen; man trieb meist Tauschgeschäft, hatte Scheidemünzen von Silber und wog sich Gold als Geld zu.

§. 53. Der flandrische Handel.

Die Niederungen der Rhein-, Maas-, und Scheldemündungen eignen sich besonders zur Viehzucht, regen aber auch zum Seehandel und Fischfang an, und da das Land mancher Produkte ganz entbehrt, aber zwischen produktenreichen Ländern liegt, so ist es zum Speditionshandel ganz besonders geeignet wegen seiner zahlreichen Wasserstraßen. Gent war unter Karl dem Gr. schon eine wichtige Stadt und in der Schelde rüstete er seine Flotte aus. Schon im Alterthum galten Friesen für tüchtige und verwegene Seeleute, Karl d. Gr. schenkte dem Kalifen in Bagdad friesisches Tuch, welches fortan ein stehender Artikel für den italienischen und levantischen Handel blieb. Es hatten sich aber in den Niederlanden viele Volksrechte erhalten, die Städte zuerst eigene Verwaltung und Freiheiten bekommen, so daß sich gewisse Industriezweige schnell entwickelten. und die Städte zur Wohlhabenheit gelangten. Dennoch blieb der Handel meist nur Zwischenhandel, da fremde Kaufleute Niederlagen anlegten und Waaren des Nordens, Südens und Ostens ausgetauscht wurden. Fremde holten selbst die Tuche und Leinwand Flanderns ab.

Die Wichtigkeit Flanderns liegt in seiner Woll- und Flachsweberei. Graf Balduin III. brachte 860 friesische Wollweber nach Gent, führte Messen und Märkte ein, und da ein flandrischer Graf Führer des Kreuzheeres war, so entwickelte sich das flandrische Seewesen sehr schnell, denn Friesen drangen wiederholt ins Nordpolarmeer vor, gründeten an den Seeplätzen der Ostsee Niederlassungen, erhoben Stavern zu einem reichen Handelsplatz, errichteten Schiffswerften auf den Inseln der Rhein-Scheldemündungen, ein flandrischer Balduin eroberte 1204 Konstantinopel und machte sich zum griechischen Kaiser, und die italienischen Seestaaten stellten einen besondern Handelsweg nach Flandern her. Im 14. Jahrh. erhob sich Flandern zum Weltmarkt, seit die Hansa, Venedig und Genua hier ihre Waaren austauschten. Gent besaß großartige Tuchfabrikation, Brügge Schifffahrt, da ein Kanal nach dem 6 Stunden entfernten Sluis führte, wo der Hafen lag, neben welchem Brügge den Handelshafen Damme anlegte. Die Stadt hatte damals 150.000 Einwohner, 16 Faktoreien häuften Waaren aus allen Ländern auf, die Börse beherrschte den Weltmarkt, Papiere auf Brügge galten überall, eine Börsenordnung, Usanzen und andere Bestimmungen wurden festgesetzt, Assekuranzen und Banken fingen an zu entstehen, Schulden konnten leicht eingezogen werden, die Zölle waren mäßig, die Freiheit der Fremden gesichert, doch Juden nicht geduldet. Da kamen aus Deutschland Stahl, Metall, Holz, Glas, Salz, Feld- und Walderzeugnisse aller Art, Spanien sandte Wein, Südfrüchte, Farbstoffe, Quecksilber, Wolle, Felle, England und Italien ihre Produkte, Frankreich Wein, Farbstoffe, Papier, ganz seine Tuche, Salz und Oel. Was die Welt an verkaufbaren Dingen besaß, kam nach Brügge auf den Markt.

Nicht minder großartig entwickelte sich die Wollweberei besonders in Gent, Lille, Ypern, Oudenarde u. s. w. In Gent bildeten die Tuchweber zuerst Innungen und hatten das Übergewicht im Stadtregiment, denn sie stellten 18.000 bewaffnete Mann, Brügge beschäftigte 50.000 Menschen mit Spinnen, Weben, Färben und Appretiren von Wollzeugen, Lille machte Scharlachtücher,

Arras Sarge und Tapeten, Gent Flanell, Brügge Plüsche und weißgemusterte Teppiche, Hardewyk hatte Blau-, Grün- und Scharlachfärber. Es erzeugte Flandern aber auch trefflichen Flachs, der mit dem westfälischen wetteiferte und eine lohnende Industrie hervorrief. Antwerpen verfertigte Leder, Lüttich Waffen, Brügge Harnische, Mecheln und Namur Eisengeschirr, andere Städte Bronze-arbeiten. Denn seit 1198 bearbeitete man die Eisenbergwerke und Stein-kohlengruben der Ardennen und bezog vom Ausland Zinn, Kupfer und Eisen. Da besaß Brügge denn auch 68 Gilden, seine Bürger lebten in Pracht und Luxus, daß Bürgerinnen für Königinnen gelten konnten.

Die brabanter Herzöge ahmten die flandrischen Grafen nach, und zogen flandrische Tuchweber in ihr Land, denn in Flandern gab es zwischen und in den Städten oft blutige Tumulte und Aufstände, Flandern mischte sich in die Kriege zwischen England und Frankreich, der Bierbrauer Artevelde machte Gent sogar auf einige Zeit zur Republik, die Gewerke kämpften mit einander, wes-halb viele fleißige Meister nach Holland und England auswanderten, von wo sie zur Zeit des spanischen Krieges nach Norddeutschland und England zogen. Doch erlebte Flandern seine Blüthenzeit unter den burgundischen Herzögen, welche nicht nur ihr Gebiet erweiterten, indem sie die ganzen Niederlande an sich brachten, sondern auch Handel und Gewerbe förderten. Als aber Karl der Kühne starb, die flandrischen Kommunen die Erbfolge seines Schwiegersohnes Max nicht dulden wollten, Brügge im offenen Aufstand ihn sogar gefangen hielt, erfolgte ein nachtheiliger Krieg mit dem deutschen Reich, der Handel stockte, der Hafen Brügges versandete, und Antwerpen erhob sich zum ersten Handelsplatz. Die Niederländer benützten aber die Wandelung der Verhältnisse, denen zu Folge auswärtige Kaufleute direkt mit niederländischen Häusern in Verbindung traten, Bestellungen machten oder zum Verkauf Waaren sandten. Antwerpen und Mecheln errichteten Freimessen, ließen Kommanditen errichten, so daß die Corporationen der Faktoreien überflüssig wurden, indem jeder Kaufmann auf eigne Hand und nach allgemeinen Vorschriften sein Geschäft treiben durfte.

Die Entdeckung Ostindiens und Amerikas führte neue Waaren auf den Markt Antwerpens: Baumwolle, Zucker, Reis, edle Metalle, die Industrie entwickelte sich in der Stadt den Verhältnissen angemessen, da man Alles in Großem fabricirte, au Markttagen kamen oft 500 Schiffe auf einmal, nicht selten lagen 2.000 im Hafen, wöchentlich kamen 12.000 Frachtwagen. Zoll und Accise gaben im Jahr nahe an 2 Mill. G. Ertrag, alle Seeplätze Euro-pas, selbst die Türkei besaß Comtors in Antwerpen, die Stadt selbst zählte 13.000 Häuser und 200.000 Einwohner, und war zugleich Sitz der Kunst und Wissenschaft.

Neben dem wallonischen Flandern erhob sich auch Holland zu einem See-staate, wo von alten Zeiten her Schifffahrt und Fischfang (Kabeljau und Häring) üblich waren und besonders Frachtschifffahrt nach England betrieben wurde. Als die Hansa sank, stieg die Seemacht Hollands, der Häringsfang wurde Regierungssache, d. h. er stand unter Aufsicht der Regierung, jährlich baute man 2.000 Schiffe und Boote, Kriegsgeschwader begleiteten die Fischerflotte, die jährlich 8 Mill. G. einbrachte, Viehzucht, Gemüsebau, Tuch und Leinwandweberei fanden fleißige Pflege, und Dortrecht ward Stapelplatz für diese und andere Waaren. Im 14. Jahrh. erlangten Harlem, Rotterdam, Amsterdam u. s. w. dieselben Rechte, und man konnte der Hansa nun schön entgegentreten. Als Holland an Burgund kam, Dänemark mit der Hansa in stetem Streite lag, gelang es den Holländern leicht, (1544) für den nordischen Handel die Rechte zu gewinnen, welche die Hansa seither besessen hatte.

§. 54. Die Schiffe, Waffen und Erfindungen des Mittelalters.

In Europa hatten sich im Mittelmeer und an der Ost- und Nordsee flottenreiche Seestaaten gebildet, so daß der Schiffbau in großem Maßstabe muß betrieben worden sein, da Wilhelm der Eroberer sein Heer von 60.000 Mann auf 3.000 Schiffen nach England übersetzte, ganze Kreuzheere von Italien nach Syrien und Egypten fuhren.

Wesentliche Änderungen· im Schiffsbau sind im Mittelalter nicht gemacht, da man sich der Ruderschiffe für den Krieg, der Segelschiffe zu Waarentransport bediente, in der Stellung der Maste, Segel und der Takelage manche Vortheile noch nicht kannte. Selbst als man die Galeeren (Kriegsschiffe) mit Kanonen bewaffnete, blieb der Bau des Fahrzeugs unverändert. Als Belisar von Konstantinopel nach Afrika segelte mit 10.000 Soldaten, 5.000 Reitern und 20.000 Matrosen, gebrauchte er 500 Transportschiffe und als Begleitung 92 leichte Brigantinen. Man hielt sich in der Nähe der Küste, und die Flotte folgte Belisars Schiff, welches am Tage rothe· Segel, Nachts Fackeln trug. Die Normannen und Niederdeutschen wagten sich auf flachen Fahrzeugen mit Wänden von Weidenflechtwerk und Häuten weit hinaus in die See, in die Flüsse und trugen im Nothfalle ihre Schiffchen von einem Fluß zum andern übers Land.

Die Kriegsschiffe der Italiener hießen Galeeren, die der Byzantiner Dromonen. Sie hatten zwei Ruderbänke mit je 50 Ruderern, ein hohes Hintertheil, wo Kapitän und Steuermann standen, an den Ruderpforten der oberen Ruderreihe Bogenschützen, an denen der unteren Reihe Pikeniere; Befehle gab der Admiral durch Flaggenzeichen. Als Kanonen gebraucht wurden, brachte man die Stückpforten an, die Decharges c. 1500 soll erfunden haben, und welche über den Bord des Schiffes hinausragten. Der Geschütze waren wenig, sie selbst klein, 4—18pfündig, doch baute Lübeck im 16. Jahrh. schon gewaltige Kriegsschiffe mit Vierzigpfündern, Stangen- und Kettenkugeln, Büchsenschützen, und die spanische Armada zählte 124 Kriegsschiffe mit 2.760 Kanonen, 7.800 Matrosen, 20.600 Soldaten und hatte einen Tonnengehalt von 59.100 T.

Wenn die Macht der Seestädte auf ihrer Flotte beruhte, so gründete sich die der Binnenstädte auf die festen Mauern, auf die wehrhafte Bürgerschaft, auf die zweckmäßigen Schußwaffen und Erfindungen. In den meisten Fällen hatte der Bürger nur seine Stadt zu vertheidigen oder er stand als Fußvolk dem berittenen Adel gegenüber. Bürger mußten sich also Waffen aneignen, die für sie paßten, da sie mit dem langen Spieß und Hellebarde nicht gut umzugehen wußten. Daher führten sie gern Keulen und Morgensterne, übten sich im Bogenschießen und machten die Armbrust mit dem Stahlbogen zur Lieblingswaffe, da der eiserne Bolzen durch den Eisenharnisch des Ritters drang. Griechen und Araber brauchten diese Waffe, von ihnen entlehnten sie die Italiener, obschon sie von Kaiser und Papst als unritterlich und unchristlich verboten wurde. In Deutschland fand die Armbrust auch Eingang, Schützengesellschaften entstanden, und die englischen Könige verdanken ihre Siege über den französischen Ritteradel vorzugsweise den Armbrustschützen. Armbrustmacher wurden gerngesehene Mitbürger.

Auch die Pulverwaffen eigneten sich die Städte bald an und verdanken ihnen ihr militärisches Übergewicht, Spanien schuldet ihm die leichte Eroberung Amerikas, Portugal die Bezwingung der feindlichen Parteien Indiens. Schon viele Jahrhunderte vor Christo kannten Chinesen Pulver und Kanonen oder Bambusflinten, von ihnen lernten Indier diese Waffe; Araber und Mongolen nahmen sie an, und durch diese wurde sie den Europäern bekannt, welche sie vervollkommneten und den Erfindern dadurch überlegen wurden. Bei Liegnitz hatten die Mongolen schon Kanonen und Steinkugeln, Spanier beschossen 1308 Gibraltar mit Kanonen, Italiener gebrauchten sie c. 1330, Engländer feuerten bei Crech 1346 mit Artillerie und 1378 beschossen sie mit 400 Kanonen Malo. Auch Frankreich besaß 1338 Kanonen und 1.383 tragbare Bombarden. Um dieselbe Zeit haben Nürnberg und der Herzog von Brandenburg Büchsen. Um diese Geschütze besser zu hantiren, machte man Handkanonen, die nur zwei Mann brauchten, daraus wurden Hand- oder Knallbüchsen, die auf einer Gabel ruhten und mit der Lunte abgebrannt wurden. Augsburg besaß 1381 schon 30 Büchsenschützen und die Bedienung der Artillerie (Arlelei, von arcus Bogen) gehörte der Zunft der Büchsenmeister an. Als man die Büchse mit einem Schloß versah, hieß sie Hakenbüchse (Hakenhahn), und die Schützen hießen Arkebusirer.

Die Kriegsführung und Wehrfähigkeit ward seitdem eine andere, das Ritterthum und die Reiterei verloren ihre Wichtigkeit, denn das bürgerliche Fußvolk gab die Entscheidung.

Auch das Baumwollenpapier kam aus China zu Arabern, Spaniern, nach Italien und Deutschland, wo 1390 Augsburg und Nürnberg bereits Linnenpapier verfertigten. Dadurch trat ein neuer Industriezweig ins Leben, welcher an Bedeutung gewann, als Johann von Guttenberg in Mainz 1440 die Buchdruckerkunst erfand und gleichzeitig der Kupferstich gelang. Nun erst konnten die Schulen besser werden.

Waſſer- oder Räderuhren kannte man in Griechenland ſchon c. 850, Thurmuhren ſeit 1150, die im 14. Jahrh. faſt in allen größeren Städten eingeführt wurden, und c. 1500 machte man in Nürnberg Taſchenuhren, Windbüchſen, Flintenſchlöſſer, Honigkuchen, Clarinetten, c. 1330 kennt man Schlaguhren.

Glasmalerei übte man in Tegernſee ſeit c. 1000 aus, ebenſo in Hildesheim, Tenys; ſpäter leiſten Ausgezeichnetes Ulm, Nürnberg. Venedig errichtet c. 1200 Glashütten, doch macht man nur Perlen, Schalen, Spiegel; 1470 hat Deutſchland die erſte Glasfabrik; 1456 lehrt Berquen in Brügge Diamanten ſchleifen, 1430 macht Regiomontanus in Nürnberg die erſten aſtronomiſchen Inſtrumente. Kirchenorgeln gab es ſeit c. 600, Orgeln c. 780.

Wichtige Jahrzahlen für die mittelalterliche Induſtrie-Geſchichte ſind:

450 Venedigs Lagunen von Bewohnern Aquilejas beſetzt.

696 Basra gegründet. Reis und Zuckerrohr kommen nach Egypten.

800 Bagdad Reſidenz. Aachen Karls Wohnſitz. Hamburg.

843 Meſſe zu Frankfurt am Main.

950 Magdeburg erhält Stapelrecht.

1140 Die erſten Dukaten in Apulien.

1150 Bank in Venedig und Waſſerrecht zu Wisby.

1190 Meſſe in Leipzig.

1204 Hanſa Kötus in London.

1230 Erſten Wechſelbriefe.

1250 Seerecht von Barcelona.

1252 Goldgulden in Florenz.

1350 Seeaſſecuranz in Liſſabon (Barcelona, Florenz).

1440 Leihhäuſer in Italien.

1450 Zuckerraffinerie in Venedig und Barcelona.

1484 Quarantaine in Venedig.

§. 55. Städtiſches Leben.

Mit dem Wachsthum der Macht, Bevölkerung und Wohlhabenheit wurden mancherlei Einrichtungen nothwendig, welche öffentliches Wohl und Sicherheit förderten; bald wurden die Städte Sitze der Künſte und Wiſſenſchaften. Steinmetzen, Maler, Künſtler aller Art fanden in ihnen Beſchäftigung, großartige Kirchen, Rathhäuſer und burgartige Bürgerhäuſer entſtanden, aber mit dem Reichthum zogen auch maßloſe Verſchwendung, Prunk, koſtſpielige Feſtgelage, Unzucht und Sittenloſigkeit ein, denen die Stadtbehörden vergeblich durch grauſame, ſchauerliche Strafen entgegen traten.

Man errichtete aus der Bürgerſchaft Polizeiwachen und Bürgerwehren, da Tumulte und blutige Raufereien nicht ſelten waren; ſorgte durch Abſperren der Straßen durch Ketten für nächtliche Ruhe, ſetzte den Schluß der Trinkſtuben auf eine beſtimmte Stunde, gebot Abends mit Laternen zu gehen, da

Straßenbeleuchtung erst im 16. Jahrh. Sitte ward, fing an gegen Ende des 15. Jahrh. die Straßen zu pflastern, verbot das Waffentragen, traf Vorkehrungen gegen Feuersgefahr, gründete Kranken- und Armenhäuser, legte Quarantainen und Badehäuser an, baute steinerne Brücken und Wasserleitungen, stellte Ärzte und Apotheker an, beaufsichtigte Bäcker und Fleischer, gab strenge Kleider- und Festordnungen, sorgte für Hebammen und Armenpflege. Aber schon 1171 beginnen die Anleihen der Kommunen, die sich mit der Zeit mehren und Steuer- erhöhungen nothwendig machen. Daneben fehlte es nicht an Lustbarkeiten, an Narrenspielen, Marionettentheatern, Aufzügen, Theatern (Mysterien), an Karten-, Würfel-, Schach- und Billardspiel, auch nützliche Unterhaltungen wurden geboten, Bänkelsänger und Märchenerzähler, Seiltänzer, Kunststück- macher, Affenkünstler ließen sich sehen. Handwerker nahmen sich allen Ernstes der Dichtkunst an, und ihre Meistersänger (Hans Sachs) machten handwerksmäßig nach üblichen Gesetzen gehaltlose Verse. In Paris gab es c. 1390 die erste Schauspielergesellschaft, aber Paris war auch bereits der Sammelplatz der Unzucht und Lüderlichkeit.

Unter solchen Verhältnissen konnte das Schulwesen nicht zurückbleiben. In Italien entstanden Hochschulen für Medicin und Rechtswissenschaft, aber da Bücher und Schreibmaterial selten waren, konnte nur wenig geleistet werden. Mit der Zeit errichtete man Stadtschulen, die lange unter Geistlichen standen, in denen Latein und Katechismus gelehrt wurden. Um aber die nothwendigen Kenntnisse fürs bürgerliche Leben sich zu erwerben, veränderte man die Stadt- schulen, wenn auch nur nach heftigem Widerstreben der Geistlichen, indem man weltliche Schulmeister anstellte, die auf einige Zeit engagirt wurden und sich Gesellen als Gehülfen hielten, oft aber sich mitsammt ihren Schülern auf der Wanderung von einem Ort zum andern befanden und vom Betteln lebten (fahrende Scholastiker oder Schüler). In diesen Schulen lehrte man Rechnen, Schreiben und Lesen, weshalb sie auch Schreib- oder Leseschulen hießen. In Florenz gab es deren in der Mitte des 14. Jahrhundertes schon so viele, daß die Schulmeister eine besondere Zunft bildeten; in an- deren Städten befreite man die Lehrer vom Wacht- und Kriegsdienst, und im 15. Jahrh. bringt man die Naturlehre schon in den Schulunterricht, da Vergerius einen „Naturspiegel" zu diesem Zwecke verfaßt hatte. In Wien hatte die Stadt schon im 13. Jahrh. solche Schulen, die Hanseaten um die- selbe Zeit, besonders Lübeck. Bei dem Mangel an Lehrbüchern und Schreib- material konnten die Schüler zwar nur geringe Fortschritte machen, aber es war doch der Anfang einer wichtigen Einrichtung gemacht, welche für Handel und Gewerbe von großem Nutzen ist.

Die Astronomie und Geographie fand gegen Ende unserer Periode auch Vertreter, Italiener (Marco Polo), Deutsche (Oderich von Portenau) und Fran- zosen (Johann von Mandeville) bereisten den Orient, von Arabern entlehnten Europäer die wissenschaftliche Behandlung der Geographie und den Compaß,

Guido von Chalons und Jakob v. Vetry verfertigten Weltcharten, Venetianer benützten arabische Karten und vervollständigten sie, Vizigani gab 1267 schon Häfen und Rheden auf der Karte an, Bianco machte einen Planiglob, der Nürnberger Martin Behaim 1492 einen Erdglobus, und die Portugiesen beschäftigten sich vorzugsweise mit Geographie und Astronomie als Hilswissenschaft der Schifffahrt.

§. 56. Schlußübersicht.

Der Handel des Mittelalters folgt seiner äußern Ausdehnung den Veränderungen der Staaten, die seine Erweiterung fördern oder hemmen, ihm neue Straßen öffnen oder alte sperren. Die Byzantiner übernahmen die Erbschaft Roms; ihre Hauptstadt ward Hauptstapelplatz, sie selbst aber verhalten sich theilnahmslos und hängen von Fremden ab. Die Araber, seit uralten Zeiten ein Handelsvolk, beschränken sich auf Landhandel, entwickeln aber zugleich eine vielseitige Industrie und ein reiches Bildungsleben. Doch vermögen ihre Reiche keine feste durchgreifende Gliederung zu erhalten, sie können Kirche und Staat nicht trennen, so daß jede religiöse Sekte eine politische Gegenpartei wurde und ihr Weltreich sich nicht behauptete. Die Kreuzzüge gaben dem Mittelmeer seine Bedeutung als Hauptverkehrsstraße zwischen drei Welttheilen zurück, die Ausbreitung des deutschen Reiches macht einen ausgedehnten Binnenhandel möglich, die Bekehrung der Ostseeländer gibt den Anlaß zur Bildung der Seestaaten, welche denen des Mittelmeeres nacheifern, so daß ganz Europa an dem Welthandel sich betheiligt und der Austausch nordischer und südlicher Produkte von hoher Wichtigkeit wird. Im Ganzen sind die Handelswaaren dieselben wie im Alterthum, nur in größerer Menge werden sie verbraucht.

Wie bereits die Phönizier neben dem Zwischenhandel und der Frachtschifffahrt sich der Industrie befleißigten, so geschah es auch in den Handelsplätzen des Mittelalters, deren Macht auf Weberei, Färberei u. s. w. beruhte. Die Städte, welche die Industrie vernachläßigen, vermögen sich nicht zu behaupten.

Im Alterthum gab es auch bereits Messen, Märkte, Anweisungen und dergleichen Einrichtungen, obschon wir von ihnen wenig unterrichtet sind. Ja in manchen Einrichtungen mögen sie dem Mittelalter voraus gewesen sein.

Die Eigenthümlichkeit des mittelalterlichen Handels besteht in seiner Staatseinrichtung, in seinem Städtewesen und dessen Gemeindeverfassung. Im Alterthum blieb die Arbeit verachtet, eines Freien unwürdig; auch der Ritter des Mittelalters dachte so, aber die Städte bringen die Arbeit zu Ehren, Macht und Ansehen. Es entwickelt sich das Uebergewicht des Kapitals, der Intelligenz über Standesvorrecht und Grundbesitz. Nur der Bauer bleibt Höriger oder Zinspflichtiger, der Bürger kauft oder kämpft sich von der Sklaverei los, wobei ihn Kirche und Staat unterstützen.

Es galt im Mittelalter noch der Grundsatz der Arbeitstheilung, woraus das vielgetheilte Zunftwesen entstand. Aber daneben hielt man fest am Monopol, wodurch Zünfte, Städte und Staaten in steten Industriekrieg verwickelt wurden. Erst gegen Ende des Mittelalters zeigen sich die Anfänge des freien Handels und verheißen eine große Zukunft.

Der gesteigerte Verkehr macht es nothwendig, Zahlungsmittel zu schaffen, macht den Geldhandel zu einem besondern Handelszweig, führt zur Herstellung von Geldinstituten, Assekuranzen und allgemein gültigen Rechtsverhältnissen. Banken, Leihhäuser, Wechsel, fangen an sich zu bilden und entwickeln. Die Faktoreien der italienischen und hanseatischen Städte sind Vorläufer der Kolonien; Verbesserungen der Kriegswaffen erhöhen die Macht der Städte, die Intelligenz findet Pflege, eine Reihe von Erfindungen schafft neue Industriezweige. Es werden Versuche unternommen, See-, Wechsel- und Handelsrecht allgemein gültig festzustellen, die Kenntniß der Erde erweitert sich, der Compaß kommt in Gebrauch, — es bereitet sich die Zeit vor, in welcher nicht mehr Städte und Städtebündnisse, sondern ganze Staaten Handel und Industrie sich zur Lebensaufgabe und Grundlage ihrer Existenz machen.

Die mittelalterliche ungebundene Freiheit des freien Gehorsames, die Zerfahrenheit des Lehnstaates in zahllose Corporationen, die sich gegen einander feindlich oder gleichgültig verhielten, hatte sich als unhaltbar bewiesen. Man bedurfte einer starken fürstlichen Macht, einer Einheit im Staate, um stark zu werden und Großes zu leisten, und dieß geschah in der neuen Zeit, oft in Folge der religiösen Bewegung, aus welcher das unumschränkte Königthum hervorging, welches sich über Adel, Städte und Kirche erhob, die Staatseinheit vertrat und den Staaten Kraft und Macht, dem Handel großartigen Aufschwung verlieh. Nach solchen Vorbereitungen trat die neue Zeit ein, die Zeit der Endeckungen, Kolonien, Erfindungen, des Welthandels und der Maschinen.

Lehrbuch der Handelsgeschichte.

II.

Übersicht.

Da die indischen (Kolonial=) Waaren im Welthandel seit den ältesten Zeiten von großer Wichtigkeit gewesen sind, so trachtete jeder Handelsstaat danach, sich gewisse Bezugsquellen zu sichern und den Gewinn am Handel dadurch zu steigern, daß er den eigenen Industrieerzeugnissen als Tauschmittel Eingang verschaffte. Solche Gewerbeerzeugnisse bestanden in gewebten und gefärbten Stoffen, in Lebensmitteln und Schmucksachen. Daneben machte der Handel gewisse Einrichtungen nöthig, z. B. Faktoreien, Kolonien, Anweisungen auf Zahlungen, Banken, Handelsgesetze u. s. w., welche also jeder Staat einführte. Allgemein üblich war ferner das Monopol. Das unterscheidende Merkmal bei der Aufzählung derselben Thatsachen bildet nur das Fortrücken der Hauptstapelplätze von Osten nach Westen, von Babylon nach Lissabon und Antwerpen.

Anders gestalten sich die Handelsverhältnisse in der neueren Zeit. Man bezog die indischen Artikel aus erster Hand, vermehrte deren Zahl und Erzeugung und verallgemeinerte den Verbrauch derselben (Zucker, Kaffee, Indigo, Tabak, Baumwolle, Seide, Gewürze), so daß eine vielverzweigte Industrie sich entwickelte. Doch vernachlässigte man viel einheimische Rohprodukte und verarbeitete andere Artikel fabrikmäßig. Die Handelsgeschichte wurde daher zugleich Industriegeschichte. Bei den gesteigerten Geldbedürfnissen des Staatshaushaltes fing man aber auch an, Handel und Gewerbe nach bestimmten Grundsätzen zu leiten, welche nach und nach in allen Handelsstaaten Geltung fanden und das Charaktermerkmal der Periode verleihen, in welcher nach den Grundsätzen des vorherrschenden Systems der Handel geleitet wird. Obschon sich Anfang, Ende und Verbreitung der einzelnen Systeme chronologisch nicht genau bezeichnen lassen, so erleichtern sie doch Übersicht, Klarheit und Einsicht, fallen auch im Ganzen mit den Perioden der politischen Systeme zusammen, so daß wir nach ihnen die Handelsgeschichte in solche Perioden theilen, in denen bestimmte nationalökonomische Systeme vorherrschen. Dadurch gewinnt man für das Studium der Nationalökonomie positive Erfahrungen und Thatsachen, vermeidet die Wiederholung derselben Erscheinungen in den verschiedenen Handelsstaaten, macht sich den historischen Stoff faßlich und behaltbar, auch erlangt Einsicht in den Zusammenhang der Thatsachen und gewinnt ein Urtheil über nationalökonomische Grundlehren, während die kraule Aufeinanderfolge und die Wiederholung gewisser Thatsachen verwirrt und das Orientiren erschwert.

Obschon die Durchführung der obengenannten Eintheilung der obengenannten Eintheilung der Handelsgeschichte in Perioden ihre Schwierigkeiten hat, so ist sie doch versucht. Um aber die Übersicht zu erleichtern, sind auch historische Hauptperioden in Gruppen zusammengefaßt, und ist die Handelsgeschichte untergeordneter Staaten sofort bis in die Gegenwart fortgeführt, so daß nur die Haupthandelsstaaten für die späteren Perioden in Perioden getheilt sind, also ihre Geschichte nur periodenweise im Zusammenhange erzählt ist.

Es ergeben sich aber folgende Perioden:

1) Das Kolonialsystem in der Periode der rein militärischen Eroberungspolitik, d. h. Portugal und Spanien bis zum Abfall der Niederlande. (1490—1570.)

2) Die Herrschaft der Merkantilsystems oder die Handelsgesellschaften und ihre Bevorzugung in Holland, England, Frankreich, und die nordischen Staaten. (1570—1770.)

3) Die Periode des physiokratischen Systems. (1770—1814.)

4) Die Periode des Schutzzoll- und Freihandelsystems oder der Maschinen-Industrie. (1814—1858.)

Erste Periode.

Das Kolonialsystem in der Periode der rein militärischen Eroberungspolitik oder die Geschichte der Entdeckungen und der Eroberung von Kolonien durch Portugiesen und Spanier. (1490—1670.)

§. 1. Die Vorbereitung durch Kunst und Wissenschaft.

Die Auffindung Ostindiens und Amerikas steht nicht als Zufall in der Weltgeschichte da, sondern hat ihren ersten Anlaß einestheils in dem Thatendrang, welcher sich in den romanischen Völkern durch den Religionskampf gegen die Mauern entwickelte, anderntheils in dem geistig neu belebenden Studium der Alten. Jene Kriege verliehen den Völkern eine Heldenkraft, einen Muth und ein Selbstvertrauen, welche große Charaktere und Persönlichkeiten schufen und gewaltige Thaten ausführen ließen. Dies Studium gab dem Einzelnen Festigkeit und Gründlichkeit der Überzeugung und bewährte Grundsätze für das Handeln. Es schuf die moderne Weltanschauung, die nationale Literatur, die Grundlagen der Kunst und Wissenschaft unserer Gegenwart.

Mit dem Anfange der Neuzeit rückt die Weltgeschichte weiter nach Westen vor, denn Spanien und Portugal werden auf einige Jahrhunderte die einflußreichsten Staaten, welche aber bald ihre See- und Handelsmacht an die Niederlande und England abtreten müssen. Während Mitteleuropa seine blutigen Religions- und Bürgerkriege führt, Türken den Osten Europas verwüsten und entkräften, Polen und Ungarn durch innere Streitigkeiten sich schwächen, werden Amerika, Afrika, Ostindien und Hinterasien in den Kreis des europäischen Geschichtslebens gezogen. Wenn früher einzelne Stände und Städte Handelsmonopole sich aneigneten, so machen nun ganze Staaten gewisse Handelsartikel und Handelswege zum Monopol, und wenn früher Handelsstände Faktoreien anlegten, so benützten jetzt Handelsgesellschaften das Monopol auf gewisse Produkte, um sich zu bereichern. Eine Reihe von Entdeckungen erweitern den Handel, edle Metalle strömen in Überfülle nach Europa und bringen ein rasches Steigen der Preise hervor; in Folge davon sinkt in den Handelsstaaten Südwesteuropas die Industrie, dagegen entwickelt sich das Plantagenwesen und das Merkantilsystem wird staatspolitischer Grundsatz für einige Staaten. Die übrigen Ein-

richtungen des Handels entwickeln sich nach und nach immer mehr, je umfang-
reicher der Handel wird; neue Bedürfnisse und Genüsse wurden Sitte, neue
Industriezweige entstehen, Erfindungen mehren sich und der Großhandel erhebt
sich zum Welthandel.

Gleichen Schritt mit den Fortschritten des materiellen Lebens hielten Wissenschaft und Bildung. Schon Dante und Petrarca hatten das Studium des
römischen Alterthums gefördert und alte Schriften gesammelt. Dazu ge-
sellte sich das Studium der griechischen Literatur, welches an Verbreitung gewann, seit nach der Eroberung Kostantinopels gelehrte Griechen nach
Italien geflüchtet waren, dort Vorlesungen über griechische Sprache hielten und
griechische Bücher drucken ließen. Die Päpste und Mediceer unterstützten solche
wissenschaftliche Bestrebungen, gründeten Bibliotheken und Akademien; Buchdrucker, die zugleich Gelehrte waren, druckten alte Manuscripte ab, und für
die Wissenschaft begann eine neue Periode. In den Niederlanden beschäftigten
sich besondere Orden mit der Verbreitung der Wissenschaft, Laurentius Valla
erklärte zuerst die heil. Schrift ihrem sprachlichen Inhalte nach, die Städte
gründeten Gymnasien, die Bürger lernten Lateinisch, die Zahl der Universitäten
mehrte sich, und Heidelberg ward Mittelpunkt eines anregenden geistigen Lebens.
(Bischof Dalberg. Reuchlin verfaßt ein lateinisches Wörterbuch, eine hebräische
Grammatik u. s. w. Erasmus giebt den griechischen Text des N. T. heraus,
Hutten, Melanchthon u. A.)

Man studirte aber auch die Kunstwerke des Alterthums, ahmte sie nach,
und so beginnt für Malerei, Baukunst und Bildhauerei eine neue Periode. Pa-
lestrina schuf die neuere Kirchenmusik († 1594), Allegri das Oratorium. Bru-
nelleschi († 1444) baut in Florenz burgartige Paläste in römischem Styl, Bra-
mante († 1514) entwirft den Grundriß zur Peterskirche in Rom, Michelangelo führt ihn aus und baut die Treppen und Paläste des Capitols, Bernini
endlich umgiebt die Peterskirche mit Colonnaden und Decorationswerken. Die
Städte Italiens füllen sich mit Marmorpalästen, Kirchen, Brücken und Theatern.
Ghiberti aus Florenz, Michelangelo, Krafft und Vischer in Nürnberg schaffen
ihre unsterblichen Sculpturwerke, welche nur in neuester Zeit in Canova, Thor-
waldsen, Dannecker, Rauch, Schwanthaler, Ritschl u. A. ebenbürtige Künstler fanden.

Auch die Malerei stand im 15. und 16. Jahrhundert in Blüthe, da sie
mit tiefsinniger Auffassung kunstvolle Zeichnung, wirkungsvolles Kolorit und
angemessene Perspective verband. Michelangelo malte das jüngste Gericht als
Frescobild in der Sixtinischen Kapelle, Raphael Sanzio aus Urbino († 1520)
die Verklärung, die Sixtinische Madonna, die Fresken der Stanzen und Log-
gien im Vatican, Leonardo da Vinci aus Florenz das Abendmahl, Corregio
die Anbetung der Hirten, der Niederländer van Eyck das unbefleckte Lamm,
Rubens und Rembrandt Porträts und Geschichtsbilder, die Deutschen Holbein,
Albrecht Dürer aus Nürnberg und Cranach zahlreiche Altarbilder, der Spanier
Murillo Bilder voll religiöser Begeisterung, der Franzose Claude Lorrain

Landschaften, der Engländer Hogarth (1764) humoristische Darstellungen. Hatten die Künstler des Mittelalters vorzugsweise Altar- und Heiligenbilder gemalt, so stellten die der neueren Zeit auch Scenen aus dem Geschichts- und Naturleben (Genrebilder) und Porträts dar.

§. 2. Einrichtungen und Erfindungen, welche auf Handel und Industrie einwirken.

Mancherlei war im Lauf der Zeit erfunden und eingeführt, welches sich nun weiter entwickelte und von bedeutsamer Wichtigkeit wurde. Es gilt dies besonders von der Einrichtung der Posten und von mancherlei Einrichtungen des vornehmen und städtischen Lebens. Die erste Post richtete der Perserkönig Cyrus ein als Staatspost, indem er an den Hauptstraßen des Landes Häuser bauen ließ, in denen Pferde und Reiter gehalten wurden, um jeden Brief des Königs oder seiner Statthalter sofort zur nächsten Station zu bringen. Der Kaiser Augustus fügte zu den bereits bestehenden Reitposten noch Fahrposten, die aber nur der Regierung zu Gebote standen. Denn das römische Reich war von einem Netz wohlgepflasterter Heerstraßen durchzogen. Doch gingen die Posten während der Völkerwanderungen ein, die Straßen verdarben, und als Karl d. Gr. beide wieder herstellte, so geschah es auch nur zu Zwecken der Regierung, weshalb sie nach seinem Tode verfielen und erst in späteren Jahrhunderten in anderer Form erneuert wurden.

Privatleute mußten sich bis dahin mit Privatboten begnügen, bis Ludwig XI. von Frankreich 1464 Staatsposten einrichten ließ, die dem Hofe wichtige Nachrichten brachten, doch kamen dazu sogenannte fliegende Boten. Als die Universität zu Paris gegründet und stark besucht war, machte sich das Bedürfniß der Studenten, mit ihrer Heimath zu verkehren, sowie der Gelehrten, mit andern Universitäten in Verbindung zu treten, so fühlbar, daß man zu ihrem Gebrauch besondere Reitboten anstellte, welche gegen Vergütung auch von andern Personen Aufträge annahmen und besorgten.

In den andern Ländern Europas, besonders in Deutschland, bediente man sich entweder eigener Boten oder der Metzger, welche regelmäßig zum Einkauf von Vieh Reisen nach gewissen Orten unternahmen und die Aushändigung von Briefen und Packeten besorgten, weshalb man sie Metzgerposten nannte. Um ihre Ankunft anzumelden, und die Leute vom Felde heim zu rufen, bliesen sie in ein kurzes Messinghorn, welches die Postillone noch heute führen. Für einen lebhaften Handelsverkehr genügte eine solche Post nicht, so daß die größeren Handelsstädte unter sich durch städtische Boten einen regelmäßigen Verkehr unterhielten, denn gepflasterte oder chaussirte Heerstraßen gab es nicht, da diese erst seit Ludwig XIV. angelegt wurden, und selbst die meisten Hauptstädte im 17. und 18. Jahrh. nur theilweise gepflastert waren.

Kaiser Maximilian übertrug den Brüdern von Taxis 1516 eine niederländische Staats- und Reichspost, zu welcher später die spanische Reitpost kam. Da den Taxis das Privilegium für das ganze Reich übertragen, und später sogar zu einem Erblehen erhoben wurde, wodurch sich die Privatboten und Hauderer sehr beeinträchtigt fühlten, so fanden diese Reichsposten viel Feinde. Doch führten sie schon c. 1600 die Postcharten ein, hatten Regierungsbriefe unentgeldlich zu befördern, stellten für die Reisenden Fahr- und Extraposten her, bis mit Auflösung des deutschen Reiches die Post als Regal von den einzelnen Regierungen übernommen wurde. Die Vermehrung der Landstraßen und Postanstalten, die Vereinigung der deutschen Staaten zu einem Postverein, die Herabsetzung der Porti, die Telegraphen u. s. w. haben auf den Geschäftsverkehr außerordentlich vortheilhaft gewirkt, oder es hat vielmehr der zunehmende Verkehr zu der Beschaffung geeigneter Verkehrs- und Transportmittel gedrängt.

In das 17. Jahrh. fällt auch die Einführung der Stempel. Unter Justinian kommt schon das Stempeln des Papieres vor, aber dies geschah nur zu dem Zwecke, die Verwechslung der Gerichtsakten zu verhüten, so daß es also nur als Quittung für die Vergütung der Unkosten diente. Als dagegen Holland sich in Geldverlegenheit befand, boten die Stände demjenigen eine Belohnung, welcher eine ergiebige, und doch nicht drückende Steuer nachzuweisen vermöge. Da schlug Jemand die Stempelsteuer vor, welche auch 1624 eingeführt ward, und bald in Spanien, Frankreich, Deutschland u. s. w. Nachahmung fand.

Die erste Assecuranz entstand in Florenz 1523, die sogleich in Spanien, gegen das Ende des Jahrhundertes in Amsterdam, im J. 1601 in England u. s. w. eingeführt wurde. Gegen die Mitte des 18. Jahrh. gründete man in Frankreich und Deutschland Brandkassen, nach deren Vorbild nach und nach die verschiedenen andern Versicherungsanstalten sich bildeten.

Die Lotterie verdankt ihren Ursprung dem römischen Volksleben. In Rom wurden auf Staatskosten Lebensmittel verschenkt, um aber den Unfug dabei zu verhindern, warf man Loose (Kugeln oder Holztäfelchen) aus, worauf das geschrieben war, was der Empfänger im Magazin erhalten sollte. In späteren Zeiten vergnügten sich Fürsten, solche beschriebene Zettel in ein Körbchen (Glückhafen, Glückstopf) zu werfen und ziehen zu lassen, worauf der Zieher das auf dem Zettel bezeichnete Geschenk erhielt. Kaufleute in Italien verkauften auf diese Weise ihre Waaren, wobei sie großen Gewinn machten und daher der Armenkasse eine Abgabe zahlen mußten. In Florenz kam man 1530 bei Geldverlegenheit darauf, ein solches Lotto gegen Einsatz zu veranstalten, jedem Zahler einen Zettel mit einer Nummer zu geben, welcher Polizza hieß, und einen Theil des Einsatzes als Gewinn zu verschenken. Da der Zettel nur eine Nummer enthielt, bekam er den Namen numero (nombre). Solche Verlosungen durch Fürsten und vornehme Herren, die sich aus Geldverlegenheit bringen wollten, wurden gegen Ende des 16. Jahrh. häufig und mit kirchlicher Feierlichkeit begangen. Der Name Lotterie kam aber erst seit c. 1650 in

Gebrauch, bis dahin hieß das Spiel Blanque, weil die Nichtgewinner einen weißen Zettel zogen. In England verwendete man den Ertrag einer Lotterie zur Verbesserung der Häfen, in Amsterdam zur Erbauung eines Kirchthurmes, in Hamburg zur Erbauung eines Zuchthauses. Die berüchtigten Zahlen- (Wett-) lotterien verdanken Genua und der Wahl der drei Rathsherren ihren Ursprung, da man auf deren Namen Geld zur Wette einsetzte.

Der eigenthümlichen Entwickelung der Apotheken verdankt der Specerei- und Droguenhandel sein Entstehen. Im Alterthum machten die Ärzte ihre Heilmittel selbst und legten Niederlagen fertiger Arzneimittel an. Der Verkauf in denselben ward ein eigener Handelszweig, stand aber unter Aufsicht der Polizei. Als durch die Araber bessere Arzneimittel bekannt wurden und ihre Gewohnheit, durch besonders gebildete Apotheker Medicin verfertigen zu lassen, Nachahmung fand, gab man 1175 in Sicilien die erste Medicinal- ordnung, schrieb die Preistabelle vor und stellte die Apotheker unter Aufsicht der Ärzte. Nach und nach entstanden in Europa privilegirte Apotheken, die meist Laboratorien und Pflanzengärten herstellten, aber auch darnach trachteten, die ausländischen Kräuter echt zu erhalten. An Seeplätzen erweiterten sie ihr Geschäft zu einem Specerei- und Droguenwaarengeschäft, bezogen ihre Waaren anfangs über Venedig, dann aber über Portugal und Spanien, ja die Fugger, Welser und Hochstetter in Augsburg schloßen deshalb Verträge mit der dortigen ostindischen Handelsgesellschaft, und die Spanier wie Portugiesen ließen durch Ärzte und Gelehrte die amerikanischen und ostindischen Kräuter anpreisen, so daß viele wirklich Mode wurden.

§. 3. Reisen der Europäer in Asien bis c. 1400.

Seit den Kreuzzügen und dem lebhaften Handelsverkehr der italienischen Seestaaten war das Bedürfniß erwacht, die Handelswege und die Heimath der viel begehrten ostindischen Waaren kennen zu lernen; dazu kam aber noch ein religiöses Interesse; denn man hatte gehört, daß sich im Innern Asiens ein christliches Reich befinde,, mit welchem man in Verbindung zu treten wünschte. Als ferner die Mongolen in Europa einbrangen und dasselbe verwüsteten, hielt es die Kirche für eine Pflicht, die rohen Völker für das Christenthum zu gewinnen, um dadurch die Wildheit ihrer Sitten zu mildern. Daher sandte Papst Innocenz IV. Glaubensprediger aus, die Mongolen zu bekehren. Er sandte zwei Gesandte in die beiden Hauptlager der Tataren, wie man die Mongolen nannte. An der Spitze der einen Gesandtschaft stand Nikolaus Ascelin, welcher 1247 durch Syrien, Mesopotamien und Persien nach Chowaresmien reiste, aber schnöde Aufnahme fand. Besser erging es dem Führer der andern Gesandtschaft, dem Franziskanermönch Giovanni de Plano Carpini, welcher 1246 über Böhmen und Polen nach Kiew reiste, das kaspische Meer sah, und jenseits desselben ein Mongolenlager mit Zelten erreichte. Von da kam er in die Mongolei bis Karakorum, der Zelthauptstadt der Tataren, und wenn seine Reise auch in Betreff des Hauptzweckes erfolglos blieb, so lernte er doch das nördliche Asien, seine Steppen und Völker kennen.

Später sandte der französische König Ludwig IX. Glaubensboten nach Ostasien, und stellte an deren Spitze den brabantischen Franziskaner Wilhelm von Ruisbroek, welcher 1253 zu Schiffe nach der Krimm ging, die Wolga und den Ural entlang zog, über Taschkend und die kleine Bucharei, über den Bolurtag zu den Kalkasmongolen wanderte, längere Zeit in Karakorum verweilte, und chinesisch-mongolische Länder und Sitten kennen lernte. Im Jahre 1260 unternahmen die aus Dalmatien stammenden Kaufleute Marco und Maffio Polo Reisen nach Ostasien. Sie gingen von Konstantinopel die Wolga hinauf nach Bulgur, einer berühmten Handelsstadt, durchzogen die Steppen Westsibiriens, durchstreiften Armenien und Persien, besuchten Mosul und Bagdad, kamen bis China, lernten dessen südliche Provinzen, auch Tibet, Pegu und Bengalen kennen, hörten auch von Japan, von den Mussons, befuhren das indische Meer im Auftrage des Großchans Kublai, sahen den indischen Archipel, besonders Sumatra, Ceilon, Malabar, hörten dort von Socotara oder Madagascar, von der Straße von Mozambik, und wenn ihre Erzählungen nicht überall Glauben bei ihren Zeitgenossen fanden, so mußte man doch, daß im Süden Asiens ein großes Meer sich ausbreite und man von Europa zu Schiffe in jenes Land kommen könne, sobald es um Afrika einen Seeweg gebe. Ja Kaufleute benützten den Weg vom asowschen Meer nach den Steppen Westsibiriens und der Bucharei. Der Italiener Pegoletti entwarf zu diesem Zwecke eine ziemlich genaue Charte für diese Reisen, da man mit 300 Dukaten von Asow aus bis Peking reisen und für c. 25,000 Dukaten Waaren umsetzen konnte.

Auch Papst Nikolaus V. sandte 1288 Glaubensprediger nach Ostasien und Peking, wo eine christliche Kirche erbaut ward durch ! Giovanni de Montecorvino. Im Jahre 1318 ging der Franziskaner aus Friaul Oderich von Pordenau über Trebisonde, Ormus nach Indien, Sumatra und Südchina nach Peking, wählte den Rückweg über Tibet und Kaschgar, und verbreitete nach seiner Heimkehr Kenntniß jener Länder. Um dieselbe Zeit durchwanderte auch der englische Ritter John Mandeville Asien, und König Heinrich III. von Castilien sandte 1393 an Timur Gesandte, welche Ruy Gonzalez de Clavigo führte, der Armenien, Persien und Samarkand besuchte. Auch ein deutscher Landsknecht, Hans Schildberger aus München, der in der Schlacht bei Nikopolis gefangen wurde und verschiedenen asiatischen Herrschern diente, hat ganz Westasien durchzogen, ebenso der Kaufmann Barbaro aus Benedig (1436), während Nicolo und Antonio Zeni aus Benedig 1388 den nördlichen atlantischen Ocean abenteuernd durchsegelten und vielleicht Grönland, Nordamerika und Neufundland besucht haben, wo bereits normannische Kolonien sich befanden. Daher setzte Andrea Bianco 1436 auf seine Karte bereits jene Länder.

§. 4. Veränderungen in Asien durch die Mongolen.

Wenn die Reisen der Europäer zum Theil ihren Grund in dem Vor-
bringen der Mongolen hatten, so mußte der Handel noch mehr Veränderungen
leiden, als fast ganz Asien unter mongolische Herrschaft kam, und später
Vorderasien und Egypten den Mameluken zufiel. Denn beide waren rohe
Völker, welche Handel und Industrie wenig achteten, weshalb die Europäer
ernstlich danach streben mußten, neue Wege nach Indien zu finden und wo
möglich solche, die das Gebiet jener Völker vermieden.

In der Heimath der Hunnen, Türken und Mongolen, d. h. in jenen
weiten Steppen- und Gebirgsländern der Bucharei, Tatarei und Mongolei
weideten zahlreiche Nomadenstämme, regiert nach patriarchalischer Art vom
Stammältesten. Die mühseligen Wanderungen härteten sie ab und machten
sie zu Kriegern, ihre Armuth machte sie habgierig, ihre Roheit zerstörungssüchtig,
und wenn Noth oder ein kriegerischer Chan diese Stämme zu einem Kriegszuge
vereinigte, so mußte er alles überwältigen, was ihm begegnete. So hatten
die Hunnen gesiegt, bis sie der Zähigkeit deutschen Widerstandes erlagen, und
auch die Mongolen fanden, wie früher die Mauren, auf den Schlachtfeldern
mit den deutschen „Eisenwämmsen" das Ziel ihres siegreichen Vorbringens.

Dschingischan, Sohn eines Mongolenhäuptlings, mußte als Jüngling vor
seinen rebellischen Unterthanen fliehen, gewann aber im vierzigsten Jahre die
Oberherrschaft über viele Stämme, ließ 70 Häuptlinge in 70 Kessel mit sie-
dendem Wasser stürzen und den Schädel des Keraitenchans, des sogenannten
Priesters Johannes, den die christlichen Fürsten Europas aufsuchen ließen, mit
Silber einfassen, um die gleichdenkenden Häuptlinge einzuschüchtern. Propheten
gaben ihm den Namen Dschingis (1206) und damit die Ansprüche auf die
Weltherrschaft, und der Kurultai (Reichstag) setzte ihn auf einen Filz und
ernannte ihn zum Kaiser. Nachdem er durch Gesetze die' Regierung, besonders aber das Heerwesen geordnet hatte, eroberte er 1210—16 ganz China,
zerstörte 90 Städte, unter ihnen auch Peking, eroberte auf dieselbe Weise
1218—24 das heutige Turan und Iran durch Hilfe der Schießwaffen, und
zwang den tapfern Dschelaleddin, Prinzen von Persien, sich schwimmend über den
Indus zu retten. Auf dem Heimzuge aus dem verheerten Iran starb Dschingischan 1227. Seine Söhne unterjochten in 68 Jahren ganz Asien und
Rußland, verheerten Polen und Ungarn, errichteten in Südchina eine Seemacht,
da sie Japan und die indischen Inseln erobern wollten, beherrschten 300 Jahre
von Tobolsk aus Sibirien, 200 Jahre Süd- und Mittelrußland und über
140 Jahre China. Der Hof zu Karakorum war lange Zeit Sammelplatz der
Gesandtschaften Asiens und Osteuropas, Handwerker und Künstler mußten die
Paläste mit Kunstwerken schmücken, Handel und Verkehr belebten sich wieder,
da der Luxus der Mongolenfürsten der fremden Waaren und der Steuern
bedurfte. Aber dennoch mußten die verheerenden Kreuzzüge nachtheilig auf den

Handel wirken und die Handelsstraßen in die Gegenden des schwarzen und kaspischen Sees verlegen, Armenien und Persien zu Hauptdurchgangsländern machen, und die Seestädte Italiens in wechselnden Verkehr mit den Mongolenfürsten bringen, da sich das große Reich in kleinere auflöste. Die Osmanen, die zu einem erobernden Volke heranwuchsen, besetzten kriegerisch Vorderasien, die tapfern Mamelucken Egypten. Beide verheerten als rohe Steppenvölker die blühenden Handelsstädte und die Türken setzten sich in den Donauländern fest, wo die christlichen Völker nach langen Verzweiflungskämpfen ihnen unterlagen, selbst Kaiser Sigismund bei Nikopolis (1396) dem Sultan Bajazid erlag. Der Donauhandel ward dadurch unbedeutend, da Christen und Türken Krieg führten, der Handel Konstantinopel immer mehr eingeengt, da Kleinasien und Egypten unter muhamedanische Herrschaft kamen. Nur durch Verträge retteten Venedig und Genua einen Theil ihres Handels nach den dortigen Gegenden, aber die häufigen Regentenwechsel und der Fanatismus der Kriegsvölker machte den Handelsverkehr unsicher.

Diese Mißverhältnisse steigerten sich, als von Samarkand aus Timur eine neue Weltverwüstung begann. Nach einer abenteuerlichen Jugend, die er als Flüchtling in den Sandsteppen des Aralsees verlebte, ward er 1370 zum Großchan ausgerufen und eroberte bald 27 Reiche, indem er zahlreiche Städte verbrannte und Millionen von Menschen niedermetzeln ließ. Zuerst fielen Persien und Mesopotamien, dann Westsibirien und Südrußland, hierauf Hindostan und Vorderasien, wo Bajazid 1402 bei Angora sein Gefangener ward und Samarkand ward Welthauptstadt, bis er 1405 starb und sein Reich sich auflöste. Es lagen aber in Asche Astrakan, Delhi, Ispahan, Bagdad, Damaskus, Aleppo, Smyrna, Bursa u. A., Türken nahmen große Strecken seines Reiches in Besitz und nur in Indien behaupteten sich die Großmoguls bis zur Zeit der englischen Herrschaft.

§. 5. Die Entdeckungen der Portugiesen in Afrika.

Durch die großen politischen Veränderungen in Asien wurde der Handel Europas vielfach benachtheiligt und in Abhängigkeit von den Zuständen Vorderasiens gebracht, daß Berechnungen und Unternehmungen immer unsicherer wurden. Dazu kam aber noch der religiöse Gegensatz zwischen Europa und Asien, welcher seit der Türkenherrschaft immer schneidender hervortrat. Es vereinigten sich daher das religiöse und commercielle Interesse, den Übelständen dadurch abzuhelfen, daß man neue und sichere Handelswege suche. Venedig und Genua waren aber so in die bestehenden Verhältnisse verflochten, daß ihre Aufmerksamkeit nicht durfte abgelenkt werden, da auch die europäischen Kriege wegen der Lombardei und Süditaliens sie zur Parteinahme zwangen. Ganz anders stand es mit den Königen der pyrenäischen Halbinsel. Wenn die christlichen Könige in siegreichem Vordringen gegen den maurischen Süden

Spaniens begriffen waren, so hatten die Könige Portugals nicht nur das ganze Land von Mauren befreit, sondern den Glaubenskrieg nach der Nordküste Afrikas hinübergetragen und dort einige Eroberungen gemacht. Bei der Kleinheit des heimischen Reiches mußte in ihnen der Gedanke erwachen, durch Eroberung in Afrika das Reich zu erweitern und das Christenthum zu verbreiten, wodurch sie auf die nähere Untersuchung des unbekannten Welttheiles selbst geführt wurden.

Schon im Alterthum und unter den Arabern sprach man die Vermuthung aus, daß Afrika könne umschifft werden; denn die Araber kannten diesen Erdtheil bis zum Niger und die Ostküste bis Sofala, wo sie Faktoreien und Königreiche besaßen. Schon 1281 und 1291 suchten daher zwei Genueser, Babino und Quido de Vivaldi einen Weg um Afrika, kamen aber nicht wieder zurück, und dasselbe Schicksal hatte 1346 der Katalonier Don Jahme Ferrer. Unterdessen war der Gebrauch des Compasses, den die Araber in China kennen lernten und in Südeuropa verbreiteten, verbessert, der Schiffbau vervollkommnet und im portugiesischen Prinzen Heinrich der rechte Mann gefunden, die Lösung der wichtigen geographischen Aufgabe zu übernehmen. Johann I. hatte Mauren und Spanier aus dem Lande getrieben und 1415 Ceuta in Afrika erstürmt, wo er unermeßliche Beute fand. Sein hochgebildeter Sohn Heinrich, Großmeister des Christusordens, betrachtete diese Eroberung als den Anfang einer siegreichen Ausbreitung des Christenthums in Afrika, studirte alle Nachrichten über die Länder Afrikas und faßte den Entschluß, jährlich Schiffe zur Erforschung der Küsten auszusenden. Im J. 1415 gingen die zwei ersten Schnellsegler (Caravellen) ab, umfuhren das Kap Nun und kamen bis zum Kap Bojador, an dessen Felsen die Brandung aber so heftig anschlug, daß sie sich nicht weiter wagten.

Als 1418 eine zweite Expedition absegelte, um jenes Kap zu umsegeln, überfiel sie ein Sturm und brachte sie zu einer kleinen Insel, die man aus Dankbarkeit Porto Santo (Heiliger Hafen) nannte. Bei der Rückkehr erhielten die Entdecker die Erlaubniß, auf dem fruchtbaren Eilande sich anzusiedeln. Einer der Ansiedler, Perestrello, nahm ein trächtiges Kaninchen mit, welches sich so vermehrte, daß nach zwei Jahren viele Ansiedler heimkehren mußten, weil die Kaninchen ihnen die Ernte vernichteten. Die Zurückgebliebenen bemerkten aber bei heiterem Himmel am fernsten Horizont einen Nebelstreifen, der sich nie zertheilte, so daß er Land sein mußte. Sie fuhren 1419 endlich hinüber und fanden eine Insel von bezaubernder Schönheit mit Wiesen und dichter Waldung. Sie nannten sie San Lorenzo, später Madeira, erhielten sie vom Infanten als Geschenk, und Gonsalves fing den Bau der Stadt Funchal an. Um den Boden urbar zu machen, zündete er den Wald an, doch das Feuer griff um sich, brannte sieben Jahre, bis die Insel waldlos war, worauf später Zuckerrohr von Sicilien und Weinreben aus Cypern hinverpflanzt wurden. Nach andern Erzählungen soll ein flüchtiger Engländer unter Eduard III. Madeira entdeckt und bewohnt haben.

Es hatte aber bereits ein französischer Edelmann in castilischen Diensten die canarischen Inseln entdeckt und erobert, konnte sich aber gegen die Eingeborenen nicht behaupten und trat sie daher 1424 an den Prinzen Heinrich ab, der sie aber bald darauf an Spanien zurückgeben mußte gegen bedeutende Entschädigung. Die Spanier begannen die Vertilgung der Ureinwohner, Prinz Heinrich aber sandte 1430 den Komthur Gonsalo aus, welcher eine der Azoren entdeckte, welche sofort kolonisirt wurde.

Obschon die Fahrten der Portugiesen Erfolg hatten, so kosteten sie doch viel Geld, weßhalb häufige Pausen eintraten, und der Aberglaube vom Lebermeer, vom Ende der Welt, von der brennenden Erde erregte Unzufriedenheit mit den Unternehmungen des Prinzen, daher ließ dieser Seecharten entwerfen und 1432 das gefürchtete Kap Bojador umsegeln. Nach und nach rückten die Portugiesen an der Küste Senegambiens vor, lernten die Neger kennen, nahmen Eingeborne gefangen, um sich ihrer als Dolmetscher zu bedienen und begannen einen einträglichen Tauschhandel, indem sie für Glaskorallen und bunten Tand Goldstaub, Elfenbein, Baumwolle u. s. w. erhielten; denn Gonsalves hatte 1442 das Goldland Senegambien gefunden. Jetzt unternahmen auch Privatleute und Handelsgesellschaften Entdeckungsreisen, da sie reichlichen Gewinn versprachen. Leider begann aber auch der Sklavenhandel, da Neger in Lissabon meistbietend verkauft wurden. Die übrigen Azoren wurden erst 1450 entdeckt und von Spaniern und Niederländern colonisirt, welche lohnenden Ackerbau trieben.

Die Venetianer wurden über diese Entdeckungen der Portugiesen unruhig, denn es besuchte Avise de Cadamosto Senegambien und die Inseln des grünen Vorgebirges, beschrieb sie und machte sie bekannt. Prinz Heinrich nahm den kenntnißreichen Mann in seinen Dienst, ließ den Senegal und Gambia untersuchen, verband sich mit einem Genuesen zu neuen Entdeckungen, auf denen die Inseln des grünen Vorgebirges gefunden wurden. König Alfons V. ließ an jenen Küsten Faktoreien und kleine Festungen anlegen, um den Handel zu sichern und sandte den Pero de Cintra 1462 aus, welcher weiter nach Süden vordrang, worauf 1471 die Goldküste und die Inseln im Meerbusen von Benin gefunden wurden. Hierauf ließ man sich vom Papst die entdeckten Länder schenken, und Diego Cao kam 1484 bis zur Congo, wo das Christenthum sollte eingeführt werden.

Wesentlichen Nutzen brachte bei diesen Entdeckungen der Nürnberger Martin Behaim, der Begleiter Caos. Dieser war ursprünglich Tuchhändler, studirte aber Mathematik und Astronomie, hielt sich längere Zeit in den Niederlanden auf und ging nach Portugal, um seinen Wissenstrieb zu befriedigen. Hier lernte er den Colombo kennen, gewann das Vertrauen des Königs Johann II., verbesserte das Astrolabium, so daß es auf dem Schiffe konnte gebraucht werden, berechnete Declinationstafeln für die Sonne und machte die Fahrten auf offenem Meere möglich. Als der vielgewanderte Mann in seine Vaterstadt zum Besuch zurückkehrte, entschloß er sich auf auf die Bitten der wißbegierigen Rathsherren Nürnbergs (1492), eine Erdkugel zu verfertigen, die 1 Fuß 8 Zoll im Durchmesser hatte, Welttheile und Inseln angab, Hauptpunkte mit schwarzer und rother Tinte bezeichnete, die Gestalten und Zelte fremder Völker in bunten Farben hervorhob und die neu entdeckten Länder mit den Wappen der Besitzer bezeichnete. Da, wo Amerika liegen sollte, zeichnete er den indischen Archipel und Japan nach Marco Polos Angabe, so daß Columbus in Japan und China zu sein meinte, als er nach Westindien kam.

Nachdem Benin entdeckt war, von wo man schwarzen Pfeffer heimbrachte, sandte König Johann II. 1487 zwei Gesandte auf verschiedenen Wegen nach Abyssinien, um dort Erkundigungen über Arabien, Ostindien und Ostafrika einzuziehen. Der eine gelangte nach Vorderindien, hielt sich lange in Calicut auf und erfuhr, daß Indien die Heimath der Gewürze sei. Auch Ormus, Hauptstapelplatz zwischen Indien, Afrika und Arabien, sowie Sofala besuchte er und sandte Bericht nach Lissabon von Cahira aus. Nach diesen günstigen Meldungen sandte Johann den muthigen Bartholomäus Dias 1486 aus, Afrika zu umsegeln und den Priesterkönig Johannes aufzusuchen. Dias segelte über den Zaire die Küste nach Süden entlang, ward aber von einem Sturme 14 Tage umhergeworfen und bis ins Südpolarmeer getrieben. Dann aber wandte er sich wieder nach Norden und fand auch wieder Land, zwar lag ihm dies zur Linken, wie er erwarten mußte, aber es breitete sich nach Nordosten aus, so daß er vermuthete, auf Afrikas Ostküste zu sein. Doch hinderten ihn seine Matrosen, die Küste weiter zu verfolgen. Er wandte daher nach Süden und hatte nun das Land rechts zum Beweis, daß er Afrika umsegelt habe. Das Kap Afrikas nannte er stürmisches Vorgebirge, der König nannte es aber Kap der guten Hoffnung, weil man nun nach Indien zu fahren hoffen durfte. König Emanuel sandte 1497 eine neue Flotte aus, und 1500 unter Cabral eine zweite, die aber nach Brasilien verschlagen wurde, wobei Dias Schiffbruch litt und umkam. Im J. 1493 war aber auch Columbus auf der Heimkehr von seiner ersten Reise in Lissabon eingekehrt, und boshafte Höflinge riethen dem Könige, den Entdecker zu ermorden. Doch Emanuel forderte von Spanien die entdeckten Inseln in Folge der päpstlichen Schenkung als sein Eigenthum. Natürlich weigerte sich Spanien, deshalb theilte man durch zwei Meridiane, indem Spanien die Länder westlich vom 21 Grad vom grünen Vorgebirge bis zum 120° haben sollte, Portugal die östliche Hälfte. Im Jahre 1493 beschworen beide Könige diese Theilung der Erde und der Papst Alexander VI. bestätigte sie.

§. 6. Die Eroberungen der Portugiesen in Asien und Amerika.

Mit Johann II. starb die Dynastie in Portugal aus, aber deren Nachfolger Emanuel (1495) d. Gr. setzte mit Eifer die begonnenen Entdeckungen fort. Zwar sprach der Reichsrath mancherlei Bedenken gegen so weit aussehende Unternehmungen aus, aber endlich riß die Begeisterung Alle hin, man rüstete mehrere Schiffe aus, verproviantirte sie auf drei Jahre und gab den Oberbefehl dem bewährten Seemann Vasco da Gama. Dieser empfing Beglaubigungsschreiben an alle afrikanischen und indischen Könige, beichtete vor der Abfahrt mit seiner Mannschaft von 170 Leuten, zog mit brennenden Kerzen und von unabsehbarer Menschenmenge begleitet ins Schiff, wobei die Zuschauer unter Thränen Abschied nahmen, und verließ 1497 den Hafen von Lissabon. Unterwegs hatte er heftige Stürme auszustehen, 3 Monate lang, ehe er das Kap erreichte; auch gab es mitunter feindliche Begegnungen mit den Eingebornen. Er umsegelte unter fortwährendem Trompetengeschmetter das Kap, als ihn aber wieder Sturm und Finsterniß überfielen, bat die Mannschaft unter Thränen um Heimkehr. Er wies diese Bitte ab, unterdrückte eine deshalb ausbrechende Meuterei, erreichte die Weihnachtsküste (costa do natal), wo man bereits Mangel an Wasser litt, segelte am Cap Correntes (Strömungen) vorbei und landete an der Zambesemündung, wo er einen Monat rastete, um seine am Scharbock leidende Mannschaft sich erholen zu lassen. An der Küste Mozambique's begegnete man maurischen Fahrzeugen, die ohne Verdeck, deren Planken mit Kokosstricken zusammengebunden, aber mit Compaß, Quadranten und Seecharten wohl versehen waren. Die Lootsen, welche er von hier mitnahm, damit sie ihn nach Calicut leiten sollten, führten ihn aber absichtlich in Sandbänke und an feindliche Küstenplätze, daß der Admiral nur mit Mühe dem Verderben entging. Dagegen fand er in dem friedliebenden Fürsten von Melinde einen treuen Rathgeber und Freund; denn Melinde trieb mit Indien lebhaften Handel, den die regelmäßig wechselnden Monsuns erleichterten. Am 24. April lichtete Vasco da Gama in Melinde die Anker und am 20. Mai 1498 landete er in Calicut, einer Handelsstadt mit hölzernen Häusern und Palmendächern, in deren Nähe der steinerne Palast des Fürsten (Zamorin) lag. Man hielt die Fremdlinge anfangs für Seeräuber, doch wies man ihnen einen Winterhafen an, da es gerade die Zeit der Stürme war, und dort fand der Admiral einen treuen Freund in einem maurischen Mäkler aus Nordafrika, welcher portugiesisch verstand und die Europäer wie Landsleute mit Freudenthränen begrüßte. Hierauf erhielt der Admiral Audienz. Einige Kanonen, 12 beherzte Krieger begleiteten ihn, als er mit fliegender Fahne und unter Trompetenschall ans Ufer stieg, wo man ihn im Tragsessel weiter schaffte, während seine Leute im heißen Sande nebenher traben mußten. An einem Tempel, den man für eine Kirche der Thomaschristen hielt, machte man Halt um zu beten, warf sich vor den Götzen nieder, ließ sich mit Wasser und Asche aus Kuhmist besprengen, und ward von einem glänzenden Gefolge in den Palast geholt.

Der Zamorin versprach, ein Handelsbündniß mit Portugal zu schließen, aber die maurischen Kaufleute, welche den Alleinhandel trieben, machten später den Fürsten mißtrauisch, so daß er sich Gewaltthaten gegen die muthmaßlichen Seeräuber erlaubte und Portugiesen verhaftete. Vasco da Gama seinerseits nahm Indier gefangen und erzwang dadurch die Auslieferung der Portugiesen, und als maurische Schiffe sogar einen Angriff wagten, verscheuchte er sie durch sein schweres Geschütz. Vor Eintritt der besseren Jahreszeit segelte der Admiral wieder ab, hatte noch einmal einen Kampf mit Indiern und heftige Stürme auszuhalten, kam aber wohlbehalten nach Melinde, und fuhr am 20. August 1499 in den Hafen von Lissabon ein, nachdem er 2 Jahre und 2 Monate abwesend gewesen war und 115 Leute verloren hatte. Der Admiral brachte 9 Tage im Kloster Belem betend zu, hielt dann einen festlichen Einzug, erhielt den Titel Admiral der indischen Meere und 750 fl. Gehalt nebst dem Erbtitel Dom. Zum Andenken ließ der König in Belem eine prächtige Kirche bauen.

Im Jahre 1500 ging Cabral nach Ostindien, errichtete in Calicut eine Faktorei, hatte aber sonst wenig Erfolg, weshalb Vasco da Gama 1502 mit einer Flotte von 20 Schiffen nach Ostindien abging und eine andere Abtheilung das rothe Meer sperren sollte. Unterwegs legte er in Mozambique eine Faktorei an, und ankerte später vor Calicut, um die Ermordung der Portugiesen zu rächen. Er nahm das reich beladene Pilgerschiff, welches eben von Mekka kam und verbrannte es mitsammt der Besatzung, dann beschoß er Calicut zwei Tage, ließ alle gefangenen Mauren verstümmeln, schloß ein Bündniß mit dem Fürsten von Koschin und Kananor gegen den Zamorin, wehrte glücklich einen unerwarteten Überfall indischer Kriegsboote ab, und kam mit kostbarer Ladung von Gewürzen in Lissabon an. Noch einmal fuhr er (1524) nach Ostindien, starb aber, als er eben die Araber im rothen Meere züchtigen wollte.

Als Cabral (1500) nach Ostindien mit 13 Schiffen segelte, wollte er der Windstillen wegen vom grünen Vorgebirge nach der guten Hoffnung im Bogen fahren, gerieth dabei in die südamerikanische Strömung und entdeckte zu seinem Erstaunen ein Festland, dessen Küste er eine große Strecke weit untersuchte, endlich in einer großen Bai landete und das Land Terra da Santa Cruz nannte, welches aber später nach dem Farbeholz Brasil, Terra do Brasil hieß. Die Landung mag in der Gegend der Franciscomündung statt gefunden haben. Auf der Fahrt nach dem Kap gerieth die Flotte in eine Wasserhose, wobei 4 Schiffe zu Grunde gingen, und nach 24 stürmischen Tagen erreichte man erst das Kap. Am Tage sah das Meer während desselben pechschwarz aus, des Nachts wie ein Feuerstrom, und vor dem Heulen des Sturmes konnte man kein Kommando hören. Nur 4 Schiffe überstanden die Stürme und blieben bei einander, 4 andere stellten sich später erst ein, so daß man Calicut beschießen konnte. Im Jahre 1501 entdeckte Juan de la Nuera die Insel

Ascension und auf dem Heimwege von Indien Helena, die unbewohnt, aber reich an Fischen und Schlachtvieh war.

Nachdem Ostindien aufgefunden war, gründete Admiral Francisco d'Almeida und Alfonso d'Abuquerque das militärische Übergewicht und die Seeherrschaft der Portugiesen im indischen Meere. Der Zamorin von Calicut griff in Verein mit den Mauren den Fürsten von Koschin an, als den Verbündeten der Portugiesen. Zum Glück kam (1504) eben eine portugiesische Flotte und trieb die Feinde zurück; um aber ein für allemal Portugals Übergewicht fest-zustellen, sandte man den Almeida, Grafen von Abrantes, mit 22 Schiffen und 1500 Soldaten ab (1505), der in Sofala, Quiloa und andern afrika-nischen und ostindischen Küstenplätzen Befestigungen anlegen sollte. Er unter-warf das Goldland Sofala und kämpfte bald mit der maurischen Flotte in den ostindischen Gewässern. Sein Sohn Lorenz bestand mit 11 Schiffen bei Koschin einen Kampf gegen 200 maurische Schiffe und vernichtete die meisten, so daß ihm das Meer offen stand, worauf er mit Ceilon Handels-verbindungen anknüpfte und die Malediven besuchte. Unterdessen war eine egyptische Kriegsflotte angekommen, doch wurde auch sie siegreich zurückgeschlagen. Da gerieth Lorenzos Schiff in die drei Pfahlreihen der Fischkammern im Hafen, die sich unter dem Schiff bogen, aber unglücklicherweise fuhr ein Pfahl in ein eben eingeschossenes Leck und hielt das Schiff bei der Windstille fest, da das Tau der bugsirenden Galeere zerriß. Nun war Lorenzos Schiff wehrlos; ihm selbst nahm eine Stückkugel den halben Schenkel weg, dennoch verließ er das Schiff nicht, als ihn ein Boot abholen wollte, sondern setzte sich auf einen Stuhl neben den großen Mast und leitete das Gefecht so lange, bis eine zweite Kugel ihm alle Rippen der rechten Seite wegriß und ihn tödtete. Seine Leute vertheidigten sich, bis das Pulver verschossen war und das Schiff sank. Dem Feinde kostete dieser Kampf 600 Mann, weshalb er umkehrte und die übrigen Schiffe nach Koschin segeln ließ.

Im Jahre 1509 griff Almeida die arabische Flotte im Hafen von Diu an und vernichtete sie, ward aber dann von Abuquerque abgelöst, was ihn tief kränkte. Am Vorgebirge der guten Hoffnung wurde er mit den Eingebornen in einen seltsamen Kampf verwickelt. Deren Ochsen wurden auf seine Leute gehetzt und diese niedergerannt, dann aber ermattet im heißen Sande mit Zaun-stecken und Steinen getödtet. Almeida und viele tapfere Offiziere kamen auf so elende Weise um.

Abuquerque ward schon 1503 nach Calicut geschickt, wo er dem Zamorin Schaden zufügte und in Koschin eine Festung baute. Auf der zweiten Fahrt entdeckte er die Ostküste von Madagascar, was aber ohne Folgen blieb, befe-stigte Socotora, beschoß dann 1507 Ormus, konnte aber nichts ausrichten, und ebenso erging es ihm im folgenden Jahre. Hierauf vernichtete er 1510 Kalikut, nachdem er es erstürmt hatte, eroberte Goa und machte sie zur Haupt-festung, segelte 1511 nach Sumatra, Malakka, eroberte diese Stadt, besuchte

Amboina und Banda, wo er Muskatnüsse mitnahm, später Ternate und hatte
1522 den Alleinhandel dieser Inselgruppe. Auf der Heimkehr ging bei Sumatra
im Sturm fast die ganze reich beladene Flotte unter, selbst das Admiralschiff
barst an einer Sandbank. Zum Glück war unterdessen eine neue Flotte aus
Europa angekommen, so daß der Admiral den Plan ausführen konnte, die
Mauren im rothen Meere aufzusuchen oder sie darin abzusperren, so daß
sie unschädlich würden. Im Jahre 1513 erschien er mit 20 Schiffen und
2500 M. vor Aden, einer festen Stadt, konnte aber hier wie im rothen Meere
keine Vortheile gewinnen. Ebenso unvermuthet erschien er 1515 vor Ormus
mit einer starken Flotte, mußte aber wegen Krankheit das Kommando seinem
Neffen übertragen und empfing unterwegs die kränkende Nachricht seiner Ab=
berufung. Armer Alter, rief er wehmüthig aus, jetzt ist es Zeit, in das Grab
zu steigen! Er starb im Angesichte Goa's.

Abuquerque hat die Seemacht der Portugiesen im indischen Meere ge=
gründet, die maurischen und indischen Fürsten ohnmächtig gemacht, durch gut
gewählte Festungen die Herrschaft gesichert und den Handel bis China aus=
gedehnt. Denn Perez de Andrade verschaffte den Portugiesen auf des Admirals
Anregung in Ceilon und Canton Handelsrechte. Doch Übermuth brachte sie
bald um diese Vortheile, so daß der portugiesische Gesandte von Peking nach
Kanton in Ketten gebracht wurde und im Kerker starb. Erst gegen Ende des
16. Jahrh. ließ sich die chinesische Regierung begütigen.

§. 7. Das Kolonialwesen im Allgemeinen.

Schon die Phönizier hatten Kolonien und Faktoreien, die sie an wichtigen
Knotenpunkten der Handelsstraßen anlegten, ihnen Bürgerrechte verschafften und
sie dadurch an das Mutterland fesselten, daß sie Tempel erbauten, den ein=
heimischen Gottesdienst und vaterländische Sitte zum Mittel= und Lebenspunkt
der Kolonie machten. Die Karthager eroberten Lybien und Spanien, um sie
zu Kolonien zu machen, die Griechen legten Handelskolonien, die Römer Mili=
tärkolonien an. Von großer Wichtigkeit sind die Kolonien der neuen Zeit
für Handel und Staatsleben geworden, so daß wir eine Charakteristik der=
selben nach Roscher geben müssen, wobei nicht zu übersehen ist, daß eine
Kolonie im Laufe der Zeit ihren Charakter ändern kann, wie z. B. die
Bergbaukolonie Neuspanien im Anfange unseres Jahrhunderts, $\frac{1}{3}$ % durch
Gewerbfleiß, über $\frac{2}{3}$ durch Grubenbau und $\frac{2}{3}$ durch Ackerbau erwarb, welcher
also jenen beiden Erwerbzweigen gleich stand.

Man unterscheidet Eroberungs=, Handels=, Ackerbau= und Pflanzungs=
kolonien. Eroberungskolonien entstehen, wenn ein Volk das andere unterjocht,
zum Tribut, zur Arbeit und Erhaltung der Eroberer zwingt. So verfuhren
Alexander d. Gr. in Asien, die Normannen, die Kreuzfahrer, die Ordensritter
an der Ostsee, die Spanier in Amerika. Columbus vertheilte schon 1499

Land und Leute in Westindien unter die Eroberer, machte die Eingeborenen zu
Hörigen, und in Peru wie in Mejico besetzten Spanier die vorgefundenen
Städte. Gerathen rohe Völker in solche Knechtschaft, so gehn sie zu Grunde.
Die Eroberer bilden den bevorzugten, allein berechtigten Stand, oder die Einwohner werden vertilgt und verdrängt, wo sie zahlreich und kriegerisch sind,
wie es in Preußen und Livland der Fall war, wohin die Ritter deßhalb
Bürger riefen und ihnen städtische Freiheit gaben, um durch solchen Zuwachs
in der Gewaltherrschaft sich zu behaupten. Die erobernden Germanen verschwanden in dem eroberten Südeuropa, weil ihre Zahl nicht ausreichte und
sie an Bildung den Unterjochten nachstanden. Dagegen organisirten Alexander
und die Spanier ihre Eroberungen nach militärischen Rücksichten, um mit dem
Mutterland in Verbindung zu bleiben. Alexandrien, Havanna, Veracruz sind
die Schlüssel zu Egypten, Cuba und Mejico. Ebenso verfuhren die Römer
und Venetianer mit ihren Militärcolonien.

Anderer Natur sind die Handelskolonien, durch welche man entweder wichtige Zwischenstationen des Handels, oder in produktenreichen Ländern das Handelsmonopol sich sichert. Solche Kolonien legten die Karthager an Afrikas
Küste an, damit ihre Schiffe sichere Ruhepunkte hatten, die Portugiesen in
Afrika, Holländer am Kap, Engländer am rothen Meer, Hinterindien (Singapore durch Raffles) u. s. w., denn aus den Handelsfaktoreien wurden bald
Kolonien. Die Phönizier, Griechen, Karthager, Venetianer, Hanseaten u. s. w.
sicherten sich durch solche, oft befestigte Kolonien den Alleinhandel in fernen
Gegenden, obschon jene meist nur von Kaufmannsgesellschaften ausgingen. Zur
Anlage einer solchen Kolonie gehören Kapitalreichthum und Seemacht, weshalb
die Portugiesen die ihrigen bald verloren, da jede solche Kolonie ihre Privilegien und Vortheile eifersüchtig für sich zu erhalten strebte. Auch Fischerei-
kolonien gehören hierher, da die Fischerei die beste Schule der Schiffahrer ist.
(Häringsfang der Hanseaten und Holländer, Wallfischfang, Stockfischfang.) Im
Alterthum war das schwarze Meer der Exercierplatz der Matrosen, im Mittelalter die Ost- und Nordsee, jetzt die Polarmeere und Neufundland.

Anderer Natur sind die Ackerbaukolonien, welche in dünn bevölkerten
Ländern angelegt werden und mühevolles Arbeiten, Roden, Wegemachen u. s. w.
erfordern. Solche Kolonien bleiben mit dem Mutterlande in Verbindung und
suchen dessen Nähe. Neuspanien ist in Betreff des Klimas Altspanien nahe
verwandt, Nordamerika England gegenüber gelegen, die Deutschen gingen die
Gebirge oder Küsten entlang, als sie nach Osten oder Westen vordrangen. Schon
die Phönizier hatten Ackerbaucolonien in Cypern, Karthago, Sicilien, Sardinien, die Griechen Viehzuchtkolonien in Kyrenaika, die Spanier in den Pampas
und Llanos Südamerikas, die Holländer auf dem Kaplande. Da solche
Kolonien große Thätigkeit und Selbstständigkeit des Einzelnen voraussetzen,
der mit den Elementen und Nomaden kämpfen muß, so erhält die ganze Ko-

lonie einen selbstständigen Charakter, so daß Sibirien z. B. keinen Adel hat, Nordschweden und Nordamerika freie Bauerngemeinden behielten.

Die Pflanzungskolonien endlich erzeugen meist Luxuspflanzen, und bedienen sich der eingeborenen Fröhner oder gekaufter Sklaven, entbehren also des freien Arbeiterstandes und wohlfeiler Lebensmittel. Die Grundeigenthümer betrachten ihre Heimath als das Vaterland und halten sich in geringer Zahl und kürzere Zeit auf ihren Pflanzungen auf. (Guiana, Jamaica, ganz Westindien u. s. w. haben wenig Europäer.) Im Alterthum kann man nur Kyrenaika als Pflanzungskolonie betrachten, da man dort das Gewürz Silphium baute, aus dessen Stengel und Wurzel man den Saft preßte und einkochte. Die Spanier legten in Amerika wenig Pflanzungen an; auch Cuba lieferte lange nur Holz und Häute, Oviando pflanzte aber c. 1508 auf Domingo Zuckerrohr. Erst c. 1750 pflanzten Engländer und Franzosen in Westindien durch Sklaven Kolonialpflanzen. Vasco da Gama legte die ersten Handelskolonien an, Raleigh Ackerbaukolonien, aus den holländischen Handelskolonien auf dem Kap und in Hinterindien wurden Pflanzungs- und Ackerbaukolonien, eben so ging es mit dem spanischen Westindien und Brasilien. Kulturkolonien, welche unter einem minder gebildeten Volke Ackerbau, Handel und Gesittung verbreiten sollten, riefen die Zaren aus Teutschland nach Rußland, polnische Könige nach Polen (Posen, Krakau, Lublin u. s. w.), böhmische nach Böhmen, ungarische nach der Zips, der mittleren Donau und Siebenbürgen.

§. 8. Bedeutung und Einfluß der Kolonien auf das Mutterland im Allgemeinen.

Europa hat durch seine Kolonien großen Einfluß und Herrschaft in den übrigen Erdtheilen gewonnen, die einzelnen Staaten aber auch weitgreifende Rückwirkungen auf Staasleben, Sitten und Beschäftigung erfahren.

Nach den Kolonien wandern Viele wegen Übervölkerung aus, befreien das Mutterland also von unzufriedenen, gefährlichen Massen, verursachen aber auch eine Steigerung der Arbeitslöhne und Sinken der Bodenwerthes. England und Teutschland senden seit Jahrzehnten Tausende von rüstigen Arbeitern übers Meer. Aber auch Überfülle an Kapital bringt zu weitliegenden Unternehmungen, indem man in Kolonien das Kapital anlegt, um gewisse Produkte selbst zu erzeugen, besonders haben die Holländer nach dem Verlust ihrer amerikanischen Kolonien ihre Kapitalien in fremden Kolonien angelegt. Die häufigste Ursache zur Auswanderung sind politische oder religiöse Unzufriedenheit. Es wandern tüchtige Charaktere aus, thatkräftige Männer, die auch Vermögen mitnehmen, sich freiere Gemeindeeinrichtung geben und vom Mutterlande losreißen, wenn sie sich stark genug fühlen. Solche Kolonien treiben zum Fortschritt, eilen dem Mutterlande voraus und werden bald Sitze höherer Bildung, oft auch schädlichen Wohllebens. So hatten die griechischen Kolonien in Kleinasien die ersten

Dichter, Geschichtschreiber und Naturforscher, Unteritalien und Sicilien schöne volkreiche Städte, wetteifert Amerika schon mit England, von wo während der Revolutionen und des religiösen Druckes von Cromwell bis Jakob II. Royalisten und Protestanten nach Westindien und Nordamerika zogen. Mitunter legten aber Staaten auch Strafkolonien an, England in Nordamerika und Australien, Holland auf dem Kap, Portugiesen in Brasilien und Mozambique, Frankreich in Guyana, Rußland in Sibirien, Schweden in Ingermannland. Ja Seeräuber (Messaņa, Flibustier auf Domingo) und Missionäre (Florida und Surinam durch Hugenotten, Pennsylvanien durch Penn) gründeten Kolonien.

Privatpersonen, Stammhäuptlinge, Abenteurer oder Handelsleute gründeten oft Kolonien (Phönizier, Kreuzfahrer, Normannen, Schwertbrüder in Livland) und Faktoreien (Hanseaten, Venetianer u. s. w.), meist aber gingen sie vom Staate aus. Amerika eroberten Spanier im Namen des Königs, Portugals Kolonien waren Monopol der Regierung, privilegirte Gesellschaften gründeten von Holland, Dänemark, England aus Kolonien, der Kosak Jermak Westsibirien für den Zar.

Die größte Rückwirkung der Kolonien auf das Mutterland liegt in dem schnellen Wachsthum der Bevölkerung und des Reichthums. Großgriechenland und Sicilien waren volkreicher und wohlhabender als Griechenland, die vereinigten Staaten Nordamerikas hatten 1790 nur 4 Mill. Einwohner, 1820 schon 10 Mill., 1850 über 23 Mill. Das Mississippithal hatte 1762 nur 100.000 Europäer, 1840 schon 6½ Mill., 1850 bereits 8½ Mill. Californien stieg in 20 Jahren von 20.000 Einwohnern auf 300.000. Newyork in 100 Jahren von 13 000 auf ½ Mill., Cincinnati war vor 70 Jahren ein Urwald und hat jetzt 120.000 Einwohner.

Mit der Zunahme der Arbeiter steigt die Produktion, so daß sich das Kapital schon in 10 Jahren verdoppeln kann, z. B. an Baumwolle erzeugte Nordamerika 1792 nur 620 000 Kilogramme, 1834 schon 173 Mill., 1853 für 110 Mill. Dollars. Im Durchschnitt nimmt in der Union die Bevölkerung in 10 Jahren um 33 Procent zu, die Einfuhr um 47, die Ausfuhr um 51, der Verbrauch des Thees um 61, des Kaffees um 81, des Weines um 46, das baare Geld um 82 Procent. Ähnlich ist es in Australien und dem spanischen Amerika, wenn auch nicht in demselben schnellen Steigen. Die Grundrente steht niedrig, da jeder sich selbst Eigenthum erwerben kann, in den großen Städten aber sind die Bauplätze so theuer wie in Paris, eine Quadratklafter kostet 1000—3500 Francs, in den Seestädten der amerikanischen Ostküste 3—4000 Fr., in Sidney ein Acre 20.000 Pfd. St. Weil also leicht kann verdient werden, Geld sehr bald angelegt wird, so steht der Zinsfuß hoch 6—10%, in Südaustralien und Westindien 15—20%. In Folge davon ist der Arbeitslohn hoch, da jedes kleine Kapital zu einem Ankauf kann benützt werden, selbst Lehrburschen erhalten Lohn. In Frankreich bekommt das Gesinde jährlich 60—80 Fr., in Amerika monatlich 50—60; ein Maurergeselle verdient 2400 Fr., ein Schiffsingenieur 6400, und hat dazu noch wohlfeile Lebensmittel.

Diese Verhältnisse sind von großem Einfluß auf die Preise und den Werth des Geldes, auf Speculationen und Unternehmungen; aber die schwere Arbeit macht die Kolonisten auch körperlich stark, und die Leichtigkeit, eine unabhängige Existenz zu gewinnen, macht sie trotzig, freiheitsliebend und wenig achtend auf die Formen der Höflichkeit. Alle halten sich für gleich stehend und gleich berechtigt. Die Arbeit und der Mangel an Arbeitern zwingt zu Erfindungen und zum Studium der mechanischen Wissenschaften, denn die Kolonisten müssen sich Vieles selbst verfertigen, dagegen vernachlässigen sie die höheren Wissenschaften, gewöhnen sich ein haftiges unstätes Wesen an, sind gemüthlos, selbstsüchtig, waghalsig in Unternehmungen, achten das Menschenleben gering, haschen nach Erwerb und lieben mathematische Regelmäßigkeit selbst bei den politischen Grenzen, da sie keine historischen Rechte zu beachten haben. Es altern die Kolonien aber auch leicht, arten häufig aus, gewöhnen sich an Prahlen, Gewaltthat und verfallen in Üppigkeit und Sittenlosigkeit. Bereits zeigen sich solche Spuren der Rechtlosigkeit und Unsicherheit in Amerika, und die Seestädte haben bereits ihre Catilinas.

In volkswirthschaftlicher Hinsicht haben Kolonien die Eigenthümlichkeiten niederer Kulturländer, Naturprodukte sind wohlfeil, Gewerbe- und Handelsprodukte theuer, und oft treibt man nur Tauschhandel aus Mangel an circulirendem Geld, so daß z. B. Ärzte ihre Arznei, Buchdrucker ihre Zeitungen gegen andere Waaren zum Tausch anbieten. Arbeitstheilung ist nicht überall möglich, Ackerbau vorherrschend, so daß das Mutterland seine Industrieprodukte gegen Rohwaaren umsetzt. Venezuela verbraucht jährlich bei etwa 2 Mill. Ein. für 25 Mill. Fr. Industrieartikel, Frankreich führt nur für 62 Mill. Fr. ein. Nur zu weite Entfernung, dichte Bevölkerung oder Noth zwangen zur Gewerbthätigkeit, die in Nordamerika erst seit 1806 betrieben wurde, aber auch dann begann man mit groben, niederen Artikeln. An andern Orten zwang der Nachtheil, daß man nur Kolonialartikel anbaute, z. B. Tabak, welche den Boden aussaugen und nicht immer gleich gut gerathen, zum Ackerbau oder zur Industrie. Das gold- und silberreiche Mejico litt oft Hungersnoth, und doch mußte man obrigkeitliche Schauanstalten herstellen, damit die einheimischen Artikel Absatz hattten. In den Vereinigten Staaten beschaut und stempelt man Pökelfleisch, Tabak, Mehl, Theer, Pottasche, Holz, Butter u. s. w., schreibt die Verpackung vor.

Da alle Verhältnisse unfertig, Aussichten auf Gewinn fast überall vorhanden sind, so hat sich in den Kolonien das Kreditwesen sehr entwickelt, welches oft in Schwindel ausartet und Handelskrisen veranlaßt. Die Pariser Bank disconirte z. B. 1831 für 223 Mill. Fr., im nächsten Jahre nur für 130 Mill., Neuyork dagegen für 530 Mill., Philadelphia für 800 Mill., die ganze Union für 6000 Mill. Daher Überfluß an Papiergeld, da es 900

Banken gibt, häufige Bankerotte und viel Schulden. Es stiegen oft zuweilen auch die Waarenpreise bis ins Fabelhafte, in Mejico Eisen von 20 bis 240 Fr., Stahl von 80 auf 1300, Zwirn auf dem Kap auf 1000 Procent. So ist es noch jetzt in Australien, wo Mangel und Überfüllung schnell wechseln. In Westindien werden oft Pflanzungen gerichtlich verkauft, aber Nordamerika schreibt die meisten Briefe, hat die meisten Eisenbahnen (21000 engl. Meilen), die größten Kanäle, auf dem Ohio mehr Dampfschiffe als ganz Frankreich; denn Reisen ist nothwendig. Daneben herrscht Luxus, man liebt Glänzendes, Auffallendes, reich besetzte Tafeln (Carracas braucht für 45.000 Einw. 40.000 Ochsen, Neubarcelona für 10.000 Einw. gar 16.000 Ochsen, Mejico viermal mehr als Paris; in Sibiriens Golddistrikten trinkt man nur Champagner und fährt nur in pariser Karossen. Obschon jede Flasche 10 Rubel kostet, verbraucht man jährlich doch c. 180.000 Flaschen, also für 3,600.000 Rubel Wein.) Endlich ist es eine alte Erfahrung, daß reif gewordene Kolonien vom Mutterlande abfallen.

§. 9. Portugals Handels- und Kolonialsystem.

Nachdem die Portugiesen in Afrika Kolonien angelegt, Almeida die See-herrschaft der Araber erschüttert, Albuquerque sie vernichtet und Portugals Herrschaft im indischen Meere befestigt hatte, nannte sich Emanuel d. Gr. „Herr der Schifffahrt, der Eroberungen und des Handels von Afrika, Arabien Persien und Indien." Der Adel, voll Begeisterung für den Kampf gegen die Ungläubigen, und angelockt durch Ehrenämter und Standeserhöhungen, eilte herbei, das ganze Volk betheiligte sich an den Eroberungen, die Kirche eiferte dazu an, und so fällt in diese Zeit die Heldenperiode Portugals, auf welche freilich bald eine lange Zeit der Erschlaffung und sittlichen Ent-artung folgte.

Um ihre Herrschaft zu befestigen, legten die Portugiesen an passenden Küsten Festungen an, machten Goa, Diu, Ormus, Malacca, Macao und Ternate zu Hauptplätzen, erzwangen von Ceylon einen jährlichen Tribut von 250.000 Pfd. Zimmt, gewannen Einfluß auf Pegu und Siam. Sie hatten in Afrika Sofala, Quiloa, Monomotapa, Mozambique, Melinda und Socotora, die Insel Bahrein; eine Zeitlang Maskate, Vorderindien von Diu bis Como-rin, einige Malediven, Ceylon, auf Coromandel Negapatum und Meliapur, einige Sundainseln, die Molukken und den chinesisch-japanischen Handel.

Der portugiesische Handel beruht noch auf dem Grundsatz des Monopols; sein Kolonialsystem auf dem der möglichst schnellen Ausbeutung. In Brasilien wendet es das spanische System militärischer Lehen und später im eigenen Lande das Mercantilsystem Colberts an. In Portugal eignete sich der Staat das Handelsmonopol an, weil ihm die Entdeckungen, Seefahrten und Erobe-rungen viel Geld kosteten und die gefährlichen Fahrten um Afrika nie ohne

Schiffbruch abliefen. Die Holländer, Engländer, Dänen u. s. w. verliehen solche Privilegien an Gesellschaften, in Portugal dagegen wurde der Handel nach den Kolonien nur Staatsangehörigen verliehen, welche dem Staat dafür hohe Procente geben mußten, der sich außerdem noch gewisse Artikel als Regal vorbehielt.

Die Flotten gehörten in Portugal der Regierung und bestanden aus Kriegsschiffen (Gallionen) und Handelsschiffen (Caravellen) oder großen Transportschiffen von 2000 Tonnen (Caraccas). Im Februar oder März gingen 3—4 solche Carracas in Begleitung von Gallionen nach Goa und kamen im Dezember oder Januar zurück. Luden Kaufleute ihre Waare auf Regierungsschiffe, so zahlten sie 30 Procent des Werthes, doch durfte nur die Regierung Pfeffer und auch wohl andere Gewürze verkaufen. Man fuhr dicht an Afrika hin bis Cap Natal, von da nach Mozambique oder sofort nach Indien, auf dem Heimwege rastete man auf Helena und den Azoren. Die indischen Fürsten mußten sich verpflichten, ihre Waaren nur an Portugiesen zu verkaufen, welche einen festgesetzten Preis zahlten und andere Artikel lieferten. Indische Schiffe durften die Häfen nur mit Erlaubniß und Paß der Portugiesen besuchen, keinen Pfeffer und Waffen verführen und mußten die Aufsicht über die Sicherheit des Meeres den Europäern überlassen. Den Zwischenhandel in Indien betrieb nur die Regierung, die ihn nur ausnahmsweise einmal verdienten Männern gestattete.

Goa war der Mittelpunkt des indischen Handels, Mozambique Hauptstation für Afrika, von wo im August oder September eine Flotte nach Goa ging, von wo sie zwischen Januar und April mit den Monsuns zurückkehrte. Von Afrika brachte man nach Indien Sklaven, Ebenholz, Elfenbein und Gold, da Sofala und Monomopata jährlich etwa 1½ Mill. Pfd. Sterlinge lieferte, denn Mozambique gab jährlich über 1 Mill. Fr. reinen Gewinn. Dagegen brachte man aus Indien nach Afrika Wein, Oel, Seide, Leinwand, Baumwollzeuge, Glasperlen und Muscheln. Über die Grenzfeste Socotora bezog man Datteln, Rauchwerk und Matten. Da man den Indiern wenig Produkte als Gegenwaare anbieten konnte, so mußte man in Silber und Gold zahlen. Jedes Regierungsschiff hatte deshalb c. 50,000 Silberthaler für Pfeffer, und Spanien mußte dieses Silber, Afrika das Gold liefern für den indischen Handel, da man in Goa aus afrikanischem Gold Münzen prägte.

Am persischen Meer war das arabische Basra herabgekommen und Alexandrien d. h. das rothe Meer Hauptstraße. Doch erhob sich Ormus zum Hauptstapelplatz Persiens, Mesopotamiens und Armeniens, obschon Ormus nur ein öder Salzfelsen war, von wo man später durch Karavanen direct nach Konstantinopel sandte. Zweimal jährlich kamen Karavanen aus Nordpersien und Syrien nach Ormus, so daß sich ein Welthandel entwickelte. Man tauschte Teppiche, Seide, Pferde, Specereien, Arzneipflanzen, Salz, Perlen, Datteln, Rosinen, Rosenwasser u. s. w. aus gegen Waaren aus Indien und Malacca.

Der Statthalter von Ormus hatte aber auch das Recht, Pferde nach Indien zu verkaufen, und es durfte Niemand früher verkaufen, als bis seine Schiffe ihre Waare los waren. Im Jahre 1622 eroberte der Schah von Persien mit englischer Hilfe Ormus, und jetzt ist die ehemalige Prachtstadt eine Einöde, deren Bausteine Holländer als Ballast einnahmen, wenn sie nach Basra fuhren. Auch Maskate kam 1648 unter arabische Herrschaft.

Din Hafen und Festung, hatte Religionsfreiheit, weshalb indische Kaufleute (Banianen) hier sich niederließen und Indigo, Eisen, Kupfer, Alaun, Oel, Wachs, Zucker, Opium, Getreide, Seide und Baumwolle verkauften, südlich lieferte Daman Reis, Bacaim Bauholz, Chaul Seide, doch Goa war Residenz des Vicekönigs, des Erzbischofs Primas, Waffen= und Stapelplatz des gesammten Handels, denn diese Küstenstrecke Malabars lieferte besonders Pfeffer. Von Ceylon kamen Perlen, die nur an Portugiesen durften verkauft werden, Zimmt, Edelsteine, Baumwolle, Seide, Schwefel, Elfenbein, Metalle; von Coromandel aus trieb man Handel nach Bengalen (Indigo, Opium), Siam und Pegu, von Malacca Handel nach den Molukken, China und Japan, Cochinchina, Pegu und Siam, Sumatra, Java und Borneo, wo man Sandelholz, Porzellan, Pfeffer, Kampher gegen Gold, Rubinen, Saphire, Moschus, Zinn, Kupfer und Blei austauschte. In Celebes und auf den Molukken hatte man Festungen, da die Muskatnüsse und Gewürznelken zu den kostbarsten Artikeln des europäischen Marktes gehörten. Aber die Portugiesen machten sich durch ihre Habgier und Grausamkeit so verhaßt, daß die Eingebornen die Gewürzbäume niederhieben und die Holländer als Freunde aufnahmen.

Mit China hatte man 1517 schon Verkehr, verscherzte aber die Erlaubniß, Handel zu treiben, durch Gewaltthat; als man aber gefürchtete Seeräuber von der unfruchtbaren Insel Macao vertrieb (1533), erhielt man sie vom Kaiser zum Geschenk. Man vertauschte in China Silber (c. 1¼ Mill. Fr), Tuch, Scharlach, Glas, Uhren, Wein und indische Artikel. Denn in October ging die Flotte von Goa nach Cochin, wo sie Gewürze und Edelsteine aufnahm, über Malacca, wo sie einen Paß erhielt, nach Macao, von wo sie Gold, lackirte Holzwaaren, Seidenstoffe, Moschus, Porzellan, Schildpatt, Elfenbeinarbeiten, Kokus u. s. w. mitbrachte. Auch nach Japan trieb Portugal Handel seit 1542, verlor ihn aber 1639. Es holte dort Silber und Kupfer und setzte spanisch Weiß und chinesische Waaren ab.

Portugal trieb demnach in Süd= und Hinterasien nur Zwischenhandel, doch in Europa hatte Lissabon im 16. Jahrh. den Alleinhandel mit indisch-chinesischen Produkten, die es billiger lieferte als Venedig, da es aus erster Hand kaufte und billigeren Transport hatte. Selbst als Portugal an Spanien kam, mußte Philipp II. den Portugiesen den indischen Handel als Monopol lassen. Die Portugiesen wußten aber diese Vortheile nicht auszubeuten. Denn die mißtranische Regierung beschränkte die Gewalt des Vicekönigs und setzte seine Amtszeit auf drei Jahre. In Lissabon mußte er Rechenschaft ablegen und konnte Anklagen nur durch Bestechung entgehen. Diesen Aufwand mußte er sich in drei Jahren verdienen und erlaubte sich daher ungeheure Bedrückungen, so daß bald allgemeiner Haß die Portugiesen traf. Die Aufsicht über den Handel führten Intendanten, und doch brachte Indien der Krone einen Reingewinn von 155.000 Pfd. St. Ein Admiral befehligte die Flotte, von der eine Abtheilung von Goa nach Ormus, die andere nach Comorin ging, und kleinere Abtheilungen an wichtigen Straßen stationirten und Tribute einzogen. Die Soldaten erhielten geringen Sold und durften mit einigen Artikeln Kleinhandel treiben. Mit unbeschränkter Macht gebot der Erzbischof von Goa, welcher die Inquisition einführte und dadurch auch viel beitrug, die Fremden verhaßt zu machen. Unter solchen Verhältnissen wurden die Portugiesen habgierig und gewaltthätig, jeder wollte bald reich werden; Verschwendung ging Hand in Hand mit der schamlosesten Erpressung. Arbeiten wollte Niemand, weder gehorchen, noch sich der Ordnung fügen; daher gab es viel Parteiungen, Verleumdungen und heimliche Anklagen, die Eingeborenen aber nahmen die Holländer als Befreier auf. Anfangs strömten nach Portugal alle unternehmenden Köpfe und kenntnißreichen Männer, aber auch viel Abenteurer, sie verdarben das Volk und 1640 behielt Portugal aus Gnade der siegreichen Holländer nur die Stadt Diu, Goa und Macao, den ganzen indischen Handel besorgten drei Schiffe. So hart ward der Übermuth und die Trägheit bestraft.

§. 10. Brasilien.

Portugal war zu menschenarm, um so weite Eroberungen durch Gewalt beherrschen zu können, es war zu träg, um aus dem Handel mehr zu machen als Zwischenhandel. Es vernachlässigte Industrie und Ackerbau, und als es daher einem Stärkeren erlag, sank es zur Unbedeutenheit herab, in welcher es bis heute verblieben ist.

Brasilien wurde von rohen Jagdnomaden bewohnt, die zum Theil die Gewohnheit hatten, ihre erschlagenen Feinde zu verzehren. Aufgefunden wurde das Cap Pernambuco schon von dem Gefährten des Columbus, von Pinzon, der im Dezember 1499 auf Entdeckungen auf eigene Hand ausfuhr. Er nahm Besitz für Spanien, fand die Mündung des Maranon, erhielt das entdekte Land zum Geschenk, machte aber keinen Gebrauch davon. Kurz nach ihm segelte Diego de Lepe vom Kap Augustin nach Süden, es gerieth aber auch Cabral auf der Fahrt um Afrika in die brasilianische Strömung und nannte das neue Land Terra do Vera Cruz, landete in der Bucht Seguro, da er einen sicheren Ankerplatz fand, ließ auf hölzernem Kreuz des Königs Wappen aufstecken, eine feierliche Messe lesen und nahm für Portugal Besitz von dem Lande. Zwei Verbrecher ließ er zurück, damit sie später als Dolmetscher dienen sollten. Vespucci untersuchte 1502 die Küste, legte eine befestigte Faktorei in Seguro an, nahm Farbehölzer mit, von denen das Land den Namen bekam, und seitdem ward es Zwischenstation für die Ostindienfahrer. Die Krone behielt sich zwar den Alleinhandel vor, doch verpachtete sie ihn an einen Rheder, auch trieben Portugiesen und andere Völker Schmuggelhandel. Denn außer Papageien, Meerkatzen und Curiositäten nahm man auch Pfeffer, Baumwolle, Farbeholz gegen Korallen, Spiegel und Kleinigkeiten in Tausch.

Es waren die Spanier Pinzon und Solis bis zum La Plata gekommen, wo Solis mit 8 Gefährten erschlagen und verzehrt wurden (1508). Cabot untersuchte (1525) in spanischen Diensten diesen Fluß, befuhr Parana und Paraguay und nahm von den angrenzenden Ländern für Spanien Besitz. Da er Silberplättchen von den Indianern eintauschte, nannte er den Fluß Silberstrom (Rio de la Plata). Es drang aber von Peru aus Francisco de Orellana, um das Goldland Eldorado zu suchen, den Amazonenstrom in abenteuerlicher Fahrt hinab (1540), sah im Kampfe mit den Eingeborenen bewaffnete Weiber und meinte, im Amazonenlande zu sein, so daß der Strom nach ihnen den Namen erhielt. Nach einigen Jahren wiederholte er diese Fahrt, erlag aber mit den meisten Gefährten dem Klima und den Anstrengungen. Im J. 1635 fuhren von Quito aus Missionäre bis Para und nach einigen Jahren fuhr Teixeira stromaufwärts, wozu er 10 Monate gebrauchte, ward in Quito in feierlicher Prozession eingeholt und von Jesuiten der Rückweg bis Para ausgeführt.

Um den Handel mit Brasilien zu schützen, sandte der König 1526 ein großes Geschwader, welches den Ort Pernambuco anlegte, aber auch schon mit Franzosen kämpfte. Diese wurden besiegt, aber die junge Stadt von andern Franzosen zerstört. Da entschloß sich der König, das ganze Land an 12 Lehensfürsten zu geben, damit sie es colonisirten und regierten, er selbst wollte nur gewisse Abgaben und Oberhoheitsrechte. Admiral Sousa sollte diesen Plan ausführen, nahm beiläufig auch von Uruguay Besitz, legte in Vincent (St. Paulo) zwei Ackerbaukolonien an, während sein Bruder den Franzosen das Fort Pernambuco wieder entriß. Die Colonisation der Lehnsfürstenthümer mißglückte bei den meisten gänzlich, wenige erhielten sich kümmerlich, und nur Seguro, Vincent und Pernambuco entwickelten sich ein wenig. Daher erklärte die Regierung Brasilien für einen Verbannungsort, um es zu bevölkern, doch ward jeder Deportirte in Brasilien frei.

Es hatten aber Normannen und Bretonen lebhaften Handel nach Brasilien getrieben und endlich im Meerbusen von Rio de Janeiro eine Festung und Kolonie angelegt, wogegen Portugal königliche Fürstenthümer (Capitanien) gründete und zum Sitz der Regierung Bahia machte, denn viele Lehnsfürsten waren verarmt. Die alte (obere) Stadt lag auf einer Hochebene, erst später entstand die untere Stadt am Ufer. Jene hieß die Erlöserstadt (cidade de Salvador), doch nannte man sie bald Bahia (Bucht), umgab sie mit einem Pallisadenzaun, Erdwall von 6 Thürmen, und nahm als Wappen eine Taube mit dem Oelzweig im Schnabel an. Die Jesuiten übernahmen die Bekehrung der

Indianer und wirkten sehr erfolgreich. Es gab trotzdem viele Kämpfe mit den Eingebornen, und als die französische Kolonie durch einwandernde Hugenotten (1555) unterstützt vom Admiral Coligny nach vielen heftigen inneren Zwistigkeiten erstarkte, unternahmen die Portugiesen von Bahia aus mehrere Feldzüge zur See gegen Janeiro, zerstörten Stadt und Niederlassungen ihrer Feinde und gründeten dort endlich eine eigene Kolonie (1565), S. Sebastian de Rio de Janeiro, die einige Jahre große Noth litt, bis man sie in den Hintergrund des Hafens verlegte (1567). Auch der Streit, ob Indianer Sklaven werden dürften, was die Jesuiten verneinten, ward durch königlichen Ausspruch geschlichtet, und zwar dahin, daß nur Kriegsgefangene und gekaufte Indianer Sklaven werden durften.

Obschon Portugal seit dem Aussterben der burgundischen Dynastie mit dem Kardinal Heinrich II. 1580 an Spanien kam und bei diesem Reiche bis 1640 blieb, wo das Haus Braganza den Thron bestieg, so entwickelte sich die Kolonie Brasilien doch nach und nach, denn Spanien und Portugal blieben getrennte Länder und ihre Besitzungen gesondert. Als Philipp II. mit den Niederländern und Engländern in lange Religionskriege gerieth, die meist zur See geführt wurden, verlor Portugal fast alle auswärtigen Besitzungen und auch Brasilien. Doch in den ersten Jahren erwehrte man sich der Feinde. Englische Seeräuber erschienen 1582, wurden von Spaniern ohne Weiteres angegriffen, siegten aber, und nun begann ein kurzer Seeräuberkrieg, wobei das reiche Pernambuco erobert und ganz ausgeplündert ward. Die Beute war so groß, daß man holländische und französische Schiffe belastete. Doch blieb dies ohne weitere Folgen. Dagegen gründete man im Norden drei neue königliche Kapitanien und setzte sich nach wiederholtem Kampfe mit Franzosen an der Mündung des Maranon fest. Das Zuckerrohr, welches ein deportirter Jude angepflanzt hatte, brachte bereits schon so viel Gewinn, daß überall Zuckermühlen gebaut wurden, Pernambuco allein 66 Mühlen hatte, jährlich 40 Schiffe befrachtete, und einen Zehnten von 80.000 Fr. einbrachte. Der Statthalter hatte 40.000 Fr. Gewinn, und mehr als 100 Kolonisten 20.000 Fr. Jahresertrag, so daß sie ungeheuren Luxus trieben. Die ganze Kolonie producirte 60.000 Ctr. Zucker, führte aber auch für 1½ Mill. Fr. nicht portugiesische Waaren ein.

Mit der Zeit waren 8 Fürstenthümer königliche, die übrigen sieben von dem König abhängig geworden, das Ganze in zwei getrennte Gebiete, in Brasilien und Marannon getheilt. Anders wurde es, als die Holländer das Land eroberten. Seit Ostindien und die Sundainseln verloren, die südamerikanischen Kolonien aber 1654 wieder gewonnen waren, wandte die Regierung den letzteren besondere Aufmerksamkeit zu, sandte Kolonisten, machte den Marannon 300 Meilen weit zugänglich, versandte Sassaparille, Vanille, Kaffee, Baumwolle, Kakao u. s. w., errichtete in Paraguay 1679 einen Jesuitenstaat, legte gegenüber von Buenos Ayres die Kolonie St. Sacramento an, zog den

Handel vom spanischen Uraguay an sich, und Abenteurer entdeckten die Goldminen von Cuyaba und Matto Grasso am obern Paraguay. Obschon eine
große Zahl der Grundherren in Portugal blieb und sich um die Besitzungen
in Brasilien wenig kümmerte, so hob sich doch die Ausfuhr, denn neben
Zucker (32 Mill. Pfd.) producirte man Tabak, Kakao, Baumwolle, Indigo,
Copai-Balsam, Häute, Farbholz und kaufte dafür Mehl, Wein, Salz, Sclaven,
Manufakturwaaren u. s. w.

Der Handel nach Asien und Afrika war allen Portugiesen frei gegeben,
doch nach Brasilien durften nur einige bevorrechtete Gesellschaften handeln,
welche im März von Lissabon und Oporto ihre Flotten absandten, und zwar
30 Schiffe nach Bahia, 39 nach Pernambuco, 20 nach Rio Janeiro, 7 nach
Para, und im September von Bahia aus heimkehrten. Da entdeckte man
(1698 und 1725) die Gold- und Diamantengruben in Minas Geraes und
Serro do Frio, und die Goldsucht ergriff die Leute so sehr, daß man die
Pflanzungen vernachläßigte. Eine Gesellschaft erhielt das Privilegium, die
Regierung Antheil am Diamantenverkauf; jedem Andern war dieser Handel
bei Todesstrafe verboten, die Grenze zur Einöde gemacht, und die Regierung
verkaufte jährlich für 12½ Mill. Fr. solcher Kleinodien nach England und
Holland, wo sie geschliffen und in den Handel gebracht wurden. Rio Janeiro
erhob sich zum Stapelplatz und nahm an Bevölkerung rasch zu. Dagegen
sank der Anbau des Zuckerrohrs, so daß Westindien concurriren konnte. Der
Wohlstand sank; um sich zu helfen, verkaufte die Regierung Monopole, machte
die adeligen Besitzungen zu Krongütern, so daß eine Besserung erst 1808
eintrat, als das Regentenhaus vor Napoleon nach Brasilien flüchtete.

Auch in Afrika behielt Portugal nur den Negerhandel in Guinea, und
nur Madeira blühte auf, da es Stationsplatz auf der Straße nach Südamerika wurde.

§. 11. Portugals Handel bis zur Neuzeit.

Lissabon war neben Amsterdam eine Zeitlang die erste Schiffswerfte, denn
es besaß treffliches Bauholz in seinen Waldungen. Die Rhederei nahm große
Verhältnisse an, die Kriegsflotte gewann Macht und Stärke, alle Talente
suchten in Portugal Beschäftigung, die Matrosen Portugals galten für die
besten. Schon 1384 trieb Portugal starken Weinhandel nach England, an
dessen Küste Portugiesen Fischfang trieben, nach Neufundland sandte es 50
Schiffe, England nur 30 auf den Fischfang.

In Lissabon war im 16. Jahrh. der Hauptmarkt der indischen Waaren,
es verkaufte aber auch Elfenbein, Goldstaub, Gummi, Sklaven, Maderawein,
canarischen Zucker, Gewürze, Farbstoff, Droguen, und das atlantische Meer
wird Weltmeer. Man führte die Waaren nach Antwerpen, aber nordische
Kaufleute kauften auch in Lissabon ein, und bald fanden es die Portugiesen

bequemer, daß die Waaren abgeholt wurden, obschon ihre Rhederei dabei sehr
verlor. Als nun Portugal an Spanien kam, wurden seine Häfen gesperrt.
Als Spanien mit den Niederlanden Krieg führte, ging die Marine fast ganz
verloren, und die fremden Schiffe, welche Waaren abholten, brachten Einfuhrartikel mit, so daß sie doppelten und dreifachen Vortheil zogen. Fremde
Schiffe holten in Lissabon brasilianische und portugiesische Artikel ab, denn die
Portugiesen vernachlässigten den inneren und europäischen Handel bald ebenso
sehr wie den Ackerbau und die Industrie. Grund und Boden gehörte dem
Adel und der Geistlichkeit, welche ihn verpachteten und nichts zu seiner Verbesserung thaten. Fahrstraßen fehlten, die Flüsse versandeten, fruchtbare Strecken
blieben Schafweide oder Einöden, die Ackerbauwerkzeuge unzweckmäßig, und
Lissabon eignete sich alle Vortheile des Landes an. Gegen Wein und Seesalz
kaufte man Getreide aus Amsterdam, seidene Stoffe und Manufakturen aus
Genua. Dazu gerieth man mit Frankreich durch Einfuhrverbote in Streit,
und als Philipp V. Anjou König von Spanien wurde, suchte man sich gegen
Frankreichs Einfluß dadurch zu schützen, daß man sich unbedingt an England
ergab, dessen Gesandter Methuen 1703 einen Vertrag schloß, der England die
Wolleinfuhr gegen 23% erlaubte, wogegen England den Weinzoll um ⅓
herabsetzte. In kurzer Zeit zog England den ganzen Handel Portugals an
sich, baute ihm seine Schiffe, rüstete sie aus, übernahm den Geldhandel, wobei
es 6% profitirte. Es führte jährlich für 10 Mill. G. Manufakturwaaren
ein, die mit Gold aus Brasilien bezahlt wurden, drückte Wechsel auf Lissabon
15% herab, gewann den ganzen Binnenhandel und Kommissionsgeschäfte, sogar
den brasilischen Handel. Obschon die Goldminen in 60 Jahren 240 Mill. Fr.
einbrachten, waren in Portugal doch nur c. 20 Mill. im Umlauf und hatte
es c. 70 Mill. Schulden.

Zwar nahm die Produktion Brasiliens zu, aber Holländer, Engländer
und Deutsche holten dort Zucker, der bereits ein verbreiteter Genußartikel war,
Tabak, Häute, Farbehölzer, Chinarinde u. s. w. selbst ab. Da unternahm
es der Minister Pombal (1750), durch Reformen die Verhältnisse Portugals
zu bessern, aber er verfuhr auf gewaltthätige Weise, beging viele Mißgriffe
und verschlimmerte die Lage des Landes, da er den Verkehr und die Gewerbthätigkeit bis ins Kleinste hinein regeln wollte. Er gebot Weinberge in
Ackerland umzuwandeln, so daß Portugal bald 37.000 Fuder Wein weniger
erntete, das Getreide aber auf dem dürren Boden nicht gerieth. Fremde
Spinnerinen sollten das Spinnen der Seide lehren, und das arbeitslose Volk
rottete Maulbeerbäume und Weinberge aus. Gewaltsam gründete er Städte
und Fabriken, man fixirte die Waarenpreise, machte den Handel zum Privilegium einzelner Handelshäuser, besonders den Weinhandel Oportos, wobei die
Weinbauern verarmten, gab aber auch den Kornhandel frei und wollte sich
von England unabhängig machen, weßhalb man sich an Frankreich anschloß, wo
aber portugiesische Artikel keinen Absatz fanden. Zwar stieg die Ausfuhr nach

England und nahm dessen Einfuhr ab, aber das Volk war nicht reif, große Thätigkeit zu entwickeln. Mit Pombals Abtreten (1777) trat das Mißverhältniß um so greller hervor. Nordeuropa versorgte das Land mit Getreide, gesalzenen Fischen, Leinwand und Holz, England mit Manufakturwaaren, Südrußland mit Weizen, und dafür bot Lissabon oder Oporto nur Wein, Südfrüchte, Seesalz und einige Kolonialprodukte, denn nur Holland und Deutschland kauften diese, da Brasilien bereits 150,000 Ctr. Zucker lieferte.

Die Revolutionskriege, die Seekriege und Handelssperre brachten Portugal bald Schaden, bald Nachtheil, je nachdem es in dieselben verflochten wurde. Doch blühte Brasilien empor, die Amerikaner brachten Holz, Getreide und Fische gegen Wein, die Industrie im Lande fing an, einen Theil des eigenen Bedarfs zu decken, der Schmuggelhandel nach Gibraltar und der Verkehr mit Hamburg beschäftigten viele Schiffe, indische Stoffe nahmen wieder ihren Weg über Lissabon. Aber die Franzosen verwüsteten 1807 das Land auf rohe Weise, hieben Maulbeer- und Oelbäume nieder, sperrten die Häfen und zwangen den Hof zur Flucht nach Brasilien, wohin sich der Handel mit Afrika, Nordamerika und England zog. Da die Regierung in Brasilien blieb, so gewöhnten sich Hamburg, Amsterdam, Marseille, London u. s. w. daran, direct mit Brasilien zu verkehren, dagegen sank Portugal durch falsche Maßregeln der Finanzverwaltung. Das Land gehörte meistens der Krone oder großen Grundbesitzern, die es verpachteten, aber nichts thaten zur Anlegung von Wegen und für Verbesserungen. Die Einfuhr des fremden Getreides war erlaubt, die Ausfuhr verboten, Hornvieh gab hohe Abgaben, das Land war verschuldet, die Abgaben drückend, und erst 1820 traten hierin einige Verbesserungen ein. Dazu kamen endlich noch innere Unruhen, Bürgerkrieg und die Lostrennung Brasiliens, so daß Portugal gegenwärtig noch ungünstige Verhältnisse zu ertragen hat.

§. 12. Christof Columbus.

Als die Portugiesen Ostindien aufgefunden hatten, gerieth ganz Europa in geistige Aufregung. Von allen Seiten kamen Abenteurer und Projectenmacher nach Portugal, um dort ihr Glück zu machen. Bemittelte unternahmen auf eigene Rechnung Entdeckungsfahrten, denkende Köpfe grübelten und forschten, wie man die Entdeckungen erweitern oder nutzbarer machen könne.

Unter den Fremden, die sich (c. 1484) an Johann II., König von Portugal, wandten, befand sich der Genuese Cristoforo Colombo, welcher seinem Namen später die spanische Form Colon gab, welchen man aber damals in lateinischer Endung Columbus schrieb. Zehn Städte Italiens stritten sich um die Ehre, seine Heimath zu sein, doch hat er nachgewiesen, daß er c. 1456 zu Genua geboren wurde, wo sein Vater Tuchweber, dessen Söhne Wollkrämpler waren. Der Vater besaß Vermögen, ließ daher den begabten Sohn Christoph auf der Universität Pavia Mathematik studiren, worauf der Jüngling Seemann wurde, die Levante besuchte, nach Tunis fuhr, und von Bristol in England mit einem Stockfischhändler nach dem nördlichen Meere über Island hinaus fuhr, wo er möglicher Weise kann erfahren haben, daß Erik der Rothe 983 im Westen von Island ein Land Grönland entdeckte und sich dort mit Andern niederließ, daß ferner Björne Herjulfsson c. 1000 auf seiner Fahrt nach Grönland von Stürmen nach Süden getrieben wurde, und dort viel schöne waldreiche Länder entdeckte. Deshalb zog Leif von Grönland nach Süden, fand das öde Steinland Labrador, das Mark- oder Waldland Neu-Schottland mit hellschimmerndem Gestade und endlich das Weinland am Taunton River (Boston), wo ein Deutscher Tyrker Wein fand. Einige Jahre wohnten Nor-weger an diesen Gestaden, aber unaufhörliche Kämpfe mit den zahlreichen In-dianern und unter sich brachten die Überlebenden dahin, den unheilvollen Besitz aufzugeben. Bald ward die ganze unscheinbare Sache vergessen und erhielt sich nur in der Sage und in Volksliedern auf den Faröer, wo auch einmal fremde Leichen (Eskimos) ans Land getrieben wurden. Dies kann Columbus möglicherweise erfahren haben.

Colombo nahm an den Guineafahrten der Portugiesen Theil. Astrono-mische Beobachtungen und mathematische Studien brachten ihn auf den Ge-danken, daß man eher nach Indien kommen müsse, wenn man gerade nach Westen fahre. Diesen Gedanken hatten aber bereis Andere ausgesprochen, und König Alfons hatte selbst mit dem Astronomen Toscanelli in Florenz viel über diesen Gegenstand correspondirt. Der Astronom billigte nicht nur jene Ansicht, sondern verfertigte eine Karte (1474), welche die Wege zeigte. Ein Krieg Portugals hinderte die Ausführung dieses Planes. Colombo wußte davon, erbat sich von Toscanelli die Karte, erhielt und studirte sie und trat nun vor König Johann, ihm Schiffe zu geben, damit er den neuen Seeweg nach Westen auffinde. Der König überwies die Prüfung dieses Planes der nau-tischen Commission, welche ihn aber als unsicheres Wagstück verwarf, obschon Behaim u. A. ihn empfahlen. Colombo ward abgewiesen, und er floh heimlich (man weiß nicht, weshalb) mit seinem Sohn Diego nach Spanien, während sein Bruder Bartolomeo bis 1487 in Lissabon blieb, dann nach England wollte, unterwegs von Seeräubern gefangen und nach Afrika verkauft wurde, bis es ihm gelang, sich zu befreien und nach England zu kommen, wo er sich seit 1488 am Hofe Heinrich VII. durch Kartenzeichnen das Brod erwarb.

Colombo hatte, als er von Island nach Lissabon kam, in der Kirche die Tochter des Perestrello, des ersten Lehnsträgers von Porto Santo, kennen ge-lernt und geheirathet, worauf er lange Zeit im Haus der Schwiegermutter auf Porto Santo lebte und des Schwiegervaters Karten studirte. Diese und andre Studien und Beobachtungen machten es Colombo zur unumstößlichen Gewißheit, daß, wenn die Erde eine Kugel sei, der Ostrand Asiens dem Westen Europas müsse gegenüber liegen. Es galt aber damals noch das System des Griechen

Ptolemäus, welches viel falsche Berechnungen aufstellt, und außerdem behauptete die damalige Theologie, die Annahme der Kugelgestalt der Erde widerspreche der heil. Schrift. Colombo fand daher unter den Gelehrten nicht nur Gegner, sondern mußte große Rechenfehler begehen, als er die Entfernung Indiens von Europa genau angeben wollte; denn es fehlten damals noch viele Instrumente z. B. Chronometer, und die sonst zuverlässigen arabischen Astronomen wagten es nicht, gegen den Ptolemäus zu sprechen. Colombo vermuthete Indien, China (Kathai) und Japan (Zipangu), von denen Marco Polo u. A. erzählten, in einem Abstand von 130 Breitengraden von Europa, hoffte dazwischen noch die Insel Antiglia (das Feenland Atlantis der Alten) zu finden, welche sich auf den Karten nach ihrer muthmaßlichen Lage eingezeichnet fand, und von welcher Westindiens Inseln den Namen Antillen erhielten.

In Spanien, wohin sich Colombo wandte, herrschte damals große Aufregung und Verwilderung, denn der König war ohne Macht, der hohe Adel mächtig, hatte oft über 30.000 Vasallen, die Geistlichkeit war unabhängig und besaß königliche Einkünfte, dazu drei Ritterorden, von denen der von Santiago 50.000 Vasallen zählte. Dazu dauerten die National- und Religionskriege gegen die Mauren fort und erhielten Kriegs- und Abenteuerlust lebendig, bis Isabella und Ferdinand eine feste königliche Gewalt herstellten und den Raubadel schonungslos ausrotteten, den Bürgerstand gegen den Adel schützten, mit Hülfe der Artillerie und der Tranchéen die maurischen Bergfesten zerstörten. Dabei besaß Isabella außerordentliche Thatkraft, konnte Anstrengungen aller Art ertragen, besserte die Kleider ihres Gemals selbst aus und brachte durch Eroberungen, Steuern und Einziehen von Krongütern die Staatseinnahmen in 20 Jahren von 12 Mill. auf 340 Mill. Maravedis (c. 1 Mill. Dukaten).

Colombo wandte sich zuerst an den Herzog von Medina Sidonia, dieser wies ihn an Luis de la Cerda, welcher drei Schiffe ausrüstete, es aber für angemessener hielt, der Königin eine so weit aussehende Unternehmung zu überlassen. Es trat Colombo 1486 in den Dienst der Krone, legte der Königin seine Pläne vor, und diese ließ sie von einer Gelehrtencommission der Universität Salamanca prüfen. Die Dominikaner bewirtheten den Genueser und empfahlen sein Project, doch der Großinquisitor bestritt es als unbiblisch, und die Übrigen fanden es angemessen, die Ausführung so lange zu verschieben, bis der maurische Krieg beendet sei.

Des langen Wartens müde, beschloß Colombo 1491, sich an den französischen Hof zu begeben. Auf dieser Wanderung kömmt er, seinen Sohn Diego an der Hand, nach dem belebten Hafen Palos, klopft an die Pforte des Franciskanerklosters la Rabida und bittet für seinen Sohn um ein Stück Brod und einen Trunk Wasser. Dem Mönch Perez fällt das intelligente Gesicht des Bittenden auf, er unterhält sich mit ihm, hört dessen Entwürfe und Enttäuschungen, bittet zu bleiben, zieht einen sachkundigen Arzt zu Rathe und sendet einen warmen Empfehlungsbrief an Isabellas Beichtvater. Colombo erhält nach 14 Tagen die Einladung, an den Hof zu kommen, dazu Reisegeld, traf vor Granada (1491) ein, gerade als diese letzte maurische Feste über-geben wurde, konnte sich aber wegen der Belohnung, die er beanspruchte, nicht mit dem Hofe einigen, weil er hohe Würden und Einkünfte verlangte. Co-lombo hatte unterdessen viel Fürsprecher gefunden, so daß die Königin sich entschloß, ihre Juwelen zu verpfänden, um Schiffe zu schaffen. Ein Minister streckte ihr aber 5300 Dukaten vor, mit denen man drei Schiffe auf ein Jahr miethete. Colombo war aber bereits abgereist und auf dem Wege nach Frankreich, doch holte ihn ein Eilbote ein, der Contract mit der Krone ward unterzeichnet, und Colombo rüstete in Palos drei Schiffe aus.

§. 13. Die Entdeckung Westindiens. Erste Fahrt.

Colon rüstete seine drei Schiffe aus, warb eine Mannschaft von 90 Mann, und als Alles bereit war, ging der fromme Admiral in Prozession in die Kirche, beichtete, nahm das h. Abendmahl und segelte am 3. August 1492 unter Glockengeläut aus dem Hafen ab, dessen Ufer mit Menschen bedeckt waren, von denen viele weinten, weil sie das Unternehmen für ein verlorenes hielten. Colon befehligte die Santa Maria, Pinzon die Pinta und Yancz die kleine Nina. Auf den canarischen Inseln verweilte Colon 4 Wochen, um seine Schiffe vollständig auszurüsten, und segelte Anfang September nach Westen. Man segelte 34 Tage, ohne etwas anderes als Himmel und Wasser zu sehen. Obschon Colon den Weg, welchen man täglich machte, geringer angab, um keine Unzufriedenheit zu veranlassen, so hat er sich doch selbst geirrt, da ihn Strömung und Passatwind trieben. Als man durch die Krautwiesen des so-genannten Sargasso-Sees kam, vermuthete man Land, als aber die Wiese kein Ende nehmen wollte, wurden Einige unruhig. Doch ist die Erzählung von einer Meuterei unwahr; denn sie ist erst später erdichtet. Wiederholt täuschte man sich, indem man Wolken für fernes Land hielt, auch häufig erscheinende Vögel, ein heranschwimmender frischer Baum, ein geschnitzter Stab, erregten unerfüllte Erwartungen, weshalb Colon nach Westsüdwesten ablenkte. Colon befahl, wachsam zu sein und versprach dem, welcher zuerst Land entdecke, ein seidenes Wamms zu dem königlichen Gnadengeschenk von 26 Dukaten nebst Leibrente. Man wollte, weil man nach Angabe der Karten Land vor sich haben mußte, in der Nacht nicht segeln, doch die Ungeduld war groß, der Mond schien hell, und so ging es frisch vorwärts. Da rief 2 Uhr Nachts am 12. October auf der Pinta der Matrose Rodrigo aus Tosana voll Ent-zücken: Tierra, Tierra! und brannte die Lärmkanone los. Alles beeilt sich und siehe, vor ihnen lag ein mondbeglänztes Gestade. Doch behauptete Colon, schon 4 Stunden früher Licht auf der Insel gesehen zu haben, und nahm daher den ausgesetzten Lohn für sich.

Colon hatte die Antillen gefunden, deren Bewohner freilich auf einer

16*

tiefen Stufe der Bildung standen. Sie gingen nackt, wohnten in leichten Hütten, aßen Maniokwurzel, Yamswurzeln, Bataten, bauten mühsam etwas Mais, machten Stricke aus den Fasern der Agaven, Gefäße aus Kürbissen, fingen Fische in Netzen und an Schnüren, kannten das Eisen nicht, fällten aber mit ihren steinernen Äxten große Bäume, aus denen sie Boote zimmerten, und mußten viel von den menschenfressenden Caraiben dulden, welche vom Festlande aus oder von einigen Inseln in dessen Nähe Raubzüge nach den wehrlosen Antillen unternahmen. Sie selbst standen unter unbeschränkt herrschenden Kazilen (Häuptlingen), an deren Höfen Zuchtlosigkeit herrschte.

Colon hatte die flache Watlingsinsel (Guanahani oder San Salvador) gefunden, die zu den Bahamaininseln gehört. Unter Trompetenschall, mit wehenden Fahnen, in Panzer und Helm, das blanke Schwert in der Hand, nahm Colon von ihr im Namen des Königs Besitz und wurde von den Einwohnern sammt seinen Leuten für Götter gehalten. Denn jene waren sehr erstaunt, als die Spanier ihren Helm abnahmen und aufsetzten, Kleider an- und auszogen, auf das Pferd und von demselben stiegen und gar Donner und Blitz besaßen. Sie hielten Helm und Kleider für Körpertheile, Reiter und Pferd für eine Person, die sich beliebig theilen könne. Colon schenkte seinen neuen Unterthanen Glasperlen, Glöckchen und andern Tand, empfing dafür Baumwolle, Papageien, Wurzeln u. s. w., und da er Goldringe in ihren Ohren und Nasen bemerkte, ließ er sich die Richtung des Goldlandes zeigen, fuhr weiter, und entdeckte Cuba, wo er in Puerte de Nipe landete. Der Herbstregen war vorüber, und die Insel lag vor Colon in der ganzen Pracht der tropischen Natur. Er hielt sie für die Insel Japan, umsegelte sie zum Theil und kam dann nach Hayti, welches er Hispaniola nannte. Die Insel war dicht bevölkert, die Einwohner aber flohen trotz der Geschenke, die man Einzelnen gab, bis die Dolmetscher, welche man von den andern Inseln mitgenommen hatte, die Indianer zutraulich machten. Man fand in den Flüssen viel Gold, größere Ortschaften mit planvoll angelegten Straßen. Da gerieth um Mitternacht, als ein Junge das Steuerruder führte, das Admiralschiff auf eine Sandbank, deren Rauschen man eine Stunde weit hörte. Colon sprang aufs Deck, befahl Anker zu werfen, aber die Mannschaft floh, und das Schiff scheiterte. Der Kazik sammt seinen Unterthanen, welche bereits Freunde und Verehrer der Spanier waren, seit sie die Wirkung der Kanonen hatten kennen gelernt, beweinten den Schiffbruch und halfen getreulich Kisten und Kasten retten. Zum Dank erhielt der Kazik ein Hemd und ein Paar Handschuhe geschenkt, die ihn unendlich glücklich machten. Mittlerweile entwickelte sich ein lebhafter Goldhandel, und Colon beschloß, aus den Schiffstrümmern eine kleine Burg zu bauen, welche er mit 40 Mann besetzte, sie auf ein Jahr mit allem Nöthigen versah, und sich dann für den Heimweg rüstete, da auch die Pinta abhanden gekommen war, weil Pinzon auf eigene Faust Entdeckungen versuchte. Pinzon war an ein goldreiches Vorgebirge (Isabella) von Haiti gekommen, hatte großen Goldhandel getrieben, und war tief in das Innere eingedrungen.

Auf der Heimkehr nach Europa überfielen den Admiral furchtbare Stürme, daß er an seiner Rettung verzweifelte, seine Entdeckung auf Pergament schrieb, dieses in einer Flasche versiegelte und die Flasche in einer Tonne aufs Meer warf. Er versprach demjenigen 1000 Dukaten, welcher die Flasche uneröffnet dem König von Spanien übergeben werde. Doch er kam wohlbehalten nach Madeira, wo er im Büßerhemd die Hälfte seiner Leute in die Kapelle sandte, um Gott zu danken. Der portugiesische Statthalter ließ sie aber in der Kapelle überfallen und gefangen nehmen. Nach mehrtägigem Streit erhielt Colon seine Leute zurück, als er sich legitimirt hatte. Von Neuem überfiel den Admiral ein Sturm, welcher nun selbst eine Wallfahrt im Büßerhemd gelobte, und unter großer Gefahr im Tejo einlief, so daß er in Lissabon seinen Besuch machen mußte. Am Hofe des Königs erbaten sich Cavaliere, mit dem Admiral Händel anzufangen und ihn zu tödten, damit seine Entdeckung unbekannt bleibe, doch der König wies solches Ansinnen mit Unwillen zurück. Am 12. März kam Colon endlich wieder im Hafen von Palos an, wo er den Pinzon fand, der sich von Neuem getrennt hatte, um zuerst dem König die Nachricht von der Entdeckung zu bringen. Doch er ward abgewiesen, bis Colon erscheine, darüber brach dem eitlen Manne das Herz, daß er starb.

Am Palmsonntag hielt Colon feierlichen Einzug in Sevilla und reiste dann nach Aragon, wo sich der Hof aufhielt, fand ihn aber in Barcelona. Alle Straßen waren unterwegs von Neugierigen bedeckt, welche die Indianer, Papageien u. s. w. sehen wollten, die man dem Zuge vorantrug. Mitten auf dem Markte Barcelonas stand der Thron. Als Colon erschien, erhob sich der König, ließ den Admiral zum Handkusse zu und ließ ihm einen Sessel anbieten, damit er die Wunder des neuen Landes und die Abenteuer der Reise erzähle. Auch erhielt Colon ein schönes sinnreiches Wappen und die Bestätigung des früheren Contractes. Zugleich ward eine neue Fahrt mit großem Eifer betrieben, da man das neue Land ordentlich verwalten wollte, und der Grenzstreit mit Portugal durch den Papst entschieden.

§. 53. Die übrigen Entdeckungsfahrten Colons.

Nach manchen Verzögerungen segelte Colon 1493 mit 3 großen Kauffahrern, 14 Caravelen und 1500 Matrosen, Beamten und Abenteurern ab aus Cadiz; auch nahm er Hausthiere, Getreide u. s. w. mit, um sie in das neue Land zu verpflanzen. Man fand einige der kleinen Antillen (Dominique, Guadelupe, wo man höher civilisirte Seeräuber fand, und Streifparteien im Urwalde sich verirrten.) Endlich kam man nach Haiti, wo das Fort Navidad stehen sollte. Man rief, keine Antwort. Man feuerte Geschütze ab; am Ufer blieb es unheimlich still. Endlich erschienen Indianer, freuten sich über die

Ankunft des Admirals, meldeten aber auch, daß Fort und Besatzung nicht mehr vorhanden wären, da die Spanier durch Roheit und Raubgier sich so unerträglich machten, daß man sie umbrachte und das Fort zerstörte. Colon segelte weiter und legte an einer geeigneten Stelle endlich an einer Felsenwand und einem Urwalde eine Stadt an, die man Isabella nannte. Nach wenigen Tagen fing aber das Fieber an zu wüthen, trotzdem sandte Colon eine Expedition durch Urwälder ins Innere, um das Goldland aufzusuchen, und es begann nun nicht nur ein grausamer Vertilgungskrieg, sondern auch Meutereien, weil Jeder schnell reich werden, nicht aber arbeiten und sich der Ordnung fügen wollte. In Isabella trat Noth ein, Mangel an Lebensmitteln, Krankheit, allgemeine Unzufriedenheit, die Indianer empörten sich im Lande, und mußten grausam bestraft werden. Colon aber ging, nachdem er Alles geordnet hatte, unter Segel, um Japan zu suchen. Er fand Jamaica, fuhr an Cuba's Küsten entlang, welches er für ein Festland (China) hielt, hatte viel von Stürmen zu leiden, kehrte dann, nachdem er Portorico gefunden, todtkrank nach Haiti zurück, da er 32 Nächte kein Auge geschlossen hatte. Der an Abenteuern reiche Krieg mit den Indianern dauerte fort, die Insel ward unterworfen und den Eingeborenen eine Steuer aufgelegt. Jeder Indianer mußte in 3 Monaten 30 fl. Goldstaub oder 25 Pfd. Baumwolle abliefern, ihr Häuptling 1200 fl. Doch die Indianer wanderten lieber aus oder verhungerten, ehe sie arbeiteten, die Kolonie kam herunter, und viel Beschwerden erhob man gegen den Admiral. Die Krone aber errichtete in Cadix ein Magazin, wohin alle Waare der neuen Welt mußte gebracht werden, denn nur die Regierung durfte sie verkaufen. Colon legte noch einige Forts an und kehrte nach Spanien zurück 1496.

Colon fand in Burgos gnädige Aufnahme, wußte die Ergiebigkeit der entdeckten Inseln sehr hervorzuheben, doch verzögerte sich die Abfahrt einer neuen Expedition bis 1498, in welchem Jahre 8 Schiffe abgingen. Da er sich südlich hielt, gerieth er in die Region der Windstillen und drückenden Hitze, so daß die Reife von den Fässern sprangen. Colon fuhr daher wieder nach Norden, fand die Orinocomündung und Trinidad, ging durch den Drachenschlund des Orinocodeltas, fand die Insel Margarita und kam dann nach Isabella, wo er seine Brüder als seine Stellvertreter zurückließ. Diese hatten mit Aufständen, Verschwörungen und Krankheiten zu kämpfen, der Admiral selbst befand sich in hilfloser Lage, da ihm Geldmittel fehlten, und ein Theil der Spanier ihm den Gehorsam kündigte. Um sich mit ihnen auszusöhnen, vertheilte er Land und Leute unter sie, machte die Eingebornen zu Frohnbauern und die Goldbergwerke zum Eigenthum der Krone, und gab das ungesunde Isabella als Kolonie auf.

Colon kehrte nach Spanien zurück, wo er viele Feinde fand. Denn die Entdeckung brachte das nicht ein, was er versprochen; sie kostete vielmehr große Summen. Um aber dem Hofe Vortheile zeigen zu können, hatte Colon ein hartes Bedrückungssystem in Westindien eingeführt, so daß von dort aus sich auch Klagen erhoben. Die Enttäuschten, welche von Haiti heimkehrten, saßen vor der Alhambra Granadas, den Schoß mit Trauben gefüllt, und riefen dem König zu, wenn er erschien: Zahle! Zahle! Colons Brüdern aber riefen sie nach: Schaut die Püppchen, deren Bruder den Kirchhof des spanischen Adels entdeckt hat. Da Colon trotz königlicher Verbote fortfuhr, Indianer in Spanien für Geld zu verkaufen, traf ihn die königliche Ungnade, und Franz von Bobadilla erhielt die Vollmacht, die Zustände Haitis zu prüfen und zu ordnen. Dieser begann dort eine heimliche Untersuchung, nahm jede Verläumdung an, legte den Admiral ohne Verhör in Ketten, als dieser in San Domingo ankam und sandte ihn nach Spanien. Colon verschmähte es, die Handschellen abzulegen, als man sie ihm an Spaniens Küste abnehmen wollte, erschien in Granada, wo er vor Schluchzen kein Wort reden konnte, als er vor König und Königin niederkniete. Man tröstete ihn, entschuldigte sich und versprach Bestätigung der alten Contracte, doch erst 15(**) durfte er in Sevilla ein neues Geschwader ausrüsten, weil er den Weg nach China suchen wollte, da er noch immer meinte, im indischen Meere zu sein und die Inseln daher auch Westindien heißen.

Im J. 1502 verließ er Cadiz, durfte aber in San Domingo auf Befehl des dortigen Statthalters nicht landen, obschon er einen Sturm erwartete. Der Sturm brach los, vernichtete aber die spanische Flotte von 28 Segeln und mit ihr die Todfeinde und Ankläger Colons; Colon hatte sein Schiff geborgen und fuhr an Jamaica und Cubas Inselchen (Garten der Königin) nach Westen, fand die Küste von Honduras, hörte von einem Wunderland Cignare und einem neuen Meere, erlitt bei Panama große Noth, da Orkane, Wasserhosen und tropische Gewitter ihn verfolgten und großer Mangel an Lebensmitteln eintrat, bestand viel Abenteuer in Cuibia im Goldland Veragua, und mußte sein Schiff an Jamaicas Küste auf den Strand laufen lassen, da es nicht mehr zu retten war. Man wohnte auf dem Wrack wie auf einer Insel und wollte von Haiti (Espaniola d. h. Klein-Spanien) Hilfe holen. Man tauschte von den Eingeborenen 2 Barken ein, die eine führte der Genuese Fiesco, die andere Mendez. Jede Barke nahm 6 Spanier und 10 Indianer auf. Mit gezogenem Schwert standen die Spanier Wache, damit die Indianer nicht über sie herfielen. Doch bald trat Mangel an Wasser ein, die Ruderer schmachteten und waren erschöpft, doch man fand an einem Vorgebirge Wasser und gelangte nach 4 Tagen nach Domingo. Fiesco konnte jedoch nicht zurückkehren mit froher Botschaft, sondern mußte ein ganzes Jahr warten, ehe er auf Rechnung Colons ein Schiff kaufen konnte. Unterdessen litten die Gestrandeten durch Fieber und Hunger, wurden gegen den Admiral sehr erbittert und brachen ihrer 48 in seine Kajüte und verlangten Heimkehr nach Kastilien. Alles Zureden des Admirals blieb fruchtlos, denn die Verschworenen bemächtigten sich der Boote und fuhren nach Jamaica. Fiebermatt sah ihnen Colon vom Bett aus nach. Der Versuch der Empörer, nach Domingo zu fahren, mißlang und sie mußten nach Jamaica zurückkehren. Aber auch die Indianer wurden feindselig, denn sie lieferten keine Lebensmittel mehr. Da half sich Colon durch eine List. Er wußte, daß eine Mondfinsterniß eintreten werde, und drohte, ihnen den Mond zu nehmen,. wenn sie ihm keine Lebensmittel mehr liefern würden. Dies half. Bald darauf erschien eine Barke des Statthalters, da man auf Haiti sehr unwillig war und sogar von der Kanzel herab Miß-billigung darüber aussprach, daß man Colon hilflos lasse. Die Barke erkun-digte sich aber nur nach der Lage der Spanier und fuhr dann wieder ab. Nun kam es zu einem offenen Kampfe zwischen den Empörern und Colons Anhängern; diese siegten und jene mußten sich unterwerfen. Endlich holte Mendez die Verlassenen nach Domingo ab, wo sie der Statthalter festlich ein-holte, sich aber sonst feindselig benahm, weshalb Colon bald abreiste, unterwegs noch einen schrecklichen Sturm erlebte und 1504 in Cadiz landete.

Auch in Spanien mußte Colon manche Kränkung erleben, da er für seine Verdienste sich nicht hinlänglich belohnt glaubte, und starb am Himmelfahrts-tage 1506 zu Valladolid mit den Worten: Herr, in Deine Hände befehle ich meinen Geist! Seine Leiche ward im Karthäuserkloster zu Sevilla beigesetzt, und auf den Grabstein ließ König Ferdinand einschreiben:

A Castilia y à Leon,
Nuevo Mundo dió Colon.

(Colon gab Kastilien und Leon die neue Welt.) Später brachte man die Leiche nach San Domingo und von da kam sie 1796 in die Kathedrale von Havanna.

Zur Zeit Colons lebte in Spanien ein Florentiner, Amerigo Vespucci, welcher früher in portugiesischen Diensten gestanden hatte, in Sevilla als Reichs-pilot angestellt war und als solcher eine Karte der Entdeckungen unter dem Namen Padron real veröffentlichte. Im Jahre 1500 erschien unter Vespucci's Namen ein Buch „Vier Seefahrten", welche ein straßburger Gymnasialprofessor Waldseemüller 1507 ins Lateinische übersetzte und in seiner Begeisterung vor-schlug, die neuen Länder Ameriga oder America zu nennen. Das Buch fand große Verbreitung, der Vorschlag Annahme in Deutschland, wogegen die Spa-nier das neue Land „Westindien oder neue Welt" nannten. Doch nannten deutsche Karten nur Brasilien „Amerika", bis Ortelius 60 Jahre nach Ves-pucci's Tode durch seinen Atlas den Namen America für den ganzen Welt-theil einführte.

§. 15. Die Entdeckungen der Spanier in Süd- und Mittelamerica.

Colon hatte 1498 eine Karte seiner Entdeckungen an den Bischof Fonseca gesandt als den Chef der Verwaltung der Kolonien. Einer seiner Offiziere, Hojeda, der ihm auf Hispaniola gute Dienste geleistet, sah diese Karte und erbot sich, die Perleninsel aufzusuchen. Er segelte 1499 mit zwei Schiffen ab,

fand die Orinocomündung, die Küste von Guiana, die Mündung des Ama-
zonenstromes, wo er „das irdische Paradies" hinter dem Urwald vermuthete,
entdeckte am Himmel das „südliche Kreuz", kehrte dann über Trinidad und die
Margitainsel zurück, wo er Perlen und Gold eintauschte, kam an Venezuela
hin bis Porto Cabello, fand das auf Pfählen gebaute Karibendorf Venezuela,
raubte, plünderte und verheerte, was er fand, verlor aber fast Alles an den
hinterlistigen Roban, denn er brachte nur so viel Beute nach Spanien, daß
jeder Theilnehmer 10 Dukaten erhielt.

Einen ähnlichen Raubzug unternahm Colons Steuermann Nino (1499)
der sich mit einem Banquier in Sevilla verband, Brasilienholz am Orinoco
einlud, abenteuerliche Räubereien an Südamerikas Nordküste ausführte und 100
Mark Perlen nach Spanien brachte. In demselben Jahre ging auch Pinzon,
Colon's Kapitän, auf Beute aus, beschrieb die magalhaenschen Wolken, fand
Cap Augustin in Brasilien, nahm es für Spanien in Besitz, kam an den
Amazonenfluß, entdeckte die Insel Tabago, besuchte die Bahamainseln und
kehrte arm an Beute nach Spanien zurück. Ebenso ging es dem Diego de
Lepe, der viel mit Kariben kämpfte, welche die Menschenräuber bereits hatten
kennen und abwehren lernen.

Obschon die bisher erzählten Unternehmungen nur einen mittelmäßigen,
oft sogar einen ungünstigen Erfolg hatten, so stieg doch in Spanien die Lust,
durch Auffindung des Gold- und Perlenlandes sich zu bereichern. Abenteurer
und Geldmänner vereinigten sich zu mehr oder minder gewagten Unternehmungen, brotlose Söldlinge schlossen sich an, und so arteten die Entdeckungen
in Räubereien und Plünderungen aus, die oft unter romanhaften Abenteuern
ausgeführt wurden. Die meisten dieser Unternehmungen bezogen sich auf die
Küstenländer des Antillenmeeres. Man kaufte sich in Spanien das Recht,
irgend einen bekannten oder unbekannten Landstrich für die Krone zu erwerben,
überfiel die Bewohner des Landes, plünderte ihre Ortschaften, mordete, was
man bezwingen konnte, verheerte, was man erreichen konnte, ließ die Häuptlinge von besonders abgerichteten Hunden zerreißen, erlitt Niederlagen und fand
darin Grund zu Rachezügen. Dabei suchte ein Abenteurer den andern zu be-
trügen, man verrieth einander, meuterte und intriguirte, verheerte die Länder,
demoralisirte deren Bewohner und glaubte, Großes gethan zu haben, wenn
man sie zu spanischen Unterthanen, d. h. zu Sclaven der Eroberer, machte und
sie zur Taufe zwang.

Zuerst ließ sich Bastidos aus Sevilla ein Stück der Küste Neugranadas,
das heutige Cartagena am Magdalenenstrome, schenken, Hojeda erwarb sich
Landschaften am Maracaybosee, aber diese Kolonien verunglückten, weil die
Küste ungesund, die Bevölkerung kriegerisch war und mit ihren vergifteten
Pfeilen und ihrer Ortskenntniß im Vortheil war. Krankheit, Hunger, Zwie-
tracht, Angriffe und Überfälle der Kariben, die man grausam behandelte, brachten
unsägliches Elend, so daß die Hälfte der Kolonisten, und oft noch mehr, elend

umkamen. Aber die Prahlereien und Versprechungen der Unternehmer zogen neue Scharen ins Verderben. Ein Vorschneider Nicuesa wollte an der Landenge von Darien eine Kolonie gründen, und verband sich mit dem tollverwegenen Hojeda, welcher aber nach haarsträubenden Abenteuern gezwungen ward, Cartagena aufzugeben, um sich an der Küste von Honduras anzusiedeln. Ein andrer verwegener Abenteurer war der Schweinehirt Pizaro, ein dritter Balboa aus Babajoz, alle waren von Schulden gedrängt und scheuten kein Mittel, wenn es nur Gold und Erfolg versprach. Man gründete an der Landenge von Darien die Stadt Santa Maria del Antigua, während der Hauptunternehmer Nicuesa die Landschaft Veragua colonisiren wollte, das sogenannte „goldene Castilien." Doch er ward hinterlistig um alle Vortheile gebracht von Balboa, endlich auf einem Schiff mit seinen wenigen Getreuen aufs Meer getrieben, wo er elend umkam.

Zu Hunderten erlagen die Abenteurer dem Klima, den Anstrengungen und den Giftpfeilen der Eingeborenen, aber neue Hunderte ersetzten sie. Balboa ward Haupt der Kolonie, überfiel die einzelnen Häuptlinge Dariens, unterwarf sie, erzwang hohe Tribute an Gold und unternahm den verwegenen Zug durch unwirthliche Gebirge und feindliche Völker nach der Südseeküste (1518) mit 290 Spaniern und 600 indianischen Lastträgern. Der Weg ging durch dichte Urwälder, über Berge und Flüsse und durch feindliche Völker, welche man erst besiegen mußte. Die abgerichteten Bluthunde verrichteten gute Dienste, viele Häuptlinge wurden von ihnen zerrissen, wofür ihre Herren Kopfgeld bekamen, und Balboas Hund Leoncico hat sich einen Namen erworben, da er seinem Herrn auf einem Zuge 3000 fl. Kopfgeld verdiente.

Früh gegen 10 Uhr erreichte Balboa endlich die Höhe, von wo aus er die Südsee sehen konnte. Er trat allein vor, warf sich aufs Knie und dankte Gott, daß er ihn ersehen habe, das neue Meer zu entdecken. Jetzt durften erst seine Gefährten vortreten, welche auch beteten, den Namen des Königs in Bäume schnitten und ihm dadurch das Land schenkten. Als er später die Küste erreichte, trank er und jeder seiner Gefährten Meerwasser zum Zeichen, daß auch dieses Meer dem König von Spanien gehöre. Man bemächtigte sich noch einer perlenreichen Insel, hörte von einem Goldlande im Süden, kehrte aber dann auf einem andern Wege nach Santa Maria zurück, wo man nach einer Abwesenheit von 100 Tagen im Anfang des Jahres 1514 wieder anlangte. Hier erduldeten die Ansiedler viel Elend, gründeten zwar eine Stadt Vera Cruz, aber wegen vieler Ungesetzlichkeiten befahl der Statthalter von Darien, daß Pizarro den Balboa verhafte, worauf er 1517 mit einigen Mitschuldigen enthauptet ward.

Die Spanier setzten sich aber an den Küsten der Südsee fest. Ein gewisser Gonzalez ging über das Gebirge, erpreßte viel Gold, und Espinosa kam nach dem gesegneten Nicaragua, wo er Städte mit steinernen Häusern, eine geordnete Regierung, Ackerbau und Industrie fand (1523). Alle Kaziken und ihre Unterthanen zwang man zur Taufe, fand aber trotz der Reiter und Büchsenschützen so heftigen Widerstand, daß Gonzalez den Rückzug antreten mußte.

Unterdessen hatten andere Unternehmer sich nach den Bahamainseln gewandt und Ponce fand Florida (1518), wo ihn aber die kriegerische Bevölkerung wegtrieb, da sie den Bogen gut zu führen verstand, und auf einem späteren Zuge starb er an einem Pfeilschusse, den er in Florida erhalten hatte. Es war aber seit 1511 Cuba colonisirt und einem gewissen Belasquez übergeben, welcher den Menschenraub, welchen man damals betrieb, besonders begünstigte, und deshalb Expeditionen zu diesem Zwecke nach allen Seiten aussandte. Da entwarf der Steuermann de Alaminor den Plan, man solle nach Westen neues Land suchen. Ihm folgte der unternehmende Hernandez de Cordoba (1517), fuhr von Habanna nach Westen und fand Yucatan. Aber dieses aztekische Land besaß Städte mit steinernen Häusern, zahlreichen Thürmen, eine kriegerische Bevölkerung, Bienengärten, gemauerte Brunnen, terrassenartige Tempel. Die Spanier erlitten in den Kämpfen große Verluste und mußten oft tagelang um einen Trunk Wasser kämpfen, so daß Cordoba an einer solchen Wunde starb. Ein anderer Eroberer Grijalva von Montejo, der Eroberer Yucatans, hatte dasselbe Schicksal, wie Cordoba und seine Begleiter Soto, der später den Missisippi entdeckte, las Casas und Cortez. Man fuhr von Matanzas, einem Hafen Cubas, aus, eroberte die kleine Insel Santa Cruz, fand aber in Yucatan blutigen Empfang, wobei Grijalva verwundet ward, nahm bei Santa Cruz Besitz von dem neuen Lande (Mejico), trieb einträglichen Goldhandel und kam von Campeche zurück nach Cuba. Der Statthalter dieser Insel beschloß nun, die Entdeckungen zu verfolgen, rüstete ein Geschwader und übergab es 1519 an Cortez sammt 5—700 Mann. Doch hatte der Statthalter von Jamaica, Franz von Garah, auch von dem neuen Land zwischen Tampico und Ponce de Leon gehört, und Schiffe zu dessen Besitznahme ausgerüstet, denen Cortez vergeblich auflauerte. Der Kapitän jener Expedition von Jamaica aus sandte nach Spanien eine Karte, welche die Küsten und Halbinseln des Golfs von Mejico ziemlich richtig darstellte.

§. 16. Des Ferdinand Cortez Zug nach Mejico.

Die Spanier hatten die Inseln und Küsten des Antillenmeeres nach Gold durchsucht, hatten gemordet und geplündert, hier und da auch Niederlassungen gegründet, von denen aus sie als Lehnsherren ihre hörigen Unterthanen beaufsichtigten, welche allesammt noch roh waren, zum Theil unbekleidet einhergingen, aber an Grausamkeit von den Spaniern weit übertroffen wurden. Diese sollten nun aber auch civilisirte Völker in Mejico und den Anden-Hochebenen Südamerikas kennen lernen.

Nach Mejico war vor Jahrhunderten das kriegerische Volk der Azteken

gekommen, hatte die Ureinwohner unterjocht, den angrenzenden Theil Mittel-
amerikas erobert und eine Art Lehnsherrschaft eingeführt, indem die Azteken
als Kriegsadel sich im Lande vertheilten, große Städte mit steinernen Häusern
und Tempelpyramiden bauten, eine geordnete Verwaltung, Bilderschrift, Baumwollindustrie u. s. w. einführten und in der Bau- und Bildhauerkunst großartige Werke ausführten. Ihre Religion war eine Naturreligion mit Menschen-
opfern. Die Azteken arteten aber aus, herrschten grausam, verfielen in Laster
und machten sich überall verhaßt, weshalb die Spanier an den Ureinwohnern
Verbündete fanden.

Es ist bereits erzählt, wie Velasquez von Cuba aus vergebliche Versuche
machte, die Küsten des mejicanischen Golfs zu erobern, da ihm zur Ausführung
der rechte Mann fehlte. Diesen fand er endlich in Hernando Cortez, welcher
in Salamanca die Rechte studiren sollte, aber viele tolle Streiche beging, aus
Sucht nach Abenteuern nach Espaniola fuhr, wo er ein Amt erhielt, aber seiner
losen Streiche wegen nach Cuba eilte, um Landbau zu treiben, sich aber Grijalva's Expedition nach Florida anschloß und sich so auszeichnete, daß ihm
Valasquez das Kommando über eine neue Expedition übertrug. Doch er bereute diese Wahl, da ihm Cortez zu ehrgeizig schien, und übertrug die Ausführung einem Andern. Doch Cortez erfuhr dies rechtzeitig und segelte plötzlich
gegen den Befehl des Statthalters ab, verproviantirte sich in andern Häfen
Cubas, gab seinen Leuten namentlich baumwollene Wämmser als Schutz gegen
die Pfeile der Indianer und ging 1519 mit 11 kleinen Fahrzeugen, 200 indianischen Lastträgern, 110 Matrosen und 553 Soldaten, von denen 32 Arm-
brüste, 13 Luntenflinten hatten, mit 12 Kanonen, 4 Feldschlangen und 16
Pferden in See.

Eine Zeit lang irrte er an Yucatans Küsten umher, um Erkundigungen
einzuziehen, fand einen Spanier, der lange als Gefangener bei den Indianern
gelebt hatte, und nahm ihn als Dolmetscher mit. Endlich landete er bei
Ulloa, im heutigen Vera Cruz, ward gut aufgenommen und lernte den
Nutzen einer Sclavin Donna Marina kennen, da sie Mejicanerin und sehr
klug war, so daß Cortez ohne ihren Rath nichts unternahm und sie als
seine Frau betrachtete. Der Statthalter dieser Provinz brachte viel Gold-
geschenke vom Kaiser Montezuma, der schon von den mit Donner und Blitz
bewaffneten „Söhnen der Sonne" gehört hatte. Berichterstatter malten die
Spanier ab und sandten sie nach Mejico, denn nach alter Sage gehörte Mejico
den Söhnen der Sonne, die einst nach Süden gezogen waren, aber versprochen
hatten, ihr Reich wieder in Besitz zu nehmen. Über die militärischen Manöver
und die Geschütze waren die Mejicaner sehr bestürzt und auch in der fernen
Hauptstadt verbreitete die Nachricht von den weißen Männern Schrecken und
Muthlosigkeit. Montezuma sandte noch prächtigere, kunstvoll gearbeitete Geschenke von Gold mit der Bitte, nicht weiter einzudringen, aber das Gold
reizte die Spanier nur noch mehr. Doch enthielten sich die Einwohner auf

Befehl des Kaisers der Lieferung von Lebensmitteln, es trat im spanischen Lager Mangel und Unzufriedenheit ein. Cortez schlug daher absichtlich Umkehr vor, doch diese ward verworfen, er zum Anführer ernannt, eine Ansiedlung in Bera Cruz beschlossen, die Flotte verbrannt und der Marsch nach Mejico angetreten, da bereits unterworfene Stämme ihr Bündniß antrugen und Montezuma durch neue Geschenke seine Muthlosigkeit zeigte, so daß Cortez Unterwerfung unter spanische Herrschaft und Abschaffung des Götzendienstes verlangen konnte.

Mit 400 Kriegern, 15 Reitern, 7 Kanonen, 1300 indianischen Kriegern und 1000 Lastträgern brach Cortez auf, nachdem er eine Verrätherei unterdrückt und gegen Velasquez Vorkehrungen getroffen hatte. Ein beschwerlicher Gebirgsweg führte nach der Terrasse Tlascala, deren Hauptstadt mit einem starken Steinwall versehen war. Er besiegte deren Krieger und schloß mit dem ganzen Volksstamm ein Bündniß gegen Mejico. Von dort traf nun auch eine Einladung nach der Hauptstadt ein, wohin Cortez, begleitet von 6000 Tlascalanern, auch aufbrach, über Cholula, wo ein berühmter Tempel stand. Hier wollte man ihn heimtückisch verderben; aber er kam dem zuvor, metzelte viele Indianer nieder, und steckte ihre Stadt in Brand. Jetzt zog er mehrere Tage auf einer kaiserlichen Straße mit Einkehrhäusern durch die kalte Schlucht zwischen den hohen Vulkanen Popocatepetl und Jztaccihuatl, bis er die Ebene Tenochtitlan vor sich sah mit ihren schimmernden Städten, schattigen Hügeln, blanken Seen, Maisfeldern und Wäldern. Montezuma ließ Tribut und Unterwerfung anbieten, wenn Cortez umkehren wolle, doch dieser zog weiter und empfing die Huldigung der Häuptlinge, deren Gebiet er durchzog, und welche Panzer aus Gold- und Silberplatten, bebuschte Helme mit Edelsteinen und mit Silber überzogene Schilde trugen und sich auf einer Sänfte unter einem Traghimmel von grünen Federn tragen ließen. Die gemeinen Krieger bemalten sich, kleideten sich in Thierhäute und schmückten sich mit den Herzen, Nasen und Ohren der erschlagenen Feinde.

§. 17. Die Eroberung Mejicos.

Das alte Mejico mit seinen 60.000 Häusern und 300.000 Einwohnern lag auf einer Insel im See Tezcuco, dessen Ufer mit Städten, Wäldern und Weilern bedeckt, auf dessen Fluthen schwimmende Inseln mit Gemüsegärten angelegt waren. Breite Kanäle durchflossen die Stadt, neben denen gepflasterte Straßen hinliefen und zu großen Marktplätzen führten. Drei meilenlange Lehmdämme von 12 Schritt Breite und mit Zugbrücken führten in die Stadt und ihre rechtwinkeligen Straßen, welche von einstöckigen, geräumigen Steinhäusern eingefaßt waren. Die Paläste des Reichsadels umfaßten eine Menge Häuser, das Hauptgebäude zierten Säulengänge, und im Hofe plätscherte ein Springbrunnen. Eine Wasserleitung versorgte von fern her die Stadt mit Trinkwasser. Der Königspalast Tepac bildete mit seinen zahlreichen Häusern ein Stadtviertel mitten in der Stadt an der Hauptstraße. Er hatte 20 Thore, 100 Bäder, zahlreiche Springbrunnen, die Gemächer bunte Steinwände und Tapeten aus bunten Vogelfedern, mit denen auch Vögel täuschend nachgeahmt waren. Die Decken bestanden aus schön geschnitztem Holzwerk, der Fußboden war parkettirt, die Zimmer niedrig, aber geräumig. Man fand auch Häuser mit Menagerien, Museen, Naturalienkabinete im Palaste, in den Vorzimmern den dienstthuenden Adel, Hofnarren, Gaukler, Tänzerinnen und Sängerinnen, welche den Kaiser in Schlaf sangen und tanzten, wenn er nach Tische geraucht hatte. Auch gab es reich gefüllte Zeughäuser, Blumen= und Arzneigärten um den Palast herum.

Der fünfstöckige Haupttempel hatte eine Viertelstunde Umfang und ward auf 114 Stufen erstiegen bis zur Platte, wo der Opferaltar und das Götzenbild standen, dem man lebende Menschenherzen opferte. Eine hohe Mauer umgab den Tempelhof. Auf jeder der 4 Seiten stand ein Thurm mit einem Zeughaus und 2500 Mann Besatzung. Denn in Mejico herrschte auch ein mächtiger Priesteradel, der nicht ohne Kenntnisse war.

Ganz Mejico war in Bewegung, als Cortez einziehen sollte, welchem Montezuma sich entgegen tragen ließ und bewillkommnete. Mit klingendem Spiel und wehenden Fahnen zogen die Spanier ein. Glänzendes Gefolge umgab den Kaiser, dessen Traghimmel aus Vogelfedern von Juwelen und edlem Metall schimmerte und von hohen Staatsbeamten mit niedergeschlagenen Augen, barfuß und langsamen Schrittes getragen ward, während 3 Staatsbeamte mit Goldstäben vorangingen, damit das Volk schweige und die Augen niederschlage. Den nackten Körper des Kaisers bedeckte ein feiner Baumwollmantel mit gestickten Zipfeln und Juwelenschmuck, Halbschuhe mit Goldsohlen und Goldriemen seine Füße, ein grüner Federbusch den Kopf.

Cortez erhielt für sich und seine Leute einen Palast angewiesen, den er sogleich militärisch besetzte und dann erst seine Leute speisen ließ. Bald besuchte ihn der Kaiser, er erwiederte den Besuch und gab als Grund dafür an, daß der Kaiser das Christenthum einführen solle. Später bestieg er den Tempel, um sich die Lage Mejicos genau zu besehen; dann aber suchte er einen Vorwand, den Kaiser gefangen zu nehmen. Dieser fand sich, als in einer fernen Stadt einige Spanier getödtet und ihnen der Kopf abgeschnitten und an Montezuma gesandt war. Cortez verlangte Genugthuung und da seine Offiziere sehr heftig wurden, erschrak Montezuma, begab sich als Gefangner in Cortez Palast, ließ die Zeughäuser leeren, und wurde trotzdem in Fesseln gelegt, wobei Montezumas Diener weinend Tücher um die Fesseln wanden, damit ihr Herr weniger gedrückt werde. Zugleich ließ Cortez auf dem See Schiffe bauen, um auf alle Fälle gerüstet zu sein, ließ dem König von Spanien huldigen und schrieb Steuern aus (2 Mill. Ducaten). Jetzt sollte auch der Tempel in eine christliche Kirche umgewandelt werden. Der Kaiser gab auch dies zu; aber die Priester hetzten das erbitterte Volk auf, und bald drohte der Aufstand loszubrechen. Da erbot sich Cortez, nach Cuba zurückzukehren, wenn man ihm Schiffe baue. Gern ward dies bewilligt und das Werk begonnen. Aber bereits war Pantilo de Narvaez mit 18 Schiffen und 900 Mann gelandet, um auf Befehl des Velasquez den ungehorsamen Cortez zu verhaften. Cortez zog ihm mit einer kleinen Schaar entgegen, Narvaez wurde in stürmischer Nacht überfallen und gefangen, worauf er und seine Schaar zu Cortez überging. Jetzt kehrte Cortez mit 1000 Mann, 100 Reitern, 2000 Tlascalanern nach Mejico zurück, wo er bei einem religiösen Feste ohne Grund die versammelten Edelleute überfallen und niedermetzeln ließ. Da brach die Revolution in der Stadt aus, man stürmte den Palast der Spanier, und als Montezuma von den Zinnen herab das Volk beruhigen wollte, schoß man ihn mit Pfeilen nieder. Erschrocken verlief sich das Volk, der verwundete Montezuma saß schweigend in seinem Zimmer und hungerte sich zu Tode.

Cortez hatte noch zeitig genug den Ausbruch des Aufstandes erfahren mit der Bemerkung, daß die Zugbrücken der Dämme aufgezogen wären, um die Andringenden mit einem furchtbaren Geschützfeuer zu empfangen; aber die Mejicaner scheuten den Tod nicht, warfen von den platten Dächern der Nachbarhäuser Brandpfeile. Der Kampf dauerte zwei Tage. Auch die Spanier zündeten mejicanische Häuser an, die Reiterei machte Ausfälle, aber sobald die Spanier zurückkehrten, folgten ihnen die Feinde und umzingelten den spanischen Palast. Ja am dritten Tage gelangten einige über die Mauer, wo sie aber niedergehauen wurden. Da sollte Montezuma helfen. Cortez versprach die Stadt zu räumen. Montezuma trat auf den Thurm des Palastes; das Volk verstummte, als er aber Fürsprache für die Fremdlinge einlegte, fand er seinen Tod. Noch verzagte Cortez nicht, er eroberte den Tempel und zündete ihn sammt einem Theil der Stadt an, aber als er keine Erfolge sah, entschloß er sich zum Abzug. Um Mitternacht zog er schweigend mit seinen Schätzen ab. Glücklich kam er in der Regennacht bis an den Damm. Da bemerkten ihn die Wachen, machten Lärm, und nun begann die Verfolgung vom See und vom Damme aus. Um die zerstörten Brücken herzustellen, hatte Cortez Holz mitgenommen. Aber dieses blieb bei der ersten Brücke stecken, so daß man die zweite Lücke erst überschreiten konnte, nachdem sie mit Wagen, Ballen und Leichen gefüllt war. Todmüde, zerrissen, blutend und arm kamen die Geretteten endlich aus Land, 450 Spanier und 4000 Tlascalaner wurden vermißt; doch Cortez verzagte um so weniger, als ihn die Mejicaner nicht verfolgten. Doch nach einigen mühseligen Märschen durch verlassene Gegenden stand man der Reichsarmee von 200.000 Mann gegenüber. Die Spanier mußten sich durchschlagen. Mit ihren 20 Reitern auf den Seiten stürzten sie auf das Heer, arbeiteten sich hinein, erschlugen den Fahnenträger und nun floh das ganze Heer. Es fielen 20.000 Azteken in dieser merkwürdigen Schlacht (1520) und hinterließen glänzende Beute.

In Tlascala fand Cortez freundlichen Empfang, ließ sein Heer sich erholen vereinigte alle im Lande befindlichen Spanier, ließ Schiffholz zurecht machen und zog nach 4 Monaten wieder gegen Mejico mit 40 Reitern, 600 Fußsolbaten, von denen 80 Schußwaffen hatten, 9 Geschützen, 13 Schiffen und Tausenden von Tlascalanern. Schnell erschien er in der Nähe Mejicos, besiegte die Nachbarstädte und zwang sie Zuzug zu leisten und belagerte um Mejico. Er zerstörte die Wasserleitungen, schnitt die Zufuhr ab, vernichtete die mejicanische Flotte, und drang Tag für Tag vom Damme aus in die Stadt, brannte nieder, was er erreichen konnte und zog sich Abends aufs Festland zurück. Alle seine wiederholten Aufforderungen zur Übergabe wies man stolz zurück, obschon die Hungersnoth schrecklich in der Stadt wüthete und von dieser nur der achte Theil noch stand. Da unternahm Cortez im August 1521 den letzten Sturm. Die Mejicaner kämpften wie Verzweifelte, ihr Blut röthete die Kanäle, weichte die Straßen auf, ihr Geheul füllte die Luft, vermischt mit dem Krachen der brechenden Häuser, dem Pfeifen der Geschosse. Endlich erlagen die Letzten. Vorher schon hatten Kähne sich auf die spanischen Schiffe geworfen, und während des Kampfes eilte ein anderer Kahn über den See; doch die Spanier holten ihn ein und nahmen den Kaiser Guatimozin gefangen, der sich darin befand. Auf seine Bitte erhielten die noch lebenden Azteken freien Abzug. 20.000 waren gefallen, 40.000 verhungert. Da man aber in Mejico wenig Beute fand, ließ Cortez den Kaiser foltern, um die Schätze anzuzeigen, denn man sagte ihm nur, die Schätze wären ins Wasser geworfen.

Cortez eroberte nun die abhängigen Landschaften Mejicos, erlangte auch durch Bestechung von Karl V. die Statthalterwürde, baute in 4 Jahren Mejico wieder auf, legte Kanonengießereien und Pulvermühlen an, wozu man auf grauenhafte Weise aus dem Krater des Vulcans Popocatepl den Schwefel holte, sorgte für Besatzungen, baute Zacatula am stillen Ocean, mußte dann aber auf halbjährigem Marsch nach Honduras eilen, wo sich sein Offizier Christof v. Olid unabhängig machte. Der Sicherheit wegen nahm er Guatimozin mit, da ihm dieser unterwegs verdächtig wurde, ließ ihn Cortez ohne Weiteres aufhängen. Gott wird dafür Rechenschaft von dir fordern! waren die Sterbeworte des letzten Aztekenfürsten. Da in Mejico Unruhen auszubrechen drohten, versöhnte sich Cortez mit Olid, ließ auch die Mariana in ihrer Heimath und eilte nach Spanien, wohin man ihn zur Verantwortung vorlud. Karl empfing ihn freundlich, beschenkte ihn mit Ländereien, Titeln und Ehren, und 1530 kehrte Cortez nach Mejico zurück. Er entdeckte 1532 Californien, doch diese und andere Unternehmungen kosteten ihm sein ganzes Vermögen. Da sandte man von Spanien einen neuen Statthalter. Um sein Recht zu wahren, ging Cortez 1540 nach Spanien, fand aber kein Gehör, und starb vor Gram in einem Dorfe bei Sevilla (1547). Seine Leiche ruht im Franciscanerkloster zu Tezcuco.

§. 18. Die Unternehmungen der Spanier gegen Florida und die Entdeckung Nordamerikas.

Panfilo de Narvaez unternahm trotz seines Mißgeschicks 1528 wieder einen Zug nach Florida, drang ins Innere ein, obschon ihm Nunez dies wider- rieth, wüthete gegen die Indianer, mußte sich aber zurückziehn, und als er auf erbauten Barken sich übers Meer retten wollte, versanken alle bis auf die, welche Nunez führte.

Jetzt unternahm den Zug Soto, der sich in Darien viel Vermögen er- worben hatte. Als Statthalter von Cuba segelte er 1539 von hier ab, lan- dete auf der Westseite Floridas in der h. Geistbai, führte einen gefahren- und abenteuerreichen Zug durch Sümpfe, Urwälder und kriegerische Volks- stämme aus, verbrannte ihre Dörfer, mordete was er erreichen konnte, über- stand einen Überfall und furchtbare Belagerung in dem befestigten Indianerdorf Manvila (Mobile), ging über den Mississippi, wo er Schiffe zur Heimkehr baute, aber vor Gram über das verunglückte Unternehmen starb (1542). Sein Nachfolger schlug den Weg nach Mejico ein, mußte aber umkehren, da alle Indianer ihm feindlich entgegen traten. Endlich fuhr man den Mississippi hinab und kam an die mejicanische Küste. Spanien betrachtete seitdem Florida als Eigenthum, vertrieb 1562 Franzosen und legte 1565 die Stadt Augustine an.

Diese Eroberungszüge der Spanier sind reich an romanhaften Abenteuern, besonders wenn einzelne Spanier kriegsgefangen wurden, tausend Gefahren bestanden und sich wohl gar zu Häuptlingen emporarbeiteten. Die haar- sträubendsten Abenteuer erlebte Alvar Nunez, welcher die einzige Barke des Narvaez rettete, dann aber selbst Schiffbruch litt und sechs Jahre unter den verschiedenen Stämmen lebte, nackt gehend wie sie, bald mißhandelt, bald freundlich geduldet, und sich endlich nach Vera Cruz rettete. Später ward er Statthalter von Buenos Ayres, strandete aber an Brasiliens Küste und lebte unter den Indianern, die ihm nach seiner Provinz zu kommen halfen. Nunez hatte die Indianer achten gelernt, trat daher entschieden gegen die Mißhandlungen auf, welche die Spanier sich erlaubten. Dafür aber lehnten sich diese gegen ihn auf, kündigten ihm den Gehorsam, und die Regierung stimmte ihnen bei.

Am lautesten erhob die Stimme gegen die Unmenschlichkeit der Spanier der Mönch Bartomen de las Casas aus Sevilla, der Sohn eines Marine- soldaten, der 1500 Priester in Cuba wurde, mit der Gründung einer Kolonie in Neugranada verunglückte, Dominikaner und Beschützer der Indianer ward. In einer Schrift erzählte er (1542) die Greuelthaten und Verruchtheiten der Statthalter, des Adels wie der Soldaten. Ganz Europa erschrak über diese Thatsachen, der König von Spanien gab Gesetze dagegen, aber Niemand achtete sie. Der König bot dem frommen Mönch die reichste Bischofsstelle der neuen Welt an, aber der Mönch erbat sich die armseligste. Sieben Mal eilte er nach Spanien, um den Hof zu kräftigen Maßregeln anzutreiben, aber die Goldgier und der Sclavenhandel waren so über alle Stände verbreitet, daß las Casas nichts ausrichtete, aus Verdruß endlich heimkehrte und 1566 in Madrid starb.

Wie sich unter den Entdeckern die Italiener besonders auszeichnen, so war dies auch der Fall bei der Entdeckung Nordamerikas.

Sebastian Cabot aus Bristol, Sohn des Venetianers Cabotto, erhielt von Heinrich VII. 1497 das Patent, den nächsten Weg nach Indien zu ent-decken. Er fand Labrador, welches er Prima vista nannte, im nächsten Jahre die Hudsonsbai, Cumberland, fuhr 'bis Florida und kehrte dann heim. Dann trat er in spanische Dienste, untersuchte als Reichspilot (1520) den la Plata, welchem er den Namen gab. Seit 1548 in englischen Diensten als Reichs-pilot stehend, leitete er viele Unternehmungen und regte zur Seefahrt an.

Auch Portugiesen wandten sich nach dem hohen Norden, um dort die Durchfahrt nach Indien zu suchen. Correal fuhr 1500 mit 2 Schiffen aus Lissabon nach Neufundland, kam bis Labrador (Arbeitsland: terra de labrador), in die Hudsonsbai und dann 1500 wieder nach Lissabon. In demselben Jahre wiederholte er die Fahrt, kehrte aber nicht wieder heim. Sein Bruder folgte im nächsten Jahre seiner Spur, um ihn aufzusuchen, doch auch er verschwand. Da verbot der König weitere Nachforschungen. Die Portugiesen richteten aber in Neufundland große Fischereien ein.

Während die Spanier die Westküste Mejicos durchforschten, Alarcon über 80 Meilen weit den Colorado hinauf fuhr, Cabrillo bis zum 43° n. B. vor-drang, ließ Cortez die Ostküste von Florida bis Neufundland 1523 untersuchen, und nahmen Franzosen an diesen Entdeckungen Antheil. Schon 1504 erschienen Bretonen und Normanen im Meer Neufundlands und gaben der Insel Cap Breton den Namen, 1506 entwarf Denis de Honfleur eine Karte vom Stock-fischland, und 1508 brachte ein Seefahrer aus Dieppe die ersten Wilden nach Paris. Einen Aufschwung erhielten diese Unternehmungen aber erst durch den Florentiner Verazzani, der in französischen Diensten stand, 1524 in Savannah in Georgien landete, dann Neu-Jersey besuchte, und bis zum 56° n. B. ge-langte, häufig mit Indianern kämpfend. Auf seiner zweiten Fahrt 1525 ward er von Indianern erschlagen, gebraten und verzehrt. Erst 1534 wagte Cartier aus Malo wieder einen Versuch, fand die Lorenzbai, landete beim Dorf Canada, wornach er das Land benannte, entdeckte 1535 die Lorenzinsel Anticosti, grün-dete am Lorenzstrom 1540 die Stadt Charlesbourg und 1541 ernannte Franz I. den Franz de la Roque zum Statthalter von Canada, gab aber diesem Besitz wenig Werth.

§. 19. Entdeckung Peru's.

Nachdem Balboa die Südsee entdeckt, der Statthalter Pedrarias de Avila aber ihn verdrängt hatte, verschaffte sich dieser die Erlaubniß, statt des von

Encifo erbauten, aber ungünſtig gelegenen Santa Maria del Antigua an dem Meerbuſen von Darien an der Südſee eine Stadt zu gründen (1518), welche er Panama nannte. Von hier aus ſandte er Schiffe die Küſte entlang, aber ohne Erfolg, bis er den Franz Pizarro gewann. Dieſer hütete als Knabe in Spanien Schweine, lief aber davon, als eines zu Schaden gekommen war, und er Strafe fürchten mußte. Er ging als Söldling nach Italien, dann nach Weſtindien, wo wir ihn ſchon haben kennen lernen. Jetzt lebte er in Panama als Haus- und Sclavenbeſitzer, entwarf Eroberungspläne und verband ſich zu deren Ausführung mit Diego de Almagro, einem Abenteurer, und mit einem reichen Prieſter, um die Länder der Südſee zu gewinnen. Im Jahre 1524 ging Pizarro mit 112 Leuten unter Segel, erreichte aber wegen der heftigen Gegenwinde erſt nach 70 Tagen einen Hafen, nachdem ein Drittel der Mann-ſchaft vor Hunger geſtorben war. Obſchon die Noth ſo groß war, daß man das Leder der Waſſerpumpen verzehrte, fuhr man doch weiter, fand auch frucht-bare Küſte, ward aber zurückgeſchlagen und mußte nach Portoinſel bei Panama heimkehren. Es war aber Almagro ihm gefolgt, hatte an jener geſegneten Küſte einen Kampf beſtanden, dabei ein Auge verloren, aber die Stadt ver-brannt, die an der Küſte lag, Gold gefunden und von dem Goldreichthum des Landes gehört. Beide Abenteurer fuhren nun 3 Jahre an der Küſte entlang, ohne etwas ausrichten zu können, weshalb Almagro in Panama neue Söld-linge abholte, und man nun in Peru landete, deſſen Fruchtbarkeit und Cultur man bewunderte. Man ſah Tempel, die von Gold ſtrotzten, war aber zu ſchwach, ſie zu plündern und kehrte nach Panama zurück, wo der neue Statt-halter nicht geneigt war, auf das neue Unternehmen einzugehn. Man holte ſich in Spanien bei Karl V. die Erlaubniß, der dieſe gern gab, Wucherer ſchoſſen das Geld vor, und ſo warb man 143 Fußgänger, 37 Reiter, einige Kanonen, ſegelte 1531 in drei Schiffen ab und landete an Peru's Küſte, zog zu Lande bis Guayaquil, überwinterte auf einer Inſel, legte an der Küſte eine Kolonie an und zog nun ins Innere.

Pizarro kam gerade zur rechten Zeit nach Peru, dieſem alten Culturſtaat mit ſeinen großen Städten, ſeinen freien zweckmäßigen Geſetzen, ſeinen Gebirgs-ſtraßen und ſeiner gelehrten Prieſterſchaft. Die unumſchränkt regierende Herr-ſcherdynaſtie nannte ſich die Incas, war aber demoraliſirt, und eben ſtritten zwei Brüder um die Erbfolge in der Regierung. Capac hatte ſeinem Sohne Huascar das Reich übergeben, eine Provinz aber einem andern Sohne Ata-baliba. Dieſer beſiegte ſeinen Bruder aber hinterliſtig, nahm ihn gefangen, und vertilgte deſſen Anhang. Da erſchien Pizarro mit 62 Reitern, drei Lun-denſchützen, 20 Armbruſtſchützen und 80 andern Soldaten nebſt einigen Kanonen im J. 1532, überall von Atabaliba's Geſandten freundlich begrüßt, kam bis zur Hauptſtadt Caramalca, die er verlaſſen fand. Als der Inca zu einer Zuſammenkunft eingeladen wurde, kam dieſer mit einem Heere. Voran zog eine Schaar, welche die Strohhalme auf der Straße auflas, drei andere Schaaren folgten singend und tanzend, nun kamen Krieger mit goldenen und silbernen Rüstungen, Schüsseln und Kannen, endlich der Inca in einer Sänfte aus Papageienfedern, Gold= und Silberplättchen, dann eine Menge Volk mit goldenen und silbernen Kronen.

Als der Inca auf dem Platze in der Stadt war, welchen Pizarro bereits umstellt und die Festung besetzt hatte, trat ein Geistlicher vor den Peruaner und forderte ihn auf, Christ zu werden, indem er sich auf die Bibel berief, welche dies Alles sage. Der Inca ließ sich die Bibel reichen, besah sie, hielt sie ans Ohr; aber sie sagte nichts. Da warf er sie verächtlich weg, und bedrohte die Spanier wegen ihrer Räubereien. Diese antworteten keck, und der Inca verhieß ihnen Strafe Dies ward dem Pizarro berichtet. Sogleich stürzte er auf die Peruaner, ergriff den Inca beim Arm, rief seinen Leuten das verabredete Losungswort Sanjago zu, und nun donnerten die Kanonen, schmetterten die Trompeten, brachen Reiter und Fußvolk in die Reihen der Peruaner, nahmen den Inca mitten unter seinen 40.000 Unterthanen gefangen und jagten diese in die Flucht. Am andern Tag plünderten die Spanier das verlassene Lager vor der Stadt, und fanden vom königlichen Tischgeschirr noch 80.000 Pesos Gold und 7000 Mark Silber (480.000 G.). Denn Peru war überreich an Smaragden, Türkisen, Perlen, Gold und Silber. Gold fand man oft in gediegenen Klumpen. Aber auch Früchte aller Art erzeugte das fruchtbare Gebirgsland in seinem milden Klima.

Pizarro ließ den Almagro antreiben, sich schnell Cuzko's und der übrigen Hauptstädte zu bemächtigen, ehe die Peruaner ihre Schätze versteckten und sich vom Schrecken erholten. Der Gefangene aber, um sein Leben besorgt, bot große Schätze, ja er wollte binnen 2 Monaten sein Zimmer, welches 22' lang und 17' breit war, 1¼ Kl. hoch mit gediegenem Golde füllen und noch einmal so viel Silber schaffen. Boten flogen überall hin auf den Heerstraßen, deren es mehrere gab und eine von 500 Stunden. Alle Straßen waren eben, gingen über Schluchten und durch ausgehauene Berge, waren mit einer Doppelreihe von Obstbäumen bepflanzt, hatten von Viertelstunde zu Viertelstunde ein Haus für Schnellläufer und von Tagreise zu Tagreise ein Vorraths= und Einkehrhaus für Soldaten und Geschäftsleute. Die Verwaltung war eine einfache, ebenso die Besteuerung, die Aufsicht der Behörden so streng, daß besondere Beamten sogar über Ordnung und Reinlichkeit im Hause wachten. Jedermann mußte arbeiten und ganz Arme lieferten statt der Steuer ein Horn voll Ungeziefer ab, welches sie sich abgelesen hatten. Kranke und Schwache erhielten vom Staat Pension, und daher gab es keine Bettler im Lande.

Der Inca konnte so viel Schätze bieten, weil Paläste und Sonnentempel von diesem Metall strotzten, welches übrigens zum großen Theil vor den Spaniern versteckt wurde. Die Paläste, deren es viele gab, übertrafen an Größe und Pracht alle Prachtgebäude der alten Welt. Die äußeren Wände waren mit einer Mischung von Gold, Silber und Blei überzogen, das Getäfe bestand aus gediegenen Goldplatten, die inneren Wände schmückte man mit lebensgroßen Goldfiguren von Menschen und Thieren, die in Nischen standen, goldene Rankengewächse mit Schmetterlingen, Eidechsen, Schlangen und Vögeln aus Edelsteinen schlängelten sich an den Wänden empor, sämmtliches Küchen- und Tafelgeschirr war von Gold oder Silber und in jedem Palaste vollständig vorhanden, obschon stets offene Tafel am Hofe war. Auch waren die Vor- rathshäuser gefüllt, denn jeden Tag zog der Inca ein neues Kleid an. An goldenen Thronen fehlte es nicht, eben so wenig an Blumen- und Baumgärten, und wo der Boden keine Pflanze aufkommen ließ, bedeckte man denselben mit Pflanzen, Blumen und Früchten aus Gold und Silber, besonders hatte jeder Tempel einen solchen Goldblumengarten. Der Sonnentempel in Cuzco besaß fabelhafte Reichthümer. Im Innern bedeckten Goldplatten die Wände, das runde flammende Bild der Sonne war von gediegenem Golde, reichte von einer Mauer bis zur andern, die einbalsamirten Leichen der Incas saßen auf Goldthronen, die auf Goldplatten standen, vor dem Sonnenbilde. Selbst die Eingangsthore bestanden aus Goldplatten, und um die äußere Mauer lief ein ellenbreiter Kranz von gediegenem Gold. Den Eingang zum Haupttempel bildete ein kleiner mit goldenen Seitenhallen, und um ihn herum erhoben sich fünf silber- und goldreiche Nebentempel mit Spitzsäulen am oberen Ende, wo Mond, Regenbogen, Donner, Blitz u. s. w. verehrt und abgebildet wurden. Da man an hohen Festtagen den Tempel zu beschenken pflegte, so bestand jedes Werkzeug, jedes Geräth aus Gold und bedeckten zahllose Goldblumen den Tempelgarten. Noch größer waren die Schätze des Wallfahrttempels auf einer Insel, doch sie sind den Spaniern entzogen und auch die 700′ lange faustdicke goldene Kette, an welcher sich die Tänzer an Festtagen hielten.

Der Inca sandte also Boten aus, und die Schätze trafen ein, bald auch Almagro, und man theilte die Beute, nachdem sie geschmolzen und bedeutende Abzüge gemacht waren. Der Antheil der Krone betrug 1⅓ M. G. Gold und 142.000 G. Silber; jeder Reiter bekam 42.500 G. Gold und 5000 G. Silber, der Fußgänger die Hälfte. Es kostete aber auch ein Pferd 10800 G., eine Flasche Wein nahe an 300 G., ein Paar Stiefeln 200 G., eine Kno- blauchszehe 1¼ G. Obschon der Inca sein Wort gelöst hatte, wollte ihn Pizarro doch nicht frei geben, sondern auf das Gerücht, daß eine Empörung im Lande auszubrechen drohe und auf die Anklagen der Feinde des Inca ver- urtheilte er diesen zum Scheiterhaufen. Der Inca, um sein Leben zu retten, ward Christ, und deshalb ließ ihn Pizarro nicht verbrennen, sondern aufhängen. Der Inca hatte in der That viel grausame Thaten begangen, und so war sein Ende eine göttliche Strafe. Pizarro ernannte einen Verwandten des Inca zum Nachfolger, welchen aber nicht alle Kaziken anerkannten, so daß die Uneinigkeit ihre Besiegung erleichterte, von San Miguel aus sogar Quito erobert, von Pizarro Cuzko besetzt, nach Spanien Nachrichten und Beuteantheil gesandt wurden, worauf für Pizarro die Statthalterwürde gegeben, Almagro aber eine noch uneroberte Landstrecke von 200 Meilen bestimmt ward. Dieser war damit sehr unzufrieden, da er Cuzco haben wollte. Bereits fing man an, Gewalt zu gebrauchen, da erschien von dem eben angelegten Lima Franz Pizarro, brachte den Almagro zum Nachgeben, beschwor den Freundschaftsbund von Neuem, und Almagro zog 1534 mit 560 M. auf fürchterlichen Winterwegen über die Anden 400 Meilen bis Chile. Viele erfroren, kamen vor Hunger und Anstrengung um, und als man Chile erreichte, kam die Nachricht, Peru sei im Aufstande, Cuzco verloren, weshalb Almagro wieder dorthin eilte.

In der That hatte Ferdinand Pizarro die Unvorsichtigkeit begangen, den gefangenen Inca los zu lassen, damit er Goldschätze bringe. Dieser aber kam mit einem großen Heer, nahm die Festung Cuzco, welche die Spanier erst nach 8 Tagen wieder eroberten, wobei Johann Pizarro fiel. Sein Bruder Ferdinand vertheidigte sich 8 Monate in der Stadt, Tag und Nacht kämpfend. Da erschien Almagro im Rücken der Peruaner, schlug sie, drang des Nachts im Nebel in die Stadt, eroberte sie, nahm Ferdinand und Gonzalo Pizarro gefangen und machte sich zum Statthalter. Franz hatte seinen Brüdern von Lima aus kleine Haufen zugesandt, welche aber niedergemacht wurden, und endlich griffen die Peruaner Lima selbst an, und er erfuhr seiner Brüder Schicksal. Da raffte er sich auf, schlug die Indianer und sandte den von Almagro freigelassenen Ferdinand gegen Cuzco. Almagro ward 1538 geschlagen, gefangen und hingerichtet. Nachdem Peru zur Unterwerfung gebracht war, eilte Ferdinand mit Berichten nach Spanien, fand aber kalte Aufnahme.

Gonzalo zog unterdessen von Quito aus nach Osten mit 100 Reitern. Da überfielen sie die Winterregen und Erdbeben; die wald- und sumpfreichen Gegenden waren menschenleer, die Kleider fielen ihnen vom Leibe, daß die Spanier nackt gingen. Endlich fand man einen Fluß, baute ein Schiff und zog ihn hinab, doch der Schiffskapitän Orellana entwich mit dem Schiffe, und Pizarro mußte nun den 400 Meilen weiten Rückweg nach Quito antreten. Abgehungert, zerfetzt und nackt kam das Häuflein der Geretteten in Quito an, wo sie allgemeines Mitleid erregten. Orellana war aber den Amazonenstrom unter zahlreichen Abenteuern bis ins Meer hinabgefahren, ging nach Spanien und erbat sich dort die Statthalterschaft, die ihm auch gegeben ward. Er warb 500 Leute, um seine Provinz zu erobern, doch jene verließen ihn auf den canarischen Inseln wegen Mangel an Nahrungsmitteln, und er kehrte allein nach Spanien heim.

Auch Franz Pizarro sollte seinen Lohn finden. Er hielt Almagro's Sohn Diego, der von einer Peruanerin abstammte und deshalb viel Anhang hatte, in Lima unter Aufsicht. Dieser stiftete eine Verschwörung gegen Pizarro's Leben, diese ward zwar am Tage vor der Ausführung von einem Beichtvater, dem sie gebeichtet ward, dem Statthalter mitgetheilt, als er beim Abendessen saß, doch Pizarro glaubte sie nicht. Doch am nächsten Sonntag ward Pizarro unruhig und behielt daher zwei Offiziere bei Tische. Da lief Mittag 2 Uhr einer der Verschworenen mit Kriegern durch die Straßen und rief: Tod dem Tyrannen! Andere drangen in Pizarros Haus und einer blieb an der Thür und rief den Leuten zu, Pizaro sei todt, so daß ihm Keiner zu Hülfe kam. Die Verschwornen stürmten in die Zimmer, deren Bewohner zum Fenster hinaussprangen, der Statthalter aber, halb gerüstet, wehrte sich mit einigen Offizieren an der Saalthüre herzhaft, doch man drang ein, bedeckte den Pizarro mit Schwertstreichen und stieß ihm in die Gurgel. Da sank er nieder, verlangte nach der Beichte, konnte aber nicht mehr sprechen, machte daher auf dem Boden mit der Hand das Kreuz, küßte es und starb. Auch seine Offiziere fielen alle und 4 Verschworene. So endete Peru's Eroberer 1541. Auch die Mörder ereilte die Strafe. Der Bevollmächtigte des spanischen Königs ließ sie hinrichten. Aber die Parteien bekämpften sich fortwährend, Gonzalo Pizarro vertrieb sogar den königlichen Statthalter, versagte auch dessen Nachfolger den Gehorsam, ward aber 1548 bei Cuzco geschlagen, gefangen und hingerichtet. Seitdem blieb Peru ruhig.

§. 20. Die erste Fahrt um die Welt unter Ferdinand Magalhaes.

Der Portugiese Magalhaes (Magalhan) hatte sich in Indien ausgezeichnet, sich in den Feldzügen nach Afrika ein lahmes Bein geholt, aber am Hofe nicht den Lohn gefunden, welchen er beanspruchte, namentlich waren seine Entdeckungspläne zurückgewiesen. Daher legte er dem spanischen Hof dieselben vor, und vermochte Kaiser Karl lebhaft dafür zu interessiren, daß man den Weg nach den Molukken nach Westen hin suchen müsse. Karl ließ 5 Schiffe auf 2 Jahre ausrüsten und mit 234 Matrosen bemannen, schloß einen Contract über die neue Statthalterei, die Magalhaes finden werde, so daß dieser am 10. August 1519 von Sevilla absegelte. Schon an der Küste Afrikas sprach sich aber die Unzufriedenheit der Kapitäne mit der verwegenen Fahrt aus, doch erreichte man Rio de Janeiro (damals Bai Genero), wo man rastete und sich verproviantirte, da man für Kleinigkeiten eine Menge von Lebensmitteln eintauschte. Nun ging es zum Laplata und dann weiter nach Süden. Es wurde aber die Küste öde und menschenleer, furchtbare Stürme wütheten, und die Kälte nahm zu. In einem unbewohnten Hafen (Gänsehafen unter 470° Br.) rastete man, schoß Pinguins und Robben, welche es in Menge gab, legte dann Ostern 2 Grad südlicher im Hafen Julian an, wo eine Meuterei entdeckt wurde, deren Ausbruch der Oberkapitän dadurch zuvorkam, daß er die schuldigen Offiziere aufhängen ließ.

Als der Winter zu Ende ging, sollte ein Schiff den weiteren Weg auskundschaften, es scheiterte aber, und die Mannschaft rettete sich mit Mühe an die öde Küste, wo sie große Noth litt, ehe man sie abholte, da 2 Matrosen diese Landreise nach dem Hafen unternommen und ausgeführt hatten. Erst nach 5 Monaten konnte man den Hafen verlassen, mußte aber wegen der

Stürme 2½ Monat in einem andern Hafen· rasten, bis man endlich zum Jungfrauencap kam. Man hatte aber nur noch auf drei Monate Lebensmittel, weshalb die Offiziere zur Heimkehr riethen; doch der Oberkapitän wollte sein Versprechen lösen und fuhr weiter. Man befand sich vor einer kanal-, insel- und klippenreichen Meerenge, sah links Feuer und nannte das unbekannte Land deshalb Feuerland. Da entwich ein Schiff, welches die meisten Vorräthe mit sich führe, und dies machte Magalhaes allerdings sehr besorgt. Man fuhr jedoch vorsichtig tiefer in die Meerstraße hinein. Da sah man nichts als nackte baumlose Felswände, schneebedeckte Berggipfel dahinter, Gletscher in den Schluchten, finstere schauerliche Wasserstraßen, in denen Stürme heulten und Brandungen tobten, dazwischen standen bewaldete Hügel. Zwanzig angstvolle Tage dauerte die Fahrt, bis man endlich jubelnd aufs offene Meer gelangte, welches man, da gerade Windstille herrschte, den stillen Ocean nannte. Man fuhr täglich 60—70 Meilen, aber das Meer blieb endlos und insellos. Die Hungersnoth stieg mit jedem Tage. Man hatte nur noch das von Würmern zerfressene Mehl des Schiffszwiebackes als Nahrung. Glücklich der, welcher eine Maus fing. Jetzt kochte man das Rindleder von den Tauen, kochte Sägespäne u. s. w., das Wasser ward stinkend, seit 110 Tagen hatte man keine frische Nahrung, da griff der Scorbut um sich, Leute starben und unter ihnen die gefangenen Patagonier.

Zwar fand man endlich zwei Inseln, aber sie waren öde. Erst im J. 1521 entdeckte man einige Inseln mit Kokospalmen und sehr diebischen Bewohnern, welche nahmen, was ihnen gefiel, und als man sie wegjagte, begannen sie Streit, so daß die Spanier hier und auf andern Inselchen fast in blutige Kämpfe verwickelt waren, einmal sogar ein gestohlenes Boot mit Gewalt zurückholen mußten. Man nannte die Inseln Ladronen, jetzt die Marianen geheißen. Bald fand man eine neue Gruppe großer Inseln mit Korallenriffen, welche die Philippinen heißen, verweilte länger auf der fruchtbaren Insel Zebu, und Magalhaes ward mit dem dortigen Könige so befreundet, daß er an einem Zuge gegen die nahe Insel Mactan Theil nahm mit 60 Mann und 3 Kanonen. Man konnte mit der Schaluppe nicht bis aus seichte Ufer, daher sprang Magalhaes ins Wasser, ward aber von einem Hagel eisenbeschlagener Pfähle empfangen, und bald darauf erhielt er einen vergifteten Pfeil in den Schenkel. Nun befahl er einen langsamen Rückzug; doch seine Leute übereilten sich und die Kanonen der Schaluppe konnten nichts helfen, da sie zu weit entfernt waren. Zweimal warf man ihm den Helm vom Kopfe und verwundete ihn mit einer Lanze an der Stirn. Zornig durchbohrte er mit seiner Lanze den Feind, konnte aber die Lanze nicht aus dessen Leibe herausziehen und erhielt einen Schlag auf den rechten Arm, daß er ihn mußte sinken lassen. Jetzt drangen alle Feinde auf ihn ein, und einer schlug ihm eine tiefe Wunde ins Bein, daß er aufs Gesicht fiel und vollends erschlagen ward (27. April 1521). Der König von Zebu weinte und stürmte mit seinen 1000 Mann auf den

Feind, doch dieser schleppte alle Leichen fort. Heimgekehrt überdachte der König den Vortheil, den er haben würde, wenn er die Fremden ausplündere, und beschloß sie durch Verrath umzubringen. Er lud die Offiziere und Unverwundeten zu einem Mahle ein, überfiel sie und ließ sie umbringen. Nur einen Kapitän schonte er, brachte ihn geknebelt ans Ufer und erbot sich zur Auslieferung, wenn man ihm zwei Kanonen gäbe. Der Offizier bestätigte diese Aussage und bat flehend um Auslösung. Doch die erschrockene Mannschaft fürchtete neuen Verrath und segelte ab. Bald hörte man das furchtbare Geschrei des hingemordeten Offiziers.

Da es an Mannschaft fehlte, verbrannte man ein Schiff und fuhr mit den übrigen zweien weiter, fand Magindanao, Borneo, wo man malayische Kultur, Städte mit Ringmauern und Kanonen, aber auch Streit fand, kam am 8. November endlich ans Reiseziel, zur ersten Molukkeninsel Tidor, welche für spanisches Eigenthum galt. Man tauschte Gewürznelken ein, erhielt freundschaftlichen Verkehr mit dem König und wollte am 18. December absegeln. Doch das Hauptschiff Trinidad hatte ein großes Leck, blieb deshalb mit 53 Leuten unter Carvalho zurück, um ausgebessert zu werden und dann zurück nach der Westküste Amerikas zu segeln. Das andere Schiff segelte mit 47 Spaniern unter del Cano ab, und landete später auf Timor, um Lebensmittel einzunehmen. Trotz der widrigen Winde kam man um Afrika herum, wich den Portugiesen aus, entging auch auf einer Insel des grünen Vorgebirges der Gefahr, gefangen zu werden und erfuhr, daß man im Kalender einen Tag zurück sei. Endlich am 8. September landete die Vittoria unter dem Donner aller Geschütze im Hafen von Sevilla, nachdem sie einen Weg von 14.460 Meilen in 3 Jahren 14 Tagen zurückgelegt hatte. Nur 18 Leute der Bemannung, krank und erschöpft, sahen ihre Heimath wieder. Im Hemd, barfuß und mit einer brennenden Kerze in der Hand wallfahrteten sie zur Kirche der h. Maria del Antigua, um Gott für ihre Rettung zu danken. Nach 2 Jahren kam auch ein Theil der Mannschaft des Trinidad, welcher Amerika nicht gefunden hatte, nach den Molukken zurückgekehrt, und sammt der Mannschaft von den Portugiesen als Beute betrachtet war.

§. 21. Die Fahrten der Spanier ins stille Meer.

Über den Besitz der Molukken erhob sich zwischen Spanien und Portugal Streit, da sandte Spanien 1525 den de Loaisa mit 6 Schiffen durch die Magalhaesstraße, aber zwei Schiffe wurden verschlagen, die Leute litten Noth und kamen nach vielen Abenteuern an Mejicos Küste, wo Cortez ihnen Hülfe gab und eine Verstärkung nach den Molukken sandte. Diese fand die Mulgraveinseln, fand Spanier und Portugiesen in heftigem Streit auf den Molukken, und da jene zu schwach waren, wollten sie allesammt nach Mejico heimkehren. Der Flottenführer Sayavedra fand auf diesem Wege Neu-Guinea

(1528), mußte aber von Stürmen getrieben nach Tidor zurückkehren, fand dann auf dem Wege (1529) über Neu-Guinea die Barbados Insel (wegen der bärtigen Bewohner) die niedrigen Inseln, doch der Kapitän starb unterwegs, das Schiff kehrte nach Tidor zurück, und der Portugiese Ferdinand de la Force brachte die Mannschaft 1537 nach Europa.

Schon 1527 hatte Spanien die Molukken an Portugal verkauft, beanspruchte aber die übrigen von Magalhaes entdeckten Inseln. Daher mußte Villalobos 1542 aus dem mejicanischen Meerbusen Navidad mit 6 Schiffen auslaufen, fand die Carolinen, starb aber nach vielen Leiden 1564 auf Amboina und Portugiesen brachten seine Mannschaft nach Spanien. Jetzt lief (1564) Legazpi aus Navidad aus, legte auf Zebu eine Kolonie an, ebenso auf Manilla und lernte auf der Heimkehr die Nordwestwinde benutzen, was seitdem auf der Fahrt nach Amerika Sitte ward.

Der letzte große Seemann Spaniens war Ferdinand de Quiros, der als Kaufmann zwischen den Philippinen und Acapulco hin und her fuhr, und Entdeckungen in der Südsee machte. Er fuhr als Pilot Mendana's 1595 aus Callao ab, fand die Marquesas (so benannt nach dem Gouverneur von Peru: Marques de Mendoza), wo er die Brodfrucht kennen lernte. Hierauf kam er zu den Salomonsinseln und Schifferinseln. Da starb Mendana (1595) und Quiros setzte die Entdeckungen fort, nachdem er über Peru nach Spanien gegangen war und Philipp III. für die Auffindung des Australlandes begeistert hatte. Im J. 1605 segelte er von Callao mit 3 Schiffen aus, fand auf einer Strecke von 1000 Meilen aber kein Land, dann aber die niedrigen Inseln, die Gesellschaftsinseln mit Tahiti, lauter gefährliche Koralleninseln oder voll Korallenriffe, das h. Geistland, konnte aber nirgendo eine Kolonie gründen, da die Einwohner sehr feindlich gesinnt waren. Der Sturm trieb ihn heim nach Mejico. Sein Kapitän de Torres folgte ihm mit dem andern Schiffe, nahm aber die Richtung nach Manilla, kam dabei zwischen Neu-Guinea und Neuholland durch, die er sah, und nach ihm heißt diese Straße die Torres-Straße. Glücklich kam er nach Manilla, wie Quiros nach Acapulco (1606), von wo er nach Spanien ging, um sich neue Hülfsmittel zu erbitten. Als diese nach langem Warten gewährt wurden, starb er 1614 in Panama, und mit ihm hören Spaniens Unternehmungen im stillen Ocean auf.

§. 22. Entdeckungen und Raubzüge des Franz Drake.

Die reichen Gold- und Silberschätze, welche Spanien aus Amerika bezog, erregten den Neid mancher Völker. Die Franzosen wollten es ihnen nachmachen, fanden aber in Canada kein Goldland. England, damals ein Staat mit geringer Seemacht, hatte aber verwegene Seeleute, die auf eigne Faust einen abenteuerlichen Raubkrieg mit Spanien begannen, welcher diesen Koloß von Staat in Schrecken und Verlegenheit setzte und seine Ohnmacht verrieth.

Franz Drake, 1545 in Devonshire geboren, war der Sohn eines Schiffspredigers, der mit seiner zahlreichen Familie in Kielraume eines alten Wachtschiffes wohnte. Franz ward Seemann und zeichnete sich bald so aus, daß ihm sein Schiffsherrr bei seinem Tode das Schiff vermachte. Ein Verwandter ließ seinen jungen Neffen nun unterrichten, welcher sein Schiff verkaufte, dagegen an weiteren Seefahrten Theil nahm, da Engländer Sclaven von Guinea nach Westindien schafften. Auf einer solchen Fahrt trieben Stürme die Handelsschiffe an Mejicos Küste, wo man sie heimtückisch überfiel und grausam behandelte. Nur Drake entkam mit seinem Schiff durch kalte Besonnenheit, schwor aber den Spaniern ewigen Haß. Er trat in königliche Dienste, dann aber unternahm er mit einigen Rhedern Raubzüge nach den spanischen Küsten Amerikas. Im J. 1572 lief er mit zwei Schiffen in Plymouth aus mit 73 Mann, verband sich vor Panama mit dem Besitzer eines dritten englischen Schiffes und überfiel die Hafenstadt Nombre de Dios im Meerbusen von Darien. Kühn drang er in die Stadt, zerstreute die ihm entgegen eilenden Feinde, erreichte des Statthalters Haus, wo er einen großen Vorrath an Silberbarren fand, die man nahm und trotz des Regens zum Gold- und Perlenhause eilte und dessen Thür erbrach. Da stürzte Drake zusammen, denn er war schwer im Schenkel verwundet, hatte es aber verheimlicht. Man zog sich deshalb in Ordnung und ohne verfolgt zu werden mit den Silberbarren auf das Schiff zurück. Ein Angriff auf Cartagena konnte nicht ausgeführt werden, da die Stadt gewarnt war. Man plünderte einige Schiffe und hielt sich dann einige Zeit in einer Bucht verborgen, bis man von einem Neger erfuhr, die Silberkaravane sei auf dem Wege von Panama nach Nombre de Dios. Viele seiner Leute lagen krank am Fieber, dennoch machte sich Drake mit 18 Matrosen und 30 Negern auf, schlich ins Land auf nächtlichen Wegen, schlich sich bis in die Nähe von Panama und sah wirklich die Silberkaravane kommen. Doch einer seiner Leute sprang zu früh aus dem Hinterhalt, so daß die Karavane Zeit zur Flucht hatte. Man erhaschte nur 8 beladene Maulthiere, von denen 2 mit Silber belastet waren. Drake entzog sich geschickt der Verfolgung, nahm noch einen Silbertransport und kam wohlbehalten auf sein Schiff und mit diesem nach England. Hier benutzte er die reiche Beute, um mehrere Fregatten auszurüsten, um einen Aufstand in Irland unterdrücken zu helfen und erhielt zum Dank die Erlaubniß, in der Südsee Beute zu suchen. Schon vorher war sein Freund Ozenham mit 70 Mann nach dem Golf v. Mejico gefahren, hatte es in einer Bucht versteckt, war über die Landenge gegangen und erbeutete einige beladene Barken der Perleninsel. Aber während man sich um die Beute zankte, entführten die Spanier dieselbe. Die Engländer eilten ihnen nach, wurden aber zersprengt, fanden auch ihr Schiff nicht wieder, irrten in den Wäldern umher, bis sie gefangen und hingerichtet wurden.

Im Jahre 1577 lief Drake mit 5 Schiffen und 164 Mann aus, fuhr unter vielen Gefahren durch die Magalhaesstraße, verlor 2 Fahrzeuge, ward vom Sturm sogar ins Südpolarmeer geschleudert, verlor noch 2 Schiffe und eine Schaluppe, welche bis zum Laplata getrieben wurde, wo nur Einer der Mannschaft sein Leben rettete und 1586 über Portugal heimkehrte. Drake erholte sich in einer Bucht des Kap Horn, welches er entdeckte, fuhr dann nach Valparaiso, plünderte es, Matrosen nahmen schlafenden Spaniern 6 silberbeladene Llamas, dann ging es weiter nach Norden, wo man zwei Silberschiffe kaperte. Man plünderte im Hafen von Callao eine Flotte von 17 Schiffen, trieb sie auf den Strand und nahm ein fliehendes königliches Schiff, welches 13 Kisten Silber, 80 Pfd. Gold, 26 Tonnen Silberbarren, zusammen im Werth von 150.000 Pfd. St. hatte.

Unterdessen hatten die Spanier den Engländern den Rückweg um Amerika verlegt, deshalb segelte Drake durch den stillen Ocean, indem er einen Weg um Nordasien und Nordamerika suchte. Dabei entdeckte er die Küste Neu-Albion und nahm sie für England in Besitz, wandte sich aber nach den Molukken, erreichte nach 68 Tagen die Ladronen, lud auf Ternate Gewürz, erlitt aber bei Macassar einen Unfall, da sein Schiff auf eine Sandbank auffuhr, und er 8 Kanonen und einen Theil der Beute über Bord werfen mußte. Nach 2 Jahren und 10 Monaten kam er 1580 wieder in Plymouth an, wo er auf Klage der spanischen Regierung einen Theil der Beute herausgeben mußte. Sein Schiff ward viele Jahre im Hafen als Merkwürdigkeit aufbewahrt, und als es Wrack wurde, machte man aus dem Rest einen Stuhl, welchen man der Universität Oxford schenkte, die ihn noch besitzt.

Schon 1585 ging Drake auf neue Fahrten aus nach Afrika und Westindien, ordnete die Verhältnisse Virginiens, commandirte einen Theil der englischen Flotte im Kampf gegen die spanische Armada, verbrannte die spanischen Schiffe in Cadix und machte sich so furchtbar, daß jedes Schiff sich ergab, wenn es seinen Namen hörte. Als ihm ein Angriff auf Panama mißlang, bekam er vor Ärger das Fieber und starb 1596. Drake machte die Engländer zu gefürchteten Seeleuten, führte aber auch 1586 die Kartoffel aus Virginien nach Europa, machte auch das Rauchen zur Sitte, und baute eine 20 Meilen lange Wasserleitung, um Plymouth mit Trinkwasser zu versorgen.

Die Spanier erschraken, als man Westamerika besuchte. Man wollte daher eine Festung an der Magalhaesstraße anlegen, aber von 3000 Ansiedlern kamen unterwegs 2600 um, und die Bewohner der Kolonie verhungerten in dem nahrungslosen Engpasse. Als der englische Seeräuber Thomas Cavendish (1586) mit 3 Schiffen die Straße passirte, fand er nur noch Einen lebenden Spanier, welchen er sammt den vergrabenen Kanonen mitnahm, die Küstenstädte Westamerikas plünderte, die Philippinen heimsuchte, ein reich beladenes Admiralschiff nahm und über das Kapland heimkehrte (1588). Seine Beobachtungen über Winde, Ebbe und Fluth, Strömungen erweiterten die physikalische Geographie und berichtigten viele Abschätzungen der Entfernungen. Als er 1591 mit einem neuen Geschwader auszog und die Magalhaesstraße passirt hatte, zwangen ihn Stürme und Mangel an Lebensmitteln zur Umkehr,, worüber er sich kränkte, daß er 1593 an der brasilischen Küste starb.

———————

Zweite Periode.

§. 23. Das Merkantilsystem.

Mit ihm fängt eigentlich die zweite Periode der Handelsgeschichte an, nämlich die Leitung des Handels nach volkswirthschaftlichen Grundsätzen. Denn im Übrigen ist der Handel derselbe geblieben. Man brachte dieselben Artikel auf den Markt, behielt dieselben Handelseinrichtungen bei, es war nur der Hauptstapelplatz mit der Zeit von Babylon nach Lissabon, Brügge und Antwerpen vorgerückt.

Das Merkantilsystem brachte Karl V. in Anwendung. Man nennt es auch Handelssystem, weil es den Handel einseitig begünstigte, indem es von dem Grundsatze ausging, daß der Reichthum im Gelde bestehe, der Stand also für den Staat der wichtigste sei, welcher das meiste Geld ins Land bringe. Daher suchte man viel Geld zusammen zu bringen, indem man recht viel verkaufte und recht wenig einkaufte, d. h. man wollte nur einnehmen und wenig ausgeben. Die Richtigkeit dieses Grundsatzes schien so handgreiflich, daß man Jahrhunderte starr an ihm fest hielt. Man verbot also die Einfuhr fremder Waare oder legte hohe Einfuhrsteuer auf sie, errichtete Fabriken über Fabriken, um viel und billig zu produciren, rief dadurch in der That eine rege Industrie hervor und steigerte zugleich die Rhederei. Der Handwerker und Bauer blieben unbeachtet, ihm wurden sogar viele Waaren vertheuert, welche das Ausland billiger lieferte, denn die Grenzsperren kamen nur dem Fabrikanten zu Gute, der keine Concurrenz mehr zu fürchten hatte und seine künstlich hervorgerufene Industrie durch hohe Preise behauptete.

Die italienischen Staaten hatten ihren Bürgern Handelsfreiheit gestattet und waren dabei reich geworden, erst als Spanien, in Geldnoth seit den Maurenkriegen, die Auslagen für die Unternehmungen in Amerika zu decken trachtete, ward das Merkantilsystem Handelsgrundsatz. Für Geld kann man sich andere Bedürfnisse verschaffen, daher hielt man Geld für Reichthum. Spanien suchte also überall nach Gold und Silber, machte die Bergwerke zum

Regal, vernachläfsigte den Anbau des Landes und forgte blos für die Minen, obschon ihm diese theuer genug zu stehen kamen. Alles edle Metall mußte nach Spanien geschafft werden, dagegen sollte die Ausfuhr von dort erschwert werden.

Aber nicht alle Nationen hatten Gold- und Silberbergwerke, sie mußten sich das edle Metall durch den Handel verschaffen, und so ward der Handel die Hauptforge des Staates. Die indischen Producte waren damals die gesuchten, sie konnten leicht in Geld umgesetzt werden und wurden daher Monopol. Die Wege und Bezugsquellen behandelte man als Geheimniß. So verfuhren Portugal und Holland: letzteres ging so weit, daß es bei guter Ernte den Überfluß vernichtete, um die Preise hoch zu halten.

Um aber den Geldzufluß zu steigern, den Geldabfluß zu mindern, suchte man in den Kolonien Alles zu verwerthen, und verkaufte sogar Menschen, wo man keine andere Handelswaare fand. Trotz des heftigen Widerstrebens der Kirche wurden Millionen „Heiden" als Waare auf den Markt gebracht. Man wollte aber auch die Kolonien als Abnehmer benützen, so daß das Kolonialfystem mit dem Merkantilfystem sich verband. Die Kolonien mußten ihre Producte zu einem beliebig festgesetzten Preise an das Mutterland verkaufen und diesem die Manufacturarbeiten u. f. w. zu beliebig angesetztem Preise abkaufen. Es wurde den Kolonisten verboten, sich ihre Bedürfnisse an Kleidern u. f. w. selbst zu verfertigen, noch weniger durften sie die Landesproducte verarbeiten; ja sie mußten Waare kaufen, deren sie nicht bedurften. Bei einem solchen System blieben die Kolonien arm, litten oft Hungersnoth, wenn die Mehlzufuhr ausblieb. Erst seit die Kolonien frei sind, hat ihre Wohlhabenheit zugenommen, da man mehr producirt und die eigenen Artikel beliebig verwerthen kann. Nordamerikas Bevölkerung stieg von 3 Mill. auf 26 Mill., die Einfuhr englischer Waare hat sich verzehnfacht, denn Nordamerika kauft von England für c. 120 Mill. G. Waare, Indien dagegen mit seinen 150 Mill. Einw. nur für 70 Mill. G., und Bristol, welches zu verarmen fürchtete, wenn man Nordamerika frei gäbe, mußte nach 10 Jahren seinen Hafen erweitern, um dem amerikanischen Handel zu genügen.

Die portugiesischen und spanischen Kolonien waren als Lehen an den Adel und die Kirche gegeben, welche nur ihre Renten bezogen und sich sonst nicht um ihre großen Besitzungen kümmerten. Man überließ sie Pächtern und verzehrte die Renten in Europa. Bei Holländern und Engländern nahmen Kaufleute die Kolonien in Besitz, mußten sich aber zu Militärmächten organisiren, um die fernen Länder zu behaupten. Sie nutzten ihre Kolonien wenigstens kaufmännisch aus, verfuhren aber härter als die spanischen Lehnsherren.

Um die Kolonien auszubeuten, mußte man Fremden den Handel und Eingang verwehren; daher erfolgten zahlreiche Verbote. Man mußte aber auch eine Menge Beamte, Schiffe u. f. w. haben, um den Schleichhandel zu hindern. Dies vermehrte die Unterhaltungskosten, konnte aber bei den weiten

Küsten den Schmuggel nicht hindern, so daß das Mutterland geringeren Gewinn hatte, weil der Schmuggler billiger verkaufte. Manche Kolonien brachten daher geradezu Verluste. Dazu kam noch das Steigen aller Preise als Folge der Einfuhr der Edelmetalle. Man konnte sich dasselbe nicht erklären, und ergriff zwecklose Maßregeln dagegen. Man verbot die Ausfuhr des edlen Metalles, beschränkte die Verarbeitung zu Bijouterie, aber das Übel blieb und veranlaßte eine gänzliche Umgestaltung des Handels. Die Handelswege waren andre, die Preise stiegen, die kaufmännischen Berechnungen wurden unsicher, die Renten sanken, der Handwerker und Bürger kam in Noth, da er alles theuer bezahlen mußte. Man verbot trotzdem die Ausfuhr der Rohstoffe, damit sie der Fabrikant bearbeite, verbot aber auch die Einfuhr fremder Fabrikate. Eben so wurde die Getreideausfuhr bald verboten bald erlaubt, alles im Interesse der Fabrikanten.

Das Merkantilsystem ward aber auch der Anlaß zu kostspieligen Kriegen. Man stellte nämlich alle Jahre eine Handelsbilanz auf, d. h. man verglich, wie viel aus- und eingeführt war, und trachtete danach, mehr auszuführen als einzuführen, um das Geld im Lande zu behalten. Man verbot die Einfuhr fremder Waaren, die betheiligten Staaten ergriffen Repressalien, es kam zu Kriegen oder zu Handelsverträgen u. s. w. Alle diese Erscheinungen wiederholen sich bei jedem einzelnen Staate. So unausführbar das System war, mehr zu verkaufen als einzukaufen, weil jeder Staat so handelte, so hat es doch das Gute gehabt, die Rhederei in einzelnen Staaten zu mehren und gewisse Fabriken ins Leben zu rufen. Manche Fabriken sind zwar wieder eingegangen, weil sie nur künstliche Schöpfungen waren, aber im Ganzen wurde die Industrie belebt, wenn auch oft auf Kosten der Consumenten.

Am strengsten wurde das Sperrsystem von Spanien durchgeführt, in Frankreich hatte Sully Bedenken dagegen und neigte zum Ackerbausystem, schwankte aber unentschieden hin und her. Die Holländer gestatteten sich wenigstens die Handelsfreiheit und wurden dabei reich; auch in England war der Handel frei gegeben bis auf die letzten Stuarts, und Cronwell führte durch die Navigationsacte das strenge Merkantilsystem nach Außen durch. In Frankreich bildete Colbert das Merkantilsystem zu einem organisirten System der Schutzzölle aus, und da Frankreich damals in Europa den Ton angab und als Musterstaat betrachtet wurde, so führte man in allen Staaten den Schutzzoll ein, um die Staaten zu Fabrikstaaten zu machen, so wenig sich einige auch dazu eigneten. Der Marschall Vauban erhob seine Stimme zwar dagegen, aber seine Ansicht blieb seinen Zeitgenossen unverständlich. Erst in den Zeiten der sogenannten Aufklärung erhoben sich Zweifel gegen das Merkantilsystem, doch wagte man nicht mit ihm zu brechen, sondern man änderte es ab, bis das entgegengesetzte System in den Revolutionszeiten zur Geltung kam, obschon es eben so einseitig war.

Das Merkantilsystem hat aber das Gute gehabt, den Grundsatz des

Kredits zur Geltung zu bringen. Man fand es mit Recht bequemer, statt das baare Geld im Kasten zu haben, um jederzeit auszahlen zu können, dasselbe während dieser Zeit arbeiten zu lassen. Man legte eine Summe, welche etwa die monatlichen Zahlungen deckte, in einer Bank an und diese glich die Rechnungen der betheiligten Häuser unter sich aus, so daß nur die Differenzen ausgezahlt wurden. Man brauchte dazu nur geringe Baarsummen. Die Bank arbeitete mit den angelegten Summen und verdiente dabei. Man ging noch weiter und nahm den erwarteten Gewinn als bereits vorhanden an, d. h. man disconti rte Wechsel, was für die Bank und den Producenten gleich vortheilhaft war. Endlich dehnte man den Credit so weit aus, daß man Werthzeichen (Actien) als baares Geld auf Unternehmungen ausgab, deren Erfolg noch sehr zweifelhaft, ja wohl kaum in Betracht gezogen war. Die Agiotage begann ihr verderbliches Spiel. Die Tulpenwetten, die Lawschen Projecte und die Handelskrisen in England waren die schlimmsten Consequenzen des Merkantilsystems, bis Hume, Tucker, Smith u. A. es endlich wissenschaftlich widerlegten und die Physiokraten ihm ein Ende machten.

Zweites Kapitel.
Die Herrschaft des Kolonial- und Merkantilsystems.

§. 24. Das spanische Kolonialsystem.

Die Eroberungen in Amerika zeigen, welche Thatkraft, Ausdauer und kriegerische Tapferkeit im spanischen Volke lebten und es ein Jahrhundert lang zum ersten der Welt machten. Aber die Erfolge dieser Thaten blieben geringe, weil man das Gefundene nicht zu benutzen verstand.

Die spanischen Kolonien blieben Jahrhunderte lang Eroberungen, und darin lag der Grund, daß Spanien machtlos wurde. Man hatte einestheils besiegte Völker in Unterwürfigkeit zu erhalten und zu civilisiren, d. h. an geregelte Thätigkeit zu gewöhnen, anderntheils mußte man Vorkehrungen treffen, daß die Vicekönige und hohen Beamten nicht etwa Versuche machten, unabhängig zu werden. Endlich sind die Spanier nicht geeignet, ein Land zu kultiviren, denn ihr Vaterland kam ja selbst herab und wimmelt von Bettlern. Da die Regierung viel Unkosten hatte, nahm sie große Monopole in Anspruch, um die Kosten aufzubringen. Gegen Ende des vorigen Jahrhundertes bezog Spanien aus Neuspanien 5—6 Mill. Piaster, aus Peru 1 Mill., aus Buenos Ayres ³/₄ Mill., die übrigen Provinzen dagegen kosteten 3½ Mill. P. Zuschuß, Domingo allein in 50 Jahren 17 Mill. Die Ausfuhr betrug gegen Ende des 18. Jahrh. 10 Mill. P. mehr als die Einfuhr. Die Beamten bekamen große Gehalte, die Vicekönige 40—60.000 P., deren Unterbeamte 10—20.000, und durch Erpressungen, Bestechungen u. s. w. erwarben sie Millionen.

Der Handel unterlag drückenden Gesetzen, da ihn die Regierung controlliren wollte und fremde Kaufleute abzuhalten suchte. Man verschloß den Fremden den Eintritt in das spanische Amerika, verbot den Amerikanern bei Todesstrafe den Verkehr mit Ausländern, behandelte die Besatzung jedes fremden Schiffes als Verbrecher, richtete selbst die Gestrandeten hin oder lieferte sie Zeitlebens in die Bergwerke. Dieses System begünstigte die hafenarme Küste; von Havana aus beherrschte man Vera Cruz und Campeche; Granada hatte nur die Häfen Cartagena und Santa Maria; der Golf von Mejico war wegen der Winde schwer zu befahren, viele Küsten Südamerikas wegen Hitze oder Sümpfe unbewohnt, die Bevölkerung also auf den Hochebenen; Angostura mußte 80 Meilen vom Meere entfernt bleiben, die Straße von Caracas zum Meere ließ man verwahrlost; die Laplata- und Orinocostaaten blieben gering geachtet, da sie leicht zugänglich waren, weshalb auch das Fremde hier Eingang fand, und diese Staaten zuerst abfielen.

Seit 1503 bestand in Sevilla ein Hauptzoll- und Verwaltungsamt. Jedes Schiff, welches absegeln wollte, mußte von ihm die Erlaubniß haben und wurde beim Landen untersucht. Bei Todesstrafe mußte jeder Spanier von und nach Amerika seinen Weg über Sevilla nehmen, bis dies Amt 1720 nach Cadiz verlegt ward, da der Guadalquivir versandete. Um die Controle zu erleichtern, durften nur zwei regelmäßige Handelsflotten auslaufen. Die Galeonen (27 Schiffe) gingen jährlich über Cartagena nach Portobello; nach Vera Cruz nur alle 3 Jahre 23 Schiffe. Diesen Schiffen ward der Weg genau vorgeschrieben, und über Portobello ging der Verkehr über den Isthmus mit Hülfe der Maulthiere nach Panama, von dort zur See nach Peru und Chile. Im ungesunden Portobello hielt man daher eine Messe von 40 Tagen, wohin die spanische Kaufmannschaft unter dem Admiral, die peruanische unter dem Präsidenten von Panama kam. Die Abgeordneten beider Gesellschaften hielten auf dem Admiralschiff Conferenz, um die Preise festzusetzen. In Cartagena mußten die Schiffe der Oberbehörde von ihrem Kommen und Gehen Meldung machen.

Ähnlich war es mit der Silberflotte, die in Vera Cruz abging, während die Messe in dem gesünderen Jalapa statt fand, worauf sich die Flotte von Portobello mit der von Vera Cruz in Havana zur Rückkehr vereinigte. Durch diese Maßregeln kam der Großhandel in die Hände weniger Kaufleute in Sevilla, Mejico und Lima brachte diesen 100—300 Procent, dies vertheuerte aber die Waaren 4—7fach im Mutterlande. Von Manilla kam jährlich nur Eine Galeere nach Acapulco, die 1½—2 Mill. P. Ladung hatte. Wenn man das Schiff an der Küste vorbei fahren sah, eilte man nach Acapulco, um einzukaufen. Manche Provinzen konnten bei diesem beschränkten Verkehr ihre Producte gar nicht absetzen. Erst als man dies System milderte, stieg der Handel. Denn beide Flotten hatten nur 27 500 Tonnen Gehalt, und die letzte Silberflotte fuhr 1778. Vera Cruz sandte bis dahin 600.000 Piaster, nach 8 Jahren schon 850.000 P. Aus- und Einfuhr der 300 Schiffe betrug 1778 nur 148 Mill. Realen und 6½ Mill. Zoll, 10 Jahre später 1104 Mill. und 55 Mill. Zoll. Den Handel nach Cuba besorgten bis 1765 sechs Schiffe, als man aber 1778 den Handel jedem Spanier gegen 6 % Abgabe erlaubte, beschäftigte er 200 Schiffe. In 5 Jahren verdreifachte sich in Havana die Zolleinnahme, die Ausfuhr stieg aufs Fünffache. Vor 1765 hatte die Insel Cuba für sich nicht genug Zucker.

Dieses unnatürliche System trieb zum Schleichhandel, welcher bald großartig betrieben ward, besonders in den fernen Provinzen. Holländer, Engländer und Franzosen bekamen mehr als die Hälfte des Handels in die Hände, ja zur Zeit der Kriege Spaniens fiel er fast ganz den Seestaaten zu. Namentlich die Engländer legten Faktoreien an, zwangen die Regierung zum Nachgeben, so daß man von Europa direct mit Chile und Peru, von Caracas nach Vera Cruz verkehren durfte und Registerschiffe in Zwischenräumen seit 1740 hin- und hergingen, seit 1748 die Galeonen ganz eingingen. Der Kakaohandel, Bedürfniß für Spanien, war in holländischen Händen, bis er einer spanischen Compagnie 1728 erlaubt ward, worauf die Production stieg, die Preise sanken. Karl III. organisirte 1764 einen monatlichen Verkehr von Coruna nach Havana, einen zweimonatlichen nach Buenos Ayres, 1765 gab er allen Spaniern den Handel frei nach Westindien, da seither nur Castilien das Handelsrecht besaß, und bis 1788 war diese Erlaubniß auf alle Kolonien ausgedehnt und gie Binnenzölle zwischen diesen aufgehoben.

Zwar hing Spanien dem Merkantilsystem an, aber es konnte dieses System am wenigsten durchführen, da die Industrie im Lande gering war. Man machte daher dem einkaufenden Fremden Einfuhr von Manufacturwaaren zur Bedingung. Hof, Gesetze und Adel verachteten den Handwerker, hielten den Betrieb eines Geschäfts für einen Makel. Wenn Karl V. die Erzeugung und Einfuhr von Rohproducten begünstigte, so verbot er den Weinbau in Peru und die Anlegung von Fabriken. Daher machten sich die Indianer selbst, was sie brauchten, und nur die europäische Bevölkerung kaufte „castilianische Stoffe"; aber diese bezogen die Spanier meist erst aus England oder Holland durch Schleichhandel über Cadix; auch Quecksilber lieferte Spanien.

Die Einwanderung nach Amerika war sehr erschwert. Für jede Reise dorthin oder von dort nach Spanien mußte man besondere Gründe angeben und eine Erlaubniß haben, ja jeder Rheder mußte schwören, keinen Reisenden ohne Legitimation mitzunehmen. Es zogen daher jährlich nur wenige Hunderte hinüber und blieben dort, weil die Erlaubniß zur Heimkehr schwer zu erlangen war. Es gab 1550 in ganz Spanisch-Amerika höchstens 15.000 Europäer, zu Humboldts Zeit 3 Mill. Weiße, gegen 14 Mill. Farbige. Die weiße Bevölkerung lebte in Städten, die ganze Bevölkerung schied sich in Kasten, die sich haßten und verachteten. Wer sich auszeichnete, bekam das Recht eines Weißen (hombre blanco). Außerdem haßten sich die Bewohner der Küste und der

Gebirge, die Nationen und selbst Familien entzweien sich aus Stolz. Jeder spanische Amerikaner trachtet nach dem Adelstitel und Orden, und die Kolonien wurden durch eine Beamtenwelt regiert, die viel Gewalt hatte, aber von der Regierung mißtrauisch beobachtet wurde. Die Vicekönige blieben nur 7 Jahre im Amte, mußten ein pomphaftes Ceremoniell beobachten, und mußten Rechenschaft vor dem Rath von Indien ablegen. Neben ihnen standen Gerichtshöfe, über Allen der Rath von Indien, welchen ausgediente Statthalter bildeten.

Aller Grund und Boden der Kolonien war Eigenthum der Krone; man gab als Lehen verdienten Männern Domänen (encomiendas), schützte daher durch viele und wohlgemeinte Gesetze die Indianer, doch wurden jene wenig befolgt. Die Indianer hatten ihre Kaziken, wohnten in Dörfern und durften sie ohne Erlaubniß nicht verlassen. Ihr Eigenthum konnte nur gerichtlich verkauft werden, aller andere Verkauf oder Borgen auf indianisches Besitzthum war ungültig. Den Weißen leisteten sie nur gewisse Frohnden, sie waren deren Arbeitskraft und Tagelöhner. Besonders aber nahm die Kirche sich der Indianer an, behandelte sie mild und die Jesuiten organisirten die Civilisirung durch Missionen mit einiger militärischer Besatzung (Presidios, d. h. 3—6 Soldaten). In den Missionen wohnten die Indianer in regelrecht angelegten Dörfern, 800—2000; jeder bekam seine Arbeit, Männer, Frauen und Kinder. Man legte Vorrathshäuser an und einer der beiden Mönche besorgte den Verkauf der Waaren, den Einkauf der Bedürfnisse. An Festtagen unterhielt man sich mit Musik, kurz der Orden erzog und behandelte die unverständigen Indianer wie Kinder. Wohlstand und Glück herrschten in den Missionen, welche einige Ähnlichkeit mit den communistischen Vorschlägen der neuesten Zeit hatten, aber praktisch und zweckmäßig organisirt waren. Seit jene Kolonien frei sind, sank der Wohlstand; Roheit, zwecklose Revolutionen, Trägheit und Zerfahrenheit bringen sie herab.

§. 25. Die Geschichte Spaniens und seines Handels bis 1713.

Bei den fortdauernden Kriegen zwischen Mauren und Spaniern, bei den zahlreichen Fehden der Barone konnte in Spanien Industrie u. a. Handel nur in einigen Gegenden zur Blüthe kommen. Barcelona betrieb den Seehandel, Toledo Seiden- und Wollindustrie, Aragonien Wollweberei, für welche es aus England Wolle holte und mit Brügge lebhaften Verkehr unterhielt, Valencia versandte Feigen, Oel, Wachs; Segovia und Burgos Häute u. s. w., wogegen das Ausland, d. h. die Niederlande, Kunstproducte und feines Tuch aus Ypern sandten.

Anders wurde es unter Karl V., Philipp II. und III. Die Entdeckung der Goldländer machte Spanien scheinbar reich, der That nach ist es aber verarmt; denn nicht Gold ist Kapital, sondern Arbeit. Spanien war an sich arm an Tauschartikeln, das Volk stolz und träge; die Indianer Amerikas sollten den Adel ernähren, Europa für Spanien arbeiten, denn man konnte ja nun bezahlen. Obschon die Ausbeute an edlem Metall gegen spätere Zeiten gering war, so wirkte die Gold = und Silberzufuhr doch auf den Handel, denn es stiegen in ganz Europa die Preise. Der reiche Spanier mußte also überall mehr zahlen, und sein Gold floß nach den Niederlanden, Frankreich und England, denn von Antwerpen bezog man Getreide, Holz, Pech, Segeltuch und das Material zum Schiffbau, wogegen man nur Südfrüchte, Wein, Wolle, Sammt und Seide aus Toledo liefern konnte. Die Indianer und Grundherren Amerikas verbrauchten wenig, brachten dem Handel wenig Nutzen, da sie nur Getreide, Vieh und Stoffe bedurften, welche Spanien auch erst vom Auslande bezog. Selbst der Wein und Zucker der canarischen Inseln kam in Antwerpen auf den Markt. Handelsplätze blieben nur Cadix, von Holländern und Hanseaten besucht, Sevilla und S. Lucar, doch trieb man bei Neufundland Fischfang.

Alle Bemühungen Karls V., Ackerbau, Industrie und Handel zu fördern, blieben erfolglos bei der Abneigung des Volkes gegen Arbeit; ja sie sanken, als Ferdinand 1492 über 1 Mill. Juden und Philipp III. 1620 an 1 Mill. Mauren vertrieben, denn Juden und Mauren waren die betriebsamen Bewohner des Landes. Nur hie und da behauptete sich Wollweberei (Segovia) Damast= und Seidenweberei (Granada) Waffen= und Papierfabrikation. Als nun hierzu unaufhörliche und kostspielige Kriege kamen, Flotten verloren gingen, Provinzen rebellirten, den Barbaresken Tribut, Rom große Unterstützungen gegeben wurden, so blieb von allem Gold und Silber, welches in einigen Jahrhunderten zu Milliarden anwuchs, nichts im Lande; man mußte neue Auflagen ausschreiben, der Handel kam in die Hände der Engländer und Holländer, denen man die Produkte aus den eigenen Kolonien ablaufen mußte, da sie Schleichhandel und Kaperei trieben, England Wollwaaren, Frankreich Getreide lieferten. Da verödeten die Städte, Sevillas 16.000 Webstühle sanken auf 300, die in ganz Spanien auf 10.000, es fehlte an Wegen, große Strecken Land blieben unbebaut, der Bergbau verfiel, die Gruben standen leer, denn man besteuerte den Verkauf der eigenen Waaren, erleichterte die Einfuhr, und unterdrückte somit die eigene Industrie. Das reiche Spanien verarmte gänzlich, es ward vom Auslande abhängig, von welchem es mit den Bedürfnissen versehen wurde. So gründlich widerlegte der Erfolg den falschen Grundsatz der Staatswirthschaft, daß der Wohlstand und die Macht eines Staates im Besitz von edlem Metall bestehe. Für die Handelsgeschichte hat Spanien auch nur diese Bedeutung, daß es jenes System gründlich in seiner Unwahrheit dargelegt hat. Einen weiteren Werth hat seine Geschichte nicht, Spanien ist seitdem eine Macht zweiten Ranges geworden, über welches andere Völker verfügten. Wir heben nur die Hauptmomente seiner Geschichte hervor.

Mit Karl V. erhob sich das burgundisch=habsburgische Regentenhaus zum ersten der Welt. Karl besaß als mütterliches Erbe die gewerbreichen Niederlande, erhielt vom Vater Spanien, Neapel und Sicilien, durch seine Eroberer

Amerikas Goldländer, erbte Österreich, welches er später an seinen Bruder
Ferdinand abtrat, und ward 1519 deutscher Kaiser. Bei dem großen Umfange
des Reichs ward er in alle Welthändel verflochten. In den Niederlanden wachte
der Bürgerstand über seine Gerechtsame und war jeder Empörung geneigt,
Spanien hatte einen trotzigen Adel und eine unzufriedene Bürgerschaft, welchen
die alten Rechte genommen waren, Italien ward von Corsaren heimgesucht,
und in Deutschland trat eine kirchliche Trennung ein, welche die Fürsten benutzten,
die kaiserliche Macht zu beschränken. In Franz I. von Frankreich besaß Karl
einen unversöhnlichen Feind, welcher Mailand und Burgund haben wollte und
die Türken wiederholt veranlaßte, in Ungarn einzufallen und Wien zu bedrohen.
Um Italien kämpfte Karl von 1521—44 mit Franz, welcher durch die Schlacht
bei Meriguano (1519) Mailand, Genua und die Lombardei genommen hatte
durch Hülfe der Schweizer Söldlinge. Doch die deutschen Landsknechte unter
Frundsberg, Schärtlein u. a., die Spanier unter Pescara und Bourbon entrissen den Franzosen Italien wieder, Sforza erhielt Mailand wieder, Bayard
fiel auf dem Rückzug. Franz ward (1525) bei Pavia geschlagen und gefangen,
brach den Frieden und stiftete eine Liga gegen Karl. Da ward Rom von
deutschen Landsknechten erstürmt und furchtbar geplündert, aber Neapel von
Franzosen genommen. Doch nun trat Andreas Doria von Genua zu Karl,
die Söhne Franzens wurden gefangen und für 2 Mill. ausgelöst. Burgund
blieb bei Frankreich, aber Karl ward mit der lombardischen und römischen Krone
gekrönt, setzte die Medici wieder in Florenz ein. Während Karl den Corsaren
Hairaddin Barbarossa in Tunis (1535) demüthigte und ihm 20.000 Christensclaven abnahm, fiel Franz wieder in Italien ein, da Sforza gestorben war,
und ward von Türken und Savoyen unterstützt. Doch der Papst vermittelte
einen Waffenstillstand. Noch einmal zog Karl gegen die Seeräuber in Algier
(1541), hatte aber wegen der schlechten Jahreszeit Unglück. Da verband sich
der Franzose wieder mit den Türken und begann den vierten Krieg mit Karl.
Als dieser aber auf Paris rückte, machte er Frieden. Bald darauf starb der
treulose, sinnliche, ausschweifende Franz, der Sittenlosigkeit am Hofe einführte,
welcher Kunst liebte, die Seemacht förderte, aber auch kein Recht achtete. Le
roi s'amuse! entschuldigte jedes Unrecht.

Gegen die Protestanten konnte Karl bei den vielen auswärtigen Kriegen
nicht so streng verfahren, als er es wünschte; er mußte ihnen Religionsfreiheit
auf dem Augsburger Reichstag (1555) zugestehen. Des Regierens müde,
übergab er (1555) zu Brüssel seinem Sohn Philipp die Herrschaft, und (1556)
Ferdinand die Kaiserkrone, zog sich in das Kloster St. Juste und starb (1558).
Philipp II. besaß nicht die Milde und Klugheit seines Vaters, sondern trat
besonders den Protestanten mit Entschiedenheit entgegen, so daß die Niederländer
sich gewaltsam in einem langen Kriege befreiten, welcher Spanien 560 Mill. P.
kostete und seine Kolonien in Indien. Um Geld zu schaffen, mußte Alles
hoch besteuert werden, und dazu machte dem Könige sein leidenschaftlicher Sohn

Don Carlos viel Sorge. Er ward 1598 in der Prachtkirche Escorial begraben. Auch Philipp II. mußte mit Heinrich VI. von Frankreich wegen Italien kämpfen, behauptete aber sein Recht, entriß den Franzosen Piemont und Savoyen, ließ ihnen aber Metz, Toul und Verdun.

Auch in Portugal hatten Johann II. und Sebastian mit Strenge auf Reinheit des katholischen Glaubens gehalten, als aber Sebastian in der Schlacht von Alcassar in Afrika (1578) verschwand, sein Nachfolger Heinrich 1580 starb, Bewerber sich um den Thron stritten, eroberte Alba für Philipp Portugal, zog damit das Land in dessen Kriege gegen England und Holland, so daß der Handel fast ganz aufhörte, denn Antwerpen und London wurden die Stapelplätze des Welthandels. Erst 1640 bestieg das Haus Braganza den Thron Portugals.

Philipp III herrschte in des Vaters Weise, hatte Kriege mit Frankreich mußte innere Unruhen mit Gewalt unterdrücken, denn auch in Neapel brach unter dem Fischer Masaniello ein blutiger Aufstand aus, den man mit Mühe unterdrückte. Als 1700 endlich Karl II starb, hatte Österreich gerechte Ansprüche auf die Erbfolge, doch Frankreich erschlich sich ein Testament und so kam es zum spanischen Erbfolgekriege (1700—14), in dessen Folge Spanien an einen französischen Prinzen, die übrigen Besitzungen an Oesterreich kamen.

Spanien hat alle Elemente seiner Kultur von Italien empfangen. Die schönen Kathedralen, an denen es so reich ist, die zahlreichen Gemälde, seine Dichtungen sind nach italienischem Stil gearbeitet, oder den Römern nachgeahmt. Schöne Idyllen verfaßte de la Vega, treffliche Lieder Villegas. Besonders reich sind die Spanier an Schelmenromanen. Mendoza begann diese Art von Romanen und das Trefflichste leistete Cervantes im Don Quixote, dem Ritter von der traurigen Gestalt, in welchem er die Ritterromane und das tolle Abenteurerleben lächerlich macht, und in dem genußsüchtigen Reitknecht Sancho Pansa ein Gegenstück zu dem ruhmsüchtigen Helden gab. Lope de Vega war der furchtbarste Dichter der Welt, denn seine Werke umfassen 133—225 Bogen. Der beste Dramatiker, der Repräsentant des katholisch-mittelalterlichen Lebens ist Calderon de la Barca, der über hundert Dramen schrieb, welche den Meister zeigen.

§. 26. Verpflanzung europäischer Pflanzen und Thiere nach Amerika.

Die Portugiesen fanden in Ostindien ein gewerbreiches Volk und ein produktenreiches Land, so daß sie genug thaten, wenn sie sich den Zwischenhandel durch Montopole sicherten. In Amerika wohnten dagegen uncivilisirte Völker, die man erst an Arbeit gewöhnen mußte. Zum Unglück hatte es viel edle Metalle, so daß man nur die Minen ausbeutete, nicht aber an Plantagen- und Ackerbau dachte, wozu erst die Holländer, Engländer und Franzosen schritten. Die Spanier begingen den Fehler, daß sie in Amerika keine Rohprodukte luden, sondern dies den Fremden überließen, welche dabei gute Geschäfte machten, da sie jene Rohprodukte daheim verarbeiteten. In Folge der harten Arbeiten und schlechten Behandlung starben die Indianer zu Millionen, und große Landstriche verödeten, in denen anspruchslose Indianerstämme ein heiteres Leben geführt hatten. In Europa dagegen nahm mit dem Gold die Verschwendung, Genußsucht, Bestechlichkeit und Sittenlosigkeit überhand, die Preise der Lebensmittel stiegen, die arbeitende Klasse gerieth in Noth, die Staaten in Schulden. Es flossen in 50 Jahren in den königlichen Schatz aus Mejico 111 Mill. P., es kamen nach Europa von 1492—1521 an 10½ Mill. Thl., bis 1546 gar 120 Mill. Thl., seit Potosis Minen in 54 J. an 794 Mill. Thl., ja Potosi allein lieferte von 1544—1824 die Summe von 1500 Mill. Thl. Es stieg in Holland aber auch der Sack Mehl von 2 Stüber auf 65.

Columbus und Cortez wollten Ackerbaukolonien gründen, denn dieser nahm 1493 Weizen, Reis, Weinreben, Sämereien und Hausthiere mit, Zuckerrohr, Südfrüchte, Melonen u. s. w., Columbus führte Gärtner und Landwirthe nach Hispaniola, Cortez ließ in Mejico den Oelbaum pflanzen, und Ribera führte 1560 in Peru den Oelbaum, Orange, Granate, Feige und Melone ein, die er in einem Garten baute, welchen 100 Neger und 80 Hunde bewachten. Dennoch stahl man Reiser und so verbreiteten sich diese Bäume. Auch Küchengewächse, Rosen, Jasmin u. s. w. baute man an, und die Rüben wurden so groß, daß sie ein Mann nicht umfassen konnte. Berlangas verpflanzte 1516 den Pisang von den Canarien nach Domingo, auch Neger brachten diese Pflanze, welche die allgemeine Mehlnahrung wurde. Wein wuchs in Amerika wild, ward aber auch von Europäern (Caravantes) nach Peru, nach Brasilien und Chile gebracht. Später gebot die Regierung die Ausrottung der Wein- und Olivengärten, um dem Mutterlande keine Concurrenz zu machen, doch man befolgte die Befehle nicht überall.

Ein Negersclave des Cortez pflanzte 1528 drei Weizenkörner, und ward Gründer des Weizenbaues in Mejico. In einem Kloster zu Quito bewahrt man noch den Topf auf, in welchem ein Mönch den ersten Weizen zog, und auch in Lima säete eine Wittwe wenige Körner. Der Weizen trägt 17—80 Korn in Amerika, in Virginien der Morgen 20—30 Bushels. Bereits sind Getreide und Mehl ein namhafter Ausfuhrsartikel nach Europa, denn Nordamerika versandte 1831 hierher 121,500 Quarter Getreide und 398 Mill. Pfund Mehl.

Die Thiere, welche man nach Amerika brachte, sind außer dem Schaf verwildert und geben in ihren Häuten, Hörnern und Unschlitt einen Hauptartikel für die Ausfuhr, die Indianer aber sind berittene Jagdvölker geworden. die europäischen Gauchos zu Jagdhirten verwildert und durch die Millionen von Vieh gesegnete Landstriche für den Ackerbau verloren. Pfauen, Gänse, Hühner, Perlhühner vermehrten sich so, daß in Boston ein Federhändler allein von 1828—34 nach London 22 Mill. Stück Schreibfedern, zum Weihnachtsmarkt 13.000 Gänse und 2000 Puter sandte. Die kastanienbraunen wilden Pferde laufen herrenlos in Heerden auf den Pampas am Laplata umher, einige Meiereien besitzen ihrer 50.000. Im J. 1700 bekam man für 2 Stecknadeln 1 Pferd, für 1 Thl. 20, für ein Hufeisen 6. Ähnlich ist es mit den Rindern, die nicht gemolken werden, deren Fleisch wohlfeiler, die Haut theurer als das lebendige Thier ist, weil das Abziehen der Haut Arbeit macht. Die braunroth und schwarz gefärbten Stiere machen sogar das Reisen unsicher, da sie den Menschen angreifen, wie die verwilderten Hunde Heerden und Menschen gefährden. In Paraguay besitzen Meiereien 300.000 St. Rinder, in Buenos Ayres 60.000, für einige Ellen Zeug fängt der Gaucho in etlichen Wochen 10.000 herrenlose Rinder. Ein Ochse kostete 1780 nur 4 G., seine Haut 6 G., 10 Jahre früher kostete er nur 25 Kreuzer in manchen Gegenden. In 10 Monaten versandte ein Kolonist 150.000 Häute zu 36 Kr., in England kostete das Fell 30 Mal mehr als in Amerika das ganze Thier. Humboldt nimmt an, daß die Pampos von Buenos Ayres 12 Mill. Rinder, 3 Mill. Pferde, die Pampas nördlich vom Orinoco 1½ Mill. Rinder und an 200.000 Pferde ernähren. Auch in Mejico besitzen einzelne Meiereien 30—40.000 St. Vieh, Veracruz allein 400.000 Stück, und in Californien vermehrte sich dieses Wild so sehr, daß man an ihre Ausrottung denken mußte. Auch Esel laufen in Quito und Paraguay in wilden Heerden umher, und der Schweine gibt es überall so viel, daß Cincinati jährlich 150.000 schlachtet. Wilde Ziegen sind Gegenstand der Jagd geworden.

Die Schafe Amerikas sind in unserem Jahrhundert durch Merinos veredel, und es giebt Meiereien (haciendas) mit 20—80.000 Schafen, besonders in Mejico und Peru. Sogar die Hausbiene ist 1675 nach Amerika gekommen und heißt beim Indianer „die Fliege des Engländers oder der Vorbote des weißen Mannes." Im J. 1750 verkauften Nord- und Mittelamerika bereits 240.000 Pf. Wachs. Den Maulberbaum und die Seidenraupe brachte Cortez nach Mejico, die sich bald verbreiteten, so daß Georgien oft im Jahre 20.000 Pf. Seide nach England schickte. Dagegen hat der Büffel abgenommen, weil er zu viel Völker ernähren mußte, oft brachte ein einziges Boot 10—12.000 Büffelzungen auf den Markt.

§. 27. Die Folgen des Merkantilsystems für Spanien.

Bereits wurde darauf hingedeutet, daß Spaniens Wohlstand sank, weil man falschen Grundsätzen folgte. Daran trug nicht die Regierung Schuld, sondern das träge Volk und die Zeit. Zur Zeit der Maurenherrschaft ernährte Granada 3 Mill. Menschen, nach 150 Jahren zählte ganz Spanien kaum 7 Mill. Man hatte Bewässerungskanäle, Wasserleitungen und verkaufte ans Ausland Getreide, nach 100 Jahren mußte man kaufen. Sevilla besaß 1519 an 16.000 Seidenweber, Segovia 34.000 Tuchweber, die aus 4½ M. Pf. Wolle

25.000 Stück Tücher machten. Cuença verkaufte nach Afrika blaue und grüne Tücher, Cordova Leder, Toledo Waffen, Barcelona Glassachen und Korallen, Sevilla und Granada Goldschmuck, Valladolid Silberwaaren, Burgos und Medina del Campo hielten Weltmessen, und der Geldumlauf betrug 1563 an 565 Mill. Fres. An 1000 Schiffe besorgten den Welthandel, 1500 den Küstenhandel, 200 baskische Schiffe gingen auf den Wallfischfang, das Land war reich an Schiffswerften.

Da kamen die Gold- und Silberminen und der Glaube, man müsse so viel Geld als möglich ins Land ziehen. Man verbot den Kolonien alle Industrie und befahl ihnen, nur von Spanien ihre Bedürfnisse zu beziehen. Den Handel nach Amerika durften nur Kastilianer über Sevilla treiben. Anfangs brachten die Schiffe Kolonialwaaren (Indigo, Vanille, Kakao, Campeche, Häute u. s. w.) zurück, beschränkten sich aber bald auf Gold, Silber, Perlen und Edelsteine. Nun waren die Indianer aber arme Tagelöhner, die weder viel kaufen konnten, noch viel Bedürfnisse nach Artikeln hatten, wie man sie in Europa kannte. Auch waren die Preise zu hoch. Es entwickelte sich daher ein Schleichhandel, der großartig war, da alle Beamte bis zum Minister bestochen wurden. Denn Spanien hatte nicht die Arbeitskräfte, seine Kolonien mit Waaren zu versorgen, mußte also selbst vom Auslande kaufen. Es suchte jeder Handwerker ein Adelsdiplom zu erlangen oder ward Bedienter, so daß es 2 Mill. Arbeiter, 1,200.000 Geistliche, Adelige und Bediente gab. Alle Gesetze wurden umgangen, die Waaren vertheuert, da die Fremden den Handel in die Hände bekamen und hohe Preise setzten. Auf dem stillen Meer hatte Spanien unter Philipp II. nur noch ein Kriegsschiff, und der Verkehr mit Spanien ward auf dem Antillenmeere so matt, daß die Galleonen oft 3—6 Jahre ausblieben. Zu den 54 Mill. Fr. Ausfuhr lieferten England, Frankreich, Genua, die Hanseaten und Holland 50 Mill., und von der Einfuhr von 85 Mill. bezogen sie für 77 Mill. Trotz des zuströmenden Goldes nahmen die Schulden zu, welche 1598 bereits 120 Mill. Ducaten betrugen, nach Manilla flossen von Acapulco jährlich 10—11 Mill. Silber, so daß die Regierung bei den Philippinen Verluste hatte.

Um Geld zu schaffen, hatte Karl V. schon sämmtliche Kroneinkünfte verpfändet, Privilegien verkauft an fremde Kaufleute, den Juggers in Augsburg, die Quecksilbergruben in Almaden verpachtet; Philipp setzte die Zinsen für die Schulden willkürlich herab, deshalb gab man ihm nur gegen 20—30 Perc. Credit, und doch gab er für den Escorial 6 Mill. Ducaten aus. Adel und Geistlichkeit waren steuerfrei, ihre Besitzungen verpachtet, die schlecht bewirthschaftet wurden. Denn im Lande verfielen die Straßen und Bewässerungskanäle, man konnte keine Waare absetzen, die Armuth und Entvölkerung stiegen. Im fruchtbaren Estremadura lebten auf 1 Q.-Meile 184 Menschen, in Andalusien fand man alle 6 Stunden erst ein Haus, Altkastilien war Weideland geworden, um Segovia lagen 24 Meilen ganz wüste. Holland verkaufte in 18 Jahren für 115 Mill. Fr. polnisches Korn nach dem hungernden Spanien.

Man verbot die Ausfuhr an edlen Metallen, an Gold- und Silberarbeiten verwerthete also dieselben nicht, sondern ließ sie als todtes Kapital liegen. Zölle und Handelssperren trennten Provinzen und Städte, Arbeiter mußten aus Frankreich und Genua geholt und theuer bezahlt werden, während man im Ausland, wohlfeil arbeitete. Ja man verbot nun auch die Ausfuhr von Getreide und Industriewaaren und setzte die Preise fest, weil man dadurch niedrige Preise erzwingen wollte. Es dauerte aber nicht lange, so bezog Spanien seine Bücher aus Holland, seinen Stahl aus Mailand, Kupfergeschirr aus Deutschland, Schiffe baute es in fremden Häfen, Hanf- und Flachswaaren bezog es von Holland, Wollwaaren aus England u. s. w., ja die 130,000 fremden Arbeiter kosteten ihm ein Kapital von 20 Mill. Fr. Den Engländern kaufte es für 12 Mill. P. Fische ab, überließ den Seehandel den Holländern. Falsche Finanzmaßregeln, Verschlechterung der Kupfermünze, zunehmende Steuern und das Anwachsen der Staatsschuld binnen 100 Jahren von 35 Mill. Ducaten auf 162 Mill. — das waren die Folgen eines falschen volkswirthschaftlichen Grundsatzes des spanischen Volks, daß Arbeit eine Erniedrigung, Geld ein Reichthum sei. Spanien ist bei seinem Reichthum arm geworden.

§. 28. Der Handel Spaniens bis zur Gegenwart.

Als ein Bourbone den spanischen Thron bestieg, brachte er die Grundsätze mit, welche Colbert u. A. in Frankreich vertraten, daß Handel die Grundlage des Staates sei, der Handel im Binnenlande aber müsse frei gegeben werden, damit er die Producte absetze und Bedürfnisse billig herbeischaffe. Dieses System hat zwar die Zustände Spaniens sehr gebessert, aber Spanien behielt dennoch eine untergeordnete Stellung, denn es war bereits überflügelt und arbeitsscheu. Der Minister Alberoni ging weiter als Colbert. Man gab den Getreidehandel frei, legte Getreidemagazine an, gründete Hypothekenbanken für den Ackerbau, begünstigte die Anpflanzung von Forsten, Waid und Krapp ward in Valencia gepflanzt, das Unrecht der wandernden Schafheerden etwas beschränkt, obschon sie 33 Mill. Fr. einbrachten, die Industrie besonders in Wolle unterstützt und den Handwerkern zur Pflicht gemacht, einen ihrer Söhne des Vaters Handwerk zu lehren. Zu ihrem Vortheile gründete Karl III. die Karlsbank, die Binnenzölle wurden aufgehoben, die Steuern zweckmäßig vertheilt, ein Straßensystem von Madrid aus durchgeführt, Kanäle und Schiffswerften angelegt, der Handel nach Amerika und der unter den Kolonien frei gegeben, Handelscompagnien organisirt, der Ackerbau in den Kolonien gefördert.

So lobenswerth auch die Bemühungen der Bourbonen waren und den Wohlstand des Landes hoben, so gab es doch zu viel Vorurtheile und Mißbräuche zu beseitigen, daß man immer vom Auslande abhängig blieb, jetzt aber von Frankreich, deſſen Induſtrie viel entwickelter war. Holland fand an den Hanſeaten Concurrenten in Leinwaaren, Englands Abſatz nahm zu trotz der Kriege, welche es mit Spanien führte. Doch nahm Spaniens Ausfuhr zu. Bilbao, Sebaſtian und Sevilla verſandten Wolle, Alicante und Malaga Wein und Früchte, Barcelona Branntwein und grobe Wollwaaren, Cadix hat den amerikaniſchen Handel, da es mit fremden Kapitalien arbeitete.

Trotz der Kriege ſtieg der Handel mit Weſtindien, wo man den Plantagenbau förderte, ſo daß Kubas Ausfuhr ſich verdoppelte, aber auch der Abſatz ſpaniſcher Fabricate nach Amerika auf 340 Mill. Realen ſtieg, die Gold- und Silberzufuhr von 20 auf 30 Mill. P. wuchs; doch betrug die Ausfuhr von ausländiſchen Waaren, die über Südſpanien nach Amerika gingen, immer noch 430 Mill. Realen. Die Menge der Feiertage, der geringe Stand der Viehzucht wegen der zahlreichen Faſtentage, die den Fleiſchbedarf verringerten, die Bedürfnißloſigkeit des armen Bauern, die Abgeſchloſſenheit der inneren Provinzen beſchränkten den Handel und die Induſtrie auf einige Küſtenſtädte. Dagegen trieben Nordamerikaner, Dänen und Schweden directen Handel mit Spanien. Dieſes wurde zu ſeinem Nachtheil in die franzöſiſchen Revolutions- und Eroberungskriege, Continentalſperre u. ſ. w. hineingezogen, ſo daß eine Zeitlang Handel und Verkehr ganz ſtockten, die Marine vernichtet wurde, die Kolonien ſich überlaſſen blieben und anfingen abzufallen, was einen langwierigen Krieg veranlaßte, bis (1820) Spanien ſie freigeben mußte und nur Cuba nebſt Portoricco behielt. Krieg, gelbes Fieber und Hungersnoth verwüſteten das Land, und als Napoleon nach Helena verbannt, Ferdinand VII. nach Madrid zurückgekehrt war, veranlaßte die Aufhebung der Conſtitution Verſchwörungen, Empörungen, das Einrücken der Franzoſen, die man theuer bezahlen mußte, ohne die häufige Wiederkehr der Militärrevolutionen hindern zu können. Da dieſe Übelſtände zum Theil noch fortdauern, ſo hat ſich Spanien noch nicht erholen können, wenn es auch in manchen Stücken beſſer geworden iſt.

§. 29. Italiens Handels-Verhältniſſe bis 1814.

Wie Spanien ſo iſt auch Italien eine heruntergekommene Größe. Es war der Lehrmeiſter Weſteuropas im Handel, Künſten und Wiſſenſchaften. In Italien führte man zuerſt die Nachahmung des antiken Bauſtyls ein, es hatte die erſten neueuropäiſchen Dichter, Geſchichtsſchreiber und Politiker, die genialſten Künſtler, aber Eiferſucht und innerer Unfrieden brachten es um alle Erfolge dieſer Vorzüge. Es hatten ſich in Italien mehrere Staaten gebildet, nach deren Beſitz die Nachbarſtaaten ſtrebten, namentlich ward Italien wegen des Erbhaſſes, welchen Frankreich gegen das habsburgiſche Haus zeigte, oft das Kriegstheater und zu Parteiungen verlockt, welche auch nach dem Kriege ruhige Zuſtände ſelten aufkommen ließen. Es war Neapel und Sicilien an Bourbonen gekommen, im Norden ſtrebte das Haus Savoyen nach Vergrößerung, da es machtlos zwiſchen

zwei mächtigen Reichen lag, und Mittelitalien theilte sich in kleinere Herzogthümer, welche an Verwandte der Habsburger kamen.

Italien verlor seine Stellung als einflußreiche Großmacht, es entging ihm
auch der Welthandel, wie bereits früher angegeben ist. Theils lag dies in der
Veränderung der allgemeinen Weltverhältnisse, theils in dem einseitigen Han-
delssystem. Portugal begnügte sich mit dem Monopol des Zwischenhandels,
Spanien wollte sich das Monopol des Gold- und Silberbesitzes sichern, und
beiden Staaten entschlüpfte der Vortheil aus den Händen, weil sie die eigne
Thätigkeit, das rastlose Fortschreiten und Verbessern nicht hoch genug schätzten.
In ähnlicher Lage befanden sich die Staaten Italiens. Sie wurden durch
Zwischenhandel und Industrie reich; aber sie vermochten nicht, die Handels-
straßen in ihrer Gewalt zu behalten, sie hatten nicht den Unternehmungsgeist,
andere Wege zu suchen, sondern glaubten durch Privilegien und Monopole für
immer ihre Vortheile gesichert zu haben. Für ihre Fabriken bezogen sie die
Rohwaaren aus Nachbarländern und verschmähten es, durch Verbesserungen den
Vorzug vor fremder Industrie zu behaupten. Die Folge war, daß man die
Waaren in jenen Ländern besser verarbeiten konnte. Dagegen versäumte man
in Italien (und noch heute mit Ausnahme von Norditalien) den Ackerbau,
Baumzucht und Viehzucht. In Oel, Südfrüchten, Wein u. f. w. würde man
großen Absatz nach Norden haben, aber gerade die Kultur dieser Artikel ist ver-
nachlässigt. Grund und Boden gehört dem Adel und Klöstern, welche ihn an
Bauern verpachten, die ihn dürftig bebauen, da ihnen Kapitalien und Absatzwege
fehlen. Italien hat eine Industrie hartnäckig gepflegt, in der es den obersten
Rang nicht behaupten konnte.

Venedig betheiligte sich am Welthandel besonders durch seine Kapitalien,
setzte wie Genua und Livorno viel Seide und Oel nach Frankreich und England
ab. Aber während der Napoleonischen Herrschaft verlor es seine auswärtigen
Abnehmer und fand 1814 an Triest einen siegreichen Concurrenten. Odessa
hatte am schwarzen Meer den Getreidehandel, England und Frankreich den
levantischen Handel, so daß ihm nur Italien blieb für seine Glaswaaren, Email,
Perlen und Mosaik. Genua hatte den Vortheil der günstigeren Lage und
besaß ein strebsames Industrieland hinter sich. Es sendete nach Frankreich Öl
und Rohseide, erhielt dafür seidene Stoffe, aus England Woll- und Baumwollwaaren. Doch hemmten den Handel die sardinischen Schutzzölle, und der
Sammt aus Genua stand dem der Schweiz nach. Der gangbarste Artikel blieb
Papier, denn selbst die Insel Sardinien stand mit Frankreich in lebhaftem
Waarenaustausch, wohin es seine Häute, Wolle und Erze verkaufte gegen Stahl-
und Manufacturwaaren. Livorno erhob sich zum Hauptstapelplatz für Italien.
Seine Strohhüte gehen bis Amerika (für 120,000 Thlr.). Aus- und Einfuhr
mag 100 Mill. Lire betragen. Es treibt Großhandel in Oel, Seide, Süd-
früchten, Wein und Hanf. Dagegen sind in Rom und Neapel Gewerbe und
Industrie noch zurück, die Zölle hoch und beschwerlich für den Verkehr, auch

ungleich vertheilt. Man führt Öl, Seide, Wein, Wolle und Getreide aus, Frankreich und England versorgen diese Länder mit ihren Manufacturwaaren und haben den Handel in ihrer Gewalt. Sicilien ist noch mehr verwahrlost, liefert schlechtes Öl und mittelmäßigen Wein und für ca. 7 Mill. Thlr. Schwefel (ca. 1000 Mill. Ctr. nach England und Frankreich). Viel besser bewirthschaftet wird Toscana und musterhaft Oberitalien, wo Ackerbau und vielseitige Industrie in Blüthe stehen, indem man Landesproducte verarbeitet und in Seide, Öl, Leder, Stahl, Saiten, Leinwand und Baumwollenwaaren mit dem Ausland concurrirt.

§. 30. Staatsveränderungen in Folge der Reformation.

Wie die Entdeckung von Ostindien und Amerika die romanischen Staaten zur Universalmacht erhoben, so stiegen Holland und England in Folge der Reformation zu den ersten Handels= und Industriestaaten empor. Wir schalten daher eine Übersicht der Staatsveränderungen ein, welche die Reformation in den germanischen Staaten bewirkte, denn die romanischen und slavischen blieben unberührt, nur die Maghyaren schlossen sich ihr mit Begeisterung und ausdauernder Anhänglichkeit an.

Von Zeit zu Zeit hatten Theologen diese und jene Kirchenlehre bestritten, von großen Folgen ward aber ein an sich unbedeutender Gelehrtenstreit, welchen der Wittenberger Prof. Dr. Luther aus Anlaß des Ablaßhandels gegen Dr. Eck erhob, in dessen Folge er beim Papst verklagt, und da keine gütliche Beilegung möglich war, (1521) nach Worms vor den Reichstag geladen wurde, wo man ihn in die Reichsacht erklärte, nachdem er bereits in den Bann gethan war. Luther fand aber bei einigen Fürsten, in den Reichsstädten und beim Volke viel Anhänger, der gelehrte Melanchthon stand ihm bei, und so richteten sie eine neue Kirchenordnung ein, verfaßten Glaubensartikel und ihre Anhänger nannten sich Protestanten oder Lutheraner. Die lutherische Lehre verbreitete sich über alle Reichsstädte, über Sachsen, Brandenburg, Hessen, der Großmeister des deutschen Ordens nahm sie an und machte das Ordensland (1525) zu einem weltlichen Fürstenthum. Der Schwertbruderorden in Livland und Kurland folgte seinem Beispiele, in Schweden kräftigte Gustav Wasa (1527) seinen Thron durch Einführung der Reformation, da der Krone die Kirchengüter zum Theil zufielen, in Dännemark und Island nahm man die Lehre an, und von Deutschland kam sie nach Ungarn und Siebenbürgen. In Frankreich, in den Niederlanden und Schottland bekannte man sich zur reformirten Kirche, und Heinrich VIII. von England sagte sich von der Kirche los, da ihn der Papst nicht scheiden wollte, und stiftete die englische Hochkirche, welche seine Tochter Elisabeth weiter entwickelte. In der lutherischen Kirche ward der Landesherr zugleich Herr der Kirche, in der reformirten regierten sich die Gemeinden durch ihre Ältesten. Da man viel Kirchengüter einzog und viel Festtage abschaffte, so wirkte dies auf den Ackerbau ein.

In England kam es sogar zur Hinrichtung der schottischen Königin Maria Stuart. Diese war nach katholischem Recht rechtmäßige Nachfolgerin in England, Elisabeth (1558—1603) nach evangelischem. Als nun Maria vor ihren Unterthanen zu ihr fliehen mußte, ward sie von Elisabeth lange Jahre in Haft gehalten und endlich hingerichtet, da sie beschuldigt ward, die Elisabeth entthronen zu wollen. Jacob I. von Schottland folgte der Elisabeth und vereinigte England und Schottland.

Schweden war Provinz Dänemarks, dachte aber an Befreiung; um dem zuvor zu kommen, ließ der Dänenkönig die vornehmen Schweden zu Stockholm, wohin er sie eingeladen, beim Feste ermorden. Nur Gustav Wasa entkam und machte sich zum König. Auch die Dänen verjagten ihren König, führten die Reformation ein.

Auch in den Niederlanden brach in Folge der Reformation unter Wilhelm von Oranien der Aufstand los. Man führte zu Lande und See Krieg (1572—1648), zerstörte mit englischer Hülfe die unüberwindliche Flotte (1588), plünderte spanische Kolonien und nahm sie weg, machte Holland zur Republik, welche Philipp III. (1648) anerkennen mußte, aber das katholische Belgien unter dem Namen spanische Niederlande behielt.

Auch in Frankreich kam es wegen der Religion zu Bürgerkriegen, da Viele vom hohen Adel Protestanten waren. Die Kriege dauerten von 1562—70 Endlich ward der Protestant Heinrich IV. (1589—1610) König, nachdem er zur katholischen Kirche übergetreten war und den Protestanten Religionsfreiheit zugesichert hatte. Er ward der populärste König Frankreichs, aber 1610 auch ermordet.

Auch Deutschland sollte von einem Religionskriege nicht verschont bleiben, welcher dreißig Jahre währte (1618—48) und das Land so verwüstete, wie das nie wieder geschehen ist. Unzufriedene Böhmen hatten sich Gewalt erlaubt gegen kaiserliche Räthe, hatten aus Furcht vor der Strafe das Volk zum Aufstand aufgefordert und den Kaiser Ferdinand abgesetzt. Doch der neue König Friedrich von der Pfalz behauptete seinen Thron nur einen Winter, dann mußte er vor dem bairischen General Tilly fliehen. Protestantische Heerführer setzten den Krieg aber fort, um ihre Soldaten zu ernähren, raubten und plünderten, riefen den Dänenkönig zum Beistande herbei, doch sie erlagen und der Kaiser beherrschte durch Tilly und Wallenstein ganz Deutschland. Dies machte die Fürsten eifersüchtig, Wallenstein mußte entlassen werden, Frankreich aber, auf Habsburgs Macht auch eifersüchtig, veranlaßte den Schwedenkönig Gustav Adolf, seinen Glaubensgenossen in Deutschland beizustehen. Er kam und führte den Krieg (1630—32) glücklich, fiel aber in der Schlacht bei Lützen, und sein Gegner Wallenstein ward 1634 zu Eger von seinen Offizieren ermordet.

Trotzdem endete der Krieg nicht, sondern dauerte bis 1648, indem man alle 2 Jahre eine Schlacht lieferte und das Land verheerte. Städte und Dörfer sanken in Asche, Tausende starben vor Hunger oder unter Mißhandlungen, und als die kriegführenden Parteien zu Münster und Osnabrück Frieden machten, Frankreich am Rhein, Schweden an der Ostsee, die protestantischen Fürsten an geistlichen Fürstenthümern sich entschädigten, war Deutschland eine Einöde, verarmt, elend und machtlos, das Reich in zwei feindliche Parteien geschieden und Deutschlands Macht auf Jahrhunderte gebrochen.

§. 31. Geschichte des holländischen Handels das Aufsuchen eines nördlichen Weges nach Indien.

Es ist bereits hervorgehoben, wie Flandern und Burgund, begünstigt durch ihre geographische Lage, als Vermittler zwischen Süd- und Nordeuropa, in Brügge und dann in Antwerpen Hauptstapelplätze des Welthandels erhielten. Sie wurden aber nur durch die Lage dieser Orte begünstigt, nicht durch bessere Grundsätze, die sie einführten. Vorzugsweise trieben sie Zwischenhandel, waren also nur Marktplatz, und wenn sie auch großartige Industrie im Weben und Färben trieben, so gingen sie doch nicht so weit, sich nach dem Geschmack der Länder zu richten, wohin sie verkaufen wollten. Wenn also äußere Verhältnisse die Handelsstraßen verlegten, so verloren jene Marktplätze ihre Bedeutung, da ihre eigenen Producte die fremden Käufer nicht an den Ort fesselten. Zwar häufte sich ein ungeheurer Reichthum in jenen Handelsplätzen an, aber man benutzte ihn nicht zur Erweiterung des Handels, man sorgte nicht für die Zukunft, sondern suchte im engherzigen Krämergeiste nur die günstige Gelegenheit zum Verdienen auszubeuten. Man verlor durch Ungunst der Verhältnisse alle Vortheile an Amsterdam, denn Holland befolgte ein anderes Handelssystem. Der Fortschritt lag darin, daß man den Handel dem ganzen Volke frei gab, daß Actiengesellschaften den Großhandel an sich brachten, den sie freilich auf drückende Weise ausbeuteten, da sie nach hohen Dividenden trachteten. Es beginnt hiemit die Herrschaft der Handelsgesellschaften, dieser Staaten im Staate, mit ihren engherzigen Grundsätzen, die sich nicht behaupten konnten und deshalb nach und nach bankerott machten, weil jedes Monopol mit einem andern concurrirt und sich ruinirt. Holland hat weder thatenreiche Eroberer, noch kühne Entdecker, sondern nur zähe, speculirende Kaufleute, welche Länder und Nationen ausbeuteten, See- und Menschenraub trieben, wenn sie dabei verdienten, dem kleinlichsten Handelsneid zu Liebe sich viel Grausamkeit und Gewaltthat erlaubten.

Antwerpen fiel besonders in Folge der Abnahme seiner Fabriken, da wegen der häufigen Aufstände in den Städten viele Handwerker nach Holland, England u. s. w. gegangen waren, wohin sie ihre Industrie verpflanzten. Als nun die Reformation eine neue Spaltung in die Nation brachte, so gewannen die Reformirten in Holland, da sie durch Einziehung der geistlichen Güter mehr Kapital, durch Beschränkung der zahlreichen Festtage mehr Arbeitszeit gewannen.

Karl V. züchtigte zwar das rebellische Gent (1540), duldete aber „des Handels wegen" die Reformirten. Anders dachte Philipp II. Es kam zu Streitig-keiten und endlich zu Gewalt von beiden Seiten. Da wanderten Hundert-tausende aus, die Ausländer flohen, Tausende starben auf dem Schaffot, Tau-senden nahm man ihr Eigenthum; die Märkte veröbeten, die Fabriken leerten sich, Antwerpen mußte ungeheure Summen Strafe zahlen, die Wassergeusen sperrten die Flüsse, ja 1576 ward Antwerpen drei Tage geplündert und zum Theil niedergebrannt, so daß englische Kaufleute ihren Verlust auf 4 Mill. Piaster berechneten, und als die Stadt nach langer Blokade 1585 erobert ward vom Prinzen von Parma, sank sie zu einer gewöhnlichen Binnenstadt herab, die nur mit Dünkirchen noch verkehrte. Es wanderten 200.000 Menschen aus, ganze Landstrecken veröbeten, die Pest raffte Tausende hin, aus Kaufhallen im Lande wurden Klöster. Erst als die spanischen Niederlande, die noch oft der Schauplatz der Kriege zwischen Spanien und Frankreich waren, im J. 1714 an Österreich kamen, fanden Handel und Industrie Pflege und Unterstützung, der Wohlstand hob sich, aber das Verlorene konnte nicht ersetzt werden, denn bereits hatte der Welthandel andere Wege gefunden.

Unterdessen wuchs die Macht der (1579) zu Utrecht vereinigten sieben Provinzen der Republik Holland, welche bereits früher die Alleinherrschaft der Hansa in der Ost- und Nordsee untergraben und vernichtet hatte. Es gewann den Frachthandel und trieb daneben Eigenhandel, besonders aber so lohnende Fischerei, daß diese die Mittel zu dem langen Kriege gegen Spanien gab. Antwerpen bezog die vielgesuchten indischen Waaren aus Lissabon; Am-sterdam ahmte es hierin nach. Als während des Kriegs Antwerpens Hafen veröbete, mußte Spanien alle Bedürfnisse für seine Flotte aus Amsterdam be-ziehen, war aber unklug genug, 50 holländische Schiffe im Hafen Lissabons wegzunehmen, wohin Holland handelte, obschon dieses an Spanien gekommen war.

Die Holländer waren schwer betroffen über diesen Verlust, dann aber be-schlossen sie, die indischen Waaren direct aus Indien zu holen. Dahin gab es zwei Wege, den weiten um Afrika, welchen die Holländer nicht kannten, und einen nördlichen um Amerika oder Asien, welchen die Engländer bereits auf-suchten, und denen die Holländer folgten. Nach Cabot hatte England den Kapitän Chancellor ausgesandt, welcher das weiße Meer und Archangelsk auf-fand, von Iwan Wassiljewitsch nach Moskau eingeladen ward, mit ihm einen vortheilhaften Handelsvertrag schloß. Auf einer zweiten Reise Chancellors ent-deckte Burrow (1556) die Insel Waijatz und hörte von Nowaja-Semlja, so daß man allgemein an eine Durchfahrt nach dem stillen Ocean glaubte. Da-gegen suchten Forbisher (1567—78) und Gilbert (1583) vergeblich über La-brador hinaus vorzudringen, und Dawis kam (1587) nur in die nach ihm benannte Straße, wo ihn Winde nach Cumberland trieben.

Es rüsteten Kaufleute aus Amsterdam und Enkhuisen drei Schiffe unter Kornelisson und Barentz aus (1594), um über Waijatz nach Indien zu fahren

Man fand diese Insel und offenes Meer, weshalb Kornelisson mit der frohen Nachricht heimkehrte, der Weg sei gefunden. Barentz aber, welcher weiter fuhr, stieß bei Nowaja Semlja auf eine Eisschranke, daß er umkehren mußte, aber zugleich die ersten Walrosse sah. Im Jahre 1595 unternahm Barentz die zweite Fahrt, 1596 die dritte, auf welcher er die unbewohnte Bäreninsel fand, die er nach den Eisbären benannte, Spitzbergen entdeckte, wo im Sommer eine frische Vegetation wucherte und zahllose Walfische, Eisbären, Seehunde u. s. w. lebten, weshalb hier bald eine Station für die Jagd auf diese Thiere errichtet ward. Nun fuhr Barentz nach Nowaja Semlja, um dem Eis auszuweichen, aber Eisschollen und furchtbare Stürme nahmen das Schiff so sehr mit, daß man es verlassen und am Ufer neben 2 Schaluppen in einer Hütte bei grimmiger Kälte und oft angegriffen von Eisbären überwinterte, welche bald durch die Thür, bald durch den Rauchfang einzubrechen suchten. Es fehlte für eine solche Überwinterung an allen Vorkehrungen, man schneite tief ein, mußte dennoch mühsam Holz in der Umgegend suchen, hatte keine Kleider, keine Spirituosen, dazu kam die lange Polarnacht mit ihrer Kälte und ihren Stürmen. Endlich kam die Sonne wieder, mit ihr aber auch die Eisbären, die Lebensmittel gingen auf die Neige, und man mußte weiter ziehen. Mühsam ruderte man an der Küste hin, doch unterwegs starb Barentz. Nun führte Heemskerk unter unsäglichen Mühseligkeiten die Mannschaft weiter, bis man halb verhungert einer russischen Barke begegnete, deren Mannschaft mitleidig ein Brod und ein Tönnchen Fische hergab. Endlich erreichte man an der Küste Kola's die Hütte eines Lappen, welcher mittheilte, daß im Hafen ein Schiff liege und selbst einen Brief dorthin besorgte. Jenes Schiff war ein holländisches, wohin man abgeholt ward und in Bärenfellkleidern in Amsterdam ankam, wo die beiden Schaluppen auf der Börse zum Andenken aufbewahrt wurden.

Die Holländer wiederholten diese Nordlandsfahrten vorläufig nicht wieder, aber die Engländer sandten Hudson aus, der Spitzbergen aufsuchte, 1600 die Hudsonsbai fand, wo ihn seine meuterischen Matrosen auf einer Schaluppe aussetzten und elend umkommen ließen. Baffin, der Entdecker der Abweichung der Magnetnadel, fand 1616 die Baffinsbai und brachte Walroßzähne und Pelze mit, so daß sich in Holland und England Gesellschaften für diesen Handelsartikel bildeten. Der holländische Walfischfänger Jan Mayen fand 1611 die nach ihm benannte wüste Insel, doch Niemand fand die gesuchte Straße, obschon in Preis von 20.000 Pfd. St. auf ihre Entdeckung gesetzt war.

§. 32. Die ostindische Handelscompagnie und ihre Entdeckungen.

Ehe man die Erfolge der Fahrten durchs Eismeer abwartete, sandte man Cornelius Hutmann, welcher in portugiesischen Diensten gestanden hatte, dann in Lissabon wegen Schulden verhaftet, von der Handelsgesellschaft Verre aber ausgelöst war, 1595 auf Kundschaft mit 4 Schiffen nach dem indischen Meere.

Hutmann ging über Madagascar nach Java, brachte günstige Nachrichten, so daß man 1598 eine Flotte von 8 Schiffen uuter Heemsterk absandte, welcher auf Isle de France landete, sie nach Moritz von Nassau Mauritius nannte, mit Java Handelsverkehr eröffnete, die Molukken besuchte und 1500 reich beladen heimkehrte. Es bildeten sich nun verschiedene Gesellschaften, die ohne Plan verfuhren und sich selbst nachtheilige Concurrenz machten, bis sie sich endlich 1602 zur holländisch-indischen Compagnie vereinigten.

Dadurch kam Einheit in den Handel und in die Kolonisirung, welche zur Nationalsache wurde. Holland trat in die Fußstapfen Portugals, wie dies auch Frankreich, England und die andern Handelsstaaten thaten. Das Kolonialsystem war überall dasselbe. Man monopolisirte den Handel zu Gunsten einer Gesellschaft, und bereicherte sich durch den Zwischenhandel. Die Kolonie durfte nur an den Mutterstaat verkaufen und mußte ihre Bedürfnisse von ihm kaufen, weshalb man ihr die Industrie untersagte oder wenigstens verkümmerte. Die Unterthanen der Kolonie mußten für die Handelsgesellschaft arbeiten, welche davon den möglichst großen Gewinn zog.

Die Compagnie bestand aus Actionären, wurde von 60 Vorstehern verwaltet, welche sich in 6 Kammern theilte, von denen jede ihren besondern Verwaltungszweig hatte. Das Ganze leitete ein Ausschuß von 17 Personen. Die Compagnie erhielt vom Staat gegen hohe Steuern das Privilegium auf Jahre, nach deren Ablauf es konnte erneuert werden. Sie hatte das Recht, Land- und Seemacht, Festungen und Städte zu besitzen, durfte Krieg führen, stand aber unter Aufsicht der Staatsregierung, uud mußte in Kriegszeiten dem Staate Geld leihen. Das Stammkapital betrug 6½ Mill. G., aber die Aktien stiegen bald von 3000 G. auf 18000, denn der Gewinn stieg hoch, da man die Waaren verauctionirte oder die Preise festsetzte, und oft 4—600 Procent gewann. Die Dividenden betrugen von 20—50%, von 1602—1780 im Ganzen 198 Mill. G. Reingewinn. Für die indischen Waaren ward Amsterdam Stapelplatz.

Die Compagnie verschaffte sich in kurzer Zeit große Besitzungen. Nach harten Kämpfen von 1602—38 entriß sie den Portugiesen die Molukken, beschränkte aber auch sogleich den Anbau des Muskatnußbaumes auf Banda den des Nelkenbaumes auf Amboina, vertilgte alle übrigen, und erntete im Durchschnitt 350.000 Pfd. Muskatnüsse, 110.000 Pfd. Blüthen, und von den ½ Mill. Nelkenbäume 350.000 Pfd. Nelken Von dieser Ernte kamen drei Viertheile nach Europa. Man legte aber auch Faktoreien auf Coromandel, Malabar, Sumatra, Borneo an, baute Batavia als militärischen und commerciellen Mittelpunkt, verdrängte die Engländer aus diesen Gegenden, und obschon sich die öffentliche Meinung gegen das Monopol der Gesellschaft aussprach, so wurde es doch verlängert, worauf man Ceilon und Malacca besetzte (c. 1650), auf Celebes Macassar anlegte (1660), Timor wegen des Sandelholzes in Besitz nahm, vou Formosa aus Handel nach Kanton trieb (1634),

19*

aber nach 30 Jahren von dort verjagt wurde. Doch brachten die Chinesen ihren Thee, Porzellan, Rhabarber, Seide und Nanking nach Batavia, und Japan erlaubte (1620) freien Handel, beschränkte aber bald den Verkehr auf die Insel Desima bei Nangasacki. So lieferte Hinterasien Wachs, Schildpat Sandelholz, Gewürze, Sago, Reis, Pfeffer, Ingwer, Zimmt, Kassia, Kampfer, Ebenholz, Zinn, Goldstaub, Diamanten, Zucker, Schwefel, Arak, Rum, Indigo, später Kaffee und Tabak, Zimmt, Seide, Baumwolle, Stoffe, Holz u. s. w. und empfing dafür Leinwand oder Silber. Jährlich gingen 30—40 Dreimaster in 3 Abtheilungen nach Indien, und als man 1651 das Kapland erobert hatte, besaß man eine bequeme Station. In Asien erlangte man außerdem den Zwischenhandel von Indien nach Arabien und China. Da aber die Holländer nicht minder habgierig und grausam waren als die Portugiesen, so fehlte es nicht an Empörungen, und fremde Eroberer fanden an den Eingebornen Bundesgenossen; auch kostete der ganze Verwaltungsapparat so viel, daß die Compagnie zuletzt mit einem ungeheuren Deficit endigte, und der Staat die verschuldete Erbschaft übernehmen mußte.

§. 33. Die holländisch-westindische Compagnie und der Sclavenhandel.

Die Holländer hatten sich früher schon von Zeit zu Zeit nach Westindien geschlichen, während des Kriegs setzten sie sich im portugiesischen Afrika fest. Ein Kaufmann aus Amsterdam eignete sich die Prinzeninsel an, Andere besetzten (1612) die Goldküste, wo sie vom Fort Nassau aus Schmuggel mit Sclaven trieben, und endlich bildete sich 1621 eine westindische Compagnie mit 7 Mill. G. Kapital in Actien à 6000 G., welche gleich der ostindischen eingerichtet war, aber noch höhere Dividenden gab, da sie vorzugsweise Schmuggel und Kaperei trieb. Sie sandte Hunderte von Schiffen auf Raub aus, besonders Schnellsegler, und gab 30—100 Procent.

Zunächst trachteten die Holländer nach dem Besitz von Brasilien, und Admiral Lonk mit 3500 M. nahm Olinda, dann die Provinz Pernambuco, richtete eine neue Regierung ein, doch als Portugal sich von Spanien wieder losriß und mit Holland Waffenstillstand schloß, konnte man die Eroberungen in Brasilien nicht erweitern, empörte durch harte Behandlung die Bevölkerung, die Gesellschaft stürzte sich durch schlechte Wirthschaft in Schulden, da man aus Brasilien nur Häute, Farbeholz und Zucker bezog. Unterdessen begann der Portugiese de Viera den Krieg gegen die Holländer in Brasilien und vertrieb sie 1654 gänzlich, und Holland mußte trotz eines Krieges dies Land gegen 8 Mill. G. abtreten. Die Portugiesen entdeckten die Gold- und Diamantengruben, legten Zucker- und Kaffeplantagen an und concurrirten mit Java.

Auch die Kolonien des heutigen New-York in Nordamerika, die sogenannten Neu-Niederlande, wußte man nicht zu benutzen und zu behaupten, denn sie fielen 1665 durch Friedensschluß an England. Es blieb der Compagnie also nur der Schmuggel und Sclavenhandel. Man hatte sich bereits (1634) einer Insel an der Mündung des Orinoco bemächtigt, wo man Depots errichtete und den Schmuggel organisirte. Auch England und Frankreich setzten sich auf den kleinen Antillen des Schleichhandels wegen fest und überboten die Holländer an Kühnheit, und die Bucaniers (verwildete Ochsenjäger) wurden auf grausame Weise von den Spaniern aus Domingo vertrieben und zum Seeraub gezwungen, den sie als Flibustiers mit der größten Verwegenheit trieben, mit aller militärischen Strenge organisirten.

Endlich legte die Compagnie in Guiana ordentliche Kolonien an, aber sie mußte ihr neues Besitzthum an Amsterdam und einen Kaufmann verkaufen. Es kamen aus Frankreich flüchtige Hugenotten und Juden, man kanalisirte die ungesunde Küste von Surinam, gründete Paramaribo und Festungen, baute Zucker, Kaffee, Kakao, Indigo, Tabak, Baumwolle und löste jährlich 8 Mill. G., denn jeder Arbeiter war Eigenthümer und der Handel allen Holländern freigegeben. Von Surinam aus kolonisirte man Essequibo und Demerary (1740), doch Berbice wollte nicht recht emporkommen. Die westindische Compagnie machte schlechte Geschäfte, löste sich 1674 auf, und ihre Nachfolgerin machte 1790 bankerott, da sie nicht die Mittel hatte, mit England und Frankreich zu concurriren.

Mit dem Kolonialsystem kam aber auch der furchtbare Menschenhandel als Erwerbszweig auf. Es war Sitte geworden, außereuropäische Länder und Völker als herrenloses Eigenthum zu betrachten, und um die Kolonie zu bebauen, reichten die Indianer nicht hin, weshalb die Portugiesen schon 1440 Afrikaner als Waare verkauften, um für ihre Unkosten Entschädigung zu haben. Da der König von Spanien und die Kirche die Indianer schützten, sie für Menschen und freie Bewohner erklärten, so holte man Neger aus Afrika. Man führte sie zu Tausenden nach Westindien, machte den Verkauf zum Privilegium, schloß Lieferungsverträge, nahm 100 Piaster Zoll pr. Kopf, und Portugal blieb lange Hauptlieferant; dann aber bemächtigten sich Engländer, Franzosen und Holländer dieses einträglichen Geschäfts, da Spanien es verschmähte, und der Negerhandel ward 1750 in England sogar freigegeben gegen eine Abgabe von 2 Pfd. St. für den Kopf. England beschäftigte 105 Schiffe mit dem Negerhandel und schleppte jährlich 30.000 solcher Unglücklichen in die Sclaverei, ja Frankreich setzte sogar Ausfuhrprämien aus, gründete am Senegal besondere Forts, und Dänemark wie Schweden ahmten dies Beispiel nach. Gegen Kleinigkeiten tauschte man Neger ein, hielt förmliche Jagden, überlud die Transportschiffe, so daß im Durchschnitt zwei Drittheile starben. Namentlich ward Branntwein der Kaufpreis, von welchem England jährlich 12.000 Anker absetzte. Man berechnet, daß von 1508—1783 an 40 Mill. Neger eingefangen und nur 24 Mill. von ihnen lebend nach Amerika gebracht wurden, welche

30—70 Procent Gewinn brachten. Liverpool und Bristol sind durch Menschen-handel reich geworden.

§. 34. Hollands Handel nach dem Norden und die Fischerei.

Holland ward eine Zeitlang Weltmarkt für die indischen Waaren, selbst Italien und die Levante holten von Amsterdam und Rotterdam ihre Bedürfnisse und führten andere Waaren zu. Doch bald befolgte Holland eine engherzige Handelspolitik, indem es jeden fremden Handel zu verringern suchte, auf Einfuhr durch Fremde hohe Zölle legte und nur holländischen Schiffen die Einfuhr fremder Artikel erlaubte. Dadurch gewann die Rhederei, aber die Handelsstaaten ergriffen Repressalien, und oft kam es zu Handelskriegen, denen das menschen-arme Holland nicht gewachsen war.

Um seine Ausfuhrartikel und den Eigenhandel zu mehren, pflegte man des Hanf- und Flachsbaues und machte Amsterdam zum Weltmarkt für Ge-treide, indem man dort in wohlfeilen Jahren ungeheure Vorräthe polnischen und russischen Getreides aufhäufte. Aber auch den Fischfang betrieb man in größtem Maßstabe. Walfische kamen früher bis zur Bretagne und in den biscayi-schen Meerbusen, wo sie Basken erlegten, Franzosen sie bei Rochelle jagten. Seit aber Barentz die Überfülle der Thranthiere im hohen Norden bemerkt hatte, wandte man sich dorthin, wo man aber bald auch mächtige Concurenten fand. Auf Spitzbergen baute man die Bretterstadt Schmerenberg, legte Siedehäuser u. s. w. an, etablirte während des Fischfangs einen förmlichen Markt mit allerlei Bedürfnissen, denn seit dieser Fang freigegeben war (1642), gingen 200 Schiffe mit 14.000 Matrosen dorthin. Man folgte dem Walfisch später ins gronländische Meer, verlor aber das Vorrecht des Fanges an England und Nordamerika, da bereits 1775 Massachuset 250 Schiffe auf die Walfisch-jagd aussandte. Die Hudsonsbailänder lieferten aber auch Robben, Kabliau und Makrelen, die Nordsee Häringe, derentwegen es mit den Engländern zu einer Seeschlacht kam. Im 17. Jahrh. beschäftigte diese Fischerei 2000 Buyzen, fast ½ Mill. Menschen und brachte 60 Mill. G. ein. Der Staat ordnete durch Gesetze den Fang, die Behandlung der Waare, ihre Verpackung u. s. w., um sich den Markt zu sichern. Dennoch ward Holland später von England überholt und sank c. 1780 auf 180 Buyzen mit 2 Mill. G. Ertrag herab.

Bereits ist erwähnt, wie die Ostseeländer den Holländern gern ihre Häfen öffneten, um das Übergewicht der verhaßten Hanseaten los zu werden. Rußland öffnete Archangelsk, ehe Petersburg entstand, doch waren die Engländer bald im Vortheil, Rußland baute seit Peter eine eigne Marine, und Hollands Antheil betrug ½ Mill. R., der englische 12 Mill. R. Dagegen setzte das polnische Danzig sein Getreide nach Holland ab und empfing von dort Manu-factur- und Colonialwaaren, deren Rußland wenig bedurfte und nur Holz, Theer, Pech u. s. w. lieferte. Auch nach Skandinavien trieb Holland lebhaften

Handel, bis diese Staaten sich eigne Marinen und Kolonien schafften. Der Handel mit England setzte noch nicht 3 Millionen G. Kapital um, und beschäftigte Rotterdam mit Edinburg, Kork und Bristol. Frankreich dagegen blieb lange abhängig von Holland, wohin es für 42 Mill. Fr. Waaren sandte, welche Holland weiter vertrieb. Aber wie England unter Cromwell die Navigationsacte gab, welche den fremden Schiffen nur die Einfuhr einheimischer Artikel erlaubte und Hollands Rhederei beschränkte, so gab Frankreich Zollgesetze, um sich von Hollands Industrie frei zu machen. Zwar führte Holland mit England deshalb verlustreiche Seekriege, mit Frankreich häufig erbitterte Landkriege, aber es war nicht im Stande, seine Vortheile zu behaupten, ja der französische Walfischfang überholte den holländischen, und Rochelle so wie Bordeaux wetteiferten mit Amsterdam und Rotterdam. Unter den Habsburgern verforgte man Spanien mit Manufacturen, unter den Bourbonen fiel dieser Handel an Frankreich, und in Portugal gewannen die Engländer den Großhandel.

Nach der Levante trieb Holland lebhaften Handel mit Kolonial- und Fabrikwaaren, machte Smyrna zum Mittelpunkt und setzte dort besonders viel Tuch ab, brachte als Rückfracht dortige Waaren. Dreißig Schiffe besorgten diesen Handel, die in 3—4 Geschwadern abgingen, Kanonen und noch Kriegsschiffe zur Begleitung hatten; doch auch hier machte Marseille bald glückliche Concurrenz.

Deutschland wurde vorzugsweise durch Holland mit Kolonialwaaren versorgt, Köln das Hauptdepot und die Rheingebirge lieferten dagegen Holz (für 6—7 Mill. G.), andere Gegenden Leinwand auf den holländischen Markt, die Fugger und Welser hatten in Amsterdam ihre Kontors. Hamburg war zum Theil ganz abhängig von Amsterdam. Holland verkaufte für 100 Mill. G. Kolonialwaaren nach Deutschland, befuhr mit 1300 Schiffen den Rhein, holte in Frankfurt nürnberger Kurzwaaren, Eisen, Wein, Steine, Leder. Als aber Holland in den nordamerikanischen Freiheitskrieg verwickelt ward, hoben sich Hamburg, Bremen und Ostende zum Nachtheil der Holländer.

§. 35. Rhederei, Industrie und Geldwesen Hollands.

Obschon Holland arm an Producten, ohne Holz, Eisen, Kohlen und Steine ist, so ward es doch der erste Seestaat, der Frachtfuhrmann der Welt, Saardam die Hauptwerfte Europas, hatte 60—70.000 Schiffe mit c. 1 Mill. Tonnen Gehalt, d. h. so viel als das übrige Europa. Die Holländer fuhren billig und schnell, Assecuranzen sicherten die Fahrt, und da es damals wenig Straßen im Lande noch Kanäle gab, so war der Handel vorzugsweise Seehandel, Holland also die erste Handelsmarine. Aber diese Macht Hollands war eine künstliche, sank deshalb bald. Denn Holland besaß keine eigenen Eisenbergwerke, keine eigenen Waldungen, mußte deshalb kaufen, und wenn Krieg war, konnte es jene Artikel nicht immer beziehen. Da handelten England und Frankreich vorsichtiger, denn sie sicherten sich den Besitz von Kolonien, von wo sie den Bedarf für ihre Flotte bezogen. So wie andre Staaten also Marinen bauten, ward Hollands Zwischenhülfe durch seine Schiffe entbehrlich.

Ebenso versäumte es Holland, Entdeckungen zu machen, um sich neue Bezugs- und Absatzorte zu schaffen. Für solche Ausgaben war es zu engherzig, da solche Erwerbungen Geld kosteten. Lemaire, van Noort u. A. befuhren zwar die Südsee, Lemaire fand das Kap Horn, Tasman 1642 Australien, welches er nach dem Gouverneur von Batavia Vandiemensland nannte, das Ganze aber Neu-Holland; Roggeween entdeckte die Osterinsel (1721), aber man benutzte diese Länder nicht. Ueberhaupt war Holland an Landgebiet zu klein, um sich gegen die mächtigeren Nachbarstaaten zu behaupten. Anfangs hatte es eine vielseitige Industrie: Papier, Tabak, Zuckerraffinerie, Chemikalien, Diamantenschleiferei, Juwelierarbeiten, Leinwand, Bleicher (Haarlem), Seiden- und Sammtweberei, Färberei, Porzellan, Steingut, Buchdruckerei u. s. w., aber es mußte die Rohprodukte zum Theil erst kaufen, hatte weder Gebirgswasser noch Brennmaterial als billige Arbeitskraft, und als andere Staaten Schutzzölle anordneten, sank Hollands künstliche Industrie Dazu kam, daß der Staat eine ungeheure Schuldenlast (an 400 Mill. G.) hatte, also viel Steuern und Zölle auflegen mußte, so daß er theuer arbeitete.

Holland rettete aus dem Verfall seines Welthandels nur den Handel mit Staatspapieren und das Wechselgeschäft. Holland war der reichste Staat geworden, dort war das Geld am wohlfeilsten, weshalb man dort geringere Zinsen und längeren Credit geben konnte, mit jedem Jahre nahmen aber die Geschäfte zu, da die Einfuhr der Kolonialwaaren z. B. von 1700—80 von 22 Mill. Pfd. Zucker auf 180 Mill., Baumwolle auf 18 Mill., Thee auf 17 Mill. stiegen; aber es wuchsen auch die Ausgaben des Staates. Als diese nicht mehr ausreichten, machte man Schulden, stellte Papiere darüber aus, welche ein Gegenstand des Geldhandels wurden, da sie stiegen und fielen, je nachdem die politischen Verhältnisse sich gestalteten. Man errichtete Börsen (genannt nach der Familie van der Beurse in Brügge oder nach dem Hauszeichen „Zu den drei Börsen") für den Geldmarkt, schied die kaufmännischen Geschäfte streng von einander, lernte auch die Agiotage und den Zeitkauf, Differenzgeschäfte und Börsenschwindel kennen, weil nicht mehr das Geld für Kapital galt, sondern die Waare und der Gewinn. Die Preise stiegen, die Geldwerthe schwankten, ehe sich das Verhältniß von Gold zu Silber festsetzte, denn von den 22 Milliarden Fr. edlen Metalls curfirten 8 Milliarden als Münze, 12 gingen nach Asien, die übrigen verbrauchte man zu Schmuck.

Holland kaufte, um sein Kapital anzulegen, Wechsel, trieb mit diesen Handel, indem es für 3—4000 Mill. G. umsetzte, wobei man 5—15 Mill. verdiente. Außerdem gründete man 1609 zu Amsterdam eine Girobank, 1612 eine ähnliche zu Rotterdam, wodurch man große Kapitalien ersparte, da eine geringere

Einzahlung zeugte, um große Geschäfte zu machen. Man lieh aber auch Geld aus auf Unternehmungen, welche Gewinn versprachen, oder kaufte Staatspapiere, so daß fast alle Fürsten und Handelsgesellschaften Europas mit holländischem Geld wirthschafteten. Zwar brachte der Tulpenschwindel große Verluste, da man Tausende verwettete, ob die Tulpenzwiebel diese oder jene Blüthe erzeugen werde, trotzdem bekam Rotterdam den englischen, Middelborg den französischen, Dordrecht den rheinischen, Amsterdam den Welthandel in seine Gewalt.

Die Tulpe hatte der Botaniker Busbek 1554 von Adrianopel nach Europa gebracht, in Holland bemächtigte sich (1634—38) der Tulpenschwindel des Volkes, indem Vornehm und Gering ihr Vermögen auf Tulpenzwiebeln verwandte, sie kaufte oder zu liefern versprach, ohne welche zu besitzen, und nur die Differenz zahlte. Jedes Wirthshaus ward Tulpenbörse, man gab für eine Tulpe 2000 fl., 12 Acker Land, Kutsche und Pferde, für 120 Zwiebeln einmal 90.000 G., und verwettete ungeheure Summen. Endlich erkannte man die Thorheit, und zahlreiche Prozesse blieben von den Gerichten unbeachtet. Die Verluste betrugen Millionen.

§. 36. Die Verpflanzung amerikanischer Gewächse in andere Länder und asiatischer nach Amerika.

Die Börsen und der Handel mit Staatspapieren zeigten, daß man Waare besitzen müsse, um Geld oder Gegenwaare zu erhalten. Zwar gab es noch keine wissenschaftliche Staatswirthschaftslehre, kein allgemein anerkanntes See- und Handelsrecht, aber das Schicksal Spaniens blieb nicht ohne gute Folgen Da einige Artikel besonders beliebt waren, ihr Absatz mit jedem Jahre stieg, die Handelsstaaten einander Concurrenz machten, so suchte man diese Producte in größerer Menge zu erziehen, wodurch sie wohlfeiler wurden. Wir führen daher die wichtigsten an, die von Franzosen, Engländern und Holländern verpflanzt wurden.

Die Kartoffeln, jetzt eine Nahrung für Millionen und für den Oekonomen eine vielfach benutzte Pflanze, stammen aus Peru, kamen über Virginien durch Drake nach Irland, durch Spanier nach Spanien und Italien (1560), wo sie Tartuffoli heißen. Anfangs diente die Kartoffel als Zierpflanze und Leckerei an königlichen Tafeln, aber häufig wiederkehrende Hungersnoth veranlaßte ihren Anbau in den einzelnen Ländern, doch mußte man oft auch Strenge gebrauchen (c. 1700), in unserem Jahrhundert ist sie auch in Asien eingeführt.

Aus Amerika stammen auch die Batate und der Mais, welcher seit 1525 in Spanien und Südeuropa eingeführt ward, von wo er nach der Türkei, als Kukurutz nach Ungarn (türkischer Weizen) und von Italien nach Deutschland als welsches Korn kam. Der Tabak galt anfangs als Zierpflanze, dann als Universalmittel, seit dem 30jährigen Kriege verbreiteten Engländer und Holländer das Rauchen, welches anfangs streng verboten, dann der Verkauf zum

Staatsmonopol und der Tabak in fast alle Länder der Welt verpflanzt, das Rauchen als Genuß verbreitet ward. Nach dem französischen Gesandten in Lissabon, nach Nicot erhielt die Pflanze und ihr Gift den Namen Nicotin. Drake und Raleigh machten das Rauchen zur Sitte. Virginien und Maryland lieferten schon 1770 über 34 Mill., Mejico für 38 Mill. Livr., Cuba jährlich 100.000 Ballen à 120 Pfd. und 200 Mill. Cigarren für 3 Mill. Piaster. Ganz Nordamerika, Mittel- und Südamerika liefern jetzt gute Sorten, ebenso Rußland, Ungarn, die Türkei, Ostindien u. s. w., so daß der Verbrauch in die Millionen Pfund geht, da Amerika allein 80 Mill. Pfd. versendet.

Der Kakao stammt aus Mejico, wo seine Bohnen als Geld dienten, ihr Mehl einen herben Trank chocolatl gab. Seit 1650 ward dieses Getränk in Europa beliebt, in Frankreich führte es Maria Therese ein „als Ambrosia", und jetzt versenden es Mittel- und Südamerika, so daß Marseille allein 1 Mill. Pfund, ganz Europa 23 Mill. für 3½ Mill. Thlr verbraucht. In Java, Bourbon, den canarischen Inseln und Brasilien ist der Baum einheimisch gemacht. Ebenso bringt die Frucht der Vanillenranke c. 60.000 Piaster ein für Veracruz, in dessen Nähe man sie cultivirt. Der Ananas ist über Südasien verbreitet; der Truthahn in ganz Europa Hausthier geworden, die Cochenille in Südspanien, Algier, Java und den Canarenen eingeführt. Oaxaca allein verkaufte von 1770—1830 an 33 Mill. Pfund und löste dafür 80 Mill. Piaster. Auch das Meerschweinchen ist aus Amerika, und das Alpakaschaf sucht man in Schottland heimisch zu machen.

Handelsartikel wurden für Amerika die theure Chinarinde, Quassia, Ipecahuanha, Guajakholz, Sassaparil u. s. w. als Arzneipflanzen, Brasil- und Campeche als Farbholz, Mahagoni (durch Zufall in England von einem Tischler benützt) als Möbelholz. Da aber Afrika und Amerika zum Theil dasselbe Klima haben wie Südasien, so hat man die Gewürze und andere kostbare Pflanzen von Asien nach den neuen Kolonien verpflanzt, den Ertrag gemehrt und Plantagenbau organisirt. Gewürze waren ein theurer Artikel. Auf Ceylon legten Holländer Plantagen von Zimmtbäumen an, doch durfte kein Privatmann deren besitzen, die Engländer gaben aber die Kultur und den Verkauf frei, als sie Herren der Insel wurden, und so stieg die Ausfuhr von ³⁄₄ Mill. auf 4 Mill. Pfund, welche jährlich an 2 Mill. G. einbrachten. Jetzt haben Java, Sumatra, Koromandel, Brasilien, Cayenne ꝛc. Zimmtplantagen, und ebenda gedeiht auch der Pfeffer von Malabar, von welchem c. 50 Mill. Pfund im Werth von 8 Mill. G. in den Handel und davon 16 Mill. Pfund nach Europa kommen. Aus Malabar und Bengalen kam Ingwer nach Amerika, selbst Muskatnüsse und Gewürznelken, von den Holländern so eifersüchtig benützt, kamen nach Bourbon, Cayenne, Sechelles, Sumatra, Ceylon; das Zuckerrohr ward in den meisten Kolonien Amerikas gebaut. Domingo lieferte schon seit 1535 jährlich 65.000 Tonnen, Kuba in neuerer Zeit 80 Mill. Kilogrammen, Veracruz für 7½ Mill. Fr., Brasilien baut seit 1668 mit gutem Erfolg Zuckerrohr und lieferte 1840 an 1½ Mill. Ctr, Peru gleichfalls; auf den kleinen Antillen führte man seit 1650 Zucker aus, jetzt liefert Martinique allein 1½ Mill. Ctr., Jamaica 900.000 Ctr., ganz Westindien über 2 Mill. Ctr., Bourbon über 72 Mill. Pfd. Es ist aber auch das zuckerreiche australische Zuckerrohr angepflanzt, und der Anbau hat überall so zugenommen, daß im Jahre 1833 schon 12 Mill. Ctr. im Werth von 122 Mill. Thl. producirt wurden. Europa verbraucht 1000 Mill. Ctr., Nordamerika 70 Mill. Der Kaffee, seit 1660 Getränk in Europa, wächst jetzt auf den Antillen, Sundainseln, Brasilien, Afrika u. s. w. und kommt in einer Masse von c. 500 Mill. Pfund auf den Markt, so daß Kaffee und Zucker im Zollverein c. 14 Mill. Thl. Steuer einbringen. Selbst der Thee ist nach Java, Brasilien, Ostindien ꝛc. verpflanzt. Indigo bauen die Engländer in Ostindien für 10 Mill. G., verpflanzt ist er nach Jamaica, Guatemala', Afrika, Carolina, Louisiana u. s. w. und die Baumwolle in all die genannten Länder, denn eine Art ist in Amerika einheimisch, auch in Südeuropa. Sie ist der wichtigste Handelsartikel der Welt. In Amerika wurde sie c. 1770 Ausfuhrartikel, ja englische Zollbeamte confiscirten in Liverpool die ersten Ballen, weil sie nicht glauben wollten, daß sie amerikanische Waare wären. Es verbrauchte England 1786 nur 19 Mill. Pfd. und arbeiteten 30.000 Menschen dabei, jetzt beschäftigt England 1,200.000 Arbeiter und ein Kapital von 220 Mill. Gulden. Es werden aber auch an 2000 Mill. Pfd. Baumwolle producirt.

§. 37. Verbesserung in der Erzeugung der Rohprodukte.

England und Holland änderten das spanische Kolonialsystem dahin ab, daß nicht mehr der Staat das Monopol der Benutzung der Kolonien übernahm, sondern es gegen Entschädigung an Privatgesellschaften überließ. Denn man hatte bereits so viel Einsicht in die Bewirthschaftung der Kolonien gewonnen, um einzusehen, daß Privatpersonen sich dazu mehr eigneten. Während Spanien baares Geld aus seinen Kolonien zog, legten die obengenannten Gesellschaften bedeutende Kapitalien an, um Producte aus den Kolonien zu gewinnen. Sie machten den Plantagenbau zur Hauptsache und förderten daher die Vermehrung der Producte. Jene Staaten, welche keine Kolonien hatten, suchten die eigene Production zu verbessern, besonders seit Frankreich den Grundsatz aufgestellt und erfolgreich durchgeführt hatte, daß man den Ackerbau im Lande fördern müsse, weil dies auf die Industrie vortheilhaft wirke und das Land einen Activhandel bekomme, welcher die Grundlage für den Passivhandel geben müsse. Es hob sich in der That auch der Wohlstand überall, seit man sich des Bauern und Handwerkers annahm; denn jener war hörig und lebte in Armuth, diesen hemmte der Zunftzwang, um seine Geschicklichkeit angemessen zu verwerthen. Jene Handelsgesellschaften erwarben große Gebiete, mußten Heere und zahlreiche Beamte haben, regierten kostspielig und ungeschickt, führten Kriege mit einander, wurden dabei bankerott oder mußten sich von ihren Staaten retten lassen.

Ueberblicken wir jene Verpflanzungen und die Entstehung neuer Bedürfnisse, bis zu den Zeiten der französischen Revolution!

Zucker kam seit den Arabern in geringer Menge in den Handel als Apothekerwaare; doch als man das Rohr in Amerika anpflanzte, ward Zucker nach und nach ein bedeutender Artikel des Großhandels. In Domingo pflanzte man es 1520 an, und bis 1790 versandte es aus dem französischen Theil jährlich 65.000 Ctr., Cuba weniger, Veracruz 12 Mill. Pfund für 7½ Mill. Fr.; Brasilien baute es seit 1568 und versandte 1839 schon 1½ Mill. Ctr.; Peru, Barbados u. s. w. produciren auch Zucker, Martinique allein 1¼ Mill. Ctr., Jamaica hat seit 1656 an 1000 Plantagen und führte 1802 schon 84.000 Ctr. aus. Bourbon versendet 72 Mill. Pfd.; auch Pensylvanien, Mauritius, Australien und Otaheiti bauen Zucker, ja das zuckerreiche Rohr Otaheiti's ist noch den Antillen und dem Norden Südamerikas verpflanzt. Doch bringt der Boden in Bengalen den doppelten Ertrag. In Mejico lohnt der Anbau der Baumwolle doppelt, der des Zuckers fast viermal mehr als Weizenbau. Rußland baut in Tiflis Rohrzucker und seit der Kontinentalsperre sind in Europa Runkelrübenzuckerfabriken entstanden. Nach Liverpool sandte 1835 Java 20 Mill. Kilogramme, die Philippinen 7, Bengalen 14, China 18 Mill. Es verbrauchte Europa im Jahre 1823 12 Mill. Ctr. für 122 Mill. Thaler. In dem ersten Viertel unseres Jahrhunderts stieg die Consumtion in Frankreich auf 110 Mill. Pfd., Hamburg führte nach Deutschland 120 Mill. Pfd., England verbraucht 400 Mill. Pfd. Man berechnet nach dem Verbrauch des Zuckers den allgemeinen Wohlstand, und danach steht Rußland am tiefsten, da auf den Kopf dort nur 1½ Pfd, in England 20 Pfd., in Frankreich und Dänemark 7½ Pfd., in Preußen 6 Pfd., in Oesterreich 5½ Pfd., in Norwegen 3½ Pfund kommen.

An die Verbreitung des Kaffee- und Theetrinkens knüpft sich ein Stück Weltgeschichte wie an die des Tabaks. Der Baum stammt aus Abyssinien, und das Kaffeetrinken ward in Arabien spät Sitte. Denn Gemal Eddin brachte es c. 1490 in Aufnahme, weshalb ihm noch heute jeder Araber das Paradies wünscht, machte Aden zum Stapelplatz, und erst 1567 sah Mecca die erste Kaffeepflanze. Das Kaffeetrinken ward allgemein, doch Geistliche hielten es für sündhaft, es brachen in Kairo und Mecca Kaffeerevolutionen aus; doch hatte der Kaffee unter der hohen Geistlichkeit auch Freunde, welche das Verbot aufhoben, und die Kaffeefeinde in Kairo niederhauen ließen. Ein Mann aus Aleppo errichtete 1550 das erste Kaffeehaus in Konstantinopel, da man aber in den Kaffeehäusern politisirte, wurden sie geschlossen, bald aber wieder eröffnet und 1630 gab es in Kairo allein 1000 solche „Schulen der Weisheit." Ja es wurde das Gesetz gegeben, daß sich eine Frau vom Manne scheiden darf, wenn er ihr nicht genug Kaffee giebt. Nach Ostindien führten 1692 die Hol-

länder schon 80.000 Pfd., in Europa trank 1626 in Rom della Baße den er=
sten Kaffee, den er mitgebracht hatte, in Marseille 1644, in Paris bewirthete
1667 Thevenot seine Freunde mit Kaffee, der türkische Gesandte setzte seinem
Besuch oft Kaffee vor, da errichtete ein Armenier eine Kaffeebude, wo die Tasse
über 2 Sous kostete. Herzöge, Dichter, Schauspieler und Gelehrte versammel=
ten sich im Kaffeehause Procope und man ahmte sie bald nach. In London
eröffnete ein Grieche das erste Kaffeehaus, Karl II. verbot es zwar, mußte aber
das Verbot zurücknehmen, da die Kaffeetrinker mit Aufruhr drohten. Deutsch=
land hatte c. 1680 die ersten Kaffeehäuser in Wien, Nürnberg, Regensburg,
Hamburg, 1720 erst in Sachsen, Augsburg und Berlin. Doch bis 1750 blieb
Kaffee eine theure Delicatesse, bis die Zunahme der Kaffeeplantagen den Ge=
brauch erleichterte, so daß er jetzt für Millionen ein Bedürfniß ist, und die
Porzellanfabriken, Porzellanmaler, Wirthe u. s. w. viel verdienen.

Der Bürgermeister von Amsterdam Wythsen ließ Kaffee nach Batavia
verpflanzen (1680), 1719 kam er nach Sumatra und den Sundainseln. Auf
Java pflanzten die Engländer 11 Mill. Bäume, die sich bereits auf 80 Mill.
vermehrt haben, und die Preise um 50% herabdrückten. Ceylon verschickt
jetzt 50 Mill. Pfund, dem König Ludwig XIV. sandte man im Glaskasten
eine Kaffeepflanze von 5 F., und dieser ließ sie nach Martinique verpflanzen,
nachdem sie in Surinam, Berbice und Guinea bereits angepflanzt war. Plan=
tagen mit Kaffee wurden auf den Antillen und in Südamerika angelegt, ebenso
auf den Inseln Afrikas. Schon 1823 kamen 150.000 Tonnen à 20 Ctr. auf
den Markt und kosteten 41 Mill. Thl., im J. 1843 verbrauchte man in
Europa von den 460 Mill. Pfund der Ernte an 230 Mill. Pfund, Amerika
150 Mill. Pfund, Deutschland allein 80 Mill. Pfund, welche c. 6 Mill. Thl.
Zoll tragen, der Zucker c. 8 Mill. Thl. Zoll.

§. 38. Schluß.

Thee wurde in China seit uralten Zeiten getrunken und von Dichtern
besungen. Im J. 1610 brachten Holländer einige Pfund nach Europa, welche
sie für Salbei hatten eintauschen müssen, nach Moskau brachten Kaufleute
(1635) für Zobelfelle dem Zaar einige Pfund Tschai, nach England 1664
die ostindische Compagnie 2 Pfund für den König, bald schenkte man ihn
aber in den Kaffeehäusern, 1 Pfund zu 30 G., doch blieb sein Verbrauch bis
1720 beschränkt, stieg aber dann schnell, denn 1830 kaufte man 45 Mill. Pfd.
für 37½ Mill. Thl., und Rußland brachte 5 Mill. Pfd. Karavanenthee.
Jetzt setzt der Handel 529 Mill. Pfund um, von denen 80 Mill. Pfund auf
Europa, 20 Mill. auf Nordamerika u. s. w. kommen. Jetzt ist der Strauch
verpflanzt nach Cochinchina, Ava, Bengalen, Ceylon, Assam, Java, Sumatra,
Dekan, Brasilien, Südcarolina, Mauritius.

Thee gab bekanntlich den Anlaß zum Ausbruch der amerikanischen Revolution, und auf Lebensweise und geselliges Leben in Europa haben Thee und Kaffee sehr eingewirkt, wie Baumwolle und Indigo auf die Industrie. Indigo bildete seit alten Zeiten einen lohnenden Artikel für Gudscherat und Combodscha, die Holländer brachten 1631 aus Batavia ½ Mill. Pfund für 5 Tonnen Gold; doch ward er oft mit Waid vermischt, ja bis c. 1720 blieb er in manchen Staaten (Frankreich, Deutschland, Schweden) verboten, um dem Waid nicht zu schaden. Seit 1783 bauten ihn die Engländer in Ostindien an, wo sein Anbau so zunahm, daß er jetzt ½ Mill. Menschen beschäftigt und jährlich ein Kapital von 16 Mill. Gulden erfordert. Bengalen versendet 100.000 Ctr., Java sendet 9000 Kisten nach Amsterdam, und Kaiser Joseph II. setzte einen Preis von 200 Ducaten aus auf 1 Pfund Samen einheimischen Indigos. In Amerika war Indigo bereits heimisch, als Columbus es entdeckte; Westindien, Guatemala, Venezuela und Mejico versenden viel, in Carolina kam der Bau durch Zufall in Aufnahme und brachte bereits 1775 eine Ernte von 1 Mill. Pfd. In Egypten führte ihn Mehmet Ali ein und bereits 1823 versandte es über 12000 Ctr.; am Senegal, auf Bourbon, auf Manilla, in Transkaukasien, Armenien baut man Indigo, von welchem Ostindien 10 Millionen Pfund versendet, Deutschland 3 Millionen Pfund ankauft.

Das wichtigste Product für die moderne Industrie wurde die Baumwolle. Im ältern Indien und Babylonien wurde sie bereits verwebt, die Araber wetteiferten in der Verfertigung von kostbaren Baumwollstoffen mit den Indiern, und auch in Europa ward diese Industrie eingeführt. Je mehr Spinnereien sich mit der Baumwolle beschäftigten, um so mehr dachten die Kolonialstaaten an Steigerung der Production, welche denn auch mit dem verbesserten Maschinenwesen gleichen Schritt gehalten hat. Columbus schon verlangte 100 Pfund Baumwolle als Tribut von den Bewohnern Hispaniolas, Cortez sandte als Kostbarkeit nach Spanien 30 feine mejicanische Mäntel mit Zeichnungen, die durch eingewirkte Vogelfedern hervorgebracht waren, denn in Mejico, Peru und Brasilien bestand die Kleidung aus Baumwollenzeug. Im Jahre 1680 pflanzte man in Carolina Baumwolle an, 1737 in Surinam, 1781 kam die erste brasilianische in den Handel, doch 1786 bezog England bereits 17 Millionen Pfd. aus Amerika, und ward die seidenartige, langfaserige Seeinselbaumwolle von den Bahamainseln nach Georgien verpflanzt, die feine gelbliche Siam-Baumwolle nach Westindien. In Egypten machte ein Franzose den Vicekönig auf die Baumwolle aufmerksam, die seit alten Zeiten unbeachtet im Lande wuchs. Seit 1821 ward diese Pflanze gepflegt und 1823 versandte man 15000 Ctr. Jümel- oder Makobaumwoll für 5 Millionen spanische Thaler; 1827 führte man die Seeinselbaumwolle ein, machte den Verkauf zum Monopol der Regierung, welche 1846 an England 800.000 Ballen lieferte. Auch in den Vereinigten Staaten wuchs die Production, denn 1790 versandten sie 100.000 Pfd., 1835 schon 388 Millionen Pfund, ganz Amerika 1843 nahe an 800 Millionen Pfund für 50 Millionen Dollars.

Bei dieser Zunahme verringerte sich der Anbau in Italien, doch liefert Malta für 4 Mill. Fr., Sicilien baut bei Catanea, die neapolitanischen Plantagen bei Civita di Penna gingen ein, aber die 1790 in Castellamare, d'Otranto u. s. w. behaupteten sich, und Algier wie Abyssinien liefern langfaserige Sorten. Ostindien macht aus bengalischer Wolle Musseline, China gelbe Nanking. Man hat 1840 amerikanische Wolle nach Ostindien verpflanzt, wo sie bereits 1 Million Pfund lieferte. Man schätzt die Gesammternte auf c. 2000 Millionen Pfund im Werth von 500 Millionen Thaler.

Die Indier wußten erstaunlich feine Gewebe („gewebten Wind") zu verfertigen, die Chinesen dauerhaften Kattun, und die Mehrzahl der Asiaten kleidet sich in Baumwolle. China verarbeitet jährlich für 183 Millionen Gulden Baumwolle und für 120 Millionen Gulden Seide. Araber führten im 12. Jahrhunderte diese Industrie in Sicilien ein, im 14. Jahrhunderte blühte sie in Venedig, kam von da nach Zürich, im 16. Jahrhundert lernten Holländer und Engländer Kattun machen, doch erst als man den Kattundruck erfand und die Einfuhr aus Ostindien verbot, hob sich diese Industrie und stieg mit Erfindung der Spinnmaschinen. Denn 1767 beschäftigten sich 30.000 Menschen in England in den Baumwollfabriken, jetzt $1\frac{1}{3}$ Mill., welche 220 Millionen Gulden Arbeitslohn verdienen, und die Maschinen schaffen so viel als 60 Mill. Menschen. England besaß 1844 an 14 Millionen Spindeln, Frankreich $3\frac{1}{2}$ Mill, die Vereinigten Staaten $2\frac{1}{3}$ Mill., Oesterreich $1\frac{1}{2}$ Mill., Zollverein $\frac{4}{5}$ Mill., Rußland $\frac{2}{3}$ Mill., die Schweiz über $\frac{1}{2}$ Mill., Belgien unter $\frac{1}{2}$ Mill., zusammen 24. Mill. Es stieg die Production von 490 Mill. Pfund im Jahre 1790 von 10 zu 10 Jahren auf 520 Mill., 555 Mill., 630 Mill., 820 Mill., 1550 Mill.; es lieferten 1840—42 die Vereinigten Staaten 2 Mill. Ballen, Ostindien 260.000, Brasilien 100.000, Egypten 90.000, Kleinasien 60.000, Surinam 45.000, Peru 35.000, Europa 25.000 Ballen à 440 Pfd. Von diesen $2\frac{1}{2}$ Mill. verbrauchte England $1\frac{1}{5}$ Mill., Frankreich $\frac{1}{3}$ Mill., die Vereinigten Staaten weniger, Oesterreich 120.000, Deutschland 90.000, Belgien 60.000, die Schweiz 30.000, Holland 25.000 Ballen.

§. 39. Uibersicht der englischen Geschichte.

Das dritte namhafte kolonisirende Volk sind die Engländer, welche Jahrhunderte lang eine untergeordnete Stellung inne gehabt hatten. Denn es ist bereits erwähnt, daß innere und äußere Kriege das Land so in Aufregung und Unsicherheit erhielten, daß weder Handel noch Industrie sich entwickeln konnten. England befand sich ganz in den Händen der Hanseaten, welche nicht nur die Ein- und Ausfuhr besorgten, sondern mit ihrem Kapital auch den Markt beherrschten. Da die Wolle der beliebteste Ausfuhrartikel war, so versuchten einige Könige (Eduard III., Heinrich VI.), die Wollausfuhr zu hemmen und dagegen die Wollindustrie zu fördern. England lag jedoch damals einem Lande gegenüber, welches ihm an Industrie und kaufmännischen Geschäftsverbindungen weit überlegen war und gerade in Wollwaaren bedeutenden Umsatz hatte. Wenn daher die Niederländer und Holländer sehr gern Englands Bestreben, sich von den Hanseaten zu befreien, noch Kräften unterstützten, so hatten sie doch nur ihren eigenen Vortheil im Auge. England nahm Wollweber und überhaupt Industrielle auf, welche während der Bürger- und Religionskriege aus Belgien, Holland und Frankreich zu Tausenden auswanderten, aber eine Handelsmarine, eine große Industrie und die dazu erforderlichen Kapitalien kann man nicht in einigen Jahrzehnten schaffen. Doch stiegen jene gewaltig, als England in die Religionskriege zwischen Holland und Spanien verflochten ward und nur in eine tüchtige Seemacht seine Sicherheit setzen konnte. Sobald England Flotte und Kolonien besaß, erwachte die Concurrenz mit dem benachbarten Holland. England, als der größere Staat, siegte nach ungeheuern Anstrengungen in einer Periode, wo eine lange Revolution die Gemüther aufregte, Thatkraft freien Raum gewann und Cromwell England zu einer Seemacht zweiten Ranges erhob, welche sich stark genug fühlte, nach der Alleinherrschaft auf den Meeren zu streben.

Heinrich VIII. (1509—47), anfangs heftiger Gegner Luthers, entzweite sich wegen einer verweigerten Ehescheidung mit dem Papst, machte sich zum Oberherrn der Kirche, zog geistliche Güter ein, machte die Geistlichkeit von sich abhängig, verfeindete sich aber auch mit Spanien und Frankreich. Trotz der Grausamkeit, mit welcher er seine kirchlichen Neuerungen einführte, faßten diese doch Wurzel, und als nach einigen schnellen Thronwechseln die Reformation gefährdet schien, Elisabeth (1558—1603) in der Maria Stuart eine vielfach begünstigte Nebenbuhlerin erhielt, stand jene den Niederländern gegen Spanien bei, erlaubte Kaperei an spanischen Küsten und sandte Leicester mit einem Heere nach den Niederlanden, als nach Oraniens Ermordung Oldenbarneveld sich in Bedrängniß sah. Zwar mußte der ungeschickte Leicester seine Statthalterwürde bald niederlegen (1587), aber im nächsten Jahr sandte Philipp II. die unüberwindliche Armada unter Medina Sidonia, welche 60 Mill. Thaler gekostet hatte. Stürme zerschellten diese Flotte, die Engländer vollendeten ihren Ruin und begannen nun erst recht den Kaperkrieg in großem Maßstabe. Als Moritz von Oranien siegte, der tapfere Parma aus Unmuth starb, gab Philipp das heutige Belgien an seinen Schwiegersohn Albrecht von Oesterreich (1598), dagegen erklärte sich Holland trotz der Siege des Genuesen Spinola, welcher Ostende nach dreijähriger Belagerung eroberte (1604) nochmals für unabhängig und gründete (1602) die ostindische Compagnie, welche im indischen und westindischen Meere sehr bald die Oberherrschaft gewann. Holland stützte seine Seemacht auf seine Fischerei, seine Woll- und Leineninbustrie, aber auch auf wissenschaftliche Bildung, besonders förderte es das Studium der alten Sprachen, besaß die besten Universitäten (Leyden) und die größten Gelehrten (Scaliger, Hemsterhuis, Ruhnken, Valckenaer, Hugo Grotius), die besten Buchdruckereien und tüchtigsten Maler (van Eyck, Rembrandt, Rubens) und den Philosophen Spinoza.

Holland wurde aber auch in die französischen Kriege verwickelt, weil es eine Großmacht geworden war, und kam mit England in Streit. Elisabeth entwickelte die kirchlichen Einrichtungen weiter und beförderte Industrie und Handel; auch lebte zu ihrer Zeit der geniale Shakespeare und der Philosoph Baco v. Verulam, welcher besonders die Naturwissenschaft praktisch zu machen suchte. Es zerstörte Admiral Howard die Armada, Drake brachte die Kartoffel nach Europa, Flandrer lehrten die Strumpfwirkerei, 1600 entstand die ostindische Compagnie und ward Virginien colonisirt, Walter Raleigh förderte die Kolonisation, Irland ward besiegt, eine russische Handelsgesellschaft (Archangel) gegründet (1600) und auf diese Weise nach allen Seiten hin große Thätigkeit entwickelt. Newton (†1727) vervollkommnete nach Kepler (†1631) und Copernicus (†1543) die Astronomie und Physik, die Galilei durch das Gesetz der Pendelschwingungen und des Thermometers, nachdem Holländer die Physik durch Erfindung des Fernrohrs bereicherten, erweitert hatte. Neben Shakespeare zeichneten sich aus Spencer (Schäferkalender) und Chaucer; auch ward später Ossian durch Macpherson bekannt. Einen Namen erwarben sich Ben Johnson, Milton (Paradies), Butler (Hudibras), Pope (Lockenraub) Thomson (Jahreszeiten), Swift (Komiker), Fielding (sentimentaler Roman), Stern (Tristram Shandy) Goldsmith (Pfarrer von Wakefield).

Als aber die schottischen Könige zur Regierung kamen, erhoben sich wegen der Rechte des Parlaments und religiöser Fragen heftige Streitigkeiten. Unter Jakob I. (†1625) schlug zwar die Pulververschwörung fehl (1605), aber Karl I. (1625—49) erhob eigenmächtig Steuern, nahm Verhaftungen vor verband sich mit Frankreich, gerieth endlich mit dem Parlament, welches er oft auflöste, in Krieg, erlag und ward 1649 hingerichtet. Cromwell als Protektor der Republik führte ein strenges Regiment, gab gegen Holland die Navigationsacte, schützte überall seine Glaubensgenossen und starb von Allen gefürchtet (1658). Nun kehrten die Stuarts mit Karl II. (1660) zurück, es begannen aber auch die Verwickelungen mit dem Parlament, die immer heftiger wurden. Als sein Sohn Jakob II. im Sinne des Vaters fortfuhr zu regieren, brach eine Revolution aus (1688). Man rief seinen Schwiegersohn Wilhelm von Holland herüber, Jakob floh und ward abgesetzt, unter Anna (1707) Schottland und England vereinigt, und Georg von Hannover nach ihrem Tode König.

§. 25. Uebersicht der englischen Kolonien.

Die Anfänge der englischen Handelspolitik bestehen in den Versuchen, einerseits der Abhängigkeit von der Hansa und dem niederländischen Einfluß ein Ende zu machen, und andrerseits die inländische Industrie zu befördern, besonders die Tuchweberei. Unter Heinrich IV. entstand (1406) die Gesellschaft der wagenden Kaufleute, welche englische Tücher ausführte, dagegen Weine so wie levantische und italienische Artikel heim brachte und in Amsterdam ein Komtor errichtete. Trotzdem blieb der englische Verkehr im Ganzen Küsten-schiffahrt und Fischerei, und selbst die Versuche Cabots und Anderer, sich in Amerika festzusetzen, blieben Privatsache. Doch Heinrich VIII. beförderte die Schiffahrt kräftiger, errichtete ein Admiralitäts-Collegium, legte Schiffswerften an. Jetzt besuchten Engländer die Ostsee, den griechischen Archipel, Guinea und Brasilien, denn Handelsverträge sicherten gegen Seeraub und Strandrecht. Zwar hob sich der Ackerbau, und flüchtige Protestanten verbesserten die Wollindustrie; doch übte dies keinen merklichen Einfluß, da die inneren Unruhen hinderlich waren. Doch trat die Feindschaft gegen die Hansa immer entschiedener hervor, man beschränkte oder verweigerte ihre Privilegien, England und Teutschland verboten gegenseitig die 'Zulassung einheimischer Produkte und 1597 ließ Eli-sabeth endlich den Stahlhof in London schließen. Zwar bekam ihn Hamburg (1611) zurück, aber nur als Privat-Kaufhaus, 1666 brannte er mit ab und wurde nicht wieder vollständig aufgebaut.

Auch die Wollweberei schützte diese Königin durch Einfuhrzölle auf fremde Tücher, begünstigte die Metall- und Lederindustrie, aber sie überließ diese Ge-werbe nur privilegirten Personen und Gesellschaften, so daß jeder einzelne Handelsartikel einer besondern Gesellschaft angehörte und daher eine Menge Handelscompagnien entstanden. Daher hatten nur einzelne Städte Vortheile: London (1576 die erste Bank), Bristol, York, Worcester und Norwich, denn Getreide blieb die Hauptausfuhr. Es sank aber damals der Zinsfuß, als man den Geldhandel (c. 4 Mill. St.) frei gab, auf 10, später auf 6 Procent, weshalb die Handelsunternehmungen sich mehrten. Die russische Gesellschaft handelte nach Archangel, die baltische (1579) nach Kopenhagen, die levantische nach Aleppo. Als (1600) eine allgemeine Assekuranzordnung das Eigenthum sicherte, entstand eine afrikanische Gesellschaft (Guinea) und obschon Raleigh's Kolonisation in Virginien verunglückte, so bildete sich doch (1600) die ostin-dische Gesellschaft, welche umfassende und fast souveräne Rechte besaß. Ehe sich diese dort festsetzte, legte Gosnold (1600) eine Kolonie beim heutigen Boston an für Pelzhandel, andere Kolonien folgten, da viele Unzufriedene auswan-derten, vollkommene Freiheit, Selbstverwaltung und freien Handel mit jedem Land erhielten. Bald vereinigten sich die vier Kolonien Massachusets, Con-necticut, Rhode Island und New Hampshire zu dem Staat Neu-England (1640), Virginien trieb Tabakbau, Maryland ward von Baltimore aus ge-gründet, Penn gründete Pennsylvanien (1682), und 1735 entstand Georgien. Jede Kolonie hatte ihre besondere Verfassung, aber alle Kolonisten blieben freie englische Staatsbürger.

Bei solchen Erfolgen suchte man auch in Mittelamerika festen Fuß zu fassen. Barbados ward 1624 englisch nebst St. Christof und andern kleinen Antillen, wo man Zucker, Baumwolle und Tabak baute und Sklavenhandel trieb. Im Jahre 1655 nahm Cromwell den Spaniern Jamaika, eignete sich die Bermudas und Bahamainseln an, besetzte 1662 auch die Campechebai, und einzelne Auswandererschaaren ließen sich im Gebiet des Lorenzo nieder.

Seit der Navigationsacte, welche Cromwell gab, um den Holländern zu schaden, trat aber eine große Änderung in den Kolonien ein. Denn diesen ward der freie Handel untersagt, sie durften nur nach vorgeschriebenen Preisen nach England verkaufen, sollten keine Industrie treiben und mußten von England kaufen. Andere Bedrängnisse hatte die ostindische Compagnie, welche 1613 ein Kapital zu ernsteren Unternehmungen zusammenschoß, und in den Holländern, später in den Franzosen gewaltthätige Gegner fand, deshalb in Kriege verwickelt ward, in denen sie von England keine Hilfe erhielt. Der Großmogul von Delhi hatte ihr die Erlaubniß gegeben, in Surate eine Faktorei anzulegen, und 1620 sandte sie bereits 79 Schiffe nach Indien, von denen 36 verunglückten, die übriggebliebenen aber für 20 Mill. G. Waare brachten. Damals trieben Armenier den Großhandel in Asien und mit Europa. Da diese und der Schah von Persien der Habsucht der Portugiesen überdrüssig waren, die sich in Ormus festgesetzt hatten, halfen jenen die Engländer, zerstörten Ormus und erhielten dafür große Privilegien in der neuen Handelsstadt Bender Abassi am persischen Meerbusen. Um eine Station im südlichen atlantischen Ocean zu haben, nahm man 1673 den Holländern Helena weg.

Obschon die öffentliche Meinung in England gegen das Monopol der ostindischen Gesellschaft war, ließ diese es doch öfter erneuern, erhielt in Dekan auch Bombay (1668), begann Theehandel und gründete 1689 Calcutta in Bengalen. Selbst eine neue Gesellschaft, welche ihr Concurrenz machte, fand es 1702 vortheilhafter, sich mit der älteren Gesellschaft zu vereinigen und deren Privilegium erneuern zu lassen. Als nun in Bengalen die Mongolendynastie sich auflöste, begann die Gesellschaft große Eroberungen zu machen. Frankreich ward gedemüthigt, indem man Pondichery schleifte, und bis 1765 war ganz Bengalen unterworfen. Aber Bengalen war ruinirt, die Compagnie verwaltete das Land schlecht und kostspielig, so daß die englische Regierung sich einmischen mußte, das Statut der Gesellschaft änderte, um Einheit in die Verwaltung Indiens zu bringen, was besonders Pitt (1783) durch die „ostindische Bill" durchsetzte. Trotzdem blieb das alte Uebel; die Dividende stieg selten über 6 Procent, die Kriege kosteten viel Geld, so daß die Einnahmen 140 Mill. Gulden, die Ausgaben 150 Mill. Gulden betrugen.

Die Gesellschaft befrachtete auch Privatschiffe, um die öffentliche Meinung zu beschwichtigen, und überließ den indischen Zwischenhandel allen Engländern. Noch besaß Holland den Alleinhandel mit Gewürznelken und Muskatnüssen. Doch brachte England bereits aus Bengalen Baumwolle, Musselin, Seide, Indigo, Zucker, Reis, Borax, Salpeter, aus China Thee, dessen Verbrauch mit jedem Jahre stieg. Denn 1710 verkaufte man 140.000 Pfd. und nach 70 Jahren 8½ Mill. Pfd., weshalb man den Zoll herabsetzte, um dem Schleichhandel zu steuern. Zugleich gelang es, in China Wollstoffe und Pelze einzuführen, so daß man nicht die ganze Ausfuhr von dort mit Metall zu bezahlen brauchte. Den Handel mit Afrika trieb die Gesellschaft über Mokkas Hafen Dschidda, wo man die türkische Pilgerflotte (Suezflotte) antraf. Statt Bender Abassi ward aber Mascat Hauptplatz am persischen Meerbusen, wohin Bahrein seine Perlen lieferte, und von Basra aus beherrschten Engländer den Karavanenhandel.

Wie in Ostindien die Macht der Compagnie, so wuchs in Amerika die Zahl der Staatskolonien. Durch den Pariser Frieden (1763) erhielt England Canada mit Cap Breton, Granada, Dominique, Tabago, Florida und hatte schon durch den Utrechter Frieden Neufundland, Neuschottland, die Hudsonsbai-länder und St. Christof von Frankreich erhalten. Westindien lieferte besonders Zucker, aber Frankreich beherrschte in diesem Artikel den Markt, denn es erntete an 700,000 Ctr. und stellte daher billige Preise, so daß das englische Westindien im Werthe sank. Ebenso erlitten die Lorenzogebiete und Neuengland Nach-theil, denn England benützte schwedisches oder russisches Holz zu seiner sich mehrenden Marine, bis Karl XII. Theer- und Pechausfuhr verbot (1703) und England die Wälder Canadas benutzen lernte, auch der amerikanischen Eisen-industrie Erleichterung verschaffte. Aber da der Handel der Kolonien unter sich verboten war, so bezog Neuengland Rum (1 Million Gallonen) und Zucker, Kaffee und Gewürze von den Antillen über England, und Westindien Fische und Holz von Neuengland über London und Liverpool. Erst als man Ja-maica den Verkehr mit fremden Kolonien frei gab, stieg die Production.

Unterdessen nahmen die Einwanderungen nach Neu-England zu, weil das Land von Indianern fast ganz frei, Boden leicht zu erhalten und das englische Bürgerrecht auch in Amerika anerkannt war. Die Kolonien trieben Gerberei, Hanf- und Flachsbau, Schiffbau in Boston und Albany, die nördlichen Kolo-nien verkauften Pelze, Fische, Pech, Theer, Mehl, Butter, Käse u. s. w.; die südlichen Tabak (200 Schiffe führten jährlich 36 Mill. Pfd. für c. 4 Mill. Gulden aus), Carolina und Georgien lieferten Reis, Indigo, Wachs. Aber England untersagte hierauf den Kolonisten jede Industrie, nur die nothwendig-sten Bedürfnisse durften sie sich verfertigen, nicht aber z. B. aus Biberfellen Hüte. Nur einige Artikel, welche England selbst in Menge besaß, durften sie nach Spanien und dessen Kolonien versenden. Die Folge dieses Systems war ein großartiger Schleichhandel und steigende Unzufriedenheit. Als England nun gar Stempelsteuer auflegte, begannen heftige Bewegungen, denen die englische Regierung mit halben Maßregeln begegnete, worauf bei Gelegenheit der Wei-gerung, besteuerten Thee zu kaufen, in Boston 1773 eine Revolution ausbrach, welche 1776 zum Kriege wurde. Da Europa sich auf die Seite der Amerikaner stellte, ward England in einen Seekrieg mit ihm verwickelt und mußte 1783 im Frieden zu Versailles die Unabhängigkeit der Vereinigten Staaten von Nordamerika anerkennen.

§. 41. Englands Induſtrie, Gewerbe und Schifffahrt bis 1783.

Irland war ein Ackerbauland, welches ſchlecht cultivirt wurde, da es an die erobernden Engländer vertheilt und von iriſchen Unterpächtern nothdürftig bebaut, dagegen Viehzucht ſtark betrieben wurde. Die Schotten trieben Fiſch-fang, Irland lieferte Häute, Leder, Flachs. Englands Hauptproduct blieb Wolle, deſſen Ausfuhr wiederholt verboten wurde. Zugleich ſuchte man auch die Färberei zu verbeſſern, obſchon man den Nutzen des Braſilholzes lange Zeit verkannte und das Holz verbot. Es begann in Mancheſter aber auch die Baumwollweberei, welche das Material von Cypern und Smyrna bezog, in London Kattundruckerei, in Irland Leinwandweberei durch Schotten. Dazu ka-men Seidenweberei, Tapetenfabriken, Glas- und Eiſeninduſtrie, beſonders ſeit man (1616) Steinkohlen zum Schmelzen benutzte, ſo daß die Kohlenbergwerke in Newcaſtle 400 engliſche Schiffe beſchäftigten und London mit c. 180.000 Tonnen Brennmaterial verſorgten. Die Stuarts begünſtigten aber die Einfuhr franzöſiſcher Waaren und während der Bürgerkriege kam der Ackerbau herunter, dagegen nahm die Fiſcherei zu, obſchon man den Häringsfang an Schottlands Küſten eine Zeitlang für 300.000 Gulden an Holland überließ. Auch im Walfiſchfang hatten die Holländer das Uebergewicht, dagegen verdrängte man Franzoſen und Spanier aus Neufundland, wo 150 Schiffe alljährlich fiſchten. Als 1670 die Hudſonsbaigeſellſchaft entſtand, gewann man Pelzeinfuhr und ſetzte Eiſenwaaren, Pulver, Tabak und Branntwein ab, wie man in Aſien „perſiſche Stoffe“, auch baumwollene Stoffe der armeniſchen Fabrikanten in Iſpahan, Seide, Wolle, Edelſteine, Perlen, Teppiche, Maroquin, Roſenwaſſer u. ſ. w. erhandelte, doch erhoben die Leinwandfabrikanten Beſchwerden über die Concurrenz mit Baumwollwaaren. In der Levante verkaufte man wollene Tü-cher, bis Frankreich ſiegreiche Concurrenz, und Marſeille große Geſchäfte machte. England beſchäftigte 1740 an 1½ Mill. Menſchen mit Wollweberei, als man aber überall durch Merinos die Schafzucht verbeſſerte, Frankreich die Appretur und das Färben beſſer verſtand, nahm Englands Ausfuhr an Tuch ab. Etwa 1690 gewann man in England für 20 Mill Gulden Wolle, welche als Tuch 80 Mill. Gulden Werth bekam, und man führte für 30 Mill. Gulden Tuch aus. Die Linneninduſtrie hob man durch Schutzzölle und Ausfuhrprämien. Es bildete ſich eine eigene Geſellſchaft (die brittiſche Linnengeſellſchaft), in Dublin entſtand eine Linnenhalle und in 70 Jahren ſtieg in Irland die Production von 6000 Pfd. auf 900.000, in Schottland auf ½ Million Pfund. Weniger glückte es mit der Seideninduſtrie, welche franzöſiſche Flüchtlinge in Spitalfields gründeten und der zu Liebe man die Einfuhr fremder Seidenwaaren verbot. Denn Frankreich ſchmuggelte jährlich für 5 Mill. Gulden ſeiner billigen Seide ein. Auch mit der Sammtweberei aus Baumwolle ging es in Mancheſter langſam vorwärts, ſo lange die Weber der Umgegend dem Fabrikanten ihr Handgeſpinnſt lieferten, und nur für 2 Mill. Gulden Waare abgeſetzt wurde.

Erst als der Zimmermann Hargraves das spinnende Hannchen erfand (1767), Arcwright die Spinnmaschine baute, gewann die englische Waare auf dem Weltmarkt das Uibergewicht.

Der Bergbau entwickelte sich gleichfalls, so daß Zinn, Blei, Kupfer Ausfuhrartikel wurden, doch von Eisen nur 12.000 Tonnen. Birmingham lieferte ausgezeichnete Stahl- und Eisenwaaren, der Steinkohlenverbrauch verdreifachte sich, die Papierfabrikation setzte 8 Millionen Gulden um, Kastorhüte waren ein gesuchter Artikel, und Wedgewood errichtete 1760 in Staffordshire Steingutfabriken. Denn es waren der Zunftzwang und die Linnenzölle gefallen, der Verkehr also gestiegen, und wenn 1590 nur 500.000 Gulden Zoll einkamen, so betrug er 1712 schon 14 Mill. und 1763 gar 20 Mill. Gulden. Es stieg die Einfuhr von 1690—1790 von 5½ Mill. Pfund St. auf 17½ Mill., die Ausfuhr von 6¼ Mill. Pfund St. auf 18⅔ Mill. Pfund St.

Außer der Industrie nahm auch der Ertrag des Ackerbaues zu, so daß die Bodenrente in England hoch stand, Stallfütterung eingeführt ward, um den Viehbestand und Düngmittel zu mehren. Man machte sumpfige Stellen urbar, der Adel widmete sich der Landwirthschaft, Pachtungen wurden auf lange Zeit geschlossen, und der Kornhandel Gegenstand der Gesetzgebung. Die Preise für den Quarter Weizen stiegen von 5 Schilling auf 53, doch verbot man seit 1670 die Getreideeinfuhr, außer wenn die Preise in England eine gewisse Höhe überstiegen, wogegen den inneren Kornhandel nichts hemmte. Anfangs führte man Getreide aus, doch als die Bevölkerung wuchs, hob man die Beschränkungen der Einfuhr auf.

Zu Raleighs Zeit beschäftigte der englische Handel 500 holländische und 50 englische Schiffe, aber seit der Navigationsacte (1651) hob sich die Rhederei gewaltig und 1763 besaß England die Herrschaft auf allen Meeren, nachdem es mit Spanien, Frankreich und Holland langjährige Handelskriege geführt hatte. Um Matrosen heranzubilden, setzte das Parlament Prämien auf Fischerei, denn der Stockfischfang brachte außerdem 4 Mill. Gulden ein. Es stieg von 1663—1784 die Zahl des Tonnengehalts eigener Schiffe von 95.000 auf 932.000, der Tonnengehalt der fremden Schiffe von 47.000 auf 118.000. Großhandel und Geldgeschäfte durfte Jedermann treiben, der Associationsgeist lernte selbst schwierige Unternehmungen ausführen, denn es traten Gesellschaften zusammen, wo es sich darum handelte, einen Industriezweig zu befördern, und mit der Industrie wuchs die Bevölkerung der Städte. Im Jahre 1700 liefen in der Themse 840 englische, 490 fremde Schiffe ein, im Jahre 1790 bereits 2280 englische und 1260 fremde. Londons Einwohnerzahl stieg trotz aller Beschränkungen, doch hatte Manchester nur 40.000 Einw., Leeds 18.000, Birmingham und Sheffield wenig, nur Glasgow wuchs als Stapelplatz des Tabaks und der Manufacturen. Bristol war nächst London die erste Seestadt, Liverpool ward aus einem armseligen Flecken durch Negerhandel und ostindischen Handel zu einer Stadt von 50.000 Einw., Hull war Stapel für nordische Waaren, Newcastle Kohlenmagazin, und Kanäle verbanden die Seeplätze.

Dies Alles war die Folge der Schutzzölle und der Gesetze, welche das Parlament im Interesse des englischen Handels gab. Das wichtigste Gesetz war die bereits erwähnte Navigationsacte. Cromwell erließ sie und Karl II. vervollständigte sie 1660. Sie setzt fest, 1) daß Kolonialwaaren nur auf englischen Schiffen dürfen eingeführt werden. 2) Nur Engländer dürfen in den Kolonien das Geschäft eines Kaufmanns oder Factors betreiben. 3) Auch europäische Waaren dürfen nur auf englischen Schiffen eingeführt werden, müssen zum Theil von Engländern aus dem Erzeugungslande geholt werden. 4) Englische Kolonialwaaren dürfen nur nach England gebracht werden. Holland begann dieses Gesetzes wegen einen Krieg, unterlag aber und mußte es 1654 anerkennen, doch später erzwang es einige Zugeständnisse, daß z. B. deutsche Waaren sollten als holländische betrachtet werden.

§. 42. Banken, Geldhandel und Handelskrisen.

Bei der steigenden Zunahme des Handels und der Industrie mußten auch die Tauschmittel zunehmen und im Lande sich anhäufen, so daß London namentlich der erste Bank- und Wechselplatz wurde, wo später das Bank- und Kreditwesen seine höchste Ausbildung fand.

Anfangs hatten die Könige das Recht eines Bankiers und bewahrten das Geld in der Münzstätte auf. Während der Bürgerkriege bediente man sich der Goldschmiede als Bankiers, bei denen man zugleich Geld niederlegte, welches sie ausliehen, und zwar gegen hohe Zinsen. Dadurch vertheuerten sie das Kapital, welches auf Handel und Industrie sehr nachtheilig wirkte, und da selbst die Regierung bei der Corporation der Goldschmiede nur mit Schwierigkeit Vorschüsse erhalten konnte, entstand 1694 eine Gesellschaft von Citykaufleuten, an deren Spitze Patterson stand. Mit einem Kapital von 1,200.000 Pfd. St. gründete sie die englische Bank, welche Wechsel discontirte, mit Gold- und Silberbarren handelte und dem Staat Geld vorschoß auf die Steuern. Im Jahre 1708 bekam sie ein erweitertes Privilegium für ihre Bankzettel, und besaß in 40 Jahren bereits ein Kapital von 40½ Mill. Pfd. St. In Schottland gründete man 1695 die Bank von Schottland, und in noch nicht 100 Jahren gab es schon 14 Banken in Schottland, welche Noten ausgaben und zugleich Geld ausliehen, so daß alle Industriellen bei ihr betheiligt waren und ihren Noten Giltigkeit verschafften.

Als in England der Geldvorrath zunahm, legte man das Geld im Auslande an, gab bei Continentalkriegen Geldunterstützung, um den Waarenabsatz zu sichern, und machte große Geschäfte in Staatspapieren. Denn nachdem England bis 1694 seine Mehrausgaben durch Steuererhöhung gedeckt hatte, begann der Staat Schulden zu machen, indem er Staatseinnahmen verpfändete und sich endlich entschloß, Schulden gegen Renten aufzunehmen, was man das Fundirungssystem nannte. Die meisten Schulden contrahirte der Staat im Inlande, so daß das Land selbst ein großes Interesse am Staatscredit nehmen mußte, obschon die Schulden 1793 bereits 250 Mill. Pfd. St. betrugen. Die Folgen davon waren allerlei Schwindeleien, indem sich Gesellschaften bildeten, die irgend einen Plan ausführen wollten, hohe Dividenden versprachen und dadurch ihre Actien in die Höhe brachten, bis das ganze Unternehmen plötzlich in sein Nichts zerstob und ungeheuere Verluste brachte.

Es waren diese Actienunternehmungen ein großer Fortschritt im Handel; denn an die Stelle des Metalls trat der Credit. Es wurden Unternehmungen möglich, wenn sie Vertrauen und Credit fanden und man erkannte, daß die Münze zum Theil überflüssig wurde, wenn man Tauschwerthe erzeugte. Der Credit nahm gewissermaßen den Gewinn im Voraus als baare Münze, begnügte sich mit einer Anweisung, denn er wußte, daß diese den Werth des geprägten Geldes hatte und überall als Geld angenommen wurde. Wenn Mißbrauch getrieben wurde oder Geschäfte schlecht ausfielen, so lag dies nicht im System, sondern in dessen falscher Anwendung.

Was die Bank von England anlangt, so hat sie mancherlei Schicksale erlebt, ist aber heute der Regulator des Industrie- und Geldwesens der Welt geworden. Ursprünglich erhielten die Unternehmer 8 Proc. und der Staat schoß 4000 Pfd. St. als Beitrag zur Verwaltung bei, welche 100.000 Pfd. St. betrug. Als das Geld umgemünzt ward (1696), kam die Bank in Bedrängniß, denn sie konnte ihre Noten nicht einlösen. Solche Stockungen wiederholten sich zu Kriegszeiten, so daß 1797 das Parlament beschloß, die Bank brauche bis zu friedlichen Zeiten ihre Noten nicht einzulösen, welche dadurch Zwangskurs erhielten. Trotzdem vermehrte die Bank ihre Noten bis auf 22½ Mill. Pfd. St. (im Jahre 1810), welche aber in 4 Jahren um 25 Procent im Werth verloren. Neben dieser Staatsbank waren aber auch viele Privatbanken entstanden, deren es bis 1792 bereits 350 gab, im Jahr 1813 gar 800. Die Noten derselben blieben aber nur eine eingebildete Münze, denn sobald Stockungen eintraten, so daß die Preise stiegen, Waaren nicht abgesetzt, Wechsel also nicht bezahlt wurden, traten sogenannte Handelskrisen ein, d. h. Mangel an Vertrauen und Entwerthung der Noten. Im Jahre 1792 stellten 100 Banken ihre Zahlungen ein und 50 machten bankerott, und während der Theuerung von 1813—14 wurden 240 Banken zahlungsunfähig, was auf Landbesitzer und Fabrikanten verderblich rückwirkte. Erst 1817 standen die Noten der Staatsbank al pari und 1821 begann sie ihre Baarzahlungen wieder. In der neuesten Handelsgeschichte treten solche Krisen wie Krankheiten regelmäßig ein, aber auch in unserer Periode fehlten sie nicht.

Um die Kriegsschulden zu tilgen, regte Minister Oxford zur Gründung der „Südsee-Gesellschaft" an, welche den Handel nach Südamerika als Monopol besitzen sollte und zugleich 31½ Mill. Pfd. St. Staatsschulden übernahm, mit deren Papier sie verdienen und daneben die Schulden abzahlen wollte. Die Gesellschaft constituirte sich 1711 und brachte 1712 290,000 Pfund St. als eine Einzahlung zusammen. Ihre Actien standen 77½ Pfd. St. In einigen Jahren vermehrte sie ihr Kapital auf 10 Mill. Pf. St., gab für 800,000 Pf. Staatsschulden 7½ Mill. Pfd. und brachte sich dadurch so in Ansehen, daß ihre Actien auf 126 Pf. St. stiegen. Durch allerlei Mittel, Lärm und Versprechungen trieb sie ihre Actien zuletzt bis auf 1100 Pf. St. Nun stiegen auch die Actien der übrigen Gesellschaften auf 3—400 Pf., täglich entstanden neue Unternehmungen (bubbles), die oft sinnlos waren, aber Subscribenten fanden, so daß England 1720 über 200 solcher Gesellschaften und 500 Mill. Pfd. Actienpapiere besaß. Alle Abmahnungen Verständiger, selbst die einschränkenden Gesetze des Parlaments blieben fruchtlos, denn Jeder hoffte durch eine Actie reich zu werden, wenn sie auch nur 1—10 Shilling kostete. Selbst Aufforderungen ohne Unterschrift der Unternehmer fanden Subscribenten und die Actien stiegen. Erst 1720 kam man zur Besinnung, untersuchte den Werth der Unternehmungen, brachte die Actien zum Verkauf, und nun platzten alle jene „Seifenblasen". Die Gesellschaften verschwanden, die Actien der Südsee fielen auf 170 Pf. St. Die Bank rettete die Gesellschaft, die aber bald unbemerkt verschwand. Die Verluste der Privaten waren ungeheuer trotz der Dividende von 1050 pCt., welche die Südseegesellschaft zahlte und der 70—350, welche die andern Gesellschaften gaben.

§. 43. Die großen Handelsgesellschaften und ihre nationalökonomischen Grundsätze.

Ohne es anfänglich zu wollen, mußten die Handelsgesellschaften gewisse Systeme befolgen, welche dem Nationalökonomen Gelegenheit geben, die verschiedenen Systeme zu prüfen. Damals herrschte das Monopol, aber es tritt in drei verschiedenen Abstufungen auf. Portugiesen und Spanier machten Land und Producte der Kolonien zu Krongut, den Handel zum Kronmonopol. Da aber eine Staatsregierung nicht geeignet ist, Handel zu treiben, Handelsunternehmungen zu leiten, so konnte die Krone wegen der kostspieligen Verwaltung nur so lange Nutzen haben, als alle ihre Handelsartikel hohe Procente einbrachten. Man organisirte den Handel militärisch, gab der Handelsmarine Kriegsschiffe mit, hielt die unterworfenen Völker mit Gewalt in Unterordnung, erlaubte sich Gewaltthaten gegen Concurrenten, machte sich durch Habgier und grausame religiöse Unduldsamkeit verhaßt, so daß man den Handelsgesellschaften der Holländer und Engländer erlag. Diese befolgten ein ganz anderes System. Durch Association sicherte man sich den Großhandel und durch Monopole die Vortheile desselben. Eine Gesellschaft legte Kapital zusammen, entwarf ein Statut und suchte die Genehmigung der Regierung durch hohe Patentsteuer zu erlangen. Der Staat behielt sich nur die Oberaufsicht vor, überließ aber sonst die Gesellschaft sich selbst, indem er ihr erlaubte, Krieg mit heidnischen Völkern zu führen, Festungen anzulegen und Heere zu unterhalten. In Holland mußte die Compagnie ihre Waaren in Auctionen verkaufen, damit die Landesbewohner sich beim Aufkauf stark betheiligen konnten.

Die niederländisch-ostindische Compagnie (1602) bestand wieder aus Gesellschaften oder selbständigen Kammern, nach Provinzen und Städten, welche besondere Berichte und Bevollmächtigte besaßen, eigene Directoren anstellten und Ausrüstung ihrer Schiffe, sowie deren Einkäufe selbst bestimmten. An der Spitze der Gesellschaft standen 17 Directoren, welche im Jahr drei Conferenzen hielten und von den Generalstaaten (Parlament) aus einer Kandidatenliste gewählt wurden. Kein Holländer, der nicht im Dienste stand, durfte bei Todesstrafe das Gebiet der Compagnie betreten. Neben dem Generalgouverneur stand ein Generaldirector des Handels und neben jedem der 7 Gouverneure ein Oberkaufmann. Nach dem Muster der holländischen Compagnie organisirten sich die übrigen europäischen großen Handelsgesellschaften, z. B. die britisch-ostindische Compagnie, welche erst 1661 das Recht der Kriegführung erhielt, seit 1612 eine Actiengesellschaft war und seit 1708 mit der holländischen concurriren konnte, obschon diese 1615 schon 4000 Kanonen und 10.000 Soldaten besaß.

Über Nutzen und Schaden der Monopole ist viel gestritten worden. Die genannten Gesellschaften hatten folgende Gründe für sich:

1) Damals waren Monopole, besonders Staatsmonopole, allgemein. In Frankreich und England galten (c. 1570) noch Handel und Gewerbe für königliche Rechte, die man nur gegen Abgaben auslieh oder verpachtete oder Günstlingen als Einnahmen schenkte. Vom englischen Seehandel gehörten 86 Procent 200 Londoner Bürgern als Monopol, und Freibriefe für Gesellschaften betrachtete der Staat als Übertragung seiner Hoheitsrechte an die Gesellschaft, welche für die Dauer des Privilegiums Millionen zahlte und noch einflußreiche Staatsmänner im Geheimen besoldete.

2) Die Handelsverbindungen mit fernen Kolonien waren kostspielig, da man diese erst auskundschaften mußte, die Seefahrten oft Jahre dauerten, viel Schiffe zu Grunde gingen und man lange Credit geben mußte. Nur durch Monopolisirung war es möglich, billig einzukaufen und theuer zu verkaufen, d. h. hohe Procente zu erzielen, um die Verluste und Kostspieligkeit des Unternehmens zu decken. Die Hudsonsbaicompagnie hatte anfangs 2000 Procent; die Holländer kauften Pfeffer für 2 Stüber das Pfund, und verkauften es für 17 Stüber, an 250.000 Pfd. Muskatnüssen gewannen sie fast 1 Mill. Gulden, an Muskatblüthen ½ Million Guld., an Zimmt 3½ Mill. Guld., die Russen kauften für 10 Mill. Rubel Eisenwaaren, 5—600 Mill. Rub. Pelze. Die großen Gesellschaften hielten aber auch auf Solidität der Waare und den guten Ruf der Firma, sie wirkten erziehend und vorsorgend auf die ungebildeten Völker ein, und die 86 Forts der Hudsonsbaigesellschaft mit je 16—32 Geschützen und 1200 Mann bewaffneten Commis sind Vorrathshäuser für die Indianer. Im

Mai geht die Handelscaravane von Montreal ab, kommt im October an der Westgrenze an, kehrt von März bis September zurück, da im August die europäischen Schiffe eintreffen. Dazu gehören bedeutende Kapitalien, und da man den Indianern Vorschüsse macht, so kehrt das Kapital erst in 3 Jahren zurück. Die Dividende der Gesellschaft ist seit dem vorigen Jahrhundert von 60% auf 10% gesunken. Manche Gesellschaft hat viele Jahrzehnte Schaden erlitten oder hat sich auflösen müssen, wenn sie schlecht organisirt oder geleitet war.

Wenn das Handelsmonopol für große Unternehmungen sich für den Anfang rechtfertigen läßt, so bringt es doch sehr bald wesentliche Nachtheile mit sich. Denn die monopolisirte Gesellschaft kauft nur eine gewisse Menge ein, damit sie den Preis nicht herabdrückt, dadurch hemmt sie die Production. Daheim aber verkauft sie hoch, vertheuert also die Waare. Außerdem wird die Verwaltung sehr kostspielig, die entfernt wohnenden Beamten entziehen sich leicht der Controle, suchen sich zu bereichern, achten nicht auf den Vortheil der Gesellschaft, sondern suchen selbst möglich viel zu gewinnen, so daß Unterschleife und andere Benachtheiligungen in die Millionen Gulden gehen. Daher sind alle großen Gesellschaften in Schulden gerathen und vom Staate übernommen. Die holländische Gesellschaft zahlte in den ersten 40 Jahren fast 1000 Proc. Dividenden, hatte aber 1730 ein Deficit von 7½ Mill. Gulden und 1779 gar 83 Mill. Gulden Deficit. Aehnliche Erfahrungen machten die englischen, dänischen und schwedischen Gesellschaften, denn z. B. die englische hatte 1773 bereits 12½ Mill. Pfd. St. verloren, und in 12 Jahren wieder 12½ Mill. Pfd. St. Schulden, dazu im Jahr 1835 gar 315 Mill. Pfd. St., so daß England jährlich fast 30 Millionen Gulden zusetzte, weil stets 10½ Procent Dividenden gezahlt waren.

Die Monopole vertheuern die Waaren, da sie nur wenig auf den Markt bringen, ja die Holländer vernichteten jeden Ernteüberschuß. Als das Monopol auf Muskatnüsse fiel, sanken die Preise von 12 auf 3 Schilling, dagegen stieg der Theeverbrauch im ersten Jahre des freigegebenen Handels (1854) von 30 Mill. Pfd. auf 42 Mill. und 1857 auf 86 Mill. Pfd. In 3 Jahren hatte England 15 Mill. Gulden mehr bezahlen müssen für seinen Thee als z. B. Hamburg, die Gesellschaft hatte aber nur 8½ Millionen Gulden dabei profitirt. Man hat daher schon früher die Gesellschaften auf andere Weise constituirt, indem man sie zu regulirten umwandelte. Bei diesen zahlt man Eintrittsgeld, steht unter den polizeilichen Vorschriften der Compagnie, doch handelt jeder Kaufmann auf eigene Rechnung. Doch kam die holländische Gesellschaft schon 1748 in die Gewalt des Staates, die englische erhielt 1784 ein Ministerium und hat 1834 ihre kaufmännische Bedeutung ganz verloren.

§. 44. Das englische Kolonialsystem.

Dieses System ist ein von dem spanischen und holländischen abweichendes, da es aus den englischen Verhältnissen und den Veränderungen der Regierung hervorging. Die ersten kostspieligen Kolonisationen Raleigh's u. A. schlugen zwar fehl, aber die angesehensten Männer des Landes (Gilbert, Baco u. A.) sprachen sich dahin aus, man müsse ein Land sich aussuchen, welches leicht verkäufliche Producte, aber auch die nothwendigsten Bedürfnisse erzeuge, man solle die Eingeborenen nicht vertilgen und bedrücken, sondern in Frieden mit ihnen leben. Als nun in den Religions- und Staatsunruhen die sittlich strengen Puritaner einwanderten, so gewannen die Kolonien fleißige, arbeitsame, redliche und verträgliche Kolonisten, welche beharrlich die schlechten bedrängnißreichen Zeiten der Ansiedelung ertrugen.

Es entstanden zuerst Eigenthümer-, dann Freibriefs- und endlich Kronkolonien. Irgend ein Adeliger unternahm die Gründung der Kolonie, erkaufte oder erwarb das Land, übernahm die Gründungskosten, ward Lehnsherr der Krone, aber auch der Oberherr der Kolonie mit vielen Vorrechten. Doch ward den Kolonisten mehr oder minder große Betheiligung, namentlich Gemeindeverwaltung, Zustimmung zu Gesetzen, Schwurgericht u. s. w. zugestanden, und jeder Kolonist behielt die Rechte und Freiheiten eines englischen Bürgers. Jede Eigenthümerkolonie hatte ihre Besonderheiten, doch zur Zeit der Stuarts zog sie der Staat nach und nach als Kronkolonien an sich und behandelte die freien Kolonisten als rechtlose Unterthanen. Solche Kolonien waren Virginien (1584) gegründet durch Raleigh und Gilbert und später durch Hackluyt, Maryland durch Lord Baltimore (1682), Carolina durch 8 Adlige (1663), Pennsylvanien (1681) durch Penn, der dieses Land als Entschädigung für eine Schuldforderung vom König erhielt, aber viel Noth hatte, ehe die Kolonie emporkam; der Herzog von York gründete (1664) Neu-York und Neu-Jersey, Graf Carlisle die Barbados, und Parlamentsmitglieder Georgien (1732). Die Unternehmer machten allesammt schlechte Geschäfte, aber die Kolonien befreiten sich bald von der Feudalverfassung und wurden wohlhabend. Eine solche Propriatärkolonie war die der augsburger Welser, denen Karl V. Venezuela zum Lehen gab, und ähnlich waren die Kolonien der französischen Seigneurs in Canaba, die zum Theil noch jetzt bestehen, da der Bauer ihr Pächter ist, in Naturalien und Geld zahlt, an den Mühlbann gebunden ist u. s. w.

Es gab die Krone das Ansiedelungsrecht auch an Gesellschaften durch einen Freibrief, welcher Abgaben und Bedingungen der Kolonie festsetzte, welche der Krone mehr oder minder streng untergeordnet wurde, da die Kolonie nur kaufmännische Zwecke haben sollte. So entstand Virginien (1609), welches der verwegene Smith vom Untergange rettete, ferner New Plymouth (1620), Massachusett (1629), Connecticut, Rhode Island. Die Krone suchte diese an sich zu bringen als Kronkolonien. Bereits ist auch erwähnt, daß bis Cromwell der Freihandel gestattet war, von da ab und noch mehr in späterer Zeit Minister und Parlament die Kolonien nur als Waarenmagazine betrachteten, durch welche sich die Engländer bequem bereichern konnten. Bisher galten englisches Gesetz, englisches Recht, die Indianer wurden gut behandelt, als man aber diese Rechte in Frage stellte und ableugnete, kam es zum Abfall der Kolonien, mit dem Siege zu einer systematischen Vertilgung der Indianer.

Bereits wurde erwähnt, wie die Industrie, Rhederei und Handel in den Kolonien beschränkt wurden. „Keinen Hufnagel dürfen sich die Kolonisten machen," sagten selbst die Vertheidiger der Kolonien. Man verbot also den einen Artikel, für den anderen, z. B. Bauholz, Indigo, Tabak gab man Prämien oder bedeutende Ermäßigung der Eingangszölle, wie es das Merkantilsystem mit sich bringt. England verdiente an Zucker jährlich 12 Mill. G., beschäftigte 300 Schiffe mit 4500 M., Tabak brachte an 2 Mill. G. ein, Neufundland 1,200.000 G., denn ein Drittel der englischen Fabriken ging in die Kolonien. Als sie sich befreiten, stieg bei ihnen die Industrie und der Handel, und England hat seitdem viel mehr Geschäfte gemacht. Im Jahre 1770 betrug die Ausfuhr Englands nach den Vereinigten Staaten 3 Mill. G., 1806 aber 12 Mill. G., d. h. die Hälfte der Gesammtausfuhr. Die Einfuhr aus Amerika dagegen stieg von 1776—1806 von 1⅓ Mill. G. auf 2 Mill. G. Ja 1850 kamen von der Gesammteinfuhr von 970 Mill. G. auf die Vereinigten Staaten 206 Mill., von der Ausfuhr (700 Mill. G.) gingen nach den Vereinigten Staaten 150 Mill. G. Die Nordamerikaner berechnen (1852) ihre Einfuhr (270 Mill.) nach England auf 133 Mill. Doll., die Ausfuhr (213) auf 145 Mill. Doll. Die Nationalökonomen (Smith, Townsend, Say, M'Culloch) begründen auf solche Ergebnisse die Theorie der Handelsfreiheit, gegenüber dem Schutzsystem, doch läßt sich nicht leugnen, daß dieser unter gewissen Verhältnissen nothwendig und vortheilhaft wird, wie dies die Rhederei Englands lehrt, welche durch die weiten und langen Seefahrten sich gekräftigt hat.

Dem englischen Kolonialsystem ist das französische nachgeahmt, sowie die französischen Handelsgesellschaften nach englischem Muster sich organisirten.

§. 45. Verbreitung gewisser Producte.

Je mehr man erkannte, daß in vermehrter Production der Reichthum der Nationen beruhe, je mehr man durch vermehrte Production Billigkeit zu erzielen suchte, um so mehr verbreitete man Pflanzen und Thiere, und besonders nahmen sich die Missionäre der wirthschaftlichen Erziehung der kulturarmen Völker an. Von Tahiti holte man (1787) zwei Mal über 1000 Setzlinge des Brodfruchtbaums nach Amerika, und La Perouse brachte eine Baumschule südeuropäischer Orangeriebäume nach den Südseeinseln, deren Bewohner auch mit europäischen Thieren, besonders Schweinen, Rindern und Pferden versehen wurden.

Letztere hielten aber die Eingebornen für Schweine und schlachteten sie. Dagegen lieferte Tahiti Zuckerrohr nach Amerika, Neuseeland Flachs nach Europa (1831 nach England 15.700 Ctr.) und ward nach Neuholland (bei Sidney) verpflanzt. Bougainville vertheilte Gänse, Enten und Sämereien (1768), Cook brachte nach Neuseeland Schweine, ein Eingeborner später den Maisbau. Seine Landsleute glaubten ihm nicht recht, daß aus der Frucht Brod werde, säeten zwar, rissen aber die halbreife Frucht aus, da sie Knollen suchten. Nur Einer wartete die Ernte ab, machte vor ihren Augen Mehl, daß sie hochauf tanzten, but ihnen einen Kuchen, und seitdem bauen sie Mais und Weizen.

Neuholland hat sein Vieh von Europa (jetzt 14 Mill. Schafe, 1½ Mill. Rinder), Gordon und Mac Arthur führten Merinos ein und sächsische Schafe; von 5 entlaufenen Stück Hornvieh stammen alle Heerden Neuhollands ab, auch sind Gemüse, Weinreben, Obst, Tabak, Hanf u. s. w. dorthin verpflanzt.

Als die Portugiesen das Kapland entdeckt hatten, versäumten sie es, dasselbe zu besetzen; daher siedelten sich (1600) Holländer an, gründeten die Kapstadt, führten (1650) europäische Hausthiere und Weinbau ein durch vertriebne Protestanten aus Frankreich, und der Gouverner van Riebeck ließ vom Rhein, aus Spanien und Persien Reben kommen. Seit 1814 gehört das Kapland den Engländern, und es nahm die Weinproduction zu, so daß der gewürzige Liqueurwein der Meierei Constantia ein beliebter Ausfuhrartikel wurde, schon 1829 an 5 Mill. Quart nach England gingen. Man pflanzte auch Gemüse, Waldbäume und Obst an (Pfirsichen, Aprikosen). Der Veredelung der Schafe durch Merinos widersetzten sich die holländischen Kolonisten, aber die Engländer führten sie aus, so daß das Kapland 3 Mill. Schafe hält, welche schon 1842 über 16.000 Ctr. Wolle erzeugten. In neuester Zeit sind die Cochenille, Baumwolle, Kaffee, und sogar Thee hierher verpflanzt.

Nach Mauritius (Isle de France) brachten Franzosen Kamele, den Seidenbau und Thee, Engländer ostindische Gewürze und Kolonialpflanzen, Getreide und Hausthiere. Dasselbe geschah mit Bourbon, welches auch Kakao- und Brodfruchtbäume erhielt, aber besonders, wie Mauritius, viel Kaffee und Zucker producirt. Helena erhielt Obst und allerlei Geflügel, die Congoküste Getreidearten und Tabak. In Algier haben die Franzosen den Oelbau mit großem Erfolg verbessert, den Seidenbau eingeführt, da Frankreich für 50 Mill. Fr. Rohseide braucht und für 20 Mill. Fr. Oel aus Nordafrika. Außerdem pflanzte man Wein, Obst aller Art, Hafer, Klee, Gemüse, Tabak, der 1847 schon 150.000 Ctr. lieferte, Getreide, Baumwolle, Indigo, Zuckerrohr, Cochenille, Pferde und Schafe (1840 schon 800.000 Kilogr. Wolle). . .

In Egypten nahm sich Mehemet Ali des Landbaues an, freilich nur zu seinem Nutzen, er führte Baumwollpflanzen ein, Indigo, Opium (für ½ Mill. Fr., 150.000 Pfd. Indigo), ließ Wälder anpflanzen, Olivenbäume (⅓ Mill.), Maulbeerbäume (1 Mill.), die jährlich 500 Ctr. Seide brachten. Doch sank in neuester Zeit dieser Anbau wieder.

Auch Asien vervielfältigte durch Europäer seine Producte; Sibirien erhielt die Himalajagerste, Transkaukasien Reis, Java Kaffee (1680), Thee (1826), Kakao, Indigo, Baumwolle, Cochenille, Vanille, Seidenraupen, Zimmtbäume und versandte 1843 bereits 152 Mill. Pfund Kaffee, 120 Mill. Pfund Zucker und 350.000 Pfund Thee, 1 Mill. Pfund Indigo, 8 Mill. Pfund Pfeffer. Auch erhielt es Dattelpalmen, Südfrüchte und Ananas, Schweine, Kameele, Weizen und Sperlinge. China erhielt schon in alten Zeiten Reben und Pferde, von den Holländern Bohnen und Kartoffeln und verkauft an England allein c. 42 Mill. Pfund Thee, ½ Mill. Pfund Seide, ⅔ Mill. Stück Nanking, 130.000 Ctr. Zucker u. s. w. Siam führte Gewürze und Südfrüchte ein, Ceilon Thee, europäisches Obst, Pfeilwurz- und Affenbrodbaum, Vorderindien Obst, die Philippinen außer den Kolonialpflanzen Weizen, Südfrüchte, Tabak, Pferde und Rinder, Singapore Kaffee, Muskatnüsse, Pfeffer, Gewürznelken. In England bildete sich 1836 eine Gesellschaft, den Flachsbau in Ostindien einzuführen, um sich von Rußland unabhängig zu machen, woher man jährlich 700.000 Ctr. für 18 Millionen Gulden bezieht.

Auch Amerika ist mit asiatischen und europäischen Pflanzen versorgt, mit Obst, Getreide, Indigo, Tabak und Baumwolle. In Carolina führte man 1680 den Reisbau ein, welcher den Wohlstand der Kolonie gründete, da es die beste Sorte liefert. Louisiana und Westindien bauten ihn an, auch Wein gedeiht trefflich am Ohio, in Mejico, Buenos Ayres, Chile. Florida besitzt das schönste Obst, Südfrüchte und Datteln, ebenso Louisiana, wo auch ostindische Gewürze wachsen. Neucalifornien erzeugt treffliches Oel und Wein, Mejico Obst aus allen Zonen, Chile, Guiana, Quito Zuckerrohr, Pisang, Indigo, Baumwolle, in Guiana Kolonialpflanzen und Gewürze, von denen man oft doppelt erntet. Selbst Patagonien versendet Weizen. Einige Stämme nordamerikanischer Indianer erziehen große Thierheerden, bauen Getreide, Gemüse und Baumwolle, an andern Orten ist die Kreuzung des Bisons mit dem Stier gelungen, und viele europäische Vögel sind nach Amerika gebracht, z. B. Lerchen, Rothkehlchen u. s. w.

§. 46. Die englischen Seefahrer.

Die Engländer zeigten sich als umsichtiges Handelsvolk schon dadurch, daß sie erfahrene Seeleute aussandten, um Länder zu entdecken, welche sich zum Kolonisiren oder Handel eignen. Einer der Ersten war Gilbert, welcher (1585) in Neubraunschweig eine Kolonie anlegte, aber auf der Heimkehr mit seinem beschädigten Schiffe vor den Augen der begleitenden Schiffe unterging, nachdem er seinen Matrosen Muth zum Sterben eingesprochen hatte. Das begonnene Unternehmen setzte sein Verwandter Walter Raleigh fort, besetzte eine Insel Nordcarolinas, aber drei Mal starben die Kolonisten an Virginiens Küste aus, Raleigh setzte sein Vermögen (40.000 Pf.) zu und ward (1618) wegen Hochverrath hingerichtet. Dennoch gründete Gosnold Jamestown am Jamesriver eine Stadt, welche nach vielen Gefahren und Abenteuern Smith rettete. Dieser wurde auf einer Fahrt den Fluß hinauf gefangen und sollte geopfert werden, da rettete er sich durch eine Sonnenuhr, die er zeigte, und als er später mit Keulen erschlagen werden sollte, rettete ihn die Tochter des Häuptlings. Als Lord Delaware nach Jamestown fahren wollte, entdeckte und besetzte er die Bermundas. Die Kolonien wuchsen an Zahl, Boston, Philadelphia entstanden, doch erst 1804 untersuchten Amerikaner den Missuri, die Felsengebirge, den Oregon und die Mississippiquellen. Die Engländer wandten sich aber nach Norden. Heinrich Hudson fand (1608) Spitzbergen, Nowaja Semlja, später den Hudsonfluß, an dessen Mündung später New-York gebaut wurde, und welches Gebiet die Holländer als Neubelgien beanspruchten, aber an England abtraten. Auf der Reise 1610 fand er die Hudsonstraße und Hudsonbai, doch der Winter überfiel ihn, und die träge meuterische Mannschaft setzte ihn sammt einigen Getreuen auf einem Boote aufs Meer, wo er umgekommen ist.

Unterdessen hatten Franzosen von Canada aus Landreisen in die Pelzländer unternommen, besonders Grosselier, der an der Hudsonsbai Fort Charles anlegte, in England aber gründete Pfalzgraf Rupert eine Handelsgesellschaft nach der Hudsonsbai (1669), um dort Pelzhandel und Walfischfang (1767) zu treiben, aber man sandte auch kühne Reisende ins Land, um dieses zu erforschen. So unternahm Hearne mehrere Landreisen und kam bis zum Kupferminenfluß, Forbisher von Montreal und dem Fort Churchill bis zum Athapescowsee und organisirte eine Flußschifffahrt auf Kähnen von Birkenrinde, Mackenzie kam bis zur Küste des Polarmeeres und der Mündung des Mackenzieflusses, Hanna fand an der Westküste Nordamerikas den Nutkasund, der an Pelzthieren reich war, wohin auch Spanier und Franzosen kamen, dessen Küsten aber Vancouver (1791) genau untersuchte, als er von der Südsee her ankam. Der russische Kaiser Peter sandte den Jütländer Bering ab (1725) nach Ochotzk, wo er in 3 Jahren sich Schiffe baute, um die Küste zu untersuchen, welche Kosaken zu Lande bereisen mußten. In wiederholten Fahrten nahm er Sibiriens Küste auf, ging dann nach Amerikas Küste hinüber, doch trat furchtbare Hungers- und Krankheitsnoth ein, daß sein Schiff tagelang sich selbst überlassen blieb, bis es ein Sturm über eine Klippe in eine Bucht warf. Die Kälte nahm indeß zu und der kranke Bering ließ sich ans Ufer in eine Sandhöhle bringen, wo er furchtbare Schmerzen litt und vom Sande endlich verschüttet wurde. Nur wenige Begleiter retteten sich nach Kamtschatka. In Rußland aber bildete sich eine Handelscompagnie, welche Sitka zum Stapelplatz ausersah. In unserem Jahrhundert untersuchten Krusenstern und Kotzebue die dortigen Meere.

Einer der namhaften Seemänner Englands war James Cook aus einem Dorfe in Yorkshire (geb. 1728), der sich so sehr auszeichnete, daß man ihn nach Otaheiti schickte, um dort den Durchgang der Venus durch die Sonne zu beobach en (1768), und ihn drei Reisen um die Welt machen ließ. Bei diesen Fahrten umsegelte er Neuseeland und bewies, daß dies eine Insel sei, da er durch die Cookstraße ging. Im Jahre 1770 landete er an der Ostküste Neuhollands und nannte sie Neusüdwales und ihre Bai Botanybai wegen der zahlreichen Kräuter. Später stieß er auf ein Korallenriff, entging aber dem Untergange, denn ein Stück Riff war im Schiff stecken geblieben und hatte das Loch verstopft. Vom Kap New-York ging er nach Neu-Guinea, nachdem er im Namen Englands von Neusüdwales Besitz genommen hatte, und kam 1771 wohlbehalten in England an. Auf der zweiten Reise drang er tief in das Südpolarmeer ein, untersuchte die Tongainseln, die Osterinsel, den heil. Geistarchipel, Neucaledonien, Neugeorgien, die Sandwichinseln (nach seinem Gönner Sandwich benannt) und kam 1775 nach England zurück, nachdem er die Südsee und das Südpolarmmeer kartographisch aufgenommen hatte.

Im Jahre 1776 unternahm Cook seine vierte Fahrt, besuchte die von einem Franzosen entdeckte Insel Kerguelen, fand die Edwardsinseln, untersuchte die Sandwichinseln, befuhr Amerikas Westküste, wo er Neu-Albion entdeckte, drang über Analaschka hinaus ins Eismeer, kehrte aber dann um und landete auf Owaihi in der Bucht Karakakou. Die diebischen Bewohner verursachten manchen Streit, und als er einst mit Bewaffneten gelandet war, griff man ihn feindlich an. Er schoß mit Schrot und wehrte sich dann mit dem Kolben; aber die Seinigen wurden übermannt und flohen in wilder Flucht nach der Schaluppe. Cook stand allein am Strande nahe der Pinasse, die 30' weit am Ufer lag. Da schlich ihm ein Wilder nach, gab ihm mit der Keule einen Schlag auf den Kopf und floh. Cook taumelte, sank zu Boden, ließ die Flinte fallen, aber raffte sich wieder auf. Da stieß ihm ein anderer Wilder seinen Dolch von hinten in den Hals und Cook fiel in eine Wassergrube. Nun eilten die Wilden herbei, tauchten ihn unter, um ihn zu tödten. Cook rang mit ihnen, brachte den Kopf wieder übers Wasser und blickte nach der Pinasse, doch die Wilden tauchten ihn von neuem unter. Zwar brachte er den Kopf wieder empor, klammerte sich an einer Klippe an, erhielt aber einen zweiten Keulenschlag und starb. Die Wilden zogen die Leiche heraus und verstümmelten sie, und erst als es zu spät war, holten die Engländer ihren Kapitän ab. So starb Cook 1779.

§. 47. Der französische Handel und seine Kolonien.

Frankreich hat in Betreff seiner Handelseinrichtungen nur andere Völker nachgeahmt und deren Fehler vergrößert. In England und Holland leiteten Kaufleute und Sachkundige den Handel, so daß die Handelsgesetze den Umständen und Bedürfnissen angemessen waren. Ganz anders verhielt es sich in Frankreich. Unumschränkt schaltete ein Minister nach seinen Grundsätzen, und da häufige Kriege so wie grenzenlose Verschwendung die Staatskassen leerten, so war deren Füllung die einzige Aufgabe des Finanzministers, welchem der Handel untergeordnet war. Die Art und Mittel, wie man sich Geld schaffte, kamen dabei nicht in Betracht. Außerdem haben die Franzosen wenig Talent zum Kolonisiren; denn es fehlt ihnen an Ausdauer und an der Gabe, in fremde Verhältnisse sich einzufügen. Daher verunglückten ihre Kolonien, verarmte der Bauer, unterlag der Bürger der Steuerlast, und endete die Eroberungs- und Verschwendungspolitik der Ludwige mit einer grauenhaften Revolution, welche zeigte, wie viel thierische Rohheit in einem Volke vorhanden war, welches sich für den Lehrmeister der feinen Sitten hielt. Die französischen Könige haben Eroberungs- und Handelskriege geführt, aber dabei nichts gewonnen als 2 Milliarden Schulden.

Bereits ist erwähnt, wie die Franzosen seit den Hohenstaufen um Italien gekämpft haben (bis in unsere Gegenwart), wie sie es wohl einmal eroberten, aber stets wieder verloren. Diese stehenden Kriege gegen die habsburgische Dynastie konnten Handel und Verkehr nur hemmen; ebenso die Religionskriege, unter denen Bauern und Städte furchtbar litten. Dazu kam noch, daß Frankreich aus großen Lehen bestand, welche eigne Truppen, Gesetze, Festungen und Zölle besaßen, so daß zu einer Entwickelung der Schifffahrt wenig Gelegenheit sich bot. Frankreich ward daher von den Seestädten Italiens mit Waaren versorgt, ward später Durchgangsland zwischen Italien und den Niederlanden, so wie denn auch eine Straße von Genua das Rhonethal hinauf über Lyon oder Besançon und Mömpelgard nach Genf, Basel und Deutschland ging. Die Messen (Troyes, Rheims, Denys, Beaucaire ꝛc.) wurden von Fremden beherrscht, der Geldhandel lag in den Händen der Lombarden, Wolle und Wollwaaren gingen nach Italien, ebenso die Linnenwaaren von Cambray und Lille. Erst als Toulouse an den König kam, erhielt die Monarchie in Montpellier einen Hafen, später auch Marseille. Der eitle Franz I. (1517—47) führte die Verfertigung von Luxusgegenständen ein und 1521 die Seidenweberei, gewann in der Türkei Handelsfreiheiten, schickte Getreide nach Spanien, Wein nach England; Hüte, Papier, Salz, Häute u. s. w. nach den Niederlanden, aber die Rhederei besaßen Hanseaten und Niederländer. Seine Nachfolger, in Bürgerkriege verwickelt, besteuerten die Ausfuhr von Rohstoffen, ließen Weingärten zerstören, ertheilten die Erlaubniß zum Handwerks- und Handelsbetrieb nur als Ausfluß königlichen Vorrechte und machten 12 Mill. arbeitsbedürftige Franzosen abhängig von königlicher Gnade

Erst mit Heinrich IV. (1589—1610) trat eine Änderung ein, denn sein Minister Sully erklärte den Ackerbau für die Grundlage und Hauptsorge des Staates und ordnete demgemäß die ländlichen Verhältnisse. Aber Grund und Boden gehörte zum großen Theil dem Adel oder der Kirche; der Bauer war deren Pächter oder Frohnarbeiter. Ackerbau und Viehzucht, sagte der Minister und Vertreter des physiokratischen Systems, sind die Brüste des Staates; daher gab er den Getreidehandel frei, ordnete das Steuerwesen, hob Binnenzölle auf, machte durch entlassene Soldaten wüste Strecken urbar, legte Straßen und Brücken an und begann den Kanal von Briare, ermahnte den Adel zum Betrieb der Landwirthschaft, ließ Maulbeerbäume anpflanzen, brachte die Schulden von 330 Mill. Fr. herab und hinterließ im Staatsschatz 41 Mill. Livr.

Anders wurde es unter Heinrichs Nachfolgern, welche durch schwere Bürgerkriege und große Rechtsverletzungen sich zum unumschränkten Herrn über Herzöge und Städte machten, worauf man ein glänzendes, verschwenderisches Hofleben einrichtete, durch welches Frankreich mit Steuern und Schulden überbürdet wurde. Unter Ludwig XIII., Sohn der Maria von Medici, ward Richelieu (1624) Staatsminister, welcher sich die Unterdrückung der Protestanten und des hohen Adels zur Aufgabe machte, welche er auch mit Ausdauer und Geschick löste, zugleich aber auch angeblich zum Schutz der Protestanten in Deutschland während des dreißigjährigen Krieges gegen Habsburg Krieg führte. Sein Nachfolger Mazarin (seit 1642) setzte das begonnene Werk fort, besiegte den Adel (Krieg der Fronde 1648—52), ließ hinrichten, verbannen und Güter confisciren und eroberte von Spanien im pyrenäischen Frieden (1659) Artois nebst einigen flandrischen Festungen, dazu Perpignan und Roussillon, nachdem im westfälischen Frieden (1648) der Elsaß, Sundgau und Breisach, so wie Metz, Toul und Verdün vom deutschen Reiche an Frankreich abgetreten waren.

§. 48. Ludwig XIV.

Ludwig XIV. (1643—1715) regierte unumschränkt und wollte sich Kriegsruhm erwerben. Daher hat er viel Kriege geführt und doch nichts gewonnen als Schulden und ein verarmtes Frankreich. Auch mit dem Glanz der Wissenschaft wollte er sich umgeben, dictirte daher der Dichtkunst Gesetze des Geschmacks, welche Europa fast 100 Jahre beherrschten, machte die Akademie der Wissenschaften zur obersten Richterin und zahlte an auswärtige Gelehrte über 40.000 Fr. Pensionen. Der Natur zum Trotz baute er die Luxusschlösser zu Versailles und andere Schlösser. Unter ihm lebten Colbert, Louvois, der Festungsbauer Vauban, die Feldherren Türenne, Condé, Luxemburg, der Theolog Pascal, die Maintenon (Pompadour), Peter Corneille (der Cid, die Horazier, Cinna), J. Rousseau (Brittanicus, Iphigenie, Phädra), Molière (Menschenfeind, Tartuffe, Geizhals), Voltaire, Diderot, Boileau, Lafontaine, Lesage, Fénelon, Bayle, Bossuet, Rollin. Die Aufhebung des Religionsedictes (1685) und die gewaltsame Bekehrung der Protestanten trieb ½ Mill. fleißiger Arbeiter aus dem Lande und verbreitete gewisse Industriegeschäfte über England, die Niederlande und Deutschland.

Ludwig führte gegen Holland wiederholt Kriege, weil es durch seinen Handel mächtig war. Er beanspruchte wegen seiner Gemahlin Antheil am spanischen Erbe, aber England, Holland und Schweden schlossen gegen ihn die

Triplcallianz und im Aachner Frieden (1668) mußte Ludwig nachgeben. Jetzt wollte er sich an den Niederländern rächen, welches durch den Frieden zu Breda (1667) in Folge der Seesiege von Ruyter und Tromp Milderung der Navigationsacte erzwungen hatte, und führte 1672—79 Krieg gegen Holland, welches allerdings in große Noth kam, so daß ein Pöbelaufstand sogar die hochherzigen Patrioten Gebrüder Witt ermordete. Doch der Erbstatthalter Wilhelm III. von Oranien leistete tapfern Widerstand, der große Kurfürst von Brandenburg half, weshalb ihm Frankreich die Schweden ins Land schickte, auch England neigte sich zu Holland, und Ludwig mußte 1679 zu Nymwegen Frieden machen, erhielt von Spanien die Franche comté, von Deutschland Freiburg.

Ohne Grund begann Ludwig mit Oesterreich Krieg, indem er durch seine Reunionskammern deutsches Gebiet verlangte. Mitten im Frieden nahm er (1681) wie ein Räuber S t r a ß b u r g, eignete sich noch mehr an, reizte die Türken zum Einfall in Oesterreich und brachte die Ungarn zum Aufstande. Montecuculi hatte die Türken zwar an der Raab bei Gotthard (1664) geschlagen, aber Emmerich Tököli von Siebenbürgen rief Türken zu Hilfe, deren Vezier Kara Mustapha bis Wien rückte, welches Rüdiger von Stahremberg unverzagt vertheidigte, bis Sobieski mit Polen, Baiern und Sachsen erschien (1683) und die Türken vor Wien aufs Haupt schlug, Ofen erstürmte und Ungarn von 146jähriger Türkenherrschaft befreite. Kaiser Leopold benutzte die Siege seiner Generale, zu denen Prinz Eugen gehörte, machte aus dem ungarischen Wahlkönigthum ein Erbkönigthum, worein die in Preßburg versammelten Stände willigten, welche auch das Recht aufgaben, verfassungswidrigen Verordnungen sich widersetzen zu dürfen (1687). Außerdem setzten Eugen, Karl von Lothringen und Ludwig v. Baden den Krieg fort, schlugen die Türken bei Salankemen (1691), nahmen vorher Belgrad, siegten bei Zentha an der Theiß (1697) und erzwangen den Carlowitzer Frieden (1699). Siebenbürgen fiel an Oesterreich, Morea an Venedig, Asow an Rußland.

Ludwig verleitete ferner den englischen König Karl II., die Verfassung zu verletzen, es auf einen Bürgerkrieg ankommen zu lassen, unterstützte ihn mit Geld, damit dieser der französischen Politik folgen mußte, wogegen das Parlament durch die Testacte (Beweis, daß ein Beamter zur englischen Kirche gehöre) und durch die Habeascorpusakte (Schutz der persönlichen Freiheit) sich gegen Willkür sicherte. Die hohen Beamten des Königs (Ministerium Cabal und Oberrichter Jefferies) machten sich so verhaßt, daß sie fliehen mußten, einige hingerichtet wurden. Auf Karl II. (1660—85) folgte Jacob II. (1685—88), welcher noch strenger verfuhr als sein Vater, Hunderte hinrichten oder verbannen ließ, die Testakte nicht achtete, sich mit Frankreich gegen Europa verband und die Engländer dadurch so reizte, daß sie Wilhelm von Holland, Gemahl Marias von England, nach England riefen und seine Gemahlin zur Königin machten. Zwar unterstützte Frankreich die Irländer in ihrem Aufstande gegen England, aber diese erlagen an der Boyne (1690) und als Anna (1702—14)

Regentin ward, vereinigte sich England mit Schottland (1707) zum Königreich Großbrittanien. Der Aufschwung des englischen Handels, das Aufblühen seiner Handelsgesellschaften und eine streng geordnete Haushaltung waren für England die Folgen der Kriegsjahre.

Ludwig hatte unterdessen keine Ruhe, er erhob Erbansprüche an die Pfalz, ließ das wehrlose Land grauenhaft verheeren, da er es nicht behaupten konnte (1689—1697), Heidelberg, Worms, Speier und Tausende von Dörfern wurden verbrannt, aber die französische Flotte ward bei Hogue von der englisch-holländischen vernichtet, Schlachten gewonnen und verloren, bis Ludwig zu Ryswick Frieden machte, an Holland Handelsvortheile bewilligte, Deutschland aber einige Districte abtreten mußte. In Spanien nämlich nahte Karl VI. seinem Ende und hatte im Testament den habsburgischen Prinzen Joseph Ferdinand zum Universalerben ernannt. Dieser starb aber, und Ludwig beredete den König Karl, in einem geheimen Testament seinen Sohn Philipp von Anjou zum Erben zu machen. Als Karl (1700) starb, erklärte Kaiser Leopold I. (1657 bis 1705) das französische Testament für untergeschoben, fand in England, Holland und Savoyen Bundesgenossen und so begann der spanische Erbfolgekrieg (1700 bis 1714), welcher in Italien, Baiern und den Niederlanden geführt ward. Prinz Eugen siegte in Italien, nahm einige französische Marschälle gefangen und hieß daher der „Generaldieb", vereint mit Ludwig von Baden und dem Engländer Marlborough schlug er Baiern und Franzosen unter Villars und Tallard bei Hochstädt oder Blenheim (1704) und unter Joseph I. (1705—11) dauerte der Krieg siegreich fort, obschon sich Philipp V. in Spanien behauptete. Dagegen gewann Marlborough in den Niederlanden einen glänzenden Sieg über Villeroi bei Ramillies (1706) und Eugen bei Turin über Vendome's Nachfolger. Beide Sieger vereinten sich in den Niederlanden und gewannen die blutigen Schlachten bei Oudenarde (1708) und Malplaquet (1709), so daß Ludwig sich zu demüthigen Friedensanerbietungen entschließen mußte. Doch man wies sie zurück. Da verlor aber Marlborough sein Amt, auch Joseph I. starb und Karl von Spanien hätte seinen Thron geerbt. Dies wünschten die übrigen Staaten nicht, machten daher zu Utrecht (1714) Frieden dahin, daß Philipp Spanien behielt, es aber nie mit Frankreich vereinigen durfte, die übrigen Staaten bekamen auch einige Districte, Preußen Anerkennung seiner Königswürde, Savoyen erhielt Sicilien, welches es nach 7 Jahren mit Sardinien vertauschte und den Titel Königreich Sardinien annahm, England bekam Neuschottland, Neufundland, die Hudsonsbailänder, Gibraltar und Minorca. Kaiser Karl VI. mußte zu Rastatt auch Frieden schließen.

Frankreich war entkräftet, von 1380—1580 stiegen die Grundsteuern von 100.000 Frc. auf 50 Mill., unter Colbert auf 112 Mill., die Ausgaben auf 125 Millionen, und als Ludwig XIV. starb (1715) betrug die Schuldenlast 2062 Mill. Livres.

§. 49. Frankreichs Handel unter Colbert.

Auch Frankreich hatte nach Kolonien gestrebt. Kaufleute aus Honfleur und Dieppe fanden 1506 Kap Breton und Neufundland, nach 10 Jahren entdeckte Cartier den Lorenzstrom und nannte das Land Neu-Frankreich, doch ward die Entdeckung nicht beachtet. Als Coligny Protestanten in Florida ansiedeln wollte, wurden sie von Spaniern ermordet. Erst unter Heinrich IV. entstand eine Gesellschaft zur Kolonisation von Acadien, welche Champlain (1608), Quebeck und Montreal anlegte, aber auch den Neid der Holländer und Engländer in New-York erregte. Jakob I. beanspruchte Acadien als Neuschottland. Schotten eroberten Kanada, verloren es wieder, gewannen es noch zweimal, doch Colbert rettete es für Frankreich, worauf er es der westindischen Gesellschaft zuwies. Doch Ludwig XIV. mußte die oben genannten Länder im Utrechter Frieden an England abtreten, behielt nur die Fischerei-Inseln Cap Breton und Johann, wo Bretagner und Basken 500 Schiffe und 27.000 Mann beschäftigten und c. 8 Mill. Gulden verdienten. Von Canada aus rückten die Franzosen bis zum Eriesee vor, legten Detroit an und beeinträchtigten die Engländer. Diese brauchten Gewalt, eroberten Cap Breton und Canada und erhielten im Pariser Frieden (1763) beide Gebiete, den Franzosen blieben nur die Inseln St. Pierre und Miquelon. An Spanien ging (1764) Luisiana verloren, welches Lasale in Besitz genommen hatte, aber die Kolonie verunglückte, die Ueberlebenden gründeten 1722 Neu-Orleans, Andere siedelten sich an in Natchez, Arkansas und Illinois, aber falsche Wirthschaftsgrundsätze ruinirten diese Kolonien.

In Westindien gründete der Stierjäger (Flibustier Denambuk) Kolonien unter französischem Schutz auf St. Christof (1625), und noch einigen Antillen, aber die westindische Handelscompagnie brachte auch diese Inseln durch hohe Zölle herunter. Man mußte mit England theilen und behielt Guadeloupe, Martinique, Granada u. s. w. Einen Theil Dominigos besetzte 1660 Dogeron, welcher bald Plantagenbau einführte, Sclavenhandel trieb und Port au Prince baute. Abenteurer hatten nach vergeblichem Suchen nach Eldorado am Orinoco sich in Cayenne niedergelassen (1604), zwei Compagnien wollten die Kolonisation regeln, ja der Staat sandte 12.000 Menschen dorthin, was ihm 25 Mill. Fr. kostete, aber aus der Kolonie wurde nichts wegen der Handelssperre. Unter Ludwig XIV. führte man von den amerikanischen Kolonien für 17 Mill. Fr. ein, nach Verlust der Kolonien für 184 Mill. Fr., die Ausfuhr nach Amerika stieg in derselben Zeit von 9 Mill. Fr. auf 77 Mill., denn Frankreich trieb mit Zucker und Kaffee Großhandel nach Amsterdam und Hamburg.

Ebensowenig Erfolg hatten Ansiedelungen in Afrika, wo Kaufleute aus Rouen und Dieppe am Senegal eine Faktorei gründeten, und Ludwig XIV. den Holländern am Gambia ihre Besitzungen nahm. Eine Gesellschaft aus Rouen sandte auch nach Indien und Java (1616) Schiffe, da aber alle Versuche fehl schlugen, nahm sich Ludwig der Sache an, stiftete selbst eine Gesellschaft (1664), welche Madagascar zur Station machte. Aber schlechte Verwaltung verdarb auch hier Alles, und die Kolonisten von Madagascar flüchteten nach Bourbon (1672). Franzosen siedelten sich indessen in dem von Engländern verlassenen Surate an, mußten es aber Schulden halber verlassen, eroberten Tranquebar (1672), unternahmen einen Zug nach Siam, um es zu bekehren, der vollständig mißglückte, und 1707 stellte die Compagnie ihre Fahrten ein. Da raffte man sich noch einmal auf, sandte nach Pondichery den kühnen Dumas le Bourdonnais, colonisirte Bourbon und Mauritius, Dupleix gründete zu Chandernagor in Bengalen eine Faktorei, man entriß den Engländern Madras, verlor aber darauf alles an die Engländer, bis auf Pondichery. Frankreich bezog für 30 Mill. Fr. Waare aus Indien, Thee holte man aus Kanton, führte dorthin für 1 Mill. Fr. Waare und 15 Mill. Silber aus.

Nach Spanien stieg die Ausfuhr auf 26 Mill. Fr., die meist in Silber gezahlt wurden; Italien lieferte Rohseide und Oel gegen Zucker, Kaffee und Kakao; mit England und Holland führte man Zoll- und Finanzkriege, denn Holland bezog aus Frankreich für 72 Mill. Fr. Waare. Handelsverträge mit Rußland blieben ohne Erfolg, da England den Franzosen stets zuvor kam, da man in Frankreich die dortigen Verhältnisse nicht kannte, und Hamburg den Frachtverkehr besorgte. Nur am Mittelmeer gewann Frankreich Bedeutung, denn Marseille erhob sich zum Hauptplatz, gewann für Tücher in der Levante einen Markt, Colbert ordnete das Consulatwesen, Ludwig züchtigte die Barbaresken, und der Handel dorthin ward durch Verträge und Monopole (Algier und Korallenfischerei) gesichert. Im Ganzen stieg die Einfuhr von 71 Mill. Fr. auf 370 Mill., die Ausfuhr von 105 Mill. auf 425 Mill., und zwar an Landesproducten von 36 Mill. auf 93, an Industriewaaren von 45 auf 123, an amerikanischen Kolonialwaaren von 16 auf 165 Mill., an Durchgangswaaren von 6 auf 40 Mill.

§. 50. Das Merkantilsystem Colberts.

Colbert hat dieses System auf die Spitze getrieben; daher erreichte es nach ihm sein Ende. Colbert war Kaufmann, trat in Staatsdienste, ward von dem sterbenden Mazarin empfohlen und 1661 Generalcontrolleur der Steuern. Damals hatten sich viel Mißbräuche in der Verwaltung eingeschlichen; man kaufte Aemter (oft um Millionen), um sich zu bereichern, die Steuerbeamten entzogen sich der Controlle, die meisten Grundbesitzer waren steuerfrei, und von den 150 Mill. Fr. Steuern, welche das Land aufbrachte, flossen nur 30 in die Staatskasse. Colbert ordnete die Steuerverwaltung, revidirte den Zolltarif, um die Binnenzölle abschaffen zu können, beschränkte die Käuflichkeit der Stellen, welche 420 Mill. Fr. dem Staate einbrachten, berechnete die Staatsschuld und wies unbegründete Forderungen ab, besonders Rentenkäufe u. s. w. Auch schützte er den Handel durch Monopole und beförderte die Industrie durch

Schutzzölle und Verbote fremder Einfuhr, mußte aber später viele seiner zweckmäßigen Anordnungen aufheben, Stellenhandel u. dgl. treiben, um dem Könige für seine Kriege, Bauten und Verschwendung die nöthigen Geldmittel zu schaffen.

Das Zunftwesen hielt Colbert streng fest, Getreideausfuhr war nach Umständen erlaubt oder verboten, so daß der Ackerbau bei der Unsicherheit des Absatzes sehr abnahm, dagegen unterstützte man mit ungeheuren Mitteln die Industrie des Fabrikwesens. Man ließ Arbeiter aus dem Auslande kommen, privilegirte zu Beauvais eine Tapetenfabrik und schoß ihr 300.000 Thlr. vor, zu Bayonne eine Seifenfabrik, zu Calais eine Soda- und Theerfabrik, die Wollmanufacturen in Languedoc erhielten 1 Mill. Fr. Zuschuß, fremde Tuche wurden hoch besteuert, und die Zahl der Webstühle kam auf 50.000, nach Aufhebung des Religionsfreiheit sank sie auf 13.000. Ebenso kräftigen Schutz fand die Leinweberei im Norden, weshalb Spitzen und Leinwand ein bedeutender Ausfuhrartikel wurden. Die Seidenweberei nahm in dem Maaße zu, daß man jährlich für 100 Mill. Fr. Seidenstoffe versandte. Die kostbaren gestickten Teppiche mit Goldbrokat gingen durch die ganze Welt, Glas- und Kryftallwaaren, Porzellan, Kastorhüte (2 Mill. Stück), Leder, Papier, Uhren u. f. w. wurden Ausfuhrartikel, besonders aber Bijouterie- und Modewaaren.

Gegen Holland und England führte Frankreich Zollkriege, indem man gegenseitig hohe Zölle oder Verbote auf fremde Waaren legte, doch ward Marseille nach der Levante angesehener Ausfuhrplatz, wohin man Tuch sandte und dafür Seide bezog, auch Wolle, Leder, Wachs und Soda. Nach Spanien schickte man für 26 Mill. Fr. Fabricate und Rohwaaren und erhielt 12 Mill. Piaster baar; die Ausfuhr aus Portugal belief sich auf 400.000 Fr., die Einfuhr auf 800.000; gegen 11 Mill. Fr. italienischer Waaren sandte man für 21 Mill. Fr. französische nach Italien, aus dem Norden Europas bezog man für 2 Mill., und verkaufte für 7 Mill., Deutschland verkaufte für 9 Mill., und kaufte für 14 Mill. — Die westindischen Kolonien kaufte Colbert für 340.000 Fr. an den Staat und übergab sie einer Handelsgesellschaft, welche aber bald Bankerutt machte, so daß der Staat die Inseln wieder an sich nahm, deren Wohlstand sich hob, als man die Zölle herabsetzte. Im J. 1660 gründete sich eine Handelsgesellschaft für China, die aber nicht glücken wollte, und 1673 entstand die Senegal-, 1785 die Guineagesellschaft, welche besonders Sclavenhandel trieben.

Der Handel und die Industrie Frankreichs nahmen zu, aber der Ackerbau ernährte nur arme, mit Steuern und Frohnden belastete Bauern, denen der Kanal von Languedoc, welcher in 11 Jahren fertig wurde und 17 Mill. Fr. kostete, so wie die 204 Kriegschiffe nichts nutzten.

Colberts System läßt sich auf folgende Regierungsmaßregeln zurückführen, welche in ganz Europa Nachahmung fanden.

1. Der Ackerbau verdient nur in soweit Beachtung, als man für billige Nahrungsmittel sorgen muß, damit der Fabrikant wohlfeil arbeiten kann.

2) Bergbau auf edle Metalle muß selbst dann getrieben werden, wenn die Kosten den Gewinn übersteigen, denn der Arbeitslohn bleibt im Lande, das gewonnene Metall vermehrt den Geldvorrath.

3) Die technischen Gewerbe, besonders Kunstgewerbe, muß man auf alle Weise unterstützen, da sie für das Ausland die meisten Ausfuhrproducte liefern.

4) Der Binnenhandel begünstigt nur die Circulation des Geldes im Lande, daher ist er einträglich, aber der auswärtige und Durchgangshandel mehren das Kapital, und müssen gefördert werden durch geringe Zölle und Ausfuhrprämien. Man muß

5) daher aber auch Handelsgesellschaften entstehen lassen, vortheilhafte Handelsverträge durch Unterhandlungen oder Kriege erlangen.

6) Man muß den Verbrauch inländischer Fabrikate steigern, die Staatskasse als den Regulator der Industrie benützen.

§. 51. Laws Bankprojecte.

Trotz des steigenden Handels nahm die Schuldenmasse durch die beispiellos schlechte Verwaltung und Verschwendung so sehr zu, daß man dem Reichsstatthalter Orleans, welcher für den unmündigen Ludwig XV. regierte, offen rieth, den Staatsbankerutt anzusagen. Man verschlechterte Münzen, borgte, verpfändete Steuern, verkaufte Privilegien, aber der Credit war damit nicht herzustellen. Selbst der allmächtige Ludwig XIV. mußte 400 Procent zahlen, als er einige Millionen lieh, und die Justizkammer, welche die Rechtsansprüche der Staatsgläubiger prüfen sollte, nahm 160 Mill. Fr. Bestechung an oder unterschlug wenigstens diese Summe. Da erschien wie ein Retter in der Noth Law, der Sohn eines schottischen Goldschmieds mit 2½ Mill. Fr. und erbot sich, die Staatsfinanzen zu ordnen. Er errichtete 1716 eine Bank mit 6 Mill. Fond (1200 Actien à 5000 Fr.), von denen 4 Mill. in Staatspapieren gezahlt wurden. Die Bank discontirte Wechsel gegen niedrige Provision und machte dem Wucher ein Ende. Der Staat nahm die Noten der Bank an allen Kassen an. Jetzt erbot sich Law, durch seine Bankoperationen alle Staatsschulden zu tilgen, indem er den ganzen Geldvorrath in seiner Bank concentriren und durch lohnende Unternehmungen vermehren, den Kredit steigern werde. Daher gründete er 1717 die Mississippicompagnie, und ließ den Reichthum des Mississippigebietes ausposaunen. Es sollte ein Fond von 100 Mill. gegründet und Actien zu 500 Fr. in Staatsschuldscheinen ausgegeben werden. Außerdem übernahm er die Pacht der Steuern für 52 Mill. und versprach dem Staat 1200 Mill. zu borgen. Als er die Münze umprägte, profitirte er wieder 100 Mill., ließ seine Bank zu einer königlichen ernennen, in welcher der König 6 Mill. deponirte, auf welche Law 110 Mill. in Noten ausgab. Nun vereinigte Law nach und nach alle Handelsgesellschaften mit der Mississippigesellschaft und begann die Agiotage, um die Actien empor zu bringen, gab immer neue und wieder neue

Actien aus, da deren Cours bereits auf 1020 Liv. stand, das Agio auf 150 stieg. Ein Actienschwindel ergriff Vornehm und Gering, der Zudrang zu den Actienzeichnungen wuchs ins Ungeheure. Menschen wurden todt gedrückt, Hauseigenthümer verpachteten Stehplätze vor ihrem Hause, Lastträger vermietheten sich, um mit Gewalt zum Bureautisch vorzudringen und zu zeichnen. Man ließ die Actien auf Stunden aus, und Leute, welche für Andere zeichneten, die Actie aber für sich einen Tag behielten, wurden reich. Law's Diener wurden reich durch Bestechung, denn die Actien stiegen auf 5000, das Nominalcapital von 150 Mill. brachte 1500 Mill. ein durch dieses Steigen, welches bis auf 8000 Liv. die Actie ging. Law konnte dem Drange nach Actien nicht widerstehen, bereits waren 1800 Mill. in Actien ausgegeben, in wenig Monaten folgten 600 Mill., und da die Actien schlecht ausgeführt waren, circulirten 50 Mill. falsche.

Niemand frug nach dem reellen Werth der Actien, die man dem baaren Gelde vorzog, Niemand frug sich, wie lange das Steigen dauern könne; Jeder speculirte, und nur Wenige legten ihren Gewinn in liegenden Gütern und Waaren an. Herzöge gewannen dabei 20—60 Mill., ein Bankier 100 Mill., ein Bediener 50 Mill., ein Stiefelputzer 40 Mill., ein Kellner 30 Mill., eine Krämerin 100 Mill. Aber es mußte eine Ernüchterung eintreten. Law sah dies voraus und verlangte daher Auslieferung alles Edelmetalls an die Bank, erhielt sogar das Recht, Haussuchungen nach Edelmetall zu halten. Doch dies fing an zu beunruhigen. Law veränderte den Münzfuß des Goldes 28mal, den des Silbers 35mal, verbot den Papierhandel und schloß die Börse. Da dies nichts half, verlor er den Kopf und setzte den Cours seiner Actien herab. Nun ergriff ein Schrecken alle Welt, jeder wollte seine Actien einwechseln, 15.000 Menschen standen die Nacht durch vor dem Bureau, 15 wurden dabei todt gedrückt. Der Prinz von Orleans erließ Decrete gegen die Bank, und 1720 wurden deren Noten außer Cours gesetzt. Die Actie waren von 18.000 Liv. auf 40 gefallen. Law, der mit 2½ Mill. nach Paris gekommen war, verließ es mit 800 Louis'dor und 5 Mill. werthlosen Actien und starb in Benedig. Das Haus Paris sollte den Bankerutt reguliren. Es fand 21 Mill. baar, 28 in Barren, 240 in Handelseffecten, und ein Deficit von 2500 Mill. Ein halbes Jahr arbeiteten 1500 Commis auf der Aufnahme des Inventars und kosteten 9 Mill.

§. 52 Der russische Handel.

Dieser ist wie der der Ostseestaaten von untergeordneter Bedeutung in Bezug auf volkswirthschaftliche Grundsätze, die Handelspolitik von der Natur vorgeschrieben. Als sich Rußland von den Mongolen befreit und ein flüchtiger Kosak Sibirien erobert hatte, umfaßte das Reich ein großes Binnenland, welches nur im Norden ein Meer hatte, das Eismeer. Nowgorod und Kiew waren die Handelplätze, aber Iwan Wassiljewitsch zerstörte aus Feindschaft gegen die Hanseaten Nowgorod, worauf sich der Handel nach Riga und Reval zog, wo ihn Holländer und Engländer an sich brachten. Wie bereits erzählt ist, entdeckte der Engländer Chancellor die Mündung der Dwina (1553), kam von da nach Moskau, und schloß einen Handelsvertrag mit dem Caren. Andre Nationen folgten den Engländern auf diesem Wege, welche eine Faktorei am weißen Meere anlegten, bis Archangel (1584) gebaut ward, von wo der Handel nach Wologda und Moskau ging. Zwar mißlang der Versuch der Moskauer Gesellschaft, mit Persien über das kaspische Meer Handelsverbindungen anzuknüpfen, aber es war doch ein Weg für die Zukunft gezeigt. Man bezog persischen Saffian, Pelze (¼ Mill. Silberrubel), Wachs, Talg, Häute aus den südlichen Provinzen, grobe Leinwand aus Wologda, Pech, Theer, Kaviar und Seehundsthran.

Als das Haus Romanow (1613) den Thron bestieg, waren die Küstenländer der Ostsee verloren, aber man öffnete Ausländern gern die Häfen und beförderte die Eisenindustrie. Der Car blieb der einzige Kaufmann im Lande, ihm mußte man die Waaren anbieten und erst dann durften Andre kaufen; ebenso waren gewisse Landesproducte sein Monopol, oder sie wurden als Naturalabgabe geliefert und von der Regierung verkauft. Moskau blieb Stapelplatz, und die Beamten des Handels hießen Gäste, welche als Kron- und Zollbeamten dienten und daneben eigenen Handel trieben. Anders wurde es, als Peter Car wurde. Mit dem Aussterben des Rurik'schen Stammes erhoben sich große Verwirrungen. Drei falsche Demetrius traten auf, Polen herrschten in Moskau, Schweden nahmen die Ostseeküste, bis sich Rußland ermannte und den 17jährigen Sohn des geächteten Erzbischofs Romanow zum Caren wählte, welcher das Land beruhigte, aber die eroberten Länder den Feinden überlassen mußte. Doch sein Sohn Alexei nahm den Polen Smolensk und Severien wieder, brachte die Kosaken zur Anerkennung seiner Oberherrschaft, eröffnete den Handel nach China über Sibirien und nach Persien durch die Wolga. Sein Sohn vernichtete die Vorrechte der Adelsgeschlechter, und nach dessen Tode vernichtete Peter der Große (1689—1725) nicht nur die rebellischen Strelitzen, sondern organisirte den ganzen Staat nach europäischem Muster, wozu ihn der Schweizer Le Fort veranlaßte. Er lernte einen holländischen Schiffbaumeister kennen, welcher ihm behülflich war, Schiffszimmerleute aus Sardam zu holen und Schiffswerften im Lande anzulegen, und 1695 lief das erste russische Schiff vom Stapel. Dann ging er selbst nach Holland, arbeitete in Sardam als Schiffszimmermann, lernte England, Frankreich und Deutschland kennen und führte daheim eine Reihe von Verbesserungen ein, welche sich sogar bis auf Kleidung und Lebensweise erstreckten.

Es mußte Peter aber daran liegen, Küste zu gewinnen, um mit Europa zu verkehren. Als daher Kaiser Leopold gegen die Türken kämpfte, nahm Peter Antheil und erhielt Asow, wo er Taganrog anlegte und Schiffe baute.

Aber noch mehr lag Peter am Besitz der Ostsee (Ingermanland, Livland, Esthland, Riga, Reval, Stettin, Stralsund, Wismar), welche in schwedischen Händen war, während Rußland nur Archangel als Hafen besaß. Als Karl XII.
(1697—1718) den Thron bestieg und für einen genußsüchtigen Fürsten galt,
verbanden sich Dänemark, Polen, dessen König Friedrich August II. von Sachsen war, und Rußland gegen Schweden. Aber Karl XII. kam seinen Feinden
zuvor und machte ihre Plane im großen nordischen Krieg (1700—1718) zu
Schanden, brachte sich selbst aber durch Trotz und Tollkühnheit um alle Erfolge. Die Dänen zwang Karl sofort zum Frieden von Travendal, schlug
80.000 Russen bei Narwa durch 8000 Schweden (1700), zwang die Polen
zur Neutralität, jagte ihren Wahlkönig aus dem Lande und zwang ihn zur
Abdankung, wogegen Karl den Stanislaus Leszinski zum König von Polen
erhob. Jetzt wandte sich Karl wieder gegen Rußland, unternahm einen unbe-
dachten Winterfeldzug in die Ukraine, verlor einen großen Theil seiner Mannschaft, erlag in der Schlacht bei Pultawa (1709), floh in die Türkei und
brachte den Sultan dahin, den Russen den Krieg zu erklären, machte sich aber
durch seinen Trotz so verhaßt, daß man ihn aus dem Lande trieb. Verkleidet
kam er auf Umwegen nach Stralsund, begann den Krieg von Neuem, starb
aber vor Friedrichshall.

Trotz der verlorenen Schlacht hatte sich Peter ein Fischerdorf am finnischen
Meerbusen als Ort ausersehen, wo er sich eine Hauptstadt anlegen wolle.
Eine Flotte war (1703) bei Schlüsselburg erbaut, das schwedische Bollwerk
Nyenschanz zerstört, auf einer Newainsel ein russisches Bollwerk und ein Kaufhaus angelegt, als Anfang von Petersburg, wo schon 1703 ein holländisches
Schiff landete, welches Peter selbst in den Hafen führte. Kaufleute aus Archangel und Moskau mußten sich in Petersburg ansiedeln, der Adel dort Paläste bauen, Bauern dort wohnen, und Ausländer wurden durch Vorrechte zur
Ansiedelung bewogen. Man durfte Waaren nur über Petersburg ausführen,
besonders Hanf und Juchten, der Schiffsverkehr überstieg nach 20 Jahren fast
die Zahl von 200, das Commerzcollegium ordnete den Handel, ein Kanal verband den Ladogasee mit der Wolga, Straßen wurden angelegt, Maß und Gewicht geregelt und Konsuln ernannt. Den Ackerbau förderte das Kammercolle-
gium; sorgte für Flachs- und Hanfbau, für Linnenweberei und Oelbereitung,
Branntwein ward Regal, doch entsagte Peter vielen Kronmonopolen. Tuch-
fabrication, Bergbau auf Kupfer und Eisen, Forstwirthschaft, Handwerksbe-
trieb — dies Alles pflegte Peter und gründete durch schwedische Kriegsgefangene
Tobolsk. Sogar Fabriken ließ er auf seine Kosten anlegen, schützte sie durch
Verbote, aber hier überschätzte er Rußlands Fähigkeit. Die Rhederei brachte
er durch Differenzzölle in Flor, und regelte den Handel dahin, daß Fremde
den Großhandel behielten, die Russen den Binnen- und Kleinhandel. Man
mußte langen Credit und Vorschüsse geben, aber strenge Gesetze und rasche Justiz

schützten vor Betrug. Nach Peters Tode berechnete man Rußlands Einfuhr auf 1½ Mill. R., die Ausfuhr auf 2½ Mill.

§. 53. Rußlands Handel bis zum Tod Katharina II.

Peter hatte die Verwaltung geordnet, ein Gesetzbuch gegeben, sich zum Oberhaupt der Kirche gemacht; aber der Bauer blieb ein geplagter Leibeigner, der Adel roh und unwissend, so daß die Regierung der Ausländer bedurfte. Die Minister waren oft Günstlinge, von denen Dolgorucki den Menzikoff, Biron den Dolgorucki u. s. w. stürzten, da sie und die Kaiser mit unumbeschränkter. Machtvollkommenheit regierten. Auf Katharina und Peter folgte Anna I (1730—40), dann Elisabeth (1741—62) und Katharina II. (1762—96), welche an europäischen Kriegen sich betheiligten, aber ganz besonders den Handel beförderten, obschon gewissenlose Diener oft die besten Absichten entstellten und die Leibeigenschaft den Handel nie zur Blüthe kommen ließ. Der Hof brauchte viel Geld, daher führte er wieder Kronmonopole ein, verpachtete sie, verpfändete die Zolleinnahmen, doch wurde der Kornhandel frei gegeben und für Adel und Kaufleute Leihbanken errichtet. Katharina schuf durch ihre Städteordnung einen Mittelstand, theilte die Kaufleute in Gilden je nach dem Vermögen, gab Wechsel- und Bankordnung, ließ Straßen und Häfen bauen, wollte durch Schutzzölle die Woll- und Seidenindustrie heben, aber nur Leder- und Leinwandhandel gediehen. Mit Geld und Münzen stand es trotzdem schlecht, die Reichsbank gab 100 Mill. in Noten aus, und den Zinsfuß setzte man auf 5 Proc. herab. In Riga bildete sich eine Seeversicherungsgesellschaft, Schiffe wurden gebaut, aber sie waren klein, und der Handel im Großen gehörte den Engländern, Holländern und die Seefracht besorgten die Hanseaten. England bezog für 15 Mill. G. Waare, Frankreich sandte Luxusartikel und Weine aus Havre und Nantes, und ein starker Landhandel ging über Polen nach Ungarn.

Mit den Chinesen hatte man 1689 einen Handelsvertrag geschlossen, dem zufolge in Kiächta Markt sein sollte, der Car alle 3 Jahre eine Karavane nach Peking schicken durfte. Letzteres lohnte sich nicht und unterblieb bald, da man Rhabarber und Thee auch von Kiächta bezog, doch zog sich der lohnende Handel mit Seeotterfellen nach Canton. Um den Handel nach Hochasien zu bekommen, gründete man Orenburg (1734), von wo Karavanen nach Taschkend und Kaschgar gingen und in Balk mit den indischen zusammentrafen. Um den persischen Handel zu erhalten, welchen Armenier in Astrachan betrieben, nahm man den Persern mehre Provinzen am kaspischen Meer, und machte Tiflis zum Knotenpunkt für den Handel, aber Anna gab Alles wieder auf, und Armenier betrieben wieder allein den persischen Handel.

Am schwarzen Meer war Rußland bis 1770 machtlos; denn nach unglücklichen Friedensschlüssen durften nur türkische Schiffe das schwarze Meer befahren. Rußland vertrieb durch Kosaken und krimische Tataren einige Waaren nach Konstantinopel. Katharina begann deshalb wiederholt Krieg mit den Türken, erhielt Asow, Kertsch und Taganrog zurück, aber nur die Krimm besitzt gute Häfen, wogegen die Flüsse für Schiffahrt noch nicht regulirt waren. Man baute am Dnjepr Cherson (1778), errichtete in Konstantinopel ein Handelshaus für den Handel im schwarzen Meer, aber der Handel erhob sich nicht über Küstenschifffahrt, bis die Krimm (1783) erobert und als Taurien zur Provinz gemacht war, worauf von Eupatoria, Feodosia und Sebastopol aus ein lebhafter Getreidehandel begann, da man den Handel im schwarzen Meer allen Nationen frei gab (1784). Dennoch erhielt sich der Landhandel Südrußlands über Leipzig, Breslau und Lemberg, weil die Manufacturwaaren leicht waren und die Flüsse herabkamen, dagegen die Getreideausfuhr fand an der Moldau und Walachei Concurrenten, und Belgrad erhob sich zum Stapelplatz des unteren Donauhandels. Rußland erweiterte durch neue Türkenkriege und die Theilung Polens seine Küsten bis zum Kuban und Otschakow, legte 1792 Odessa an, hat aber immer noch ein Hinderniß an den Dardanellen, weshalb es seit Langem nach dem Besitz von Konstantinopel strebt, denn Rußlands Politik ist vorzugsweise Handelspolitik.

§. 54. Der polnische Handel.

Dieser ist von jeher unbedeutend gewesen und lieferte nur Getreide, Häute, Holz und Producte des Ackerbaus. Obschon Westpreußen und Livland an Polen kamen (1466 und 1583), und Polen am schwarzen Meer bedeutende Küstenstriche besaß, hat sich der Adel weder um Ackerbau noch um Handel gekümmert, hat kein Bürgerthum aufkommen lassen, den Bauer in Leibeigenschaft gehalten und in nutzlosen Kriegen Geld und Leute geopfert. Breslau ward in früheren Zeiten Stapelplatz für die polnische Ein- und Ausfuhr, denn es sandte schlesisches Tuch, Leinwand, Eisen und levantische Waaren und kaufte Vieh, Holz, Wachs, Salz und Blei. Die polnischen Stapelplätze blieben Krakau und Lemberg, welches bis Kaffa handelte und indische Waaren ausführte; Podolien und Ukraine versandten aus Kokzubay (später Odessa) Getreide. Aber Danzig blieb unbenutzt und als die Donauländer türkisch wurden, hörte der dortige Handel fast ganz auf. Nur nach Ungarn trieb Krakau über die Zips Salzhandel und erhielt dafür Wein, Obst, Wolle, Metalle, Bauholz, Slibowitz, Felle und Häute, Hanf, Potasche, Knoppern u. s. w., welche es nach Breslau und Danzig führte. Nach Kiew und Moskau betrieb Polen durch Juden Handel, nach Danzig sandte man Getreide und Holz. Polnisches Getreide, besonders Weizen, ward Jahrhunderte lang über Danzig und Riga nach West- und Südeuropa in großer Menge versandt. Alle Rohstoffe führte man aus, und vernachlässigte die Industrie, denn der Adel war zollfrei; als Peter den Handel Rußlands organisirte, sank auch Polens Zwischenhandel mit ungarischen Producten nach Rußland.

Als die Jagellonen mit August II. (1570) ausstarben, wurde Polen ein Wahlreich, und nun begannen unaufhörliche Parteikämpfe, Verschwörungen und Empörungen, Eroberungskriege, wobei man an Türken, Russen und Schweden ein Stück Land nach dem andern verlor. Nach des tapfern Sobiesti's Tode erhielt Friedrich August von Sachsen die Krone, aber der Adel erweiterte seine Vorrechte. Als Karl XII. den Stanislaus Leszinski zum König gemacht, erhob Rußland August III. von Sachsen zum König, und Stanislaus floh nach Frankreich, welches ihm Lothringen übergab, da er des Königs Ludwig XV. Schwiegervater war. Dagegen gab Franz dem Stephan, Herzog von Lothringen, dieses Erbland gegen Toscana (1737) heraus, heirathete die Maria Theresia und mit ihm kam die Lothringische Linie auf den Habsburgischen Thron. Die fortwährenden Unruhen in Polen veranlaßten endlich die Nachbarstaaten, Polen zu theilen (1772, 1793 und 1830) und in neuester Zeit wurde es russische Provinz. An Preußen kamen Posen und Westpreußen, an Oesterreich Galizien, Lodomerien und Krakau.

Auch in neuester Zeit haben sich Polens Handelsverhältnisse wenig gebessert, da Ackerbau Hauptbeschäftigung, der Bauer arm und unwissend blieb, der Adel verschuldet ward durch Revolutionen oder verarmt die Confiscationen. Einige Grundherren führten zwar Veredelung der Schafe ein und seitdem hat sich die Tuchweberei so gehoben, daß man nach Rußland und China ausführte. Aller Handel ist in den Händen der Juden, welche in Leipzig einkaufen, Wolle nach Berlin und Breslau senden, und die Grenzzölle veranlaßten bei Kalisch, Brody und andern Grenzorten Schleichhandel. In neuester Zeit sind deutsche Handwerker eingewandert, hat man in Warschau eine Papierfabrik angelegt, auch Baumwollfabriken, aber trotzdem ist der polnische Handel außer Getreide und Holz von geringer Bedeutung, Rußland liefert sogar Vieh und Getreide.

§. 55. Der dänische Handel.

Dänemark hat von jeher große Rührigkeit im Handel gezeigt, es ist aber an Umfang so gering, an Producten so arm, daß es nie von Bedeutung geworden ist. Im Mittelalter betrieben Hanseaten den Handel; Dänemark aber strebte nach der Herrschaft über die Ostsee, suchte Pommern zu erobern, Margarethe stiftete die Calmarische Union, die sich aber unter Christian II. (1521) auflöste. Jedoch gelang es, die Uebermacht der Hansa zu brechen, als der unternehmende Wullenweber von den Lübeckern im Stich gelassen ward. Die Niederländer traten an die Stelle der Hanseaten, dies war die einzige Aenderung. Denn Dänemark war ohne Flotte, der König vom Adel beschränkt, der Bauer leibeigen. Da machte sich Friedrich IV. 1702 zum absoluten Herrscher, hob die Leibeigenschaft auf und duldete nur Frohnden. Dadurch gewann der Ackerbau und Viehzucht, Pferde und Hornvieh blieben gesuchte Artikel, aber Industrie unbedeutend, Kopenhagen die einzige große Stadt.

Glücklichere Verhältnisse hatte Norwegen, welches Pelzhandel trieb, Butter und Häringe versaudte, Holz nach Holland und England lieferte, je mehr dort der Schiffbau zunahm, und in Theer und Pech große Geschäfte machte. Deutsche Bergleute verbesserten den Bergbau, fanden Silber in Kongsberg, Kupfer in Röraas und Lilladal, auch Eisenproduction begann, Kobalt, Marmor und Salz lieferten Ausfuhrwaaren (1620). Durch Freibriefe beförderte Christian V. die Rhederei, Handelsgesellschaften nach Afrika und Indien entstanden, Kopenhagen ward Stapelplatz für fremde Waaren, durch Gesetze und Monopole wollte man schnell eine Industrie schaffen, weshalb Eingangszölle nebst Verboten fremder Manufacturwaaren erfolgten, aber nur Mittelsorten von Wollstoffen behaupteten sich, und in Kopenhagen Handschuhfabriken und leinene Spitzen. Struensee (1772) beschränkte das Merkantilsystem und unterstützte den Ackerbau, aber die Leih- und Wechselbank überfüllte das Land mit Papier, und wenn die Seekriege der Weststaaten Europas der neutralen Flagge der Ostseestaaten nützlich wurden, so dauerte dies nur auf kurze Zeit.

Dänemark wollte auch Kolonien haben, und Christian IV. sandte 1629 einige Schiffe nach Ceilon, welche aber schlechten Empfang fanden, bei Trankebar ein Stückchen Land pachteten, aber so schlechte Geschäfte machten, daß 1777 die Regierung die Kolonie übernahm und in neuester Zeit an England verkaufte, da Rhederei lohnender blieb. Dänemark führte 1750 für 2½ Mill. Th. Producte aus. Auch Grönland fand man (1605) wieder, legte einige Niederlassungen an, da man Walfisch- und Seehundsfang dort treibt auf Kosten der Regierung, doch gab man den Handel nach Island und den Faröer frei. In Westindien erwarb man (1671) St. Thomas und trieb von dort gewinnreichen Zwischenhandel, deshalb kaufte man von Frankreich noch St. Croix, doch hob die Regierung (1754) das Monopol der Handelsgesellschaften auf.

Während der Revolutionskriege stieg Dänemarks Ausfuhr, aber als England 1807 Kopenhagen bombardirte und die Flotte wegführte, erfolgte eine Stockung und (1815) mußte es Norwegen an Schweden abtreten. In neuester Zeit hat der Absatz an Butter, Reps und Getreide sehr zugenommen, auch Fettwaaren und Pferde aus Jütland und Holstein wurden stark verkauft, so daß der Wohlstand der Grundbesitzer stieg. Der ostindische Handel hörte dagegen fast ganz auf, der westindische nahm ab, seit der Sclavenhandel aufhörte, und die Gewerbe blieben zurück, weil die Regierung sie wenig beachtete. Erst in neuester Zeit hat man durch strenge Schutzzölle Wolle- und Papiermanufacturen gegründet, obschon Dänemark keine billigen Arbeitskräfte (Wasser, Holz, Arbeiter) besitzt. Nur Branntweinbrennerei behauptete sich. Altona konnte wegen Hamburg nicht emporkommen, Glückstadt sandte Schiffe auf Walfisch- und Seehundsfang aus, Kiel führte Landesproducte Holsteins nach England und beschäftigte 2300 Schiffe mit 5500 Matrosen, dagegen hat Dänemark nur 1500 Schiffe. Der lästige Sundzoll, welchen die Niederländer zur Abgabe werden ließen, ist in neuester Zeit abgelöst.

Da Dänemark so arm an Producten, Holz und Eisen ist, so bleibt sein Handel Zwischenhandel, welcher um so mehr beschränkt wird, je mehr die übrigen Völker sich mit Transportmitteln versorgen. Im Ganzen hängt Dänemarks Handel von Conjuncturen und politischen Verhältnissen ab.

§. 56. Der schwedische Handel.

Wenn Polen vorzugsweise Getreide, Dänemark Pferde und Butter zur Ausfuhr brachten, so sind Schwedens Hauptausfuhrproducte Eisen, Holz und Häringe gewesen. Der Absatz dieser Artikel hängt vom Mangel oder Ueberfluß der Nachbarländer ab, ist also ein schwankender, welcher die Macht eines Landes nicht sichern kann.

In alten Zeiten war Byrka Handelsplatz, später Wisby und Bergen, doch Gustav Wasa, gedrückt von der Herrschsucht der Hanseaten, nahm ihnen die Privilegien und gestattete Holländern und Engländern den Handel, welcher über Bergen auch Pelze und Thran von Grönland, Island und den Faröer absetzte. Zugleich regte Gustav seine Unterthanen zur Rhederei an und sorgte für bessere Bearbeitung des Eisens, denn dieses war der wichtigste Ausfuhrartikel. Auch Acker- und Bergbau verbesserte er. Karl IX. (seit 1560) ließ nur Stabeisen ausführen und sorgte dafür, daß Städte gebaut wurden, und der Handel gewann, da Esthland und Livland und die deutsche Ostseeküste an Schweden kamen, welches dadurch Hauptmacht der Ostsee wurde. Auch förderte Gustav Adolf und sein Nachfolger die Eisenindustrie, errichtete eine Südseecompagnie, die wenig Geschäfte machte. Eine Bank und mehrere Industriezweige entstanden, aber Karls XII. Kriege brachten Schweden um alle Vortheile und erschöpften das geld- und menschenarme Land. Stockholm und Gothenburg hatten sich zu den beiden Landesstapelplätzen erhoben, aber die Könige besaßen mehrere Handelsmonopole (Kronhändler), Kupfer- und Eisenhandel übernahmen Compagnien. Die Geldnoth nahm so zu, daß es nur Papier- und Kupfergeld gab, weil alles Silber ins Ausland ging. Schweden bezog für 2½ Mill. Thl. Waare und davon für 1 Mill. Getreide, es führte aber etwa für 1½ Mill. Thl. aus. Zwar suchte Gustav III. die Industrie zu beleben, aber man mußte fast alle Rohmaterialien kaufen und arbeitete daher zu theuer. Auch der Handel Bergens nahm ab, da er sich nach Kopenhagen zog, nur Eisen, Holz und Fische blieben Ausfuhrartikel, wogegen noch mehr Getreide eingeführt ward, da man Brantweinbrennereien anlegte und Schonen dänisch war.

Gustav machte sich endlich zum unumschränkten König, indem er den widerspenstigen Adel beschränkte, beförderte Ackerbau, baute Kanäle, und da während des westeuropäischen Seekriegs Schweden und Dänemark neutral blieben, so verdienten sie viel durch Zwischenhandel. Mit Ende des Kriegs ging dieser Vortheil verloren, und auch der Holzhandel nahm ab, da Amerika concurrirte. Doch bezog dieses schwedisches Eisen, auch England verbrauchte viel, weil es sich zu Stahlfabrication besonders eignet, und da man Barthelemy, eine Antilleninsel, von Frankreich kaufte, England Pech, Theer und Holz in Menge abholte, stieg der Wohlstand und die Einfuhr von Luxusartikeln.

Die großen europäischen Kriege brachten bald Nutzen, bald Schaden, je nachdem Schweden betheiligt war, da es aber mit Rußland einige unglückliche Kriege führte, verlor es nicht nur seine Kornkammer Finnland und die Ostseeprovinzen, sondern gerieth auch in Schulden. Da es sich unter Bernadotte den Verbündeten im Krieg gegen Napoleon anschloß, so erhielt es Norwegen. Unterdessen hatte der Ackerbau zugenommen, war in Norwegen die Kartoffel eingeführt, daß die Korneinfuhr abnahm, und die 24 Mill. Thl. Subsidien, welche es von England von 1804—14 erhielt, verwandte es auf seine Industrie, besonders auf Hüttenwerke, Maschinenfabriken, Papierfabriken und Wollweberei (für 4 Mill. Thl. Tuch). Doch blieben für Norwegen Bauholz, Häring, Thran, Eiderdunen und Schmalte Hauptausfuhr, da das Glas wenig Abnehmer fand. Daneben nahm die Frachtschifffahrt zu, und Schweden behauptete für sein Eisen den Markt, obschon es weniger und langsamer producirte als Belgien, England u. s. w. Der Ackerbau blieb zurück, da der Adel mittellos war, obschon er $\frac{1}{5}$ Land besaß, indem die Hälfte davon verschuldet war. Karl Johann verwandte zwar 15 Mill. Thaler auf Ackerbau und Industrie, aber die übrigen Staaten entwickelten sich schneller, weshalb Schweden nicht concurriren konnte. Auch sein west- und ostindischer Handel blieb nur kurze Zeit vortheilhaft.

§. 57. Der deutsche Handel.

So lange Deutschland die erste Macht Europas war, hatte sich das ruhige Bürgerthum auch zu einer einflußreichen Stellung im Welthandel emporgearbeitet. Die Hansa beherrschte den Osten, Norden und Westen Europas, der italienische Handel bedurfte des deutschen Zwischenhandels, um Europa, selbst Frankreich mit seinen Waaren zu versorgen. In den thätigen Städten blühten Gewerbe aller Art, welche Tauschartikel für indische oder Rohwaaren lieferten, Augsburg, Nürnberg beherrschten durch ihre Waaren und Kapitalien die ganze Welt, hatten ihre Comptoirs und Factoren in Lissabon und Amsterdam, in Wien und Benedig, und Wien besaß den ganzen Handel zwischen dem adriatischen, schwarzen und baltischen Meere. Zahlreiche Deutsche betheiligten sich an den Unternehmungen der Portugiesen und Spanier, die ersten Buchdruckereien in Spanien und Portugal legten Deutsche an; Deutsche lieferten Pulver und Kanonen und dienten als Artilleristen, und des Martin Behaim ist schon gedacht. Die Welser, Fugger, Hochstetter sandten Schiffe nach Ostindien und Amerika, und Welser erhielt sogar Benezuela. Ueber Basel und Lyon stand Augsburg in Verkehr mit Spanien und Genua, Hochstetter unterhielt Comptoirs in Kairo und Alexandrien, Kraft reiste bis Aleppo und Bagdad mit seinen nürnberger Waaren. Ja die Zeitungen verdanken deutschen Großhäublern ihr Entstehen, da sie sich regelmäßig in Briefen die Begebenheiten mittheilten, welche auf den Handel Einfluß haben konnten, und der kleine Ort Triest bekam Wichtigkeit durch die Straße von Venedig nach Wien, Breslau, Danzig.

Damals wurden Frankfurt am Main und Leipzig wichtige Meß- und Wechselplätze, jenes für West-, dieses für Mittel- und Ostdeutschland. Denn von Antwerpen kamen bereits indische Waaren den Rhein herauf, auf welchem die Augsburger ihre Schiffe hatten, und Engländer benutzten die Stadt zu Niederlagen. Erfurt, Halle und Braunschweig verloren zwar, aber blieben immer noch ansehnliche Handelsplätze, und Magdeburg behauptete seine Stellung als mächtige Elbstadt. Dies Alles wurde anders durch die Reformation und die unselige Getheiltheit Deutschlands. Während in allen Nachbarstaaten die königliche Macht über Adel und Städte siegte, eine Reichseinheit herstellte und nun mit ganzer Staatsmacht auch den Handel beförderte und ihn vom Einfluß des Auslandes befreite, blieb Deutschland getheilt in Hunderte von Reichstheilen, die sich befehdeten und Zölle an die Grenzen legten. Die Städte mußten kostspielige Fehden führen, oder sich durch Geldvorschüsse loskaufen, blieben aber gegen das Ausland schutzlos, welches durch Verbote aller Art die Einfuhr deutscher Producte erschwerte. Die Fürsten trachteten nach Unterwerfung der Reichsstädte und belästigten deren Handel auf alle mögliche Weise; der Kaiser stand den Protestanten als Feind gegenüber, und so nahm der Wohlstand ab, Deutschland sank herab zur Unbedeutendheit, und der Bauernkrieg, noch mehr der dreißigjährige vernichtete den Wohlstand auf Jahrhunderte.

Mild regierten Ferdinand I. (1556—64) und Maximilian II. (1564—76), doch Rudolf II. (1576—1612) zerfiel mit seinen Verwandten, welche ihn des Thrones beraubten und Mathias auf denselben erhoben, welcher seinem Vetter Ferdinand II. (1619—37) Oesterreich, Böhmen und Ungarn übergab, auf welchen Ferdinand III. (1637—57) folgte. In Ungarn wütheten Türkenkriege, und Siebenbürgen gerieth in deren Gewalt, so daß der Handel dorthin und nach dem schwarzen Meere unterbrochen wurde. Denn der indische Waarentransport ging nicht mehr über Konstantinopel, und die Türken führten solche Verheerungen aus, daß die Siebenbürger den Pflug oft selbst ziehen mußten, weil ihnen Alles genommen war. Stephan Bathory wandte alles Mögliche an, um seinem Lande aufzuhelfen, schützte das Stapelrecht in Hermannstadt, Kronstadt und Broos, aber er konnte den Handel nicht wieder zu einem Glied des Welthandels erheben. Auf der Samos und Maros führte man Rohproducte und Metalle aus, aber keine Industriewaaren. Ebenso ging es in Ungarn, welches überreich an Producten und manchen Industrieartikeln war, aber innere Unruhen, Türken- und Bürgerkriege und Religionsstreitigkeiten hinderten die Entwickelung des Handels und duldeten nur eine mühsame Fortsetzung der Ausfuhr von Rohproducten über Ofen nach Wien.

Auch der Rheinhandel erlag, seit Holland die Mündungen erhielt, Amsterdam über Antwerpen siegte und Holland wie die Schweiz vom deutschen Reich sich trennten (1648). Seither bezogen oberdeutsche Großhändler Waaren aus Lissabon über Köln und Mainz, aber die holländischen Kapitalien brachten bald den Rheinhandel an sich und versorgten soweit Deutschland, daß im Vertrag mit England deutsche Waare für holländische angesehen wurde.

Der Mangel einer Handelspolitik und die Unhaltbarkeit des Monopols lehrt der Verfall der Hansa. Diese hatte sich das Monopol in der Ost- und Nordsee erworben und oft Gewalt gebraucht, um ihren Alleinhandel gegen jede Concurrenz zu sichern. Aber die dortigen Staaten mochten nicht für immer von habsüchtigen Kaufleuten abhängig bleiben, Rußland zerstörte Nowgorod und drang bis Narwa vor; Polen eroberte (1466) Westpreußen und machte Danzig zum Stapelort, welches sich daher von der Hansa trennte, während die übrigen Weichselstädte ihren Handel verloren, Elbing und Königsberg sich mühsam behaupteten. Gustav Wasa erhielt zwar durch hanseatische Hülfe den Thron, Friedrich den dänischen, aber diese Fürsten mochten nicht Vasallen Lübecks sein, sondern gestatteten den Holländern und Engländern auch den Handel und schufen eine nationale Rhederei. In England und den Niederlanden drängte man, wie bereits erwähnt, die Hanseaten nach und nach zurück, die noch dazu unter sich uneinig waren, da die einzelnen Seestädte günstige Gelegenheiten für sich benutzen wollten. Hamburg nahm eine englische Compagnie bei sich auf, erhielt dafür 1611 den Stahlhof in London zurück und bewahrte seine Stellung als Hauptseeplatz. Auch Bremen schloß sich bald an Holland und bald an England an und überdauerte daher den dreißigjährigen Krieg. Lübeck aber sank herab zu einer Stadt am Binnenmeer, seit Dänemark den Sund sperrte, Schweden an der Ostsee Gebiete erwarb, Rußland Handelsplätze erhielt. Die Hansestädte blieben dem Reiche so entfremdet, daß Karl V. erst mußte belehrt werden, Lübeck sei keine „kleine Stadt", wie der Däne behauptete, der sie wollte geschenkt haben wie später Hamburg, sondern eine der mächtigsten Reichsstädte. Als endlich die Hansa in ihrer Rathlosigkeit sich ans Reich wandte und dieses Einfuhrverbote erließ, antwortete das Ausland auch mit Ausfuhrverboten, der Reichstag aber kam über seine langen Berathungen zu weiter keinem Beschluß. Ja als später der Kaiser Ferdinand II. sich erbot, die Hansastädte zu schützen, damit sie sich an überseeischen Unternehmungen betheiligen möchten, hatten diese bereits allen Muth verloren und lehnten ab aus Furcht vor den Seestaaten.

Den Todesstoß erhielt der deutsche Handel im dreißigjährigen Kriege, welcher nicht nur Städte und ganze Länder verwüstete, sondern auch durch die Erpressungen der Söldlinge die Länder verarmen machte. Die Bürger erhielten starke Einquartierung und mußten noch dazu den Sold für die Miethlinge zahlen, welche den Krieg als Broderwerb trieben. Mühsam unterhielten die oberdeutschen Städte ihren Verkehr mit Italien durch kaiserliche Paßbriefe, ja sie trieben sogar viel Seidenhandel, Nürnberg gründete auf eigene Rechnung die Universität Ingolstadt, andere legten Pulver- und Waffenfabriken an, holten in ruhigen Perioden Waaren aus Ungarn und Böhmen, Frankfurt am Main fand Schutz durch Frankreich, aber der Rhein ward Binnenstrom, und England verschaffte seinen Tuchwaaren einen großen Markt, doch behauptete sich Hamburg gegen das dänische Glückstadt und Altona, Bremen gegen Oldenburgs Ansprüche auf Oberherrschaft. Zwischen Köln und Rotterdam gingen 1300 holländische Schiffe, alles Holz des Rheingebiets kaufte Holland auf für 6—7 Mill. G., den Weinhandel brachte es an sich, die Metallwaaren, Mineralwasser, Leinwand, Tabak u. s. w., kurz es ward Deutschland sein Lieferant und für Kolonialwaaren der Abnehmer. Ueber Hamburg gingen Leinwand, Wolle, Flachs und Getreide nach England, welches dagegen Fabrik- und Kolonialwaaren sandte. Frankreich endlich fand mit seinen Mode- und Luxuswaaren Eingang, weil die Höfe den französischen an Luxus nachahmten, ein großer Luxus begann, welcher durch erhöhte Zölle sich die Mittel zur Verschwendung verschaffte. Zum Dank dafür verbot Frankreich die Einfuhr deutscher Metall- und Gewerbswaaren, so daß eine große Stockung eintrat, und sogar der Preis der Rohstoffe stieg, wei, nur diese durften ausgeführt werden.

Dritter Abschnitt.
Periode des physiokratischen Systems (1770—1815).

§. 58. Mängel und Gegner des Merkantilsystems.

Das Merkantilsystem als erster Versuch einer Staatswirthschaft, die nach Grundsätzen verfährt, hatte seine großen Mängel, war aber für seine Zeit eine Wohlthat. Es bildet den Übergang aus dem Feudalsystem in den Absolutismus und ward dann Ausfluß dieser Regierungsweise. Wo diese abgeändert ward, mußte auch das Merkantilsystem weichen, welches daher in England seine meisten Gegner fand.

Mit der neueren Zeit beginnt die Herrschaft der sogenannten materiellen Interessen. Schon die Kreuzzüge beförderten das Städtewesen mit seiner realistischen Richtung, die Reformation zog viel geistliche Güter ein, beschränkte die Zahl der Feiertage und mehrte dadurch den Nationalreichthum. Spanien brachte aus Amerika edle Metalle, und das Geld erhob sich zu einer Macht des modernen Staates. Es beginnt die Geldwirthschaft, das Bank- und Creditwesen. Das Mittelalter kannte nur Naturalabgaben, Naturallohn, Waarenaustausch; es kannte nur hörige und zinspflichtige Bauern, eine vielfach getheilte Staatsgesellschaft, welche aus selbstständigen Gliedern bestand, so daß die Einheit der königlichen Macht nur ein Titel blieb, wenn nicht eine tüchtige Persönlichkeit sich geltend zu machen verstand. Der Absolutismus stellt nach langen Kämpfen mit Vasallen, Städten und der Kirche die Reichseinheit her, und strebt naturgemäß nach Centralisation. Diesem Streben entspricht das Merkantilsystem mit seinen Monopolen, seiner Oberaufsicht und seinen zahlreichen Gesetzen. Die steigenden Ausgaben der Fürsten verlangten Steigerung der Einnahmen und Fixirung der Werthzeichen. Das Geld erleichterte den Güterumsatz, die Arbeitstheilung, gab dem industriellen Bürgerstande das Übergewicht über den Feudaladel, schuf die Bourgeoisie, verbreitete Wohlhabenheit, Cultur und Gesittung. Der Absolutismus schuf große Staaten und machte den Handel zur Nationalsache, vernachlässigte aber (mit einigen Ausnahmen) den Bauern- und Handwerkerstand, auf welchem noch feudale Lasten ruhten, denn das Merkantilsystem fand erst seine Theoretiker, nachdem es lange in der Praxis befolgt war.

Da das Geld eine Macht für den Staat, ein Fortschritt für den Handelsverkehr war, so lag es nahe, den Besitz von Geld für die höchste Aufgabe des Handels, die Erwerbung von Geld für die erste Sorge der Regierung zu halten, da Geld deren sicherste Stütze zu sein schien. Man beförderte die Consumtion inländischer Erzeugnisse, strebte nach Vermehrung der Bevölkerung. Für das Merkantilsystem sprach sich Macchiavelli aus, und Genovesi stellte die erste systematische Theorie auf (1769). In Frankreich empfahlen es Bodin, Mélon und Necker, in England Raleigh, Baco von Verulam, Temple, Devenant, Law, Steuert (Credit, Preislehre), in Deutschland Horneck, Justi, der erste deutsche Systematiker.

Sobald Zweifel gegen die Regierungsweise der bevormundenden, centralisirenden Beamtenherrschaft erwachten, so wendeten sich Nationalökonomen auch gegen das Merkantilsystem, und dies um so mehr, als die Völker dabei verarmten, Bauer und Handwerker zu Grunde gingen, die Staatsschulden wuchsen, und die allgemeine Bildung, die „Aufklärung“, welche auch an einigen Höfen Eingang gefunden hatte, sich mit aller Entschiedenheit dagegen auflehnte. Die verunglückten Actienunternehmungen in England und Frankreich so wie Spaniens Entkräftung zeigten, daß Geld nicht Reichthum sei, sondern daß dieser zumeist in austauschbaren Producten bestehe. Am frühesten mußten die Staaten vom Merkantilsystem abgehen, welche weder Bergbau noch Kolonien und große technische Industrie besaßen, sondern auf Ackerbau, Viehzucht und auf die Verarbeitung von Rohproducten angewiesen waren, wie dies bei Österreich, Preußen, Rußland und Nordamerika der Fall war. Wenn sich in den Handelsstaaten daher eine theoretische Oposition gegen das herrschende System erhob, weil es gegen die allgemeinen Grundsätze der Staatsverwaltung verstieß, so bildete sich in den letzgenannten Staaten eine praktische Reaction aus, indem man den Ackerbau und die Erzeugung von Rohproducten in ihrer Bedeutsamkeit für das Gemeinwohl würdigte. Um sich der Fremden zu erwehren, beharrte man zwar noch bei der nationalen Abschließungstheorie, ebenso gab man die bevormundende Leitung des Handels und der Industrie nicht auf, weil dies aus den Regierungsgrundsätzen der damaligen Zeit mit Nothwenbigkeit mußte gefolgert werden; aber man milderte die Härte des Systems und begünstigte die bisher unterdrückten Stände.

Zuerst erhoben sich in England gewichtige Stimmen gegen das Merkantilsystem, wiesen die Irrthümer der Handelsbilanz u. s. w. nach und forschten nach der wahren Bedeutung des Geldes, des Preises der Waare und der Arbeit. Den Engländern folgten Franzosen, Italiener und Spanier. In Deutschland folgten Maria Theresia, Joseph II., Friedrich Wilhelm I. und Friedrich II., in Rußland Katharina II. u. A. besseren Grundsätzen, ohne sich ausschließlich einem bestimmten System hinzugeben. Es ist dies also die Übergangsperiode zum physiokratischen System, welches durch die französische Revolution und deren Principien zur Geltung kam, als schroffer Gegensatz gegen das System des französischen Absolutismus.

Diese Übergangsperiode hebt hervor, 1) daß der Nationalwohlstand auf der Benutzung der Naturkräfte und deren Productenerzeugung bestehe, deren Werth durch die menschliche Arbeit gesteigert werde. 2) Sie verlangte Handels- und Gewerbefreiheit, Beseitigung der Monopole und Privilegien. 3) Sie empfiehlt Sparsamkeit und Mäßigkeit, Besteuerung nach der Leistungsfähigkeit und eine den Verhältnissen angemessene Vermehrung der Bevölkerung.

Solche Grundsätze sprachen aus Morus, Hobbes, Petty (Begründer der politischen Arithmetik, † 1687), Newton, Locke (die Arbeit gibt den Dingen Werth), Harris (Zinsfuß), der französische Minister Sully, Boisguillebert (Fundament der Gesellschaftsordnung ist die Arbeit), Vauban (Arbeit ist Grundlage alles Reichthums), Fenelon, Montesquieu u. A.

Man stellte kein neues System auf, sondern suchte nur die Fehler und Irrthümer des bestehenden zu verbessern, denn zu einer gänzlichen Umgestaltung der gesellschaftlichen Ordnung war die Zeit noch nicht reif. Auch konnte sie ohne gewaltige Erschütterungen nicht vollzogen werden, wie dies in Amerika und Frankreich die Revolutionen unternahmen, während man in England friedliche Reformen vornahm. Die französischen Aufklärer gaben aber die Losung und die Stichwörter zu einer Umgestaltung des Staatswesens. Hochbegabte Fürsten Deutschlands nahmen Brauchbares auf und schlugen den Weg der Reform ein, bewahrten ihre Staaten daher vor den grauenvollen Stürmen der Revolution, welche alle historischen Rechte verwarf und zur Gewalt griff, um mit dem Despotismus der Pöbelherrschaft und des Säbelregiments zu endigen.

§. 59. Die deutschen Staatsverhältnisse bis 1815.

Die Allgewalt der Revolution ging zum Theil aus den ungenügenden staatlichen Verhältnissen Deutschlands hervor, wodurch dieses unfähig wurde, die Revolution aufzuhalten.

In Deutschland waren aus Vasallen erbliche Fürsten, aus Reichsländern selbständige Landschaften geworden, die kaiserliche Macht schrumpfte zu einem leeren Titel ein und hörte 1806 ganz auf. Die Fürsten strebten nach Unabhängigkeit vom Kaiser, verbanden sich mit fremden Mächten gegen den Kaiser im dreißigjährigen und spanischen Erbfolgekriege, Preußen führte Krieg gegen den Kaiser, ließ diesen im Kampf gegen die französische Revolution und Napoleon im Stich, und erst die allgemeine Noth führte die deutschen Fürsten auf Rußlands und Englands Betrieb wieder zusammen, obschon der deutsche Bund nicht im Stande war, den Kaiser zu ersetzen. Dazu kam noch die religiöse Spaltung im Reiche und die Verfolgung der Protestanten oder Katholiken in einigen Ländern, und endlich führte die Gründung des preußischen Königreichs einen unversöhnbaren Gegensatz zwischen Nord- und Süddeutschland herbei, welchen die geographische Lage, der Lauf der Flüsse und die dadurch bedingten Handelsinteressen sehr begünstigten. Deutschland hatte weder einen geographischen Mittelpunkt, noch eine centralisirende Hauptstadt, sondern in Wien, Potsdam, Dresden und München nur Rivalinnen. Außerdem hatte Oesterreich die schwierige Aufgabe, seine verschiedenen Nationen zu einigen, ward wegen seiner Lage als mitteleuropäische Großmacht in alle europäischen Kriege verwickelt, so daß ihm wenig Ruhe blieb zur Entwickelung der oft verworrenen inneren Zustände.

Kaum waren die Türkenkriege, der spanische Erbfolgekrieg und die Reichskriege gegen den tyrannischen gewissenlosen Ludwig XIV. und XV. beendigt, so stellte der Tod Karls VI. (1740) den Bestand der Monarchie in Frage, da der Kaiser nur eine Tochter hinterließ, welche nach deutschem Recht den Thron nicht erben konnte. Karl suchte die Fürsten Europas mit großen Opfern zur Anerkennung eines neuen Erbfolgerechts zu gewinnen und erreichte dies durch die „pragmatische Sanction", kaum aber hatte er die Augen geschlossen, so traten überall Widersacher auf. Preußen, wo Friedrich II. eben den Thron bestiegen hatte, forderte Schlesien, Sachsen Böhmen, und Baiern das übrige Land nebst der Kaiserkrone, wobei es von Frankreich unterstützt ward. Die bedrängte Maria Theresia mußte vor Baiern und Franzosen aus Wien nach Ungarn fliehen, und hochherzig bewilligte der Landtag zu Preßburg (moriamur pro nostra rege Maria Theresia) Hülfe, jagte die Feinde aus Oesterreich, und Karl Albert von Baiern sah die Sieger bald in München, welches der machtlose Kaiser verlassen mußte. Da Friedrich II. aber Sieger blieb, trat ihm die Kaiserin im Frieden zu Breslau (1742) Ober- und Niederschlesien ab, trieb dagegen die Franzosen aus Böhmen, fand am König von England einen Bundesgenossen, gewann Sardinien, zwang Sachsen zur Ruhe, und als Friedrich II. den Krieg erneuerte (1744—45), so mußte Baiern doch um Frieden bitten, wogegen Friedrich II. sich siegreich gegen Oesterreich und Sachsen behauptete und Schlesien im Frieden zu Dresden behielt. Nur mit Frankreich dauerte der Krieg in den österreichischen Niederlanden bis 1748, während welcher Zeit die Oranier die Erbstatthalterwürde in Holland erhielten, Rußlands Beitritt die Franzosen aber zum Frieden zu Aachen zwang. Oesterreich hatte außer Schlesien nichts verloren, England kostete der Krieg 31 Mill. St., Frankreich verlor seine Flotte und ruinirte seine Finanzen, und Oesterreich trat dem spanisch-bourbonischen Prinzen Parma mit Piacenza nebst Guastalla ab.

Da der Erbfolgkrieg im Ganzen glücklich endigte, suchte Maria Theresia auch ihr Schlesien wieder zu gewinnen, verband sich daher mit Frankreich, Rußland und Schweden gegen Friedrich II., und fand in Sachsen und dem deutschen Reich Bundesgenossen, während nur England und einige kleine Staaten zu Friedrich hielten. Trotzdem behauptete sich der Preußenkönig siegreich (1756—63) und im Frieden zu Hubertsburg, welcher diesen siebenjährigen Krieg endigte, sicherte ihm die Kaiserin Schlesien. Zugleich hatte England Canada erobert und den Franzosen entrissen, und von Spanien im Pariser Frieden (1763) Grenada und Florida erhalten, wogegen Frankreich Louisiana an Spanien abtrat. Seit Joseph II. Pläne zur Erwerbung Baierns von Friedrich II. gehindert waren, hatte Deutschland Frieden, führte aber dann mit Unterbrechungen von 1793—1815 Krieg mit Frankreich.

§. 60. Die Aufklärung und Frankreichs Einfluß auf Europa.

Während der Absolutismus in Deutschland milde Formen annahm und selbst die „Aufklärung" begünstigte, brachte er in Frankreich durch Unsittlichkeit und Unentschlossenheit das ganze Staatsgebäude zum Fall.

Der mittelalterliche Feudalstaat führte zu Kämpfen der Vasallen gegen das Königthum, da jene selbstständige Stellung innerhalb der Monarchie anstrebten. In England siegte der Adel und errang parlamentarische Regierung, in Deutschland siegten die Vasallen und das Reich zerfiel in kleine Staaten, welche sich gegen den Kaiser mit Hülfe des Auslandes zu behaupten suchten, in Spanien siegte das Königthum durch Hilfe der Kirche, in Frankreich aber bildete sich ein starkes, unumschränktes Königthum, welches daher den übrigen Staaten des Festlandes überlegen war, durch große Kriege sie belästigte und insofern einen überwältigenden Einfluß geltend machte, als die übrigen Fürsten sich Frankreichs Regierungsweise zum Vorbild nahmen, französische Sitten, Sprache und Mode einführten, wodurch sie nachtheilig auf die eigene Industrie wirkten. Während England mit Holland um die Seeherrschaft stritt, entwickelte sich Frankreich zum mächtigsten Continentalstaate und machte sein Merkantilsystem zum allgemein befolgten.

Da aber Adel und Hof in Frankreich sittenlos lebten, die Religion gering geschätzt wurde, da die dortige Kirche starr an gewissen strengen Glaubenssätzen festhielt und gegen Andersdenkende mit Verfolgungen einschritt, da endlich Adel und Geistlichkeit wissenschaftlicher Bildung abhold waren, den intelligenten Bürgerstand in verächtlicher Unterordnung hielten: so entstand eine Denkweise im Gelehrten- und Bürgerstande, welche sich in Spott und Opposition gegen die bestehende Kirche, gegen Staat und Gesellschaftsordnung wandte und von

allem Hergebrachten lossagte. Man nennt diese Denkweise Aufklärung oder Frei-
geisterei. Bald ward diese auch in den höheren Ständen Mode, und so erzeugte
sie als Frucht die Revolution, welche alle historischen Rechte und Autorität zu
Boden warf und für einen erträumten Naturzustand schwärmte. Die Mißverhältnisse lagen auch so sehr zu Tage, und die Aufklärer wußten ihre geschicht-
losen Theorien mit so viel Aufwand von Geist und Reiz darzustellen, daß Minister und Fürsten den verderblichen Grundsätzen huldigten und ohne Weiteres
alles zu beseitigen begannen, was keinen Nutzen brachte und unverständig schien.
Das historische Recht sollte plötzlich der Verstandstheorie weichen. Man hob
Klöster auf, schmälerte die Rechte der Kirche und des Adels, suchte das Loos
der Bauern und Bürger zu verbessern, das materielle Wohl zu fördern und
buldete nur das, was handgreiflichen Nutzen brachte. Die Religion und ihren
Glaubensinhalt wollte man dem „gesunden Menschenverstande" begreiflich machen, Vorrechte des Standes galten für widerrechtliches Vorurtheil und Raub,
die Regierung für Mißbrauch, da sie von der „Souveränität des Volkes" aus-
gegangen sei und ihr sich unterwerfen müsse. Es brach also ein geistiger Kampf
gegen wirkliche und vermeinte Mißbräuche und Vorurtheile aus, der in Frankreich bis zum Atheismus und zur Pöbelherrschaft führte.

Es begann diese Richtung des Denkens in England mit Locke und Shaftes-
bury (c. 1700) und wurde bald zum Deismus; in ähnlichem Sinne schrieben
die Historiker Bolingbroke (Briefe über das Studium der Geschichte), Gibbon
(Geschichte des Sinkens und Falles des römischen Reiches), Hume (Geschichte
von England) und die Dichter Pope und Swift, wogegen Robertson (Geschichte von Schottland; Kaiser Karl V.; Entdeckung von Amerika) sich der
französischen Leichtfertigkeit widersetzte. Doch beherrschte der witzige, geistreiche,
frivole Voltaire damals die ganze gebildete Welt, Montesquieu verspottete in
den „persischen Briefen" Staat, Kirche und Gesellschaft, stellte im „Geist der
Gesetze" die republikanische Verfassung als Muster auf, und Rousseau entwickelte im „Gesellschaftsvertrag" die Volkssouveränität als Ur- und Naturzustand, wollte die Menschen zur Natur zurückführen und durch eine neue
Erziehung die gesellschaftlichen Zustände bessern. Die Encyclopädisten endlich
sprachen sich offen für den Materialismus aus, erkannten nur in Eigennutz
und Selbstsucht „die Triebfedern alles menschlichen Handelns" und leugneten
die Existenz der höheren geistigen Mächte.

Diese Schriftsteller und Lehren fanden Anhänger unter Ministern und
Fürsten (Friedrich II., Gustav III. von Schweden, Karl III. von Spanien, Katharina II. von Rußland), welche daher mit großem Eifer Vorurtheile und
Aberglauben auszurotten begannen. Wenn sie als absolute Herrscher auch das
Centralisationssystem des Merkantilismus beibehielten, besonders um ihre Kassen
zu füllen, so wichen sie aber auch oft von ihm ab und bilden den Uebergang
zum physiokratischen System oder führen es geradezu ein, ohne dessen Consequenzen zu ahnen. Die nächste Folge war die Aufhebung des Jesuitenordens

(1773), in welche Maria Theresia ungern einwilligte, welchem Friedrich II. den Eintritt in seine Staaten erlaubte, weil ihm jede Religion gleichgültig war. Zu Zwecken der Aufklärung stiftete Weishaupt den Illuminatenorden und deutsche Kirchenfürsten versuchten durch den Emser Congreß eine Nationalkirche zu gründen; doch erreichten sie diesen Zweck so wenig wie die Synode von Pistoja, welche Aehnliches erstrebte.

Diese günstige Aufregung erhielt eine folgenreiche Steigerung durch die Befreiung der englischen Kolonien in Nordamerika, zu welcher absolute Staaten thätige Hilfe leisteten, und für welche die talentvollsten Köpfe Europas sich begeisterten, da sie in ihr einen Sieg der Menschenrechte und eine Rückkehr zu natürlichen Gesellschaftszuständen sahen.

§. 61. Der Freiheitskrieg Nordamerikas und die Hamburger Krisen.

In Nordamerika waren nach und nach 13 Kolonien entstanden, von denen jede sich nach eigenen Gesetzen regierte, aber unter der Oberaufsicht eines Statthalters stand. England hatte dieser Besitzungen wegen mit Frankreich wiederholt Krieg geführt, im Utrechter Frieden (1713) zwar Acadien und im Pariser Frieden (1763) Canada und Florida erhalten, aber diese Kolonien brachten damals wenig ein, wogegen jene Kriege viel Geld gekostet hatten. Daher hielt es die englische Regierung für angemessen, die Kolonien zu nöthigen, einen Theil der Kriegskosten durch neue Steuern aufzubringen. Sie erhob daher Eingangszölle und führte die Stempeltaxe ein. Es hatten aber die Kolonisten durch ihre energische Theilnahme am Kriege den Engländern den Sieg verschafft, und außerdem sahen sie sich durch Auferlegung von Steuern zu Unterthanen herabgedrückt, weil sie als Staatsbürger erst durch Parlamentsbeschluß zur Steuerzahlung konnten gezwungen werden. Doch im Parlament saß kein Amerikaner, weshalb die Kolonisten beim Parlament und König Beschwerde einlegten. Viele Engländer sprachen sich auch für das Recht der Kolonisten aus, aber die Regierung wollte das Recht, den Kolonien Steuern aufzuerlegen, nicht aufgeben, so daß es nach vielen Verhandlungen endlich zur gewaltsamen Lösung dieser Rechtsfrage kam. Um keine Zölle zu zahlen, enthielten sich die Amerikaner des Handels mit England, wodurch dortige Kaufleute in große Verlegenheit kamen. In Boston warf man Thee ins Meer, welchen man kaufen sollte; die Regierung antwortete auf diesen Gewaltschritt mit der Proclamirung des Belagerungszustandes (Aufruhrakte), darüber kam es zu einem blutigen Conflict, und die Revolution brach aus (1775). England sandte ein Heer, die Amerikaner sammelten Milizen, welche Washington gut zu leiten verstand, und es begann in dem pfadlosen, sumpfigen und waldigen Lande ein Krieg, der meist aus Märschen und Ausdauer im Ertragen von Entbehrungen bestand. Der anspruchlose Benjamin Franklin gewann in Frankreich die Jugend für die Idee der Befreiung Amerikas, Lafayette u. A. kamen, Deutsche und Polen (Koscineto) folgten, so daß die Amerikaner kriegskundige Offiziere und Waffen erhielten, sich (1776) für unabhängig erklärten, und von Frankreich anerkannt wurden, welches deßhalb mit England in Krieg gerieth.

England hatte mit deutschen Fürsten Verträge geschlossen, welche gegen sogenannte Subsidien Soldaten lieferten; doch diese Verkauften fochten ohne Begeisterung, wurden schlecht verpflegt und schlecht angeführt. Bei Saratoga mußte sich Howe (1777) mit 7000 Mann ergeben und Clinton (1781) in Yorktown auch mit 7000 M., so daß England diese Verluste um so weniger ersetzen konnte, als es mit den europäischen Seemächten einen Seekrieg zu führen hatte. Spanien hatte sich an Frankreich angeschlossen, und Katharina II. wollte mit den unbetheiligten Staaten sich zu bewaffneter Neutralität verbinden, d. h. nicht mehr dulden, daß englische Kaper den Handel störten und jedes neutrale Schiff durchsuchten. Holland zögerte aber mit dem Beitritt, bis England den Plan erfuhr und an Holland den Krieg erklärte, welches eben in viel inneren Zwiespalt verwickelt war. Holland erlitt großen Schaden in Westindien und verlor in Ostindien Negapatnam. Zwar eroberten Spanier und Franzosen Minorca, verloren aber ihre Flotte beim Angriff auf Jamaica und konnten trotz der „schwimmenden Batterien" dem Engländer Elliot das feste Gibraltar nicht entreißen. Man machte endlich 1783 zu Versailles Frieden, in welchem England die Republik der Vereinigten Staaten Nordamerikas anerkannte, deren erster Präsident Washington ward, dagegen behauptete England seine Ueberlegenheit zur See und seine Eroberungen.

Für Europa wurde dieses Ereigniß von großem Einfluß, denn es verbreitete liberale Ideen, ließ die republikanische Verfassung als die beste erscheinen, schien die Glückseligkeit eines einfachen Naturzustandes zu beweisen, vermehrte Frankreichs Schulden auf 4 Milliarden Livres, Amerika ward Zuflucht aller Europamüden, regte zu massenhafter Answanderung an, und da Bremen bald in Verkehr mit dem jungen Freistaate trat, so gewann Deutschland lebhaften Antheil an Welthandel wieder.

Einen minder erfreulichen Einfluß hatte dieser Krieg auf das deutsche Geldwesen. Nachdem lange Zeit der Schuldschein eines Solawechsels gebräuchlich war, erhoben sich Augsburg, Venedig, Nürnberg, Frankfurt und Augsburg als Wechselplätze nach Amsterdam, Lissabon, Paris und Lyon, Lübeck für die Ost- und Nordsee, und auch Binnenmeßplätze wurden Wechselplätze, da man durch Waare den Wechsel einlöste. Für den Westen vermittelte Frankfurt a. M., für den slavischen Osten und Oesterreich Leipzig. Aber da jeder Reichsstand Münzrecht hatte, dabei viel Betrug verübt und manche Handelskrise veranlaßt wurde, denen man durch Girobanken (Hamburg 1619, Nürnberg 1621, Wien 1703, Berlin 1765), begegnete, so blieb der Geldhandel ein mißlicher, der Zinsfuß ein hoher (12%—40%), da man den Zins zum Kapital rechnete und so lange vollständig erhob, bis das Kapital abgetragen war. Man verpfändete auch wohl Zölle, Hoheitsrechte, Besitzungen, welche nun von Gläubigern verwaltet wurden. Mit der Verschwendung des französischen Luxus, wie sie an den Höfen Sitte wurde, stand die Verarmung des Landes nicht im Einklange, Schulden und Verpfändungen verschlimmerten die Sache, daher halfen sich viele Fürsten dadurch, daß sie gegen Subsidien an Frankreich, später an England Unterthanen als Soldaten übergaben, also eine Art Menschenhandel trieben. Von 1630—1772 zahlte Frankreich an Deutschland 440 Mill. Fr. Subsidien, England kaufte aus Westdeutschland für 35 Mill. Thlr. Soldaten, der Kurfürst von Hessen verkaufte 5% seiner Unterthanen an Venedig und England und löste daraus 22 Mill. Thlr. Da Deutschland aber von französischer Mode beherrscht war, so floßen diese Millionen wieder nach Frankreich zurück, doch die heimische Industrie erlag. Hamburg und Bremen geriethen in Englands Hände, da dieses seine Subsidiengelder durch Wechsel auf Waaren deckte, jene Städte verschuldet wurden und Bankerott machten. Bei dieser Verschwendung der Höfe und bei dem Sinken des allgemeinen Wohlstandes konnte es nicht ausbleiben, daß alle Staaten verschuldeten, da lange Kriege häufig waren. Baiern hatte 138 Mill. G. Schulden, Sachsen durch den siebenjährigen Krieg allein 42 Mill. Thl., Würtemberg unter Karl Engen allein 12 Mill. G., Oesterreich 200 Mill. G., Preußen gerieth durch die Verschwendung Friedrich Wilhelms II. in Schulden, Englands Staatsschuld stieg von 1688—1788 von 664,000 Pf. St. auf 250 Mill. Pf. St, und es begann der Aktienschwindel, wie wir ihn haben kennen lernen.

Aber Holland war nach und nach als erste Handels- und Seemacht herabgedrückt, so daß 3—4 Milliarden G. Kapital brach lagen. Da warf sich Holland auf den Geldhandel, lieh an Staaten Geld, und die Amsterdamer Börse ward Mittelpunkt des Handels mit Geldpapieren aller Art, wogegen Englands Bank auf Kredit beruhte, indem man künftigen Gewinn bereits im Voraus als Kapital benutzte. Deutschland in seiner Hülflosigkeit blieb von den Krisen des Actienschwindels zwar verschont, doch Hamburg erlebte solche 1763 und 1799 wegen der Münzverschlechterung und Wechselreiterei.

Um dem Kippen und Wippen entgegen zu treten, schloß Hamburg mit benachbarten Fürsten einen Münzvertrag, in welchem der Werth eines Reichsthalers auf 40 Schilling festgesetzt ward. Während des siebenjährigen Krieges erhielt Hamburg für Preußen Lieferungen und auch Land- und Seehandel. Besonders großen Umfang nahmen der Korn- und Holzhandel und Zuckersiederei. Friedrich II. ließ in Sachsen Holz schlagen und nach Hamburg verkaufen, aber auch die Contributionen, welche er den Sachsen auferlegte, deckten Bankiers durch Wechsel, und die Subsidien, welche England zahlte, deckte es durch Wechsel auf Hamburger Waare. Es reichten aber die Mittel Hamburgs zu so enormen Geschäften nicht aus, weshalb man zu Wechselreiterei seine Zuflucht nahm. Dazu kam die Münzverschlechterung, welche Preußen, noch mehr Schweden und andere Staaten vornahmen und welche man in Hamburg benutzte, um Agiotage zu treiben, wodurch man die Girobank so in Verlegenheit brachte, daß sie ihr Disconto auf 12% erhöhte. Mit dem leichten Erwerb, den man in Hamburg fand, vereinigte sich Luxus und sinnlose Verschwendung, und als Friedrich II. nach dem Ende des Krieges den 14 Thalerfuß wieder einführte, andere Fürsten seinem Beispiele folgten, so verunglückten in Hamburg viele Speculationen, so daß man Silberbarren nach Amsterdam schickte, um sich holländische Wechsel zu verschaffen. Da machten in Amsterdam die Gebrüder Neufville Bankerott, es trat eine Stockung ein, Schrecken ergriff die Kaufmannswelt, Wechsel kamen mit Protest zurück, 395 Hamburger Häuser erklärten sich für insolvent. Die Admiralität half, indem sie 1 Mill. auf Waaren vorschoß, während eine Commission die Concurse ordnete, Wechsel compensirte, so daß nur Differenzen gezahlt wurden, worauf man sich bald von dem Schlage erholte und von 1768—88 so vorsichtig operirte, daß der Hamburger Credit wieder für den solidesten galt.

Schlimmer war die zweite Krisis. Die Revolution in Frankreich brachte Hamburg großen Gewinn, denn 1792 war es Zuflucht für alle Waaren, französische und holländische Schiffe flüchteten nach Hamburg, niederländische Kaufleute siedelten sich an, der Rheinhandel und der der Schweiz nahm den Weg über Hamburg, und 1797 war Hamburg nächst London der erste Handelsplatz. Die Speculation stieg, man überfüllte den Markt mit Waaren, steckte das Kapital in Waarenankäufe, aber es stiegen die Preise und das Disconto. Da ward die Schweiz 1799 von Franzosen besetzt, ebenso Italien, und der Absatz dorthin unmöglich; die hohen Preise verringerten den Absatz, und da man Wechsel auf Waaren ausgestellt hatte, die Waaren aber nicht konnten abgesetzt werden, so brach ungeheure Geldnoth aus, und in 6 Wochen erfolgten 136 Fallimente mit 36 Mill. B., ja das Unglück wollte, daß ein Schiff, welches Londoner Häuser mit 1 Mill. Pfd. St. in Silberbarren sandten, bei Texel scheiterte und zu Grunde ging. Noch einmal half die Admiralität mit 3 Mill. Vorschuß, außerdem errichtete man eine Darlehnskasse von 6 Mill., daneben eine Discontokasse, so daß das Disconto auf 4% sank, und als von Süddeutschland Zahlungen eingingen, auf Gold- und Silberbarren Vorschüsse gegeben wurden und ein Moratorium auf 4 Monate bewilligt ward, konnten sich die meisten Häuser aus den Verlegenheiten herauswickeln. Doch konnte man dieses Mal nicht alle Schulden decken wie 1763, weil die Preise sanken.

§. 63. Der deutsche Handel während der Uebergangsperiode vom Merkantil- zum physiokratischen System.

Die Zersplitterung Deutschlands, die zahlreichen Zölle, die drückende Abhängigkeit vom Auslande, die Armuth des Landmanns und die Verkümmerung des Handwerks in engherzigem Zunftwesen brachten Handel und Industrie sehr herab.

Der Großhandel, welchen im Mittelalter einzelne Handelsstädte trieben, ward zum Monopol einzelner Patrizierfamilien oder Handelsgesellschaften, welche sich dabei bereicherten, aber auch die Preise in die Höhe trieben und die Waaren vertheuerten. Augsburg, Nürnberg und Ulm waren die Sitze dieser Groß-händler, welche burgartige Häuser, prachtvolle Gärten besaßen, aber auch milde Stiftungen und Armenhäuser, Kirchen und Kapellen bauten. Hohe Giebel-mauern mit Rundbogenfenstern, Eisengittern und Eisenthoren im gothisch ver-zierten Portal, Erker und Eckthürmchen machten solche Patrizierhäuser kenntlich. Der gewölbte Hausflur und kellerartige Hallen dienten als Niederlagen. Den viereckigen Hof umgaben Nebengebäude mit offenen, übereinander aufsteigenden Gallerien, die von schlanken Säulen getragen, mit Brustwehren von gothischem Maßwerk verziert waren. Im oberen Stockwerk befand sich der Prunksaal, rings von geschnitztem Tafelwerk umgeben, mit Teppichen belegt und selbst die braune Holzdecke mit dem mächtigen Durchzugsbalken war mit reichem Schnitz-werk geziert.

Diese Handelsgesellschaften brachten nach und nach besonders in Süd-deutschland und Oesterreich einige Handelszweige ganz in ihre Hände, besonders den Bergbau, und da die Handelsverbindungen mit Lissabon kostspielig wurden, so fiel ihnen auch der Gewürz- und Spezereihandel zu. Bereits beherrschten sie manche Industriezweige durch ihr Kapital, während der landbesitzende Adel verarmte, der Handwerker von ihnen Beschäftigung erhielt und abhängig wurde. Als jedoch Frankreich die deutsche Industrie überwältigte, wurden die deutschen Großhändler nur Gehülfen der Franzosen. Selbst die Handelsplätze, welche aus Stapelplätzen zu Waarenbörsen sich umwandelten, da man dort nach Pro-ben Waare bestellte oder verkaufte, geriethen in Abhängigkeit von Holland, Frankreich und England. Dasselbe Schicksal theilten die Seeplätze. Frankfurt a. M., Leipzig, Hamburg, Bremen, Mainz, Köln u. A. verloren ihre Selbst-ständigkeit, und je mehr sie trotzdem die alten Stapelrechte und andere Miß-bräuche aufrecht erhalten wollten, desto mehr kamen sie herab, so daß zwischen Mainz und Köln oft die Schifffahrt ganz stockte.

Wie sich der Handel ruinirte, da er sich jeder Entwickelung widersetzte, so erging es auch dem Handwerke, welches ein kleinliches Zunftwesen ausbildete und darin noch eine Rettung gegen Verarmung zu besitzen meinte. Es durfte jede Stadt in jedem Gewerk nur eine kleine Anzahl Meister, diese nur eine bestimmte Zahl von Gesellen, Lehrlingen und Arbeitsstunden haben. Man ver-ringerte also die Production, verdiente weniger und glaubte zu Wohlhabenheit zu kommen, wenn man möglichst wenig arbeitete. Das Zollwesen endlich war gar nicht geordnet, denn man suchte die Zölle nur zu Einnahmsquellen zu machen, ohne Rücksicht auf deren Bedeutung für den Handel. Teutschland hat daher für die Handelsgeschichte die Bedeutung, die letzten Consequenzen des mittelalterlichen Systems bis aufs Aeußerste durchgeführt zu haben.

Zu dieser Verringerung des Wohlstandes durch falsche Maßregeln und verheerende Kriege kam eine Vermehrung der Bedürfnisse, denn außer Gewür-

zen und Südfrüchten nahm der Gebrauch von Zucker, Kaffee, Tabak (in Höchst
die erste Schnupftabaksfabrik, Beginn des Tabaksbaues), des Thees, der Cochenille, des Indigo zu, welcher den Waidbau beeinträchtigte, lange verboten war
und doch im 17. Jahrhunderte in Schlesien schon für 1 Mill. Thl. eingeführt
ward. Man begann Seidenweberei in Leipzig, Berlin, Potsdam, Wien, Linz,
Köln, bezog aber die kostbaren Broccate noch aus Italien (Neapel, Palermo,
Mailand, Florenz, Venedig), aus Genua und Venedig Sammte, aus Flandern
die verschiedenen Atlasarten, aus Frankreich die leichteren Seidenstoffe (Tafits,
Zindel, Rasche 2c.). Unerreicht in der Scharlachfärberei blieb Venedig, leichtere
Modetücher brachte Frankreich; England, Holland und Oberitalien sandten
Woll-, Baumwoll- und Leinwandstoffe. Nur in Augsburg behaupteten sich die
Barchentweberei, da es die Baumwolle direct aus Venedig bezog. Tapetenwir-
kerei und Spitzenklöppeln war in Flandern heimisch, England gewann den Vorsprung in der Linnenweberei, und selbst in Schnitz-, Kunst- und Metallwaaren
ward Deutschland überflügelt. Auch der Nordosten behauptete einige Selbstständigkeit, da er Roh- und Halbrohwaaren auf den Markt brachte (Pelze,
Juchten, Theer, Pech, Unschlitt, Holz, Wachs, Getreide 2c.) und Viehherden
nach Oberdeutschland verkaufte.

Die einzig lohnenden Handelsartikel blieben Getreide und Holz, Bier und
Wein, Hopfen und Vieh. Besonders lieferten die östlichen Länder, Polen und
Ungarn, diese Waaren des Ackerbaues und der Viehzucht. In den Gewerben
behaupteten sich nur einige Gegenden und Städte, welche auf holländische oder
französische Bestellung arbeiteten.

Eine Besserung trat theilweise in Deutschland erst ein, als sich Oesterreich und Preußen zu selbstständigen Staaten ausbildeten, das französische Han-
dels- und Zollsystem einführten, ihre Staaten gegen fremde Waaren sperrten, die
Industrie belebten und dann von der Einseitigkeit des Merkantilsystems nachlie-
ßen, zum Theil der Theorie der Physiokraten sich zuneigten, bis endlich der
Zollverein in der theilweisen Befreiung des Handels und erweitertem Absatz
die wahren Mittel zum Wohlstand erkannte.

In Frankreich hatte sich die Praxis des Merkantilsystems entwickelt und
war dann zu einem System geworden, welches für die Rhederei und für die
technischen Gewerbe insofern segensreich wirkte, als es Theilung der Arbeit bewirkte. Die Verlegung der Handelsstraßen war den westlichen Staaten Europas günstig, da sie am atlantischen Meere lagen, Kanalanlagen beförderten den
innern Verkehr, wogegen Landstraßen fehlten oder vernachlässigt wurden. Alle
diese Vortheile entbehrte das vielgetheilte Deutschland. Ihm fehlte eine Cen-
tralregierung, den kleinen Staaten fehlten geschlossene Grenzen, die Rhederei der
Nordküsten sank, sowie England, Holland, Dänemark und Schweden eigene
Handelsflotten erhielten, die alten Handelsstraßen über die Alpen und nach
Holland verfielen, zahlreiche Zölle erschwerten den Binnenhandel, die Zünfte
hinderten den Fortschritt in Kunstfertigkeit, und dazu nahm man ohne Weiteres

das fremde Regierungszoll- und Handelssystem auf, so wenig es den heimischen Verhältnissen angemessen war. Es bedurfte daher kaum des Uebergewichts an Kapital, welches Holland und England besaßen, es bedurfte kaum des politischen Uebergewichts, welches Frankreich erlangt hatte, um Deutschlands Handel und Industrie herabzudrücken.

Augsburg, Nürnberg und Frankfurt behaupteten sich als Wechselplätze, arbeiteten aber für fremde Rechnung, selbst seine Holz-, Metall- und Hornwaaren mußte Nürnberg nach Paris senden, um sie in` den deutschen Handel zu bringen. Da die untere Donau in türkischen Händen und Ungarn häufig in Krieg verwickelt war, so verlor Baiern den einträglichen Handel nach Ungarn, dessen Producte kaum bis Wien kamen. Bei der Neigung der Kurfürsten zu Frankreich fiel Baiern unter die Herrschaft der französischen Mode, Würzburg ward holländische Faktorei, die übrigen Handelsstädte, von Oesterreich durch Grenzsperre ausgeschlossen, sanken herab zu Niederlagen französischer Waaren aus Lyon und Paris, den Leinwandhandel riß Holland an sich, die Tuchweberei gerieth in Verfall, nur wenige Artikel behaupteten sich im Welthandel und wurden ausgeführt.

Noch schlimmer erging es dem gewerbfleißigen Thüringen, welches in Ackerbau, Eisen- und Baumwollwaaren Treffliches leistete, aber überall die Grenzen gesperrt fand, und dessen Städte bei dem Wachsthume des günstig gelegenen Leipzig herabkamen, so daß sie nur mit einigen wenigen Artikeln auf den Markt kamen. Die deutschen Ostseeländer kamen unter russische Herrschaft (Riga) oder unter polnische (Danzig) und hingen von London und Amsterdam ab, wohin sie Getreide, Holz u. s. w. gegen Fabrikate absetzten. Mecklenburgs Häfen brachten französische Waaren ins Land, Lübeck litt unter den Kriegen der Ostseestaaten und behauptete mit Mühe einigen Antheil am Handel, legte Webereifabriken an, verlor aber den einträglichen Dorschfang, und nur Bremen und Hamburg führten deutsche Waaren aus, legten Fabriken an, betheiligten sich am Wallfischfang und Welthandel und wurden für Mitteldeutschland die Aus- und Eingangsthore des Waarenumsatzes. Außerdem trat Bremen mit dem freien Nordamerika in Verkehr und trat wie Hamburg auch mit Mittelamerika und Ostindien in directe Beziehung. Beide Städte organisirten unter sich den Schiffsverkehr der Seefahrten und brachten deutsche Artikel in den Welthandel, wogegen sie Kolonialwaaren einführten, obschon die Grenzzölle und andere Hindernisse den Aufschwung des Verkehrs niederhielten.

Am ungünstigsten gestaltete sich der Handel auf dem Rhein, denn Mainz und Köln wurden französische oder holländische Stapelplätze, wobei diese Städte zwar viel verdienten, die angrenzenden Länder aber herabkamen. Nur Sachsen behauptete einige Selbstständigkeit und errang einen ehrenvollen Platz unter den Industriestaaten. Leipzig erhob sich zum ersten Meßplatz, das Erzgebirge lieferte eine Menge Metalle für die Industrie, in der Lausitz kam Tuch- und Baumwollweberei empor, da im Lande die Schafzucht veredelt ward, im

Gebirge bildete sich Spitzenklöppelei und Weberei aus und außerdem lag das Land in der Mitte zwischen Ost-, West- und Süddeutschland. Es setzte die Leipziger Messe für c. 18 Mill. Thlr. um, und Hamburg vermittelte den Verkehr mit den Seestaaten. Dazu kamen noch die Erfindung des Porcellans (1706), welches in Meißen seine Fabrik hatte, der Buchhandel und die Papierfabrikation, wogegen Dresden der Mittelpunkt des Handels mit französischen Waaren wurde. Hauptsitze der Industrie waren Chemnitz (Baumwolle für 3½ Mill. Thl.), Bautzen (Wollwaaren), Zittau (Leinwand) und Freiberg (Bergbau).

§. 63. Der preußische und österreichische Handel als Uibergang zum physiokratischen System.

Das kleine Kurbrandenburg hatte das Glück, eine Reihe von Fürsten zu erhalten, welche sich das materielle Gedeihen ihres Landes zur besondern Sorge machten. Der große Kurfürst (1640—88) erbte von seinem Vater auch Ostpreußen und einige Grafschaften am Rhein, erlaubte den gewinnreichen Tabakbau, und erwarb einige Faktoreien an der Küste Afrikas. Aber sein Land war zu klein, hatte zu wenig Hinterland, und von der Küste besaß er eben nur Ostpreußen. Seine Nachfolger suchten daher den Schweden Pommern zu entreißen, Friedrich II. nahm an Polens Theilung Antheil, um Westpreußen zu erhalten, besetzte als Vormund Ostfriesland und machte Emden zum Hauptseeplatz. Da aber Ostfriesland wieder abgegeben wurde und ganz Pommern erst 1814 an Preußen kam, so ließ sich das ganze Land nur mit Anstrengung und unter großem Aufwand zu Einem Staats- und Zollganzen einigen. Ackerbau, Bierbrauerei, Tuchweberei und Tabakbau blieben Hauptbeschäftigung, Schlesien und die Rheingegenden brachten dazu Eisenindustrie und Leinwandweberei, welche aber der englischen Industrie zu weichen begannen. Doch hatten französische Flüchtlinge, welche man bereitwillig aufnahm, manche höhere Industrie ins Land gebracht, besonders in Seidenwaaren, Mode- und Bijouterieartikeln, Glas, Spiegel, Hüten und Handschuhen. Friedrich Wilhelm I. nahm vertriebene Pfälzer und Oesterreicher auf, und unterstützte die heimische Industrie durch Ausfuhrverbote und Eingangszölle. Außerdem legte man Kanäle an, errichtete für Tuche in Berlin ein Lagerhaus, für Linnen Schauanstalten. In Krefeld entstand die erste Sammt- und Seidenfabrik, und das Stapelrecht der Oberstädte ward beschränkt.

Mittelpunkte für Handel und Gewerbe wurden Berlin, Köln, Frankfurt a. d. Oder, Stettin, Stralsund, Breslau, Magdeburg, Elbing, Königsberg und später Danzig; mit Friedrich II. kam ein streng durchgeführtes Merkantilsystem zur Herrschaft. Dieser Fürst hatte eine traurige Jugend verlebt, aber vielseitige Studien gemacht und seine Beschäftigung am Rentamt, welche ihm als Strafe auferlegt war, diente dazu, ihn mit der Verwaltung genau bekannt zu machen. So sehr er aber der französischen Aufklärung zugethan war und mit deren

Wortführern in Briefwechsel stand, so folgte er doch ihren Ansichten über Handels- und Zollordnung nicht, sondern betrachtete beide als ergiebige Einnahmequellen. Doch folgte er den Merkantilisten nicht blindlings, sondern suchte als Aufklärer Mißbräuche und Vorurtheile zu beseitigen und scheute kein Opfer, das materielle Wohl aller Unterthanen zu fördern, ihre Menschen- und Bürgerrechte zu schützen. Er legte in dünn bevölkerten Gegenden Kolonien an, ließ Sümpfe trocken legen, Kanäle bauen, half verheerten Provinzen auf, verschenkte Ackerbaupferde und Getreide und befahl den Anbau der Kartoffeln. Berg- und Ackerbau, Forstwirthschaft, Landstraßen, Seidenzucht, Weinbau u. s. w. fanden in ihm einen eifrigen Förderer; dabei richtete er die Hof- und Staatsverwaltung ökonomisch ein, weckte Nationalgefühl in ganz Deutschland, folgte aber auch dem schädlichen Accisesystem der Franzosen, denen er sogar die Einrichtung und Verwaltung dieses Amtes übertrug. Doch verschönerte er Berlin, sorgte für Dorfschulen und machte Toleranz in Glaubenssachen zum leitenden Grundsatz.

Um die Industrie des Landes zu schützen, verbot er die Einfuhr der Fabrikate, welche man im Lande erzeugen konnte, wodurch er einen großartigen Schleichhandel hervorrief, der von Hamburg aus betrieben ward. Ebenso erschwerte er die Ausfuhr von Artikeln, welche im Lande sollten verarbeitet werden; sogar den Häring belegte er mit hoher Eingangssteuer, den Kaffee mit 150% Zoll, sehr hoch den Zucker, französischen Wein mit 30%, Rheinwein mit 25%, benutzte neue Kanäle und Straßen als Einnahmequellen, zog aber auch über 100.000 Ansiedler ins Land, legte ländliche Creditanstalten an und erließ in Nothjahren hart betroffenen Gegenden die Steuer. Weberei jeder Art fand durch ihn Aufmunterung, auf Baumwoll- und Seidenweberei setzte er sogar Prämien, und machte Berlin zum Hauptfabrikort; aus Sachsen sandte er sogar Porcellanerde, um in Berlin eine Fabrik anlegen zu können.

Friedrich II. betrachtete Handel, Gewerbe und Industrie als Mittel zur Vermehrung der Staatseinnahmen, deshalb unterstützte er alle gleichmäßig, unterwarf sie aber auch einer lästigen Controle, führte eine kostspielige Grenzsperre ein, verlieh Monopole und ließ auf Staatskosten Fabriken errichten und betreiben. Zucker und Brennholz wurden Monopole, die Seehandlung erhielt Seesalz, Wachs u. s. w. als Monopol, die Staatsbank machte Wechselgeschäfte und eine Seeassecuranz sollte Sicherheit gegen Unglück verleihen. Er gründete sogar eine ostindische und levantische Handelsgesellschaft, welche das Land mit auswärtigen Artikeln versorgen sollte. Zwar brachten Friedrichs Einrichtungen nicht den Nutzen, den er erwartete, weil Handel und Industrie sich nicht despotisch regeln lassen, aber dennoch haben sie viel Gutes gebracht, das Land zu einem einheitlichen Ganzen umgestaltet, Stettin, Königsberg, Memel und Elbing zu Aus- und Einfuhrhäfen für Polen und Preußen, Breslau, Frankfurt und Magdeburg zu wichtigen Stapelplätzen des Binnenhandels, Berlin und Potsdam zu Industriestädten erhoben. Der Ackerbau nahm zu, der Flachsbau

23*

bässerte sich, die Wollproduction mehrte sich, es ward der Tabaksbau in Ost- und Westpreußen eingeführt, die Pferdezucht veredelt, mehrere neue Industrie- zweige im Lande heimisch gemacht, in Schlesien Berg- und Hüttenwerke gegrün- det, die Ruhr schiffbar gemacht, um das Salz von Unna bequemer verführen zu können.

Viel ungünstiger gestalteten sich die Verhältnisse für Oesterreich, da es große Schwierigkeit hatte, die Völker der Monarchie zu einem Ganzen zu ver- einigen, denn jene Völker waren an Sprache, Confession, Bildung, Sitte und Gewohnheit sehr verschieden und nur durch die Person des Regenten äußerlich vereint. Dazu kam noch die geographische Lage, welche den Staat in alle euro- päischen Kriege verwickelte, und die zahlreichen Binnenzölle, welche ein Kron- land von dem andern schieden. Karl VI. führte das Merkantilsystem ein, Ma- ria Theresia (1740—80) und Josef II. (1780—90) entwickelten dasselbe wei- ter, und Joseph, der Aufklärung und den Physiokraten zugethan, suchte mit allen Kräften einen allgemeinen Wohlstand herbeizuführen, indem er sich der unterdrückten Stände annahm und Mißbräuche beseitigte. Aber die Bildung seiner Völker stand zu tief, als daß sie sein edles Streben hätten würdigen können, die Ungeduld seiner Menschenliebe riß ihn zu Übereilungen und Rechts- verletzungen hin, Aufstände erfolgten, unglückliche Kriege zwangen ihn zur Zu- rücknahme vieler seiner Reformen, und er starb aus Gram, das Gute nicht ausführen zu können, weil die Vorurtheile mächtiger waren als die bessere Er- kenntniß.

Unendlich viel Gutes haben trotzdem Joseph und seine hochherzige Mutter ihren Ländern erwiesen, für deren Wohlfahrt sie mit Liebe und Hingebung sorgten. Joseph II. befahl Religionsbildung, verminderte die Zahl der Klöster, sorgte für guten Schulunterricht, hob die Leibeigenschaft auf, ordnete gleich- mäßige Besteuerung an und Gleichheit vor dem Gesetz, aber als er Belgien und Ungarn wie Provinzen behandelte, in denen die deutschen Staatsgesetze volle Wirkung haben sollten, reizte er beide Länder zum Widerstande, welchen in Belgien die Geistlichkeit unterstützte, und sein Nachfolger Leopold III. (1790 bis 1792) mußte daher die meisten Anordnungen seines Bruders zurücknehmen. Doch heute verehrt das Volk um so mehr den edlen Menschenfreund und Volks- beglücker Joseph II.

Oesterreich war an Rohproducten überreich, in Woll- und Leinwandwebe- rei stand es obenan, aber unter den verheerenden Kriegen verarmte es, verlor Provinzen, oder es wanderten Tausende von Unzufriedenen aus, französische Waaren überschwemmten das Land, bis Leopold I. und Karl VI. mit Einfuhr- verboten einschritten und die inländische Industrie schützten, einen Kommerzien- fond gründeten, fremde Arbeiter ins Land riefen und besonders in Flandern Spitzen- und Leinwandindustrie in Flor brachten. Doch hinderte der Neid Englands und Hollands, eine ostindische Compagnie ins Leben zu rufen. Ma- ria Theresia ließ Glasarbeiter, Weber, Bleicher u. s. w. kommen, verbreitete in Tirol Seiden- und Baumwollweberei, gab Vorschüsse auf Handels- und Industrieunternehmungen, errichtete auswärtige Consulate und ihr Gemahl Franz I. war ein tüchtiger Staatsökonom, welcher nach allen Seiten hin segensreich wirkte (Eisen, Tabak, Seide), in Wien eine Handelsakademie (1770) gründete, Zeichnen, Naturkunde, Bergbau, Seidenzucht lehren ließ, Schafzucht verbesserte, Krapp anbauen ließ, in Triest eine mathematisch-nautische Schule anlegte.

Wie seine Mutter schwankte auch Joseph II. zwischen Freihandel und Schutzzoll, entschied sich dann für den letztern nach Horneck's Rath und legte Staatsfabriken an für Tabak, Wolle, Seide, Porcellan u. s. w. Wenn auch seine Pläne, mit Amerika und Ostindien in Verkehr zu treten, mißlangen, so gewann die Fiumer Compagnie doch das Monopol des Raffinirens von Zucker und den Kolonialhandel, Triest ward Freihafen, von wo aus die Temesvarer Compagnie Getreide, Wachs, ungarische Wolle und Pottasche nach Südeuropa verkaufte, die Janoschazer Compagnie in die Türkei handelte, die böhmische Linnencompagnie in Cadix eine Niederlage errichtete und ihre Waare bis Amerika sandte, die egyptische Gesellschaft in Smyrna eine Niederlage gründete und nach Kleinasien handelte. Die Hauptflüsse wurden regulirt im Interesse der Schifffahrt, die Donau vermessen, aber den Plan, freie Fahrt bis ins schwarze Meer zu erreichen, hinderten politische Ereignisse.

Der Erfolg dieser Unternehmungen war ein außerordentlicher. Die Mauten hörten in Oesterreich auf eine Finanzquelle zu sein, der Handel ward activ, die Industrie nahm zu, die Volksmenge stieg. Wien erhielt einen Zuwachs von 3000 Menschen, es wurde für 14 Mill. G. mehr producirt; Wien ward Mittelpunkt eines großartigen Gewerbfleißes und lebhaften Handels, seine Seidenfabriken beschäftigten 20000 Menschen, die Kattunfabriken noch mehr, denn es gab an 120 Fabriken, 12600 Fabrikanten und Kaufleute, 50000 Arbeiter, und seine Handelsverbindungen reichten von der Ostsee bis Kleinasien und Egypten. Triest ward von 7000 Schiffen besucht, die Ausfuhr Oesterreichs stieg auf 13 Mill. G., die Einfuhr sank auf 8½ Mill. G. Nächst Wien erhob sich Reichenberg zum blühenden Fabrikort, Linz beschäftigte in seinen Fabriken 30000 Arbeiter, in Niederösterreich nährten sich 140000 Menschen durch Arbeit in den Kattunfabriken. Die Schafwolle ward im Lande verarbeitet, die Production der Rohseide stieg in Slavonien auf 160 Ctr. In Wien und Südtirol verfertigte man Seidenstoffe und Sammt, die Färbekunst besserte sich, Eisenarbeiten wurden vervollkommnet. Dabei verloren freilich wieder die Erbländer, welche vom Durchgangshandel lebten, oder unter Ausfuhrverboten litten, der Weinhandel stockte, ebenso der Getreidehandel, worunter Ungarn ganz besonders litt, wie eben das Mercantilsystem dieß mit sich brachte.

§. 64. Der deutsche Handel bis 1814. Uebergang zur Baumwollindustrie und zum Schutzzoll.

Deutschland hat kein neues System, keinen neuen Industriezweig geschaffen, sondern folgte nur der Zeitrichtung. Der Norden war gegen den Süden insofern im Vortheile, als er große Küsten und alte Seestädte besaß, die protestantische Bevölkerung wegen der geringeren Zahl von Feiertagen mehr producirte und mehr Fleisch verzehrte, da die Fasttage abgeschafft waren. Auch stieg die Volksbildung schneller und wandte sich die Wissenschaft dem materiellen Leben zu. Doch brachte die Kleinstaaterei und die langen Kriege mit Frankreich auch diese Gegenden um die erwarteten Vortheile. Erst als in Folge der Aufklärung und der Revolution der Bauer befreit, der Handwerker vom Zunftzwang erlöst, Freizügigkeit gestattet, und Gemeinsinn geweckt war, stieg der Handel, der Zollverein kräftigte die Industrie, so daß sie nun die Frage zu lösen hat: Schutzzoll oder Freihandel?

Deutschland war in Betreff der Industrie vom Auslande überholt, und nur durch die Anstrengungen der Regierungen gelang es, einige Industriezweige zu beleben oder zu entwickeln. Da England jedoch mit Maschinen arbeitete, Frankreich und Holland mehr Erfahrung und Capital besaßen, so versorgten die Fabriken nur den einheimischen Markt, Ackerbau und Viehzucht bildeten daher die Hauptbeschäftigung, aber auch für deren Besserung geschah wenig, und nur günstige Zeitverhältnisse konnten anregenden Absatz bewirken. Diese raten denn auch in Folge der Befreiung Amerikas und der Revolution in Frankreich ein. England baute wegen des Seekriegs viel Schiffe, brauchte also viel Bauholz, Metall und andere Artikel; die übrigen Seestaaten fühlten ihren Handel durch den Krieg beschränkt, die neutralen Häfen von Bremen und Hamburg erlangten dadurch Theilnahme am Welthandel. Außerdem bezog England von den Ostseehäfen viel Getreide, die hohen Preise des amerikanischen Tabaks begünstigten den Anbau in einigen deutschen Ländern, Pottasche und Butter gingen in großer Menge nach Westen, die englischen Subsidien, 5 Mill. Pf. St., brachten Geld ins Land. Man baute Kartoffeln und Klee als Futterkraut, verwandte mehr Fleiß auf Leinwandweberei, da England Garn und Leinwand bezog, und Nordamerika sowie Spanien und Portugal diesen Artikel gern kauften. Schlesien allein setzte für 6½ Mill. Th. Tuch und Linnen ab, die Messen zu Braunschweig und Leipzig wurden bedeutender, und selbst SüdDeutschland, Ungarn, Polen und Rußland brachten ihre Waaren über Hamburg auf den Weltmarkt, welches dagegen Colonial-, englische und französische Fabrikwaaren einführte und ganz Deutschland versorgte, Walfischfang trieb, und Bremen den Handel mit amerikanischem Tabak nebst Ausfuhr deutscher Leinwand erhielt.

Der französischen Revolution stand das uneinige Deutschland rath- und wehrlos gegenüber, so daß auch sein Handel ganz von der Gunst oder Ungunst äußerer Verhältnisse abhing. Anfangs brachte die Revolution große Vortheile, da Getreidemangel in Frankreich und England den deutschen Getreidehandel ungemein belebte, die Störung aller Verhältnisse in Frankreich hemmend auf Handel und Industrie wirkte, viele Flüchtlinge sich in Nord-Deutschland niederließen, die Eroberung Hollands dessen Handel vernichtete, der sich zum Theil nach Hamburg zog; aber die Continentalsperre, die unglücklichen Kriege, Contributionen und Verheerungen brachten Deutschland um alle Erfolge, so daß es erschöpft, wenn auch als Sieger, aus dem 20jährigen Kriege hervorging.

Zunächst nahm in allen Ostseehäfen die Kornausfuhr außerordentlich zu, und dies wirkte in Nord- und Mitteldeutschland förderlich auf den Ackerbau, der sich seither mit mäßiger Production begnügt hatte, da ihm Absatzwege fehlten. Ebenso stieg der Holz-, noch mehr der Transitohandel, da Hamburg eine Zeitlang sogar Frankreich, die Schweiz und Italien mit Colonialwaaren versorgte, Rußland und Polen ihre Rohproducte in deutschen Häfen auf den Markt brachten, weil sie dorthin bequeme Flußschifffahrt oder billige Landfracht hatten. England bezog von 1792—1804 von der Ostsee für 30—40 Mill. Pf. St. Getreide, Lüneburg allein passirten jährlich 70000 Frachtpferde; die Tabakspreise stiegen von 4 Thl. pr. Ctr. auf 10 Thl., der Pacht für den Morgen auf 20—25 Thl. Es kamen dadurch große Capitalien ins Land, alle Preise stiegen, und man legte die Überschüsse in Landgütern, Verbesserung des Ackerbaues und der Viehzucht an, ja in einigen Gegenden entstand ein lebhafter Handel mit Landgütern, obschon ihn meist das Gesetz der Fideicommisse oder das Verbot, daß Bürgerliche ein adeliges Gut kaufen durften, sehr erschwerten.

Mit dem Ackerbau gewannen auch Zuckerfabriken, Branntweinbrennerei (Quedlinburg, Wernigerode, Nordhausen) und Cichorienfabriken (Magdeburg), in allen Städten ward lebhafter Getreidehandel getrieben, der steigende Wohlstand belebte auch die Industrie. Deutsche Linnen fanden nach Westindien Absatz, selbst England mußte einen Theil seines Bedarfs durch Einfuhr aus Deutschland decken, und die Metallfabriken konnten in den kriegerischen Zeiten kaum den Bestellungen genügen. Schlesien versandte 1791 für 7½ Mill. Thl. Leinwand, Osnabrück für 1½ Mill. Thl., das Ravensbergische für 1 Mill., Göttingen für ⅓ Mill. Thl. Zwar wirkte die Krisis Hamburgs von 1799 auf einen Augenblick lähmend, aber die enorme Kornausfuhr 1801 und 1802 brachte Alles wieder ins Gleiche; aber Oesterreich und Süd-Deutschland empfanden die Kriegswehen viel tiefer, da das adriatische Meer gesperrt war, Geldmangel die Ausgabe von Papier nothwendig machte, und die Rheingegenden fast ohne Handelsverkehr blieben.

Mit der Besetzung Hannovers (1803) durch die Franzosen, mit dem Unterliegen Oesterreichs und Preußens und der Continentalsperre brach aber eine Unglücksperiode herein, welche alle bisher erlangten Vortheile vernichtete und den Gewinn aufzehrte. Der Handel zog sich auf einige Zeit aus der Nordsee in die Ostsee zurück, dazu kamen schlechte Ernten und Hungersnoth (1805), Handel und Industrie stockten, ganze Provinzen verarmten, da sie ungeheuer

Contributionen zahlen und ganze Heere ernähren mußten, Bankerottefolgten in erschreckender Weise. Preußen mußte 140 Mill. Fr. Contributionen zahlen, Sachsen 8 Mill. Thl., Berlin 2½ Mill. Thl., England dagegen verbesserte seine Maschinen, um die fehlende Zufuhr an Halbfabricaten zu ersetzen, trieb Schmuggel und erlangte den Alleinhandel, da es alle Häfen Europas sperrte. Holz, Korn, Unschlitt, Flachs u. s. w. bezog es aus andern Ländern, mittelte neue Bezugsquellen aus, überholte die europäische Industrie, und während es 1809 aus Deutschland noch für 6 Mill. Pfd. St. Waaren bezog, sank diese Ausfuhr bei verschärfter Handelssperre auf 120.000 Pfd. St. und dazu verschenkte Kaiser Napoleon große deutsche Domänen an seine Marschälle, schuf das Königreich Westfalen und besetzte Hamburg.

So verderblich die Continentalsperre im Allgemeinen wirkte, so hat sie doch das Gute gehabt, daß sie manche Gewerbe und Fabriken zu erhöhter Thätigkeit antrieb, so daß sich manche Industriezweige rasch entwickelten. Woll- und Baumwollfabriken erhielten große Beschäftigung, die Production der Metallwaaren stieg, die Glashütten litten nicht mehr unter englischer Concurrenz. Man baute viel Handelsgewächse an, errichtete Runkelrübenfabriken, baute Farbekräuter, ersetzte Thran durch Oelsamen, veredelte die Schafzucht, braute viel Bier, um Kaffee zu ersetzen, und Preußen befreite durch eine liberale Gesetzgebung (Städteordnung, Gewerbefreiheit, Aufhebung der Zehnten und Frohnden 2c.), Ackerbau und Gewerbe von den lästigen Fesseln des Zwanges und der Bevormundung, so daß es von 1813—15 siegreich gegen Napoleon kämpfen konnte. Die 21 Mill. Pfd. St. englischer Subsidien brachten Geld in das Land und machten das Kriegführen möglich.

Oesterreich, von den Kriegen nicht minder hart betroffen, hielt die Continentalsperre weniger streng, so daß Triest ziemlich lebhaften Handel trieb. Man behielt im Ganzen Joseph II. Zollsystem bei, fuhr in der Veredelung der Schafzucht fort, trieb über Brody lebhaften Handel mit Kolonialwaaren nach Rußland, von Wien aus mit denselben Artikeln nach Deutschland und erreichte ein gedeihliches Entwickeln der Baumwollmanufacturen.

Am ungünstigsten gestalteten sich die Handelsverhältnisse in Ungarn, da dieses endlose Kriege mit Türken und andern Nachbarn hatte, viel innere Unruhen erlebte, die Bauern Hörige oder Zinspflichtige waren, Adel und Geistlichkeit sich um Ackerbau und Erwerb nicht kümmerten, und die Städte ohne ntelligenten, energischen Bürgerstand blieben, meist nur Ackerbürger besaßen. Man zog sogar die Viehzucht dem anstrengenden Ackerbau vor. Unter Mathias ward aus der Türkei nach Siebenbürgen Kukuruz (Mais), nach Trentschin und Neitra Saffran verpflanzt. Den ersten Tabak und die erste Pfeife brachte eine türkische Gesandtschaft an St. Bathory in Siebenbürgen. Die Handelsverhältnisse mit Stapelrechten u. s. w. erhielten sich lange unverändert, die Könige begnügten sich mit der Ausbeute des Bergbaus, mit Regalien, Zöllen u. s. w., und Jahrmärkte ersetzten den Binnenverkehr.

Karl III. suchte den Handel dadurch zu beleben, daß er den Hafen Porto-Ré am adriatischen Meere baute und von Karlstadt bis Fiume die 17 Meilen lange Carolinen-Straße anlegte. Maria Theresia stellte das ganze Seegestade unter Aufsicht des Commerzienrathes, welche diese Strecke von Triest aus durch die Intendenza verwaltete, welche Joseph aber als unzweckmäßig aufhob, Triest zum Freihafen machte, Zeng und Carlopago an die Militärgrenze, dagegen Fiume und andere Striche als Severiner Gespannschaft mit Kroatien und Ungarn vereinigte. Bereits 1777 waren die Mauten und Zölle innerhalb Ungarns und seiner Nebenländer aufgehoben, wodurch Ungarn jährlich 4 Mill. G. gewann. Die Kaiserin erließ auch eine Forstordnung, die man aber nicht beachtete. Auf 1300 Puszten trieb man nur Viehzucht, doch die Veredelung der Schafe von Mercopail und der Pferde von Mezöheghes fand nur langsam Verbreitung. „Das Postwesen, Speditions- und Commissionswesen ersetzte man durch 1500 Jahrmärkte. Statt der Kaufleute gab es nur Krämer, doch kein Maghyar befaßte sich mit dem Handel, Slovaken trieben lohnenden Hausirhandel; die Handwerkszünfte bestanden aus Deutschen, denn der Maghyar widmete sich nur dem Tschismen-, Schnüren-, Sporen-, Kürschner- und Schneiderhandwerk. Ungarn besaß nur 30.921 Handwerker, und verweigerte den Evangelischen das Meister- und Bürgerrecht in den Städten. Kunstfleiß fehlte fast ganz. Das Szaboltscher Comitat hatte gar keinen Handwerker, Arva nicht Einen Uhrmacher, Kroatien-Slavonien nicht einen einzigen Tuchmacher (1760). In Siebenbürgen trieben Sachsen Kunsthandwerke, Szekler und Magharen Viehzucht. Kronstadt blieb Haupthandelsplatz, und setzte 7½ Mill. G. um. Fabriken fehlten, in Ungarn beschäftigten sie 9000 Menschen, der Bergbau 30.000 Deutsche. Selbst der Landbau wurde nachlässig betrieben, da die Fruchtbarkeit des Bodens das Meiste thun mußte; auch drosch man das Getreide nicht, sondern ließ es von Pferden austreten und bewahrte es in Gruben auf, da Scheuern und Kornspeicher zum Theil noch unbekannt waren." (Feßler.)

§ 65. Der russische Handel von 1790—1840.

In Deutschland arbeitete sich eine alte Industrie unter dem Druck ungünstiger Umstände langsam wieder zur weltgeschichtlichen Bedeutung empor, indem sie von wohlwollenden Fürsten, von gesteigerter volks- und wissenschaftlicher Bildung und vom Fleiß eines von allerlei Zwang befreiten Volkes unterstützt wurde. Anders verhielt es sich in Rußland. Peter wollte es durch Gewaltmittel zu einem civilisirten, und Katharina zu einem Industriestaate machen. Jener rückte die nördlichen Grenzen bis an den finnischen Meerbusen, diese bis ans schwarze Meer. Die Natur bestimmte Rußland aber zu einem Land des Ackerbaues und der Viehzucht; die Leibeigenheit, dünne Bevölkerung, Mangel an Straßen und Unterricht hielten aber auch diese auf niederer Stufe. Es konnte nur Getreide, Holz, Häute, Unschlitt, Leinsamen u. s. w. verkaufen, und zwar setzte es Manufacturbedürfnisse nach England in ziemlich gleichen Quantitäten ab, Getreide nur bei günstigen Conjuncturen, und Odessa litt bei jedem Krieg der Mittelmeerstaaten. Die Regierung konnte daher in ihrem eigenen Interesse das Merkantilsystem nicht aufrecht erhalten, da es wohl den eignen Markt mit inländischen Fabrikaten zu versorgen suchte, Moskau und Petersburg dagegen ausländische Luxuswaaren bedurften. Auch gerieth der Großhandel in englische Hände, da englisches Kapital und englische Firmen von Petersburg aus ihn beherrschten, neben denen sich einige deutsche Häuser in Petersburg und Riga, Italiener in Odessa behaupteten, den Russen daher nur der Binnenverkehr überlassen blieb.

Katharina II. (1762—96) war Anhängerin der französischen Aufklärung, und an ihrem Hofe herrschten Günstlinge. Sie ließ ein Gesetzbuch anfertigen, ordnete die Rechtspflege und Verwaltung, legte Schulen an, gründete eine Akademie, verbesserte das Kriegswesen, aber das Meiste blieb ohne Wirkung, da sie von ihren Günstlingen arg getäuscht wurde.

Zu ihrer Zeit nahmen die inneren Parteiungen des zerrütteten Polens einen gefährlichen Charakter an, der berüchtigte polnische Reichstag mit dem liberum Voto und dem Bewaffnungsrecht ward Staatsgesetz, dazu kamen religiöse Parteiungen, und als Katharina dem schwachen Stanislaus Poniatowski (1764) zur Königskrone verholfen hatte, brachen die Adelsstreitigkeiten zu offenem Bürgerkrieg aus. Die eine Partei ward von den intervenirenden Russen in die Türkei getrieben, welche sich ihrer annahm, aber im Kampfe erlag, bei Tschesme (1770) die Flotte verlor und die Krim nebst den Donaufürstenthümern furchtbar verheeren sah. Mit Oesterreich und Preußen theilte (1772) Katharina Polen. Mit Thränen nahm Maria Theresia das ihr zugewiesene Ostgalizien und Lodomerien an, Friedrich II. polnisch Preußen. Die verheerte Krim ward als Taurien russische Provinz, Cherson und Odessa Seeplätze (1783). In dem folgenden Türkenkriege rückte Rußlands Grenze bis zum Dnjestr vor (1792), und als die Polen unter Kosciuszko sich die alte Reichsverfassung wieder herstellen wollten, intervenirten Preußen und Rußland, theilten Polen nochmals (1793), wobei Großpolen mit Thorn und Danzig an Preußen, Podolien, Volhynien, die Ukraine und Litthauen an Rußland fielen. Polen erhob sich nun im Aufstande, stellte Kosciuszko u. A. an die Spitze des Heeres, welcher von Krakau aus den Krieg begann, aber bei Macziewicze mit dem Rufe: „Finis Poloniae!" verwundet stürzte und gefangen ward, worauf Suwarow Praga stürmte und Warschau strafte. Nochmals theilte man Polen (1795), gab an Oesterreich Krakau, an Preußen Warschau, das Uebrige nahm Rußland und machte es 1830 zur russischen Provinz. Auch Kurland mußte sich 1795 unterwerfen. Später ward Rußland in die Kriege gegen Frankreich verwickelt.

Katharina verfuhr in Betreff des Handels und der Industrie wie Peter der Große, unterstützte Fabrikanlagen, holte deutsche Ansiedler ins Land u. s. w., richtete aber ihr Augenmerk besonders auf die Küsten des schwarzen Meeres, errichtete Freihäfen, knüpfte mit Persien, Buchara und Innerasien Handelsverbindungen an, doch konnten nur wenige russische Artikel in Asien und Europa mit englischen, französischen und deutschen concurriren. England versorgte man mit Materialien zum Schiffbau, Flachs, Leinsamen und von Zeit zu Zeit mit Getreide. Der Export Odessas nach dem Mittelmeere unterlag häufig Störungen, und die Kriege Frankreichs beeinträchtigten Rußlands Handel, da sich England nach und nach aus Kanada mit Holz und andern Schiffsbedürfnissen versorgen lernte, Petersburg, Riga und Archangel behaupteten sich als Hauptausfuhrplätze, Einfuhr ging fast ausschließlich über Petersburg. Der Krieg von 1812 brachte ungeheure Verluste, denn Moskau war Hauptfabrikort und Stapel für Binnenrußland, wie Nischnei-Nowgorod Stapel für asiatische und europäische Waaren, Irkutsk für sibirisch-chinesische, Orenburg für mittelasiatische. Trotz aller Schwankungen hob sich der Handel Odessas, denn diese Stadt setzte 1816 schon für 54 Mill. S. R. um, und in der Ukraine wie an der Wolga nahm durch deutsche Kolonisten Tabak- und Weinbau zu. Um den Zufluß von Luxusartikeln zu beschränken, legte man hohe Eingangszölle auf sie, bezog aus Persien und der Levante viel Rohseide, führte Merinos aus Sachsen ein, lernte Zucker raffiniren, ermunterte den Adel zu Fabrikanlagen, so daß Woll-, Baumwoll- und Seidenweberei sich rasch entwickelten, und man für 11 Mill. R. Farbewaaren einführte. Dagegen nahm der Absatz an Leinwand, Leder, Seife und Lichtern ab, der von Flachs und Leinengarn aber stieg, weil England viel verbrauchte.

Für Polen dagegen waren alle Verhältnisse ungünstig: das Land voll Unruhe, der Adel verschuldet, der leibeigene Bauer arm und bedürfnißlos, die Ausfuhr von Getreide und Landesproducten stockte und hat erst in neuester Zeit ihren Weg nach den Ostseehäfen wieder gefunden. Die Industrie blieb auf wenige Artikel und Städte für den eigenen Bedarf beschränkt.

Große Fortschritte machte in Rußland die Industrie von 1829—40, denn selbst für Kunstindustrie holte man Lehrmeister aus dem Auslande, und Moskau besaß 1842 schon 614 Fabriken mit 30.000 Arbeitern, 3500 Handwerksmeister, welche zusammen für 22 Mill. S. R. producirten, und 1839 exportirten die Häfen am schwarzen Meere für 62 Mill. S. R., die der Ostsee für 26 Mill. S. R. Neben zahlreichen Branntweinbrennereien legte man Runkelrüben-Zuckerfabriken an, behauptete den Holzexport über Riga, Königsberg und Danzig, wohin man auch Leinsamen und Getreide sandte, wogegen Pelze vorzugsweise über Petersburg und Archangel ausgeführt werden. Im Krimkriege hat England gezeigt, daß es auch ohne die russischen Producte der Viehzucht und des Landbaues (Talg, Wachs, Leinsamen, Flachs u. s. w.) bestehen kann, da in Irland die Production steigt, und Australien mit Neuseeland, Ostindien und die Sundainseln aushelfen.

Seine Metalle verbraucht Rußland meist selbst und sein Landhandel mit

Preußen und Oesterreich leidet wegen der hohen Zölle durch Schmuggel. Haupt-
zollämter sind Grodno, Preberow, Inzburg, Polangen, Radzivillow, Wolodi-
mir und Hußjatin. Für den Handel mit Asien bilden Pelze den Hauptausfuhrartikel, nach Europa liefert Sibirien Metall, Talg, Häute und Lämmer-
wolle. Für Transkaukasien wurde Tiflis der Hauptort, für den persischen Handel Astrachan, denn man bezieht aus Armenien, Persien und der Levante Südfrüchte, Rohseide, Baumwolle u. s. w., worüber die Handelsgeographie die
neuesten Daten mittheilt. Durch hohe Grenzzölle hält man ausländische Industrie vom inneren Markte ab, steht also noch auf den Grundsätzen des Merkantilsystems, neben welchem man auch einige Forderungen des physiokratischen
befolgt, weil der Adel Industrieller und Grundbesitzer ist. Der Versuch, die
Leibeigenschaft zu beseitigen, ist Folge dieser Grundsätze, die strenge Grenzsperre
aber liegt im Wesen des Absolutismus.

§. 66. Das physiokratische Handelssystem und die französische Revolution.

Es war den Staaten, welche vorzugsweise auf Ackerbau angewiesen waren, unmöglich geworden, das Merkantilsystem mit Strenge durchzuführen; sie
mußten vielmehr vielfach abweichen, verschafften aber ihren Ländern eine mehr
oder minder ergiebige Industrie. Erst als in Frankreich ganz neue politische
und sociale Ideen zur Geltung kamen, als man alle historischen Rechte vernichtete, zum Urstande der Menschen zurückkehren und jede Bevorrechtung beseitigen wollte, konnte man als Gegensatz zu dem absolutistischen Merkantilsystem mit seinen Monopolen, Verboten u. s. w. das einseitige Ackerbausystem
aufstellen, welches man auch das physiokratische nennt. Der unterdrückte Bauern-
und Handwerkerstand sollte zum ersten und wichtigsten im Staate erhoben
und die ganze Gesellschaftsordnung einmal umgekehrt werden. Dieses System
überlebte theoretisch kaum die ersten Stürme der Revolution, es spukte aber in
der Kontinentalsperre Napoleons nach und war für Nordamerika eine Zeitlang
das einzig anwendbare.

Die Lehre der Physiokraten hatte ihren Ursprung nicht sowohl in staats-
wirthschaftlichen Erfahrungen, als vielmehr in moralischen Grundsätzen, welche
von der Ansicht ausgingen, daß man zur Natur zurückkehren müsse. Man stellte
daher die Behauptung auf, daß der Erdboden die Urquelle alles Reichthu-
mes, Landwirthschaft also die lohnendste Beschäftigung sei, und daß man nur
durch Austausch der Bodenproducte zu Geld und Reichthum kommen könne.
Da der Boden nicht nur die nothwendigsten Bedürfnisse liefere, sondern auch
noch einen verkäuflichen Überschuß, welcher durchschnittlich alle Jahre derselbe
bleibe, so gewähre der Bodenertrag allein eine sichere Einnahme, die sogenannte
Bodenrente (produit net), welche man besteuern müsse. Alle andern Beschäftigungen, Handwerk, Gewerbe und Handel werden erst durch den Ackerbau be-

schäftigt oder unterstützen ihn, haben daher nur den Werth von Hülfsmitteln, welche das Vermögen der Menschen zwar vermehren, den wahren Werth der Dinge nicht erhöhen. Je höher der Werth der Bodenproducte durch Handwerker und Fabrikanten steigt, um so mehr wird die Waare über ihren wahren Werth vertheuert zum Nachtheil der Grundrente, da deren Besitzer seine eignen Producte theurer wieder kaufen muß. Handwerk und Handel galten demnach für unproductiv. Um die Urproduction zu steigern, sei ein starker Verbrauch der Urproducte nothwendig. Um den Landbau zu heben, müsse man Mißbräuche, unnöthige Abgaben, Zehnten und Frohnden beseitigen, Landstraßen anlegen, freien Verkehr gestatten, Zünfte und Monopole beseitigen, große Gütercomplexe herstellen, Gewerbe und Industrie frei geben, damit die Urproducte vielfach können verwendet und verbreitet werden. Auch sollten Zölle, Abgaben und andere Hemmnisse für die Verbreitung der Urproducte beseitigt, die Grundsteuer auf die Bodenrente verlegt, Handel und Gewerbe aber gering besteuert werden. Freiheit des Eigenthums müsse Grundsatz der Gesetzgebung, Gerechtigkeit als Ordnung der Natur Grundlage der gesellschaftlichen Ordnung werden.

Solche Grundsätze sprach der Leibarzt Ludwig XV., Franz Quesnay, (1694—1774) aus, welcher in Frankreich viele einflußreiche Anhänger fand. Gournay forderte Handelsfreiheit; Condillac hebt aber schon die Bedeutung der Arbeit hervor, Turgot leitete als Minister Ludwigs XVI. den Staat nach diesen Grundsätzen, gab den Getreidehandel frei und vertheidigte das Recht des Menschen auf Arbeit. Diesen Ansichten wandten sich die Philanthropen (Schlettwein, Mauvillon) in Deutschland zu, zum Theil Hume und Tucker, unter den Russen Fürst Galitzin u. A. Die Oekonomisten oder Physiokraten waren Kosmopoliten, verlangten Freiheit für Alle, Humanität, und machten sittliche Grundsätze zur Grundlage des Staats und der Gesellschaft.

Die Theorie der Physiokraten war einseitig, aber dennoch der erste Versuch, die Staatswirthschaft auf sittliche Grundsätze zurückzuführen. Durch den Ausbruch der Revolution ward dieses System in seiner Entwickelung gehemmt und nach politischen Zwecken umgeändert. Ludwig XV, mit dem Beinamen „der Vielgeliebte“, hatte durch Kriege und Verschwendung die Finanzen seines Reichs in Unordnung gebracht, durch leichtfertiges Hofleben Adel und Bürgerstand demoralisirt, durch übermäßigen Steuerdruck den Bauer verarmen lassen — Adel und Geistlichkeit blieben nicht nur steuerfrei, sondern erhielten noch Zehnten und Frohnden. Sie besaßen aber zwei Dritttheile des Grund und Bodens, so daß das letzte Drittel alle Steuer aufbringen mußte. Diese Steuer erhoben aber Generalpächter, nahmen übergroße Procente, steigerten die Steuer ins Ungeheure, lieferten aber nur den geringsten Theil in die Staatskasse. Außerdem konnte man sich Verhaftbriefe vom Minister kaufen, um einen Andern einsperren zu lassen. Dies so wie die zunehmende Geringschätzung der Kirche erregte große Unzufriedenheit, und als die zunehmende Geldverlegenheit den König bewogen, einen Reichstag einzuberufen, um die ganze Staatsverwaltung zu reformiren, war kein Minister im Stande, die ausbrechende Revolution in das ruhige Gleis der Reform zu lenken. Mirabeau starb, der edle, weichherzige Ludwig XVI. scheute jedes entschlossene Auftreten gegen den tobenden Pöbel, die Natonalversammlung gerieth nach und nach in die Gewalt der Jakobiner, die königliche Familie ward hingerichtet, dann schleppten die Parteien einander aufs Schaffot, die blutige Schreckensherrschaft wollte durch Metzelei das „tugendhafte Volk" von seinen Feinden befreien, erlag dann aber den Folgen der eigenen Schlächterei. General Napoleon brachte das verarmte, sich zerfleischende Frankreich durch Militärgewalt in Ordnung, zur Ruhe und erhob sich (1804) zum Kaiser, nachdem er die machtlose Republik beseitigt und sich nach und nach die wichtigsten Aemter übertragen hatte. Militärdespotismus und ununterbrochener Krieg mit Europa war die Frucht der Revolution, bis Napoleon, wiederholt besiegt, von den Franzosen gehaßt, von seinen Marschällen verlassen, als Gefangener nach Helena geführt ward.

Die Nationalversammlung hatte schon in den ersten Zeiten ihrer Berathungen, als sie sich den königlichen Befehlen widersetzte, die „allgemeinen Menschenrechte" proclamirt, alle Privilegien abgeschafft und alle Stände zur Theilnahme an den Staatslasten verpflichtet. Die Geistlichkeit opferte 60—80 Mill. Fr. Zehnten; man hob Zünfte, Aemterverkauf, Vorrechte der Provinzen, die Klöster auf, machte „Gleichheit und Freiheit der Bürger" zum Staatsgrundgesetz, ließ alle Beamte, selbst Bischöfe durch das Volk wählen, führte neue Maaße, Münzen, Gewichte, Zeiteintheilung, Departementseintheilung ein, gab Preßfreiheit, Geschworenengerichte und Friedensgerichte. Keine von den vielversprechenden neuen Einrichtungen brachte aber Segen, denn der König ward, nachdem ein Fluchtversuch vereitelt ward, von Pöbelhaufen in seinem Schlosse mißhandelt, gefangen vor die gesetzgebende Versammlung geschleppt, angeklagt, verurtheilt und hingerichtet (1793). Frankreich wurde Republik, und alle heimlichen Anhänger „der Tyrannen" wurden hingerichtet.

Die Hinrichtung des Königs entzündete in einigen Provinzen (Vendée und Südfrankreich) einen entsetzlichen Bürgerkrieg, Oesterreich mit Preußen begannen Krieg gegen die Republik, welche das Königthum in Europa abzuschaffen beschlossen hatte. Obschon Frankreich nur ein demoralisirtes Heer und keine guten Generale besaß, viel Verluste erlitt, so wirkten Fanatismus und Furcht und eine neue Fechtweise (Kolonnenangriffe), sowie die Uneinigkeit der Verbündeten doch so viel, daß Frankreich siegte. Carnot war Kriegsminister, Mainz fiel in französische Hände, Hoche unterwarf die Vendée, aber England trat der Coalition gegen Frankreich bei (1793—96), Holland, Spanien und Neapel folgten Englands Beispiel. Aber Pichegrü eroberte Holland und machte es zur batavischen Republik, deren Kolonien nun England in Besitz nahm (1795). In demselben Jahre machte Preußen zu Basel Frieden, opferte das linke Rheinufer. Oesterreich trieb zwar Jourdan und Moreau aus dem verheerten Süddeutschland, aber in Italien siegte General Bonaparte bei Lodi und Arcole und erzwang den Frieden von Campo Formio (1797). Oesterreich bekam Venetien und Dalmatien, Frankreich errichtete dagegen in Oberitalien die cisalpinische Republik, und Frankreich erhielt Belgien und den linken Rhein.

Unterdessen waren die Girondisten, Dantonisten und Jakobiner vernichtet und (1795) ein Directorium als Regierung eingesetzt, welches den General Bonaparte nach Italien und (1799) nach Egypten sandte. Da in Frankreich die Assignaten (40 Milliarden Fr.) fast werthlos geworden waren, so unternahm man Raub- und Plünderungskriege. Berthier verwandelte (1798) Italien in eine Reihe von Republiken, die Schweiz ward zur helvetischen Republik und Genf mit Frankreich vereinigt. Da brachte der englische Minister Pitt eine zweite Coalition zu Stande, an welcher Oesterreich, Rußland und die Türkei Theil nahmen. Suwarow jagte die Franzosen aus Italien, Erzherzog Karl trieb sie aus Deutschland, aber Massena siegte bei Zürich über die Russen, York konnte Holland nicht gegen die Franzosen behaupten, Bonaparte erschien (1799) in Frankreich, nachdem er sein Heer in Egypten in Stich gelassen, stürzte das Directorium, setzte drei Consuln, unter denen er der mächtigste war, als Regierung ein, siegte dann (1800) bei Marengo, Moreau bei Hohenlinden, und erzwang den Frieden zu Luneville (1801), welchem der Frieden zu Amiens mit England folgte. Italien ward Eine Republik, die deutschen Kirchengüter säcularisirt, die Reichsstädte aufgehoben und die deutschen Fürsten auf diese Weise entschädigt. Domingo riß sich von Frankreich los und ward Negerstaat, mit dem Papst ein Concordat geschlossen, Schulen aller Art hergestellt, Straßen angelegt und die Entdeckung mehrerer Verschwörungen gegen den ersten Konsul benützt, daß sich dieser (1804) zum Kaiser proclamiren und (1805) zum König von Italien krönen ließ.

England hatte bereits 1802 von neuem den Krieg erklärt, weshalb Napoleon (1803) Hannover besetzte, bei Austerlitz (1805) die coalirten Russen und Oesterreicher schlug und zum Preßburger Frieden nöthigte, welcher österreichisches Gebiet an Baiern und Würtemberg brachte. Holland und Italien ward zu bonapartischen Königreichen, 1806 der Rheinbund gegründet und das deutsche Reich aufgelöst, 1806 und 1807 Preußen besiegt und das Königreich Westfalen geschaffen und die Handelssperre gegen England zum Gesetz gemacht. Preußen suchte sich durch weise Reformen zu erholen, und als Napoleon mit Spanien in einen verderblichen Nationalkrieg verwickelt war (1806—14), in Rußland (1812) durch den Winter seine Armee verlor, griff Preußen zu den Waffen, verbunden mit den Russen, und England gewann Oesterreich, welches 1809 nochmals das Schlachtenglück versucht hatte, ebenso Schweden, wohin Bernadotte als Kronprinz berufen war. Die Schlacht bei Leipzig (1813) befreite Deutschland, 1814 zogen die Verbündeten in Paris ein und führten Napoleon als Gefangenen nach Elba. Während die Sieger aber zu Wien über den Frieden beriethen, kehrte Napoleon nach Frankreich zurück und begann den

Krieg von Neuem, ward aber bei Waterloo (1814) geschlagen und nach Helena abgeführt. Frankreich ward auf seine Grenzen von 1790 zurückgeführt und zahlte 700 Mill. Fr. Kriegskosten, Norwegen kam an Schweden, Belgien an Holland, halb Sachsen an Preußen und Oesterreich erhielt seine Besitzungen in Italien wieder; man stellte überhaupt die alten Dynastien und Regierungsweisen wieder her.

Die Länder waren verheert, erschöpft und menschenarm, man sehnte sich allgemein nach Ruhe, um sich zu erholen. Aber es waren auch neue politische Wünsche erwacht, die Völker des Ostens hatten die Civilisation des Westens kennen gelernt; die drückenden Folgen und schweren Opfer der Kriege machten Reformen und Concessionen an die Völker nothwendig, und es beginnt die Periode der Revolutionen und Kämpfe um constitutionelle Verfassung.

§. 67. Der holländische Handel von 1770 an.

Das physiokratische System kam nicht zu dieser ausschließlichen Geltung wie das Merkantilsystem, aber es fanden Ackerbau und Handwerk dennoch viel Pflege, weil einestheils viele Mißbräuche beseitigt wurden, welche auf diesen Beschäftigungen lasteten, anderntheils weil Nothjahre die Regierungen veranlaßten, für besseren Anbau zu sorgen, denn Getreidemangel veranlaßte den Ausbruch der Revolution, und die Verarbeitung von Wolle, Flachs und Hanf, die Continentalsperre und die Seekriege wirkten außerordentlich förderlich auf Urproduction. Während aber in England nationalwirthschaftliche Fragen mit Umsicht im Parlament und zahlreichen Schriften behandelt und für Englands Politik maßgebend wurden, während man dort Maschinen einführte in Folge mangelnder Zufuhr von Halbrohproducten, deren Einfuhr die Continentalsperre hinderte, benutzte man in Frankreich die Naturwissenschaft, besonders die Chemie, als Hilfsmittel in Fabriken, bildete man in Belgien den Ackerbau zu gartenartiger Cultur aus, wogegen Holland zeigte, daß Handel ohne eigne Producte machtlos von Zeitverhältnissen abhing. Spanien wollte durch Geldbesitz reich werden, Holland durch Handelsmonopole, worüber es die Fortschritte in der Industrie versäumte und zuletzt nur Geld- und Papierhandel übrig behielt.

Hollands Handel erhielt die erste nachtheilige Beschränkung durch die Navigationsacte Cromwells und durch Colberts Zoll- und Sperrsystem, außerdem wuchsen die Staatsschulden durch die vielen Kriege, welche man des Handels wegen führte. Die Zinsen für dieselben steigerten die Abgaben, vertheuerten den Lebensunterhalt und die Arbeitslöhne, so daß England und Frankreich besonders in Webereien bald einen Vorsprung gewannen, da sie die Rohproducte entweder selbst erzeugten oder billiger einkauften. Sogar im Fischfang machten sie und später auch die Ostseestaaten den Holländern glückliche Concurrenz. Im J. 1658 führte Holland nach Frankreich für 43 Mill. L. Waare ein, verlor aber diese Einfuhr, ebenso kam der Handel mit Nordamerika an England, seit

Neubelgien (1667) englisch wurde, und der westindische Handel sank zu Schleichhandel nach dem spanischen Amerika herab. Zwar besaß es noch den Handel
nach Ostindien, Spanien, Portugal und den Ostseeländern, von wo es Rohproducte bezog, und wohin es Kolonialwaaren, besonders Gewürze, führte; ebenso
beherrschte es den Rheinhandel lange Zeit, besorgte die Ausfuhr belgischer
Waaren, besonders Leinwand, die es nach Spanien verkaufte: aber auch diese
Vortheile gingen verloren, als die Ostseestaaten eigne Handelsflotten sich schufen, die Hanseaten in Spanien auf eigne Rechnung einkauften, die Engländer
mit ihren Artikeln in Ostindien immer mehr Absatz fanden, so daß Holland
nur den Großhandel mit Gewürzen, Zucker und Kaffee behielt. Aus Surinam
allein bezog es für 4 Mill. G. Zucker und für 21 Mill. G. Kaffee. Dagegen
sanken die Manufacturwaaren, der Ackerbau verbesserte sich nicht, und da der
Handel stets im Abnehmen begriffen war, legte Holland seine überflüssigen Kapitalien (3000 Mill. G.) in Staatspapieren, in fremden Plantagen und andern
Unternehmungen an.

Belgiens Wohlstand dagegen stieg, besonders unter den Habsburgern Karl
VI. und Joseph II. Die Bodenkultur machte erhebliche Fortschritte, der verbesserte Flachsbau wirkte auf Linnen- und Spitzenmanufactur, die Eisenindustrie
stieg, Ostende ward Seestadt, mit Frankreich entstand ein lebhafter Austausch
der Waaren, Limburg lieferte treffliches Tuch, Lüttich Waffen, und Brabanter-
Spitzen fanden immer größeren Absatz, und Brüssel entfaltete ein reiches
Luxusleben.

Die Kriege Hollands mit England während des amerikanischen Freiheits-
krieges vernichteten den Handel nach Ost- und Westindien, welcher an Britten,
Dänen, Schweden und Hanseaten überging, die Zahl der Walfischfänger sank
von 150 auf 60, die der Heringsbuisen von 1600 auf 400 oder gar auf 131.
Ceilon, das Kapland und ein Theil von Surinam kamen an England, Ostende
machte glückliche Concurrenz mit Landesproducten, mit Käse, und mit Industrieartikeln, und die Eroberung Hollands durch die Franzosen vollendete den
Handelsruin. Man konnte den Handel gegen englische Kaper nicht schützen,
Amsterdams Handel hörte auf, da Texel blokirt war. Die ostindische Handelscompagnie, von Schulden belastet, löste sich auf, ebenso die Bank. Viele Kapitalisten wanderten aus, Fabriken und Manufakturen stockten, da man kein
Rohmaterial schaffen konnte, die Staatspapiere sanken, Ackerbau war wenig
entwickelt und brachte kaum die Kosten, der einträgliche Getreidehandel hörte
auf, und doch mußte man 100 Mill. G. Contribution geben und 25.000 M.
Soldaten ernähren. Nur Flandern verdiente, da die Kriege den Leder-, Tuch-
und Waffenfabriken viel Arbeit verschafften und viel Getreide auf der Schelde
nach Frankreich ging.

Nach dem Frieden 1815 suchten die Holländer zwar ihre Handelsverbindungen wieder herzustellen, aber viele waren unwiederbringlich verloren, besonders hatten Antwerpen und Hamburg einen großen Theil des hollän-

bischen Kolonialhandels an sich gebracht, Nordamerika sich des ostindischen
Handels bemächtigt, und den eignen Fabrikartikeln erschwerten die Nachbarstaaten durch hohe Zölle den Eingang. Nur Tabak, Flachs und Leinsamen
fanden noch erheblichen Absatz. Dagegen bemächtigte sich Amsterdam des Großhandels mit Staatspapieren, welcher aber nur Einzelne bereicherte, wogegen die
niederen Klassen verarmten. Auch Belgien erlitt Nachtheile, da es mit den
englischen Maschinen nicht concurriren konnte, Eingangszölle die Ausfuhr ver-
minderten, bis man durch Verbesserung dem Übel abhalf, Linnen- und Baumwollstoffe nach Ostindien und Surinam, Eisenwaaren nach der Levante und
Norddeutschland absetzte, Maschinen verfertigte, Zinkwaaren lieferte, in Brüssel
viele industrielle Anstalten errichtete, Kanäle und Straßen baute und in manchen
Gegenden den Acker mit dem Spaten bearbeitete, auch die Düngung rationell
betrieb.

§. 68. Der französische Handel bis 1830.

In Frankreich war die Industrie sehr befördert, nach der Levante starker
Absatz 2c., aber der Ackerbau lag darnieder, der Bauer war arm, und oft gab
es Hungersnoth. Fleisch wurde nur in großen Städten verbraucht, welche
den Bedarf oft vom Auslande bezogen, große Strecken Land lagen unbebaut,
und in manchen Provinzen zahlte man für den Morgen 15 Sous Pacht.
Viele Bauern hatten nur Lumpen und kein Hausgeräth, da sie kaum die
Steuern aufbringen konnten. Es mußte die Regierung daher dem Ackerbau
ihre Sorge zuwenden, aber ehe sie Erhebliches thun konnte, brach die Revolution aus, und mit den Emigranten gingen bedeutende Kapitalien ins Ausland,
die Finanznoth und Assignatenwirthschaft steigerte das allgemeine Elend. England sperrte die Häfen, zerstörte die Flotten, man mußte über Deutschland
Kolonialwaaren beziehen, das einträgliche Domingo riß sich los, und als die
Nationalversammlung eine Reihe von Gesetzen gab, um dem Bauer aufzuhelfen, Mißbräuche zu beseitigen, die Ländereien zweckmäßiger zu vertheilen, so
konnte dies nur erst nach Jahrzenten sichtbaren Erfolg bringen. Um Englands
Macht zu brechen, befahl Napoleon die Handelssperre und dehnte sie nach und
nach über fast ganz Europa aus, so daß Europa eine Zeit lang fast nur
Binnenhandel trieb. Frankreich und das von ihm abhängige Europa war auf
die Erzeugnisse des eigenen Landes gewiesen, 'mußte die Kolonialwaaren durch
andere zu ersetzen, die Production zu steigern suchen. Die großen Armeen
mußten bekleidet und ernährt werden, sie verbreiteten Geld in den Gegenden,
durch welche sie zogen, Flachsbau, Schafzucht, Viehzucht, Runkelrüben, Krapp,
Waid, Gewürzpflanzen fanden Absatz, die Chemie half der Industrie, besonders
der Färberei und den Chemicalien-Fabriken, rief nützliche Lehren hervor, und somit
erlebte das physiokratische System seine Blüthezeit. Napoleon gründete die
polytechnische Schule in Paris, brachte aus Spanien veredelte Schafe, Futter-

kräuter wurden angebaut, Brachen beschränkt, die höheren Stände wandten sich dem Ackerbau zu, landwirthschaftliche Gesellschaften bildeten sich, Schriften und Zeitungen über Ackerbau wurden verbreitet und der Verbrauch von inländischer Wolle stieg in 12 Jahren von 35 Mill. Kilogrammen auf 42 Mill.; die Pferdezucht erhielt einen Zuwachs von 300.000 St. Seitdem ist über Europa die Pflege der Landwirthschaft verbreitet und eine stete Sorge der Regierung und höheren Stände geblieben.

Nach dem Frieden kehrte auch die Thätigkeit des Seehandels zurück, und entwickelte sich das Fabrikwesen schnell, besonders in technischen Kunstartikeln, in denen die Franzosen bald die erste Stelle einnahmen, ja die Baumwollindustrie erhob sich so schnell, daß sie den Markt überfüllte und sich selbst in Nachtheil brachte, weil der Absatz der Production nicht entsprach. Der Handel mit der pyrenäischen Halbinsel blieb zwar gering, aber dafür gewann Frankreich das Übergewicht im Handel in Brasilien. Wein- und Seidenausfuhr hingen von Zöllen und Concurrenz ab, doch wurden die Hansestädte Niederlagen für französische Waaren, und die Kunsterzeugnisse Frankreichs fanden in Deutschland viel Absatz; Havre ward der Hafen für Paris, welches großen Umsatz in Staatspapieren trieb, ebenso Handel in Kolonialwaaren, die Hälfte des französischen Buchhandels an sich brachte, der in 12 Jahren von 46 Mill. Bogen auf 144 Mill. stieg, und mit einigen Artikeln die Welt beherrschte. (Shawls, Möbel, mathematische Instrumente, Bijouterie- und Luxuswaaren.) Denn jährlich verkaufte es für 14 Mill. Fr. Shawls, für 6 Mill. Fr. Möbel und Bijouterie und für 47 Mill. Fr. andere Fabricate.

Um den Ackerbau zu befördern, legte man auf die Einfuhr fremder landwirthschaftlicher Erzeugnisse Zölle, aber der Mangel an Fleischverbrauch (⅓ weniger als England) hemmte Viehzucht und Dungbereitung. Man führte spanische, sächsische und englische Schafe ein, doch wirkte die große Zerstückelung des Bodens nachtheilig, da sich ⅔ der Bevölkerung mit Ackerbau beschäftigte, welcher daher wenig einbrachte, weshalb sich die Kapitalien der gewinnreichen Industrie (Seide, Glas, Zucker, Papier, Färberei, Maschinen) zuwandten. Die Weberei vervollkommnete sich, im Färben waren die Franzosen Meister durch Hülfe der Chemie, ebenso in der Glas- und Papierfabrication. Steinkohlenbau und Eisenfabriken aller Art nahmen zu, Dampfmaschinen wurden in Menge gebaut, vom Jahr 1818—25 stieg der Verbrauch des Goldes für Bijouterie von 16.000 Hektogrammen auf 41.000, der des Silbers von 380.000 auf 700.000; der Pulververbrauch in den Bergwerken von 400.000 Kilogr. auf 960.000, die Ausfuhr des Pulvers von 33.000 Kilogr. auf 111.000, die jährliche Eisenproduction von 100 Mill. auf 150 Mill. Kilogr. Dagegen sank die Einfuhr von Schafen von 30 Mill. Fr. auf 8 Mill. (mit Einschuß der Wolle), die der Mastochsen von 5 Mill. Fr. Werth auf 2½ Mill., die Zahl der Handwerker aber stieg um 40—60 Procent. Man verspann 1812 nur 10 Mill. Kilogr. Baumwolle, seit 1825 aber 28 Mill., ja in manchen Gegenden vernachlässigte man die Leinwandspinnerei, um dafür Baumwolle zu verarbeiten. Es trat daher umsomehr eine Stockung des Absatzes ein, als auch andere Länder in diesen Artikeln Bedeutendes leisteten. Erst gegen Ende der zwanziger Jahre wurde Flachs in Lille und andern Orten auf Maschinen gesponnen, ebenso Baumwolle, und einige andere Industriezweige benutzten Maschinen. Da die Weinproduction durch fleißige Cultur auf das Doppelte gestiegen war, so trat auch hier Stockung im Absatz ein, und dasselbe erfuhr der Branntwein, von welchem man zu viel erzeugt hatte.

Nachdem Frankreich dem Landbau sein Recht hatte widerfahren lassen, neigte es sich der Maschineninndustrie zu, durch welche England die Herrschaft auf dem Weltmarkte gewonnen hatte.

Es traten nach der napoleonischen Periode zwei gefährliche Handelskrisen in England ein, welche den ganzen europäischen Handel erschütterten.

§. 64. Die englischen Handelskrisen 1815—25.

Nach den langen verheerenden Kriegen bedurften die Völker der Ruhe, um sich von den zahlreichen Verlusten zu erholen, Handelsverbindungen zu erneuern und durch angestrengte Production erlittenen Schaden zu ersetzen, die Schuldenlast zu verringern. Es waren aber durch die Revolution politische Wünsche erwacht, durch Erwartungen und Versprechungen gesteigert, aber nach der Unterdrückung der Herrschsucht Napoleons wollten die Regieruugen die alten Zustände wieder herstellen, veraltete Mißbräuche wieder einführen und die guten Wirkungen verleugnen, welche die Revolution gehabt hatte. Voll frommen Dankes gegen Gott schloßen die Herrscher Rußlands, Oesterreichs und Preußens „die heilige Allianz", und glaubten die Ruhe Europas durch Festhalten an unbeschränkter Herrschergewalt zu sichern, dagegen verlangten die Völker nach wirksamer Theilnahme an der Gesetzgebung und Staatsregierung, so daß die Polizeigewalt überall vergrößert wurde, um solche Bestrebungen im Keime zu unterdrücken. Es entstanden politische Parteiungen, geheime Gesellschaften und endlich brachen in Italien und Spanien (1820) Revolutionen aus, welche Oesterreich und Frankreich unterdrückten, aber dadurch nur die Aufregung steigerten. In Folge davon fielen die spanischen Kolonien ab und behaupteten nach langem Kampfe ihre Unabhängigkeit als Republiken; Brasilien ward (1826) ein selbstständiges constitutionelles Kaiserthum, Spanien ward von Militärrevolutionen oft erschüttert, Griechenland riß sich nach blutigem Kampfe von der Türkei los (1829), nach Alexanders Tode (1826) erlebte Petersburg eine Militärrevolution, in Konstantinopel ließ Mahmud die rebellischen Janitscharen niedermetzeln (1826), und endlich wurden durch die Julirevolution (1830) in Frankreich die Bourbonen verjagt und Louis Philipp von Orleans constitutioneller König. Belgien riß sich durch eine Revolution von Holland los und ward ein eigenes Königreich unter Leopold von Sachsen-Koburg, die Polen aber erlagen bei

Oftrolenka, Polen ward ruſſiſche Provinz, verlor ſeine Conſtitution und (1840) nahm Oeſterreich Krakau, um den revolutionären Umtrieben ein Ende zu machen, welche von dieſem Freiſtaate ausgingen. Auch Deutſchland erlebte Revolutionen, in deren Folge Hannover, Braunſchweig, Sachſen, Heſſen Conſtitution einführten, welche die ſüddeutſchen Staaten ſchon beſaßen. Doch wiederholten ſich hier wie in Italien und Spanien Gewaltmaßregeln und Aufſtände, bis das große Revolutionsjahr 1848 die Verfaſſungen befeſtigte.

England, im Beſitz einer freien Preſſe und eines Parlaments blieb frei von ſolchen Erſchütterungen, wandte vielmehr ſeine ganze Sorge dem Handel und der Induſtrie zu, als den höchſten Staatsintereſſen, erlebte aber ſchwere Handelskriſen, welche eine Folge der großen Staatsveränderungen waren, welche in Europa und Amerika eintraten. Die Handelsſperre hatte für England zunächſt die Folge, daß die europäiſchen Handelsflotten vom Ocean verſchwanden, England faſt allein den Seehandel erhielt und mit Nordamerika in ein ſo inniges Wechſelverhältniß des Handels trat, daß große Handelskriſen und ſchlechte Ernten Nordamerikas von großem Einfluß auf England wurden. Es hatte England aber auch auf ſeine Koſten die Kriege der Continentalmächte gegen Napoleon geführt, denn es hatte 3 Millionen Thlr. an Staatsanleihen, und im Ganzen 50 Milliarden Francs für Kriegszwecke ausgegeben. Es war die Aufbringung ſolcher Summen nur durch Steigerung der Production und durch Vermehrung der Abſatzwege möglich, welche aber doch auch ihre Grenzen hatten, obſchon die Dampfmaſchine die Steinkohlen- und Eiſengruben erſt tüchtig auszubeuten lehrte. Manche Induſtriezweige verzehnfachten ihre Production und es entſtand eine Maſſenproduction. Als nun endlich Frieden eintrat, Europas Häfen den engliſchen Waaren ſich öffneten, ſo rechnete man in England auf ungeheuren Abſatz, gleich als ob Europa das Verſäumte nachholen müſſe. Man ſtrengte alle Productionskräfte an und überſchüttete den Markt mit Waaren. Aber Europa war durch den Krieg erſchöpft, verarmt und konnte nur Getreide als Gegenwaare bieten; außerdem hatten ſich unter dem Schutz der Continentalſperre manche Fabriken vervollkommnet, ſo daß ſie mit den engliſchen concurriren konnten, und das Publicum war an gewiſſe Einſchränkungen der Bedürfniſſe gewöhnt. Dazu kam noch der alte Streit in England in Betreff der Getreidepreiſe. Die Fabrikanten verlangten niedrige Getreidepreiſe, die Grundbeſitzer Zölle gegen fremde Getreideeinfuhr. Trotzdem ſanken in England die Getreidepreiſe, in Folge davon ſtellten 240 Landbanken von 1814—16 ihre Zahlungen ein; eine Menge Noten kamen außer Umlauf, die Höhe der Steuern drückte, man mußte in ganz Europa unter dem Preiſe verkaufen, während die Induſtrie ſo geſtiegen war ſeit Aufhebung der Schifffahrtsacte zu Gunſten Nordamerikas (1814), daß der Verbrauch nordamerikaniſcher Baumwolle von 1813—18 von 30 Mill. Pf. auf 162 Mill. Pf. ſtieg. Mit dem Stocken des Abſatzes trat Arbeitsloſigkeit in England ein. Entlaſſene Arbeiter, entlaſſene Matroſen und Soldaten durchzogen das Land, eine Theuerung wegen Mißernte steigerte das Elend; die erbitterten Arbeiter zerstörten Maschinen, brannten Fabriken nieder, plünderten Kaufläden, so daß Militär einschreiten mußte.

Mit Mühe erholte sich England, denn 1819 nahm die Bank ihre Baarzahlungen auf, Handel und Industrie wuchsen, denn bereits verbrauchte man 1 Mill. Ballen Baumwolle, und verkaufte 1824 für 368½ Mill. G. Baumwollenwaaren. Mit dieser Zunahme der Kapitalansammlung stieg die Speculation, man klagte über niedrigen Zinsfuß und war zu jedem Unternehmen bereit, welches Vortheil in Aussicht stellte, und bald ging man so weit, daß man ohne alle Prüfung sich bei jedem Unternehmen betheiligte, welches angeboten wurde. Namentlich aber übernahm England eine Menge Staatsanleihen (146 Mill. Pf. St.) und 114 Gesellschaften brachten ein Kapital von 102 Mill. Pf. St. auf, besonders für Unternehmungen in dem eben befreiten Südamerika, wo man nicht nur Gold und Perlen in Menge zu finden meinte, sondern sogar Butter im Großen den wilden Viehheerden abgewinnen wollte und deshalb schottische Milchmädchen hinbrachte. In 8—14 Tagen stiegen die Actien dieser projectirten Unternehmungen von 500 auf 1300, von 30 auf 150, von 10 auf 82. Um diesen Geldabfluß, zu welchem 1825 noch eine Baarsendung von 150 Mill. G. kam, zu ersetzen, vermehrten die Banken ihre Noten, die Bank setzte das Disconto herab, die Speculation stieg so ins Unüberlegte, daß man nach Brasilien Bettwärmer, Schlittschuhe, Porcellan und geschliffenes Glas für die Indianer sandte. Die Ernüchterung erfolgte aber bald (1825), als die erwarteten Zinsen ausblieben, Mangel an baarem Geld eintrat, das Disconto der Bank erhöht wurde, die Staatspapiere fielen, die Waaren verschleudert wurden, Provinzialbanken, Bankiers und Handelshäuser ihre Zahlungen einstellten. Erst nach und nach konnte die Bank dem Verderben Einhalt thun, indem sie die Zinsen herabsetzte, Vorschuß auf Waaren leistete, Zweigbanken in den Haupthandelsplätzen errichtete. Aber trotzdem fehlte es nicht an Aufständen, nahm die Auswanderung zu, und hatte das Land große Verluste zu verschmerzen, denn es war ein starkes Steigen der Baumwollpreise hinzugekommen. Es standen diese 1824 niedrig, und vorsichtige Häuser wollten sich auf mehrere Jahre versorgen. Dies trieb die Preise in die Höhe, mehrte aber auch die Angebote, da man noch möglichst billig kaufen wollte. Die Liverpooler trieben durch Zurückhalten der Waare die Preise so hoch, daß die Fabrikanten von Manchester nicht mehr kauften, sondern von Brasilien bezogen, welches 350000 Ballen lieferte, wodurch die Liverpooler große Verluste erlitten.

§. 70. Der deutsche Handel von 1814—1860. Entschiedener Uebergang zu Schutzzoll und Zollvereinen.

Die französische Revolution und Napoleons Weltreich hatte den Nutzen, daß gewaltsam eine Menge Mißbräuche und Uebelstände, Zölle und Vorur-

theile entfernt wurden, welche auf der menschlichen Gesellschaft lasteten, namentlich aber die Landwirthschaft niederhielten und die Beschäftigung mit ihr verächtlich machten. Die Continentalsperre wies in ihren Folgen auf die Noth-
wendigkeit der Steigerung landwirthschaftlicher Production, auf Verbesserung
der Viehzucht hin, als auf die Grundlagen einer selbstständigen Industrie. Es
war der Fehler Hollands, daß es nur mit Fabrikaten handelte oder Rohstoffe
für seine Industrie aus andern Ländern beziehen mußte, so daß seine Industrie
aufhören mußte, sobald die Zufuhr von Rohproducten fehlte. England, durch
seine insulare Lage auf den Welthandel angewiesen, als Staat keiner gewaltsamen Erschütterung mehr ausgesetzt, kaufte zwar viel Rohprobucte, suchte aber
zugleich auch die einheimische Production zu vermehren, steigerte durch Maschinen seine Arbeitsfähigkeit, lieferte daher die billigste Waare, besaß die meisten
Capitalien und erhob den Handel nebst der Industrie zur Hauptsorge der Regierung. Während in Deutschland die Wissenschaft sich fast ausschließlich mit streng
gelehrten Untersuchungen beschäftigte, dienten Mathematik, Chemie und Physik
in England und Frankreich der Industrie und Schifffahrt, ohne etwas von
ihrer Würde zu verlieren. Da durch die Verbesserung der technischen Gewerbe
und durch Maschinenarbeit englische und französische Waaren bald den deutschen
Markt überfüllten, so blieb dies besonders in den Ländern der nördlichen Ebenen auf Landbau angewiesen und mußte seine Industrie durch Schutzzoll schützen.
Die größeren deutschen Staaten konnten diese Grenzsperre durchführen, aber
die kleinen gingen dabei zu Grunde. Da zwang sie die Noth zu einer Einigung: zu drei Zollvereinen, so daß Deutschland in dieser Beziehung den Uebergang zur neuen Periode bezeichnet, zu der des Schutzzolles, durch welchen die
Industrie erstarken soll, während der Handel neue Absatzwege auffinden, die
Landwirthschaft Rohproducte liefern muß.

Nord- und Mitteldeutschland waren vorzugsweise auf Landwirthschaft und
Getreidehandel gewiesen, einige Gegenden auch auf Leinwand- und Tuchweberei,
die großen Städte und gebirgigen Gegenden auf Industrie. Der Getreidehandel und der Gewinn der Landwirthe hing aber vom Ausfall der Ernte in
England, Frankreich und Spanien ab, brachte daher bald Gewinn, bald Verlust, welche aber nur den großen Grundbesitzer und Getreidehändler trafen.
Günstige Jahre und Ueberfluß an Capital hatten Neigung zur Landwirthschaft
und lebhaften Güterhandel oder Güterpachtung hervorgerufen und es dem
Bauer möglich gemacht, seine Frohnden in Geldzahlungen abzulösen. Traten
nun billige Jahre ein, so geriethen Pächter und Bauern in Schulden, konnten
aber sich nicht losmachen von ihren Pachtungen, mußten also ihre Aecker auf
andere Weise zu verwerthen suchen. Daher führte man Schafzucht, Veredelung
derselben, Anbau von Futterkräutern u. s. w. ein, so daß die Wollproduction
stieg, außer den bestehenden Wollmärkten neue errichtet wurden (Berlin, Magdeburg, Stettin, Naumburg ꝛc.), und die Wollmanufacturen sich belebten. Andere
Oekonomen verlegten sich auf Branntweinbrennereien, da der Genuß des

Branntweines besonders im Norden stieg auf den jährlichen Consum von 10 bis 14 Quart für die Person, und der Spülicht gute Mast lieferte. Runkelrüben und Gewürzpflanzen bildeten in anderen Gegenden einen Zweig ländlicher Production, Butterausfuhr und Pferdezucht brachten den Marschländern der Weser und Elbe viel ein, und Landschaften bei großen Städten hatten dorthin sichern Absatz. Auch Garne und Rapssamen wurden stark ausgeführt, von jenem im Jahr 1818 bereits 10 Mill. Pf. nach England. Dagegen gingen andere Erwerbszweige zurück, welche sich während der Kontinentalsperre gehoben hatten, besonders Tabak und Farbepflanzen, nur Runkelrüben und Cichorien behaupteten sich, wogegen die Spinnereien, Webereien und Metallfabriken jährlich an Absatz verloren. Sachsens Tuchfabriken behaupteten sich, da die sächsische Wolle die beste war und in England mit 300 Thl. pr. Ctr. bezahlt wurde, und die Leinwandwebereien wie Baumwollspinnereien erhielten sich durch beispiellos billige Arbeit, da die Weber und Spinner noch ein Stückchen Kartoffelacker zu bebauen pflegten, aber auch so herabkamen, daß sie das ganze Jahr nur von Kartoffeln lebten und selbst Brod Leckerbissen wurde. Während das Geld- und Wechselgeschäft, welches sich meist in den Händen von Juden befand, in allen großen Städten betrieben wurde, erweitete es sich dahin, daß sich Bankiers an allerlei Unternehmungen betheiligten und manchen Handelszweig belebten, Hamburg und Bremen aber in Cuba, Brasilien, Mejico Absatz deutscher Waaren, besonders deutscher Linnen erreichten, welche auch über England und Holland nach Südamerika gingen. Denn Spanien und Portugal kauften wenig deutsche Waare, wogegen man Kaffee, Zucker und andere Kolonialwaaren direct aus Brasilien und Westindien bezog, deutsche Bergleute sogar Gruben in Mejico in Betrieb nahmen, seit sich in Elberfeld zu diesem Zwecke eine Gesellschaft gebildet hatte.

Triest breitete seine Verbindungen bis Nordamerika und Brasilien aus, Lübeck versorgte den Nordosten Europas mit französischen und englischen Waaren und versandte wie die übrigen Ostseehäfen Getreide, Holz, Flachs, Pottasche u. s. w., Bremen aber behauptete den Großhandel mit Tabak, Hamburg den mit Zucker und Kaffee, nämlich 70 Mill. Pf. Zucker und 30 Mill. Pf. Kaffee (im Jahr 1818), so daß Amsterdam überholt wurde. Bremen führte außerdem für 1 Mill. Thlr. französischen Wein ein, 10 Mill. Pf. Zucker und 10 Mill. Pf. Kaffee.

Während in Oesterreich die Wollmanufactur besonders in Böhmen und Mähren stieg, die Veredelung der Schafe in Ungarn mit großem Eifer betrieben ward, selbst Baumwollweberei und Glasfabrication sich entwickelten, Triest Aus- und Einfuhr besorgte, kamen Baiern und Würtemberg immer mehr herab, da ihr Getreide zu weit entfernt lag von den Seeplätzen, die Industrie noch handwerksmäßig betrieben wurde, und als Preußen wie Oesterreich seit 1818 ihre Grenzen sperrten, waren die südwestdeutschen Staaten auf sich gewiesen. Da sie ihre Grenzen nicht auf gleiche Weise absperren konnten, so beherrschten Preußen, Frankreich und England den Markt, wogegen die Holz- und Weinausfuhr stockte, weil Nordamerika, Rußland, Rheinpreußen concurrirten.

Als Preußen die Grenzsperre zum Schutz seiner Industrie eingeführt, d. h. fremde Fabrikate mit einem angemessenen Eingangszolle belegt hatte, belebte sich die Industrie am Rhein, in Westphalen und Schlesien. Besonders nahm die Steinkohlengewinnung zu, man arbeitete in den Fabriken zu Barmen, Elberfeld, Aachen u. a. bereits mit Dampfmaschinen, benutzte Steinkohlen in den Eisenhütten, so daß 27 Mill. Ctr. Steinkohlen im Werth von 6½ Mill. Thl. bereits 1824 gewonnen wurden. Elberfeld schuf seine siegreiche Seiden- und Sammtindustrie, Crefeld concurrirte glücklich mit England in diesem Artikel, es entstanden in der Monarchie Fabriken aller Art, unter andern auch Oel-, Glas- und Papierfabriken, welche den Markt in Deutschland behaupteten, und die rheinisch-westindische Compagnie sorgte für Absatz in Amerika. Sachsens Industrie und Leipzigs Messen bekamen bei diesen Grenzsperren und der Concurrenz preußischer Meßorte einen schweren Stand, wogegen sich Oesterreichs Industrie kräftig unter dem Schutzzoll entwickelte, selbst in Sachsen glücklich concurrirte mit Eisen-, Stahl-, Glas- und Linnenwaaren, das Inland mit Tuch und Baumwollstoffen versorgte, und in der Levante den Markt behauptete. Noch mehr entwickelte sich die Landwirthschaft, da der Adel sich derselben eifrig annahm, so daß Wolle sogar nach England ging. Leider blieb Ungarn, durch Grenzzölle verhindert, seine reichen Producte zu verwerthen, weshalb es auch wenig Veranlassung hatte, die Production zu vermehren oder durch Fabriken und Manufacturen seine Rohproducte zu verarbeiten, da es die Absatzwege nicht so nahe hatte wie Böhmen, welches überdem stärker bevölkert war. Obschon in den letzten Jahren unserer Periode die Preise der Landgüter sanken, so nahm die Ausfuhr von Wolle doch zu, denn sie stieg in 12 Jahren von 3 Mill. Pf. auf 20 Mill. Pf. Als aber die Handelskrise Englands im J. 1825 die Ausfuhr hemmte, begann der Handel mit Schafen, von denen große Heerden nach Rußland und Nordamerika gingen, und die Kleefütterung wirkte so günstig, daß selbst die Wolle der Bauernschäfereien feiner ausfiel und neue Wollmärkte (Magdeburg, Braunschweig, Kassel u. s. w.) entstanden. Außerdem nahm der Schiffbau an den Ostseeküsten zu, denn in England kostete ein Schiff 9000 Pf. St., in Hamburg und Bremen 8000, in Lübeck 7000, in Ostpreußen 5—6000 Pf. St. Doch wirkte hemmend der Tarif, welchen 1824 Rußland und Neapel aufstellten und dadurch deutsche Artikel ausschloßen, und auch Garn und Leinen fanden immer weniger Absatz, je mehr Schottland und Irland sich hierin vervollkommneten. Für Tuch war nur Nordamerika Abnehmer, England dagegen sandte Baumwollwaaren und Twiste, für 9 Mill. Pf. St. Tuchwaaren, 70000 Ctr. geschmiedetes Eisen und Kupferplatten zum Ueberzug der Schiffe.

Da unter diesen Verhältnissen die süddeutschen Staaten am meisten litten, weil bei ihnen die Grundstücke sehr zerkleinert waren, Absatzwege fehlten und nur Baden durch den Transitohandel nach der Schweiz, durch Holz- und Ackerbau gewann, so suchten sich die kleinen Staaten dadurch zu helfen, daß sie Zollvereine schlossen. Es traten Würtemberg und Baiern zusammen, Preußen vereinte sich mit Darmstadt und den anhaltinischen Fürstenthümern (1828), Sachsen endlich mit Hannover, Bremen, Braunschweig, Nassau, Oldenburg. Bald darauf verband sich Preußen mit Baiern und Würtemberg und sie bildeten ein Zollganzes von 18 Mill. Einw., der mitteldeutsche Handelsverein ein Gebiet von 6 Mill. Einw. Die übrigen deutschen Staaten, nebst Hamburg und Lübeck, traten keinem Vereine bei. Obschon die vereinigten Staaten gewisse Zölle noch aufrecht erhielten, so hörte der Schleichhandel doch auf, und wenn in den ersten Jahren die preußische Industrie das Uebergewicht behauptete, so fanden doch auch süddeutsche Producte Absatz, besonders Wein, und die Messe zu Offenbach gewann an Bedeutung.

In diesen Zeiten macht sich eine große sociale Umgestaltung bemerklich. Es entstand ein Andrang zu Staatsämtern, zu Schulen und Universitäten, also ein Ueberfluß an Aerzten und Juristen, meist Söhne von Handwerkern und kleinen Krämern; außerdem nahm die Zahl der Krämer und kleinen Kaufleute zu, Garnisonen und Universitäten brachten viel Geld ein, und in gewissen Gegenden gewann man viel durch den Besuch der Reisenden, die in Menge kamen. Die Engländer allein verreisten auf dem Continent jährlich 4—6 Mill. Pf. St.

§. 71. Die Verbreitung und Veredelung landwirthschaftlicher Gegenstände.

Wie man in den früheren Perioden für die Verbreitung gewisser einträglicher Pflanzen und Thiere des Colonialhandels gesorgt hatte, so waren in unserer Periode Fürsten und Privaten eifrig bemüht, einheimische Pflanzen und Thiere zu verbreiten und zu veredeln.

Ludwig XIV. interessirte sich sehr für Veredelung des Obstes, ließ von seinen Gesandten feine Obstsorten aufkaufen und legte im Karthäuserkloster zu Paris und zu Montreuil berühmte Obstgärten an, deren Obergärtner sich auch in der Wissenschaft der Pomologie einen klassischen Namen erwarben. Karl VIII. von Neapel verpflanzte aus Frankreich viele Obstbäume nach Neapel, in den Niederlanden und England erzog man treffliches Obst, doch hatte Deutschland die ersten Orangeriehäuser. In Deutschland zählte man die Baumsetzer zu den Künstlern und viele Fürsten verordneten, daß junge Leute erst dann heirathen durften, wenn sie eine gewisse Zahl von Obst- und Waldbäumen gepflanzt hatten. Baumfrevel bestrafte man in Brandenburg mit Abhauen der Hand. August, Kurfürst von Sachsen, schrieb ein Buch über Obstcultur, pflanzte selbst Tausende von Bäumen, da er bei jedem Spaziergange einen besonders eingerichteten hohlen Stock bei sich führte, mit welchem er

Samen in die Erde senkte, und bei jedem Spazierritt ein Beutelchen mit Eicheln am Sattelknopf hängen hatte. Ortsgeistliche mußten Tabellen über die
Anpflanzungen junger Eheleute führen, da diese gesetzlich vorgeschrieben waren,
und viele Geistliche hielten treffliche Baumschulen. In Schlesien beförderte
Friedrich II. die Obstzucht, so daß im 18. und 19. Jahrh. Obst für manche
Gegend einträglicher Handelsartikel wurde, gedörrtes Obst und Obstwein gleichfalls Ausfuhrartikel wurden.

Die Pomeranze kam im J. 1000 nach Europa, doch Frankreich besaß
1550 nur einen einzigen Baum. Apfelsinen, von Portugiesen aus China eingeführt, waren im 17. Jahrh. noch so selten, daß sich fürstliche Personen mit
ihnen beschenkten. Damen dagegen bissen damals von Zeit zu Zeit in eine
Citrone, um rothe Lippen zu behalten, und Studenten schenkten ihren Professoren im Juni eine Apfelsine, die mit 6—8 Goldstücken gefüllt war. Jetzt
erzeugt Italien 150 Arten, und auf den borromäischen Inseln pfropft man
auf Citronenbäume Feigen, Rosen und Jasmin. Französische Prinzessinen
hatten auf Malta einen eigenen Garten, von wo wöchentlich Orangen und
Granatäpfel gesandt wurden. — In Nord- und Mittelitalien bildet die Kastanie
ganze Wälder, ein einziger Distrikt in Toscana erntet jährlich 60.000
Scheffel, da sie hier wie in Südfrankreich, Spanien und Griechenland die
Kartoffel und das Brod ersetzt. Oesterreich hat in Ungarn, Mähren, Krain,
Kärnthen und Steiermark gleichfalls eßbare Kastanien.

Der Oelbaum hat erst in neuester Zeit in Sardinien Verbreitung gefunden, in Corsica erhob man den in den Adelstand, der eine gewisse Anzahl
von Oelbäumen pflanzte. Man zieht diesen Baum in Menge in Südfrankreich
(Provence und Languedoc), in Ost- und Südspanien (Sevilla, Granada, Valencia, in Wäldern auf Mallorca) und in Portugal (Coimbra), Italien (Toscana, Lucca, Gardasee, Neapel, Sicilien), auf den ionischen Inseln u. s. w.
Aprikosen kamen c. 1500 aus Italien in die Nachbarländer. Von den Pflaumen
erhielten die von Tours und Agen großen Ruf, selbst Him- und Erdbeeren
machte man aus Waldfrüchten zu Gartengewächsen, verpflanzte sogar c. 1770
amerikanische Arten (Ananaserdbeeren u. a.) nach Frankreich.

Der Reisbau war c. 1520 aus Spanien nach Italien verbreitet, c. 1750
in Frankreich versucht, wo er 1846 mit Erfolg und auch in den Niederlanden
angepflanzt wird, wogegen er in Ungarn schon länger angebaut und in neuester
Zeit der Bergreis in Norditalien (Vercelli) und Rußland angepflanzt ist. Im
16. und 17. Jahrh. fand der Buchweizen Verbreitung, 1815 brachte man
deutsche Hirse nach Frankreich, im 19. Jahrh. pflanzte man die nahrhafte
Quinoamelde aus Mejico in Frankreich, England und Norddeutschland an.
Der Rapsbau fand die erste Pflege in Belgien und ist im 18. Jahrh. über
Deutschland verbreitet, doch wird Mohn trotz seines trefflichen Oeles erst seit
c. 1800 in einigen Gegenden in Großem gepflanzt, die so sehr nützliche Son-

nenblumme dient nur als Zierpflanze; Oelrettig baut man nur in Italien, Schweden und Mecklenburg, Sesam in Ungarn und Rußland hier und da.

Der Anbau des Krapps, der aus Ostindien stammt und in Asien sehr verbreitet ist, hat in neuerer Zeit sich verringert. In Frankreich führte man levantischen Samen ein (1760) und Baucluse erzeugt noch für 4½ Mill. Thl. In Schlesien (Breslau) hat sich der Anbau um die Hälfte verringert (80.000 Stein à 22 Pfd.). In Baiern producirte ein einziger Gutsbesitzer für 150.000 Thl., jetzt das ganze Land 50.000, in andern deutschen Ländern hat er ganz aufgehört. Doch erzeugt Seeland viel Krapp, denn England verbraucht viel (50.000 Ctr. präparirten Krapp und 55.000 Ctr. Krappwurzeln). Noch schlimmer erging es dem Waid, welchen der billige Indigo verdrängte. In Südeuropa cultivirt man noch Wau, Safflor und Saffran, letztern baut man in Oesterreich und Italien im Großen. Es wurden seit dem 17. Jahrh. auch allerlei Gemüse angepflanzt, denn einige Reichsstände und Fürsten (Kaiser Friedrich III., Max I., Rudolf II.) errichteten Kunstgärten, pflegten fremde Gewächse und empfahlen feine Gemüse und Obst. Besondern Gemüsehandel trieb Holland nach England und Frankreich, denn unter Ludwig XIV. waren grüne Erbsen noch ein Leckerbissen der königlichen Tafel. Es kamen durch diese Kunstgärten viel ausländische Bäume (Roßkastanie aus Nordasien, die Akazie aus Nordamerika, italienische Pappel vom Mississippi, Trauerweide, Bergahorn, Platane, Pinie, Lärche, Birkenarten u. s. w.), aber auch viel Zierpflanzen und Blumen nach Europa.

Die Blumenliebhaberei ist in Asien heimisch und verbreitete sich von Konstantinopel aus über Europa, welches auch die Blumensprache und Blumensymbolik von Asien empfing. Die Rose hat in der Kulturgeschichte eine Rolle gespielt. Die Schwertlilie gab das Vorbild für den Schaft der Säule, Elfen trugen Lilienstengel, Ludwig VII. machte sie zum Familienwappen und in Frankreichs Gärten war sie Lieblingsblume. Der österr. Gesandte Busbek brachte unter andern Gewächsen die Tulpe nach Wien, und in Holland ward der Handel mit Tulpenzwiebeln ein Lotteriespiel. Sehr theuer bezahlte man eine Zeitlang Hyacinthen, die aus Bagdad stammen. Aus Ostindien brachte man Tuberosen und Balsaminen, aus China Hortensien und Kamelien, aus Amerika Sonnenblumen, Sinnpflanzen, Georginen, Cactus und Aloe, denn England allein soll aus Amerika 2340, vom Kapland 1700 und anders woher Tausende von Pflanzen eingeführt haben. In neuester Zeit ist der Blumenhandel sehr einträglich geworden, es werden Blumenausstellungen gehalten, Vereine haben sich gebildet und die Handelsgärtner Belgiens verdienten 8 Mill. Fr., denn Gent allein verkaufte 200.000 Pflanzen. Hauptorte des Blumenhandels sind Paris, Lüttich, Gent, London, Kiew, Homburg, Erfurt, Dresden, Wien u. s. w.

Natürlich wandte man dem Weinbau und der Seidenzucht große Sorgfalt zu, indem man die Trauben durch Einführung besserer Sorten veredelte,

Korinthen anbaute, den Saft chemisch behandelte und die Production durch erweiterten Anbau vermehrte; besonders in Südrußland, in der Krimm, Bessarabien u. s. w. führte man deutsche und schweizerische Winzer ein und pflanzte Millionen von Reben. Frankreich erzeugt c. 50 Mill. Eimer im Werth von 800 Mill. Fr., Valencia löst aus seinen Rosinen c. 5 Mill. Fr.; Ungarn bringt in guten Jahren 30 Mill. Eimer, die übrigen Kronländer Oesterreichs 10 Mill. Eimer, ganz Europa etwa 120 Mill. Eimer im Werthe von 1200 Mill. Thl. Da von den 230 Mill. Menschen Europas 125 Mill. im Weinlande leben, wo 71 Mill. Eimer verzehrt werden, so hat dieses Verhältniß gewiß großen Einfluß auf Lebensweise und Charakter. Auch die Seidenproduction nahm zu, da sie in Europa auf 12 Mill. Pfd. Rohseide im Werthe von 66 Mill. Thl. stieg. In vielen Gegenden beschäftigten sich die Landleute nebenbei mit der Bienenzucht, da Honig und Wachs einträgliche Artikel sind; Ungarn versendet Millionen von Blutegeln nach England und Frankreich (1832 sogar 57 Mill. Stück für 8—9 Mill. Fr.), da die Pariser Spitäler allein 9 Mill. Stück brauchen.

Aus China führte man Schweine ein, verbesserte auf dem Kontinent die Zucht durch speckreiche englische Schweine, und die eichenreichen Gegenden Ungarns treiben einen namhaften Handel mit Schweinen, Schmalz, Borsten, Speck und Schinken. Durch arabische Pferde veredelte man die Pferdezucht, in welcher es England weit brachte, so daß man englische Pferde der Veredelung wegen ausführt und in einzelnen Ländern (Ungarn) große Gestüte gegründet wurden, während Polen und Rußland viel halbwilde Pferde erziehen. Milchreiche Kuhracen verbreiteten sich von der Schweiz, Ostfriesland und Holstein aus; selbst die Taubenzucht ward einträglich. Die von Elba nach Corsika entflohenen Kanarienvögel lernten Tiroler erziehen und zähmen und trieben durch die ganze Welt Hausirhandel. Die Kaschmir- und Angoraziege, der Seidenhase wurden nach Frankreich, Schweden und Mähren verpflanzt, vor allen aber Merinos in allen Ländern eingeführt. Am frühesten geschah dies in England (c. 1330), weshalb es einträglichen Wollhandel trieb. In Frankreich führte man seit 1760 spanische Schafe ein, und Napoleon sammt seinen Generalen brachten aus Spanien Merinosheerden mit. Seit c. 1770 brachte man Merinos nach Piemont, Sachsen, Preußen, Oesterreich, Rußland, Schweden, Dänemark und 1797 nach Holland.

Auch den Dung hat man verbessert, besonders seit England und Belgien ihn nach chemischen Analysen künstlich bereiten, Guano und die Berieselung der Wiesen eingeführt sind.

Dies Alles sind die Einflüsse des physiokratischen Systems.

————

Vierter Abschnitt.
Die Periode der freien Arbeit, des Schutzzolles und Frei-handels (1815 bis jetzt).

§. 72. Adam Smith und die Entwickelung der volkswirth-schaftlichen Grundsätze.

Für diese Periode läßt sich eine Jahreszahl des Anfangs nicht angeben, da die zu Grunde liegende Theorie sich erst ausbreiten mußte, da ferner nur einzelne Grundsätze in die Praxis Eingang fanden, und auch dies Letztere in den einzelnen Ländern zu verschiedenen Zeiten geschah. Die Vereinigten Staaten Nordamerikas waren durch die Art ihrer Entstehung auf ein freies Handels- und Industriesystem geführt; in England waren Handel und Gewerbe Nationalangelegenheiten, weshalb das Parlament sich eingehend mit volkswirthschaftlichen Fragen beschäftigte, die Presse gleichfalls solche Fragen lebhaft verhandelte, und die Anwendung besserer Grundsätze in England also schon gegen Ende des vorigen Jahrhunderts Eingang fand, während im übrigen Europa die Völker zu sehr vom Kriegsinteresse beschäftigt waren, um Fragen zu erörtern und in Anwendung zu bringen, welche friedliche Verhältnisse voraussetzen. Erst seit England durch seine Maschinen und Handelspolitik die ganze Welt überflügelte, wandten sich Regierungen und praktische Wissenschaft den englischen Grundsätzen nach und nach zu, um sich ihnen schrittweise zu nähern.

Als der Königsberger Philosoph Emanuel Kant (seit 1770) für die gesammten Wissenschaften eine neue Grundlage schuf, als Winkelmann das Verständniß der Kunst der Alten ermöglichte, Pestalozzi (1746—1827) eine neue Organisation des Volksschulwesens anbahnte, Johann von Müller und Schlosser eine neue Methode historischer Forschungen einführten, Göthe und Schiller ihre Meisterwerke dichteten, Schinkel einen neuen Baustyl in Anwendung brachte Scott seine Romane schrieb, die Encyclopädisten in Frankreich die Wissenschaft auf die Gegenwart anwandten, Mozart und Haydn Meisterwerke componirten: — stellte ein schottischer Professor ein nationalökonomisches System auf, dessen Hauptsätze noch immer die geltenden sind, erweitert, verbessert, bestritten und ergänzt, aber noch keineswegs durch ein neues System ersetzt wurden.

Schon Galiani behauptete, der Reichthum beruhe in der menschlichen Arbeit, weshalb jede Beschäftigung nothwendig sei, Beccaria verlangte aus demselben Grunde Verkehrsfreiheit, der Oesterreicher Sonnenfels und der praktische Justus Möser sprachen ähnliche Grundsätze aus; noch gründlicher geschah dies von dem englischen Historiker Hume, indem er Arbeit und Fleiß obenan stellte, und wie Tucker Handelsfreiheit verlangt. Ferguson gebrauchte zuerst das Wort Nationalökonomie; in ein abgerundetes System brachte aber erst Adam Smith,

Prof. zu Edinburg, diese Grundsätze. Er war der Sohn eines Zollbeamten (geb. 1723), ein Freund Hume's, lebte eine Zeit lang in Paris und veröffentlichte 1771 sein Buch: Inquiry into the Nature and the Causes of the Wealth of Nations, welches bald als „freies Industrialsystem" allgemeine Anerkennung fand. Von ihm ab gründet man Volkswirthschaft auf die sittlichen Grundsätze eines verfassungsmäßig geordneten Staats und einer zweckmäßigen Volkserziehung.

Smith behauptet, alle menschliche Thätigkeit werde vom Eigennutz angeregt, d. h. vom Eigeninteresse, man müsse daher der Natur des Menschen freien Lauf lassen, d. h. dem Menschen gestatten, von seinen Kräften Gebrauch zu machen, man müsse ihm Freiheit der Arbeit, Gleichberechtigung der Thätigkeit gestatten, den Fortschritt unterstützen und Allen gerecht sein, Aller Recht auf Erwerb anerkennen.

Adam Smith vertritt also die materiellen Interessen, welche die Encyclopädisten so warm vertraten, er vertritt die Grundsätze der Gleichheit und Freiheit, wie sie unter dem Namen der Menschenrechte von der Nationalversammlung im Ballsaal zu Versailles proclamirt wurden, und wendet sie auf die Volkswirthschaft an. „Der Reichthum der Völker besteht weder allein im Boden, noch allein im Geld, sondern in allen Dingen, die zur Befriedigung unserer Bedürfnisse, zur Erhöhung unserer Lebensannehmlichkeiten und Genüsse und zur Erreichung der Lebenszwecke des Menschen tauglich sind, mithin auch in allen Hilfsgegenständen der Arbeit ꝛc." Die Arbeit ist Mutter des Kapitals, der Maßstab des Tauschwerthes, daher: Theilung der Arbeit, Productivität der Arbeitszweige (Ackerbau, Gewerbe, Handel), Beweglichkeit der liegenden Güter, Aufhebung aller Monopole ꝛc.

Smith fand Freunde und Gegner. Malthus vervollständigte Smiths System durch die Lehre von der Bevölkerung, Ricardo fügte die Lehre vom Tauschwerth hinzu und die der Grundrente (Überschuß über die Kapitalanlagen und die Arbeit) u. A. In Frankreich hob Say die Gefahr der Überproduction und die Lehre der Absatzwege hervor. Rossi, Blanqui, Chevalier, Dunoyer, Bastiat (Lehre vom Tausch und Werth) schlossen sich an; dagegen erhoben sich Simonde de Sismondi und Vertheidiger des Schutzzolls. Die Deutschen beschäftigten sich mehr mit Systematisirung des Stoffs, doch zeichneten sich aus Rau, Hermann, Schmitthenner, Hoffmann, Kudler, Roscher, Stein u. A. Die namhaftesten Gegner waren Adam Müller und List, welcher den Schutzzoll empfahl, aber auch zur Bildung eines Zollvereins, einer deutschen Seemacht, eines Eisenbahnsystems und zur Colonisation Polens und Ungarns aufforderte, wohin man die Auswanderung lenken solle. Roscher dagegen suchte den Gesetzen der Volkswirthschaft eine historische Grundlage zu geben, und Knies empfahl die Verkehrsmittel und deren zweckmäßige Einrichtung.

In Nordamerika entschied sich Franklin für den Freihandel, Hamilton für den Schutzzoll, Carey gleichfalls, und ebenso getheilt waren die Stimmführer anderer Länder. Von außerordentlichem Einfluß ward Széchenyi für Ungarn, indem er Aufgeben der alten feudalen Besitzordnung empfahl, Association, Mehrung der Verkehrsmittel, Verbesserung des Ackerbaus, Hebung des Credits u. s. w. verlangte.

In Frankreich entwickelte man aus politischen Grundsätzen ganz neue volkswirthschaftliche Ideen: den Socialismus und Communismus. Es sollte jeder Mensch „gleiches Recht auf Glück" haben, Privateigenthum beschränkt werden, Jedem ein Minimum von Einkommen zugesichert werden. Fourier wollte Arbeiter-Associationen (Phalangerien) gründen, L. Blanc errichtete Staats-Werkstätten. Cabet, Babeuf und Owen verlangten Aufhebung des Privateigenthums und Gütergemeinschaft, Gleichheit an Arbeit und Genuß, Proudhon erklärte das Eigenthum für Diebstahl; denn man wollte den Arbeiterstand zum herrschenden machen. Alle diese Theorien der Socialisten und Communisten sind Auswüchse falscher politischer und psychologischer Voraussetzungen und haben überall Verneinung gefunden.

§. 73. Erfindungen und Fortschritte in Industrie und Verkehrsleben.

Außerdem daß Handel und Industrie nach besseren Grundsätzen geleitet wurden, wenn auch nicht grade alle Regierungen unbedingt sich zu ihnen bekennen durften, machte die Industrie durch Erfindungen und stete Anwendung der Wissenschaft auf die Praxis so ungeheure Fortschritte, daß Manufacturen und Fabriken eine ganz andere Einrichtung erhielten. Durch Anwendung der Spinn- und Webstühle, durch Dampfmaschinen, durch neue Methoden des Färbens und Bleichens war man im Stande, die Production unendlich zu steigern. Die zunehmende Production an edlen Metallen machte es möglich, durch Assecuranzen aller Art vor Verlusten zu schützen, gesellschaftliche Unternehmungen ermöglichten die Ausführung großartiger Unternehmungen, Eisenbahnen und Telegraphen beschleunigten den Verkehr und sicherten ferner liegende Handelsplätze vor dem Nachtheile, zu spät Nachrichten von Hauptplätzen zu erhalten. Wir zählen die wichtigsten Ereignisse auf:

1626 gründen Franzosen auf Terreveneu (Neufunbland) eine Kolonie wegen des Stockfischfanges.

1630 lernt man Lichter in Formen von Blech oder Glas gießen.

1635 Gründung der Kapkolonie durch Holländer.

1640 der erste Louisd'or wird unter Ludwig XIII. geprägt.

1642 Gobelin gründet in Paris die Gobelinfabrik.

1643 Torcelli erfindet das Barometer.

1650 Die Chinarinde wird bekannt als Arznei, Eiderbunen kommen in den Handel, die erste russische Karavane geht von Moskau nach Peking.

1655 Die erste Dampfmaschine in England.

1657 Brasilholz nach England eingeführt.

1665 Erste Spiegelfabrik zu Tourville bei Cherbourg. Frankreich größte 1688 (Abraham Therart).

1667 Surinam von Holland besetzt.

1668 Karl II. schenkt der ostindischen Handelscompagnie Bombay.

1670 Hudsonsbaicompagnie. Tabak Staatsmonopol in Oesterreich (bringt jetzt 20 Mill. G.) und 1674 in Frankreich (bringt jetzt 80 Mill. Fr.). Cornelius Drebbel erfindet das Thermometer, welches Fahrenheit (1714) und später Réaumur verbessern.

1672 Wollfabrik zu Linz.

1676 Cayenne wird französisch.

1680 Fiacre in Paris. Wippe der Stecknadeln wird erfunden, daß 1 Arbeiter täglich 10.000 Nadeln verfertigt. Penn gründet Pennsylvanien und Philadelphia.

1681 Langueboccanal.

1682 Louisiana französisch. Neu-Orleans.

1685 Sumatra englisch. Benkulen seit 1824 holländisch. Guericke erfindet die Elektrisirmaschine.

1694 Patterson gründet in London die erste Zettelbank.

1698 Goldschätze von Minas Geraes in Brasilien entdeckt (lieferte bis 1821 an 15.000 Ctr. Gold.)

1700 Calcutta wird englisch. Industrie in den Rheingegenden (Elberfeld, Solingen, Iserlohn rc.), Schlesien, Sachsen und Thüringen. Uhrenfabrik in Genf und Neufchatel (jetzt am Werth 8 Mill Fr.).

1703 Bötticher erfindet zu Meißen die Porzellanfabrikation. Erste Straßenbeleuchtung in Dresden. Petersburg gegründet.

1710 Ersten Posten in den V. St. Nordamerikas. Sächsisches Blau erfunden. Tulaer Gewehrfabrik.

1717 Schröder in Dresden erfindet das Pianoforte.

1728 Mahagonyholz kommt nach Europa. Jekaterinenburg gegründet. Kiächta Handelsplatz.

1757 Joh. Kay erfindet den Schnellschützen des Webstuhls, der nur Eine Hand zum Weben erfordert.

1740 Huntzmann in Sheffield erfindet den Gußstahl.

1748 Paul erfindet eine Maschine zum Spinnen der Schafwolle. Hargreves verbessert sie 1765, die ersten Kammwollspinnmaschinen verfertigten Hawksley und Cartwright 1792, die erste Streichwollspinnmaschine Farey 1803. — Birmingham wird erster Fabrikort in Metallwaaren und Waffen. Franklin erfindet den Blitzableiter.

1758 Everelt erfindet die Scheermaschine, welche Prior 1815 verbessert. Der Bridgewatercanal.

1760 Eisenproduction durch Steinkohlen in der schottischen Grafschaft Stirling.

1765 Watt baut die erste Dampfmaschine. Stobwasser erfindet in Braunschweig die Lacke. Bergakademie zu Freiberg.

1768 Erste Spinnmaschine von Hargreaves hergestellt. Busch gründet zu Hamburg die erste Handelsschule.

1775 Schnellbleiche von Scheele in Schweden erfunden. Orleansfarbe erfunden, Arkwright baut die erste Spinnmaschine, Wedgewood die Töpferei zu Etruria in Stafford, Macbride die Schnellgerberei.

1780 Achard zu Berlin legt in Schlesien die erste Runkelrübenzuckerfabrik an.

1783 Montgolfier erfindet den Luftballon, der Schweizer Argand die cylindrischen Lampendochte. In Modum in Norwegen wird das erste Blaufarbwerk errichtet. Erste Baumwollausfuhr aus den Vereinigten Staaten. Pittsburg gegründet, erste Metallwaarenfabrik.

1785 Beete erfindet den Walzendruck.

1787 Cartwright erfindet den Kraftwebestuhl. Neuholland colonisirt und Sidney gegründet.

1792 Bentham erfindet die Hobelmaschine. Odessa gegründet. Galvani entdeckt den Galvanismus. Volta stellt die Voltaische Säule her. Thubbart erfindet die Maschine zur Seildreherei. Chappé errichtet den ersten optischen Telegraphen.

1796 Sennefelder in München erfindet die Lithographie.

1798 Die erste Industrie-Ausstellung in Paris.

1800 Baumwollindustrie verbreitet sich über Europa. Schwedens Eisenproduction in Blüthe. Trollhätta Kanal. Drahtfabriken, Kettenscheer- und Schichtmaschinen, Ringprägmaschinen und Walzwerke für Blech kommen in Gebrauch. Georgien kommt an Rußland.

1803 Franzkanal in Ungarn. Vandiemensland wird colonisirt, Antwerpen Kriegshafen, Didot in Paris erfindet die Clichirmaschine.

1804 Evan fährt in Philadelphias Straßen mit der ersten Locomotive. Mungo Park findet in Afrika Timbuktu.

1807 Fulton fährt auf dem Hudson bei Neu-York mit dem ersten Dampfboot.

1808 Jacquard in Lyon erfindet eine Wirkmaschine für gemusterte Stoffe.

1810 König in Eisleben erfindet die Schnelldruckpresse, ein Engländer die Kammgarnspinnmaschine, der Schotte Smith die Mähmaschine.

1811 Papier ohne Ende in England erfunden. Forstakademie zu Tharand bei Dresden.

1814 Die erste Locomotive auf der Eisenbahn. Die Times durch die Dampfpresse gedruckt. Freigebung des ostindischen Handels in England, des Handels nach Manilla, Aufhebung der Kornbill.

1816 Cockerill gründet die Maschinenfabrik zu Seraing.

1817 Erste deutsche Industrieausstellung zu Cassel. Messe zu Nischnei Nowgorod.

1818 Entwicklung der Dampfschifffahrt in Nordamerika und England. Das erste Dampfschiff geht von Savannah nach Liverpool. Zollsystem und Gewerbefreiheit in Preußen. Struve's künstliche Mineralwässer. Stecknadelmacherei in Nürnberg erfunden.

1820 Makintosh benützt den Kautschuk zu wasserdichten Kleidern. Dampfmühlen in Nordamerika. Englische Bergwerksgesellschaften für Südamerika. Schutzzollverein in Deutschland. Hamburg Haupthandelsplatz. Rothschild. Papierhandel und Börsenspiel. Triest wird Hauptplatz an der Adria, der Däne Oerstedt begründet die elektrischen Telegraphen. England führt Bleiröhrenpreßmaschinen ein. Pelletier in Paris erfindet Maschinen für Zündhölzer.

1821 Brasilien wird selbstständig. Rheinisch-ostindische Handelsgesellschaft zu Elberfeld. Freie Elbschifffahrt. Kolonie Liberia. Erste Eisenbahn in England. Triest sendet ein Schiff nach China.

1823 Frankreich und Nordamerika führen Schutzzölle ein. Dampfschifffahrt auf dem schwarzen und kaspischen Meer. Chell verbessert die Flachsspinnmaschine, Chevreul erfindet Stearinkerzen. Goldminen und Steinkohlen in den Vereinigten Staaten. Hudson- und Eriekanal.

1825 Marshall stellt vollkommene Flachsspinnmaschinen her.

1826 Die erste Eisenbahn für Personentransport von Liverpol nach Manchester. Gewerbe- und Handelsfreiheit in Spanien. Nordholländischer Kanal. Dampfschifffahrt auf dem Rhein.

1828 Heilmann erfindet die Stickmaschine.

1830 Regelmäßige Dampfschifffahrt zwischen Bombay und Suez. Nigerexpedition unter Clapperton (1827) und Landers. Regelmäßige Dampfschifffahrt zwischen den Ostseehäfen. Freie Rheinschifffahrt. Handelslehranstalt zu Leipzig (1831).

1832 Manillahanf. Nägelfabrikmaschinen. Trebisonde wird Ausfuhrhafen für Persien. Götakanal. Moldauschifffahrt. Budweis-Linzer Eisenbahn.

1833 Der österreichische Lloyd wird gegründet. Gauß und Weber zu Göttingen construiren electro-magnetische Telegraphen. Dreyse verfertigt Zündnadelgewehre. Dyer erfindet die Walzenwalkmaschine.

1834 Thee- und Zimmthandel werden in England frei gegeben. Aufhebung der Sclaverei. Ächte Shawls verfertigt Paris. Dampfschifffahrt auf der Donau von Wien bis Smyrna. Deutscher Zollverein. Perrot erfindet den Farbendruck.

1835 Erste belgische Eisenbahn, erste deutsche Eisenbahn von Nürnberg nach Fürth.

1836 Buchhändlerbörse in Leipzig. Maschinenfabriken und Gewerbeschulen in Sachsen.

1838 Aden wird englisch. Erste Eisenbahn auf Cuba, in Rußland, Dampfschifffahrt zwischen Amerika und Europa und auf allen deutschen Flüssen. Daguerre erfindet die Lichtbilder.

1839 Erste holländische Eisenbahn. Trocken-Maschinen und Methoden.

1840 Ausfuhr von Locomotiven aus Nordamerika nach Europa. Sandwich-
und Gesellschaftsinseln, Neuseeland colonisirt. Pennyporto in England
eingeführt.

1843 Schmiedemaschinen mit Dampfhammer. Dampfschifffahrt auf dem Nil.

1848 Californien kommt an die Vereinigten Staaten. Paine findet im Wasser-
stoffgas einen Leuchtstoff.

1850 Goldminen in Australien werden gefunden.

1852 Ericson erfindet die calorische Maschine, Pettenkofer in München das
Leuchtgas aus Holz, Wiesmann veranlaßt die Fabrikation des Paraffin.

1853 Teutsch-österreichische Zollverträge. Erste Eisenbahn in Schweden. Schieß-
baumwolle in Oesterreich benützt.

1854 Egyptische Eisenbahn. Krystallpallast in Sydenham bei London. Erste nor-
wegische Eisenbahn. Der Amazonenstrom wird mit Dampfschiffen befahren.

1856—57 Handelsschulen zu Prag, Pest und Wien.

Die geographischen Entdeckungen hatten in Afrika ein commercielles und
wissenschaftliches Interesse, die Polarfahrten sollten wissenschaftliche Fragen lösen.

Die Quellen des Nil zu entdecken, ist bis jetzt nicht gelungen, obschon
man von verschiedenen Seiten her zum Hochland Afrikas vorzudringen suchte.
Auch Abyssinien ist nur theilweise bekannt und haben die Versuche, es in den
Weltverkehr zu ziehen, geringe Erfolge gehabt. Ten Lauf des Niger zu finden
und ihn zur Schifffahrt zu benutzen, ist Englands Bemühen, da es sich in
Binnenafrika Märkte für seine Waaren sucht. Auch Frankreich sucht von
Algerien und Senegambien nach Tiefsudan zu kommen und sich dort einen
Markt zu öffnen. In neuester Zeit haben Livingston und englische Offiziere
so wie deutsche Naturforscher vom Kaplande und der Ostküste Afrikas aus
Reisen in das Innere unternommen, dabei große Seebecken entdeckt, und der
Missionar Livingston ist sogar quer durch Afrika gereist. Da es aber dort
an Wegen fehlt, die Bevölkerung auf tiefer Stufe der Bildung steht, so haben
die Reisen zunächst nur geographisches Interesse. Der Ungar Magyar hat
sich sogar in jenen Gegenden häuslich niedergelassen, um Land und Volk zu
studiren. In neuester Zeit haben die Deutschen Overweg, Barth und Vogel
große Entdeckungen in Tiefsudan und am Tschadsee gemacht.

Die Polarreisen hatten lange Zeit den Zweck, eine nordwestliche Durch-
fahrt zu suchen, den magnetischen Pol zu finden und die Natur des Poles
kennen zu lernen. Hudson, Vancouver, Bering u. A. brachten ihr Leben zum
Opfer, J. Roß fand den magnetischen Pol, Franklin drang vom Mackenziefluß
bis ans Polarmeer, und in neuester Zeit fand Mac Clure die nordwestliche
Durchfahrt, die aber für die Schifffahrt nutzlos ist. Kane drang hoch nach
Norden vor, aber alle diese Reisen dienten wie die nach dem Südpolarmeere
(Roß, d'Urville, Wedell u. A.) nur der Wissenschaft, wie die in das
Innere Australiens. Dagegen sind A. v. Humboldts Reisen in Südamerika

und Mejico epochemachend geworden, da man durch sie jene Länder erst wissenschaftlich kennen und würdigen lernte. Nordasien erforschten Pallas und Ermann, Arabien Burckhardt, Ostindien die Engländer, Japan lernte Siebold kennen, und in neuerer Zeit studirt man in Europa die Sprachen Ostasiens, dessen Geschichte und Literatur.

§. 74. Freiheit der Arbeit, Freihandel und Schutzzoll.

Die französische Revolution machte „Freiheit und Gleichheit" zu ihrem Motto, aber die Nation verstand jene Begriffe nicht, sondern gerieth in Gefahr, dem Despotismus des Pöbels oder Säbels und dem Communismus in die Hände zu fallen. Ganz anders verstanden die praktischen Engländer und Amerikaner den sittlichen Werth der Freiheit, indem sie es als erstes und vornehmstes Menschenrecht betrachteten, daß Jedermann von seinen Kräften und Anlagen Gebrauch mache und ihm die Wahl, wie er seine Existenz sichern will, frei stehe. Seitdem hat man nach und nach den Innungszwang und das ungerechte Zunftwesen aufgehoben, hat man Fabriken und andere Unternehmungen nicht einseitig bevorzugt, sondern durch Gesetze den Arbeiter gegen Übervortheilung und Ueberbürdung geschützt; seitdem erfolgte Erfindung auf Erfindung, da das unbemittelte Talent bei Kapitalisten Unterstützung fand.

Außerdem kam man zu der richtigen Einsicht, daß nicht edles Metall, Gewürze, kostbare Manufacturwaaren den Reichthum der Nationen ausmachen, sondern die Producte ihrer Arbeit, da man doch so viel verdienen muß, als man zum Leben braucht. Je mehr man producirt, um so mehr Tauschmittel hat man, um so mehr verdient man. Daher forderte man Theilung der Arbeit, um so mehr wurden Kenntnisse nothwendig, um so einflußreicher wurden die Zeitungen und Zeitschriften, da sie jeglichen Fortschritt zum Eigenthum der arbeitenden Stände machten. Die gegenwärtige gesellschaftliche Ordnung ist die Folge der freien Arbeit, und jene Länder, in denen sie noch nicht anerkannt ist, sind trotz alles Bodenreichthums zurückgeblieben.

Die freie Arbeit verlangt aber auch freien Handel, denn dieser ist ja auch eine Arbeit und sorgt für Absatz der Waaren und Zufuhr der nöthigen Materialien. Auch lieferten die Kolonien den schlagenden Beweis, daß ein Land reich wird, wenn es dahin verkaufen und da einkaufen kann, wo es die meisten Vortheile findet. Die neueste Periode der Handelsgeschichte enthält im Grunde nur die Erfolge oder die Widerstandsversuche der Smith'schen Grundsätze. Man baut Straßen, schließt Verträge, gründet Associationen u. s. w., um sich Arbeit und Absatz für die verfertigten Waaren zu schaffen.

So überzeugend indessen auch die Gründe für den Freihandel sein mochten, so standen in den einzelnen Ländern ihnen noch so mancherlei Verhältnisse entgegen, daß man nur schrittweise zum Freihandel übergehen konnte, indem man durch Schutzzoll einzelne Industriezweige gegen die Übermacht des Aus

landes sicherte, welches reicher an Kapitalien und Erfahrung war. Selbst Nord=
amerika und England entschloßen sich erst in jüngster Zeit zum Freihandel.
Dazu kamen die massenhaften Auswanderungen aus England und Deutschland,
welche nach den Vereinigten Staaten, Canada, Brasilien, Chile, Australien und
Seeland gingen; Frankreich und England besetzten sogar Inseln an der Grenze
des Südpolarmeeres, und die Sandwichinseln, Japan und China mußten sich
dem europäischen Handel öffnen. Baumwollindustrie ward überall die vorherr=
schende, Steinkohlen und Eisen die Hauptbedingungen der Industrie. Es kamen
in den Handel (1840) neuseeländischer Flachs, Bancazinn (80.000 Ctr.), Ma=
laccazinn (10.000 Ctr.), Cornwallzinn (80.000 Ctr.), für 20 Mill. Doll. Opium
nach China, wo England für 50 Mill. Doll., Nordamerika für 20 Mill. um=
setzt; und außerdem gebraucht Europa bereits 3 Mill. Pfd. Gutta percha,
producirt England für 300 Mill. G. Baumwollwaaren, Nordamerika für etwa
ein Drittel, Lüttich für 25 Mill. Fr. Tuch. England richtete die indische Über=
landspost ein (1847), gab den Kornhandel frei und hob die Schifffahrts=
akte auf.

§. 75. Handel der Vereinigten Staaten Nordamerikas.

Die Vereinigten Staaten sind vermöge ihrer Küsten, großen Ströme und
Seen ganz besonders auf Seehandel angewiesen und vermitteln zum Theil zwi=
schen Ostasien und Westeuropa. Der fruchtbare Boden und die Verschiedenheit
der Klimaten so wie der Reichthum der nördlichen Küstenmeere an Fischen lie=
fern Mannichfaltigkeit an Producten, wogegen die dünne Bevölkerung, welche
hohen Arbeitslohn verlangt, nur eine Industrie mit Hülfe der Maschinen er=
laubt. Amerika hat daher das erste Dampfschiff gehabt, besitzt die meisten
Dampfboote, größten Kanäle und längsten Eisenbahnen. Die fortwährende Ein=
wanderung ermöglichte das Vordringen der Bevölkerung bis zum Australocean,
aber bereits ist wegen der Sclavenfrage ein ernster Bruch zwischen den Plan=
tagen= und Industriestaaten eingetreten, und der unbeschränkte Kredit, der
Hunderte von Banken entstehen ließ, hat wiederholt Handelskrisen herbeigeführt,
welche auch in Europa große Verluste und Stockungen brachten.

Die ersten Kolonisten hatten große Schwierigkeiten zu überwinden und
nur wenig Ausfuhrartikel (Pelze, Tabak, Fische), welche Massachussets nach
Europa und Westindien ausführte, aber bald vielfach in dieser Schifffahrt
gestört ward. Auch wirkten die Kolonialkriege der Europäer wie der große
Befreiungskrieg insofern nachtheilig, als das Land großen Mangel an baarem
Geld litt und manche Gegenden nur Tauschhandel erlaubten. Es hatte aber
Jacob I. in Virginien den Tabaksbau gefördert, und seit Wilhelm III. stieg
der Handel nach Westindien, wo man in Domingo und Cuba in kurzer Zeit
den Markt beherrschte. Bauholz und Mehl gingen nach England, Fische nach
Spanien und Portugal, besonders aber hob sich der Schiffbau und die Aus=

fuhr von Producten der Nadelwaldungen. Dagegen standen Industrie und Ackerbau tief, da es an Absatzwegen fehlte. Doch sandte Massachusetts in der Mitte des 18. Jahrh. bereits 600 Schiffe auf den Stockfischfang, 390 auf den Walfischfang aus.

Nach der Befreiung von England schloß man mit europäischen Staaten Handelsverträge, aber der Binnenverkehr blieb fast ganz leblos, weshalb man in den meisten Gegenden sich die nothwendigen Bedürfnisse selbst anfertigen mußte, von Europa Wein, Leinwand und Manufacturwaaren gegen amerikanische Producte umtauschte. Neuyork versandte Pelze, Schiffsholz, Philadelphia Mehl, Tabak und Reis. Zu einem mächtigen Handelsstaate wuchsen die Vereinigten Staaten während des Seekriegs zwischen Europa und der französischen Republik heran, da fast der ganze Transitohandel ihnen als neutraler Macht zufiel, und sie Europa namentlich mit Kolonialwaaren versorgten. Neuyork, Boston und Philadelphia wurden zu den ersten Handelsplätzen der Welt, sogar mit Mehl trieben diese große Geschäfte und die Baumwollproduction in Georgien und Louisiana stieg von 1791—1807 von 64 Ballen auf 150.000, wogegen man südeuropäische Weine, schwedisches Eisen, russisches Segeltuch, deutsche Leinwand bezog und weiter verkaufte. Es hatte die amerikanische Handelsflotte 1789 nur 20.000 Tonnen, die englische 70.000, doch 1838 kam jene auf 110.000 Tonnen, diese sank auf 14.000 T. Die Continentalsperre hinderte aber diesen Transitohandel und nach dem Frieden von 1815 ging er zum Theil wieder an die Nationen verloren, welche bis dahin den Seehandel ruhen ließen.

So wie die in dem Handel angelegten Kapitalien wenig Zinsen trugen, legte man sie in Ackerbau und industriellen Unternehmungen an, damit man sich einestheils mit gewissen Bedürfnissen versorge und neue Ausfuhrartikel gewinne. Dadurch belebte sich der Binnenhandel, man fand in Mejico und Brasilien Absatz, knüpfte mit China und Ostindien lohnende Handelsverbindungen an, trieb sogar Theehandel nach Deutschland und Kanada, führte Sandelholz, Pelze u. s. w. nach China aus, baute Kanäle nach den Seen, benützte Dampfschiffe, führte Merinos ein, zog Flachs, Hanf und Seidenraupen und legte große Kapitalien in Fabriken an (c. 1500 Mill Dollars). Aber man konnte mit Europa nicht concurriren, Tabak und Baumwolle sogen den Acker aus und gaben geringere Ernten, und dies sowie andere Unfälle führten 1819 viele Bankerotte herbei, obschon der Fischfang sehr zunahm und von Neuorleans nach Louisville (1826) bereits 100 Dampfschiffe hin und her gingen. Um die einheimische Industrie zu schützen, belegte man 1816 ausländische Fabrikate mit hohem Zoll, steigerte diesen 1824, erlebte 1825 eine neue Handelskrisis, welche förderlich auf die Industrie einwirkte, und steigerte manche Zölle (1828) auf 80—90% zum Nachtheil der Plantagenstaaten.

Unterdessen stieg die Baumwollproduction, denn sie betrug 1835 bereits 390 Mill. Pfd., von denen England zwei Drittel ankaufte, aber die Eingangs-

zölle wurden 1841 aufgehoben, da die Plantagenstaaten über die Hälfte der
Ausfuhr lieferten. Je weiter Kanäle und Straßen geführt wurden, um so
leichter kaufte man Ländereien. Viele junge Leute im Osten wanderten nach
Westen, so daß nur Mädchen und Frauen in den Fabriken arbeiteten, der
Staat bedeutende Summen aus dem Verkauf gewann, aber auch ein sehr ge-
fährlicher Schwindel entstand. Man lieferte Webereien aller Art, brannte Rum
und Thran, errichtete Mahl- und Sägemühlen, legte Eisen-, Steinkohlen- und
Goldgruben an, gerbte Leder, machte Glas, Papier, Hüte und Pelze, aber daneben führte das Unwesen mit den Banknoten und die Errichtung von Hunderten von Banken häufige Geldklemmen herbei, obschon der Werth der Production von 1836—40 von 450 Mill. Doll. auf 860 Mill. stieg. Man verwendete Millionen auf Kanäle und andere Unternehmungen, konnte aber den
Vorrath der Staatskasse nicht erschöpfen, und dazu legte England noch ungeheuere Summen in Eisenbahnen u. s. w. an. Es gab 1836 586 Banken mit
121 Zweigbanken und einem Notenkapital von 675 Mill. Doll. Es stieg dabei der Schwindel des Landkaufs so hoch, daß der Werth der Hausstellen in
Neuyork von 100 Doll. auf 2000 stieg. Obschon der Staatsschatz 40 Mill.
und die Staatsbanken 60 Mill. Doll. besaßen, trat 1837 schon wieder eine
große Geldklemme ein, denn fast alle Banken zahlten nur in Papier, England
aber verlangte baares Geld, und die Staatenbank ging 1841 darüber zu
Grunde, und die Gesammtschuld der Staaten betrug 1841 über 245 Mill.
Doll., die vorzugsweise aus England kamen.

Nachdem diese Krisis überstanden war, pflegte man des Ackerbaus, vermehrte den Tonnengehalt der Handelsmarine 1841 auf 1,650.000 Tonnen,
aber die Sclavenfrage wurde immer heftiger erörtert. Hauptplätze der Aus- und
Einfuhr wurden Boston, Neuyork, Philadelphia, Neu-Orleans, Baltimore,
Charlestown, Buffalo, Cincinnati (Schweinschlächterei). Von 1846—56 stieg
die Ausfuhr von 158 Mill. Doll. auf 362 Mill., die Einfuhr von 146 Mill.
auf 360 Mill. Doll., der Tonnengehalt der Flotte auf 5 Mill. (darunter
1290 Dampfer mit 2½ Mill. Tonnen). England kauft die Hälfte der Ausfuhr. Noch immer ist die Industrie im Steigen, St. Louis im Innern wird
Stapel für Neu-Mejico und Californien, und Letzteres wird colonisirt und civi-
lisirt, da es sehr fruchtbar und Hafen nach Ostasien ist. Es hat von
1849—57 an 140 Mill. D. Gold geliefert. Trotzdem kam vor einigen Jahren
von Amerika her wieder eine schwere Handelskrisis, von welcher besonders Hamburg schwer betroffen ward.

§. 76. Handel der übrigen Staaten Amerikas.

Jede Handelskrisis brachte den Vereinigten Staaten den Vortheil, daß
man sich mit um so größerem Eifer dem Ackerbau und der Industrie zuwandte.
Mit Mehl und Fleisch versorgte man Westindien, mit Mehl Südamerika und

die pyrenäische Halbinsel. Nach England gingen im Jahre 1840 bereits nahe an 2 Mill. Fässer Mehl und viel Fleisch. Die Production der Baumwolle stieg in Louisiana, Alabama und Florida, daneben versandte man Tabak, Reis und selbst Zucker. Als 1842 der Tarif auf ausländische Industriewaaren stieg, so steigerte sich die Woll- und Baumwollproduction, sogar Leinwand führte man aus, die Seidenmanufactur, Kohlen- und Bleigewinnung nahmen zu. In 20 Jahren stieg die Kohlenproduction von 1000 Tonnen auf 1 Mill., Blei von 1841—43 von 150.000 Blöcken auf 730.000; die Verarbeitung der Baumwolle von 100.000 Ballen auf 350.000 Ballen, so daß man nächst England die meiste Baumwolle verarbeitete, die man nach Westindien, Brasilien und China ausführte. Die Wollwaaren hatten einen Werth von 26 Mill. D. Die Zahl der Dampfer ging über 1000, Kanäle und Eisenbahnen steigerten den Verkehr, der Fischfang, besonders die Walfischjagd in der Südsee nahm zu, ebenso der Verkehr mit Bremen und Hamburg.

Viel ungünstiger gestalteten sich die Verhältnisse für das spanische Amerika. Die Ureinwohner hatte man zum Theil ausgerottet, dafür Sclaven eingeführt, Gewerbe und Industrie unterdrückt, den Ackerbau ganz vernachlässigt, und da man die Kolonien von Spanien aus nicht schützen konnte, so setzten sich Engländer, Franzosen, Niederländer und Dänen auf westindischen Inseln fest, um Schmuggel zu treiben, und die Vereinigten Staaten versorgten die reichen Plantagenländer mit Mehl, Fleisch und europäischen Waaren. Seit 1810 brachen Revolutionen aus, welche 1824 mit der Losreißung der Kolonien von Spanien endigten und häufige Bürger- und Grenzkriege der menschenarmen Republiken zur Folge hatten. Die gold- und silberreichen Länder verarmten, da die reichen Spanier vertrieben wurden, der Bergbau verfiel oder zu kostspielig ward, und diese Gebiete nur Zucker, Kaffee, Kakao, Arznei- und Farbepflanzen, später auch Baumwolle und Cochenille nebst Indigo zur Ausfuhr brachten, dafür aber der Lebensmittel und Kleidungsstoffe entbehrten. England schoß daher Geld vor, englische Gesellschaften nahmen den Bergbau in die Hand, und England versorgte diese Länder mit Baumwollgewebe, Frankreich mit Seidenstoffen und Tuch, Hamburg und Bremen mit Leinwand, Eisenwaaren und Glas, die Vereinigten Staaten mit Fleisch, Mehl, Möbeln und andern Bedürfnissen. Es kam der Handel daher ganz in englische, französische und angloamerikanische Hände.

Die Engländer nahmen 1655 Jamaica, Frankreich Domingo, Holland Surinam, Eustach und Curacao, Dänemark St. Thomas und St. Croix, Frankreich noch Guadelupe und Martinique. Zucker und Kaffe wurden Hauptproducte, mit denen Frankreich Welthandel trieb. Durch Sclavenhandel und Kaperei gewann England, Frankreich aber verlor während der Revolution Domingo, so daß England den Großhandel mit Zucker und Kaffee an sich brachte. Ein Rückschlag in der Production dieser westindischen Producte trat ein, als England 1807 die Sclaverei aufhob, und Spanien 1809 Havanna zum Freihafen machte. Domingo verfiel, als es Negerstaat ward, dagegen nahm die Zucker- und Tabakproduction auf Cuba zu, dagegen sank Jamaicas Wohlstand, weshalb England diese Insel 1825 allen Europäern. öffnete.

Die Laplatastaaten brachten nur Ochsenhäute, Mejico und Guatimala Kakao, Cochenille, Indigo, Silber, Carracas Tabak. Veracruz versandte für 39 Mill. Piaster, davon 25 Mill. in Silber, und auch unter sich traten die spanischen Kolonien in Waarenaustausch, aber es gingen jährlich über 40 Mill. P. edles Metall nach Europa, da man von dort alle Lebensbedürfnisse bezog. Es lieh England 1824 und 1825 über 18 Mill. Pfd. St. an die jungen Freistaaten und fesselte sie an sich, und hohe Zölle wurden in Folge dieser Schulden nothwendig.

Ebenso brachte England den Handel mit Brasilien und den Laplatastaaten an sich, den es nur mit Frankreich und den Vereinigten Staaten theilte. Zwar entdeckte man in Brasilien 1690 Goldminen und 1730 Diamantengruben, aber es fehlte an Menschen und Kapitalien. Als Brasilien selbstständig ward, nahm nach und nach der Anbau des Zuckerrohrs und der Baumwollstaude wie des Kaffees zu, aber Ackerbau und Industrie gab es kaum. Mit Asien trieb man zwar Handel, auch mit den Hansestädten trat man in Verkehr, aber die Versuche, deutsche Kolonisten ins Land zu ziehen, blieben erfolglos und der Sclavenhandel unentbehrlich. Erst in neuester Zeit (seit 1830) ward Rio de Janeiro Ausfuhrplatz für Kaffee, da dessen Ertrag von 1820—40 von 130,000 Säcke auf 1 Mill. stieg, die Ausfuhr von Baumwolle auf c 40 Mill. Pfd., die Zahl der Häute auf 160,000, während Hamburg sich aus Brasilien mit Zucker versorgte. Die Einfuhr der Negersclaven betrug jährlich 30—60,000, Dampfschiffe fuhren auf den Flüssen, Eisenbahnen wurden projectirt und Anfänge der Industrie begonnen. Man belastete aber 1844 die Einfuhr mit 24—60% Zoll, führte für 200 Mill. Fr. ein, für 120 Mill. aus und hatte 1841 in England 350 Mill. Fr Staatsschulden.

Buenos Ayres führte fast nur Häute aus, fing aber in neuester Zeit an, Weizen zu bauen und einige Industrie zu treiben. Dasselbe gilt von Montevideo in Uruguay und Chile, wo selbst die Kupferminen in englische Hände kamen. Häute, Kupfer, Salpeter sandte Valparaiso nach Europa, Getreide nach Peru, Pferde nach Südamerika. Gerste und Weizen ward viel angebaut. Dagegen benutzten Peru und Bolivia ihren reichen Boden wenig, da man nur Minenbau trieb, aber weder Arbeitskräfte noch Kapitalien dazu besaß. In neuester Zeit pflanzt man Zucker, Kaffee und Baumwolle. Bolivia versendet über Arica Soda, Kupfer, Alpacawolle, Baumwolle und Vicunnahäute, Columbien Cacao, Tabak und Indigo, Guatemala Indigo, Cochenille und Hölzer, ward aber durch die Panamaeisenbahn wichtig. Mejico, stets von Revolutionen heimgesucht, verlor das fruchtbare Tejas und kam zurück in jeder Beziehung. Daher ist der Export gering, hohe Zölle drücken die Einfuhr, Revolutionen und Räuber -stören den Handel. Engländer betreiben den Grubenbau und versorgen das Land mit Baumwoll= und Linnengewebe. Während Tejas aufblüht, sinkt der Negerstaat Haiti, der nur Kaffee, Hölzer, Schildpatt, Wachs u. s. w. ausführt. Buenos Ayres führte 1841 für 26 Mill. Fr. aus (Ochsenhäute 2½ Mill. St., Felle, Fleisch, Talg) nach England, Nordamerika, Brasilien, Hamburg. Venezuela, Cartagena, Valparaiso, Lima, Callao sind Ausfuhrplätze der genannten Producte Südamerikas. Die unsichern Zustände, die Menschen= armuth, Trägheit und Mangel an guten Straßen hindern alle diese Staaten an Benützung der Vortheile des Bodens. Man zahlt meist in edlem Metall, bezieht einige Manufacturwaaren, und bietet dafür nur wenig Landesproducte. Der deutsche Handel dorthin war bis 1840 im Zurückgehen.

§. 77. Der Handel Süd- und Ostasiens.

Alle außereuropäischen Länder sind bereits so sehr in Abhängigkeit von diesem Erdtheil gekommen, daß dessen Entwickelung auch ihr Schicksal bestimmt, da sie Lieferanten und Abnehmer sind, und mit dem Waarenverkehr auch euro= päische Gesittigung, Bildung und Lebensweise einbringen.

Die Staaten Amerikas sind menschenarm und haben ihre Entwickelung noch zu erwarten. Brasilien und die Vereinigten Staaten üben schon einen merklichen Einfluß auf den Weltmarkt aus. Eine Industrie ist nur in den Vereinigten Staaten vorhanden, und mit ihr machen sich Handelsgrundsätze geltend. Die übrigen Staaten erheben nur Finanzzölle, aber die Concurrenz der europäischen Staaten und die Einwanderungen brachten sie zum Freihandel, wodurch ihr Waarenumsatz stieg. Brasilien ist Plantagenland geworden und treibt nach Europa und Asien Handel. Die große Zahl der Sclaven zwang zur Beschränkung und zum Bestreben, freie Kolonisten ins Land zu ziehen. Kaffee, Zucker und Baumwolle sind Hauptausfuhrartikel.

Die Inseln der Südsee sind menschen= und productenarm; die Sand= wichinseln als Station wichtig, Australien entwickelt sich rasch, da es durchaus englisch ist. Die Inseln Hinterasiens sind in die Hände der Holländer gekommen, welche sie wirthschaftlich ausbeuten und ihre Herrschaft erweitern, — Manilla blieb spanisch, steht aber weit hinter Java und Sumatra; Ceilon kam an die Engländer, denen auch die chinesischen Inseln zufallen werden, wie sie schon große Strecken Hinterindiens an sich gebracht haben und von Ostindien aus ganz Mittelasien commerciell beherrschen, zum Theil auch militärisch.

Nachdem sie Holländer und Franzosen aus Indien verdrängt und Engländer dieses große Land nach und nach erobert hatten, wandten sie der commerciellen Be= nützung desselben große Sorgfalt zu, bauten Indigo, Zucker, Baumwolle, Seide u. s. w., gewannen einen Theil des Gewürzhandels und den Transitohandel zwischen Südostasien. Jeder in Europa glücklich geführte Seekrieg steigerte ihre Macht in Indien, und bald concurrirten sie mit ihren Baumwollwaaren in Indien und China, da ihre Maschinen wohlfeiler arbeiteten. Der Mohnbau Bengalens lieferte ungeheure Quantitäten Opium für China, die Salpeterlager dienten zur Pulverfabrikation, Ceilon ward 1811 ihr Eigenthum, Birma lieferte Titholz, Elfenbein, Seide; Ceilon Zimmt, und der Handel stieg, seit man 1813 englischen Privaten den Handel nach Indien frei gegeben hatte. Nur Amerika concurrirte in China mit den Britten, da es Pelz, baumwollene Gewebe und Silber dorthin absetzte und Thee einkaufte. Die Hansastädte, Dänen 2c. setzen in Indien und China nur geringe Massen um. Dagegen fließen nach Asien jährlich 30—35 Mill. Silberpiaster.

Seit langer Zeit hatten nur die Holländer das Recht, auf der Insel Desima bei Naugasacki eine Faktorei zu halten, wohin jährlich 4—5 Schiffe gingen, um Kupfer, Seide, Baumwolle u. s. w. zu holen. In neuester Zeit ist aber dieses Reich auch den übrigen Nationen geöffnet, so daß nun eine neue Periode beginnen wird. Dasselbe Zugeständniß ist auch in China erzwungen, welches seine Häfen öffnen mußte. Dieses noch wenig bekannte Land handelt mit Rußland über Maimatschin und Kiächta und liefert Seide, Nankin, Kampfer, Pozellan, Rhabarber, lackirte Waaren, besonders aber Thee. England führt ein baumwollene und wollene Waaren, Eisenwaaren, Glas und Opium, Reis, Vogelnester, Trepangs besonders seit 1833, wo die ostindische Compagnie aufgelöst ward. Weiteres theilt die Handelsgeographie mit.

Die nördlichen Landschaften Indiens, Pendschab, Peschawer, Kaschmir, sowie die Gebirgslandschaften des Himalaya werden immer mehr in den englischen Handel hineingezogen, seit der Indus für Dampfer fahrbar geworden, Eisenbahnen und Straßen angelegt sind. Die einheimischen Fürsten vernichteten durch Despotismus die Industrie, die Manufactur der Kaschmirshawls ist unbedeutend geworden, die Manufacturen von Lahore, Multan unterlagen den englischen Fabriken, und Siam mit Cochinchina, welche in lebhaftem Verkehr mit China standen, werden den vereinigten Anstrengungen der Franzosen und Engländer bald erliegen.

§. 78. Der Handel der muhamedanischen Völker.

Amerika und Australien sind erwachende, sich rasch entwickelnde Staaten, das alte Asien im Absterben begriffen, so daß einige tausend Europäer große Reiche erobern und beherrschen können. Die Südspitze Afrikas war von Holländern besetzt und zu einem Land der Viehzucht gemacht; als das Gebiet in englische Gewalt kam, diente es ihnen als Station auf dem Wege nach Indien und als Ausgang für Unternehmungen nach Innerafrika. Die beiden Küsten Südafrikas gehörten zu Portugal, doch suchte dieses nur noch Gold und versäumte darüber den Handel. Erst in allerneuester Zeit sind europäische Reisende in diese Gegenden eingedrungen. In Tiefsudan wird lebhafter Handel getrieben, und auch in der Weberei von Baumwollstoffen leistet man in einigen

Districten Tüchtiges. Franzosen suchten von Norden, Senegambien und dem rothen Meere aus Handelsverkehr anzuknüpfen, mit ihnen concurriren die Engländer; beide beziehen Elfenbein, Gummi, Palmöl, Straußfedern, Felle und Goldstaub, auch einige Farbstoffe, doch beträgt der ganze Umsatz etwa ½ Mill. Pfd. St. Man führt außer Kattun und Wollstoffen noch Metallwaaren, Spiegel, Glas, Geschirr ein. Auch Arabien, Egypten und Nordafrika treibt Waarenaustausch mit Innerafrika, welches viel Sclaven verkauft.

Seit die Seeräuberei der Atlasländer unterdrückt und Algier (1830) eine französische Kolonie ist, handeln Italien und Frankreich über die Häfen am Mittelmeer mit Innerafrika. Die Atlasländer besitzen in den großen Städten auch Industrie, in der Umgegend Ackerbau, versenden aber vorzugsweise Wolle, Häute, Olivenöl, Wachs und Südfrüchte. Frankreich, England und Italien theilen sich in diesen Handel; mit Marocco handelt Spanien, und vom atlantischen Meere aus England.

Egyptens Production und Industrie stieg unter Mehmed Ali, doch machte er alle einträglichen Artikel zum Staatsmonopol, die Bauern zu Staatsclaven. Indigo, Baumwolle, Tabak, Hanf 2c. setzt man gegen Baumwollwaaren, Glas, Holz u. s. w. um an England, Frankreich, Oesterreich und Toscana (c. für 16 Mill. Thl.) gegen eine Ausfuhr von 24 Mill. Thl.

Das muhamedanische Asien ist im Rückschritt begriffen und wird von England und Rußland mit Manufacturwaaren versorgt, besonders mit Baumwoll-, Woll-, Eisen- und Glaswaaren. Schlechte Wege, Unsicherheit und häufige innere Unruhen bringen die einheimische Industrie herab. Bagdad verkehrt durch Karavanen mit Damaskus, welches über Beirut nach Marseille und England Seide, Wolle, Rosinen, getrocknete Früchte 2c. sendet. Arabien versendet über Aden, Dschidda, Alexandrien Kaffee, Droguen. Europäer besorgen den Seetransport und versorgen nebst Angloamerikanern Border- und Mittelasien mit Zucker, Tuch, Mützen, Eisen, Glas, Spiegeln u. s. w.

Persien versorgte vor Zeiten Europa nicht nur mit indischen Waaren, sondern auch mit eignen Artikeln, welche in Europa theuer bezahlt wurden. Seit Ostindien aber von Engländern erobert, die Türkei von den Großmächten abhängig wurde und Rußland am Kaspisee und Kaukasus festen Fuß faßte, bezieht Persien europäische Manufacturwaaren, die früher von Tabris nach Redutkale gingen, jetzt meist nach Trapezunt, wo europäische Firmen deshalb Comtors errichtet haben. Geringer ist der Handel zwischen Ispahan, Teheran, Abuschehr und Bender. Abassi am persischen Meerbusen, lebhafter die Schifffahrt über den Kaspisee, welchen russische Dampfer befahren. Mit Turkestan und den östlichen Grenzländern unterhält Persien Karavanenhandel, der in Jeszd seinen Knotenpunkt hat. Ueber Trapezunt werden an Baumwoll- und Tuchwaaren (England, Sachsen, Schweiz, Belgien, Preußen, Oesterreich) und an französischen Seidenstoffen c. für 10 Mill. Thl. eingeführt, an Kolonialwaaren von England für ½ Mill. Thl., an Glas- und Metallwaaren von Oesterreich, Preußen und England c. für 1½ Mill. Thl.

Persien ist ein fruchtbares, productenreiches Land, an dessen Verarmung nur die schlechte Verwaltung Schuld trägt. Es producirt c. 12.000 Ballen Seide, von denen es nur 5% im Lande verarbeitet; versendet von der ½ Mill. Ctr. Tabakernte die Hälfte als Tömbeki, außerdem Traubenrosinen; Häute, Lammfelle (die als astrachansche in den Handel kommen), Pferde, 3 Mill. Schafe nach der Türkei, Butter, Talg, Krapp, Saffran, Galläpfel, Rosenöl, Gummi, Früchte, Kupfer, Opium ꝛc. im Gesammtwerth von c. 5 Mill. Thl. (über Trapezunt), von denen 4 Mill. auf Seide kommen.

Wie in ganz Vorderasien, so sammelt sich auch in Persien die Bevölkerung der Sicherheit wegen gern in Städten an, in deren Umgegend man auch den Ackerbau sorgsamer pflegt, während in den Städten Industrie vorherrscht, besonders in Weberei, Metallarbeiten, Bijouterie und Parfümerie. Räuberische Nomaden und weite Landwege haben den Binnenverkehr herabgebracht, den Seeverkehr gehoben. In Turkestan sind solche Handelsorte Buchara und Chiwa, in Persien Ispahan, Teheran, Jezd und Tabris, östlich davon Kabul und Herat, westlich Tiflis, Trapezunt, Smyrna, Aleppo und Damask. In diesen Orten und etwa noch in Bagdad, Diarbekir, Mosul, Brussa ꝛc. herrscht rege Industrie. Die Nomaden erziehen Pferde, Schafe, Ziegen und Kameele. Doch ist die Wolle grob, der Fettschwanz aber ersetzt durch sein Fett die Butter. Ziegen geben in ihren flaumartigen Bauchhaaren, die Kamele auch in den feinen Rücken- und Brusthaaren einen ansehnlichen Ausfuhrartikel, da jene Haare als Webstoff benutzt werden. (Kaschmir-, Angora-, Kirgisenziegen.) Die Baumwolle fällt nicht gut aus, dagegen gewinnt man viel Rohseide. Persien gewöhnt sich immer mehr an europäischen Geschmack und Kleidung, weshalb seine Baumwollindustrie sinkt, und England das Land mit Baumwollstoffen versorgt, auch die Türken tragen jetzt viel europäische Tuche. Da Persien und Kleinasien aber arm an edlen Metallen und Tauschartikeln sind, so nimmt die klingende Münze jährlich ab, in den großen Städten aber bringen europäische Handelshäuser den Handel an sich; sogar Kaffee und Thee liefern Europäer und Nordamerikaner. Turkestan treibt Sclavenhandel, Frankreich liefert Möbel, Oesterreich Glas und irdene Waaren, England Eisenwaaren, denn seit 1839 hat die Türkei außer dem Zoll alle Abgaben und Monopole abgeschafft; aber da der Grundbesitzer verarmt, der Bauer und Städter mittellos sind und ihnen der Unternehmungsgeist fehlt, so haben Armenier, Griechen und Juden den Handel an sich gebracht und verkehren mit den Fremden. Dasselbe gilt auch von der europäischen Türkei, wohin Oesterreich über Triest und Semlin starken Handel treibt und durch die Donaudampfschifffahrt den Personenverkehr zwischen Wien und Konstantinopel sehr vermehrt hat.

Die Türken oder Osmanen waren von Turkestan her in die Euphratländer eingedrungen, hatten Kleinasien erobert, Brusa zur Residenz gemacht

(1299), worauf Murad I. nach Europa übersetzte, die untere Donau besetzte und Adrianopel zur Hauptstadt machte (c. 1370). Mit Serben und Bulgaren entbrannten heftige Kämpfe, aber Bajazeth erweiterte das Türkenreich nach Süden, und die herbeieilenden christlichen Heere Westeuropas vermochten nichts wider die wilde Tapferkeit der Janitscharen. Auch die Ungarn kämpften trotz aller glänzenden Tapferkeit siegreicher Feldzüge im Ganzen unglücklich, so daß ein großer Theil ihres Landes unter die Herrschaft der Türken kam, welche Ofen besetzten und Wien zweimal belagerten. Als auch Konstantinopel 1453 von Muhamed II. erobert war, fiel ihm das ganze byzantinische Reich zu, ja seine Nachfolger eroberten im folgenden Jahrhundert Egypten und Nordafrika, beherrschten Asien bis Persien und dem Kaukasus und gewannen sogar Nordarabien in neuester Zeit. Die hundertjährigen Kriege der Türken mit den christlichen Nachbarstaaten ließen Handel und Industrie sich nie erholen; und als die Übermacht der Türken endlich gebrochen war, so dauerte doch die schlechte Verwaltung und die Bedrückung der abhängigen christlichen Völker fort, weshalb unter diesen oft Empörungen ausbrachen, Serbien, die Moldau und Walachei einige Selbstständigkeit bewahrten, Griechenland im blutigen Kriege (1820—27) durch Dazwischentreten Frankreichs und Englands ein eigenes Reich wurde, welches in dem bairischen Prinzen Otto I. einen constitutionellen König erhielt. Die Türkei war dabei verarmt und erhält sich nur durch den Schutz der Großmächte; Griechenland war verheert, Anarchie herrschte, und nur mühsam konnten Gesetz und Ordnung hergestellt werden. Der Ackerbau ist sehr zurückgeblieben, da man lieber Ziegen und Schafe weidet; die Oelbäume waren niedergehauen, die Seidenzucht im Entstehen, doch eignet sich das Land besonders zur Schifffahrt, das Volk hat viel kaufmännisches Talent, weshalb es in allen großen Handelsplätzen des Mittelmeeres reiche griechische Kaufleute gab, besonders aber in Wien und Triest. Nach und nach erholte sich das Land, wenn auch Ackerbau und Gewerbe noch weit zurückgeblieben, denn die Dampfschifffahrt nach Triest und Marseille belebte den Verkehr, Korinthen, Honig, Wachs, Oel, Südfrüchte wurden lohnende Ausfuhrartikel, und die Frachtschifffahrt stieg mit jedem Jahr. Der Werth der Ausfuhr hat sich in 24 Jahren vervierfacht, der der Einfuhr verdreifacht, der jener betrug 1857 an 25 Mill. Drachmen, dieser an 36 Mill. Korinthen bilden die Hauptausfuhr, nächst ihnen Seidencocons, Felle, Wein, Tabak, Feigen. Nach England machen Oesterreich und die Türkei die meisten Geschäfte, nach ihnen Frankreich. Patras ist Ausfuhrplatz für Korinthen. Auch die jonischen Inseln, welche unter englischer Oberherrschaft stehn, führen Korinthen und Oel aus.

Aus den türkischen Donauprovinzen führt man besonders Getreide, Felle und andere Producte des Ackerbaues und der Viehzucht aus. Den Gesammtumsatz der Türkei berechnet man auf 60 Mill. Thl. Einfuhr und 72 Mill. Ausfuhr. In diesen Handel theilen sich England, Oesterreich, Deutschland,

Rußland, Frankreich u. s. w. Konstantinopel versorgt Trebisonde mit europäischen Waaren, in Asien erhob sich Smyrna zum Haupthafen (1856 hatte es 660 Mill. Piast. Umsatz), da es Rosinen, Krapp ꝛc. versendet, während Trapezunt für 12 Mill. Thl. umsetzt.

Moldau und Walachei sind zwar für den Handel besonders geeignet, haben aber einen verarmten, schwer bedrückten Bauernstand, schlechte Wege, fast gar keine Industrie, keine Kapitalien, und die Donau ist für schwere Schiffe unfahrbar. England, Oesterreich und auch Frankreich sind Abnehmer und Verkäufer; Getreide, Talg, Häute u. s. w. Hauptproducte. Galacz versendet auch Holz, Ibraila viel Talg. Oesterreich versendet vertragsmäßig Waaren der untern Donau als eigene nach England. Rußlands Häfen am schwarzen Meer, noch mehr Varna in Bulgarien concurriren mit Moldau und Walachei. Während Serbien fast nur Holz, Schweine, Knoppern u. s. w. liefert, hat Bulgarien fleißige Bauern, in den Städten Industrie, weshalb England sich sehr für dieses Land interessirt.

§. 79. Die kleineren Handelsstaaten Europas.

Die außereuropäischen Länder hingen von der Entwickelung der europäischen Industrie ab, besonders geriethen sie in Abhängigkeit von englischen Kapitalien und der Baumwollindustrie, welche alle Länder, selbst China, Ostindien, Persien, Vorderasien mit Kattunen, Webereien und Eisenwaaren versorgte. Nächst ihm beherrschte die französische Industrie mit Geweben, Weinen und Luxuswaaren die Welt, und den dritten Platz nahm Deutschland ein, besonders in Tuch, Glas, Eisenwaaren, Linnen- und Baumwollstoffen. Die übrigen Staaten Europas treiben meist nur mit ihren Nachbarn Handel, Rußland mit Mittel- und Ostasien, Holland mit Südasien von Java aus, Italien mit Nordafrika und Kleinasien. Da aber diese Staaten der englischen Industrie und deren Kapitalien zu erliegen drohten, so schützten sie die einheimische Industrie durch Schutzzölle, welche derselben auch wesentliche Dienste erwiesen, indem jene Länder sich selbst zu versorgen anfingen. Nur Portugal und zum Theil Spanien haben sich wenig losmachen können und verarmen daher.

Nach den langen Kriegen mit Frankreich bedurfte Europa der Erholung, aber nach wenig Friedensjahren brachen in Italien und Spanien Revolutionen aus, denen die großen Revolutionen 1830 und 1848 folgten, in deren Folge die meisten Länder constitutionelle Verfassung erhielten, ihre Finanzen ordneten und die Staaten Südeuropas Staats- und Kirchengüter verkauften, um der steigenden Finanznoth abzuhelfen. Spanien und Portugal leiden aber noch immer an Finanznoth, Sardinien ist tief verschuldet, Rußlands und Oesterreichs Reformen haben störend auf die Geldverhältnisse eingewirkt, Dänemark den Sundzoll verloren, die Türkei immer neue Anleihen zu hohen Procenten aufgenommen, selbst Frankreichs Finanzen bedürfen großer Vorsicht, so daß England und Holland aus dem Handel mit Staatspapieren, Actien, u. s. w. ungeheure Summen gewannen und mit ihren Kapitalien die Welt beherrschen. Dazwischen traten 1838, 1847 und 1857 schwere Handelskrisen ein in Folge der Überfüllung des Marktes und des billigen Credites. Das californische Gold bewirkte ein Steigen aller Preise, es entstanden eine Menge mehr oder minder unsicher gestellter Banken, namentlich in Amerika, welche in Frankreich und Deutschland Nachahmung fanden, bis irgendwo ein Bankbruch erfolgte, und das Verderben sich weit ausbreitete.

Spanien erlitt durch den Verlust seiner amerikanischen Provinzen viel, da ihm von dort nicht nur die Zufuhr an edlen Metallen entging, sondern auch der Absatz dorthin aufhörte. Außerdem hatte sich der Spanier an Trägheit gewöhnt, besaß weder Landwege noch Flußschifffahrt, konnte seine Producte also nicht an die Küstenplätze bringen, welche sich von Amerika und Odessa mit Getreide versorgten und allein Industrie und Handel trieben. Cadiz verkehrte mit England, Barcelona und Valencia mit Frankreich. Um dem Übergewicht des fremden Handels zu steuern, setzte man hohe Einfuhrzölle fest, aber dies rief einen ungeheuren Schleichhandel hervor, an welchem sich 100.000 Menschen betheiligten. Malaga versandte Wein und Südfrüchte, Valencia Seide, der Norden Wolle, der Süden Blei, Biscaya Eisen. Mühsam erhob sich der Ackerbau und die Industrie etwas in Katalonien, Kastilien, Biscaya und Galicien. Auch nahm der Eigenhandel nach den Kolonien etwas zu, von denen Cuba und Portorico viel Zucker, Kaffee und Tabak producirten, seit Domingo wegen innerer Unruhen wenig lieferte. Aber bald machten Ostindien, die Sundainseln und Guiana Concurrenz mit Caffee und Zucker, so daß der Tabak Hauptartikel blieb. Mann brauchte aber dabei Sclaven, welche Engländer einschmuggeln halfen; als dies aber erschwert ward, trat auch im Plantagenbau ein Stillstand ein. Die canarischen Inseln vertauschten an England gegen Baumwollstoffe Wein, Südfrüchte und Barilla. Seit aber für die Philippinen die Handelsbeschränkungen gefallen sind, hat der Handel nach China, Mejico, Californien zugenommen, und Europa, darunter Hanseaten, kauft Häute, Manillahanf, Indigo, Tabak, Kaffee und Zucker von Luzon.

Auch Portugal schützte seine Industrie durch Zölle, aber das verarmte Land und träge Volk hatte davon wenig Gewinn, da es wenig Ausfuhrartikel besaß. England kaufte ihm seinen Wein und Südfrüchte ab, versorgte es dagegen mit fast allen Bedürfnissen, Holland tauschte Seesalz gegen Kolonialwaaren ein, Nordamerika brachte Fische und Mehl für Wein, Hamburg und Bremen Holz, Leinwand und Glas für Wein und Südfrüchte, Frankreich Seide. Brasilien befolgte seine eigene Handelspolitik, Madeira und die Azoren verkehrten fast nur mit England, die africanischen Besitzungen hatten eine bedürfnißlose Bevölkerung, die ostindischen sanken zu Unbedeutendheit herab, und Macao ward von Hongkong überflügelt.

In Italien machte nur Sardinien Fortschritte in der Industrie, das übrige

Land lieferte nur einige bekannte Artikel und ward theils von England, theils von Frankreich und Oesterreich mit dem versorgt, was es brauchte. Nur Genua und Livorno senden Schiffe nach Amerika, Tunis, Alexandrien und Konstantinopel; von Triest sind alle Seestädte Italiens überholt.

Von den nordischen Staaten bildete Rußland sein Prohibitivsystem immer strenger aus, so daß seine Industrie zwar zunahm, die Sendung polnischer und preußischer Tuche nach China ganz aufhörte, aber Polen darunter sehr litt und auch die Ausfuhr abnahm, da Scandinavien und die pyrenäische Insel auf Getreideeinfuhr Zölle legte, England Hanf, Flachs und Talg von Ostindien, Westindien und Südamerika bezog, und die Getreideausfuhr von dem Ausfall der Ernte in Westeuropa abhing. Europa nahm nur Leder nebst Producten des Waldbaues, Mittelasien Kupfer und Eisen, China tauschte Tuch gegen Thee, England lieferte dagegen Twiste, Persien Rohseide und Farbstoffe. Der Ackerbau blieb in Rußland auf tiefer Stufe, Petersburg der Haupteinfuhrplatz; denn nur die großen Städte verbrauchten ausländische Waaren, wogegen im Gouvernement Moskau die technische Industrie stieg, da es 1842 an 1040 Etablissements, Moskau deren 560 besaß, welche 40 Mill. S. R. kosteten, für 20 Mill. Wollstoffe, für 3 Mill. Baumwoll- und für 2 Mill. Seidenstoffe verfertigten. Die Rhederei begünstigte ein Vertrag mit England (1845); aber Polen blieb mit seiner Wolle und seinem Getreide auf Danzig und Breslau gewiesen, von woher es sich auch mit Kolonialwaaren versorgte. Hamburg lieferte den Webern englische Twiste, Tuchmacherei, Eisengießerei u. s. w. entwickelten sich unter dem Schutz hoher Grenzzölle gegen fremde Fabrikate. Man bezog aus England Maschinen, aus Deutschland Werkmeister, konnte aber ebensowie Rußland den eignen Bedarf nicht decken. Ein schlimmes Zeichen war es außerdem, daß die Consumtion von Branntwein stieg. Die Grenzländer, besonders Krakau, litten bei der strengen Handelssperre, und es organisirte sich ein Schmuggelsystem, dem man auch dadurch nicht steuern konnte, daß man alle Juden aus den Grenzprovinzen auswies.

Auch Schweden suchte Industrie und Maschinenarbeit zu fördern, besonders Baumwollweberei, wozu England das Garn lieferte, schützte diese Industrie sowie den Getreidebau durch hohe Schutzzölle. Norwegen brachte nur Holz und Fische in den Handel auf eignen Schiffen. Dänemark führte auch Schutzzölle ein für seine Weberei-Industrie, für welche Hamburg englisches Garn, England Salz, Eisen und Steinkohlen lieferten. Die Schifffahrt nahm zu, gehörte aber zum großen Theil Schleswig-Holstein, welche 1843 an 20 Dampfer, 1850 große und 2050 kleinere Fahrzeuge, im Ganzen 4000 Schiffe mit 77.000 Last besaß. Getreide, Butter, Oelsamen, Wolle und Schlachtvieh blieben Hauptausfuhrartikel.

Der Gegensatz von Schutzzoll und Freihandel tritt schärfer in der Handelsgeschichte Belgiens und Hollands hervor. Belgien, seit dem frühen Mittelalter ein Industrieland, hatte einige Jahre schwer an den Folgen der Revolution von 1830 zu leiden, nachdem es die Nachwehen der napoleonischen Kriege überwunden hatte. Leinen- und Wollmanufactur, Steinkohlen- und Eisengewinnung waren uralte Gewerbe, aber sie geriethen ins Stocken, weshalb eine Bank und besondere Gesellschaft errichtet wurden, um die erforderlichen Kapitalien zu schaffen. Zwar nahm hierauf die Zahl der Fabriken zu, aber die Kriegsrüstungen von 1838 brachten selbst die Bank in Verlegenheit, noch mehr aber hinderten die Grenzzölle der Nachbarstaaten den Absatz, und die Elsaß wie die Schweiz versorgten sich über Havre, die Rheinländer über Rotterdam und Dortrecht mit Kolonialwaaren und Baumwolle, so daß Antwerpen nicht emporkommen konnte, obschon man Eisenbahnen (1834) anlegte, um den Verkehr mit Deutschland zu erleichtern. Mit Brasilien schloß man 1836 einen Handelsvertrag, aber der Handel dorthin wie nach Singapore blieb unbedeutend. Frankreich blieb Hauptabnehmer, weshalb man die Grenzzölle zu Frankreichs Gunsten regeln mußte. Dasselbe war der Fall mit Nordamerika, wodurch einige Industriezweige in Verlegenheit kamen. Über Triest sandte man seine Tuche nach der Levante, über Rheinpreußen nach Holland, Eisen und Kohlen nach Frankreich.

Die Landwirthschaft ward musterhaft betrieben, wie in keinem Lande, ganze Provinzen betrieben Flachsbau, Spinnerei und Weberei, man grub viele Aecker mit dem Spaten um, konnte aber die Schafzucht deshalb nicht in Großem treiben, und da für die großartige Linnenindustrie der Absatz fehlte, obschon man im Lande viel verbrauchte und die blaue Blouse Nationaltracht war, so geriethen die Arbeiter doch in große Noth, da der Bauer sich selbst versorgte, die Engländer aber mit ihrem Maschinengarn billiger arbeiteten. Auch für Tücher mußte man entfernte Märkte suchen, und wenn Verviers und Tilson auch große Massen producirten, Woll- und Baumwollfabrikanten reich wurden, so sanken doch die Arbeitslöhne und jede Geschäftsstockung machte Tausende brodlos, obschon die Production binnen 10 Jahren von 4 Mill. Fr. auf 10½ stieg. Die Steinkohlenproduction in Hennegau und Lüttich nahm gleichfalls zu, da man nach Frankreich viel ausführte und die einheimische Eisenproduction zunahm, Nägel, Waffen und Maschinen viel Absatz fanden. Dagegen fanden die Wagen, Möbel und Bijouterie Brüssels nur im Lande Absatz, die Buchdruckereien lebten von Nachdruck, doch lieferte man ans Ausland viel Papier, Leder, Flaschen- und Fensterglas, raffinirten Zucker, fürs Inland Chemikalien. Das kleine Land litt trotz seiner angestrengten Thätigkeit durch die Zölle der Nachbarstaaten, suchte sich gleichfalls durch die Zölle zu schützen, mußte aber doch Märkte in fernen Erdtheilen aufsuchen und gewinnt nur durch die große Menge der Reisenden, welche Belgien besuchen. Wenn Belgien nur durch Freihandel gewinnen kann und seine Staatsmänner der Industrie volle Aufmerksamkeit schenken, so kehrte Holland zum Monopol zurück, bei welchem das Volk verarmte, während einige Kaufleute und Fabrikanten gewannen.

Holland hatte seine auswärtigen Besitzungen während der Kriege Englands

26*

gegen Napoleon verloren und erhielt im Frieden Ceilon und das Kapland nicht zurück. Man ermäßigte zwar einige Grenzzölle, schützte aber den Ackerbau durch Zölle und trieb dennoch mit fremdem Getreide Großhandel und versorgte die Rheingegenden mit englischen Rohproducten. Aber da die Staatsschuld im J. 1841 bereits auf 840 Mill. G. gestiegen war, so vertheuerten die hohen Abgaben die Arbeit, und die Masse des Volkes sank in Armuth. Daher siegte in vielen Artikeln die fremde Industrie, der Absatz verminderte sich, und die Production nahm ab, da selbst Käse geringeren Absatz fand. Um den Handel zu beleben, monopolisirte man (1824) die Handelsgesellschaft Maatschappy, welche auch den ostindischen Handel wieder einträglich machte, da man in Java nur holländische Fabrikate einzuführen erlaubte. Der Gouverneur van der Bosch führte ein neues Plantagensystem ein, indem er Kaffee, Zucker, Indigo u. s. w. einführte, auf Kosten der Regierung Eingeborne unter Aufsicht ihre Häuptlinge Land bebauen ließ und ihnen außerdem Anbau eigner Äcker gestattete. Jedes Dorf mußte eine Anzahl Arbeiter stellen und die Ernte in die Magazine der Regierung abliefern, welche dabei Millionen verdiente. Um nach Deutschland Absatz zu gewinnen, setzte man die Zölle herab, und in der That verbrauchen Deutschland und Belgien meist Javakaffee, Zucker und Indigo von Amsterdam und Rotterdam. Obschon die Kaufleute gewannen, so nahm im Lande die Armuth zu, da die Staatsschulden mit 38½ Mill. G. mußten verzinst werden, jeder Kopf also 13 G. zahlen mußte. Wie Spanien die Nachtheile des Merkantilsystems zeigt, so Holland die Folgen des Monopolisirens.

§. 80. Der Handel Frankreichs bis 1857.

Frankreich hatte vor der Revolution durch schlechte Verwaltung, während der Revolution durch das Unwesen der Assignaten, die auf 40 Milliarden stiegen, und nach derselben durch endlose Eroberungskriege, welche zwar kein Geld kosteten und sogar einige Fabriken reichlich beschäftigten, aber 1 Mill. gesunde Menschen kosteten, ungemein gelitten. Als die Bourbonen zurückgekehrt waren, mußte Frankreich 700 Mill. Fr. Kriegsentschädigung zahlen, Seehandel und Schifffahrt hatten fast ganz aufgehört, außereuropäische Märkte waren von England besetzt, und viele Kolonien blieben verloren, unter ihnen das einträgliche Hayti. Obschon hierzu später der Feldzug nach Spanien (1823) und die kostspielige Eroberung Algeriens kamen, so war doch der Besuch reicher Fremden in Paris so groß, daß man seinen Ertrag auf 110 Mill. Fr. berechnete.

Frankreich strebte in Industrie, Handel und Schifffahrt den Engländern nach, weshalb es Maschinenarbeit einführte; der Verbrauch von Eisen und Steinkohlen stieg, aber auch die Production von Geweben aller Art. Frankreich sicherte sich aber weniger durch Wohlfeilheit, als durch Geschmack, Wahl der Muster, Eleganz der Farben ꝛc. den Absatz. Denn in Frankreich fand die

Chemie die weiteste Anwendung auf die Gewerbe, so daß Färben, Gerben, Bleichen und Chemicalien lohnende Industriezweige wurden. Seit (1825) erlaubte England die Ausfuhr von Maschinen, die französischen Banken unterstützten nun diese Industrie im Lande, so daß Frankreich nach einigen Jahren Maschinen in die Nachbarländer, sogar nach England lieferte. Die Ausfuhr an gewebten Stoffen stieg in 10 Jahren fast um die Hälfte (von 300 Mill. Fr. auf 450 Mill.), aber die Ausfuhr von Wein und Branntwein nahm ab. Denn jeder Staat suchte seine Industrie und Production durch Schutzzoll zu fördern, besonders Frankreich, weshalb andere Staaten auf französische Waaren hohe Eingangszölle legten, bis man zu der Einsicht kam, durch Zollverträge den gegenseitigen Austausch zu erleichtern. Mit Belgien und Holland schloß Frankreich solche Verträge, suchte aber in den andern Erdtheilen Absatz, der aber nur mit Brasilien und eine Zeitlang mit den Vereinigten Staaten beträchtlich ward, da man Häute, Indigo, Cochenille, Oel ꝛc. von den tropischen Gegenden bezog. Frankreich ward Fabrikstaat, hing aber nun vom Welthandel ab, so daß jede Handelsstockung Tausende von Arbeitern brodlos machte. Da sich viele flüchtige Mejicaner und Südamerikaner in Frankreich niederließen, kam viel edles Metall ins Land und unter Louis Philipp herrschte der industrielle Stand in den Kammern, und führte man Schutzzoll über Schutzzoll ein.

Von den Gewerben stand die Seidenindustrie obenan, welche große Massen nach England absetzte, wogegen Deutschland und Rußland die Einfuhr durch Zölle erschwerten, und dasselbe geschah später auch in den Vereinigten Staaten. Die Wollwebereien lieferten besonders feine Tücher, welche selbst nach England gingen. Auch die Leinwandweberei hatte sich sehr stark entwickelt, doch führte man englisches Maschinengarn ein, wodurch die Handspinner in große Noth geriethen, und trotz der Zölle führte England für 11 Mill. Thl. ein. Im Norden und Osten Frankreichs ward die Baumwollindustrie sehr stark betrieben, während im Süden Ackerbau, Wein- und Oelbau vorherrschten. Bedeutenden Absatz hatte Frankreich an Glaswaaren, gemaltem Porcellan, Chemicalien, Farben und Leder, Papier und pariser Waaren (Uhren, Bijouterie, musikalische Instrumente ꝛc.), auch die Production an Eisen und Steinkohlen nahm zu, deckte aber den Bedarf nicht. Die Zahl der Dampfmaschinen stieg von 1830—40 von 540 auf 2550, der Verbrauch der Steinkohlen von 18 Mill. Ctr. auf 30 Mill., die Einfuhr derselben von 5 Mill. Ctr. auf 12 Mill. Dagegen standen den Fortschritten des Ackerbaues viele Hindernisse entgegen, da es wenig große Güter gab, Schaf- und Pferdezucht also zurückblieben, hohe Zölle die Einfuhr von Schlachtvieh erschwerten, so daß der französische Arbeiter wenig Fleisch genießen konnte. Den Bau der Runkelrüben drückte man durch wiederholt gesteigerte Zölle nieder, da man die Rheder und Besitzer der Zuckerplantagen nicht benachtheiligen wollte, Steuern und Zölle nahmen bei der sorglosen Verwaltung zu, auf alle Lebensbedürfnisse war hohe Steuer gelegt, der Tabak Monopol, selbst der Verbrauch des Weines nahm bei dem hohen

Octroi ab, und im Allgemeinen betrug der Grenzzoll 25—50%; dazu kam ein fortwährendes Steigen der Staatsschuld, welche in neuester Zeit 10 Mill. G. beträgt.

Mit Portugal ist der Handel unbedeutend, der mit Spanien wichtiger. Aus Italien bezog man Schwefel, Rohseide, Oel, Strohhüte, die Schweiz sandte Uhren, Käse, Vieh, Gewebe, da sie über Havre und Lyon mit dem Auslande verkehrte und über Frankreich ihre Bedürfnisse erhielt, Belgien versorgte das Nachbarland mit Eisen, Steinkohlen und einigen Geweben, Holland gestattete durch einen Vertrag den Absatz in Java und Ostindien, der aber nich bedeutend ward. Metalle, Pferde und Wolle kamen aus England, wohin feine parifer Waare, Wein und Shawls gingen. Deutsche Leinengarne gingen seit 1840 nicht mehr nach Frankreich, dieses dagegen sandte Modewaaren, Schweden lieferte Eisen, Norwegen Holz, Dänemark Butter und Pferde und kaufte über Hamburg französische Waaren. Mit Rußland tauschte man die bekannten Artikel. Die Türkei und ihre Vasallenstaaten sandten Rohseide, Oel, Galläpfel, Baumwolle gegen Zeuge, und die Einfuhr nach Algerien sicherte man durch Zölle, die man auf fremde Waaren legte, und förderte durch Kolonisten den Anbau des Bodens, worin sich auch große Fortschritte, selbst in Kolonialwaaren, zeigen. Einen Handel mit Abessinien hat man noch nicht zu Stande bringen können, und der Verkehr mit Afrika, Südasien ist gering, auch aus Südamerika bezieht man nur einige Artikel.

Die Schifffahrt stieg, da man sie durch eine Art Navigationsacte schützte, besonders baute man viel Dampfschiffe, richtete directen Schiffsverkehr mit fernen Seeplätzen ein und baute Eisenbahnen, bei denen aber militärische Rücksichten obwalteten. Bordeaux behauptete den Weinhandel (54 Mill. Litres) mit Spanien und Amerika, Marseille besorgte den fünften Theil des französischen Handels, Havre vermittelte zwischen Paris, der Schweiz, Amerika und England, und besorgte die Auswanderung nach Amerika, Lyon behauptete sich als Vermittler zwischen der Schweiz und dem Mittelmeere.

Wie in Frankreich die Centralisation vorherrscht, so auch in Handel und Industrie, denn auch hier ordnet die Regierung Alles an, und in der That ist Frankreich unter dem Schutzzoll mächtig geworden. Der Ackerbau wird durch Zölle gegen das Ausland geschützt, ebenso die Industrie und die Rhederei, daneben sorgt der Staat für Absatzwege durch Handels- und Zollverträge, welche den Uebergang zum Freihandel anbahnen sollen. Die gesteigerte Maschinenindustrie hat aber auch ein zahlreiches Proletariat erzeugt, welches oft gefährlich wurde und noch immer socialistischen Theorien anhängt.

Von 1770—1823 betrug Frankreichs jährliche Ausfuhr c. 400 Mill. Fr., unter dem consequent durchgeführten Schutzzoll stieg die Ausfuhr in neuester Zeit auf 1640 Mill. Fr., die Einfuhr auf 1450 Mill. Fr., da man eine Menge Rohstoffe verarbeitete. An Modewaaren setzte man für 80 Mill. Fr. ab, an Maschinen für 48 Mill. Fr. Champagner versandten Chalons, Epernay und Rheims 8 Mill. Flaschen. Rohzucker führte man ein 136 Mill. Kilo, (und producirte 150 Mill. Kilo Rübenzucker), Kaffee 28 Mill. K., Kakao 4 Mill. K., daneben Talg, Häute, Faßholz aus Österreich und Amerika, Schiffbauholz von den Ostseeländern. An Rohbaumwolle bezog man 73 Mill. K., Wolle 37 Mill., Seide 3 Mill., Indigo 1 Mill., Hanf und Flachs 27 Mill., Roheisen 97 Mill., Stabeisen 28 Mill., Kupfer 11 Mill, Blei 20 Mill., Zint 25 Mill., Kohlen 4½ Mill. Tonnen.

Haupthandelsplatz ward Havre, von wo die Haupteisenbahnen nach den Industriedistricten gehen (Seide zu Lyon und Etienne; Baumwolle in Mühlhausen, Lille, Quentin und Rouen; Linnenindustrie in Flandern und der Normandie; Wollweberei auch dort und in der Picardie). Havre besorgt die Rohstoffe, Colonialwaaren und sendet in die Schweiz und Südwestdeutschland Baumwolle, von der es 430 Mill. Ballen bezieht. Marseille versendet Oele und Seifen, versorgt Südfrankreich mit russischem Getreide und algerischen Producten, sendet davon auch nach Spanien und hat den levantischen Handel. Bordeaux besorgt die Ausfuhr von Wein, von dessen Ernte sein Umsatz abhängt. Es versandte 1857 42 Mill. Litres Wein (für 31½ Mill. Fr.) und 4 Mill. L. Alkohol (für 16 Mill. Fr.), außerdem getrocknete und eingemachte Früchte (für 3½ Mill. Fr.), getrocknete und eingemachte Fische und Terpentinöl, bezieht dagegen für 11 Mill. Fr. Holz und für 2½ Mill. Fr. Faßholz. Wenn aber in England 22 % der Bevölkerung Ackerbau treiben, so in Frankreich 57 %, so daß die Interessen der halben Bevölkerung Freihandel verlangen, die andere Hälfte ihn zurückweist.

§. 81. Der Handel der Schweiz.

Die Schweiz, schon seit dem frühen Mittelalter durch ihre Industrie in Uhren, Linnen- und Seidenweberei, sowie durch ihren Transitohandel berühmt, litt in neuester Zeit nicht nur durch die großen Kriege, sondern durch harte Grenzzölle, so daß sie sich außerhalb Europas Absatz suchen mußte, dazu aber der Durchfuhr durch Frankreich, Holland und Oesterreich bedurfte. Zürich trieb großartige Baumwollindustrie, Basel machte seidene Bänder, St. Gallen errichtete Kattunbruckerei, denn eingewanderte französische Reformirte hatten die Industrie sehr belebt. Genua vertrieb lange Zeit Schweizerwaare nach Spanien, Frankreich nach der Levante, und während der Continentalsperre kam die Twistspinnerei in Aufnahme, ja es entstand ein einträglicher Schleichhandel mit englischen Artikeln, die von Oesterreich über die Schweiz nach Frankreich gingen. Bald traten aber nun an allen Grenzen schwere Zölle den Versendungen hemmend entgegen, welchen die Schweiz nur durch Verbesserung der Maschinen und billige Löhne begegnen konnte; denn zu Gegenzöllen konnte man sich nicht entschließen. Da der Weber und Spinner in der Schweiz sparsam lebt und etwas Landbau daneben treibt, so begnügte er sich mit billigem Lohne und der zahlreiche Fremdenbesuch brachte viel Geld ins Land. Auch sorgten die im Ausland lebenden Schweizer für Absatz, und da es im Lande viel Kapital gab, so gewährte man 12 Monate Credit. Nordamerika, Westindien, Brasilien und die Levante kauften Fabrikate der Schweiz, und wenn auch der Durchgang durch Frankreich, ja der durch die Schweiz wegen der Cantonzölle schwierig ward, so stieg dennoch die Industrie, da der Absatz sich erweiterte, bei den billigen Preisen. Die Seide bezog man aus Sardinien, Neapel und der Lombardei, einige Quantitäten aus Brussa, China und Ostindien, Baumwolle kam über Havre, englische Twiste über Holland, und an die Stelle der Spitzenklöppelei traten Bobinetmaschinen und Blonden. Die Uhrmacherei ward in Genf und Neuschatel in Großem betrieben, wozu Frankreich zum Theil das Rohmaterial lieferte. Genf machte goldene, Neuschatel silberne Uhren, welche nach Frankreich eingeschmuggelt wurden und fast durch die ganze Welt gingen, selbst die Pendulen oder Standuhren fanden überall Absatz. Kaffee und Zucker wurden in zunehmender Menge verbraucht, so daß England und Frankreich guten Markt in der Schweiz fanden, wogegen Süddeutschland Getreide einführte, Oesterreich Vieh. Auch gingen ungarische Wolle, lombardische Seide, Oele und Südfrüchte durch die Schweiz nach Frankreich und Teutschland. Denn es führten gute Straßen vom Bodensee über Zürich nach Genf und Basel, eine andere von Basel über Lucern, den Gotthardt nach Mailand und Genua, oder über Zürich, Chur und den Splügen nach der Lombardei und Triest, eine dritte von Schaffhausen nach Genf. Gegenwärtig benützt man zum Theil schon Eisenbahnen auf diesen Handelswegen.

Kartoffeln werden in der Schweiz viele gebaut; doch genießt man viel Milch, Käse und Fleisch, weil man mit Mollen Schlachtvieh mästet und davon viel nach Frankreich ausführt. Auch Wein wird so viel producirt, daß ihn der Arbeiter Sonntags genießt. Die Schweiz ist zwar ein Gebirgsland, besitzt aber weder nennenswerthe Berg- und Hüttenarbeiten, noch benützt sie ihre Wälder und Gebirgswasser zu Sägemühlen, denn sie versendet nur 10.000 Ctr. Holzwaaren, sie ist vielmehr zum Theil Fabrikland, aber hat kein gefährliches Arbeiterproletariat, da die Arbeiter durch einigen Landbau sich mit den unentbehrlichen Lebensmitteln versorgen. Dies ist das Eigenthümliche der schweizerischen Industrie, wie es sich ähnlich in dem sächsischen Vogtlande und in Schlesien wiederfindet. Außerdem besitzen die Schweizer angebornes Talent zum Vertrieb ihrer Waaren. Volkswirthschaftliche Grundsätze konnten sich in dem kleinen Lande nicht ausbilden, doch hat man durch gesteigerte Intelligenz dafür gesorgt, daß man die Concurrenz der großen Industriestaaten aushalten kann.

Ueber die Größe des Waarenumsatzes sind die Angaben verschieden. Es mag die Ausfuhr c. 100 Mill. Fr. betragen, die Einfuhr c. 135 Mill. An Baumwollstoffen führt man aus c. 165.000 Ctr., an Baumwollengarn 16.000 Ctr., an Seidenstoffen 34 000 Ctr., an Käse 148.000 Ctr., an Uhren 2000 Ctr., außerdem Strohwaaren und Absinth. Auch Stickereien sind Absatzartikel, Türkischroth gefärbte Stoffe gehen nach Asien, Stapelplätze für Seidenbänder find Frankfurt a. M., Leipzig und Hamburg. Ein Hauptabnehmer ist die Union Nordamerikas und von den Uhren gehen viele über Paris als französische Uhren in den Handel. Endlich besitzt die Schweiz in Basel einen Wechselplatz, hier und in Zürich namhaften Buchhandel.

§. 82. Der deutsche Handel.

Seit Deutschland Baumwollweberei zu treiben begonnen hatte, mußte es Maschinen anwenden, erlebte bei Handelskrisen Noth der Fabrikarbeiter, sah trotzdem seine Spinner verarmen, denn es verlor seine Leinwandausfuhr durch englische Concurrenz, seinen Absatz an Tuch nach China, daher mußte es viel außereuropäische Märkte aufsuchen, was die Aufgabe Bremens, Hamburgs und Triests wurde. Der Schutzzoll drückte am schwersten auf die kleinen deutschen Staaten, bis sie sich zu drei Zollvereinen abrundeten, aus denen endlich ein deutscher Zollverein ward, welchem auch Oesterreich beitrat mit gegenseitiger Beibehaltung einiger Grenzzölle. Preußen machte Gewerbefreiheit zum Gesetz und strebt auch nach Handelsfreiheit; doch sind die Interessen der verbundenen Staaten noch so verschieden, daß man beim gemäßigten Schutzzoll stehen blieb.

Hauptausfuhr blieben Getreide und Wolle, doch machten Odessa, Nordamerika und Australien starke Concurrenz, weshalb man die Tuchmanufactur im Lande steigerte, um den eigenen Bedarf zu decken. Daneben legte man Brennereien, Bierbrauereien, Viehmast, Stärkefabriken an und strebte mit Erfolg dahin, durch Zölle die inländische Industrie soweit zu schützen, daß sie den Verbrauch im Lande deckte. Da man mit einigen Artikeln auch auf dem Weltmarkte erschien, so war dies Anlaß zum Fortschreiten in der technischen und chemischen Industrie.

Baiern und Würtemberg traten 1828 dem mitteldeutschen Zollverein bei, 1831 auch Hessen, 1834 die sächsischen Länder, 1836 Baden, während Hannover einen norddeutschen Verein gründete, aber Braunschweig trat 1842 und Hannover 1854 dem deutschen Zollverein bei, von welchem sich bis jetzt nur Bremen, Hamburg, Lübeck und Mecklenburg ausschloßen, Oesterreich aber einen besondern Vertrag mit ihm schloß. Seitdem hat sich die Industrie bedeutend gesteigert, Eisenbahnen sind angelegt, die Flüsse regulirt; Dampfer fahren auf ihnen, an der Abschaffung der Flußzölle wird gearbeitet, ebenso an der Einführung allgemein gültiger und gleicher Gewichte, Münzen, Wechselrechte ic. Der Mainkanal wurde vollendet, das Postwesen geregelt und das Porto herabgesetzt, mit auswärtigen Staaten schloß der Verein Handelsverträge und die deutsche Industrie erscheint auf dem Weltmarkte. Auch wird eine angemessene Kriegsflotte geschaffen werden, denn Preußen, Oesterreich und Oldenburg verfolgen diesen Gedanken mit großer Energie.

Die wichtigsten Seeplätze blieben Bremen, Hamburg und Triest. Jenes ist Hauptort für die Auswanderer (jährlich 30.000) und den Wein- und Tabakshandel, Hamburg hat Verkehr mit Südamerika und Westindien, Zucker-raffinerie, Kaffeehandel. England kaufte zwar für c. 30 Mill. Thl. Weizen, aber die Einfuhr von Wolle sank von 26 Mill. Pfd. auf 23 Mill., wogegen Frankreich und Belgien mehr bezogen. Der Effectenhandel war im Zunehmen, besonders in Wien sehr stark, und die Technik bildet sich aus durch Gewerbe- und polytechnische Schulen. Bei der steigenden Industrie wuchs die Zufuhr an Rohproducten, besonders an englischen Twisten, ja die skandinavischen Länder arbeiteten zum Theil mit Hamburger Kapitalien, und Lübeck versorgte Peters-burg zum Theil mit Wein und Colonialwaaren.

Was die einzelnen Industriezweige anlangt, so hatte man zunächst die Bedürfnisse des eigenen Landes zu befriedigen, was die Schutzzölle möglich machten. Die Leinenweberei erhielt sich zwar kümmerlich in Schlesien und West-falen, wo der Spinner den Flachs selbst baute, aber die Maschinen drückten die Löhne herab, weshalb Spinnmaschinen eingeführt wurden, oder Baumwoll an die Stelle des Flachses trat, oder in das Flachsgespinnst beim Weber ein-gemengt ward, wodurch man sich den Markt verdarb. Der auswärtige Absatz verringerte sich, da England billigere Waare lieferte. In der Baumwollindustrie zeichnete sich Sachsen, Elberfeld ꝛc. aus, und baumwollene Strümpfe (Apolda) behaupteten sich auf dem Weltmarkte, ebenso die Bänder Elberfelds, die Seiden-waaren Berlins, Crefelds, Elberfelds, wollene Tücher aus Thüringen, besonders die Webereien aus gekämmter Wolle, rheinisches Leder, Papier, Holz und Holz-waaren, besonders nürnberger und sonnenberger. Thüringer kauften auf Rech-nung Hamburger und Lübecker Häuser ganze Wälder in Polen und verarbeiteten sie an Ort und Stelle zu allerlei Hausgeräthen, andere Gegenden, besonders die am Main, Rhein und Weser, machten Bretter, Bohlen und Bauholz. Während arme Gebirgsdistricte Stroharbeiten lieferten und die Regierungen besondere Schulen deshalb errichteten, trieben die Küstenländer Handel mit Rüböl und Rübsamen, auch mit Oelkuchen, Hadern und Knochen, welche Eng-land kaufte. Andere machten Mehl, Halle viel Stärke und Berliner Blau, die Seestädte Seife, Mitteldeutschland (Magdeburg) producirte Runkelrübenzucker, die Pfalz, Brandenburg ꝛc. bauten Tabak, Baiern und Norddeutschland brauten gute Biere, der Osten verbrauchte viel Branntwein, Böhmen und Preußen fabricirten gutes Glas, Berlin und Meißen Porcellan, die Rheingegenden Thonwaaren, Harz und Erzgebirge Silber und Kupfer, Schlesien Zink, Rhein-lande und Schlesien Eisen und Steinkohlen, Steiermark und Ruhrgegend be-haupteten ihren Ruf, gutes Stahl zu liefern, Berlin, Kassel, Aachen, Chemnitz und Leipzig lieferten Maschinen, die Rheingegenden Schiefer, viele Gegenden Salz, dessen Preis aber Staatsmonopole bedeutend erhöhten (Preußen gewinnt c. 5—6 Mill. Thl) ꝛc.

Die Landwirthschaft machte zwar Fortschritte, aber es fehlte doch noch bei den Landwirthen die verständige Einsicht in die Bedeutung des Düngers, des Bodens, der Gewächse und der Viehzucht. Zwar führte man aus Deutschland in viele Länder Schafe der Veredelung wegen aus sogar Bauern holte man,

nach Rußland, Polen und andere Länder, aber dennoch ließe sich noch vieles verbessern. In vielen Gegenden nahm der Bauer städtische Kleidung und Lebensweise an, Handwerker und Krämer ließen sich auf Dörfern nieder, die Volksschulen leisteten mit jedem Jahre mehr, und Deutschland besitzt einen gebildeten Bauernstand. Ehe die Eisenbahnen sich weiter ausdehnten, behaupteten sich auch die großen Meßplätze Leipzig, Frankfurt a. M. und a. d. Oder als wichtige Handelsplätze, wogegen Naumburg, Braunschweig, Kassel u. a. bereits sanken. Die Billigkeit der Materialien zum Schiffbau vermehrte die Rhederei und den Schiffbau, besonders seit die preußischen Schiffe in englischen Häfen von manchen drückenden Beschränkungen befreit wurden. Bremen und Hamburg vermehrten die Zahl ihrer Schiffe, trieben in der Südsee sogar Walfischfang, und Danzig, Stettin, Königsberg und Memel wurden namhafte Seeplätze. Da Deutschland wenig Häfen besitzt, so besorgt Holland einen Theil des Verkehrs, indem es besonders leichtere Colonialwaaren nach den Rheingegenden einführt, während schwere Waaren über die Ostseehäfen gehen. Auch Antwerpen und Havre besorgen einen Theil des Waarenumsatzes für Deutschland, doch fällt der größte Theil an Bremen, Hamburg und Lübeck, da jenes mit den Vereinigten Staaten, dieses mit den Ostseeländern, und Hamburg mit England in Verbindung steht. Hamburg besorgt für den Zollverein für 176 Mill. B. Ausfuhr und für 260 Mill. B. Einfuhr, Bremen 28 Mill. Thl. Einfuhr und 31 M. Thl. Ausfuhr. Weil die Einfuhr fremder Fabrikate abgenommen hat, die der Rohproducte gestiegen ist, die Meßplätze also vorzugsweise inländische Fabrikate zum Verkauf bringen, so gehören Hamburg und Bremen mit zu den ersten Handelsplätzen der Welt, ja Hamburg rangirt sogleich nach London und Liverpool. Denn die Einfuhr Hamburgs betrug 1856 bereits 654 Mill. B., die Ausfuhr 613 M. B., von denen die größere Hälfte auf das Binnenland kommt. Bremens Einfuhr betrug 74 Mill. Thl., die Ausfuhr 62 Mill. Thl., von denen die Hälfte seewärts ging. Lübeck führte für c. 32 Mill. Thl. aus und für 12—14 Mill. Thl. ein. Bremens Handel ist dreimal größer als der Lübecks, beide zusammen erreichen nur den dritten Theil des hamburger Umsatzes.

Was die Entwicklung der Industrie in der neuesten Zeit anlangt, so ist die Leinwandweberei sehr gesunken, weil man nicht hinreichend für Spinnmaschinen gesorgt und sich den Markt durch Einmischung von Baumwollfäden verdorben hat. Woll- und Baumwollwaaren concurriren günstig mit ausländischen, auch Metall-, Eisenwaaren rc., doch bedarf die Production von Roheisen der Steigerung. Es stieg von 1834—57 die Ausfuhr von Rohstoffen von 380.000 Ctr. auf 700.000 Ctr., die Einfuhr von 340 000 Ctr. auf 1,900.000, die Ausfuhr von Halbfabricaten von 100.000 Ctr. auf 400,000 Ctr., die Einfuhr von 700.000 Ctr. auf 6,000.000, die Ausfuhr von Fabrikaten von 400.000 Ctr. auf 1,700.000 Ctr., die Einfuhr von 80.000 Ctr. auf 180.000 Ctr. Die übrige Ausfuhr betrug 1 Mill. Ctr., da man Chemikalien, Thonwaaren, Papier, Tapeten, raffinirten Zucker, Branntwein, Glas, Tabak, Kurzwaaren und für 1 Mill. Thl. Metall versendet. Die Zunahme der Einfuhr bestand in Hilfsmitteln für die Industrie (⅓ Mill. Ctr. Häute, c. 1 Mill. Ctr. Harze und Galläpfel, fast ebensoviel Farbstoffe und Farbhölzer, ebensoviel von Oel, Thran, Talg, ½ Mill. Ctr. Rohtabak). Außerdem verbrauchte man über 1 Mill. Ctr. Kaffee, 400.000 Ctr. Rohzucker, 40.000 Ctr. Pfeffer, 15000 Ctr. Kakao, 125.000 Ctr. Südfrüchte, 650.000 Ctr. Reis, 300.000 Tonnen Häringe und fabricirte 2¼ Mill. Ctr. Rübenzucker.

§. 83. Der österreichische Handel.

Oesterreich war weit zurückgeblieben, da lange, verlustreiche Kriege den Verkehr hemmten und die Finanzen schwächten. Seit es aber strenge Grenz-zölle einführte, hat die Industrie im Lande sich gehoben, aber wenig Fortschritte gemacht. Da betrat es den Weg liberaler Zolltarife, schloß mit Deutschland Handels- und Zollverträge, und bald nahmen Handel und Verkehr zu. Auch die Industrie wird sich in Folge der Gewerbefreiheit vervollkommnen. Böhmen ist ein industrielles Land geworden, Mähren, Schlesien, Vorarlberg haben viel Spinnereien und Webereien, ebenso Unterösterreich, Wien ist eine vielseitige In-dustriestadt geworden, Steiermark behauptet seinen Platz für Eisen- und Stahl-waaren, Triest erweitert seine Verbindungen nach auswärtigen Seeplätzen, und das reich gesegnete Ungarn liefert die Fülle an allen gangbaren Erzeugnissen. Im Uebrigen nahm die Industrie dieselbe Entwicklung wie in andern Ländern, man führte Web- und 1820 bereits Spinnmaschinen ein, und versandte Leinen über Triest nach der Levante; das Land unter der Ens besaß Kattundruckereien und 100.000 Spinner, Schlesien und Böhmen 300.000, aber ins Ausland ging wenig, nur Leipzig setzte viel solcher Stoffe um. Dasselbe gilt von den Wollwaaren Mährens und Schlesiens, wogegen Seidenstoffe, Papier und Stroh-hüte von Wien nach der Levante gingen. An Leder producirte man viel, be-sonders Ungarn, Glas behauptete sich im Welthandel, ebenso Töpferwaaren und Steingut, welches Ungarn lieferte. Die Eisenproduction stieg besonders in Ungarn, ebenso die der Steinkohlen (Ungarn, Böhmen), Kobalt (Zips) Schmalte-fabrikation, Braunstein, Salz (Galizien, Ungarn, Siebenbürgen, Salzkammer-gut), und Wiener Bijouterie- und Luxuswaaren concurrirten glücklich mit Parisern.

Seit der Bauer von Robot befreit wurde, stieg die Production, aber es fehlen in manchen Ländern noch Hände und Intelligenz; doch zeichnet sich der hohe Adel durch reges Streben aus, den Ackerbau zu verbessern, weshalb ver-schiedene Vereine, Lehranstalten, Musterwirthschaften und Ausstellungen ange-ordnet wurden, und hierin zeichnet sich der ungarische Adel besonders aus. Lei-der hindert der Mangel an Straßen den Absatz, sperren Zölle die Ausfuhr von Wein, an welchen Ungarn nicht minder reich ist wie an Viehheerden, Weizen, Tabak, Hanf, Hopfen, feiner Schafwolle, Knoppern, Blutegeln ꝛc., so daß es das wichtigste Productionsland Europa's und außerdem Durchgangsland für den deutsch-levantischen Handel sein sollte, welchen das gewerbfleißige Böhmen, Mähren und Schlesien vermitteln könnten.

Die Dampfschifffahrt auf der Donau, welche 1830 begann, steigerte anfangs nur den Personenverkehr, aber Pest benutzte die Schleppdampfer zur Beförderung der Getreidesendungen und unterhielt durch Localdampfer einen lebhaften Personenverkehr zwischen Pest und Ofen. Eisenbahnen setzen die Hauptbinnenplätze unter sich und mit Triest in Verbindung, denn dieses erhob sich zum Hauptplatz, wogegen Venedig sank, nachdem Napoleon es ausgeplündert und wechselvolle Kriege seinen Handel gelähmt hatten. Triest legte regelmäßige Linien nach der Levante an, erweiterte seine Verbindungen bis Amerika, während Fiume sich zum Ausfuhrplatz für ungarische Producte machte, und Zara mit der Türkei lebhaften Verkehr betrieb, Spalatro Korn versandte, Ragusa Wein, Oel, Wachs, Holz, Salz und Seide verschiffte. Venedig, Freihafen und durch eine Eisenbahn mit dem Festlande verbunden, behauptete sich als Wechselplatz, fabricirte Juwelierwaaren, Metallwaaren, Woll- und Linnengewebe, verkehrte mit Italien, der Türkei und England. Die Gesammtausfuhr sank in der Monarchie von 1841—57 von 106 Mill. G. auf 100 Mill., die Einfuhr aber stieg von 100 auf 150 Mill. G. Die Hauptausfuhr bildeten Glas-, Holz-, Metall- und Thonwaaren; geringer waren die Webereien, dagegen stieg die Zahl der Schiffe, welche Triest besuchten, von 7700 auf 10800, die Einfuhr von 58 Mill. G. auf 153 Mill, die Ausfuhr von 60 Mill. auf 137 Mill. G. Die Hauptausfuhr ging nach der Türkei (30 Mill. G.), Italien (11 Mill. G.) und England (5 Mill. G.), die Haupteinfuhr kam aus England (23 Mill.). Denn man bezog 220.000 Ctr. Kaffee, 530.000 Ctr. Zucker, Südfrüchte, Baumwolle, Seide, Felle, Häute, Knoppern in großer Menge.

. Es zeigte sich in Oesterreich, wie in fast allen Staaten des Festlandes, eine ungünstige Handelsbilanz, welche eine Folge der umgestalteten Industrie war. Woll- und Linnenwaaren, früher Hauptausfuhrartikel, wurden durch Baumwollwaaren beschränkt. Man mußte diese Rohbaumwolle vom Ausland beziehen, hatte aber wenig Austauschartikel; auf außereuropäischem Markte wurde man von England und Nordamerika verdrängt, welche billiger einkauften und in der Maschinentechnik weiter waren. Mithin konnte man nur den eignen Bedarf decken, wozu man oft noch englischer Twiste bedurfte. Dazu kam der zunehmende Bedarf von Kaffee, Zucker, Thee und Tabak, Farbe und Gerbstoffen, die man gleichfalls nicht durch Tauschwaaren decken konnte. Eisenbahnen, Actienunternehmungen und Reisen vermehrten zwar die Geldcirculation, aber die Staaten geriethen darüber in Schulden und mußten die Steuern erhöhen. Landbau und Viehzucht blieben zurück, industrielle Gegenden verarmten, die Nahrung der Hälfte der Bevölkerung beschränkte sich (mit Ausnahme von Ungarn) auf Kartoffeln, so daß nothwendig ein Umschlag der Industrie eintreten muß, indem sie sich der Verwerthung der einheimischen Producte zuwendet, wohin der Freihandel führen wird. Bei der gegenwärtigen Lage der Industrie können sich die meisten Staaten nur durch Schutzzölle behaupten, weil englisches Capital und englische Maschinen jedes Land ausbeuten würden, wie sie in Ostindien die Baumwoll-industrie herabgebracht und die Bewohner desselben zu Taglöhnern herabgedrückt haben. Europa sucht überhaupt in Asien Absatz für seine Baumwoll- und Seiden-gespinnste, wo aber die Vereinigten Staaten concurriren, welche wiederum die Einfuhr europäischer Fabrikate durch Zölle beschränken oder die Producte ersetzen.

§. 84. Der englische Handel von 1783—1828.

Der nordamerikanische Krieg hat für England tief eingreifende Folgen ge-habt, da er lehrte, die Wohlfahrt des Handels beruhe nicht auf Besitzungen, sondern auf der eigenen Arbeit. Spanien, Portugal und Holland ließen sich von ihren Kolonien ernähren, denn sie mußten ihre Producte liefern und vom Mutterlande kaufen. Auch England befolgte diese Grundsätze, aber der Abfall Nordamerikas belehrte es, daß man bei freiem Handelsverkehr mehr gewinne als bei Monopolen und Handelszwang. Da an jenem Kriege auch Spanien, Frankreich und wider Willen Holland Theil nahmen, so stockte der englische Handel, da ihn Kaper beunruhigten und Kriegsschiffe oft den Handelsschiffen Geleit geben mußten. Es stockte der Absatz, viele Materialien zum Schiffsbau fehlten, Lebensmittel wurden theuer, die Neutralen bereicherten sich auf Kosten Englands, denn nur durch deren Vermittelung konnte man Waaren beziehen oder absetzen, weshalb die Fonds sanken, die Staatsschulden aber stiegen. Jene fielen von 80 auf 50, diese stiegen von 130 Mill. Pfd. St. auf 240 Mill. Doch nach dem Frieden glich sich alles zum Vortheil Englands aus, denn Nord-amerika war mit ihm in Betreff der Sitten, des Geschmacks und der Gewohn-heit so verwachsen, daß ein lebhafter Handelsverkehr entstand, so daß sich der Umsatz vervierfachte; außerdem suchte England seine Arbeitskraft durch Ma-schinen zu steigern und neue Absatzwege zu ermitteln. Dampfmaschinen hatte man schon lange in Bergwerken benutzt, Watt, ein Kaufmann in Glasgow, verbesserte sie 1775; es kamen Hargreave's Spinnmaschinen in Anwendung, nachdem sie Arkwright verbessert hatte, wodurch die Baumwollindustrie anfing, große Bedeutsamkeit zu gewinnen und der Verbrauch von Rohmaterial von 1 Mill. Pfd. auf 28 Mill. stieg (1790). Man sah sich daher nach Ländern um, von denen man dies Material bezog, knüpfte Handelsverbindungen an, Manchester und Glasgow wurden wichtige Städte, und da man billig verkaufen konnte, nahm die Ausfuhr zu, daß sie von 10 Mill. Pfd. St. auf 18 Mill. stieg. Nun wandte man Spinnmaschinen auch bei der Wollmanufactur an, deren Mittelpunkt Leeds wurde. Zugleich zeigte sich aber, daß solche industrielle Anlagen nur da möglich waren, wo Kapital konnte geschafft werden und die Theilung der Arbeit möglich war; weshalb einzelne Städte als Centralpunkte schnell aufblühten, minder begünstigte aber sanken. Um die Vortheile der Ma-

schinen auszubeuten, wandte man diese letzteren auch bei andern Gewerben, bei
Hüttenwerken und Mühlen an, so daß Kohlen- und Eisenproduction stiegen, und
sorgte durch Kanäle und Straßen für billige Transportmittel. Das Parlament
erließ 80 Acten wegen Anlage von Kanälen (Bridgewaterkanal für Kohlen-
transport nach Manchester und Liverpool). Die Eisenproduction stieg von
20.000 Tonnen auf 70.000, die Einkünfte der Briefpost in Edinburg von
10000 Pfd. auf 40000, die Steuern von 5000 auf 100.000 Pfd., denn es
entstanden Walzwerke und Fabriken aller Art, welche das Inland versorgten,
Steingut, Glas, Seidenstoffe, irländische und schottische Linnen (Dundee) gingen ins Ausland, und Edinburg, welches seither Wagen aus London bezog,
errichtete Wagen- und Papierfabriken, Leith erhielt 6 Glasfabriken ꝛc. Durch
Zölle erschwerte man die Einfuhr gewisser fremder Industriewaaren und begünstigte durch Ausfuhrprämien die heimische Weberindustrie.

Durch solche Fortschritte erweiterte man den Markt in Frankreich, von wo
man Wein, Branntwein, feine Tuch- und Seidenstoffe bezog. Auch mit Rußland, Deutschland und Italien stieg der Verkehr, Westindien ward von England
und Canada mit seinen Bedürfnissen versorgt, lieferte dagegen Zucker und
Kaffee; der Fischfang bei Neufundland, der Walfischfang bei Grönland und in
der Südsee nahm zu, bedeutend war der Verkehr mit Ostindien, welches Seide,
Indigo, Baumwolle und Gewürze lieferte, China dagegen Rohseide und Thee.
Auch auf den Ackerbau wandte man Maschinen an, verbesserte die Cultur und
erzeugte mehr Weizen und besseren Viehstand. Kalk diente bereits als Düngmittel, und um dem herabgekommenen Irland aufzuhelfen, gestattete man ihm
directen Verkehr mit den Colonien.

England wurde durch den Abfall Nordamerikas Fabrikstaat, durch den
Krieg gegen Frankreich (1793—1802 und 1804—1815) die erste See- und
Handelsmacht, da es alle Concurrenten von den außereuropäischen Märkten fern
hielt. Der Handel mit Frankreich hörte zwar auf, dagegen nahm der mit den
übrigen Ländern Europas, mit denen man verbündet war, zu. Zwar zahlte man
ungeheure Summen an Hilfsgeldern (von 1793—97 allein 33 Mill. Pfd. St.),
aber man lieferte diese Summen zum Theil in Waaren, deren Erzeugung die
inländische Industrie sehr beschäftigte, und es ergaben sich aus solchen Verbindungen große Vortheile für den Absatz an Waaren. Denn man kaufte überall
Rohwaaren auf, bemächtigte sich der Colonien der Länder, die in französische
Gewalt kamen und hatte dort allein den Markt. Sie konnten nur an England
verkaufen, nur von England kaufen. Man vernichtete nicht nur die französisch-
spanische Flotte, sondern auch die dänische. Nordamerika lieferte Tabak, Reis,
Bauholz, jetzt auch Mehl und Baumwolle, deren Einfuhr in kurzer Zeit
von 60 Ballen auf 55.000 à 500 Pfd. stieg. Man erhielt daher fast den
Alleinhandel mit Colonialwaaren, denn die Kaffeeausfuhr stieg bald von 30000
Ctr. auf 200.000, Jamaicas Zuckerproduction von 80000 Ctr. auf 150.000.
Indigo und Salpeter lieferte Ostindien, und über Hamburg versorgte man

West- und Mitteleuropa, mit Nordamerika, dem einzigen Rivalen, schloß man günstige Handelsverträge.

Ungünstig wirkte der lange Krieg dagegen auf die Fonds und den Geldhandel, denn die Waarenpreise stiegen, die Fonds aber fielen, und es gab viel Bankerotte. Doch halfen auch hier die Anleihen und die Beschäftigungen der Fabriken für Kriegsmaterial, kostete doch die Kriegsflotte statt 2 Mill. Pfd. St. jetzt 16 Mill., wogegen die Einfuhr der Baumwolle von 20 auf 60 Mill. stieg, ebenso die Production von Steinkohlen und Eisen, und Wedgewood erfand die Fabrikation des Steingutes. Wohlstand und Luxus stiegen, und die Bevölkerung der Fabrikstädte wuchs zusehends, in Manchester von 20000 auf 80000, ebenso Glasgow und Liverpool, wo sich der afrikanische, westindische und irländische Handel concentrirte, da es Hauptplatz für Baumwolleinfuhr ward, so daß die Zahl seiner Schiffe von 450 auf 800 stieg, die Baumwolleinfuhr von 4000 Ballen auf 140.000. Edinburg erhielt den Handel nach Nordosten, Bristol den nach Südeuropa, Afrika und Westindien; Sheffield, Birmingham, Newcastle 2c. wurden reiche Städte, Ackerbau und Viehzucht vervollkommneten sich, da man Absatz fand, denn Ochsen wogen 800 Pfd. Kälber 150 Pfd., Schafe 80 Pfd., d. h. die Hälfte mehr als zur Zeit schlechterer Mästung. Statt 300.000 Aecker bebaute man 3 Mill., so daß Landwirthe und Pächter wohlhabend wurden. Trotzdem mußte man viel Getreide aufkaufen, dies und andere Umstände erzeugten solchen Mangel an baarem Geld, daß die Bank ihre Baarzahlungen einstellte, um das Metallgeld auf dem Continent anzulegen, so daß sich die Banknoten von 10 auf 16 Mill. Pfd. St. mehrten. Um Irland enger mit England zu verbinden, vereinigte man es 1801 mit England, wodurch Dublin viel verlor, da das Parlament ihm viel einbrachte.

Als England und Frankreich 1802 Frieden machten, fielen für jenes alle Vortheile weg, die es bisher genossen, dieses erhielt aber seine Colonien wieder, so daß in England große Geschäftsstockungen entstanden. Zwar brach der Krieg 1804 wieder aus, aber die verschärfte Handelssperre beschränkte Englands Handel mit Europa empfindlich, dagegen verdoppelte sich der Verkehr mit Nordamerika (1809 bereits 200.000 Ballen Baumwolle), Westindien und Ostindien, wohin man bereits Baumwollstoffe sandte. Der Krieg belebte die Industrie, die Kriegsflotte mehrte sich auf 1000 Schiffe und 1500 Transportschiffe. Es stiegen bei solchem Verdienste die Renten, Getreide behauptete hohe Preise, doch die arbeitende Klasse litt unter solchen Verhältnissen und hohen Steuern, die oft das Zwölffache betrugen, während Kaufleute und Fabrikanten Luxus trieben.

Dazu kam, daß die Menge der Banknoten außerordentlich zunahm, da man von 1806—16 an Subsidien 50 Mill. Pfd. St. zahlte, die Banknoten 35 Mill. Pfd. betrugen, weshalb man sie nur mit Verlust gegen Münze umsetzen konnte. Je weniger es aber möglich war, aus europäischen Ländern Rohwaaren zu beziehen, um so mehr strengte sich England an, sie im eigenen

Lande oder in den Colonien zu erzeugen. Man benutzte irländischen Flachs, einheimische Wolle, Gaslicht statt Talglicht 2c., bezog aus Ostindien und China Rohseide, benutzte Eisen statt Holz, bezog Getreide aus Irland und Canada, Fleisch aus Buenos Ayres, steigerte den Fischfang, so daß die Industrie Englands grade durch die Handelssperre gewaltig wuchs. Es mußte also 1815 ein gewaltiger Rückschlag eintreten, als mit dem Frieden die Völker Europas sich beeilten, die unterbrochenen Handelsverbindungen wieder anzuknüpfen, und zugleich gelernt hatten, viele Bedürfnisse sich selbst zu verschaffen. Wenn auch wegen des vermehrten Verbrauchs der Absatz von Colonialwaaren zunahm, so stockten doch bald die Fabriken, weil gewisse Artikel wenig mehr gebraucht wurden, und Grenzzölle die Einfuhr in die meisten europäischen Länder erschwerten. Tausende von Arbeitern wurden brodlos, viele Fabrikanten und Kaufleute machten Bankerott. Um so mehr bemühte sich England, außer Europa Absatz zu finden, und in wenig Jahren gelang ihm dies, denn der Werth der Ausfuhr stieg von 40 Mill. Pfd. St. auf 60 Mill., namentlich die Menge der Baumwollwaaren verdoppelte sich von 1814—23, ebenso die Einfuhr der Rohwaare. Man verbesserte und vermehrte die Maschinen, der Umfang der einzelnen Etablissements ging ins Kolossale, immer mehr wuchs die Production an Steinkohlen und Eisen, um möglichst billig arbeiten zu können, und ausländische Concurrenz hielt man durch hohe Eingangszölle ab. Auch Leinwand spann man jetzt auf Maschinen, verdoppelte dadurch die Production, und der Wohlstand stieg dabei so sehr, daß die Bank 1822 ihre Baarzahlungen wieder aufnehmen und die Republiken des spanischen Amerikas in London Anleihen machen konnten, wodurch man sich den Handel dorthin sicherte. Man lieh von 1818 bis 1824 an 50 Mill. Pfd. St. aus, beherrschte dadurch den Geldmarkt, beschleunigte durch Dampfschiffe den Waarenumsatz, erweiterte die Unternehmungen durch erleichterten Kredit und behauptete durch Maschinen und Kapitalvorrath das Uebergewicht über alle Natoinen, daher stieg die Bevölkerung der Hauptplätze und Fabrikgegenden, deren Ernährung wieder günstig auf die Landwirthschaft wirkte.

Aber damit begnügte man sich nicht, sondern das Parlament nahm sich des Handels, der Industrie und Landwirthschaft besonders an. Da die Fabrikanten billige Getreidepreise, die Grundbesitzer aber hohe verlangten, so gab man 1815 das Gesetz, daß fremdes Getreide so viel Zoll zahle, daß es mit dem englischen nur dann concurriren könne, wenn dieses einen festgesetzten Preis übersteige. Dies ist die vielbestrittene Cornbill, ein steter Zankapfel des Parlaments. Auch fremde Wolle belegte man 1819 mit einem Eingangszoll, und auf dieselbe Weise belegte man viele Einfuhrtikel mit Zoll, je nachdem sie für die Industrie vortheilhaft waren oder concurrirten, dagegen ermäßigte man einige Bestimmungen der Schifffahrtsakte zu Gunsten anderer Nationen, besonders der Nordamerikaner, erlaubte den Colonien directe Ausfuhr auf brittischen Schiffen nach Europa, verminderte die Zölle für Waaren, die man wieder ausführte, bewilligte durch besondere Verträge einigen Staaten gleiche Rechte der Ein- und

Ausfuhr, öffnete (1825) Westindien den europäischen Schiffen rc. Die amerikanischen Freistaaten wurden 1824 anerkannt und Consulate dort errichtet; man
übernahm dort Bergwerke und andere Unternehmungen, und wenn auch die
Erwartungen von großem Absatz nicht erfüllt wurden, vielmehr Bankerotte und
Arbeitslosigkeit der falschen Berechnung folgten (1825), so faßte man doch dort
festen Fuß, bemächtigte sich des Handels, und verbesserte 1828 die cornbill.

Mit den Ländern Europas unterhielt man den oft genannten Waarenaustausch, Schweden lieferte Eisen, die Ostseeländer Getreide, Butter, Leinöl,
Frankreich Wein, Butter, Eier rc., Deutschland Getreide, Knochen, Wolle rc.,
dagegen sandte England Garne, Webereien, Metallwaaren rc. Der Verkehr
mit Ostindien verdoppelte, ja verzehnfachte sich, da es sogar Baumwollstoffe und
Steingut kaufte und der Verbrauch von Baumwolle, Indigo, Zucker rc. zunahm.
Der Handel mit Westindien, Brasilien, Buenos Ayres war fast ganz in englischen Händen, der mit Nordamerika nahm immer größere Verhältnisse an,
denn die Einfuhr an Baumwolle stieg auf 400 000 Ballen, Canada lieferte
Holz, Pottasche, Getreide und Pelze, auch nahm der Verkehr und Anbau an,
dem Kap und in Australien zu, wo Viehzucht einträgliche Beschäftigung ward,
und wohin man Auswanderer als Kolonisten sandte, theils auf Staatskosten,
theils in Folge der Unternehmungen von Privatgesellschaften.

Obschon Irlands Bevölkerung immer mehr verarmte und nur kärglich von
Kartoffeln lebte, nahm doch der Handel einzelner Städte (Belfast) lebhaften Fortgang.
Cork brachte nach Bristol und Liverpool Hornvieh, Belfast Linnen nach Canada
und Schottland, Kartoffeln nach Liverpool, ebenso Dublin, und um diesen
Handel zu steigern, hob man 1824 die Zölle zwischen England und Irland
auf; als man aber 1825 das Verbot der Einfuhr fremden Leinengarnes aufhob, traf die irischen Spinner große Noth, und der Anbau des Flachses nahm
ab, weshalb Tausende von Irländern nach England oder den Kolonien
auswanderten.

§. 85. Das freie Kolonialsystem Amerikas und Englands.

Die Engländer sind eine große Handelsnation geworden, weil sie aus
jeder Noth eine Tugend zu machen wußten, d. h. jedes Mißgeschick benutzten,
um neue Mittel und Wege zu ersinnen, ihre Zwecke zu erreichen. Fehlten
ihnen Arbeitsgehilfen, so erfanden sie Maschinen, stockte der Absatz, so suchten
sie neue Abnehmer auf oder lieferten billigere Waare, beförderten die Production
und entfernten daher eine Schranke, ein Vorrecht und einen Schutzzoll nach
dem andern. Mit ihnen wetteiferten die Nordamerikaner, da es diesen an Arbeitern und an Kapital fehlte. Es machte sich daher schon vor, noch mehr
aber nach dem nordamerikanischen Befreiungskriege ein neues Colonialsystem
geltend. Man hatte in den freien Ländern keine Metallschätze, keine Plantagen
und Gewürze, sondern fruchtbares Ackerland, Wälder, Flüsse und fischreiche

Meere, welche man zu verwerthen trachtete. In warmen Ländern hatte man die fehlende Arbeitskraft durch Sclaven ersetzt, aber der Norden mit dem anstrengenden Getreidebau und andern Arbeiten, welche Intelligenz und Ausdauer verlangten, eignete sich nicht zu Sclavendiensten, auch widersprach die Sclaverei den religiösen Ansichten der Puritaner. Man strebte also dahin, durch Einwanderung eine freie Bevölkerung zu gewinnen, und als England es durchsetzte im Rath der europäischen Mächte, daß der Sclavenhandel gesetzlich untersagt ward, und als man Häfen und Länder deshalb controllirte, so war dies freie Kolonialsystem das einzig mögliche. Europäer zogen nach der neuen Welt, um dort zu arbeiten, weil dort sich die Arbeit am meisten verwerthete, und Gesellschaften traten zusammen, um die erforderlichen Kapitalien zu schaffen und den Anbau eines Districts zu organisiren.

Als die Kolonien in Nordamerika sich zu einem Staatenbund einigten, traten die einzelnen Länder ihre Domänen und ihr Eigenthumsrecht auf herrenloses Land der Union ab (von 1780—1802), außerdem kaufte diese 1803 Louisiana, 1810 Florida, 1848 Neumejico und Californien, welche so lange vom Congreß verwaltet wurden als Territorien, bis sie 60.000 Bewohner hatten und dadurch selbständiger Staat wurden. Der Congreß ließ seine Gebiete nach Meridianen von den Flußmündungen aus vermessen, in Quadrate (sections) theilen à 640 Acres, vereinigte 36 Sections zu einer Landschaft (township, 6 engl. Q. M.), machte aus diesen Reihen (range), die von Osten nach Westen neben einander lagen und numerirt wurden, theilte die Sections in kleinere Quadrate à 40 Acres, bezeichnete alle diese Linien durch Einschnitte in Bäume des Urwalds und hatte pro Acker 2 Cents, für die Versteigerung 5 Cents Unkosten. Denn nun zeigt der Präsident die Versteigerung an, die öffentlich vollzogen wird mit einem Einsatz von 1¼ Dollar pro Acre. Kreditirt ward der Kaufschilling erst seit 1819, wo 3 Jahre Frist gestattet wurden. Was unversteigert bleibt, verkauft man unter der Hand. Besondere Beamte (lasd-officen) besorgen den Verkauf, werthvolle Strecken, die sich zum Bergbau eignen, behält der Staat, und die 36. Section ist für Schul- und Armenzwecke bestimmt, mitunter sogar ganze townships. Squatters haben nur das Recht des Vorkaufs, und bis 1849 löste die Regierung aus dem Landverkauf 135 Mill. Doll., wobei sie 60 Mill. reinen Gewinn hatte, denn mit jedem Jahr rückt die Colonisation auf der 400 Lieues langen Linie vom Obersee bis zum mejicanischen Meerbusen 7 Lieues gegen Westen vor.

Die ersten Ansiedler (Hinterwäldler, backwoodmen, Pioniere des Westens) sind Männer, welche bankerott gemacht haben oder ein ungebundenes Abenteurerleben führen. Squatters bearbeiten herrenloses Land. Hinterwäldler gehen in die Waldeinsamkeit, erbauen mit Hülfe der nächsten 4—6 geogr. Meilen entfernten Nachbarn aus über einander gelegten Baumstämmen ein Blockhaus ohne Fenster und Fußboden, mit einem Rindedach, befestigen die Sparren mit Ulmenbast, verstopfen die Ritzen mit Moos und lassen im Dach ein Loch als Rauchfang

27*

offen. In 4 Tagen sind Haus und Ställe fertig, das Vieh muß sich Weide
im Walde suchen, dann werden einige Acker Wald gelichtet, umgebrochen und
mit Mais besäet. Harte Arbeit, träge Ruhe, Jagd und Kampf mit Indianern
wechseln, und mehren sich in der Nähe die Ansiedlungen, so zieht der unruhige
Pionier weiter zu einer andern Waldeinsamkeit, wenn ein wohlhabender Bauer
ihm seine Besitzung abkauft, der ein zweistöckiges bequemes Wohnhaus baut,
Korn und Waizen sät, Brennereien anlegt, Gärten anpflanzt, Ställe und
Scheuern errichtet und dann oft das Ganze verkauft. Ähnlich entstehen Städte
durch Privatspeculation, indem Jemand den ganzen Boden kauft, ein großes
hölzernes Gasthaus errichtet, dessen Wirth ein General oder Oberst der Miliz
zu sein pflegt. Die Trinkstube wird bald zur Börse für Landverkauf, ein
Club versammelt sich, ein Postbureau wird etablirt, Schmiede und Krämer
siedeln sich an, eine Schule, Kirche, Zeitungsdruckerei und Bank entstehen,
Straßen werden abgesteckt, ja manche Häuser werden durch Räder beweglich
gemacht, und bald wächst aus Sumpf und Wald eine Stadt empor, wenn die
Lage glücklich gewählt war.

Die Vereinigten Staaten bewiesen durch ihren zunehmenden Reichthum
die Richtigkeit des Grundsatzes, daß der Wohlstand zunimmt, wenn es jedem
Einzelnen frei steht, seine Kapitalien und Kräfte da anzulegen, wo sie ihm
den meisten Nutzen bringen. Je mehr man den Kolonien erlaubte, nach eigenem
Bedürfniß Handel zu treiben, um so mehr nahm deren Reichthum zu, daher
nahm in Neu-Südwales die Bevölkerung von 1820—1840 um das Dreifache
zu, die Ausfuhr um das Fünfzehnfache. Obschon aber der Gewinn solcher
Kolonisirung auf der Hand lag, so erforderte sie doch eine Kapitalanlage, und
so erhob sich die Frage, wie der Überfluß an nutzbaren Grundstücken mit dem
Mangel an Arbeitskräften und Kapital auszugleichen sei; denn Einwanderungen
ohne Kapital nahmen ein trauriges Ende, und bemittelte Personen haben wenig
Neigung zur Auswanderung.

Die Ländereien sollten durch Arbeit ausgebeutet werden, das war der
Grundsatz des neuen Systems, aber in Betreff der Beschaffung der Arbeitskraft folgte man verschiedenen Rathschlägen. Am einfachsten schien es, sich dadurch zu helfen, daß man sich Arbeitskräfte kaufte, wodurch der Sclavenhandel
volkswirthschaftlich gerechtfertigt schien. Auf St. Domingo brachte jede Pflan-
zung nach 6 Jahren den Kaufschilling als Reingewinn ein. Als das Unsittliche
des Menschenhandels anerkannt wurde, half man sich dadurch, daß man con-
tractlich Arbeiter (chinesische Kulis oder Neger) auf Jahre miethete, oder daß
man Sträflinge als Zwangsarbeiter in menschenleere Gegenden sandte. Schon
Cromwell verkaufte politische Gegner an ostindische Pflanzer, König Jakob II.
ebenfalls, später sandte man nach Australien Sträflinge. In Nordamerika
dagegen verschaffte man sich intented servents; indem man europäische Arbeiter
auf eigene Kosten kommen ließ, welche die Transportkosten durch eine Art
Leibeigenschaft abverdienen mußten. Manche Speculanten machten aus diesem

neuen Menschenhandel ein Geschäft, behandelten Arbeiter und sogar deren Kinder als Eigenthum, und die einzelnen Staaten machten diesen Menschenverkauf zum Gesetz. Endlich aber befolgte man ein System, welches Wakefield geistreich entwickelt hatte, indem er verlangte, man solle Grundstücke nicht verschenken, sondern nur verkaufen, und seit 1836 befolgte England in Australien dies System, da die übersiedelten Verbrecher für freie Kolonisten eine Abschreckung waren, da Viele von den alten Lastern nicht lassen konnten und eine zahlreiche, strenge Überwachungsmannschaft nöthig machten. In Australien hatte man bis 1841 schon für 2 Mill. Pfd. St. Ackerland verkauft, denn Gladstone war ganz für Wakefields Theorie. Man wollte Australien und Südafrika kolonisiren, da in England die Masse der Armen und Arbeitslosen dem Staate zur Last wurde, ja in Canada schenkte man dem Einwanderer 50 Acres, gab ihm für 5 Pfd. St. 100, für 40 Pfd. 500 Acres, wenn er binnen 1½ Jahr fünf Procent des Bodens urbar gemacht, einen Weg gebahnt und ein Blockhaus gebaut hatte. Es erhob sich nun die Streitfrage, ob man an einzelne Kolonisten oder an die Landcompagnien verkaufen, ob man die erwachsenden Kosten durch Steuern, Anleihen oder durch Verkauf decken solle. In Australien unternahmen Gesellschaften die Kolonisation, in Canada ließen sich Einzelne nieder. So viel erreichte man, daß man Sträflinge und freie Ansiedler nicht in Einer Kolonie zusammen brachte, und bereits sind beide Kolonien so weit erstarkt und selbstständig geworden, daß ihre Unabhängigkeit von England nur noch eine Frage der Zeit ist.

Die neuere englische Kolonisation ist also sehr verschieden von der spanischen, diese war nur eine Ausdehnung des spanischen Absolutismus, jene beruhte auf dem Grundsatze der Freiheit; die Kolonien der Spanier verarmten, die englischen wurden reich und mächtig. Anders stellte sich die Frage für Deutschland, welches Tausende und Millionen von Auswanderern nach der neuen Welt sandte, mit denen Kapital und Arbeitskraft für das Mutterland für immer verloren ging. Die deutsche Auswanderung stieg von 5.000 auf 22.000 jährlich, so daß die Rheder viel verdienten, sich aber auch solche Betrügereien erlaubten, daß die Regierungen einschreiten mußten, denn das Geschäft drohte in gewissen- und ehrlosen Menschenhandel auszuarten. Für die Heimath regten die Auswanderer die Frage an, ob es vortheilhaft sei, Arbeitskräfte und Kapitalien fortzulassen; einige Staaten traten mit Verboten auf, andere suchten den Auswanderungsstrom nach Osten (Posen, Galizien, Ungarn) zu lenken, wo große fruchtbare Strecken noch auf fleißige Hände warten, um jeden Spatenstich reichlich zu lohnen. Die ganze wichtige Frage ist erst angeregt, aber noch nicht gelöst. So viel aber dürfte fest stehen, daß es für Mitteleuropa von höchstem Interesse ist, die reich gesegneten mittleren und unteren Donauländer volkswirthschaftlich besser zu benutzen, als seither geschehen ist. Doch zuvor müssen, ehe dies geschehen kann, manche andere Fragen genügend gelöst sein. Je mehr der Südosten Europas cultivirt und der brutalen Türkenwirthschaft entzogen wird, um so unabhängiger wird Europa von Amerika, denn alsdann fällt ihm auch Vorderasien und Nordafrika zu, wie es zur Zeit der Römer und Byzantiner war.

Das moderne Kolonialsystem beruht also auf landwirthschaftlicher Benutzung fruchtbarer Länder, auf angemessener Anlage von Kapitalien, auf lohnender Verwendung der Arbeitskräfte, welche durch die Maschineninbustrie überflüssig werden und neues Rohmaterial und Absatzwege erhalten, und auf dem Princip jener politischen Freiheit, welche dem Einzelnen soviel Willensfreiheit gestattet, als mit dem Gemeinwohl und dem Staatszweck vereinbar ist. Dies moderne Kolonialsystem berücksichtigt nur die Vermehrung des Kapitals durch Zuwachs der Arbeitskraft, Intelligenz und des baaren Vermögens, während das frühere System nur dahin zielte, daß Wenige auf Kosten Vieler zu Reichthum und Wohlleben gelangten, indem sie Land und Leute zu eigennützigen Zwecken abnutzten.

§. 86. Der englische Handel von 1828.

Die englische Geschichte zeigt nicht nur, wie England nach und nach ein Industrie- und Fabrikstaat mit seinen Mängeln und Vortheilen wurde, sondern wie auch das moderne industrielle Leben seine bedenkliche Grenze erreicht, indem das Kapital in wenigen Orten und Händen sich anhäuft, die übrigen verarmen, darben und entsittlicht werden, so daß man dem Übel der sittlichen und leiblichen Verschlechterung nur durch Auswanderung begegnen kann. Englands Industrie ward mit Hilfe colossaler Kapitalien so mächtig, daß die Fabrikate der Maschinen die Welt beherrschten. Aber England fehlen hinreichende Nahrungsmittel, es muß oft vom Auslande kaufen, dies wirkt auf seine Industrie so, daß die Arbeiter bald Wohlleben, bald Mangel haben und eine bedenkliche Gährung sich vorbereitet. Viele Industriezweige Englands sich nur künstlich durch Schutzzölle groß geworden, seit andere Staaten dasselbe System befolgen, nimmt Englands Ausfuhr ab, und wenn es jetzt nur durch die Menge seiner Kapitalien den ersten Platz auf dem Weltmarkte behauptet, so kostet ihm diese Stellung so viel, sind Schulden und Steuern so hoch angewachsen, daß ein empfindlicher Rückschlag nicht ausbleiben kann, der das ganze englische Staatsgebäude über den Haufen zu werfen droht.

Die englische Handelsgeschichte schwankt zwischen glücklichen Jahren und Krisen auf und ab, wobei Mißernten einflußreich wirken, da sie Millionen verschlingen, welche man der Industrie plötzlich entziehen muß, so daß diese jedesmal in bedenkliche verlustreiche Krisen geräth. Diese wirken um so verderblicher auf Fabrikanten und Arbeiter, weil ihnen glückliche Jahre vorher zu gehen pflegen, welche einen solchen Vorrath von Kapital erzeugen, daß Speculation und Production sich überstürzen. Durch alle diese Verlegenheiten und Krisen lernte England den Werth der Smith'schen Grundsätze erkennen, welcher

Freigebung der Arbeit verlangte. Daher hob man ein Privilegium, einen Zoll, eine Consumtionssteuer nach der andern auf steigerte dadurch Arbeitslust und Unternehmungsgeist und erhöhte das Nationalvermögen. Einzelne Krisen konnten die Wahrheit dieses Grundsatzes nicht erschüttern.

Man hob 1833 die Vorrechte der ostindischen Compagnie auf, gab den Handel nach Ostindien und China frei, und der Waarenumsatz nahm zu. Man verbot den Negerhandel, entschädigte die Plantagenbesitzer mit 20 Mill. Pf. St., und die freien Arbeiter leisteten mehr, obschon der Werth Westindiens sank, je mehr Brasilien sich entwickelte. Nordamerika ermäßigte 1833 seine Zölle, Staatsanleihen, Eisenbahnen und Actienunternehmungen brachten großen Gewinn, so daß die Industrie mit billigem Kapital arbeiten konnte, und wenn auch von Zeit zu Zeit Mangel an Münze eintrat und Bankerotte oder Krisen veranlaßte, so waren dies doch nur vorübergehende Stockungen. Denn als in Europa unter dem Schutz der Eingangszölle die Industrie, besonders die Maschineweberei sich so kräftig entwickelt hatte, daß Englands Absatz abnahm, so ersetzte man diesen Verlust durch Ausfuhr an Garnen und Twisten. Nur die Korngesetze entsprachen nicht dem Bedürfnisse Englands, weshalb sie Jahrzehnte das Parlament beschäftigten und vorläufig damit endigten, daß man für fremdes Getreide ein für allemal einen Eingangszoll festsetzte, denn die Noth der Fabrikarbeiter erreichte zu Zeiten eine schreckenerregende Höhe. Auch den Zwischenhandel mit außereuropäischen Produkten suchte man dadurch zu steigern, daß man lästige Zölle aufhob oder ermäßigte, so daß nun der Großhandel mit Indigo, Baumwolle, Cacao, Cochenille, Tabak u. s. w. Gegenstand der Speculation ward.

Trotz vielfacher Concurrenz nahm die Ausfuhr der Industriewaaren bedeutend zu, da der anwachsende Reichthum den Verbrauch im eigenen Lande mehrte. Es stieg die eigene Baumwollindustrie, Woll-, Leinen- und Seidenstoffe, Kupfer, Eisen, Stahl, Steinkohlen und Steingut; dagegen nahmen Glas, Seife u. s. w. ab, aber es trat auch eine übergroße Anspannung aller Kräfte ein. Fabrikanten und Kaufleute arbeiteten Tag und Nacht, fast jeden Monat machte man eine neue Erfindung, es mußten die Arbeiter, sogar Kinder, Tag und Nacht arbeiten, so daß die Gesetzgebung wiederholt einschreiten mußte, denn die Arbeiterklasse verkümmerte leiblich durch den langen Aufenthalt in ungesunden Fabriken, und wurde unsittlich, die Armuth nahm zu, und die Arbeiter suchten durch Vereine und Niederlegen der Arbeit (strike) den Arbeitgeber von sich abhängig zu machen Es begann also eine ganz neue Art von Bürgerkrieg, der noch immer im Wachsen ist, ausschweifende socialistische Theorien erzeugte, und Englands Zukunft bedroht.

Was die einzelnen Industriezweige anlangt, so errang Baumwollweberei den ersten Platz (Manchester, Glasgow ꝛc.). Die Ausfuhr stieg von 550 Mill. Ellen auf 700 Mill., Twiste auf 115 Mill. Pfd. (1838), obschon man die Auswanderung von Arbeitern und die Ausfuhr von Maschinen erlauben mußte, letztere im Werthe von 6 Mill. G. Doch gewannen die Arbeiter wenig, denn große Fabrikanten waren unter sich übereingekommen, die Arbeiter mehrere Tage in der Woche unbeschäftigt zu lassen, um den Markt nicht zu überfüllen, so daß die Arbeiter großen Schaden erlitten, nur kärgliche Nahrung und elende Kleidung hatten, und als man die mechanischen Webstühle einführte, wurde eine Menge von Webern broblos. Denn England zählte damals 100.000 Dampfwebstühle, Lancaster und Chester allein 80 000; in Wolle arbeiteten 5.000, in Seide 1.800, in Leinen 300 Dampfwebstühle. Trotzdem litten die Fabrikanten bei jeder Stockung, und waren Bankrotte in schlechten Jahren häufig, denn nur Bemittelte konnten sich behaupten. Daher kam diese ganze Industrie nach und nach in die Hände von Wenigen, welche durch ihr Kapital jede Concurrenz besiegten. Manchester verbrauchte wöchentlich 20—24.000 Ballen Baumwolle, es stieg aber dennoch die Armentaxe um das Doppelte, denn in Lancashire waren zu Zeiten nahe an $\frac{1}{4}$ Mill. Arbeiter unbeschäftigt.

In Betreff der Wollindustrie hatte man an Deutschland einen Concurrenten, welches gleichfalls lange feine Wolle hat, die englischen Landwirthe aber die Mastung der Wollpflege vorzogen. Man gewann im Lande (1836) c. 150 Mill. Pfd. und kaufte 30 Mill. Die Seidenweberei (Spitalsfield) hob sich erst, seit man aus China und Ostindien Rohseide bezog, denn Frankreich besaß billiges Rohmaterial und geschickte Arbeiter. Manchester lieferte gemengte Seidenzeuge und ganz seidene Stoffe und ward Hauptfabrikort, der jährlich für c. 2 Mill. Pfd. St. producirte. Viel verbrauchte man im Lande ($\frac{11}{40}$ Procent), während Frankreich nur $\frac{1}{3}$ seiner Seidenstoffe für sich benutzt. Besonders fanden Taschentücher und gemengte Stoffe überall Absatz von nahe an 700.000 Pfd. St., trotzdem war zu Zeiten in Spitalfield die Noth so groß, daß der Hof durch Bestellungen zu helfen suchte. Die Leinwandindustrie fand in vielen Ländern Concurrenz, als man aber (1825) in Yorkshire und später auch in Schottland Spinn- und Webmaschinen einführte, versorgte man viele Weberländer mit Garn, andere mit fertiger Leinwand, welcher man schönen Glanz zu geben wußte, sie aber auch durch eingemengte Baumwollfäden verschlechterte. In Dundee stieg in 100 Jahren die Flachseinfuhr von 70 Tonnen auf 15.000, die Ausfuhr von Leinwand von 1 Mill Ellen auf 50 Mill., Flandern und Rußland lieferten das Rohmaterial, dagegen versandte man für 12 Mill. Pfd. St. Garn nach Frankreich, Holland und Deutschland, während die Leinwand nach außereuropäischen Ländern ging. Auch in dieser Industrie wuchsen die Fabriken ins Kolossale. Zu Leeds erzeugte eine solche für 200.000 Pfd. St. Garn, brauchte für 100.000 Pfd. St. Spindeln, für ebensoviel Rohmaterial und brachte ebensoviel Ertrag an Arbeitslohn, Zinsen, Gewinn 2c.

Während Wedgewood Steingut, Worcester Porzellan im Werth von $2\frac{1}{3}$ Mill. Pfd St. erzeugten, so nahm dagegen die Ausfuhr des Glases (400.000 Ctr.) ab, weil Steuer und Taxen den Verbrauch im Inlande, böhmische Concurrenz den Verkauf im Auslande erschwerten. Leder ward im

Lande stark verbraucht, in den auswärtigen Handel kam wenig, obschon man über 60 Mill. Pfd. Häute verarbeitete und die Hälfte einführte. Glas, Seife, Papier litten unter hohen Steuern, denn 4 Londoner Zeitungen allein verbrauchten jährlich 10 Mill. Bogen und gaben 26.000 Pf. St. Stempelsteuer. Die Eisenproduction in Wales, Straffordshire, im südwestlichen Schottland und Südwales stieg in 100 Jahren von 22.000 Tonnen auf 1 Mill. Die Bevölkerung von Birmingham stieg schnell auf 150.000; Kupfer gewann man in Wales, Cornwall und Devonshire, und nach Swansea, wo Steinkohlen stehn, sendet man auch eingeführtes Kupfer zur Schmelzung. Große Walzwerke schafften die Kupferbleche, mit denen man die unteren Schiffswände überzieht. Die Production stieg in letzter Zeit um das Doppelte und der Werth der Ausfuhr überstieg weit 1 Mill. Pf. St. — Zinn findet man in Cornwall und Devonshire, führt von Banca ein, und treibt lebhaften Ausfuhrhandel mit Zinn und Zinnwaaren, über 60.000 Ctr. Waare im Werth von 450.000 Pfd. St., wogegen man aus Spanien Blei einführte. Da endlich Dampfmaschinen und Dampfschiffe, Eisenbahnen, Gasbeleuchtung in fabelhaft raschem Steigen (wie 1 zu 160) begriffen waren, so bedurfte man viel Steinkohlen, mit denen man auch heizte, was einen lebhaften Kohlen- und Küstenhandel veranlaßte. Hauptmärkte wurden Newcastle, Sunderland, London, Südwales. London allein verbrauchte 2½ Mill. Tonnen à 2000 Pfd. Auch die Bodenkultur nahm zu, man wandte der billigen Löhne wegen Maschinen und künstliche Dungmittel an, bedurfte aber doch 3—7 Mill. Quarter Zufuhr aus Irland und vom Ausland, da man 45—52 Mill. Q. nöthig hat, und die Witterung gerade in England die Ernte oft verdirbt. Die Zahl der Arbeiter und deren Lohn blieb gering, und Pächter bewirthschaften den größten Theil der Landgüter.

Die Gesetzgebung über den Getreidehandel, die sogenannten Korngesetze, sind für England von großer Wichtigkeit und haben das Parlament lange und oft beschäftigt, dasselbe geschah auch bei den Armengesetzen, da diese zur Untersuchung der Lage der arbeitenden Klassen führten, wodurch manche Gebrechen des Fabrikswesens an den Tag kamen. Die Armensteuer war auf 70—80 Mill. G. gestiegen, hatte sich in manchen Orten verdoppelt und ward von den Beamten unzweckmäßig vertheilt. Man gab die Unterstützung oft nach Gunst oder ohne Prüfung der Bedürftigkeit. Man beschloß daher, die Armen nur in öffentlichen Häusern zu unterstützen, und auch da nur Arbeitsunfähige. Man setzte ferner die Arbeitszeit, namentlich für Kinder fest, suchte der einreißenden Trunksucht, Unzucht und Sorglosigkeit zu wehren, gestattete Arbeitern das Recht, Vereine zu schließen, welche nun durch Niederlegen der Arbeit höheren Lohn erzwangen, Fabriken zerstörten und dem Brodherrn jeden möglichen Schaden zufügten. Oft legten an Einem Orte 12—15.000 Menschen die Arbeit nieder und wurden von der Vereinskasse unterstützt. Dadurch kamen die Fabrikanten so in Verlegenheit, daß sie Mitglieder solcher Vereine wurden.

Die zunehmende Industrie hatte unter den Arbeitern Wohlstand erzeugt; ihre Frauen trugen nicht selten seidene Kleider und verbrauchten sonst viel. Denn an Baumwollstoffen kaufte man im Lande für 8 Mill. St., Wollstoffe für 5 Mill. St.; Leinwand für 3 Mill.; Seide für 10 Mill.; an Consumtion 15 Mill, also in Summa 35 Mill. Pfd. St. oder 200 Mill. Thl. Man kleidete sich sauber, richtete sich elegant ein und besuchte die Wirthshäuser, (Glasgow hatte allein 2200 Branntweinschenken), namentlich riß das Branntweintrinken sehr ein. Traten schlechte Zeiten ein, so gerieth der Arbeiter in Noth; der Fabrikant drückte die Löhne und benutzte lieber Frauen und Kinder, Unmuth ergriff die Arbeiter, sie wurden sorglos und sanken in Elend. Die Löhne sanken um 25%, die Getreidepreise stiegen um 30%, Kinder mußten daher oft Tag und Nacht arbeiten, verkümmerten leiblich bei schlechter Nahrung und großer Anstrengung, und jährlich wurden 50.000 Arbeiter arbeitsunfähig. Durch Gesetze und Auswanderung suchte man dem Übel abzuhelfen, Arbeiter gingen in außereuropäische Länder, die Meisten nach Canada und Australien, wohin auch große Grundbesitzer gingen, um Viehzucht im Großen zu treiben, Mittelmäßigbemittelte lebten auf dem Continent, wo es sich billiger lebte. Denn in England stieg wegen der Staatsanleihen die Steuer mit jedem Jahr, so daß bald alles besteuert war, was es gab: Fenster, Licht, Brod, Bier, Kaffee. Im Jahre 1600 genügten 50.000 Pfd. St. Steuer (meist Zölle), im J. 1700 brauchte man 500.000 Pfd. St und man erhob directe Steuer (Landtaxe) und indirecte (Accise), wozu noch Taxen (Einkommensteuer) kamen. Zölle erhob man von Einfuhr und zum Theil von Ausfuhr, denn von 1750—1815 stiegen die Steuern um das Siebzehnfache. Diese mußte der Arbeiter vorzugsweise tragen, weil Kaufleute und Fabriken ihre Steuer auf die Waare schlugen, daher verlangte man von 1825 ab unausgesetzt Herabsetzung der Steuer, welche auch nach und nach um 40 Mill. Pfd. St. vermindert ward. Diese Steuern, die Überfülle an Papiergeld trieben die Preise in die Höhe, wobei die Geldmänner am wenigsten litten, welche c. 600 Mill. Pfd St. oder 4.000 Mill Thl. besaßen, also fast noch einmal so viel als die Einfuhr an edlen Metallen im 17. Jahrh. betragen hatte.

Bei der Anhäufung der Kapitalien erhob sich England zur ersten Geldmacht, seine Bank wurde der Regulator des Geldverkehrs der Welt und das Bankwesen zweckmäßig organisirt. Im J. 1793 besaß England 280 Privatbanken, 1813 bereits 900, von denen in den drei folgenden Jahren 240 bankerott machten. Es war nämlich Sitte geworden, daß Kaufleute, Fabrikanten und Landwirthe ihre Baarschaft bis auf einen geringen Theil einem Bankier übergaben, welcher diese Einlage nicht oder nur zum Theil verzinste, dafür aber alle Zahlungen übernahm. Der Bankier behielt aber auch nur einen Theil vorräthig, mit dem andern trieb er Geschäfte und gab Noten aus. In günstigen Jahren überstieg er das übliche Verhältniß von Münze und Noten, gab mehr Noten aus, als er decken konnte, und trat nun in Krisen

Bedürfniß von Baarvorrath ein, so war er zahlungsunfähig, da viel Kapital in Wechseln angelegt war. Dieselbe Verlegenheit empfand auch die National-bank, denn Anleihen und Getreidekäufe erschöpften den Baarvorrath, denn man fand es vortheilhaft, Baarvorrath auszuleihen und daheim mit Noten sich zu behelfen, da durch Handel und den beschleunigten Verkehr durch Dampfer die ausgeliehenen Kapitalien bald zurückkamen. Doch erst 1821 nahm die Bank ihre Baarzahlungen wieder auf und half auch zu Zeiten den Privatbanken dadurch, daß ihre Noten von diesen als Baarzahlung durften ausgegeben werden. Doch war dies nur ein Nothbehelf; man errichtete vielmehr Filialbanken, um den Verkehr der Banken unter sich zu erleichtern und zu organisiren, denn die Geschäfte bestanden im Großen wie im Kleinen meist in gegenseitigen Abrech-nungen und Ausgleichen von Wechseln. Einige Jahre gab man sogar 4 Mill. Einpfundnoten aus, die man später wieder einzog, nachdem die Krise von 1824 überstanden war, welche die Spekulation auf den Handel mit Südamerika und auf den Gewinn des dortigen Bergwerkbetriebs herbeiführte. Da die Di-rection der Bank trotz ihrer Erfahrung und des Vertrauens, welches sie genoß, der Umstände nicht immer Herr werden konnte, so mußte sie 1839 in Paris sogar 2 Mill Pfd. baar entleihen. Noch immer konnten Theoretiker und Praktiker das richtige Verhältniß zwischen Papiergeld und Münze nicht finden, den Actienunternehmungen und Staatspapiere erzeugten einen bedenklichen Handel mit Werthpapieren, der seinen Mittelpunkt in London hatte und von hier aus den Weltmarkt beherrschte. Man lieh 1841 an Frankreich, Öster-reich, Rußland, Spanien, Belgien, Tejas und Brasilien 540 Mill. Thl. aus. Die Vermehrung des Papiergeldes hatte dessen Entwerthung zur Folge, dies und die Metallzufuhren aus Amerika und Australien bewirkte ein Steigen der Preise und eine Vertheuerung der ersten Bedürfnisse, denen man durch gestei-gerte und billigere Production zu begegnen suchte.

§. 87. Schifffahrt und auswärtiger Handel Englands und dessen Kolonialpolitik.

Auch in den Schifffahrtsgesetzen mußte England zu Gunsten der Han-delsfreiheit Abänderungen treffen, denn einige Staaten belegten in ihren Häfen die englischen Schiffe mit Zöllen, so daß England Gleichstellung der Schiffe jener Länder mit den eigenen vorschlug, auch den Kolonien den directen Handel mit andern Ländern gestattete und sich nur einige Vorrechte vorbehielt, daß z. B. aus den Kolonien nur auf englischen Schiffen Waaren durften eingeführt werden. Dadurch nahm die Schifffahrt mit den Ostseestaaten, Frankreich und Spanien ab, sie wuchs aber in außereuropäischem Verkehr, da die Zufuhr und Ausfuhr zunahmen. Die Zahl der Dampfschiffe stieg von 1814—1840 von 2 auf 840, im Werth von 5. Mill. Pfd. St., und auf der Themse allein beschäftigte man 150. Der Verkehr mit Amerika und Hauptseeplätzen wurde ein regelmäßiger. Dagegen sanken Walfisch- und Heringsfischerei, aber die Küstenschifffahrt stieg bedeutend und wegen der Ermäßigung der Zölle auf tropische Waaren und Rohstoffe (Bauholz, Talg 2c.) erhoben sich heftige Parlamentsdebatten, da man den Kolonien nicht schaden, aber auch die Industrie begünstigen wollte. Die Bill ging 1841 durch, und besonders setzte man den Zoll auf Zucker und Bauholz herab.

Schottland wurde, wie England, nach und nach ein Fabrikstaat, obschon auch in den anbaufähigen Gegenden die Landwirthschaft sich vervollkommnete. Es erhielt das Land eine starke Fabrikarbeiterklasse, die bei Krisen in Elend gerieth, so daß die Auswanderung in Masse nothwendig wurde, Glasgow, Dundee, Paisley, Edinburg ihr Proletariat erhielten, wie Irland sein hungerndes Ackerbauproletariat, welches sich kaum an nackten Kartoffeln satt essen konnte, trotzdem Hungers starb oder auswanderte. Die Grundeigenthümer (Adel und Kirche) lebten in England und verzehrten dort ihre Renten, in Irland verpachtete man das Land in ganz kleinen Parzellen, damit man bei Parlamentswahlen viel Stimmen erhielt. Diese kleinen Grundstücke machten den Arbeiter mittellos, und die aufkommende Maschinenindustrie entzog Tausenden von Spinnern und Webern das Brod. Man führte meist Producte des Landbaues und der Viehzucht aus, Belfast Garn, andere Städte Wollwaaren; Brauereien und Brennereien verwertheten das Getreide und beförderten die Trunksucht, denen endlich Mäßigkeitsvereine (Pater Mathew) entgegen traten, wie O'Connel den Absatz inländischer Manufacturen empfahl. Dampfschiffe, Eisenbahnen, Kanäle 2c. beschleunigten den Verkehr, kamen aber nur den Fabrikanten zu Gute, das Volk verarmte jährlich mehr, ward roh, raubte und mordete, und keine Gesetze wollten Abhülfe schaffen. Denn 4 Mill. Pfd. St. als Zehnten und Pacht gingen jährlich außer Land, die Ausfuhr betrug 16 Mill. Pfd. St., die Einfuhr 11 Mill. Pfd. St.

In neuester Zeit fuhr England fort, mit den verschiedenen Staaten Handelsverträge zu schließen, um seinen Fabrikaten den Absatz zu sichern, so daß an die Stelle der Schutzzölle Freihandel trat. Auf das Nothjahr 1842 folgten glückliche Jahre, daß die Bank 16 Mill. Pfd. St. Baarvorrath in ihren Kellern liegen hatte. Die Mechanik fand noch immer Gelegenheit zu Verbesserungen, man ordnete das Bankwesen, indem man die Zahl der Banken und die Summe der Banknoten festsetzte, regulirte die Steuern, hob den Zoll auf Vieheinfuhr auf, ermäßigte andere Zölle von viel verbrauchten Gegenständen, setzte das Briefporto herab, schaffte den Zoll auf Wolle und Baumwolle ganz auf, führte die Düngung mit Guano ein (1840), dessen Transport 1000 Schiffe beschäftigte, die ½ Mill. Tonnen brachten, entwässerte sumpfige Ländereien durch Drainage und erweiterte den Handel nach Asien, Australien und Amerika.

Wenn England eine vielseitige Maschinenindustrie entfaltete, so mußte es sich auch Absatz verschaffen. Um aber fremde Concurrenz fern zu halten, hielt es nicht nur einige Bestimmungen der Navigationsacte aufrecht, sondern legte auch hohe Zölle auf fremde Producte. Natürlich verfuhren die betheiligten Staaten ebenso gegen England, so daß dessen Absatz in Norden abnahm, wogegen er in Italien, der Türkei und in den andern Welttheilen zunahm. Es war Deutschland ein Hauptabnehmer und Lieferant gewesen, jetzt versorgte sich dieses selbst und kaufte Rohwaaren aus erster Hand. Die Ausfuhr an Baumwollstoffen fiel von 4½ Mill. Pf. St. auf 1 Mill., und Leeds sandte statt 90.000 Stück Tuch nur 20.000. Nur Garn, Eisen, Kupferblech und Steinkohlen behaupteten sich als Ausfuhrartikel nach Deutschland. Auch Indigo kaufte es in London, später aber auch in Holland; dagegen nahm die deutsche Einfuhr von Wolle und Getreide (20—30 Mill. Thl.) zu Zeiten ab; man bezog aber noch Butter, Repsamen, Borke, Knochen, Lumpen und Holz. Holland bezog für c. 7—8 Mill. Pf. St., besonders Twiste und Baumwollwaaren, sandte dafür Flachs, Käse, Butter, Oelkuchen, Korn, Kaffee, Eichenrinde ꝛc. Mit Frankreich ist erst 1860 der seit 1827 beabsichtigte Handelsvertrag zu Stande gekommen, England bezog von Frankreich für 110—150 Mill. Fr. Waaren (54 Mill. Fr. landwirthschaftliche Producte, 30 Mill. Seide, 6 Mill. Früchte, 4 Mill. Krapp, 5 Mill. Flachs, 6 Mill. Eier, 15 Mill. Weberei, 4 Mill. Uhren, 5 Mill. Wein, 5 Mill. Branntwein), wogegen Eisen, Steinkohlen Haupteinfuhr blieben. Spanien und Portugal geriethen ganz in Englands Hände, doch befreite sich Spanien etwas, obschon trotz der hohen Zölle von Gibraltar aus großartiger Schmuggel getrieben ward. Man setzte Baumwollwaaren ab gegen Oel, Wein, Früchte ꝛc., an Wein c. 10 Mill. Gallons, Frankreich nur ½ Mill. Über Malta und Gibraltar sandte man trotz der hohen Zölle viel Waaren, doch bezog es Getreide aus Afrika und der Ostsee. Livorno ward Englands Hauptstapelplatz (c. 2 Mill. Pf. St.), dagegen verkehrten die ionischen Inseln viel mit der Türkei und Österreich. In jener blieb Konstantinopel Hauptniederlage und nahm die Einfuhr zu, denn man sandte von hier aus nach Kleinasien und Persien, bezog dagegen Seide, Galläpfel, Ziegenhaare und Opium. Griechenland kaufte wenig, desto mehr Egypten, Smyrna und Brussa. Auch Rußland sperrte der Einfuhr den Markt durch Zölle, so daß nur Twiste sich behaupteten, wogegen es Flachs, Hanf und Talg liefert:. Gering blieb der Umsatz mit Schweden und Norwegen, welche nur Producte der Waldungen lieferten. Nordamerika veränderte öfter seinen Zolltarif, kaufte Baumwollenzeuge (15 Mill. Dollars), Leinwand (3 Mill. D.), Eisen und Stahl (12 Mill.), Seide (2 Mill.), Tuch (5 Mill.), irdene Waaren (4 Mill.) und Salz (1 Mill.), wogegen es Mehl (5 Mill.), Tabak (3 Mill.), Reis (⅓ Mill.), Baumwolle (44 Mill. D. für 500 Mill. Pf.) sandte. Brasilien kaufte viel, verkaufte aber wenig, Buenos Ayres kaufte für ¾ Mill. Pf. St. und sandte Häute, Balparaiso gab Kupfer und Silber, da Handel und Bergwerke meist in englischen Händen waren, aus Mejico bezog man Silber und

Cochenille, in Mittelamerika und Westindien (Havanna, Domingo, Honduras) fand man Concurrenz und bezog Kolonialwaaren.

Garne, Baumwoll-, Woll- und Leinengewebe, auch wohl Metallwaaren machten den Tauschhandel Englands aus, wogegen man Rohwaaren und andere Bedürfnisse bezog. Ganz anders verfuhr man mit den Kolonien; denn dort suchte man sich den Absatz zu sichern, so daß sie Hauptabnehmer wurden; aber da sie nur dann viel kaufen konnten, wenn sie wohlhabend waren, so suchte man die Production durch Gesetze, Kapitalanlagen und Förderung des Anbaus zu steigern. Die Aufhebung des Sclavenhandels (1815) und der Sclaverei (1833) verursachte große Veränderungen, da es an Arbeitskräften fehlte und selbst die freien Neger nicht arbeiten wollten. Fremde Einfuhr belegte man mit hohen Zöllen, gab aber hierin später nach und hörte auch auf, Jamaika zu bevorzugen, indem man (1836) den Zoll auf ostindischen Zucker dem des westindischen gleich stellte. Jamaika kam zurück, da es keine Arbeiter erhalten konnte, Guiana dagegen behauptete sich, ja es steigerte nebst Trinidad seine Production, für den Absatz blieben diese Kolonien sehr wichtig. Die Bahamasinseln lieferten Hölzer, die Vermudas Indigo, Baumwolle, Kaffee, Pfeilwurz, Tabak, trieben Schiffbau und Walfischfang, Honduras gab Holz (½ Mill. Pf. St.), wogegen diese Ländern und Inseln für c. 2—3 Mill. Pf. St. kauften. Canada endlich, reich an Fischen, Bauholz, Pelzen und Getreide, war in eine französische und englische Hälfte getheilt, durch Zölle gedrückt und zum Theil von den Freistaaten ausgebeutet. Erst als man beide Canadas vereinigte, Kanäle und Straßen anlegte, die Einwanderung begünstigte, englische Gemeindeverwaltung einführte und den Handel frei gab, nahm der Wohlstand und die Bevölkerung zusehends zu. Montreal und Quebeck blieben Stapelplätze, Neufundland lieferte Stockfische, Cap Breton Holz und Steinkohlen, die Hudsonsbai Pelze, und der Umsatz stieg auf 5—8 Mill. Pf. St., und über Canada führte man englische Fabrikate zollfrei nach den Vereinigten Staaten ein.

Die wichtigste Besitzung Englands blieb Ostindien, welches nach und nach Eigenthum der Compagnie und dann des Staates wurde, welcher nach jeder Revolution seine Macht mehr befestigte. Die englische Herrschaft mag manches Drückende haben, aber jedenfalls ist sie viel gerechter und verständiger als der Despotismus der einheimischen Fürsten. Diese Besitzung mit c. 200 Mill. Einw. kostete den Engländern viel, sie war ein productenreiches Land, aber vernachlässigt und herabgekommen, die Gelegenheit zu einem ausgebreiteten Zwischenhandel wenig benutzt. Wie Holland die Bewohner Javas und der übrigen Inseln an Arbeit, Fleiß und Bedürfnisse gewöhnen muß, um sie zu cultiviren, so mußte England auch mit Ostindien verfahren. Hier waren Grund und Boden auch so sehr getheilt, daß sie nur kargen Gewinn brachten. Steuereinnehmer und Wucherer plünderten das Volk aus, welches kein Streben verrieth, aus Armuth und Bedürfnißlosigkeit herauszukommen. Dieses Volk verstand es nicht, seine Producte zu verwerthen, und wenn es daher einträglich werden sollte, so mußte man das Volk zuvor erziehen und bessern. Da der Hindu beispiellos billig arbeitete, so führte man Kattune, Musseline ꝛc. in Europa ein, aber später lieferten ihm englische Maschinen die Garne billiger, und bald verdrängten ihn Manufacturen ganz vom Markte, er selbst kaufte von England (1838 bereits für 3½ Mill. Pf. St.). Man sah in England aber bald ein, wenn Ostindien einträglicher werden solle, müsse man es auf europäische Art benutzen. Man hob daher die Einfuhrzölle auf, welche in England wegen Jamaikas auf ostindische Waaren gelegt waren, beförderte in Bengalen den Anbau des Indigo, der 1840 schon 6 Mill. Pf. lieferte, pflanzte zwischen Dacca und Delhi Mohn (im Werth c 3 Mill. Pf. St.), da man für 20 Mill. Thl. Opium nach China verkaufte, und ebenso beförderte man Baumwoll- und Zuckerpflanzungen, indem Vereine die Kapitalien hergaben, Otaheiti-Zuckerrohr, Sealand-Baumwolle einführte, Maschinen anschaffte, Wege anlegte, Ganges und Indus mit Dampfern befuhr, von Singapore Zwischenhandel mit Ost- und Südasien und eine Straße über Suez nach London herstellte. Salpeter, Schellack, Aloe, Kampfer, Sago, Gewürze, Gummi, Guttapercha ꝛc. wurden ausgeführt, Calcutta Centralpunkt, Bombay Ausgang für den Handel auf dem Indus, der bis Turkestan, Afghanistan und Persien ging. Man beseitigte die Flußzölle, machte die Straßen sicher, ersetzte Ochsenkaravanen durch Dampfer und Eisenbahnen, legte Schulen an, kaufte Rohseide, Leinöl an, verbesserte die Hanfcultur, hob 1833 die ostindische Compagnie ganz auf und eröffnete mit China Seiden- und Theehandel, welcher letztere von 40000 Pf. in 40 Jahren auf ¼ Mill. Pf. stieg. Obschon viel Hemmungen, Vorurtheile und Trägheit zu überwinden waren, so stieg der Verkehr doch mit jedem Jahre, denn schon 1840 gingen 600000 Briefe nach England, und Handelswege nach Innerasien öffneten sich, auf denen man glücklich mit Rußland concurrirte. Zwar blieb die Einfuhr im Verhältniß zu dem Handelsgebiet gering, da die Völker der dortigen Gegenden arm sind, aber man setzte sich auch in Hinterindien fest, welches Teakholz, Elfenbein ꝛc. lieferte, trieb in Bangkok, Rangun, Saigun, Malacca und Georgetown Handel mit China, wo man durch wiederholte Kriege billige Handelsverträge erlangte und in neuester Zeit den Zugang zu allen Häfen erzwang, bedrängt bereits Japan und ist auf dem Wege, ganz Ost-, Mittel- und Südasien der europäischen Kultur zugänglich zu machen. Bereits ist wiederholt darauf hingewiesen, daß England hier Ersatz sucht für die Abnahme des europäischen Handels.

Die englische Kolonialpolitik ist eine volkswirthschaftliche und erziehende, wodurch sie sich von der früherer Zeiten unterscheidet. Zwar zahlt man jährlich an China und Ostindien c. 20—25 Mill. Thl. in Silber, was auf den europäischen Geldmarkt bedeutend einwirkt, aber das Opium bringt bereits 1 Mill. Pf. St. Steuer, die Production steigt und mit ihr die Einfuhr, worüber meine Handelsgeographie genaueren Nachweis giebt.

Anders gestalteten sich die Verhältnisse in dem menschenleeren Australien, welches man colonisiren mußte. Auch hier bewährte sich der praktische Sinn der Engländer, denn in diesem Erdtheil steigt der Wohlstand auf erstaunliche Weise. England versorgt sich von dort mit Rohstoffen (Wolle, Häute, Flachs) für seine Fabriken und setzt seine Waaren dorthin ab. Ja seit man dort Goldgruben, Kupfer, Steinkohlen 2c. gefunden hat, ist der Werth dieser Besitzungen in's Unberechenbare gestiegen.

Wohin der Engländer kam, suchte er Gewerbfleiß, Thätigkeit und Civilisation zu wecken, scheute deshalb keine Kosten, sondern betrachtete diese als Kapital-Anlagen, welche sich dann verzinsen, wenn die unterstützten Völker viel produciren, weil sie dann auch viel kaufen. Dies zeigt sich in Australien und Afrika. Man hatte in Neusüdwales (1797) in Australien eine Kolonie gegründet, wohin man Verbrecher sandte, die man dort zu bessern hoffte. Freie Einwanderer schlossen sich an und benutzten die Verbrecher als Arbeiter. Das ganze Unternehmen kostete viel und brachte keinen Nutzen, obschon von 1825—36 an 33600 Verbrecher dorthin deportirt wurden, welche als Viehwächter dienten, gute Behandlung ertrotzten, Verbrechen begingen oder entliefen. Da kam Mac Arthur auf den Gedanken, Schafzucht im Großen anzulegen. Dies glückte, da das Land sich zur Schafzucht eignet. In wenig Jahren stieg die Wollausfuhr von 200.000 Pfd. auf 4 Mill. Pfd. Nun bildeten sich in England Gesellschaften, man führte veredelte Schafe und europäische Hirten ein, bemittelte Engländer siedelten sich an, Unbemittelten erleichterte man die Überfahrt, es entstanden Städte, Fabriken, man legte in Vandiemensland, in Süd-Australien, am Schwanenflusse u. s. w. Niederlassungen an, wo man auch Ackerbau betrieb. Bald sah man Straßen, elegante Städte mit allem europäischen Luxus, mit Banken, Hotels, Zeitungen, Gasbeleuchtung und Eisenbahnen. Immer weiter drangen Viehzüchter ins Innere ein, in den Bergen legte man Bergwerke an, denn man fand Steinkohlen, Blei und Eisen. Vandiemensland ward 1803 colonisirt und Ackerbauland. Man hob die Deportation auf, begünstigte dagegen die Ansiedlung freier Arbeiter, und als in neuester Zeit Golddistricte gefunden wurden, wobei es zwischen Kolonisten und Regierung zu blutigen Händeln kam, hat Australien ein eigenes Parlament erhalten, nimmt zu an Wohlhabenheit und breitet seinen Handel nach Südasien, Westamerika, Südafrika aus. Im J. 1840 sandte man unter Hobson eine Kolonie nach Neuseeland, welches gleichfalls im raschen Aufblühen begriffen ist.

Seit 1800 kam die Insel Mauritius an England, welches besonders Zucker anbauen ließ, welcher so reichen Ertrag gab, daß bereits im Jahre 1840 der Waarenumsatz 2 Mill. Pfd. St. betrug. Dagegen blieb der Verkehr über Aden, mit Afrika's Ostküste und mit Madagascar unbedeutend. Das Kapland nahm England 1795 den Holländern weg, und benutzte es als Station. Die holländischen Ansiedler (60000) hatten sich aber große Weidegebiete erobert, und die überwältigten Urbewohner (Hottentotten) zu Knechten gemacht. Als nun die Engländer sich der Unterdrückten annahmen, kam es zwischen ihnen und den

Boers zu kriegen, in deren Folge die Bauern auswanderten und Republiken gründeten (1839). Das Kapland mit seinen Weiden trieb Viehzucht und bald ansehnlichen Wollhandel, daneben versandte es Elfenbein, Häute, Talg, Aloe, nach Mauritius Mehl, und eine Zeitlang trieb es lebhaften Weinhandel, der aber bei 1 — 1½ Mill. Gallon stehen blieb. Die Wollausfuhr stieg dagegen von 1820 — 1836 wie 1 zu 20, denn die 3 Mill. Stück Schafe lieferten 400.000 Pfd. Wolle, weshalb man nun eifrig die Veredlung betrieb.

Das übrige Afrika hatte für Europa nur das Interesse, daß es Sclaven lieferte, deren Gesammtmenge man auf ½ Mill. berechnet. Negerfürsten überfielen Nachbardörfer, mordeten und schleppten junge Leute fort, um sie gegen Kattun, Pulver, Branntwein und Korallen zu vertauschen. Sclavenhändler überfüllten ihre Schiffe, so daß ein großer Theil der Sclaven starb. Die Abgemagerten wurden dann am Lande gemästet, wobei wieder Viele starben, und die übrigen mit solchem Vortheil verkauft, daß das Geschäft 150—180% brachte. England verbot 1807 den Sclavenhandel, brachte auch den Wiener Congreß zu einem Verbot, aber die einzelnen Staaten verschoben die Ausführung, andere verweigerten sie geradezu. Um den Menschenhandel zu hindern, unterhielt England Kriegsschiffe, welche vor Afrika kreuzten. Dies war kostspielig und nützte wenig. Daher unternahm man es, den Sclavenhandel in Afrika selbst abzuschaffen, indem man Handelsverkehr eröffnete, den Anbau leicht verkäuflicher Gegenstände veranlaßte (Tropische Nutzpflanzen, Farbekräuter ꝛc.), die Pflege weichhaariger Ziegen und Schafe empfahl, bekehrte Afrikaner als Missionäre ins Land sandte, einen freien Negerstaat gründete, die Insel Fernando Po von Spanien kaufte und auf dem Niger mit Dampfern ins Innere einzubringen suchte (1841). Der Waarenumsatz belief sich auf etwa ½ Mill. Pfd. St., am Gambia aber bemächtigten sich die Franzosen des Gummihandels.

In neuester Zeit hat sich Englands Ausfuhr von Baumwollwaaren gesteigert, die Kolonien sind wirthschaftlich im Aufblühen und benutzen bereits europäische Hilfsmittel und Maschinen, in menschenarmen Ländern benutzt man Chinesen (Kulis). Sidney, Adelaide ꝛc. sind namhafte Handelsplätze, Calcutta, Bombay und Madras Stapelplätze des Welthandels, da Indigo, Baumwolle, Reis, Zucker in steigender Menge producirt werden, und Canada wird immer mehr ein europäisches Land, da es Mehl, Fische, Pelze, Holz ꝛc. in Menge versendet, Kanäle, Eisenbahnen und Telegraphen besitzt, die auch in Ostindien und Australien angelegt sind.

England hat im vollen Sinne des Wortes den Welthandel geschaffen, da es mit allen Welttheilen Handel treibt. Von der Gesammtausfuhr (120 Mill. Pfd. St.) kommen auf Europa c. 45 Mill. Pfd. St., denn von eingeführten Rohstoffen allein führt es für 10 Mill. Pfd. St. wieder aus. Die Ausfuhr an Baumwollwaaren beträgt c. 40 Mill. Pfd. St. (8 Mill. für Twiste), Wollwaaren stiegen auf 12 Mill. Pfd. St. (3 Mill. für Garne), Eisen auf

17 Mill., Kupferwaaren auf 3 Mill., Zinn- und Zinkwaaren 1½ Mill., Steinkohlen 3 Mill., Leinwand 6 Mill. (Garn 1½ Mill.), Kleider und Modewaaren 6 Mill., kurze Waaren 4 Mill., Seidenwaaren 3 Mill., Leder 2⅓ Mill., Bier und Ale 1½ Mill., irdene Waaren 1½ Mill., raffinirter Zucker 100.000 Ctr. — Dagegen führte man ein für 30 Mill. Pfd. St. Baumwolle (aus Amerika 650 Mill. Pfd., aus Ostindien 250 Mill. Pfd.), für 2 Mill. gezwirnte Seide (14 Mill. Pfd.) und 12 Mill. Pfd. Rohseide (China 6 Mill., Ostindien und Egypten 5 Mill. Pfd.), für 10 Mill. Pfd. St., Wolle 130 Mill. Pfd. (Australien 50 Mill. Pfd., Ostindien 20 Mill., Kapland 14 Mill., Südamerika 9, Deutschland 6 Mill. Pfd., Rußland 23. Mill. Pfd.) Flachs kauft man für 3½ Mill. Pfd. St., Hanf für 2 Mill., Häute für 4 Mill., Indigo für 2⅓ Mill., Krapp für 1 Mill., Talg für 3½, Kokos- und Palmöl für 3 Mill., Salpeter für 1⅓ Mill., Zucker für 11 Mill., Thee für 5½ Mill., Kaffee 4 Mill., Wein 3½ Mill., Spirituosa 2½ Mill., Reis 2 Mill., Tabak 2 Mill., Getreide und Mehl 20 Mill. St. Die Ausfuhr fremder Erzeugnisse stieg von 11 Mill. St. auf 22, der Tonnengehalt der Schiffe von 2½ Mill. auf 4⅓ Mill. ohne Flußdampfer und die Schiffe der Kolonien.

England ist daher ein kolossaler Fabrik-, Handels- und Seestaat.

§. 88. Uibersicht der wichtigsten Handelsartikel und Transportmittel.

Ein Überblick über die Artikel des Welthandels öffnet interessante Blicke in die Kulturgeschichte der Völker und Zeiten. Der Handel im Alterthum und Mittelalter war ein sehr beschränkter gegen die Massen, welche jetzt in den Handel kommen. Jetzt rechnet man auf Massenabsatz, auf unendlich vielen Straßen vertreibt man die Artikel bis in die entferntesten Gegenden, bis zu den untersten Volksschichten, bis zu den armen Völkern. Früher sorgte der Handel nur für die Vornehmen und Bemittelten, jetzt arbeitet er für die Massen der Arbeiter, Kleinbürger und Bauern; früher war er zum großen Theil Landhandel, begnügte sich mit Messen und Märkten, jetzt ist er Seehandel, regulirt sich durch Geld und Speculation. Früher beschäftigte er mehr den Handwerker, jetzt die Maschinen, früher sorgte er für Luxus und Behaglichkeit, jetzt für die nothwendigsten Bedürfnisse; früher rechnete er nur im Großen, jetzt berechnet er auf die Elle, da nur Billigkeit Absatz verschafft, und jeder kleine Vortheil Gewinn bringt, da die Fabriken in sich die Industrie concentriren und kleine Gewinne in Masse doch einen großen ausmachen. Endlich bedarf Europa zu seinen ersten Bedürfnissen ausländischer Waaren, bezieht diese aus allen Welttheilen, macht diesen dagegen europäische Manufakturen zum Bedürfniß. Durch die Maschinen sind ganze Provinzen und Länder verarmt, und neben dem Millionär steht die Masse arbeitsloser Proletarier. Das Pro-

letariat und seine Entsittlichung sind die Last und der Fluch der Maschinenindustrie und drohen die ganze gesellschaftliche Ordnung der Staaaten zu zerstören.

Baumwollwaaren machten schon im Alterthum einen Handelsartikel, aber
damals versandte man nur Luxuskleider. Zur Zeit der arabischen Herrschaft
blühte in Asien die Baumwollindustrie, Italiener brachten sie aus Konstantinopel als Luxus in den europäischen Handel, und durch Portugiesen, Holländer
und Franzosen wurden Kattune, Musseline, Shawls, Nankins ꝛc. beliebte
Artikel. Es begann Europa aber auch Baumwolle zu verarbeiten, England
lernte es auf Maschinen verarbeiten und beherrscht mit diesen Artikeln die
ganze Welt. Während Europa ihm hierin nacheiferte, mußte es doch englische
Twiste kaufen, in Asien aber brachte England die dortige Industrie herab, Amerika,
Westindien, Egypten und Kleinasien, in neuester Zeit Ostindien und China
liefern das Rohmaterial und die Farbstoffe und kaufen dann die fertige Waare.
England sucht die entferntesten Märkte für dieselben auf, das übrige Europa
folgt seinen Fußtapfen, wodurch die Baumwollindustrie die wichtigste der Welt
geworden ist. Der Orient verarmt dabei, Woll- und Leinwandweberei nehmen
ab, und die europäischen Baumwollarbeiter darben bei jeder Stockung. Denn
England beschäftigt $1\frac{1}{2}$ Mill. Arbeiter, das übrige Europa ebenso viel, und
doch wächst in den Fabrikdistricten die Armuth.

Leinwandweberei war in Nordeuropa heimisch, von dort versorgte man
Südeuropa, Amerika und besonders Westindien. Aber der Gebrauch der Baumwollstoffe und die Maschinenindustrie Englands haben diese Industrie herabgebracht.
Schlesien, die Lausitz, Westphalen, Belgien und Oesterreich setzen viel weniger
ab und sind auf den eigenen Verbrauch angewiesen. Sie liefern nach England
Flachs und erhalten Garne; die Spinner- und Weberdistricte verarmen. Nordamerika versorgt sich selbst, Belgien sendet nach Spanien, England, Frankreich
und Holland nach ihren Kolonien, so daß den gewöhnlichen Leinwanddistricten
der Absatz fehlt; denn Schlesien z. B. kam von 100.000 Stück auf 20.000
herab, andere Districte gingen zur Baumwollindustrie über. Irland, Flandern,
die Normandie, Niederdeutschland, Hessen, Würtemberg, Schlesien, die Lausitz
und Ostpreußen sind in dieser Industrie herabgekommen.

Wollwaaren, seit alten Zeiten Erzeugniß von Deutschland und Belgien,
haben sich insofern behauptet, als sie kälteren Gegenden Bedürfniß sind; England und Rußland vertreiben diese Waaren nach Asien, wogegen die südliche
Halbkugel Massen von Wolle liefert. Auch die Seidenindustrie haben Europäer
den Asiaten entzogen, welche meist nur Rohmaterial liefern. Frankreich beherrscht
mit diesen Waaren den Markt, doch senden China und England nach Amerika,
Rußland nach Asien.

Von den Farbemitteln hat sich der Krapp behauptet, der Waid ist zum
Theil verdrängt, wogegen Indigo, Cochenille, Blauholz ꝛc. Bedürfniß für
europäische Färbereien geworden sind, welche jene Artikel aus Asien, Amerika
und Afrika beziehen. London und Amsterdam sind Hauptmärkte. Talg liefert

Rußland, Südamerika, Australien, Thran kömmt aus den kalten Meeren, Olivenöl liefert Italien, Ricinusöl Ostindien, Palmöl Afrika. Häute kommen aus Buenos Ayres, Ostindien, dem Kap und Australien, Pelze aus den nörd- lichen Ländern, Lamm- und Ziegenfelle aus Italien, Bauholz aus den Ostsee- staaten und Canada, ebendaher Pech, Theer und Pottasche. Alle diese Artikel gehen vorzugsweise nach England, Frankreich und Deutschland.

Auch mit seinen Metallen und Metallwaaren beherrscht England die Welt. Der Verbrauch von Eisen nimmt mit jedem Jahre zu, und mit ihm versorgt England fast alle Welttheile. Belgien eifert ihm nach, Rußland concurrirt in Asien, Schweden producirt wenig. Dasselbe gilt vom Kupfer, welches England in Menge gewinnt und noch in Südamerika aufkauft. Blei gewinnen auch Norddeutschland und Spanien, Zinn versenden England, Banka, Böhmen und Sachsen, Zink kommt aus Schlesien, Polen und Belgien, Quecksilber aus Spanien und Krain, Kobalt und Braunstein gehen aus Norwegen und Deutsch- land nach England, welches auch die meisten Steinkohlen besitzt, nächst ihm Belgien und Rheinpreußen. Schwefel bringt Sicilien, Salpeter Ostindien, auch Chile und Peru. Weiteres enthält meine Handelsgeographie.

Einen wichtigen Handelsartikel hat stets das Getreide ausgemacht, mit welchem die Ostseestaaten den Westen und Süden Europas versorgten. Zwar schwankte die Ausfuhr je nach dem Ausfall der Ernte, aber im Ganzen blieb sie doch eine stehende. Doch strengten sich die betreffenden Staaten an, den eignen Bedarf zu erzeugen, auch trat die Kartoffel als Ersatz ein, und Odessa gewann die Ausfuhr nach Südeuropa, Nordamerika versorgte Westindien und Spanien mit Mehl, Australien und das Kapland führte nach Asien aus, und endlich concurrirten Ungarn, die Moldau und Walachei, da England und Frankreich besonders Weizen kauften, und nach Europa brachte man amerikani- schen und ostindischen Reis. Dieser kostete 3 Mill. Thl., wogegen Korn für 80 Mill. Thl. nach England geht.

Die Gegenden der Niederelbe verkaufen auch viel Vieh und Butter nach England, Nordamerika und Cork viel Schweinefleisch, Ungarn Schweineheerden, Nordamerika und Buenos Ayres versorgen Westindien mit Fleisch, Frankreich versendet Eier, Holland und die Schweiz Käse, und Südeuropa kauft Butter. Den Fischfang hat Holland mit England, Norwegen und Preußen theilen müssen, dagegen vertreibt Frankreich überall hin seinen Wein und Franzbrannt- wein, obschon England und Nordamerika spanische und portugiesische Weine vorziehen, Deutschland und Oesterreich ihre Weine selbst verbrauchen müssen, Griechenland seine Trauben als Korinthen verwerthet, wie Spanien seine Rosinen.

Der Kaffeeverbrauch ist in Europa gestiegen, da er tägliches Bedürfniß wurde. Wenn Italien, Spanien und Frankreich viel Chocolade verbrauchen, England, Nordamerika, Dänemark, Norddeutschland und Rußland Thee, so genießen der Orient, Deutschland, Holland, die Schweiz, Belgien und England viel Kaffee, weshalb der Plantagenbau auf Java, Domingo, Brasilien, Ostindien,

Guiana ꝛc. zunahm. England verbrauchte 1840 für 23 Mill. Thl. Thee und für 8 Mill. Thl. Kaffee, Holland und Deutschland für 20 Mill. Thl. Kaffee und für 2 Mill. Thee. Damit stieg auch die Consumtion des Zuckers, welchen Jamaica, Mauritius, Java, Brasilien und Ostindien liefern. Die größten Quantitäten gingen nach England, Frankreich und Deutschland. England braucht aber mehr als alle übrigen Länder zusammen genommen, da er dort den sechsten Theil der Einfuhr ausmacht. Tabak liefern zwar Nordamerika, Westindien und Südamerika, doch baut Europa selbst viel, ebenso Asien und Afrika. Der Verbrauch der Gewürze ist sich gleich geblieben, Südfrüchte versendet nur Südeuropa, Kochsalz kauft Nordamerika, Seesalz geht nach den Nord- und Ostseeländern, aus Oesterreich nach Polen und der Schweiz, Chinarinde bringt Peru, Rhabarber Ostindien, Opium geht von dort nach China ꝛc.

Je mehr die Massen anwuchsen, welche in den Handel kommen, um so mehr mußte man die Transportmittel vervollkommnen, damit die Kapitalien rascher konnten umgesetzt werden. Kanäle und Landstraßen genügten nicht, man erfand Eisenbahnen und Telegraphen. Hübner hat berechnet, daß die Reisen auf Eisenbahnen durch die Zeiterfparniß 220 Mill. Thl. jährlichen Gewinn bringen, es kosten aber auch die 11000 Meilen, welche 1857 im Betriebe waren, 5300 Mill. Thl. zu bauen. Im Jahre 1830 gab es erst 70 Meilen, 1856 schon 11000 Meilen, es waren bereits concessionirt 8350 Meilen, und die 52 deutschen Bahnen (1856), welche sich vereinigt haben, besitzen 2570 Locomotiven, 4860 Personen- und 44000 Güterwagen. Diese, Gleise, Beamte und Gebäude repräsentiren schon ein bedeutendes Kapital. Die meisten Maschinen lieferte Deutschland: Borsig in Berlin 726, Wien 343, München 206, Karlsruhe 188, Wiener Neustadt 145, Hannover 110, Eßlingen 73, Chemnitz 68, Kassel 23 ꝛc. Es hat Egypten 53 Meilen Eisenbahn, das Kap 9, Ostindien 60, Australien 30, projectirt ist die Linie von Smyrna nach Basora, von Bombay nach Calcutta, von Francisco nach Louis, von Wien nach Konstantinopel, so daß man mit Hilfe der Dampfer und Eisenbahnen in 100 Tagen um die Welt reisen kann: London-Constantinopel-Calcutta-Hongkong-S. Francisco-New York-London.

Die erste Eisenbahn hatte England 1825, die Vereinigten Staaten 1827, Frankreich und Oesterreich 1828, Belgien 1835, Baiern 1836, Sachsen, Cuba 1837, Rheinpreußen und Rußland 1838, Neapel 1839, Toscana 1845, Holland und Sardinien 1848, Spanien, Dänemark und die Schweiz 1849, Norwegen 1852, Portugal 1854, der Kirchenstaat 1856. Es besaß England 1856 Eisenbahnen: 1800 Meilen (990 Mill. Thl.), Deutschland ohne Oesterreich 1100 Meilen (500 Mill. Thl.), Frankreich 880 Meilen (820 Mill. Thl.), Oesterreich 420 Meilen (220 Mill. Thl.), Belgien 230 Meilen (133 Mill. Thl.), Rußland 132 Meilen (800 Mill. Thl.), Sardinien 96 Meilen (48 Mill. Thl.), Spanien 78 Meilen, Holland 45, Schweiz 40, Toscana 25, Dänemark 25, Schweden 21, Portugal 17, Neapel 11, Norwegen 9, der Kirchenstaat 3, die Vereinigten Staaten 5300 Meilen (1200 Mill. Thl.), Canada 396 Meilen

(100 Mill. Thl.), Cuba 100, Chili 18, Jamaica 15, Neu-Granada 11, Peru 9, Brasilien 5. Europa hat also 5000 Meilen für 3900 Mill. Thl., Amerika 5850 Meilen für 1380 Mill Thl.

Das erste Dampfschiff baute Fulton 1808 und befuhr mit ihm den Hudson bis Albany und bald darauf lief der erste Seedampfer vom Stapel, erst 1838 ging der erste europäische Dampfer Sirius nach New-York. Eine wesentliche Verbesserung waren die Schraubendampfer und bereits baut man eiserne Kriegsschiffe und kolossale Personenschiffe, denn der Leviathan oder Great Eastern ist 680 Fuß lang, 83 Fuß breit, hat 4 Maschinen von 1000 Pferdekraft für die Räder und eine Maschine von 3000 Pferdekraft für die Schraube und kann 3000 Passagiere aufnehmen. Es besaß England 1857 bereits 1700 Dampfer mit 384000 Tonnen, Frankreich 330, die Vereinigten Staaten 2910, Holland 108, Belgien 17, Dänemark 34, Schweden 94, Norwegen 28, Preußen 102, auf dem Rhein gehn 96, auf der Donau und von Triest aus über 100. Die Schnelligkeit ist so groß, da man in 7 Tagen von Amerika nach England fuhr und die ostindische Packetpost Briefe in 50 Tagen von London nach Sidney bringt, Personen in 55 Tagen.

Man hat regelmäßige Dampferlinien organisirt. Die Cunardlinie geht von London nach New-York und Boston, die Lever-Linie von Galway in Irland nach Neufundland, die Royal-Westindian-Mail von Southhampton über Lissabon und Madeira nach St. Thomas, die Vanderbilt-Linie von Bremen und Havre nach New-York, der Norddeutsche Lloyd verbindet Bremen mit New-York, auch Hamburg hat eine Linie nach New-York, die Oriental-steamnavigation verbindet Southhampton mit Alexandrien und Südasien, die royal mail-steam-company England über Alexandrien mit Ceilon und Australien, der österreichische Lloyd verbindet Triest mit der Levante, die messagerie imperiale Marseille und die Levante, die russische Dampfschifffahrtsgesellschaft Odessa mit Südeuropa. Nebenlinien setzen in allen Meeren die Haupthäfen in Verkehr mit einander.

Die optischen Telegraphen, deren sich die Regierungen seit einigen Jahrzehnten bedienten, nachdem sie vervollkommnet waren, sind seit 1844 durch die elektromagnetischen ersetzt. Die Vereinigten Staaten haben bereits 30.000 engl. Meilen, England 10.000, Frankreich 11.500 Kilometer, der deutsch-österreichische Telegraphenverein 1100 deutsche Meilen Länge, und wird sich vereinen mit dem Verein Frankreich-Holland-Schweiz-Belgien-Sardinien. Im Jahre 1850 legte man einen unterseeischen Telegraphen von Dover nach Calais, und jetzt giebt es solche im Georgskanal, zwischen Dover und Ostende, Suffolk und Haag, Schottland und Irland, Fühnen und Seeland, Corsika und Sardinien, Sardinien und Algier, Seeland und Schweden, Irland und Neufundland (2000 Seemeilen), Messina und Reggio, Constantinopel und Syrien. Um direct mit Amerika in Verbindung zu treten, schlug Steinheil die Linie über Schottland, Island nnd Grönland vor, Bonelli die von Genua über Spanien, capverdischen Inseln und Brasilien, Engländer die über Rußland nnd Sibirien.

§. 89. Geld, Preise und Geldinstitute.

Je mehr die Massen anwuchsen, welche umgesetzt wurden, je mehr Werthe sie repräsentirten, um so mehr mußte man auch die Werthzeichen und Tausch=mittel vermehren. Zwar stieg der Vorrath an edlen Metallen, aber da nur eine gewisse Summe circulirte, so konnte man den ganzen Werth einstweilen durch Werthzeichen (Wechsel, Noten) ersetzen und das ersparte Baarkapital anderweitig verwenden zu Actienunternehmungen. Diese und die Staatsanleihen cir-culirten als Effecten und Werthpapiere, und das Bankgeschäft ward ein sehr vielseitiges, weshalb große Bankiers mit einander in engen Verkehr traten.

Der Geld= und Papierhandel concentrirte sich in England und Holland, nnd war zum Theil in den Händen der Juden, welche auch den Kleinhandel mit Vortheil zu betreiben und scheinbar werthlose Dinge zu verwerthen wußten. Kriege und Staatsanleihen belebten das Geldgeschäft, in allen größeren Städten ließen sich Bankiers nieder, welche den Geldverkehr ungemein erleichterten und bald zu den wohlhabendsten Bürgern wurden. Sie nahmen Gelder in Ver-wahrung, um Zinsen zu gewinnen, und liehen an Landwirthe und Gewerb-treibende, betheiligten sich an allen gewinnversprechenden Unternehmungen und belebten dadurch Handel und Gewerbe ungemein. Es trat seit 1829 auch Paris als Geldplatz in die Reihe und verkehrte stark mit London, und da man die Gelder da anlegte, wo sie die meisten Zinsen brachten, so machte Amerika in Europa viel Anleihen. Ohne Hülfe der Banken konnte kein Staat Anlei-hen machen.

Die Handelsgeographie lehrt, wo und wie die Production der Edel-metalle gestiegen ist. Wenn auch die ganze Berechnung nur eine wahrschein-liche ist, so sieht man doch, daß im Alterthume Gold und Silber in Platten aufbewahrt wurde, daß Rom große Massen an Gold und Silber ansammelte, welche während der Völkerwanderungen zerstreut wurden. Im Mittelalter waren Münzen in so geringer Menge vorhanden, daß man die Edelmetalle in Barren zuwog. Erst die Entdeckung Amerikas, dessen Gold= und Silberminen, die Goldwäschereien in Californien und Australien haben ungeheure Massen von Gold und Silber nach Europa gebracht, wodurch Preise und Handelsverkehr eine gewaltige Umgestaltung erfahren haben. Man behauptet, Mexico habe von 1521—1848 über 112 Mill. Piaster in Gold und 2000 Mill. Piaster in Silber, das übrige Amerika c. 6000 Mill. Piaster gebracht. Auf der Erde sollen in diesem Zeitraume 4000 Mill. P. Gold und 8500 Mill. P. Silber gewonnen sein, es gingen davon 2150 Mill. P. nach Asien, und in Europa blieben als Münze oder Barren 3100 Mill. Thl. In Californien stieg die Production von 1848—59 von 8 Mill. Dollars auf 70 Mill., die Goldproduction auf der Erde von 54 Mill. Thl. auf 235 Mill., das Silber von 32 Mill. auf 64 Mill. (Weiteres siehe in meiner Handelsgeographie.)

Die Vertheilung dieser Summen ist eine verschiedene, denn schon früher verbrauchte die Kirche bedeutende Quantitäten für heilige Gefäße; im 16. und 17. Jahrhunderte wurde es Sitte, mancherlei Geräthe aus edlen Metallen machen zu lassen, dazu kamen später allerlei Bijouteriesachen, Vergoldungen, Silber- und Goldtressen, Schnüre ꝛc., wodurch viel Edelmetall verbraucht ward. Im 15. Jahrhundert verhielt sich Gold zu Silber wie 1:10, später wie 1:15, weshalb das Silber das Werthmaß für Gold wurde und Goldmünzen nach dem Silber berechnet werden. Einige Staaten haben vorzugsweise Goldmünzen (Vereinigte Staaten, England, Frankreich, Holland), andere Silbermünzen. Spanien zahlte früher in Silber an die nördlichen Staaten Europas, von denen es Waare bezog, Portugal dagegen brachte Gold nach Europa. Das Hin- und Herfließen der Massen des Edelmetalls läßt sich nur ohngefähr abschätzen. Es verbreitete sich von Südwesteuropa nach Nordwesteuropa, weil von dort Rohproducte oder Fabrikate geliefert wurden. Bald darauf verbrauchte die Industrie bedeutende Massen, denn in der Uhrmacherei allein stieg der Silberverbrauch von 1800—1815 von 2500 Unzen auf 57000. Als England Haupthandelsstaat wurde, ging viel Silber nach Asien, da Europa für Asien kein Tauschmittel besaß, außerdem erhielten die Ostseestaaten für Getreide ꝛc. große Summen, später bedeutende Subsidien, noch später Amerika große Anleihen. Als man aber Baumwollwaaren nach der Ostsee und Asien, als man Opium nach China ausführte, kam der Silberstrom nach England zurück, welches deshalb Subsidien und Anleihen zahlen konnte und sich im Nothfall daheim mit Noten behalf, um die hohen Zinsen für die Anleihen zu gewinnen und einträgliche Handelsverbindungen anzuknüpfen. Europa zog von Mejico Silber, denn dort war es nur Waare, und in einem Jahre soll es 180 Mill. Thl. erhalten haben, wozu Südamerika noch 30 Mill. Thl. lieferte, trotzdem mußte England jenen Staaten 160 Mill. Thl. borgen. In Mejico wurden von 1830—40 jährlich 25 Mill. Thl. gewonnen, in Südamerika 11 Mill. Thl., seit Europäer die Minen bearbeiteten. Trotz des Reichthums gerieth selbst Nordamerika in Schulden, welche 1841 über 240 Mill. Dollars betrugen; es stiegen dort aber von 1833—36 die circulirenden Münzen von 33 Mill. auf 73 Mill. Doll., man hatte aber von 1831—41 Überschuß 55 Mill. Doll., und von Mejico kamen 30 Mill. D., an Goldmünzen allein circulirten 15 Mill. D.

Von den Massen an Edelmetall verarbeitete zu Luxus und Bijouterie im Jahre 1830 England 16 Mill. Thlr., Frankreich 8 Mill., die Schweiz 2 Mill., das übrige Europa 10 Mill. Thlr., und dabei circulirten 400 Mill. Pfd. St. in Silbermünzen, 320 Mill. Pfd. St. in Goldmünzen. Das Hin- und Herwogen dieser Massen wechselte, je nachdem man baar einkaufen oder Waare gegen Waare austauschen konnte. Es erhielt Rußland z. B. von England baar bezahlt, mußte aber in Asien baar zahlen, wogegen Frankreich im 18. Jahrhunderte große Baarschaften besaß, bis Auswanderer Geld aus dem Lande führten, wogegen einwandernde Mejicaner große Kapitalien mitbrachten, andere Staaten aber in Nothjahren sich mit Noten helfen mußten. Es soll das Papiergeld Europa's 1780 nur 5 — 600 Mill. Fr. betragen haben, 1815 aber 2500 Mill. Fr., wogegen das Baargeld in Frankreich von 1660—1842 von 600 Mill. auf 3600 Mill. Fr. stieg. Stark bevölkerte Staaten brauchen weniger Geld, da es rascher circulirt, als in schwach bevölkerten, und die außereuropäischen Völker besitzen viel weniger Münze, da sie nur Waaren gern annehmen, denn Europa besitzt c. 2000 Mill. Thlr. in Münzen.

· Der Vorrath an Münzen wirkt auf die Preise, obschon hier noch Mancherlei mit einwirkt. Je mehr aber producirt wird, desto mehr sinken die Preise, wie dies die Preise der Colonialwaaren beweisen; eben so arbeiten Maschinen billiger, wogegen Miethzinse, der Werth der Grundstücke, die Löhne für gewisse Arbeiten der Kunstfertigkeit steigen, da sie mehr kosten oder einbringen.

Der zunehmende Handel hat aber auch auf die Steuern Einfluß gehabt, denn anfangs waren die Zölle namentlich nur Finanzzölle, und so ist es noch in Amerika, da man mit ihnen zum größten Theil den Staatshaushalt bestreitet. Später schützte man die einheimische Industrie durch Eingangszölle, die man auf fremde Waare legte. Da man diese Schutzzölle in allen Staaten einführte, so erkannte England bald, daß es sich damit schade, weil man dadurch die Waaren vertheuert, die im Lande verbraucht werden. Daher hob man sie hier nach und nach auf oder ermäßigte sie. Denn je billiger eine Waare ist, desto mehr wird sie verbraucht. Weil man bei solchem Zollerlaß den Schmuggel, der in manchen abgesperrten Ländern im größten Maßstabe betrieben wird, gründlich beseitigt, keine Zollbeamten braucht, zu vermehrter Production anregt, so hat der Staat bei solchem Verfahren Gewinn. Anders ist es, wo eine große Armee durch Steuern muß erhalten werden. Die meisten Steuern zahlen England und Holland. Hierdurch werden alle Waaren vertheuert, mithin steigen auch die Arbeitslöhne, weshalb man durch Maschinenarbeit diesem Übel abzuhelfen sucht. Am geringsten stehen die Steuern in den Vereinigten Staaten, weil dort die Regierung eine billige ist, und man nicht nöthig hat, Heere schlagfertig zu halten. Auch nimmt dort die Bevölkerung so zu, daß die Zahl der Steuernden wächst; auch im Norden Europa's ist sie seit Jahrhunderten im langsamen Wachsen, wogegen sie im Süden oder Südosten, noch mehr in Asien abnimmt, in Australien aber außerordentlich steigt. Denn wo ein Volk gut lebt und leicht Nahrung findet, nimmt es zu, bei eintretender Verarmung decimiren Krankheit und Entbehrung die Bevölkerung. In Europa bringt aber die Zunahme der Bevölkerung weniger Vortheil, weil auch die Zahl der Armen wächst, besonders in den dicht bevölkerten Industrie-Districten. In den Vereinigten Staaten hat sich die Bevölkerung in 25 Jahren verdoppelt, in England erst in 50 Jahren, in anderen Ländern noch später, in Spanien, Italien und

der Türkei nimmt sie ab. Weiteres enthält der geschichtliche Theil der Staatswirthschaftslehre.

Wenn die besprochenen Ergebnisse des gegenwärtigen Welthandels weniger
Interesse haben für den praktischen Kaufmann, sondern mehr den National-öko-
nomen beschäftigen, so hat doch die Vermehrung des Kapitals Einrichtungen in's
Leben gerufen, welche nicht allein den Handel unterstützen und große Geschäfte
ermöglichen, sondern auch für tausend Andere eine Wohlthat wurden, da sie
das Privat- und National-Vermögen gegen Verluste schützen. Der Banken ist
schon gedacht und auch erwähnt, daß sie sich anfangs in Giro- und Zettelbanken
theilten, später aber beide Geschäfte zu betreiben pflegten. Eine neue Art dieser
Banken sind die Credit-Anstalten, welche in Frankreich aufkamen, vielfache Nachahmung fanden, und mitunter auch der soliden Unterlage entbehrten. Die wichtigsten Banken sind: die österreichische Nationalbank in Wien, die preußische
Bank in Berlin, die Hypotheken- und Wechselbank in München, die Leipziger,
Bautzner, Bremer, Lübecker, Hamburger Bank zc., neben denen noch viele Zettelbanken bestehen. In England und den Vereinigten Staaten gibt es Hunderte
von Banken.

Das Versicherungswesen hat sich in neuester Zeit sehr entwickelt, da es
nicht nur Feuer-, Hegel- und Lebens-Versicherungen gibt, sondern auch Spar-
cassen, Pensions-, Ausstattungs-, Renten-Anstalten. Für den Privatmann haben
solche Anstalten das Gute, daß sie ihn gegen Nachtheile schützen, welche ihm
Elemente oder irgend ein Unglück zufügen. Viel wichtiger aber ist die volkswirthschaftliche Bedeutung solcher Anstalten. Denn indem in ihnen gewissermaßen Ersparnisse niedergelegt werden, so häuft sich ein namhaftes Kapital auf,
mit welchem die Gesellschaft wirthschaftet und Zinsen gewinnt. Wenn demnach
die Einzelnen Schaden erleiden und diesen ersetzt erhalten, so wird nicht nur
dieser durch die Zinsen gedeckt, sondern die Unternehmer erhalten von den Über-
schüssen der Zinsen noch einen Antheil als Prämie.

Die Versicherungen beruhen entweder auf Gegenseitigkeit, d. h. die Gesellschaft vertheilt unter sich Vortheil und Schaden, oder sie sind Actien-Unterneh-
mungen, welche den Beisteuernden eine Prämie auszuzahlen im Stande sind.
Die älteste Feuer-Versicherungs-Gesellschaft in Deutschland war die Neu-
brandenburger (1801), welcher (1812) die Berliner, (1813) die Leipziger, (1820)
die Hamburger, (1821) die Gothaer, (1822) die Triester, bald auch die Achen-
Münchner, die Elberfelder, Wiener und Pester (1859) zc. folgten. Die Versicherungssumme der Gothaer betrug 1856 an 360 Mill. Thlr., die übrigen
Gesellschaften auf Gegenseitigkeit erhielten unter ½ Mill. Thlr. Von den Actien-
Gesellschaften besaß die Achen-Münchner 1857 an 860 Mill. Thlr. Von den
zahlreichen Seeassecuranzen (Stettin, Triest, Bremen, Wesel, Mainz zc.) hat
die Hamburger 1857 über 733 Mill. B. M. versichert; von den 19 Lebens-
Versicherungen, welche es 1857 gab, haben nur vier einen namhaften Überschuß.
Die Gothaer besaß eine Versicherungssumme von 32 Mill. Thlr. mit einem

Reinertrag von 1½ Mill., die Berliner 10 Mill., die Lübecker 6 Mill., die Leipziger 5 Mill., die Triester 5 Mill., der Hamburger Janus 4 Mill. Thlr. ꝛc.

Das Kapital der deutschen Assecuranzen übersteigt 110 Mill. Thlr., denn die Providentia in Frankfurt a. M. und die Concordia in Köln besitzen je 10 Mill. Thlr. Kapital. Transport-Versicherungen gegen Gefahr zur See führte im Mittelalter Barcelona ein und fand bald überall Nachahmung, doch ward gerade bei solchen Versicherungen viel Mißbrauch getrieben. Versicherungen entstanden in Frankreich 1789, indem einzelne Bezirke zusammentraten und dem Einzelnen den erlittenen Schaden ersetzten. In Schottland und England kamen zu gleicher Zeit solche Vereine auf, und 1797 in Deutschland. Viehversicherungen entstanden im Anfange des vorigen Jahrhunderts in England und Frankreich, 1765 führte Friedrich II. eine solche in Schlesien ein. Um große Summen sicher zu stellen, bediente man sich der Rückversicherungen. Renten endlich zahlt entweder der Staat aus als Zinsen für ein Kapital, welches er nicht zurückgibt, oder Gesellschaften übernehmen ein Kapital und verzinsen es bis zum Tode des Übergebers. Die ersten Lebensversicherungen gründeten Hamburg und Elberfeld, aber sie mißglückten, so daß man englische Gesellschaften benutzte, welche schamlose Betrügerei trieben, so daß 1827 endlich in Gotha eine neue Gesellschaft entstand.

Zu den wohlthätigsten Anstalten für die arbeitenden Klassen gehören die Sparkassen, auf deren Herstellung man zuerst (1778) in Hamburg kam, weil man durch solche Anstalten der plötzlichen Verarmung begegnen wollte. Hamburg nahm aber keine Summe unter 6 Thl. an. Oldenburg folgte 1786, Kiel 1796 diesem Beispiel. In letzterer Stadt hielt man das Anlagekapital für verloren, doch hatte 1840 die Kasse 800000 Thl. Kapital, mit welchem man die Ausführung der Kiel-Altonaer Eisenbahn sicherte. Die Schweiz führte 1787 in Bern, 1792 in Basel Sparkassen ein; England zuerst in Tottenham 1798, wo man auch Pennybeiträge annahm. Als aber 1817 unter gewissen Beschränkungen die Verzinsung der eingelegten Kapitalien durch die Londoner Bank zugesichert wurde, entstanden in demselben Jahre über 100 Sparkassenvereine, und in Schottland ward die Edinburger Anstalt Musteranstalt. Amerika erhielt 1817 zu Boston die erste Sparkassengesellschaft, in Frankreich versuchte man deren Gründung 1818, aber die Regierung fürchtete Nachtheil für ihre kleinen Lotterien, weßhalb die Sparkassen erst nach der Julirevolution aufkamen. Es wurden aber 1818 die deutschen Sparkassen reorganisirt, besonders zu Berlin und Stuttgart, worauf in den meisten größeren und selbst kleineren Städten Sparkassen entstanden. Das Kapital der böhmischen wuchs von 1825—47 von 11.000 G. auf 470.000 G. In Ungarn errichtete 1842 Preßburg die erste Sparkasse und Gregor XVI. führte dies Institut im Kirchenstaate ein. Es mögen in Europa über 500 Mill. Thl. in Sparkassen eingetragen sein: in England 225 Mill. Thl., in Frankreich 94, in Preußen 26, in Sachsen 14, in der Schweiz 14, in Wien 26, in Paris 14, in Altona 2, in Belgien 5 Mill. Thl. 2c.

Das Papiergeld soll zuerst in China gebraucht sein, von wo es zu den Mongolen kam, denn der Reisende Marco Polo beschreibt die chinesischen Papier-Geldsorten genau. In Europa wurde bei steigendem Verkehr aus Wechseln Papiergeld, oder letzteres sollte einstweilig die circulirenden Güter ersetzen, d. h. deren Tauschwerthe bis zur Ausgleichung (Auslösung) angeben. Solches Geld war aber gar zu leicht herzustellen, als daß einzelne Staaten nicht zur Zeit der Noth hätten Mißbrauch treiben sollen. Frankreich gab 1790 für 1200 Mill. Liv. Assignaten gegen 3% aus, trieb diese Summe aber 1798 auf 45580 Mill., so daß 100 Liv. Assignaten zuletzt 7—8 Sous Münze werth waren und bald darauf gar nichts. Auch in Oesterreich sanken nach drei unglücklichen Kriegen 12 Papiergulden auf den Werth eines Silbergulbens herab. Preußen wagte daher nur 10 Mill. Thl. Papier auszugeben und nahm sie an Staatskassen als Zahlung. In neuester Zeit ist Deutschland mit Papiergeld überschwemmt, da besonders die kleinen Staaten große Summen ausgegeben haben und sie in größeren Ländern in Kurs bringen, welche also auch den Nachtheil der Kursschwankungen zu tragen haben.

§. 90. Die neuesten Handelskrisen.

Besonders lehrreich sind die Erfahrungen, welche die Geschäftswelt durch die großen Krisen der jüngsten Vergangenheit gemacht hat. Die großen Handelskrisen der letzten vierzig Jahre haben ihren Grund in einem Mißbrauche des Kredits, indem man Werthzeichen (Papiere und Actien) wie ein wirkliches Kapital behandelte, durch scheinbaren Gewinn des Agio und der Dividenden meinte reich geworden zu sein, bis irgend eine Veranlassung zur Baarzahlung nöthigte, wobei denn ungeheure Summen ungedeckt blieben. Der ungeheure Zuwachs an edlen Metallen und Actien erzeugte einerseits großen Luxus, andrerseits reizten die billig zu erlangenden Kapitalien zu übertriebenen Speculationen an, welche zum Nachtheil ausschlugen, wenn es zur Zeit an Baarzahlungen fehlte. Aber einestheils verschlangen Eisenbahnen und andere Unternehmungen große Summen, welche also dem Handel und dem Gewerbe entzogen wurden, anderentheils gingen Millionen Silber und Gold nach Asien, und endlich stiegen die Preise mancher Gegenstände.

Am leichtfertigsten ward das Bankgeschäft in den Vereinigten Staaten getrieben, wo während des Befreiungskrieges 100 Mill. Doll. in Papier ausgegeben waren, nachdem 1782 die Bank von Nordamerika mit 10 Mill D. eröffnet war. Als man nun das Papiergeld abschaffen wollte, sollte 1790 die Nationalbank den Übergang von Papier- zu Metallgeld vermitteln und bis 1809 concessionirt sein. Seit 1811 entstanden zahlreiche Banken mit unbeschränkter Notenemission, machten 1814 meist bankerott, weshalb 1816 eine neue Nationalbank gegründet ward, welche von Aglotage sich bis 1818 erhielt. Da erfolgte ihr Bankerott und Tausende von Betrogenen kamen in's Schuld-gefängniß. Trotzdem begann 1820 der Notenunfug von Neuem, weshalb die Präsidenten der Notenausgabe ein Ende machen wollten und mit allem Ernst dagegen ankämpften, aber der Notenschwindel und die Speculationswuth, in deren Gefolge Betrügerei aller Art erschienen, stiegen in's Ungeheure. Im Jahre 1834 betrug das Kapital aller Banken 200 Mill. D., Anlehen und Disconirung 2324 Mill. D., Banknoten 95 Mill. D., nach einigen Jahren stiegen die Noten auf 140 Mill., die Anlehen auf 457 Mill., das Kapital auf 250 Mill. D. Das Bankkapital war meist in Europa (100 Mill. D.) geliehen, denn Newyorker Kaufleute allein liehen 50 Mill. D., und es gab kein Unternehmen, dessen sich die Speculation nicht bemächtigt hätte. Als 1836 die Nationalbank ihre Concession verlor, setzte ihr Director das Geschäft als Privatunternehmen fort und entwickelte einen großartigen Finanzschwindel. Die Regierung fuhr zwar fort, die Ausgabe von Noten zu beschränken und Münze zu prägen, von welcher 1836 an 73 Mill. D. circulirten, die Noten um 120 Mill. abnahmen. Man löste ja aus dem Verkauf von Ländereien 20 Mill. D., die Einfuhr betrug 122 Mill., die Ausfuhr 173 Mill., so daß mit den Zöllen die Kosten der Verwaltung bestritten wurden, welche außerdem von 40 Mill. auf 26 Mill. D. sanken, ja 1836 hatte man einen Überschuß von 18 Mill. D., welcher den Vereinigten Staaten schrankenlosen Credit verschaffte, aber auch zu Übertreibungen der Speculation reizte, so daß 1821, 1827 und 1834 schwere Krisen, Stockungen, Elend und Bankerotte erfolgten. Namentlich mit dem Verkauf von Staatsländereien und dem Bau von Eisen-bahnen trieb man argen Schwindel, so daß 1839 selbst die Vereinigte Staaten-bank stürzte und man das gesammte Bankwesen reorganisiren mußte. Denn jene Bank stellte sogenannte Paßnoten aus, die erst nach einem Jahre zahlbar waren, neue Banken entstanden mit 125 Mill. Noten, doch als die englische Bank ihr Disconto erhöht, stellten die amerikanischen ihre Baarzahlungen ein. Um europäisches Geld zu erhalten, kaufte die Staatenbank Baumwolle auf, indem sie Noten gab, die Baumwolle sandte sie statt Baarzahlung nach England, 1837 folgten andere Banken diesem Beispiele, und man zog in der That 200 Mill. D. europäisches Kapital herüber, welches in den Banken angelegt wurde. Nun ward aber Europa mit Baumwolle überschüttet, einsichtige Kaufleute in Europa durchschauten den Schwindel, versagten den Credit, in England bewirkten die gedrückten Zeiten 1839 an 1088 Bankerotte, amerika-nische Papiere fanden keine Käufer, in den Vereinigten Staaten setzte die Regie-rung endlich die Trennung der Staatsfinanzen von den Banken durch, deren Papiere sanken und 1837 machten 960 Banken bankerott. Von 1841—43 fielen trotz der neuen Bankgesetze 33700 Fallimente mit 441 Mill. D. vor.

Auch in England mehrten sich Banken aller Art, denn vor 1836 betrug ihre Zahl 670, und das Parlament befahl 1836, alle Actieninhaber sollten solidarisch verpflichtet sein, doch brachte die Geldkrisis von 1839 an 1082 Bankerotte, weßhalb Peel eine neue Bankordnung durchsetzte, welche Banken mit Notenausgabe und solche mit reinen Bankgeschäften schied, nur den Umlauf von 31 Mill. Pf. St. erlaubte und bei Krisen Erhöhung des Disconto befahl. Da aber bei dem steigenden Verkehr zu Zeiten Zahlungsmittel fehlten, mit denen man Ein- und Ausfuhr ausgleichen konnte, so hatte jenes Gesetz gerade schwere Krisen zur Folge, denn sie verkannte das veränderliche Verhältniß zwischen Waarenkapital und Metallkapital, welches Noten in's Gleichgewicht setzen. Die Ausfuhr Englands betrug 1856 1522 Mill. G., die Einfuhr 1300 Mill. G., so daß sich ein Ueberschuß von 200 Mill. ergab, um welchen man die Geschäfte erweitern konnte. Oesterreich dagegen hat 185 Mill. G. Einfuhr und nur 122 Mill. G. Ausfuhr; es circulirten in Noten und gedeckten Wechseln in England 456 Mill. G., in Oesterreich aber 476 Mill. G. Noten der Nationalbank. Um das überflüssige Kapital unterzubringen, warf man sich in England auf Eisenbahnunternehmungen, deren Actien bis 1848 bereits 2400 Mill. G. betrugen, und 300 Mill. Fr. lieh man zu französischen Eisenbahnen. Zu gleicher Zeit kosteten zwei schlechte Erntejahre 400 Mill. G., brachten Zucker- und Kaffeeplantagen in den Kolonien Schaden, da die Preise sanken, schlugen verfehlte Getreidespeculationen fehl. 400 Bankerotte brachten 250 Mill. G. Schaden, Eisenbahnunternehmer hörten auf zu bauen, 100,000 Arbeiter waren brodlos, der Baarvorrath der Bank nahm ab, sie erhöhte fortwährend ihr Disconto und trotz der glänzenden Geschäfte litt England 1847 an großer Geldklemme, die sich auch nach Holland und Deutschland verbreitete.

Noch schlimmer aber war die Krisis von 1857, welche sich über die ganze Erde verbreitet hat, aber aus denselben Ursachen hervorging, wie die von 1847, daneben aber auch aus einem Uebermaß der Speculation und des Actienschwindels. Es trat 1848 in manchen Artikeln ein Schwanken der Preise ein, das californische und australische Gold brachte den Geldmarkt in Verwirrung, die Ausfuhr nach Amerika und Australien stieg, die Eisenbahnen mehrten sich, überall war Gelegenheit zu gewinnen und daher große Nachfrage nach Kapital. England hatte bis 1856 für seine Eisenbahnen 3600 Mill. G. ausgegeben, es kamen aber von 1848—57 aus Californien und Australien 2088 Mill. G., und den Vorrath an Gold in Europa veranschlagte man auf 6720 Mill. G., an Silber auf 9600 Mill. G., denn jährlich producirte die Erde an Gold 120 Mill. G. (1848), dagegen 1856 schon 456 Mill. G., ebenso stieg in derselben Zeit Silber von 108 Mill. G. jährlich auf 144 Mill. G. In Folge hievon stieg auch die Unternehmungslust, Actiengesellschaften und Fabriken nahmen zu, viele Gegenden wurden mit Fabrikaten überfüllt, aber besonders in Frankreich suchte man das Metall zu placiren, denn die Bank hatte einen Baarvorrath von 91 Mill. Fr., ihr Umsatz stieg von 25 Milliarden auf 35, der Baarbestand stieg 1857 auf 190 Mill. Fr., die Noten auf 588 Mill., Activa und Passiva auf 1040 Mill. Fr. und die Actien brachten einen Gewinn von 49 %. Um diese Geldmittel zum Nutzen des Landes zu verwenden, gründete man für Landwirthe die Hypothekenbank (1852) crédit foncier, und 1853 gründeten Pereire mit Fould den crédit mobilier, welcher alle möglichen Geschäfte machen wollte, und bald der Regierung selbst verdächtig wurde. In Frankreich, Spanien, Oesterreich, Rußland ꝛc. unternahm er Eisenbahnbauten, trieb Agiotage und Finanzmanöver, und fand in den zahlreichen Creditanstalten Deutschlands Nachahmer. Mehr als 1000 Mill. Fr. gab die französische Anstalt aus. Man zeichnete hier und in Deutschland ungeheuere Summen, zahlte einige Procente an, und bereits begann der Actienhandel, ehe ein projectirtes Unternehmen angefangen oder ausgeführt war. Das kleine Darmstadt wollte 70 Mill. G. unterbringen, gab darauf Noten aus und erregte wie viele Anstalten so viel Mißtrauen, daß einige deutsche Staaten die Noten solcher Gesellschaften verboten. Es bildete sich eine eigene Art von Demoralisation aus; mittellose Bürger („Bankbürger“) mußten zeichnen, eine sogenannte „stehende Garde“ mußte jedes neue Unternehmen durch Zeichnungen empfehlen, in Hannover zeichnete man 1100 Mill. Thlr. Von 1853—57 traten Banken mit 355 Mill. G. Umlaufskapital auf, 360 Mill. circulirten als Prioritäts-Actien, 100 Mill. G. staken in Versicherungs-Gesellschaften, 400 Mill. G. in industriellen Gesellschaften. Preußen concessionirte 1856 Gesellschaften mit 150 Mill. Thlr. Kapital, Oesterreich für 100 Mill. G. Eisenbahn, und diese scheinbare Menge von Kapital erzeugte großen Luxus, wogegen London und Hamburg das Disconto erhöhten von 3—12 %. Denn es fand ein großer Abfluß von Gold und Silber nach Asien statt, den man von 1851—57 auf 1¼ Milliarde Fr. berechnet, und mehrere deutsche Staaten vermehrten ihre Noten um Hunderte von Millionen, die Eisenbahnen in Frankreich hatten bis 1856 bereits 3 Milliarden Fr. gekostet und noch 1260 Mill. waren erforderlich, die Prachtbauten in Paris und der Krimkrieg kosteten 1500 Mill. Fr. Es wurden in Frankreich den Gründern der Eisenbahngesellschaft 300 Mill. Fr. als Trinkgeld geschenkt, andere verkauften ihre Actien an die zweite Hand für 90 Mill., die preußisch-deutschen Eisenbahnen kosteten 300 Mill. G., der Krimkrieg den Engländern 600 Mill. G., die englischen Eisenbahnen 310 Mill. Pfd. St. Der Actienschwindel erzeugte nicht nur eine bedenkliche Demoralisation der höheren Stände, wie Processe in England, Frankreich und Amerika beweisen, sondern in letzterem Lande einen unsinnigen Luxus, denn dort gab man in einem Jahre 100 Mill. G. für Staat aus, 27 Mill. D. für Zucker, und so konnte es denn nicht an ungeheueren Enttäuschungen fehlen, wenn eine Krisis eintrat. Diese kam denn auch 1857, begann in Amerika, ging von hier nach England, von da nach Hamburg, welches die nordischen Staaten mit in die Verlegenheit riß, und endigte in Ostindien, Francisco und Batavia.

Es konnte erfahrenen Geschäftsleuten nicht entgehen, daß auf solche Überschreitungen eine Ernüchterung folgen müsse, weshalb einige Banken ihr Disconto immer mehr erhöhten und dem Handel bedeutende Summen entzogen.

Diese Summe stieg bald auf 16 Mill. D., und da ein Goldschiff zu Grunde ging, so brach endlich der Sturm los, da sich die Papiere nicht realisiren, noch für weitausfehende Speculationen die fälligen Baarzahlungen auftreiben ließen. Denn einestheils fehlte es wirklich nur augenblicklich an Zahlungsmitteln für Waare, anderntheils waren die angeblichen Gewinne nur papierene, die sich nicht realisiren ließen. Es erfolgten zahllose Bankerotte, Arbeits-Einstellungen und unsägliches Elend. Das Disconto der New-Yorker Bank stieg auf 100 %, und endlich zahlte sie auf das beste Papier nichts mehr. Um sich zu rächen, forderten alle Bankgläubiger ihre Depositen zurück, und nun stürzte eine Bank nach der andern, so daß der Gesammtverlust auf 300 Mill. D. geschätzt wurde, oder mit Abrechnung derer, die sich mit 40 % herauswickelten, auf 190 Mill. D. Hiermit war ein Sinken der Preise verbunden, Nachtheil in Eisenbahnactien, Arbeitseinstellung 2c., so daß der Verlust für die Vereinigten Staaten auf 500 Mill. G., der für Europa auf 750 Mill. G. veranschlagt wurde. Die Production der Baumwolle und der Spinnfabriken sank, 400 Mill. Scheffel Waizen fanden keinen Absatz, in Neu-York allein fanden 30.000 Arbeiter keine Beschäftigung, der Miethzins mancher Häuser fiel von 20.000 D. auf 2 — 3000, so daß in 5 Monaten diese Ersparung an billigen Miethen 200 Mill. D. betrug.

Da nun 1000 — 1200 Mill. G. englisches und deutsches Kapital in amerikanischen Papieren angelegt war, so folgten auch in diesen Ländern große Bankerotte. Die Banken waren nicht im Stande, dem Verderben Einhalt zu thun, denn das Deficit betrug 600 Mill. G. Dann brach in Wien das Haus Boskowitz zusammen, da es sich in Getreide-Speculationen verrechnet hatte; erlitten preußische Häuser große Verluste, denen man durch Aufhebung der Wuchergesetze zu begegnen suchte, und endlich brach das Unheil über Hamburg herein, welches mit London und Amerika in Verkehr stand, und großen Krebit in Scandinavien zu bewilligen pflegte. Der Gesammtumsatz war in Hamburg auf 232 Mill. B. gestiegen, aber die Speculation war hoch über diese Summe hinausgegangen und konnte nun die Wechsel nicht realisiren, da die Zahlungen aus Norden nicht einzuziehen waren, aus England und Amerika ausblieben. In der größten Noth sprang ihm Oesterreich mit 10 Mill. M. B. bei, der Senat errichtete einen Generaldiscontoverein, und so kam man denn mit bedeutendem Schaden endlich aus der Verlegenheit. In Mecklenburg unterstützte der Großherzog die Kaufleute in Rostock und Schwerin, Lübeck erhielt in Hamburg ein Anlehen von 600.000 Thlr., und in Bremen erfolgten nur 14 Bankerutte, wogegen in Hamburg 150 Häuser mit 200 Mill. M. B. insolvent wurden, viele aber mit 10 — 60 % Verlust zahlten. Südamerika, Westindien, Java und die Schweiz wurden gleichfalls hart betroffen, und überall machte sich Geschäftsstockung, Mangel an Credit bemerkbar.

§. 91. Schlußbericht.

Es treten beim Überblick der ganzen Handelsgeschichte folgende Merkmale der einzelnen Perioden hervor:

1. Im Alterthum und Asien herrscht Karavanenhandel vor, im Mittelalter See- und Flußtransport, in neuerer Zeit Seehandel, in allerneuester See- und Binnenhandel mittelst der Eisenbahnen, der Kanäle und Flußdampfer.

2. Im Alterthum und Mittelalter begleitete der Kaufmann seine Waaren auf die Märkte, in neuerer Zeit besorgen Spediteure und Rheder die Fortschaffung.

3. Im Alterthum und Mittelalter trieb man meist Tauschhandel, seit aber Wechsel gebräuchlich wurden, Posten angelegt waren, macht man Geschäfte durch Briefe, Kommissionäre und Makler ab.

4. Im Alterthum verkaufte man nur Luxuswaaren, da nur Vornehme kauften, im Mittelalter tauschte man Webereien, Fische und nordische Producte gegen levantische (Seide, Gewürze, Zucker) um. In späterer Zeit werden in Europa Fabriks- und Industriewaaren Ausfuhrartikel, dagegen Kolonial- und Rohwaaren Einfuhrartikel. Der Zustand der Maschine bestimmt in neuester Zeit den Waarenumsatz, denn wer viel verkauft, muß viel einkaufen. Die außereuropäischen Erdtheile sind Hauptabnehmer für Fabrikate, deren Rohstoffe sie liefern.

5. Der Geldhandel und das Bankwesen sind eine eigenthümliche Abtheilung des europäischen Handels und regieren Handel und Staaten, je nachdem sie Kredit geben oder verweigern.

6. Aus den Monopolen des Alterthums und Mittelalters sind Handelsverbote und Schutzzölle geworden, deren Herabsetzung und Aufhebung langsam vorwärts schreitet.

7. Im Alterthum kannte man wohl Theilung der Arbeit, aber nur nach Ständen, verachtete auch den Kaufmann, im Mittelalter bildeten sich Gilden und Zünfte, in neuester Zeit gilt Gewerbfreiheit. Der Handwerker unterliegt aber auch dem Fabrikanten, dieser dem Kapitalisten und dieser der allgemeinen Conjunctur.

8. In neuer Zeit wird immer mehr die Wissenschaft auf Gewerbe, Handel, Transportmittel 2c. angewandt.

9. Erst in neuester Zeit ist der Handel wirklich Welthandel. Es rückten die Hauptstapelplätze von Babylon nach Thrus und Alexandrien, nach Karthago, Rom, Genua, Venedig, dann nach Sevilla, Lissabon, Amsterdam, Lübeck, später nach London, Hamburg, Havre und in neuester Zeit nach New-York, Boston, Havanna, Rio de Janeiro, Canton, Calcutta, Batavia, Sidney.

10. Im Alterthum war der Handel in den Händen der Semiten und Griechen, im Mittelalter in denen der romanischen Völker, in neuester Zeit betreiben ihn im Großen die germanischen Völker.

11. Im Alterthum und Mittelalter war Asien Verkäufer, jetzt ist es Käufer. Amerika ist reich an Gold und Silber, und hat doch in Europa Anleihen machen müssen.

12. Phönizien, Venedig, Genua, Lissabon und Amsterdam, Lübeck und die Hansa treiben vorzugsweise Zwischenhandel, England, Frankreich und Deutschland versenden eigene Fabrikate als Tauschmittel. Der producirende Handel ist auf der nördlichen Halbkugel heimisch, Rohproducte liefert die südliche.

13. Im Kapital, im Eisen und Steinkohlen liegen jetzt die beherrschenden Mittel des Welthandels und der Industrie.